漕泾村志

桐乡市高桥街道漕泾村村志编纂委员会 编

图书在版编目（CIP）数据

漕泾村志 / 桐乡市高桥街道漕泾村村志编纂委员会编. -- 北京：华文出版社，2023.10
ISBN 978-7-5075-5866-1

Ⅰ．①漕… Ⅱ．①桐… Ⅲ．①村史－桐乡 Ⅳ. ①K295.55

中国国家版本馆CIP数据核字(2023)第184906号

漕泾村志

编　　者：	桐乡市高桥街道漕泾村村志编纂委员会
责任编辑：	寇　宁
出版发行：	华文出版社
地　　址：	北京市西城区广外大街305号8区2号楼
邮政编码：	100055
网　　址：	http://www.hwcbs.cn
电　　话：	总编室 010-58336239　责任编辑 010-58336195
	发行部 010-58336267
经　　销：	新华书店
照　　排：	桐乡市华厦文化传媒有限公司
印　　刷：	嘉兴市大雪印刷有限责任公司
开　　本：	710mm×1000mm　1/16
印　　张：	35.75
字　　数：	600千字
版　　次：	2023年10月第1版
印　　次：	2023年10月第1次印刷
标准书号：	ISBN 978-7-5075-5866-1
定　　价：	128.00元

版权所有，侵权必究

桐乡市村志编纂工作领导小组

组　　长：朱国清
副组长：钟　丽　费明强　姚建明　吴云峰
组　　员：庄永明　潘洪民　朱振宇　沈长松　于瑞华　沈富洪

漕泾村志编纂委员会

主　任：张　锋
副主任：陆敏华　沈　钰
委　员：屠建平　丰金高　张佳梦　陈　涛　沈张珩　钟晨滟

顾问组

组　　长：沈福荣
副组长：陆德林　吕福生　吕悦龙
组　　员：陆玉芬　沈金甫　李玉仙　张　刚　吕新丰

编写组

主　　编：吕志江
副主编：沈关庆　吕福生　陆敏华
组　　员：陆财林　陆德林　吕明元　范雪金　沈德金
供　　图：张　杰　王立新　沈关庆　杨志华等

校　　稿：沈福荣　沈关庆　孙利金　沈德金　陆敏华
审　　稿：俞尚曦　王士杰　夏春锦　朱春俊

漕泾影像

漕泾村党群服务中心

2021年漕泾村村干部合影

2021年7月,漕泾村庆祝建党百年活动

2019年,全市村干部培训班学员参观漕泾村

2021年6月，漕泾村红忆馆对外开放

2020年初春的漕泾港

2021年,漕泾村鸟瞰

稻田风光

骑漕线漕泾段

2021年改造后的马家木桥农业大棚

大木桥现代农业基地

2006年建成的村卫生服务站

2016年改造后的吕家木桥泵站

2010年建成的村文化广场

2021年竣工的村儿童游乐场

2021年漕泾村居家养老服务照料中心重新装修后开业

2021年漕泾村居家养老服务照料中心重新装修后内景

2018年大水路村民别墅

2012年始建的漕家苑农民新村

2015年开始建设的优美庭院

2016年竣工的三治亭

2020年市离退休老干部参观村居环境及垃圾分类智能体系

2021年市文明创建办领导参观红忆馆

2021年"你点单我监督"活动座谈会

2019年文化下乡

2019年第四届"我们的村晚"文艺汇演
暨最美漕泾人表彰会

2008年青少年暑期教育活动

2021年新春慰问村民

2021年张德庆接受桐乡电视台采访

村里的古桥——塔石桥

2021年12月，村史征集乡贤座谈会

2023年2月12日，专家审稿会

2020年，沈关庆为农民丰收节制作草编十二生肖

1960年7月，留良公社漕泾港小学首届高小毕业班师生合影

1962年6月，骑塘公社漕泾完小毕业师生合影

1975年7月,桐乡县骑塘公社漕泾学校首届初中毕业留影

1977年,大队学校师生以漕泾大礼堂为背景合影

20世纪60年代末期老照片,后排左三为范兰珍(彭建明提供)

1991年,漕泾小学五年级合影

1998年，漕泾小学四年级合影

20世纪70年代初军人全景，左一系吕学庆

1971年5月11日嘉兴地委机关报
《浙北报》漕泾报道影印件

总 序

桐乡地处杭嘉湖平原腹地，气候温润、土地肥沃，阡陌纵横、河网密布，素有"鱼米之乡、丝绸之府、百花地面、文化之邦"的美誉。桐乡历史悠久，源远流长，良渚文化、吴越文化、运河文化、古镇文化交相辉映，精彩纷呈。

桐乡史志文化底蕴深厚、博大精深。桐乡历代先贤坚定自信、笔耕不辍，为桐乡人民留下了宝贵的方志遗产。南宋时，已有《语溪志》《乌青记》面世；明清两代，纂修的县志、镇志、村志近40种；近现代以来，又有卢学溥修《乌青镇志》、夏辛铭修《濮院志》。这些典籍是桐乡的文化瑰宝，连接着历史、当下和未来。

近年来，中共桐乡市委、市政府坚持以文化人、以文惠民、以文兴业、以文塑城，围绕"建设人文名城、打造风雅桐乡"的目标，生动奏响"风雅桐乡"十二乐章，进一步挖掘地方志在继承优秀传统文化、激发文化创新活力中的积极作用，桐乡方志文化呈现出"百花齐放"的繁荣景象。一轮、二轮修志成果斐然：点校影印出版了一批旧志，并完成馆藏旧志数字化扫描；编修县（市）志、镇（街道）志、部门（专业）志等各类志书近50种；挖掘整理了一批地情文献，有计划地出版档案史志丛书……地方志编修形成了市镇乡联动、新志旧志联动、乡镇部门联动的良好局面。一张张档案史志名片不断厚植"风雅桐乡"的文化底蕴，开创了档案史志工作新局面。

编史修志，功在当代，利在千秋。清康熙五十六年（1717），桐乡第一部村志——《前朱里纪略》问世，该志设沿革、风俗、古迹、人物、释道、文集等章节，可谓"麻雀虽小，五脏俱全"。而今300多年过去，这本质朴厚重的村志已然成为我们研究桐乡乡土文化和古村落变迁的重要史料。编纂村志丛书，以基层村落为研究对象，全面盘点村域历史人文、物产风俗等状况，系统梳理总结村庄发展改革历程，留住乡音、乡风、乡思，对于传承优秀历史文化、服务全市经济社会发展都有重要的现实意义和深远的历史意义。2022年，桐乡全面启动村志编纂工作。根据工作规划，全市以2021年年底的176个村和41个社区为编纂对象，计划至2025年，50%的村（社区）启动村志编纂，鼓励有条件的村（社区），特别是正在开展或已经完成拆迁、撤并的村（社区），开展历史资料搜集和村志编纂工作。在前期试点基础上，市档案馆（史志研究室）主动作为、有序推进，各镇（街道）、各村（社区）组织人员、积极响应，编纂人员精耕细作、久久为功，基本形成了"直笔著信史，彰善引风气"的修志工作良好局面。这一轮村志完成后，将持续启动其余村志编修，努力实现市域全覆盖，积极打造桐乡村史村志文化工程。

"修志问道，以启未来。"编修村志需要全社会共同努力，相信随着一部部村志的出版发行，能让越来越多的桐乡人从地方志中感知传统、历史和记忆，让"风雅桐乡"的弦歌奏响在乡间田野，为全面推进乡村振兴、促进共同富裕提供强大动力！

桐乡市村志编纂工作领导小组

2023年2月

序 一

《漕泾村志》在几经去芜存菁、权衡增删之后,终于定稿。此书是漕泾村"两委"(村党总支委员会、村民委员会)及热心人士精心编撰而成,与其说是一部记述村史、回忆乡俗、记略乡事的史志,不如说是一幅满怀乡愁、充溢乡情、激发乡恋的画卷。村党总支书记张锋同志请我作序,就此机会,向此书的付梓出版表示衷心祝贺,也向付出辛劳的全体编纂人员致以崇高的敬意。

2017年,开发区和高桥街道实施"区街合一",五年时间里,我见证了区街的高速发展,也见证了漕泾村这个最基层、最普通的自然村庄,在经济、民生、社会、文化等各个方面的快速成长。党的十九大以来,漕泾村在党的领导下艰苦创业、勇于改革、勤劳致富,努力建设美丽幸福家乡,展现了中国式现代化的桐乡篇章。

近年来,开发区(高桥街道)全体人员开拓创新、砥砺前行,积极推进区街经济社会建设,精心谋划城乡品质提升,多措并举增进民生福祉。在此期间,漕泾村广大干部群众与时俱进,认真贯彻落实上级决策部署,充分发挥地理人文优势,村容村貌发生了翻天覆地的变化。现如今的漕泾村,村域人居环境优美,文化体育等基础设施完善,和美乡村建设成效日益显现,乡村面貌焕发崭新气象,群众获得感、幸福感大幅提升,这离不开漕泾人脚踏实地的不懈奋斗。漕泾村坚持党建统领,巧用"三治"法宝,加强队伍建设,做实"强企兴村"计划,村"两委"向心力、凝聚力、战斗力不断增强。

漕泾村在前进,漕泾村在蝶变。我相信,漕泾村的未来也将大有可为。希望漕泾村"两委"班子能够进一步发扬团结拼搏、实干为先的精神，继续坚持以党建为引领，以人民为中心，相信群众、发动群众、依靠群众，全面加强农村基层党建，切实抓好乡村振兴，有力推动农业持续发展、集体经济持续壮大，不断提升群众满意度。同时，继续坚持挖掘历史文化内涵，寻找属于漕泾人的"根"与"源"，给岁月以文明，也给文明以岁月。

怀古以励志，掩卷当奋发。在全市上下加快推进经济社会跨越式发展的伟大进程中，《漕泾村志》的出版发行无疑是一件可喜可贺之事。我衷心希望意气风发的漕泾村人能够珍视历史遗产，继承优良传统，面向未来，春暖花开。

桐乡市人民政府副市长

2023年3月18日

序 二

漕泾者，桐乡南鄙之行政村，下辖马家木桥、张家埭、大水路、范家门、汤家元等十五个自然村落，其东、南均与海宁相连。阡陌交通，河港纵横，为典型的江南农耕地区。千百年来，村民聚族而居，日出而作，日落而息，按四季时序，周而复始地演绎着农耕文明的生活和故事。

在漫长的水路交通时代，漕泾亦相对闭塞。只要没有战乱和重大天灾，村民都能平安度日。祖辈留下的劳作经验、生活习惯、祈神信仰、婚丧仪规、娱乐节令也能长久地延续和流传。一个村庄即一个世界，都各自完整地保存着自己的村规、祭祀的祖宗、祈佑的保护神、风俗礼仪、方言禁忌等等。众多村庄就是组成江南农耕文明的无数个文化细胞。

最近四十多年，华夏大地经历着一场千年大变局。随着改革开放不断深入，城市快速扩张，农村面貌也在不断变化。地形地貌在变，河浜道路在变，村落位置在变，生产形式在变，居住房屋在变，生活方式在变，各种风俗习惯也不得不跟着改变，传承了千百年的旧生产生活模式即将消失。因此收集、整理、编写村史、村志，成了当下一项重要工作。它是记住历史、留住传统文化根脉的最佳方式。《漕泾村志》即是一部能够承担这一使命的村史著作。

主编吕志江先生，一生教书育人，培养人才无数，退休之后又为家乡高桥承担编志重任。在此过程中，又应朋友之邀，穿插着为漕泾村编撰史，带领编写组成员四方收集和采录，不辞劳苦，经两年奔走和伏案，已将漕泾一地历史和旧闻收录殆尽，终于完成《漕泾村志》编写任务，真正是"功在当代，利在千秋"，为地方史学者、民俗文化研究者留下了一部珍贵资料。今《漕泾村志》即将付梓，承志江先生嘱为作序，敬缀数语以奉雅意。

叶瑜荪

2022年11月2日于容园

（注：叶瑜荪先生系桐乡市政协原副主席、嘉兴市文史馆馆员、著名竹刻家）

序 三

历史深处的故乡，是一个诗意的栖居地，小径竹林、院墙古井、屋舍俨然，有惬意安然的袅袅炊烟，有草长莺飞的乡野趣味，有稻粱丰硕的广袤沃野。我们的先辈们在这里繁衍生息、不竭奋斗，积淀起乡村发展的累累硕果，赓续着乡村文明的精神血脉，就如同苍天古树，年深岁久，经冬弥茂，一枝一叶皆是底蕴。

近几年来，在党的领导下，漕泾村人同心协力、筚路蓝缕，因地制宜探索出一条具有漕泾特色的农村发展之路，创新"三产"融合发展，焕发乡村文明新气象，建设宜居宜业的美好漕泾，用"三治"画笔绘就"民生富景图"。这是漕泾村貌日新月异的美丽蝶变，是漕泾村人踔厉奋发的前进历程，也是乡村振兴道路上的小小缩影。

盛世修志，志载盛世。如今，我们很多人生活在钢筋水泥丛林中，面对车水马龙、洋房矗立的现代繁荣，更需要这样一部村志，传承故乡文化的灵气和神韵，留住家乡的根。这部村志，让人念起乡音，记起乡愁，更能续起乡情。于每一个走出家乡、远离故土的人而言，它更是认识和了解家乡的一份宝贵礼物，是在"乡心新岁切，天畔独潸然"时足以慰藉乡愁的精神寄托。

《漕泾村志》编修工作由我们村"两委"牵头，邀请村里的乡贤和先生一起联手，追溯村落历史，记录变迁发展，史海钩沉，广采博录，几经易稿，终于完成。值此付梓之际，向全体编纂人员以及所有关心支持村志编写工作的朋友们致以衷心感谢。特别感谢主编吕志江老师为本志编著付出的大量心血和汗水，特别感谢屠建忠书记和叶瑜荪先生在百忙中为本志作序。

《漕泾村志》从我村的基本情况和历史沿革说起，最早可追溯到禹夏之时，凡举与村庄有关的事项，村域环境、村民自治、往来交通、方言土语、诗词文稿等全部详细记录，真实还原了漕泾村的历史风貌，揭示了盛衰变迁的历史规律，既是弦歌不辍的传承，也是未来发展的"灯塔"。

这本村志是为后辈子孙留下的珍贵史料，可作为其立身、治世、发展之鉴，也是我们全体村民建设现代化美丽家园的精神动力。当然，由于村志的编写工作量巨大，资料的收集难免有所缺失，文字的整理或有不足之处，这一点，期待后人来完善。

漕泾村党总支书记、村委会主任

2023年3月25日

凡 例

一、本志坚持以马克思列宁主义、毛泽东思想、邓小平理论、"三个代表"重要思想、科学发展观、习近平新时代中国特色社会主义思想为指导，以求实存真、详今略古为原则，力求做到思想性、科学性、史料性相融合。

二、本志记述范围为桐乡市高桥街道漕泾村地域。

三、本志记述时间，上限为东周（春秋战国）时期，下限为公元2021年12月底。

四、本志采用章节体，横排门类，布章谋节，纵述史实，先古后今。在此过程中，力求做到述而不论。

五、本志除序文、凡例、大事记、概况、编后记之外，编纂有18章83节，附录、附表穿插于相关章节之中。

六、本志除部分引文及方言土语外，均采用规范的现代语体文第三人称叙述，以述、记、表、图、录、照等为主要表述形式。1949年5月5日前以年号纪年，加注公元年号，1949年5月5日后以公元纪年；难以确认具体年份的，一般改用"年代"表述；所谓改革开放后，指1978年12月后。计数、计量、公元纪年用阿拉伯数字，特殊名称数字用汉字数字，保留民间亩、分、斗、升、尺、寸计量单位。

七、本志涉及人物以生不立传为原则，当代人物中收集少量有一定影响或名望的乡亲，予以简要介绍。人物简介和章节中的人物名录，因收集能力和时空所限，仅为部分，很不全面，且有差错。村民读者若有更正和补充，望及时提供给村委会，以便今后再版时补正。

八、本志各章节及附录中的史料，主要源自市档案馆、高桥街道档案室和漕泾村村委会提供的史料,以及高桥乡土文史资料、相关人员回忆等。《漕泾村志》编纂中,特别参考引录了清康熙《石门县志》、清光绪《石门县志》、《桐乡县志》(1996年版)、《桐乡市志(1991—2010)》(2019年版)和桐乡市相关部门编纂的许多部专业志,以及王士杰《桐乡土话:民间视角与地方记忆》、施长兴《南庄史略》、范宏杰《桐乡经开区(高桥街道)志·丛录》、陈祖堂《骑力村往事》、颜剑明《农家器具》、郁震宏系列文章等,摘引时皆未予以一一注明。

目 录

概况	1
大事记	5
第一章　建置区划	33
第一节　地理位置	33
第二节　建置沿革	34
第三节　行政区划	39
第二章　自然环境	41
第一节　地质地貌	41
第二节　气候气象	42
第三节　自然资源	44
第四节　自然灾害	58
第五节　环境保护	63
第三章　村级组织	65
第一节　党组织	65
第二节　行政组织	69
第三节　村务监督委员会	79
第四节　经济组织	80
第五节　群众社团	81
第六节　村务治理	89

第四章　人口状况

第一节　甲户与人口 ·· 97

第二节　村庄与姓氏 ·· 103

第三节　生育与死亡 ·· 105

第四节　流动与迁徙 ·· 108

第五节　少数民族 ·· 110

第五章　民生民政

第一节　村民就业 ·· 111

第二节　村民收支 ·· 116

第三节　村民生活 ·· 119

第四节　生活器具 ·· 130

第五节　民政慈善 ·· 148

第六节　便民服务 ·· 149

第六章　农业生产

第一节　土地权属演变 ·· 153

第二节　土地资源变迁 ·· 157

第三节　土地平整与水利建设 ·· 161

第四节　传统种植业 ·· 165

第五节　传统养殖业 ·· 174

第六节　现代农业 ·· 178

第七节　农肥与农机 ·· 181

第八节　通用农具 ·· 185

第七章　水稻

第一节　稻作历史与经验 ·· 197

第二节　水稻熟制与品种 ·· 199

第三节　稻作流程与环节 …………………………………200

　　第四节　专用农具 …………………………………………202

第八章　蚕桑 …………………………………………………205

　　第一节　栽桑养蚕历史 ……………………………………205

　　第二节　桑树栽培 …………………………………………208

　　第三节　养蚕流程 …………………………………………209

　　第四节　蚕桑业副产品 ……………………………………211

　　第五节　专用器具 …………………………………………212

第九章　工商经济 ……………………………………………217

　　第一节　工商经济萌芽 ……………………………………217

　　第二节　手工技艺 …………………………………………222

　　第三节　手工器具 …………………………………………231

　　第四节　现代工商 …………………………………………240

第十章　交通邮讯 ……………………………………………245

　　第一节　陆路交通 …………………………………………245

　　第二节　水上交通 …………………………………………251

　　第三节　邮信往来 …………………………………………260

第十一章　村庄民居 …………………………………………263

　　第一节　村坊与村组 ………………………………………263

　　第二节　公房与民宅 ………………………………………265

　　第三节　设施与配套 ………………………………………269

　　第四节　整治与美化 ………………………………………271

第十二章　文化体育 …………………………………………275

　　第一节　文化生活 …………………………………………275

　　第二节　文化遗产 …………………………………………282

第三节　歌谣、越剧、童谣、猜谜语 …………………………290

　　第四节　体育健身 …………………………………………………296

第十三章　教育事业 ………………………………………………………301

　　第一节　私塾教育 …………………………………………………301

　　第二节　幼儿教育 …………………………………………………302

　　第三节　小学教育 …………………………………………………302

　　第四节　中学教育 …………………………………………………307

　　第五节　成人教育 …………………………………………………309

第十四章　卫生保健 ………………………………………………………313

　　第一节　机构与队伍 ………………………………………………313

　　第二节　合作医疗制度与服务 ……………………………………315

　　第三节　防病与治病 ………………………………………………318

　　第四节　公共卫生与农家卫生 ……………………………………318

　　第五节　接种与防疫 ………………………………………………326

第十五章　民风习俗 ………………………………………………………329

　　第一节　民风 ………………………………………………………329

　　第二节　生产习俗 …………………………………………………332

　　第三节　生活习俗 …………………………………………………341

　　第四节　时节习俗 …………………………………………………356

　　第五节　游玩习俗 …………………………………………………363

　　第六节　信仰习俗 …………………………………………………366

第十六章　方言土语 ………………………………………………………371

　　第一节　乡音土白 …………………………………………………371

　　第二节　惯用俗语 …………………………………………………398

　　第三节　谚语 ………………………………………………………409

第四节　歇后语···417

第十七章　人物乡亲···423
　　第一节　古代先贤···423
　　第二节　民国人物···439
　　第三节　当代乡亲···446

第十八章　诗词文选···473
　　第一节　诗词···473
　　第二节　文选···485
　　第三节　传说故事···515

编后记···527
鸣谢···529

概　况

"漕泾",原本是一条河港的名字,即漕泾港,相传取意"漕运之河港"。明清多部《崇德(石门)县志》载有"漕泾港"及其附近的"方田村""洛水港"等名称。

作为漕运水道,"漕泾"一名最早出现于何时,尚无考。或许南宋或明代,时京杭古运河桐乡段漕运常遇匪霸盗贼抢劫,加上高桥一带农田成片,属重要产粮区,为确保漕米收集方便与运输安全而改走此港,此港两端连接语溪(南沙渚塘)和洛溪(洛塘)。或许更早,隋唐大运河(江南河段)开通前的千年历史中,贴境而过的语溪(南沙渚塘)和洛溪(洛塘)及其相连线——纵贯村域的漕泾港等所构成的水系,是连接长水(百尺漊、陵水道)与崇长港(越水道)的主要水上通道,西通崇长港,可达杭州,东连长水塘,能抵北方。

漕泾村,因港而名。作为村名,最早源自1959年3月20日成立的"漕泾"。1961年7月18日,"漕泾"更名"漕泾生产大队",1983年10月变更为"漕泾村"。

据传,禹夏分天下为九州,如今杭嘉湖平原,包括其中的漕泾村域,地属扬州,当时已有先民光顾,留下原始农业痕迹。东周列国,战火纷飞,漕泾时吴时越。明万历《崇德县志》载:"吴越战场在塘东有数处,大者曰东荡,界桐溪盐官间。"村域地处原崇德县东南角,连海宁,近桐乡,自然处于东荡战场范围内,村域北沿与春秋时期所筑之晏城,空中距离不到3千米;境内墩子浜东岸约200米处,曾有一处高程五六丈的土墩田横,据老辈人传言,这是当年吴越作战时的烽火台!

历史长河中,漕泾地域先后隶属长水、由拳、禾兴、嘉兴、崇德、石门县的语儿(亦曰御儿)乡,其中明清二代隶属语儿乡四都十图和十图东邻区域。

民国二十二年(1933),村域隶属崇德县第四区骑塘乡,内设第一、第二、第三、第四、第五保,后变更为第一、第三保。民国三十五年(1946)10月,村域归属崇德县梵山乡,内设第十一、第十二保,后变更为第一、第三保。

1949年5月，村域解放，村域仍属梵山乡，翌年春改属骑塘乡，设第一村（全部）和第三村（部分）。1956年2月，境内成立骑塘乡一联社，此后村域区域范围基本稳定至今。1958年10月1日，地属崇德县留良人民公社第五大队，11月21日随崇德县并入桐乡县。1959年3月20日，第五大队析分为漕泾、骑塘生产队，均隶属桐乡县留良人民公社骑塘管理区，漕泾下辖第一、第二、第三、第四连（生产队），后析为20个生产队（习惯称小队），再调整为15个小队。1961年4月，漕泾生产队隶属骑塘人民公社；7月18日，漕泾生产队更名为漕泾生产大队；9月，里门桥小队划归骑联大队。1969年5月至1978年4月漕泾大队曾更名为红光大队。1983年10月，村社分设，设骑塘乡漕泾村，下辖30个村民小组。2001年10月，隶属高桥镇，2017年8月，隶属开发区（高桥街道）。

漕泾村，地处桐乡市高桥街道最南端，南靠海宁桐乡横向界河洛塘，与斜桥镇斜西村隔塘为界；东止于纵向界河洛水港，与斜桥镇黄墩村隔港为界；最西端抵相庄港，西南与骑力村毗邻，西北与湘庄村相连；正北与晚落村耕地相通，东北角查坟前与楼下角村隔南沙渚塘相望。桐斜公路和骑斜公路分别纵向横向穿村而过，村委驻地马家木桥，东南距海宁市斜桥镇区2公里，北距高桥集镇3.2公里，距桐乡市区13公里。

漕泾村域，平均海拔约6米，较桐乡市其他村最高。地理坐标为东经约120°55′，北纬约30°28′。属亚热带季风气候，春湿夏热秋干冬寒，四季分明，雨水丰沛，日照充足。境内一马平川，无一山丘，曾经的漕运通道——漕泾港纵贯全境南北，洛水港与相庄港分列东西两侧，洛塘和南沙渚塘分贴南北边境而过，从而形成"曰"字状河网框架，内穿插小河小浜众多，实乃江南水乡，风水宝地。

1985年，全村15个大村坊、30个村民小组，共有559户2318人。有耕地2342亩，其中水田1880亩、旱地462亩；另有桑地725亩。年产粮食299万斤、蚕茧1699担、油菜籽1704担、络麻1414担、榨菜21000担、鲜蘑菇240担。全年饲养生猪2526头、家禽5531羽、兔5230只，湖羊年终存栏3794头。村办企业有袜厂、皮鞋厂、皮件厂、手套厂等6家。有小学1所，学生270人。

2006年，总土地面积为2902亩，其中水田1832亩，专桑地681亩，以种植水稻、桑树、蔬菜为主，有30个村民小组，645户人家，总人口2335人。村内有私营企业45家，个体工商户20家。村党支部共有党员58人，其中家庭年收入超10万元的党员有4人，其中有15名党员带头搞经商、个体加工业致富。村民年人均收入8550元，村集体可支配收入43.7万元。

2009年3月,漕泾村经多年努力建设,获评为"桐乡市文明村",桐乡市委、市政府给漕泾村颁发了文明村牌匾。

2014年,漕泾村产业仍以农业为主,兼有部分个体、私营工业企业。农业以水稻、蔬菜、葡萄、苗木、蚕桑、猪、羊、鸡等种植、养殖业为主。工业有袜子生产、纸箱生产、皮件制作、灯头小五金制造等。时年有私营企业3家,个体工商户20余家;村经济总收入22764万元,农民人均收入23000元,村集体拥有出租房屋4300平方米、集体土地41.1亩等资产,村级集体可支配收入208.01万元。

2020年,实现村级集体总收入858.61万元,村级经常性收入243.76万元;村民人均可支配收入42253元。2021年年底,村域总面积2.1平方公里,总土地面积为2893亩,其中水田1840亩,专桑地681亩;有30个村民小组,农户637户,户籍人口2324人。

千百年来,村域农耕文明发达。1949年后的一个相当长的时期,漕泾的农业生产和乡村教育一直是公社(乡)乃至整个桐乡的先进典型。21世纪后,漕泾村先后获得浙江省卫生示范村(2007)、人口与计生基层群众自治示范村(2012)、高标准农村生活垃圾分类示范村和嘉兴市科普村(2008)、"三治融合"示范村暨"无讼"村(2019)、民主法治村(2019)、人居环境优胜村(2020)、"除四害"村(2021)以及桐乡市"三无"达标村(2002)、先进调解委员会(2005)、"五好"党组织(2007)、绿化示范村(2008)、科普村(2008)、人口与计划生育先进集体(2007、2009、2011、2014)、先进党组织、A级景区村庄、全面小康建设整治达标村(2008)、生态村(2008)、文明村(2009)、充分就业村(2009)、第二次经济普查先进集体(2010)、扶残爱心村(2013)、治水美村(2016)、小康型老年体育示范村(2019)、农村环境全域秀美第一批典范村(2020)、村级集体经济壮大工程先进村(2020)等荣誉。近年来,学习强国、浙江在线、浙江新闻客户端、新蓝网、浙江电视台"中国蓝"新闻频道、嘉兴电视台新闻频道、桐乡电视台文化教育频道、"桐乡发布"等媒体先后报道过漕泾新农村建设、现代农业、垃圾分类、红色路长、国庆主题活动、红忆馆里忆党史、居家养老中心落成、抗击疫情等。

截至2021年,漕泾村容整洁漂亮,村民聪明勤劳,村风敦厚淳朴,是一处宜业宜居的美丽乡村。

桐斜路漕泾村北入口村标

大事记

春秋战国
（前770—前221）

《越绝书》载"语儿乡，故越界，名曰就李……吴疆越地，以为战地，至于柴辟亭"，村域隶属御儿（一作语儿），为吴越战区，时吴时越。

另据明万历《崇德县志》"吴越战场在塘东有数处，大者曰东荡，界桐溪盐官间"，时村域位于崇德县东南角，连海宁，近桐乡，当在古战场范围内。

周敬王六年（前514）
置长水县，地属长水县御儿。

周显王三十五年（前334）
楚灭越，地属楚。

秦
（前221—前206）
置会稽郡，下辖长水县，地属长水县御儿。

秦始皇三十七年(前210)
改长水县为由拳县，地属会稽郡由拳县御儿。
时挖陵水道（今长水塘，另一说为百尺渎），并与越水道（今崇长港）连通，连通水道洛溪、语溪等贴境而过。

两汉
（前206—220）

西汉高祖五年（前202）
随会稽郡入楚，地属楚国由拳县御儿。

西汉高祖六年（前201）
地属荆国。

西汉高祖十二年（前195）
改荆国为吴国。

西汉前元四年（前153）
复归会稽郡。

东汉永建四年（129）
地属吴郡由拳县御儿。

时烧草放水种稻，稻草并生，高七八寸复放水，灌水草死稻长，此法称"火耕水耨"。

三国
（220—280）

吴国政治家、军事家陆逊为海昌屯田都尉兼领县事，领军屯田，营址设在路仲。村域紧贴海宁，与路仲直线距离仅5千米。

吴黄武六年（227）
设语儿乡，村域隶吴郡由拳县语儿乡。

吴黄龙三年（231）
由拳县改禾兴县，再改嘉兴县，村域隶属吴郡嘉兴县御儿。

时吴地"四野，则畛畷无数，膏腴兼倍"，"国税再熟之稻，乡贡八蚕之绵"（晋左思《吴都赋》），可见本地已有再生稻和蚕丝绵。

两晋十六国
（265—420）

西晋泰始元年(265)
杨泉《蚕赋》记有稚蚕恒温饲育、桑叶切成面条状、定时饲喂和眠起时的温湿调节技术等。

隋
（581—618）

地随嘉兴县语儿乡入吴县（苏州），后一度改隶杭州钱塘郡。

隋大业六年(610)十二月
隋炀帝杨坚下令开凿江南运河，后为漕运通津，贴村域而过的语溪和洛溪之漕运地位渐降。

隋贞元六年(790)春
疫发，死人甚多。

唐
（618—907）

唐贞观元年（627）
复置嘉兴县，隶苏州，地属苏州嘉兴县语儿乡。

唐乾符六年（879）
升语儿乡为义和镇，地属义和镇。

五代十国
（907—960）

时地属吴越国钱氏地，乃国都杭州远郊。

后梁开平元年(907)

吴越王钱镠取"保境平安"国策,修水利、开圩田,发展农桑,社会安定,农村"桑麻遍野"。是年,废义和镇,地属杭州嘉兴县语儿市。

后晋天福三年(938)

吴越王钱元瓘割嘉兴县西南之语儿等七乡置崇德县,地属崇德县语儿乡。三年后,改隶秀州。

两宋
(960—1279)

北宋大中祥符五年(1012)五月

本地荡田始引进栽种占城稻以防旱。

北宋庆历四年(1044)三月、**皇祐元年**(1049)、**元祐四年**(1089)

疫情大作。

北宋元丰六年(1083)

洪灾后庐舍漂荡,民弃田卖牛,散走乞食。

南宋建炎元年(1127)

宋室南迁临安(今杭州),中原居民将由内蒙古羊选育而来的中原绵羊带入本地,后经圈养培育成稀有品种——湖羊,村域饲养至今。

南宋淳熙时(1174—1189)

本地已有杭白菊种植。

南宋庆元元年(1195)

村域隶属浙西路嘉兴府(后又改嘉兴府为嘉兴军节度)崇德县语儿乡。

南宋淳祐元年(1241)后

村域渐成"桑基圩田""桑埂鱼塘"农村景象。

元
（1206—1368）

元至元十三年（1276）后

地属浙江省嘉兴路（后改嘉兴军，复改嘉兴府）崇德县（后曾一度改为崇德州）语儿乡。

元至元二十六年（1289）

朝廷下诏后，逐渐种植棉花，部分丝织品逐渐为棉花所代替，蚕桑业开始受到一定影响。

元泰定三年（1326）八月

盐官州大风海溢，捍海堤崩东西三十余里，南北二十里，迁居民一千二百五十家，以避之。村域南距海塘20里内。

明
（1368—1644）

明初，有吕氏自新昌转德清、崇德县城迁入境内，抽枝散叶，成为境内大族。

明洪武二十七年（1394）

诏户部教民多栽桑树，并派熟练的人传授种植方法，本地蚕桑业大发展。

明永乐元年、二年（1403、1404）

户部尚书夏原吉和左通政赵居宸至本地督修圩种桑。

明宣德四年（1429）

境内张家门张俊（张玘曾祖），中己酉科举人，曾任伴读（从九品）、太平府训导等职，曾为其立"应魁坊"，至清代毁。

明成化九年（1473）

十月初二，张玙出生在境内张家门。

明成化十七年（1481）

境内人张嚣（张玙父亲，监生，教谕）任福建泰宁县训导。

明弘治六年（1493）五月、正德五年（1510）五月、正德六年（1511）五月

大疫。

明正德八年（1513）

张玙考中癸酉科举人，系浙江乡试第六十二名。

明正德十二年（1517）

境内张家门人张玙登丁丑科进士，系会试第一百六十八名。

明嘉靖年间（1522—1566）

吕希周家族扩建吕氏庄园，挖湖筑山，范围覆盖今漕泾村域。

明嘉靖五年（1526）

吕希周中丙戌科进士，系第二甲第四人。

明嘉靖三十八年（1559）夏

疫病流行。

明万历二十八年（1600）

境内始种烟叶，自产自用。

明万历三十九年（1611）

本地推广小麦移栽技术。

明万历四十年(1612)夏
大疫。

明崇祯十五年(1642)
大疫,十室九死。

清
（1644—1911）

顺治五年(1648)九月
大疫,死者无算。

康熙元年（1662）
改崇德县为石门县,地属语儿乡四都十图不变。

康熙二十二年(1683)四月
疫疠盛行。

乾隆二十一年(1756)四月
民食榆皮,甚有抢攘者,四月时米价至三千四百有奇,闾巷有殍,疫疠盛行。

嘉庆六年（1801）春
大疫。

嘉庆八年（1803）四月
海宁袁花查懋（武侠小说家金庸七世祖）之柩与汪恭人、刘恭人合葬于境内查坟前地界,后子查世倓（乾隆年间解元,官至刑部郎中）、曾孙查绍钱（道光二十六年举人）、玄孙查宸华等人亦卒葬于此。

咸丰十一年（1861）二月
太平军攻入,村域沦陷。

同治元年（1862）夏季

大疫。

光绪元年至二十年（1875—1894）

大量嫁接桑苗。

光绪二十八年（1902）夏秋

大疫，死人甚多。

宣统元年（1909）七月

大疫；十月，海宁农田被筑为沪杭铁路后，地主仍旧逼租，激起农民反抗，聚众上万分两路进攻海宁县城，境内农民亦有参加者。清政府派军队镇压。

中华民国

（1912—1949.5）

民国元年（1912）2月

村民剪除辫子。

民国二年（1913）前后

境内有马家木桥私塾（塾师无考）、张家埭私塾（塾师名如忠，姓不详）。

民国三年（1914）一月

复名崇德县，地属浙江省钱塘道崇德县第四自治区。

民国十四年（1925）二月

军阀混战，时有孙传芳军过境；五月下旬至八月，大疫，村人有死。

民国十七年（1928）十二月

按省政府令，统一使用市尺、市称、市升。

民国十八年（1929）
政府核发业户方单（土地证）。

民国十九年（1930）六月
霍乱流行，有人死。

民国二十年（1931）后
村域渐种榨菜。是年九月至十一月，霍乱流行。

民国二十一年（1932）后
村域隶属崇德县第四区骑塘乡。是年八月，霍乱又起，病者众。

民国二十二年（1933）
改闾邻制为乡镇保甲制。村域涉骑塘乡第一、第二、第三、第四、第五保，甲数无考。

民国二十三年（1934）
因旱而庄稼绝收，惨况为近百年所未有。

民国二十四年（1935）前后
境内有区立潮泾港初级小学、区立大水路初级小学。

民国二十六年（1937）十一月十五日
日寇进犯，村域沦陷。

民国二十七年（1938）
日伪扫荡骚扰，民不聊生；十二月骑塘复乡，地属梵山区骑塘乡。

民国二十八年（1939）
学校恢复，时有骑塘乡第二保小学校，有复式班1个。

民国二十九年（1940）九月

霍乱流行，死者众。

民国三十年（1941）春季

蚕桑遭日伪破坏，茧子绝收；五月，骑塘乡第三保小学校在马家木桥；二十日《骑塘乡急赈款领赈清册》载，第一保被日寇烧毁民宅25间，拆卸民宅5间，开枪打死村民1人（张芝山），被日伪军拉夫致死1人（陈祥源），流弹致死2人（张杨氏、张二宝）。

民国三十五年（1946）五月

重编保甲，村域涉第一、第二、第三保；下半年，兴修水利之南沙渚塘；八月，骑塘乡第三保国民学校改名为漕泾港国民学校；十月一日，随骑塘乡并入梵山乡，编为第十一、十二保，后调整为第一保和第三保（部分）。

民国三十六年（1947）春

漕泾港国民学校改名梵山乡第十二保国民学校（秋复名漕泾港国民学校）；三月十八日，开始疏浚大水路、里门桥等处河道；是年境内18岁以上常住居民首次申领国民身份证。

中华人民共和国

1949年

5月5日，村域解放，地属崇德县留良区梵山乡。

是月，一队解放军入驻一村封家场、大水路和三村陆家门、斗富兜等村坊，约20日后开拔往上海方向；漕泾港国民学校改名为漕泾港初小，地址仍在马家木桥，张宝堂任负责人。稍后，有村民参与减租和剿匪反霸斗争。

11月，废除保甲制，村域设第一村和第三村（部分），隶属崇德县留良区梵山乡；同月，成立第一、第三村基干民兵队和农民协会。

冬，境内创办冬学，组织农民入学，利用晚间学文化和接受时事形势教育，小学教师、乡村干部兼任教员。

1950年

3月,地属崇德县城关区骑塘乡。

春,漕泾港初小在大水路创办分部。

12月,崇德县土改工作队蔡一等人进村,指导土改工作,境内6人划为"地主分子",14人划为"富农分子"。

冬季,发动村民开展大规模农田治螟运动。

1951年

9月21日,一村沈雪章、沈廷忠报名参加抗美援朝乌镇新兵训练团备战,后停战未入朝。

10月,开展土地整籍定权发证工作,县政府向境内农民颁发《土地房产所有证》。

是年,一村冬学改为民众学校,组织民众扫盲识字学文化;掀起"三反"("反贪污、反浪费、反官僚主义")运动和"镇压反革命"运动,境内有11人划定为"反革命分子",另有7人划定为"坏分子"。

1952年

3月至5月,发动村民进行以抗旱为主的河道疏浚;同时派出民工参与进行疏浚六里港水利工程建设。

6月,开展防治血吸虫病工作。

8—9月,取缔"一贯道"等三种反动会道门组织。

11月,双元村范凤仙入党,成为骑塘乡1949年后第一个中共党员。

是年,陆家门12户农户自愿组建农业生产互助组,后互助组普遍建立起来。

1953年

1月始,掀起"新三反"("反官僚主义、反命令主义、反违法乱纪")运动。

4月,为方便普选,第一村下设第一、第二代表区,第三村下设第五、第六代表区,均隶属崇德县城关区骑塘乡。

7月,参与全国第一次人口普查工作。

秋,粮食实行统购统销,开始使用粮票。

是年，贯彻新《婚姻法》。

1954年
4月，棉花、油菜籽等实行统购统销，村民始用棉布票、菜油票等。

春，始有村坊农户选择在宽敞民宅，组建首批小蚕共育室，塔石桥共育室由张金荣负责。

夏季，农民以车水圩头为单位，组织起来，排涝抢种，重种苗秧，移苗补植。

11月，一村内组建群益农业生产合作社，三村内组建永丰农业生产合作社。

是年，始有县乡血吸虫病专业防治人员到境内指导查灭钉螺。

1955年
5月始，开展"肃清反革命分子"运动。

7月，贯彻新《兵役法》，开始实行义务兵役制度。

10月，一村成立联益农业生产合作社；三村成立民益农业生产合作社。

11月，三村民益农业生产合作社获崇德县奖励1台脚踏打稻机。

冬，以工代赈，打坝并圩。同时疏浚南沙渚塘，自崇德运河口至境内查坟前。

1956年
2月，第一村群益社与联益社合并为骑塘乡第一高级社（一联社），三村民益社之范家门、陆家门、汤家元、里门桥、塔石桥、张家门划入一联社，社址驻马家木桥，下辖21个村组，社长冯储昌，隶属崇德县骑塘乡；成立骑塘一联社团支部，首任支部书记沈关源；成立民主妇联，首任主任为范凤仙（大）。

春，改革水稻耕作制度，试种双季稻、连作稻。

是年，境内引种胜利油菜；社员劳动实行工分制，男劳动力劳动一天记10分，女劳动力劳动一天记7分，年终按工分计酬分配。

1957年
春，组织群众参与增产节约运动。

4月始，开展"整风"运动，反对官僚主义、宗派主义、主观主义。

6月始，反右派斗争扩大化。

8月始,开展农村社会主义教育活动。

是年前后,一联社负责拆除民房,马家木桥原址建造朝南教室一排。

1958年

1月,一联社设党支部,张柏荣首任支部书记,受骑塘乡党总支领导。次年改为由党委领导。

8月11日—14日,村、队干部参加崇德县庆祝早稻丰收大会,此后,出现"拔白旗、浮夸风、放卫星"现象。

9月始,派员赴崇德县城参与"全民大炼钢铁",陆德林等青年被征集外出支援国家重点建设工程。

10月,第一联社(漕泾)与第二联社(骑力)组成留良人民公社第五大队。

11月23日,崇德县并入桐乡县,漕泾随留良人民公社并入桐乡县。

是年,白喉流行;开展"全民除四害运动",实施查钉螺和血吸虫病普查;境内建有信用服务站,隶属留良公社信用社星石信用分部;于圣帝殿建造境内第一座机埠,后又有张家洋、王家木桥、大水路机埠;建起大队畜牧场,获县里奖赠大队的20吨木船一条。

1959年

1月,漕泾港学校成为完全小学,开齐六个年级;马家木桥沈家院内系小学总部,余宝庵、方田村等设分部。

2月,上级指派人员入境实地清丈农村土地面积,参与全国第一次土壤普查。

3月20日,五大队析分为漕泾、骑塘生产队,隶属留良公社骑塘管理区。

是年,农业生产二熟制普遍改为麦(油菜、豆)、稻、稻三熟制;张乾山成为漕泾生产队脱产卫生保健员,同时各生产小队陆续指定兼职卫生员。

1960年

春,引进迟熟、矮秆、耐肥、多穗高产的早籼矮脚南特号水稻品种。

9月,全县第一次发放《居民购货证》,按户籍一户一证,凭证使用。

11月,开始"整风整社"运动,纠正"共产风",公共食堂先后散伙。

是年,公社权力下放,以生产大队为基本核算单位,算账退赔,恢复社员自留地和家庭副业;在原乡村俱乐部基础上成立漕泾大队毛泽东思想业余文宣队,20年后自行解散。

1961年

春,贯彻《农村人民公社工作条例》,实行"公社、大队、小队三级所有,队为基础",停办公共食堂,划分社员自留地,允许社员饲养猪羊,经营家庭副业,解决口粮不足。

4月,从留良人民公社析出骑塘人民公社,漕泾大队隶属骑塘公社。同月,设立队监察委员会,监督队务活动,主任周子山,组织延续至1966年5月。

7月18日,漕泾生产队正式改名漕泾生产大队,下辖20个生产小队。

是年前后,圣帝殿机埠上开办粮食加工厂;国家三年经济困难时期,村民以胡萝卜、菜蒲头、荸荠、茅草根、水草根、榆树皮、蕉藕、豆腐渣、甘薯藤嫩头、花草(紫云英)嫩头等为食。

1962年

4月,大队通电,机埠抽水始改柴油机皮带传动为电动马达带动。

7月,漕泾大队小学首届学生毕业(仅11人)。

秋,境内土地由大队所有改为生产队所有,并以生产队为基本核算单位。

是年,15个小队均办起畜牧场。

是年后,多人因下放而带着家属回村安家。

1963年

3月始,开展"学雷锋"运动。

是年,疟疾暴发流行;是年前后,孙家埭等生产队开始陆续建造公房兼小蚕共育室;大队接收第一批上山下乡知识青年,张炳连、张永年、张永芬、张永发等安置在塔石桥。

1964年

7月,参与全国第二次人口普查。

11月,大队建立"贫下中农协会"("贫协"),主任徐岳堂等。

冬，大队一级开展清理账目、清理仓库、清理财物、清理工分的"小四清"。

是年，大队部始有广播机，稍后利用广播线接通手摇电话；开始打击"投机倒把分子"；同时进行"反修防修"教育；脊髓灰质炎流行。

1965年

春，停"小四清"，继起"清政治、清经济、清组织、清思想"，简称"四清"运动。

上半年，学校办到家门口，除漕泾大队小学及其塔石桥、大水路二所分校为全日制学校外，另有吕家木桥、南庄桥、汤家元、范家门等村坊举办非全日制耕读小学。

4月，书记张仰浩参加全县三级干部大会，开始"农业学大寨"，延至1976年。

6月，组建大队、小队二级植保（农作物医生）队伍。

是年前后，境内每个小队的中心位置安装第一批广播喇叭。

1966年

下半年，"无产阶级文化大革命"全面爆发。

11月5日，大队保健员张乾山参加县卫生局半农半医培训班。

11月，社员吕福生作为革命学生代表进京。后又有陆锦炎、陆炳金、沈仁昌等前往北京参加"毛主席接见红卫兵"活动。

是年冬至翌年春，组织全大队部分社员参加乌镇市河疏拓工程。

1967年

是年，开始机泵供水，淘汰水车；恢复以大队为核算单位，下辖15个生产队。

1968年

春，大队成立贫下中农管理学校小组，徐岳堂任贫管组组长，学校具体负责人为吕学良，后改为张炳铨。

秋，成立"大队革命领导小组"。

冬至翌年上半年，组织社员参加金牛塘开挖工程。

是年，大队在圣帝殿建造砖瓦厂（土窑），张富荣为负责人，王仕芳负责具体工作。

1969年

3月，漕泾大队启动农民合作医疗制度，在马家木桥东桥塊的平房设合作医疗站。

5月，漕泾生产大队更名红光生产大队。

11月21日，成立"公社信用社革命领导小组"，漕泾人张富荣、冯储昌成为小组成员（共13人）。

冬，组织部分社员参加康泾塘、青石桥港疏拓工程。

是年，社员家庭基本普及电灯泡照明；成立大队"贫下中农管理学校小组"（"贫管组"），漕泾学校开始"忆苦思甜"，吃"忆苦饭"等。是年前后，境内成立桐乡县联总公社联总东风兵团。

1970年

1月始，开展"一打三反"（"打击反革命破坏活动、反对铺张浪费、反对贪污盗窃、反对投机倒把"）运动。

5月1日，漕泾大队合作医疗纳入公社合作医疗体系；响应"一定要消灭血吸虫病"号召，开展处理钉螺、验大便、治病人等活动。

秋，开展"斗私批修""割资本主义尾巴"等运动。

是年，大队学校扩建；是年前后，"深挖洞，广积粮"，各小队在田边或村庄边的高岗挖防空洞。

1971年

春，组织部分社员参加崇福市河疏拓工程。

2月，购置第一批手扶拖拉机，组建大队机耕队，各小队水田集中统一调度机耕。

10月，省军区派出卫生医疗队来支援防治血吸虫病工作。

冬，组织全大队社员参加（乌镇）白马塘疏拓工程；第二次疏浚南沙渚塘（内含村域内查坟前段），河面宽25米，河底宽3米，河底高程0.5米。

是年开始，大队文艺宣传队恢复排练与表演；恢复自留地制度和按劳分配；大队干部、会计、出纳、植保员、放水员、机手等人员全年固定补贴工分，参照同等劳力记分办法；社队企业务工社员由个人或单位向所在小队缴纳公共积累，参加口粮分配。

1972年

1月，组织民工参与开挖石门白马塘工程；开建漕泾大队通往骑联大队的机耕路。

3月后，贯彻"以粮为纲，全面发展"方针；贯彻农业"八字宪法"，实行科学种田。

秋，陆德林代表漕泾大队到湖州出席嘉兴地区农业表彰大会，以"大队干部劳动三百天"为题作经验介绍；秋，漕泾大礼堂建造竣工，并在礼堂里开辟血吸虫病集中收治点。

是年，广播已陆续普及到各家各户。

1973年

秋，学校办起小学戴帽子二年制初中班，大队学校由张宝堂儿子张宏良负责。

冬，大搞土地平整、整修水利，建设"大寨田"。

是年，开展党的基本路线教育运动，强调"以阶级斗争为纲"，直到1978年结束。

1974年

4月，大队文宣队现代剧《半篮花生》选拔胜出，赴桐乡县人民会堂参加农村文艺汇演，广受好评。

秋，村内学龄儿童入学率达到100%，此后连续七年100%。

是年后，家家户户建沼气池，沼气烧饭，池粪肥田；大队部开办星石供销社下伸店；开始"批林批孔"。

1975年

初春，大队购电耕犁2台。

春，县教育局机关干部下基层联系漕泾大队，后成为惯例，持续近10年。农忙季节，施扼蓬副局长带队来大队指导工作，并在小农场和部分小队参加集体生产劳动，同时调研和指导乡村教育。

7月，境内学校培养的首届初中生约40人毕业。

夏，大队在马家木桥东侧开辟良种试验场，习惯称小农场，1985年关停。

是年前后，填太子浜部分河道；大规模修筑机耕路；境内交通要道处竖毛竹，安装高音喇叭。

1976年

1月8日后，大队干部和社员群众沉痛悼念周恩来逝世。

3月，开展所谓的"反击右倾翻案风"运动。

9月9日，沉痛悼念毛泽东逝世。18日，大队干部前往相庄①大队礼堂参加追悼大会。

10月，党中央粉碎"四人帮"，"文化大革命"宣告结束，干部群众欢欣鼓舞。

1977年

1月，开展"普及大寨县"运动，漕泾大队被评为"农业学大寨"先进集体。

8月，漕泾学校被评为桐乡县抓纲治校先进集体。

10月20日，大队派陆财林到留良公社华光大队参加桐乡县深沟阔塄冬种现场会。

是年底，知识青年陆续返回城镇。

1978年

3月，吕家木桥洛塘河边创办漕泾袜厂，厂长陈建坤。

4月，复名漕泾生产大队。

7月，沈德荣成为恢复高考制度后漕泾的第一位大学生。

11月15日，组织民工参与长山河出海工程第一期（海宁施岭段）开挖工程。

冬，组织民工疏拓村西侧相庄港和北端南沙渚塘。

是年开始，大力开展农民业余教育，先后办起青年扫盲班、少年识字班、农民文化提高班等。

---

① 相庄：2000年12月，相庄村与湘棻村合并后改名为湘庄村。

1979年

上半年,"地、富、反、坏分子"一律摘掉帽子,给予人民公社社员待遇。

秋,桐乡县教育局在漕泾学校召开全县普及初等教育现场会。

是年,张德庆家获香港亲戚赠送电视机一台;境内基本消灭血吸虫病。

1980年

4月,大队在马家木桥创办全日制幼儿班,首名幼师为陆玉芬。随后,大水路一间公房内再开1班。

7月15日,农行桐乡支行表彰上半年信用社先进理事,村人张富荣上榜。

冬,除南庄桥、查坟前、大木桥、马家木桥、张家门外,其余生产队皆分小小队。

是年,流感大流行;沈进福家购置12寸西湖牌黑白电视机;全大队社员平均收入178.82元。

1981年

秋,农业生产承包到操作班。

是年后,陆续有村民购买自行车,在乡村泥路上骑行。

1982年

春,团支部和妇委会创办文化俱乐部,地点在大队五金厂楼上。

3月,随全县开展第一个"文明礼貌月"活动。

5月,春蚕发生大面积氟化物污染中毒,产量大减。

是年,漕泾大队调解委员会受桐乡县人民政府表彰奖励;大队新挖河道,俗称"新开河"。

1983年

春,全大队实行家庭联产承包责任制,土地承包到户。

8月,嘉兴地区行署撤销,地属嘉兴市桐乡县骑塘乡。

夏,调查显示全村时有二层楼房785间,三层楼房7间。

10月,漕泾大队更名漕泾村,成立村民委员会和经济合作社,下辖30个村民小组。

11月,学校改名为漕泾村小学。

是年，应纳农业税开始改为由农户自行缴纳；漕泾村春蚕张产80多斤，吕明元前往桐乡县蚕桑生产大会上作经验介绍；农民合作医疗及其漕泾村合作医疗站名存实亡。

1984年

春，村内有机埠2座，电力排灌装机10处，合计11台82千瓦。

上半年，全村拥有水井118口。

秋，塔石桥上南浇筑第一条水泥小路。

冬，组织民工参与长山河出海工程第二期（灵安段）。

是年，测得境内耕地2575.9亩；普及初等教育（小学五年）工作中，漕泾村成为先进集体。

1985年

2月，本地已基本消灭丝虫病（大脚风）。

9月10日，庆祝第一个"教师节"，村干部慰问村小教师。

下半年，组织党员参与整党活动。

冬，组织民工参与长山河出海工程第三期（同福段）。

是年，村办企业有袜厂、皮鞋厂、皮件厂、手套厂等6家。

1986年

5月，春蚕大面积爆发氟化物中毒。

是年，开始连续多年实施圩区治理和圩区建设工程，改造箱子田，建设高产稳产吨粮田。

1987年

5月，春蚕再次大面积爆发氟化物中毒。

7月起，取消土葬，实行火化。漕泾村第一个被火化的是陆寿海。

7月，境内停办初一初二班。

是年始，连续多年爆发"蚕茧大战"，茧价趋高；修筑水泥渠道，为防渗，以混凝土浆砌，用于灌溉。

1988年

下半年，村民领到第一代"居民身份证"。

1989年

春，开始修筑骑力至漕泾线的乡村碎石公路。

是年开始，实施农业综合开发，建设标准农田，推出农业产业化经营项目。

1990年

8月，漕泾村小学至东侧良种场地块异地新建。

11月2日，一律取缔家庭接生，家庭接生的出生证明一律无效。

11月14日，设村级卫生保健站，实行集体办医，坚决取缔乡村医生私人行医。

是年，全面铺开土地承包小调整工作；全村622户，共2504人。

1991年

3月，漕泾村召开村民代表大会，选举产生治安保卫、人民调解、文教福利三个委员会。

12月，实行互助合作医疗保健制度。村里成立互助合作医疗领导小组。

12月，随桐乡县宣布全县消灭血吸虫病；张家洋机埠向东浇筑水泥渠道。

是年，开始组织村民整户参加"大病补偿型"合作医疗基金；获桐乡县粮食生产先进集体。

1992年

上半年，境内始有农户申请架线安装私宅电话。

组织党员学习邓小平"南巡讲话"，鼓励发展个体、私营经济。

村幼儿园开始分设大班、小班。

1993年

5月，撤县建市，隶属桐乡市骑塘乡。

是年，村民始购摩托车；村调解委员会获评桐乡市调解工作先进集体；漕泾村获评桐乡市土地管理"达标村"；境内始有人使用"大哥大"。

1994年

6月,建立漕泾村初级卫生保健工作领导小组。

冬,组织全村社员参加长山河第四期工程(羔羊段),漕泾村被乡党委评为三等奖,获奖金500元。

是年,开始实施现代农业综合开发与利用项目。

1995年

11月17日,骑塘乡人民政府发文组建漕泾港圩区整治工程指挥部,沈建德任总指挥。

是年,村党支部参与"五好党支部工程"建设;桐斜线境内段碎石公路筑通。

1996年

4月,调整村成人教育点领导小组,组长沈德金,组员陆子洪、范凤仙。

9月,开始推行"两田制"(口粮田和承包田),1997年后废止;骑塘乡恢复实行合作医疗保健制度。

是年,骑塘乡自来水厂在吕家木桥开挖境内第一口深井;漕泾港圩区工程建造南北二座水闸。

1997年

1月,桐乡市补助漕泾村漕泾圩区建设资金2万元。

是年,南排盐官下河桐乡段土方工程以资代劳,漕泾村负担39800元;638户参加农村新家庭建设活动,考核达标392户,占比76.5%;骑塘乡水厂自来水通到境内各个村民小组。

1998年

冬,组织部分村民参加(梧桐)莲花桥港疏拓工程。同时,改造张家门和马家木桥2座泵站。

是年前后,为发展"一优两高"农业而再掀农田水利基本建设高潮。

1999年

9月后,第二轮土地承包,规定30年不变。

是年起,合作医疗大病补偿实行村收乡管,统一由乡初保办专款专用,建立专项账册。

是年,拆除危房大礼堂,原址改建为村办公房,大会议室兼作村文化礼堂。

2000年

1月1日,独立建房的漕泾村卫生保健站竣工启用。

7月,最后一家村集体企业漕泾预制厂改制,转让给原法人代表张金龙。

冬,马家木桥村部至骑漕线区块,大规模机械化土地整理。

是年,完成农村电网改造。

2001年

6月,漕泾村联会工会成立。

10月,有多宗耕地列入农业综合开发土地治理项目。同月,随骑塘乡并入高桥镇。

12月,调整村调解委员会组成人员,沈德金任主任,委员王云珠、陆敏华。

2002年

5月,村撤销会计设置,村账镇管。

7月1日起,取消农业税。

是年,村卫生保健站更名为社区卫生服务站,村民参加新型农民合作医疗(后改城乡居民合作医疗保险)。

2003年

4—5月,全民参与防治"非典"(非典型性肺炎)。

2004年

冬,加快标准农田建设,实施土地机械化规模化综合整理(箱子田改造)。

是年,机械开挖河道大水路。

2005年

7月,漕泾小学撤销,师生并入乡中心小学。

秋,沈伟建家庭确定为村文化示范户,后张锦标家庭、范德良家庭续为文化示范户。

是年始,实施村庄整治,路灯亮化,河岸修筑块石;出现私家车;城乡供水一体化。

2006年

5月,境内始通乡村公交车,有331路小中巴车,后改换大巴。

9月,境内幼儿班并入高桥镇骑塘(片)中心幼儿园。

是年,村内有私营企业45家,个体工商户20家。

2007年

3月,参与开展高桥镇文明和谐家庭创建活动。

是年,获评嘉兴市卫生示范村。

2008年

春,手足口病流行。

是年,全面推行河道长效保洁管理,保洁率达100%;按上级部署进行非物质文化遗产普查,获得线索众多;获评嘉兴市级科普村。

2009年

8月,"巨匠杯"崇学奖创立,在村委会为符合条件的漕泾青少年学生颁奖。

是年,全面实施土地流转制度;境内停用深井供水,自来水陆续接入桐乡市水务集团管网;摘掉桐乡市"贫困村"帽子。

2010年

3月,推广省经济型喷滴灌技术,境内无公害蔬菜基地喷灌项目面积100亩,列入桐乡示范项目,省补助2万元。

是年前后,数字电视全覆盖;电子商务快递业进入村境内。

2011年

6月，新成立企业联合支部。

12月，被评为浙江省人口和计划生育基层群众自治示范村。

是年，开始出现苗木种植大户，村域逐渐成为"森林桐乡"建设的苗木基地之一；被评为桐乡市人口与计划生育工作先进集体。

2012年

2月，桐乡市首批驻村干部中，吴大江（交通局）进驻漕泾村，后争取上级资助修筑马家木桥通落晚村连高桥集镇的水泥公路，并安装路灯。

是年，实现"三级河长制"全覆盖；规划约15亩地，开始营造"漕家苑"；建立村级慈善工作站。

2013年

2月，第二批驻村干部中，市水利局徐元良进驻漕泾村。

8月，成立漕泾苗木专业合作社，漕泾村党总支书记沈德金兼任理事长。

9月16日，《今日桐乡》刊发报道《"森林桐乡"建设催生高桥镇漕泾村"绿色经济"苗木种植户抱团发展增效益》

是年，实施"三改一拆"，推进"生猪转型"，加宽村组道路；村中建有垃圾中转房，并获嘉兴市"生态建设示范村"。

2014年

1月，村民张德庆家庭农场率先进行工商登记。

2月，第三批驻村干部中，市商务局许烨进驻漕泾村。

是年，谋划建设村文化公园、体育苑；建立健康自助监测点，成功创建桐乡市健康村；全面实施"五水共治""清三河"工程。

2015年

是年，参与实施高桥综合农业开发项目，改善水利基础设施，实行田间道路硬化；继续推进"三改一拆""五水共治"，建立城乡环境卫生"四位一体"保洁机制；完成宅基地整理6.3亩。

是年前后，网络宽带陆续接通到村组，电脑也进入境内农家。

2016年

9月，境内工商登记的家庭农场达6家。

12月，漕泾村在村部举行首届"村晚"（迎春晚会），后每年一届。

是年，宅基地复垦25.8亩；村集体出资为全村农户安装互动电视；获桐乡市"治水美村"。

2017年

8月，漕泾村隶属桐乡市经济开发区（高桥街道）。

12月，参与南沙渚塘流域综合治理工程建设；成立村乡贤参事会，沈关庆为首任会长。

是年，全村实现3米水泥路通组通户；开始实行家庭医生签约服务；宅基地复垦36.4亩。

2018年

4月14日，漕泾村举办首届乒乓球比赛。

8月17日，漕泾村道德讲堂开讲。

是年，获评浙江省高标准垃圾分类示范村和桐乡市市民主法治村；设退伍军人服务站；宅基地复垦10.43亩；按政策腾退效益低、规模小、布局散乱的企业。

2019年

3月，漕泾村在桐乡市范围首创"红色路长"制。

6月29日，村党总支和浙江德盛铁路器材股份有限公司党支部开启结对共建。

是年，有种养大户近30家，其中6户达家庭农场标准；开始浇筑柏油公路，翌年成二横二纵柏油路；建村民健康自助监测点；引进首台智能垃圾分类收运车；宅基地整理2.112亩；获评桐乡市"善治村""健康村"和嘉兴市"三治融合示范村""民主法治村"等荣誉。

2020年

6月3日,浙江网络广播电视台(新蓝网)报道漕泾村"推行'红色路长'制、垃圾分类积分制,嘉兴桐乡这个地方推进全域秀美有高招"。

8月28日下午,巨匠集团邀村境内优秀初高中毕业生来到集团总部,举行2020年度"崇学奖"颁奖典礼。

10月12日,"爱桐乡"客户端《老六伯逛小康村》栏目播出视频节目《漕泾村:四季瓜果香 宜居新农村》。

11月13日,"浙江在线"报道漕泾垃圾分类准确率近100%。

是年,开建农产品冷藏库;获评嘉兴市人居环境优胜村、桐乡市村级集体经济壮大工程先进村。

2021年

1月,获评桐乡市生活垃圾分类处理三星级示范村。

3月,启动张家洋西高效节水灌溉项目建设工程。

4月,村办公大楼竣工使用,建筑面积约1500平方米。

6月28日,桐乡电视台报道《张锋:乡村振兴的"急先锋"》。

7月1日,红忆馆落成并正式揭幕,桐乡电视台前来报道。

8月16日,浙江电视台"中国蓝"新闻报道《漕泾村:美丽城镇新蝶变乡村和合美如画》

9月,在高桥街道第六届稻草人精品赛中获得金奖,在第四届一村一韵才艺大赛获得金奖。

12月,嘉兴市2021年第四季好人榜正式发布,村民王芳获得"孝老爱亲好人"称号;张德庆被桐乡市人民政府评为"2021年度桐乡市农业优秀经营者"。

是年,获嘉兴市"除四害"村,村中礼堂获选嘉兴市四星级农村文化礼堂。

沈关庆为本志题名刻章

第一章　建置区划

俗话说，上有天堂，下有苏杭，苏杭中间是桐乡，桐乡南端是漕泾村。历史长河里，漕泾一地归属多变，行政区划却变化不大。

第一节　地理位置

漕泾村，地处桐乡市高桥街道最南端，地理坐标为东经约120°55′，北纬约30°28′。桐斜公路和骑斜公路分别纵向、横向地穿村而过，村委驻地马家木桥，东南距海宁市斜桥镇2千米，北距高桥集镇3.2千米，距桐乡市区13千米。

村域南面与海宁市斜桥镇斜西村，隔洛塘相望；东面隔洛水港，与斜桥镇黄墩村相望，而黄墩村有潘家角（漕泾人习称其为"潘家"）、洛水港（漕泾人习称其为"顾家埭"）、封家场（漕泾人习称其为"封家场北"）三个村民小组处在洛水港西岸，自北而南分别与漕泾村的大木桥组、长浜组、张家埭组和大水路组穿插或紧邻而处；村域东北角查坟前小组，以南沙渚塘为界，与高桥街道楼下角村相邻；村域正北、西北的南庄桥、塔石桥、张北小组则分别与落晚村的北阳桥、杨家桥、徐家门和湘庄村的斗富兜等村民小组接壤；最西边抵达相庄港，西南与骑力村的朱家桥、里门桥等小组毗邻，正西与湘庄村油车埭小组隔相庄港相见。

旧时，村域通过洛塘、南沙渚塘及其连接线——漕泾港等水路，能舟行各地。1909年，沪杭铁路通车后，村域东南角村坊能天天看到火车飞驰而过，步行至斜桥火车站仅10分钟路程。1998年年底，沪昆高速公路桐乡收费站启用，2010年10月，沪杭高铁桐乡站正式启用，漕泾村北距二站仅4千米，能通达全国各地。2020年，漕泾村南距海宁轻轨地铁站不到3千米，直达省城。

第二节 建置沿革

《尚书·禹贡》载："禹别九州,随山浚川,任土作贡。"据传,夏禹将天下分为九州时,本地属扬州。春秋时,为吴越边境,时吴时越。明万历《崇德县志》载"吴越战场在塘东有数处,大者曰东荡,界桐溪盐官间",村域为原崇德县东南角,比邻海宁与桐乡,自然处于古战场范围内,据传村中墩子浜东侧原来尚有很高的堆土烽火台。周敬王六年(前514),置长水县,地属长水县御儿(又名语儿)。周元王三年(前473),越王勾践灭吴,地属越。越王无疆九年(前334),楚灭越,地属楚。

秦王嬴政二十五年(前222),设会稽郡,下辖长水,地属会稽郡长水县御儿。秦始皇三十七年(前210),改长水县为由拳县,地属会稽郡由拳县御儿。西汉,高祖五年(前202),随会稽郡入楚,地属楚国由拳县御儿(时亦曰语儿);高祖六年(前201)属荆国;十二年(前195),改荆国为吴国;前元四年(前153),复归会稽郡。东汉,永建四年(129),地属吴郡由拳县语儿。三国黄武六年(227),设语儿乡,地属吴郡由拳县语儿乡东南一隅;吴黄龙三年(231),由拳改禾兴,隶吴郡,地属吴郡禾兴县语儿乡;吴赤乌五年(242),禾兴改嘉兴,仍隶吴郡,直至两晋南北朝。隋代,随嘉兴县语儿乡入吴县(苏州),地属吴郡吴县(苏州),后一度改隶杭州钱塘郡。唐贞观元年(627),复置嘉兴县,隶苏州,地属苏州嘉兴县语儿乡;唐乾符六年(879),升语儿乡为义和镇,地属义和镇。五代十国(907—960)时,属吴越国钱氏地;梁开平元年(907)废义和镇,地属杭州嘉兴县语儿市。

后晋天福三年(938),嘉兴县析西南区域设崇德县,地属杭州崇德县语儿乡;天福五年(940)改隶秀州。宋庆元元年(1195)属浙西路嘉兴府(后又改嘉兴府为嘉兴军节度)崇德县语儿乡。元属浙江省嘉兴路崇德县(后曾一度改为崇德州)语儿乡。明清两季,地属崇德县[清康熙元年(1662)后更名石门县]语儿乡四都,西邻四都十图(光绪版《石门县志》载"四都十图宋家木桥南浜"和"四都十图相庄庵"),或部分区域本属十图,北与三都相通。其时,村域归何里何村不详。明代进士屠应埈(平湖人)《兰晖堂集》中的《故封奉政大夫吏部文选司郎中吕公行状》提及,明朝中期吕希周家族居住"相庄传保村",而吕氏庄园范围涉及今漕泾村域。

民国三年（1914），实行区自治制，村域属钱塘道崇德县第四自治区。民国二十年（1931），乡村废都图，改闾邻，村域闾邻设置无考。民国二十一年（1932），建立乡镇，设有骑塘乡，村域隶属浙江省崇德县第四区骑塘乡。民国二十二年（1933），推行保甲制（10甲为保，10户为甲），村域涉五个保。民国二十五年（1936），第四区裁撤。民国二十六年（1937）11月15日，日寇进犯，村域沦陷。民国二十七年（1938）12月，设梵山区，骑塘复乡，地属梵山区骑塘乡。民国三十五年（1946）10月，撤销梵山区，随骑塘乡并入梵山大乡。

1949年5月，村域解放。11月，村域涉第一、三村，均属崇德县留良区梵山乡。1950年3月后，改隶崇德县城关区骑塘乡。1956年，村域涉一联社、三联社，均隶属崇德县骑塘乡。1958年10月1日，第一联社与第二联社（骑联和力耘）组合成第五大队，隶属崇德县留良人民公社。11月21日，随崇德县留良公社并入桐乡县。1959年3月20日，第五大队分漕泾、骑塘二个生产队，隶属桐乡县留良人民公社骑塘管理区，漕泾时辖第一、二、三、四生产小队。1961年4月，留良公社中析出骑塘公社，隶属桐乡县骑塘公社；7月18日，漕泾生产队改称漕泾生产大队，大队部驻马家木桥西侧；9月，里门桥从漕泾大队划归骑联大队，时辖20个生产小队。1967年后，长期稳定为15个生产队。1969年5月，公社实行"一片红"，漕泾生产大队更名为红光生产大队，时大队部驻地早已迁至桥东侧平房。1972年大礼堂落成后，大队部在礼堂设有办公室。

1978年4月，复名漕泾生产大队。1983年10月，村社分设，漕泾生产大队更名为漕泾村，隶属桐乡县骑塘乡，下辖30个村民小组。1993年5月，漕泾村隶属桐乡市骑塘乡，1999年，原大礼堂拆建为二层楼房，作村委会办公场所。2001年10月，随骑塘乡并入桐乡市高桥镇。2017年8月，隶属桐乡市经济开发区（高桥街道）。2021年6月，村委会办公地点东迁至新建的村综合大楼内。截至2021年底，漕泾村下辖30个村民小组。

漕泾村建置沿革表

时期	起始公元纪年	年号纪年	建置沿革				
			一级区划	二级区划	三级区划	四级区划	村境隶属
东周春秋	前514	吴阖闾元年 周敬王六年	吴越两国交界地区	吴 国	长 水	朝 代	处于御儿一地之东南角，因吴越争战，时隶吴国，时隶越国
	前496	鲁定公十四年 吴阖闾十九年		越 国			
东周战国	前471	周元王五年				御儿一地东南角	
	前334	楚威王六年		楚 国			
秦	前221	秦王政二十六年		会稽郡			
西汉	前206	高祖元年			由 拳		
	前201	高祖六年		荆 国（都吴）			
	前196	高祖十一年		会稽郡			
	前195	高祖十二年		吴 国（都广陵）			
	前153	景帝四年		会稽郡		御 儿	
	前106	元封五年	扬 州	会稽郡（治吴）			
东汉	129	永建四年					隶属语儿乡
三国	231	黄龙三年	扬 州		禾兴县		
	242	赤乌五年					
晋及十六国	280	太康元年	扬 州	吴 郡			
南北朝	420	永初元年			嘉 兴		
南北朝	464	大明八年	扬 州				
	479	昇明三年					
	549	太清三年					
	587	祯明元年		吴 州			
隋	589	开皇九年		苏 州			
	605	大业元年		吴 州			
	607	大业三年		吴 郡			
唐	618	武德元年	扬 州	钱塘郡	吴 县	语 儿	
	621	武德四年					
	624	武德七年		杭 州			
	625	武德八年					
	627	贞观元年	江南道	苏 州			
	634	贞观八年			嘉兴县		
	733	开元二十一年	江南东道				

续表

时 期	起始公元纪年	年号纪年	建置沿革				村境隶属
			一级区划	二级区划	三级区划	四级区划	
唐	742	天宝元年	江南东道	吴 郡	嘉兴县	语 儿	隶属语儿乡
	757	至德二年					
	758	乾元元年	浙江西道	苏 州			
	781	建中二年				语儿市	隶属语儿市
	787	贞元三年					
	874—879	乾符中					隶属义和镇
五代十国	909	后梁开平三年；吴越天宝元年	镇海军（治润州）	杭 州		义和镇	
	924	后唐同光二年吴越天宝二年	中吴军	开元府	崇德县	全县有南津、语儿、崇德、千乘、积善、石门、募化、7乡	
	938	后晋天福三年	吴 越				
	940	后晋天福五年					
宋辽金	978	太平兴国三年	两浙路	秀 州			隶属语儿乡
	1074	熙宁七年					
	1076	熙宁九年					
	1077	熙宁十年		秀 州			
	1117	政和七年		嘉禾郡			
	1195	庆元元年		嘉兴府			
	1208	嘉定元年		嘉兴军	崇德县	全县有南津、语儿、崇德、千乘、积善、石门、募化、梧桐、永新、清风、保宁、千金12乡	
元	1276	至元十三年		嘉兴安抚司			
	1277	至元十四年					
	1285	至元二十二年	江浙行中书省	嘉兴路			
	1295	元贞元年			崇德州		
明	1354	至正十四年	南直隶				
	1369	洪武二年					
	1381	洪武十四年	浙江布政使司	嘉兴府	崇德县	全县有南津、语儿、崇德、千乘、积善、石门等	
	1430	宣德五年					
清	1645	顺治二年	浙江布政司				
	1662	康熙元年			石门县		
中华民国	1912	民国元年		钱塘道			
	1914	民国三年	浙江省	直属省政府	崇德县全县划设一二三四五区	全县划有骑塘等数十个乡镇	隶属第四区
	1927	民国十六年					

续表

时期	起始公元纪年	年号纪年	建置沿革				
			一级区划	二级区划	三级区划	四级区划	村境隶属
中华民国	1932	民国二十一年	浙江省	直属省政府	崇德县全县设一二三四五区	全县划有骑塘等数十个乡镇	隶属第四区骑塘乡；翌年撤区，村域内划第一、第二、第三、第四、第五保共数十甲，其中部分保的部分区域今属骑力村、湘庄村
	1935	民国二十四年		嘉兴行政督察区			
	1936	民国二十五年		浙江省第二行政督察区			
	1939	民国二十八年		浙江省第十行政督察区	仍为崇德县，恢复设区，有梵山等	骑塘乡	隶属梵山区骑塘乡，下辖同上
	1946.5	民国三十五年		浙江省第十行政督察区	仍为崇德县，恢复设区，有梵山等		境内改设第一、第二、第三保共数十甲，其中第二、第三保的部分区域今属骑力村、湘庄村
	1946.10				仍为崇德县，撤区并乡	梵山乡	境内设梵山乡第十一保、第十二保共几十甲。后更改为第一、第二、第三保，其中第三保部分区域今属湘庄村
	1948	民国三十七年		浙江省第一行政督察区			
	1949.5	民国三十八年		第一专员公署	崇德县		下设一村、三村，三村北部今属湘庄村，隶属留良区（后城关区）骑塘乡
中华人民共和国	1949.10				崇德县	骑塘乡	隶属留良区（后城关区）骑塘乡
	1956.2						境内建立一联社
	1958.10			嘉兴专员公署	崇德县	留良人民公社	与骑联、力耕共组建五大队，境内有四个小队
	1958.11						翌年3月组建骑塘管理区漕泾生产队
	1961.4				桐乡县	骑塘人民公社	7月更名漕泾大队，9月划里门桥入骑联大队；1969年5月至1978年4月更名红光大队，辖15个小队
	1968.9			嘉兴地区			
	1983.10			嘉兴市	桐乡市	骑塘乡	1983年10月，漕泾大队更名漕泾村，下辖30个村民小组

续表

时期	起始公元纪年	年号纪年	建置沿革				
			一级区划	二级区划	三级区划	四级区划	村境隶属
中华人民共和国	1993.5		浙江省	嘉兴市	桐乡市	骑塘乡	1983年10月，漕泾大队更名漕泾村，下辖30个村民小组
	2001.10					高桥镇	
	2017.8					开发区高桥街道	
	2021.12						

第三节　行政区划

历史上，漕泾地域曾先后隶属长水、由拳、禾兴、嘉兴、崇德（石门）县的语儿（御儿）乡，其中明清二代隶属语儿乡四都的十图或十图东邻。

民国二十二年（1933），推行保甲制（10甲为保，10户为甲），境内设有第一、第二、第三、第四、第五保（部分保的部分区域今属骑力村和湘庄村）。民国二十六年（1937）11月15日，日寇进犯，村境沦陷，并焚毁第一保封家场、大水路、吕家木桥、张家埭等房屋27间，掳杀平民10人，此后时有日伪骚扰，民不聊生。民国三十四年（1945）8月20日，日寇败退，人民清算汉奸和伪保长。民国三十五年（1946）5月，重编保甲，村域涉第一、第二、第三保，其中第二、第三保分别与今骑力村的朱家桥一带和湘庄村的斗富兜一带重合。同年10月1日，随骑塘乡并入梵山乡后，村域设梵山乡第十一保、第十二保。翌年4月，改设梵山乡第一保和第三保（湘庄与漕泾各有一部分），各下辖19甲。

1949年5月，村域解放。11月，废除保甲制，设第一村（全部，驻圣帝殿，下辖15个村民组）和第三村（驻斗富兜，村域6个村坊和湘庄斗富兜等7个村坊合组），均属崇德县留良区梵山乡，1950年3月后改隶崇德县城关区骑塘乡。1952年后，境内陆家门等村坊组建生产互助组。1953年，为便于实行普选制，第一村分为第一代表区和第二代表区，第三村分为第五代表区和第六代表区。1954年11月，第一村内成立群益农业生产合作社，第三村内成立永丰农业生产合作社；翌年10月第一村内又成立联益农业生产合作社，第三村内又成立民益农业生产合作社。

1956年2月，第一村内的群益社与联益社合并为第一联社（高级社），稍后再将原三村民益社的范家门、陆家门、汤家元、里门桥、塔石桥、张家门划入一联社，隶属崇德县骑塘乡，此后，村域范围基本稳定，时下辖21个村组，社址马家木桥。

1958年10月，第一联社与第二联社（骑联和力耘）组合成第五大队，驻骑塘桥，隶属崇德县留良人民公社。11月23日，随崇德县并入桐乡县，隶属公社不变。1959年3月20日，第五大队分漕泾、骑塘两个生产队，隶属桐乡县留良公社骑塘管理区，漕泾时辖第一、第二、第三、第四连（生产小队）。1961年4月，留良公社中析出骑塘公社，隶属桐乡县骑塘公社；7月18日，漕泾改称漕泾生产大队，大队部驻马家木桥西侧；9月，里门桥划归骑联大队，时辖张家埭、大水路、湾渔池、长浜、马头里、大木桥、查坟前、南庄桥、吕家木桥、大天井、孙家埭、顾家埭、双元村、墙门头、马家木桥、范家门，张家门、塔石桥、陆家门、汤家元20个生产小队。1967年后，缩减湾渔池、墙门头、马头里、大天井、顾家埭5个，长期稳定为15个生产小队。

1969年5月，漕泾生产大队更名红光生产大队，大队部驻地迁至桥东侧平房。1972年大礼堂落成后，大队部在礼堂设办公室。1978年4月，复名漕泾生产大队。

1983年10月，村社分设，漕泾生产大队更名为漕泾村，隶属桐乡县骑塘乡，下辖张家浜、张家埭、大水路、方田村、湾渔池、吕东、吕西、大天井、孙家埭、顾家埭、沈家场、长浜北、长浜南、大木桥、查坟前、南庄桥、马家木桥、墙门头、双元村、枉港、张家门、张北、塔石桥、陆家门、陆家浜、公婆桥、范家门、范家浜、汤东、汤西30个村民小组。

1993年5月，漕泾村隶属桐乡市骑塘乡。2001年10月，随骑塘乡并入桐乡市高桥镇。2017年8月，隶属桐乡市经济开发区（高桥街道），下辖30个村民小组，至今不变。

第二章　自然环境

漕泾地处江南水乡的杭嘉湖平原，属典型的亚热带季风气候，冬冷夏热，春暖秋凉，四季分明；自然资源单一，自然灾害常有，自然环境脆弱。

第一节　地质地貌

一、地质土壤

村域处于长江三角洲冲积平原东南部的杭嘉湖平原，大地构造单元属扬子准地台、下扬子——钱塘褶皱带。早在中生代燕山晚期（距今约2.5亿年—6500万年），由于强烈的构造变动和火山活动，杭嘉湖一带沉降下陷，在今桐乡市域形成东南向西北倾斜的中生代断陷型盆地，村域正处于这一盆地东南部边沿。第四纪地质时期（距今约258万年前），村域平原已露出海面，但仍呈海湾淤积的大型湖泊沼泽地状，生长着各种水生植物，气候冷暖交替变化，引起海平面升降，海水多次进退，引发海陆变迁、基岩风化剥蚀和堆积等。大约1万年前，在海相沉积物覆盖层厚约150米的基础上形成陆地，后经历沼泽化过程，特别是人为的水耕熟化、淹水种稻而在表层形成了耕作土壤。

二、地形地貌

村域宽2380米，长2450米，总面积2.1平方公里。卫星地图显示，村域四沿轮廓所构成的形状，整体上看，似一只面朝东方、脚踩于洛塘河里的鸟雀：头部在东北角查坟前，尖尖的尾巴在西面的汤家元，东沿河道略曲，似鸟雀之脖颈和胸脯，南沿洛塘基本呈直线状，如鸟雀之腹部。

海拔不高，无一山丘，属于典型的江南水网平原特色，"四望如砥皆平原沃壤"。村域海拔虽属高桥街道乃至桐乡市海拔最高村之一，1949年档案显示境内田面高程最低3米，最高7米（荡田）以上，多数5米左右，而旱地平均高程在8米左右，高岗超10米。1970年前，村域内，良田、桑园、鱼塘、竹园、菜园、果园和村庄、道路、渠沟、河港等错落有致，交叉插花，高低落差5米以上。后经多轮土地整理，现平均海拔约6米，其中，旱地平均海拔约7米，田块平均海拔约5米。

人工改造痕迹明显。千百年来，历经村民罱河泥、挖水沟、开鱼塘、挑稻秆泥扶桑、筑路等生产活动，渐渐形成桑基、圩田、池塘、道路交错的"大平小不平"的人工地貌；近六十年来，多轮大规模平整土地，挖土制砖，改造箱子田，综合农业治理等，这些人为活动致村域田地高低落差趋小，地貌恢复平坦。

河浜和村庄密布。村域南北东西边界皆有大塘河港，村中又有母亲河漕泾港，还有南庄桥浜、大水路等小河小浜13条；而民居又习惯于傍水，且聚而成村庄，河浜盘绕村前屋后。

第二节　气候气象

村域属典型亚热带季风气候，四季分明，雨水丰沛，日照充足，且春湿、夏热、秋燥、冬冷，春夏"雨热同步"，秋冬"光温互补"，利于综合农业发展，但受每年季风强弱和进退迟早不一的影响，气候变化复杂，台风、暴雨、冰雹、洪涝、干旱、连阴雨、寒潮、雷电及大风等灾害性天气发生频繁，一定程度上制约农业稳定发展。

一、气候规律

正常年份，境内春夏秋冬，四季分明，但四季切换日期与日历上的立春、立夏、立秋、立冬却并非一致，明显滞后50天左右。

春季（气温稳定在10℃—22℃区间），一般自3月底起，大约70天。冷暖空气交替频繁，风向多变，天气时冷时热，阴雨天气较多。一般4—6天有一次冷空气过境，强冷空气24小时降温可达10℃以上。倒春寒和连续阴雨是春季主要灾害性天气。

夏季（气温稳定在22℃以上），一般自6月上旬起，大约130天。气温偏高，雨量集中。初夏，冷暖空气交汇，造成连续阴雨，时值梅子成熟之际，故成"梅雨"。一般6月中旬入梅，7月上旬出梅，梅雨期平均有22天，梅雨量200.2毫米。出梅后受副热带高压控制，多晴朗天气，气温高，日照足，蒸发量大，常有伏旱发生，并时常发生雷阵雨。8月下旬至9月中旬，气温逐渐转凉，时常有台风影响，常出现大风、暴雨。

秋季（气温稳定在22℃—10℃区间），一般自9月底起，约60天。正常年份，受稳定的副高压控制，天气比较稳定，以晴天为主，人有秋高气爽之感。少数年份受北方冷空气侵袭，降温快而明显，出现秋季低温，造成"寒露风"，影响晚稻扬花结实。另外，亦有极少的迟台风与冷空气相汇，造成较大的降水，出现秋雨连绵的天气。

冬季（气温稳定在10℃以下），一般自12月上旬起，约100天。受极地大陆高压影响，盛行偏北风，气候寒冷干燥，是一年中降水量最少的时期。1—2月份最低气温一般在-5℃以下，有的年份可降到-7℃以下，个别年份在-10℃以下。遇寒潮侵袭时，会出现降雪、冰冻、霜冻等灾害性天气。

二、气象特征

气温

正常情况下，境内平均气温约16℃，1月份最冷，月平均气温3.4℃，日最低气温≤0℃，极端最低气温为-11℃（1977年1月31日）。7月份最热，平均气温28.1℃，日最高气温≥35℃，极端最高气温为39.5℃（1978年7月7日）。2005—2020年间，年均气温17.1℃。

霜期

主要出现在11月到翌年3月，每年的10月、4月也偶有出现。其中1月霜日最多，12月、2月次之。初霜出现平均时间为11月16日，最早为10月29日（1966年）；终霜平均时间为3月19日，最迟为4月11日（1964年）全年无霜期平均238天，最短仅213天（1966），最长269天（1984）。生长期8个月，农作物可种三熟。

降雪

年平均降雪日数约为9天，积雪日数约5天。年平均初雪日期为12月29日，终雪日期为3月11日。最早初雪日期为11月26日（1960），最晚终雪日期为4月16日（1983）。降雪日最多为1984年，达25天；1971年一年未下雪。积雪时间最长的是1977年，有27天，积雪深度最深的两次（1973年3月13日和1984年1月19日），雪厚18厘米。

降水量

根据实测（1928—1978）降水量，村域内平均年降水量1237毫米，属桐乡市降水量较高区域。年平均降水总量为4.11亿立方米。1991—2020年间，年均降水量

1336.0毫米，年均有雨日141.8天。

日照

1991—2020年间，年均日照1702.5小时，日照百分率为39%，其中，7月、8月日照时数最多，1月、2月日照时数最少。年际间有较大差异，年日照时数最多出现在2005年，达2116小时，日照百分率为48%；年日照时数最少出现在2015年，仅1400.5小时，日照百分率为32%。

风力

以东南风居多。3—8月多东南偏南风，9—10月是东北偏东风，11月至翌年2月为西北偏西风。年平均风速为2.4米/秒，7月最高为3.8米/秒，11月最小为1.2米/秒。风速最大的一天是1983年4月28日夜9时，西北风25米/秒。

湿度

1961—1990年境内平均相对湿度为81%。最大的为1977年、1984年、1985年，为83%；最小的为1967年，为77%。最潮湿的月份为9月，其次为6月；最干燥的月份为12月份，其次为1月。

三、气象灾害

从前，涝、旱、台风、冰雹等灾害性天气时有发生。尤其是涝旱频发，有时还会造成生命、财产和农业生产重大损失。但经过近几十年的多轮土地整理和持续水利建设，防灾设施完善，加之预报水平提高，气象灾害带给村民的损失趋小趋少。

第三节　自然资源

村域地处长江中下游冲积平原，属北亚热带季风区，气候温暖，雨水充沛，日照充足，四季分明，土地肥沃，自然条件优越，素有"鱼米之乡""丝绸之府""百花地面"之誉，是一个自然资源丰沛，农业资源尤为优越的深乡行政村。

一、淡水资源

地处江南水乡，地表淡水资源丰沛。据《桐乡市农业志》载：1971—2000年的30年间，平均年降水量为1223.6毫米，降水最少的1978年尚有774.4毫米；年雨日平均为145.3天，雨日最多为1977年，达183天，最少为1971年，仅114天。再有，村域内河浜密布,加上域外西水东来,水源亦较丰富。所以村域内地表淡水全年绝大多数时段充分或正常。据1996年版《桐乡县志》测算:"全县年径流深400—450毫米,年径流量为3.04亿立方米。径流量中有部分渗入地下,平均地表水资源为2.73亿立方米,上游过境客水流入可利用总量为3.8亿立方米,地表泾流水年可利用总量为6.53亿立方米,折算成每平方公里面积为898.0635万立方米。"

村域地下水资源储存量约6万立方米/平方公里,主要来源于地下表层间隙里的潜水天然补给,即天落水渗入和灌溉回归水渗入,大约位于地下3—15米,另一来源为深层承压淡水释放水,大约位于地下60米以下,矿化度小于1克/升,未受污染。为保护地下水资源,防止地面沉降,20世纪90年代中期后,以限采、禁采、封井等措施制止开采地下水。

二、土地资源

村域属于平原,地表土多为黏土,分布广泛,尤其是桑地、高岗等地带,土层较厚。黏土是含沙粒很少、有黏土性的土壤,水分不容易从中通过,因而具有较好可塑性,是一种优质矿产资源。千年来,农家一直用来打墙建房。20世纪60年代后期开始,农家挖泥制作土砖土瓦,砖瓦土坯由大队办土窑高温加工后用于建房。20世纪70年代末期,轮窑砖瓦厂大量买泥烧砖,时有"八五砖""九五砖""洋瓦"等。21世纪后,政府禁止采挖黏土土制砖瓦,加强了土地资源管理,漕泾村曾获桐乡市土地管理先进集体。

2001年漕泾村八宗地块可采黏土资源调查表

地块编号	所在组	面积(平方米)	平均可采高程(米)	黏土量(立方米)	运输方式
1	长浜	6000	2.5	15000	陆路
2	孙家埭	11250	1.6	18000	陆路
3	范家门	5555	1.8	10000	水路
4	汤家元	4211	1.9	8000	水路
5	双元村	5714	2.8	16000	水路
6	张家门	4000	2.0	8000	水路
7	大水路	6154	1.3	8000	水路
8	马家木桥	12143	1.4	17000	陆路

黏土，俗称水稻土，颗粒黏性很大，且颗粒间的距离较近，透水性差，但保水保肥能力很强，其母质为湖积物，含有多种营养物质，经过水耕熟化、淹水成田后能形成肥沃的耕作土壤，包括壤质土、黄斑田、小粉墒、黏质土、堆叠泥、青紫泥等多种，以青紫泥为主，但无论哪类哪种，只保持养分、水分通透、耕性适宜、肥料发力，适种物种等方面略有差异而已，均可用来种植水稻等作物。

境内尚有一定比例的潮土，是由河流冲积物或海滨沉积物经人工开垦种植旱作物后发育成旱地的又一类耕作土壤，通透性较好，土层较深，肥力较高，且土壤疏松，易耕作，适宜旱地作物生长，既可以耕种小麦、番薯、豆类等旱粮作物和蔬菜作物，又可培育桑树和其他苗木果树等。1981年6月土地资源调查显示，村域土壤资源基本为青紫泥与夜潮土泥及其两者的混合土壤。

1981年漕泾大队各生产队水田资源分圩登记表

片 名	块 数	面积（亩）	种 类（亩）			土种名称	坐落村组
			水 田	荡 田	改土田		
塘口田	39	33	33	—	—	青紫泥	张家埭
高田里	6	4	4	—	—	青紫泥	张家埭
高田里西	8	9.6	—	—	9.6	青紫泥	张家埭
高山老下圩	8	9.7	—	—	9.7	青紫泥	张家埭
长圩落北	14	18.1	12.2	—	5.9	青紫泥	张家埭
机耕路南	9	12.5	—	—	12.5	青紫泥	张家埭
池田里	7	3.5	3.5	—	—	青紫泥	张家埭
屋西喊	21	25.4	—	—	25.4	青紫泥	张家埭
雪龙屋西	22	17	17	—	—	青紫泥	张家埭
沈家田	23	20	20	—	—	青紫泥	张家埭
丰家场	29	22.6	—	—	22.6	半沙土	大水路
周家大桥东面	56	50.2	50.2	—	—	半沙土	大水路
王家大路东面	59	76.4	13	—	63.4	半沙土	大水路
机耕路北	19	18.7	3	—	15.7	半沙土	大水路
河 东	16	17.88	—	—	17.88	青紫泥	吕家木桥
新开田	26	18.84	18.84	—	—	青紫泥	吕家木桥

续表

片名	块数	面积（亩）	种类（亩）			土种名称	坐落村组
			水田	荡田	改土田		
大天井对屋田	19	8.97	6.57	—	2.4	青紫泥	吕家木桥
春山圩	20	18.08	15.58	—	2.5	青紫泥	吕家木桥
长岗西	34	25.26	13.26	—	12	青紫泥	吕家木桥
马路东面	24	22.83	9.83	—	13	青紫泥	吕家木桥
机耕路北	51	44	—	—	44	青紫泥	吕家木桥
沙子浜	3	4.2	—	—	4.2	青紫泥	吕家木桥
河西	23	16.79	—	—	16.79	杂土	孙家埭
机耕路南	78	69.78	45.78	—	24	沙土	孙家埭
机耕路北	76	80.894	57.978	—	22.92	青紫泥	孙家埭
东岗	17	13.71	13.71	—	—	青紫泥	长浜
门前田	26	17.24	17.24	—	—	青紫泥	长浜
牧坊门前	24	27.73	—	—	27.73	青紫泥	长浜
机耕路东	3	1.29	—	1.29	—	青紫泥	长浜
机耕路西	12	9.88	—	9.88	—	水粉	长浜
浜田	12	4.99	—	—	4.99	青紫泥	长浜
西喊田	13	14.5	14.5	—	—	青紫泥	长浜
后头田	18	14.8	14.8	—	—	青紫泥	长浜
小木桥	15	9.8	9.8	—	—	半沙半青	大木桥
上圩	4	3.02	3.02	—	—	半沙半青	大木桥
鱼池田	5	2.35	2.35	—	—	半沙半青	大木桥
朝南田	6	5.15	5.15	—	—	半沙半青	大木桥
山前头	9	9.56	9.56	—	—	半沙半青	大木桥
外浜后头	9	13.1	13.1	—	—	半沙半青	大木桥
落地头	3	1.71	1.71	—	—	半沙半青	大木桥
桂松田	2	1.3	1.3	—	—	半沙半青	大木桥
王南田	4	3	3	—	—	半沙半青	大木桥
横圩	4	3.02	3.02	—	—	杂土	大木桥
北三亩	10	8	8	—	—	沙土	大木桥
南三亩	10	12.1	12.1	—	—	沙土	大木桥

续表

片名	块数	面积（亩）	种类（亩）			土种名称	坐落村组
			水田	荡田	改土田		
河田	3	1.7	—	—	1.7	青紫泥	大木桥
门前田	14	10.07	10.07	—	—	青紫泥	大木桥
北下圩	5	5.45	5.45	—	—	青紫泥	大木桥
南下圩	9	7.6	7.6	—	—	青紫泥	大木桥
长浜	7	6.2	6.2	—	—	青紫泥	大木桥
马家木桥	3	4	4	—	—	青紫泥	大木桥
机路西	1	0.27	—	—	0.27	半沙泥	立新（查坟前）
大下圩	1	0.9	—	—	0.9	半沙泥	立新（查坟前）
下圩头	4	1.5	1.5	—	—	半沙泥	立新（查坟前）
中圩头	12	9.5	9.5	—	—	半沙泥	立新（查坟前）
上圩头	21	17.83	17.83	—	—	半沙泥	立新（查坟前）
长秧田	1	0.9	0.9	—	—	半沙泥	立新（查坟前）
西喊田	4	2.5	2.5	—	—	半沙泥	立新（查坟前）
张家浜田	3	1.3	—	—	1.3	水粉	立新（查坟前）
上三亩	3	2.5	2.5	—	—	半沙泥	立新（查坟前）
门前田	8	6.5	—	—	6.5	半沙泥	立新（查坟前）
八分头田	2	1.1	1.1	—	—	半沙泥	立新（查坟前）
文浜田	6	2.6	—	—	2.6	半沙泥	立新（查坟前）
鱼池田	28	17.3	—	—	17.3	半沙泥	立新（查坟前）
坟前头	16	9.46	1.76	—	7.7	沙泥	南庄桥
三圩头	10	9.13	—	—	9.13	沙泥	南庄桥
西浜老	12	17.98	—	—	17.98	沙泥	南庄桥
角落头北往头	7	2.52	—	—	2.52	沙泥	南庄桥
角落头	11	9.23	—	—	9.23	沙泥	南庄桥
新鱼西进	5	3.5	—	—	3.5	青紫泥	南庄桥
门前田	7	6.05	6.05	—	—	青紫泥	南庄桥
新鱼池头	2	2.53	2.53	—	—	青紫泥	南庄桥
东喊秧田头	5	2.69	2.69	—	—	青紫泥	南庄桥
水路田	1	1.36	1.36	—	—	青紫泥	南庄桥

续表

片 名	块 数	面积（亩）	种类（亩）			土种名称	坐落村组
			水 田	荡 田	改土田		
机耕路东	1	0.78	0.78	—	—	青紫泥	南庄桥
鱼池老	12	7.96	7.96	—	—	青紫泥	南庄桥
河东田	15	13.4	13.4	—	—	青紫泥	南庄桥
河西田	7	6	6	—	—	沙 泥	南庄桥
西鱼池田	2	1	1	—	—	青紫泥	南庄桥
鱼池河南	9	8.5	8.5	—	—	沙 泥	马家木桥
三亩头	6	8	8	—	—	沙 泥	马家木桥
中爿头	13	13	13	—	—	沙 泥	马家木桥
下爿头	14	11.7	11.7	—	—	沙 泥	马家木桥
八直落	9	7.8	7.8	—	—	沙 泥	马家木桥
大队后一直落	48	55.2	—	—	55.2	杂 泥	马家木桥
荡 田	9	5.2	—	5.2	—	沙 泥	马家木桥
鱼池河南	9	11	11	—	—	青紫泥	双元村
吕家后头	5	5.6	5.6	—	—	青紫泥	双元村
东门口	8	9.7	9.7	—	—	青紫泥	双元村
国生屋西	10	9.6	9.6	—	—	青紫泥	双元村
子洪屋西	11	13.1	—	—	13.1	青紫泥	双元村
机耕路北	26	23.2	23.2	—	—	青紫泥	双元村
范家下爿	7	8.9	—	—	8.9	青紫泥	双元村
洞桥西喊	5	5.6	5.6	—	—	青紫泥	双元村
双元村后头	8	9.7	9.7	—	—	青紫泥	双元村
金家漾	6	4.9	4.9	—	—	青紫泥	双元村
木桥河南	12	15.2	15.2	—	—	青紫泥	双元村
西田头	11	13.1	13.1	—	—	青紫泥	双元村
沙子浜	27	19	—	—	19	青紫泥	双元村
地 田	9	4.7	—	4.7	—	青紫泥	双元村
朱家门前	15	18.1	—	—	18.1	青紫泥	双元村
苏家下爿	9	12.5	—	—	12.5	青紫泥	双元村
渠道外头	5	2.5	—	—	2.5	青紫泥	双元村

续表

片 名	块 数	面积（亩）	种类（亩）			土种名称	坐落村组
			水 田	荡 田	改土田		
河东机耕路北	13	4.7	—	—	4.7	青紫泥	张家门
沈家门前	6	6.4	0.5	—	5.9	沙 泥	张家门
门前田	29	28.8	11.3	—	17.5	沙 泥	张家门
门前田下爿	5	5.4	—	—	5.4	沙 泥	张家门
新门前	8	10.5	10.5	—	—	青紫泥	张家门
荒田头	7	4.1	—	—	4.1	青紫泥	张家门
河 东	12	12	—	—	12	沙 泥	塔石桥
东喊田	9	10.8	10.8	—	—	沙 泥	塔石桥
地 田	5	4.5	—	—	4.5	沙 泥	塔石桥
一亩田	3	2.7	2.7	—	—	沙 泥	塔石桥
机耕路北	38	38	3	—	35	沙 泥	塔石桥
佰荣西	10	10.4	10.4	—	—	沙 泥	塔石桥
庵后头	6	8.1	8	0.1	—	水 粉	塔石桥
河 南	16	23.2	—	—	23.2	沙 泥	塔石桥
河 西	22	20.8	20.8	—	—	沙 泥	陆家门
坟前头	11	8	—	—	8	沙 泥	陆家门
过西田	6	9.07	9.07	—	—	沙 泥	陆家门
直北田	6	6.2	6.2	—	—	水 粉	陆家门
直北田南	6	2.38	2.38	—	—	水 粉	陆家门
庵后头上爿	2	2.3	2.3	—	—	水 粉	陆家门
洞桥头	6	4.95	4.95	—	—	水 粉	陆家门
庵后头下爿	5	5.22	5.22	—	—	水 粉	陆家门
东北老	5	4.5	4.5	—	—	水 粉	陆家门
加土田	9	10.7	—	—	—	沙 泥	陆家门
荡 田	40	21.7	—	21.7	—	沙 泥	陆家门
张家河南	15	16	16	—	—	半青紫泥	陆家门
河 东	6	7.3	—	—	7.3	青紫泥	陆家门
屋后头	1	1.1	1.1	—	—	沙 泥	陆家门
沙子浜	35	31.64	—	—	31.64	半沙土	范家门

续表

片 名	块 数	面积（亩）	种类（亩）			土种名称	坐落村组
			水 田	荡 田	改土田		
东 弯	12	10.06	—	—	10.06	半沙土	范家门
顾家门前	7	8.89	—	—	8.89	半沙土	范家门
大 弯	41	25.5	—	—	25.5	半沙土	范家门
西岗老	20	16.06	—	16.06	—	半沙土	范家门
骑 南	6	3.15	—	3.15	—	半沙土	范家门
葛家门前	13	7.95	—	—	7.95	半沙土	范家门
东岗老	13	12.3	12.3	—	—	半沙土	范家门
河南田	31	25.2	25.2	—	—	半沙土	范家门
朱家后头	19	12.39	12.39	—	—	青紫泥	范家门
南水路浜	8	6.49	6.49	—	—	半沙土	范家门
东水路浜	7	4.8	4.8	—	—	青紫泥	范家门
后头浜田	14	16.67	—	—	16.67	半沙土	范家门
松树坟头	5	6.66	—	—	6.66	半沙土	范家门
东北老	8	7.86	—	—	7.86	青紫泥	范家门
王家国门前	13	8.49	8.49	—	—	沙 土	范家门
后头田	20	16.1	16.1	—	—	半沙土	范家门
河 田	4	2.65	—	—	2.65	半沙土	范家门
板坟门前	2	1.62	—	—	1.62	半沙土	范家门
王家园	13	5.88	3.8	—	2.08	小粉土	汤家元
新桥头	21	20.11	20.11	—	—	沙 泥	汤家元
对 浜	12	10.8	5.8	—	5	沙 泥	汤家元
西门前	10	9.64	9.64	—	—	沙 泥	汤家元
木岗圈	6	2.22	2.22	—	—	沙 泥	汤家元
岗 南	3	3.07	3.07	—	—	沙 泥	汤家元
西漾头	5	6.85	6.85	—	—	青紫泥	汤家元
斜 里	10	8.91	—	—	8.91	沙 泥	汤家元
漾代头	5	7.07	—	—	7.07	沙 泥	汤家元
北王头	15	9.28	9.28	—	—	青紫泥	汤家元
隔席里	14	10.65	—	—	10.65	沙 泥	汤家元

续表

片 名	块数	面积（亩）	种类（亩）			土种名称	坐落村组
			水田	荡田	改土田		
甘蔗田	15	5.15	—	5.15	—	沙泥	汤家元
西北片	15	5.97	—	5.97	—	沙泥	汤家元
大塔里	66	8.21	—	8.21	—	沙泥	汤家元
良种场西	14	21	—	—	21	半青紫泥	良种场

1981年漕泾大队各生产队旱地资源分块登记表

块名	面积（亩）	种类（亩）			土种名称	坐落村组
		水田	荡田	改土田		
塘口	0.35	0.35	—	—	青紫泥	张家埭
文祥生康屋后	0.95	—	—	0.95	青紫泥	张家埭
叙金河口	0.55	—	—	0.55	青紫泥	张家埭
叙金永金门前	1.5	—	—	1.5	青紫泥	张家埭
转弯头	0.5	0.5	—	—	青紫泥	张家埭
李坤屋前后	1.7	—	—	1.7	青紫泥	张家埭
才林屋前后	1.4	—	—	1.4	青紫泥	张家埭
李明屋边	0.4	—	—	0.4	青紫泥	张家埭
公房西	0.3	—	—	0.3	青紫泥	张家埭
汶南	0.8	—	—	0.8	青紫泥	张家埭
陆家秧田南	0.3	—	—	0.3	青紫泥	张家埭
大路西	3.5	—	—	3.5	青紫泥	张家埭
田心地	6.1	—	4.1	2	青紫泥	张家埭
高山老	19	—	19	—	青紫泥	张家埭
洞桥头	8.2	—	5.7	2.5	青紫泥	张家埭
西北喊	10.5	—	10.5	—	青紫泥	张家埭
大岗大论	2.8	—	2.8	—	青紫泥	张家埭
陆家埭前后	1.9	—	1.9	—	青紫泥	张家埭
陆家埭田王	0.5	0.5	—	—	青紫泥	张家埭
沙子浜	0.7	0.7	—	—	青紫泥	张家埭
丰家场	2.75	—	1.07	1.68	半沙土	大水路
孝堂屋后	26.8	—	26.8	—	半沙土	大水路
渠道南面	20.2	—	1.2	19	半沙土	大水路
国治前后	11.5	—	10.5	1	半沙土	大水路

第二章　自然环境

续表

块　名	面积（亩）	种类（亩）			土种名称	坐落村组
		水　田	荡　田	改土田		
甘枯塘	7.4	—	7.4	—	半沙土	大水路
王家大路西	3.3	0.5	2.8	—	半沙土	大水路
园鱼池	2.9	—	2.9	—	半沙土	大水路
方鱼池南北	3	—	3	—	半沙土	大水路
机耕路东面	1.3	—	1.3	—	半沙土	大水路
西坟头	0.8	0.8	—	—	半沙土	大水路
河　东	10.03	—	8.95	1.08	沙　土	吕家木桥
叙昌屋西	4.64	—	3.32	1.32	青紫泥	吕家木桥
吕家木桥南	2.1	—	—	2.1	青紫泥	吕家木桥
吕家木桥北	2.3	—	—	2.3	青紫泥	吕家木桥
共育前长岗	4.15	0.3	2.35	1.5	沙　土	吕家木桥
大鱼池头	15.56	—	6.06	9.5	青紫泥	吕家木桥
长岗西边	2	2	—	—	沙　土	吕家木桥
大介东洞	3.1	—	3.1	—	青紫泥	吕家木桥
西机耕路进	16.78	—	16.78	—	青紫泥	吕家木桥
短短头上	3.01	—	3.01	—	青紫泥	吕家木桥
河　西	7.2	6	—	1.2	青紫泥	孙家埭
金家后头	6.535	—	6.535	—	沙　土	孙家埭
直东地	23.608	—	13.166	10.44	沙　土	孙家埭
王较亲家南地	5.5	—	2.5	3	沙　土	孙家埭
大漠池头	5.484	—	5.484	—	半青紫泥	孙家埭
金家洋直东	9.011	—	9.011	—	沙　土	孙家埭
长浜边地	12.238	—	8.238	4	沙土	孙家埭
大金介洋	3.58	—	3.58	—	青紫泥	孙家埭
玉金屋后	16.149	—	11.183	4.966	青紫泥	孙家埭
机耕路南田主	1.5	1.5	—	—	沙　土	孙家埭
机耕路北田主	1	1	—	—	青紫泥	孙家埭
东南老	3	0.39	2	0.61	青紫泥	长浜
建松屋边	6.2	0.25	5.04	0.91	青紫泥	长浜
浜　南	7.8	0.35	—	7.45	青紫泥	长浜
季康屋边	3.9	—	3.4	0.5	青紫泥	长浜
浜　北	3.66	—	—	3.66	青紫泥	长浜
德荣屋前后	1.88	—	—	1.88	青紫泥	长浜
新开河东边	7.96	0.5	6.08	1.38	青紫泥	长浜

续表

块名	面积（亩）	种类（亩）			土种名称	坐落村组
		水田	荡田	改土田		
下王头	18.79	—	18.79	—	青紫泥	长浜
南田王	1.11	—	1.11	—	青紫泥	长浜
小木桥岗	0.5	0.2	0.3	—	青紫泥	大木桥
南屋居	4.7	—	4.7	—	沙土	大木桥
北屋居	5.4	—	5.4	—	青紫泥	大木桥
山前头	17.5	9	8.5	—	青紫泥	大木桥
柏树岗	8	1.5	2.5	4	青紫泥	大木桥
金松岗	1.5	1.5	—	—	沙泥	大木桥
德福岗	2.5	2.5	—	—	沙泥	大木桥
牧坊岗	3.5	2.4	—	1.1	青紫泥	大木桥
西路老	6.5	—	6.5	—	青紫泥	大木桥
门前地	11.8	3	8.8	—	青紫泥	大木桥
地心里	11.3	4.3	7	—	青紫泥	大木桥
鸡坊后头	8.59	—	1.5	7.09	青紫泥	大木桥
大木桥口	6.78	—	4	2.78	沙土	大木桥
王家马头里	3.93	2.3	—	1.63	杂泥	大木桥
身鸡头	4.9	3.5	—	1.4	青紫泥	大木桥
谈头岗	2.8	2.8	—	—	青紫泥	大木桥
莫家国东边	6.2	0.4	—	5.8	沙泥	立新（查坟前）
塘口地	4.8	—	4.8	—	沙泥	立新（查坟前）
山蹬	1	1	—	—	沙泥	立新（查坟前）
山蹬北	1.8	—	1.8	—	木粉	立新（查坟前）
和尚地	1.5	—	1.5	—	沙泥	立新（查坟前）
大坟里	2.8	—	2	0.8	沙泥	立新（查坟前）
林荣屋边	0.9	—	0.5	0.4	沙泥	立新（查坟前）
西喊地	2.8	0.3	1	1.5	沙泥	立新（查坟前）
地心里	9	—	9	—	沙泥	立新（查坟前）
南三分	2.5	—	2.5	—	沙泥	立新（查坟前）
公屋边	2.2	—	1.5	0.7	沙泥	立新（查坟前）
查坟老东面	3.6	2.8	—	0.8	青紫泥	立新（查坟前）
南喊田王	1.5	—	1.5	—	沙泥	立新（查坟前）
三爿头	4.81	1.84	2.97	—	沙泥	南庄桥
蹲岐浜边	4.61	—	4.61	—	沙泥	南庄桥
桥河南	5.09	1	4.09	—	青紫泥	南庄桥

续表

块 名	面积(亩)	种类(亩)			土种名称	坐落村组
		水 田	荡 田	改土田		
文祥门前	3.64	—	3.64	—	青紫泥	南庄桥
大河东地	2.69	—	2.47	0.22	青紫泥	南庄桥
小河东地	1.49	—	0.09	1.4	青紫泥	南庄桥
三角坟	5.75	2.57	—	3.18	青紫泥	南庄桥
三洋里	5.06	—	5.06	—	沙 泥	南庄桥
鱼池老	7.65	—	7.65	—	青紫泥	南庄桥
毛家园	1.4	—	1.4	—	沙 泥	南庄桥
长仁屋东	1	—	1	—	沙 泥	南庄桥
西北喊	5.14	—	5.14	—	沙 泥	南庄桥
河南角	2.64	—	2.64	—	青紫泥	南庄桥
屋边地	10.25	—	—	10.25	青紫泥	南庄桥
庆东后头	9.78	—	7	1.7	半青紫泥	马家木桥
斜夺里	22.6	1.6	21	—	半青紫泥	马家木桥
田 王	13.26	—	7.03	6.23	半青紫泥	马家木桥
马家木桥	5	—	—	5	半青紫泥	马家木桥
老坟头	7.8	4.8	1	2	青紫泥	双元村
河南河北	7	1.5	4.5	1	青紫泥	双元村
墙门头	10.1	—	3.6	6.5	青紫泥	双元村
木桥河南	11	—	11	—	青紫泥	双元村
南河汉星	5.3	1.9	2.4	1	青紫泥	双元村
朱家前后	19.5	—	18	1.5	青紫泥	双元村
马家木桥北	9.7	1.6	6.3	1.8	沙 泥	双元村
马家木桥南	20	—	19.4	0.6	青紫泥	双元村
岢家前后	2	—	—	2	青紫泥	双元村
双元村后头	10	—	—	10	青紫泥	双元村
长发后头	1.8	1.3	0.5	—	青紫泥	双元村
河 东	18.41	—	18.41	—	沙 泥	张家门
东岗边	13.79	0.3	12.69	0.8	沙 泥	张家门
城 南	7.99	1.02	6.97	—	沙 泥	张家门
荒田头	11.84	7.27	—	4.57	沙 泥	张家门
长 岗	1.37	0.1	—	1.27	沙 泥	张家门
岗心里	3.18	—	1.28	1.9	沙 泥	张家门
屋前屋后	6.67	0.5	1.97	—	青紫泥	张家门
太子浜	9.97	0.5	9.47	—	沙 泥	塔石桥

续表

块名	面积（亩）	种类（亩）			土种名称	坐落村组
		水田	荡田	改土田		
圆里	14	—	11	3	沙泥	塔石桥
炳铨屋东	6.4	—	2.1	4.3	沙泥	塔石桥
安后头	4.2	—	3.8	0.4	木粉	塔石桥
河北	2.1	—	—	2.1	沙泥	塔石桥
河南	6.92	—	6.32	0.6	沙泥	塔石桥
木竹园	2.3	—	2.3	—	沙泥	塔石桥
养马地	5.1	2.8	—	2.3	沙泥	陆家门
王家坟头	2.6	—	—	2.6	沙泥	陆家门
东脚鱼池头	8.05	—	8.05	—	沙泥	陆家门
东坊较	8.2	—	8.2	—	沙泥	陆家门
直北坊较	14.1	—	14.1	—	沙泥	陆家门
浜北坟	5.02	—	1.12	3.9	半青紫泥	陆家门
洞桥头	2.76	—	2.76	—	沙泥	陆家门
新开河东南	1.8	—	1.8	—	半青紫泥	陆家门
屋后头	4.5	—	—	4.5	半青紫泥	陆家门
坝对头	3.06	—	3.06	—	半青紫泥	陆家门
新桥头	3.2	—	—	3.2	青紫泥	陆家门
北城岗	7.2	—	5.1	2.1	半青紫泥	陆家门
三亩地	11.2	2	9.2	—	半青紫泥	陆家门
木竹园	1	—	1	—	半青紫泥	陆家门
尤家	3.96	—	3.96	—	青紫泥	范家门
吴家底头	1.67	—	1.67	—	半沙土	范家门
田太太	4.4	—	4.4	—	半沙土	范家门
河南	3.5	—	1.24	2.26	半沙土	范家门
葛家新开河	8.36	—	8.36	—	沙泥	范家门
新头地	7.1	—	6.29	0.81	半沙泥	范家门
河西	15	—	15	—	沙泥	范家门
机耕路北	5.43	—	5.43	—	沙泥	范家门
王家园	30.6	—	26.9	3.7	沙泥	范家门
葛家水沟	0.5	—	0.5	—	半沙土	范家门
灶山坟头	3.2	—	—	3.2	青紫泥	范家门
东头坟	4.2	—	2.6	1.6	半沙土	范家门
东北老	4.63	—	—	4.63	半沙土	范家门
范家门	7.5	—	—	7.5	半沙土	范家门

续表

块 名	面积（亩）	种类（亩）			土种名称	坐落村组
		水 田	荡 田	改土田		
河 南	2.12	—	—	2.12	半沙土	范家门
松树坟头	0.64	—	—	0.64	半沙土	范家门
大渔池口	0.4	—	—	0.4	半沙土	范家门
河南地	2	2	—	—	半沙土	范家门
河南西喊	5.2	—	2.15	3.05	青紫泥	汤家元
上南头	4.2	—	1.6	2.6	青紫泥	汤家元
沟西自留地	3.5	—	—	3.5	沙 土	汤家元
东经门前地	5	1.5	1	2.5	沙 土	汤家元
东南喊	2.76	—	2.76	—	沙 土	汤家元
东岗老	3.7	1.5	2.2	—	沙 土	汤家元
王家园	4.1	1.8	2.3	—	木 粉	汤家元
西岗老长岗	3.8	1.5	2.3	—	木 粉	汤家元
浜北地	22.8	1.5	21.3	—	沙 土	汤家元
阿五岗	9	1.5	2.5	5	沙 土	汤家元
棉花地	2	1.6	—	0.4	沙 土	汤家元
良种场	3.8	0.3	3.5	—	青紫泥	良种场

三、植物资源

村域属太湖平原植被片。远古，自然植被遍布，杂草丛生，竹木野长，随旱涝程度而生生灭灭。后人口密度渐高，土地利用率升高，沼泽荒野渐成农田、桑地、旱地、池塘、湖泊，大多"自然植被"被"人工植被"所取代。如20世纪60年代以前，野生的乌桕树和麻栎树（本地人叫麻栗树）众多，但至今几乎不见踪影；苦楝树曾到处自然生长，不知何故突然消失。20世纪50年代后期开始，人工耕种的农作物几乎遍布地表，如水稻（又有籼、粳、糯三大类）、小麦、大麦、豆类（又有大豆、蚕豆、豌豆、赤豆、绿豆等）、油菜、络麻、桑树、甘蔗、瓜果（西瓜、香瓜、桃、李、梨、枣、柿、枇杷、葡萄、猕猴桃等）、蔬菜（青菜、榨菜、大白菜、瘤芥菜、黄芽菜、芹菜、花椰菜、甘蓝菜、菠菜、木耳菜、茄子、洋葱、韭菜、香葱、芫荽、生姜、芋艿、慈姑、菜瓜、冬瓜、黄瓜、荷兰瓜、南瓜、丝瓜、番茄、辣椒、胡萝卜、萝卜、茭白、四季豆、豇豆、白扁豆、刀豆、秋葵等）等，连许多水域都长满了菱、茭、藕、荸荠、慈姑和水草等。紫云英（花草）在20世纪

60、70年代大田种植较多。20世纪60—80年代因大力发展畜牧业而大量割草，致使田头、地角、河滩、路旁寸草难生。如今，因为绿色农业开发和美丽乡村建设，林木扶疏，绿满田畴，连房前屋后、河滩沟边、路旁公园亦多花花草草了，其中，榉树、柳树、香椿、柏树、银杏、香樟、朴树、女贞、冬青、水杉、泡桐、桂树等种植广泛，果树有枣、桃、枇杷、橘子、李子、柿子等，药材主要有杭白菊、杜仲等。

四、动物资源

从前，境内有野猪、野兔、野鸡、野狗、野猫、刺猬、黄鼬（黄鼠狼）、松鼠、青蛙、蛤蟆、蛇、曲蟮（蚯蚓）、田鼠、泥鳅、蜻蜓、蝴蝶、麻雀、燕子、黄莺等许多野生动物，家养畜禽主要有猪、羊、兔、鸡、鸭、鹅、鸽、鹌鹑等。境内羊属湖羊，小湖羊皮在国际市场上被誉为"中国的软宝石"。

境内水网密布，水流平缓，外荡水底淤泥层厚，水质肥沃，水位适中，饵料丰富，野生鱼类种群繁多。养殖水产主要有青鱼、草鱼、鲢鱼、鳙鱼、鲤鱼、白鲫、鳊鱼、鳜鱼、乌鳢和白虾、青虾、基围虾、沼虾、米虾、河蟹、石蟹、田螺、螺蛳、河蚌、黄蚬、乌龟、鳖（甲鱼）、多疣壁虎、蓝尾石龙子（别名四脚蛇）、水蛭（蚂蟥）、水游蛇等。

五、菌菇资源

境内有蘑菇、香菇、平菇、草菇、猴头菇、金针菇、花树菇、黑木耳、银耳等，多为人工栽培。近年来，还利用桑枝条栽培木耳。

第四节　自然灾害

千百年来，境内地震偶有发生，但轻微无大害。古时曾因海水倒灌，侵入村域，影响农耕生产和财产安全。历史上，对村域造成生命危害和财产损失较多的自然灾害，主要是气象灾害，即在不同季节受气温、降水及径流量等剧变影响，形成的洪、涝、旱、雪、台风、冰雹、龙卷风等灾害。每年4月15日至10月15日为汛期，梅雨、台风、冰雹等多种自然灾害接踵而至，常造成工农业生产损失，甚至家破人亡。其中，村域相对于周围，地势偏高，灌溉困难，久旱更易成灾。1949年后，大兴水利事业，排涝抗旱设施日趋完善，又加快土地整理和箱子田改造，加上气象科技进步，极端气象形成灾害事件的次数渐趋减少，程度渐趋减弱，虫灾也已少见。

附：本地南宋以后自然灾害举要

南宋（1127—1279）

绍兴四年(1134)，江浙自六月不雨至于八月。

隆兴元年(1163)、淳熙二年(1175)，螟灾。

开禧元年(1205)夏，浙东西不雨百余日。

开禧三年(1207)、嘉定二年(1209)、嘉熙四年（1240），大旱，飞蝗成灾。

嘉定八年(1215)五月，大燠，草木枯槁，百泉皆竭，两浙旱灾为虐；春旱至八月，浙东西饥，死者甚众。

泰定三年（1326）八月，盐官州大风海溢，捍海堤崩东西三十余里，南北二十里。村境南距海塘20里内。

元（1206—1368）

至元二年(1265)，江浙自春至八月不雨，民大饥。

明（1368—1644）

正统五年(1440)七月，狂风骤雨，昼夜不息，拔树卷瓦，海湖潮浪，浸入平地，冲圮圩岸，淹没房舍，田禾尽死。

景泰五年(1454)春，正月大雪，越二月不止；至夏又淫潦伤禾，饥民死者甚众。

景泰六年(1455)，三月不雨至六月，旱，斗米百钱，饥民死者甚众。

天顺元年(1457)、成化二十三年(1487)、嘉靖二十三年(1544)、嘉靖二十四年(1545)、嘉靖三十二年(1553)，大旱，浜河枯竭。

成化十五年(1479)十月五日，地震，震级约4.5级。

弘治十八年(1505) 十月九日，地震，地生白毛，民房撼动。

嘉靖二十六年(1547)，七月不雨至十二月二十日始雨；自夏至冬，浙江潮汐不至，水源干涸。

嘉靖三十八年(1559)夏，大旱两月成灾。

嘉靖四十年(1561)四月七日，雨雹，大如拳，麦尽损；四月至十月，淫雨不息，半地水高数尺，禾沉水底，民大饥。

万历十七年(1589)，大旱，河底龟裂，野无青草，民咽糟糠，食树皮，卖妻鬻子，饿殍载道，疫死者无算。

万历二十九年(1601)六月，下大雪。七月始热，江湖水溢，秋禾不能下种；无不病之家，家无不病之人。

万历三十三年（1605）夏、万历三十四年（1606）、万历四十二年（1614）秋、万历四十八年（1620），大旱，伤稼。

崇祯元年（1628）七月壬午，海啸，居有坏，民有溺。

崇祯十四年（1641）夏大旱，蝗飞蔽天，石米四两五钱，民以杂草芽、树皮为食。

崇祯十五年（1642），河溢，大饥，人食草木，路殍相望；冬至夜，疾风，迅雷，暴雨。《袁府志》云：语儿乡有食人者。

崇祯十六年（1643），大旱，田禾尽枯。男妇哀号祈祷，越两月，始雨。

清（1644—1911）

顺治元年（1644），五月不雨，至十一月十五日，乃雨。河底起尘，晚禾枯槁，道殣相望。

康熙元年（1662）、康熙九年（1670）七月，大旱，蝗灾。

康熙十年（1671）五至七月不雨，天酷暑，地极旱，蝗成群，草木枯，有人渴死。

康熙十六年（1677）、康熙十七年（1678）夏、康熙十八年（1679）、康熙三十二年（1693）、康熙三十九年（1700）、康熙四十六年（1707）夏、康熙五十九年（1720）夏，大旱，民饥。

康熙六十年（1721）夏秋连旱，河底干涸，至八月始雨。

雍正元年（1723）夏，继上年大旱，大饥。

雍正二年（1724）七月十九日，大风雨，海水溢入内河。河水如卤，不可食。

乾隆三年（1738）、乾隆十三年（1748）、乾隆十六年（1751）夏、乾隆二十一年（1756）四五月间、乾隆二十二年（1757）四五月间，大旱。

乾隆十七年（1752）五月十七日，地震，震中在上海长江口，震级5级。

乾隆三十三年（1768）夏，大旱，至七月十九日始雨。

乾隆四十三年（1778）夏，大旱；冬暖，桃花盛开。

乾隆五十年（1785）乙巳月旱，支流汊港皆涸，明年春，石米五千。

嘉庆五年（1800）春，正月十六，大雪平地三尺余。

嘉庆六年（1801）正月十一，海潮一日三至。

嘉庆十八年（1813）夏、嘉庆十九年（1814）夏，大旱，河尽涸。

道光六年（1826）夏秋大涝，民大饥。

道光二十一年（1841）九月二十四日，立冬雷鸣；十月二十九日大雪至十一月初六夜，积雪在阴面者，至次年二月始消尽。

道光二十九年（1849），春夏阴雨连绵，河水溢岸，平地涌水数尺，一望如湖面，秧苗淹腐，仓廒不开，民大饥。

咸丰六年（1856）五月不雨至于八月，河断流，蝗成害，禾苗枯，石米贵达钱五千文。十二月十七日大雪至除夕始止，深可一丈，河道皆冰冻，厚尺余。

同治元年（1862），海水过塘，倒灌农田，农业歉收，米价昂贵。

同治四年（1865）夏，淫雨成灾，田禾尽没。

同治十二年（1873），大旱。

光绪元年（1875）六、七月大旱。

光绪八年（1882）清明落大雪。

光绪十五年（1889）八月二十四日起，阴雨连绵，凡四十余日，河水溢岸，平地水涌数尺，田禾仅二成收获，米价昂贵。

光绪十八年（1892），夏奇热，冬严寒，河道冰厚尺余。

光绪二十四年（1898）大旱，米价至石六千。

宣统元年（1909）五月，梅雨成灾，田稻淹没，乞讨成群；九月二十七日晚十时地震。

中华民国（1912—1949.5）

四年(1915) 1月3日，地震，行人摇晃欲倒，悬挂物晃动。

八年（1919）5月12日起，梅雨连旬，复加风灾、虫灾，灾荒严重。

十八年（1929）6月，蝗灾，农作物损失严重。

二十三年（1934），5月始旱，6月梅雨不发，7月最高气温40.2℃，大旱至9月，田地龟裂，夏作绝收，习称"廿三年河干"。

二十六年（1937）8月30日晚，特大台风袭击。

三十六年（1947），旱灾，土地龟裂，河床干涸，饮水困难。

中华人民共和国

1950年，农田螟灾。

1951年，7月中旬，连续大雨，积涝成灾，稻田受淹。

1953年夏，干旱，作物减收。

1954年夏季，阴雨连绵80多天，遭受特大洪涝灾害。

1956年8月1日凌晨，遭强台风侵袭，暴雨如注，农田、房屋、人员受灾严重。

1958年5月下旬至7月底，久晴无雨，浜河断水，作物枯萎。

1961年10月，受26号台风影响，最大风力为8级，降雨量104.1毫米。

1962年9月5日前后3天，遭14号台风袭击，晚稻灾害严重。

1963年夏，干旱成灾；9月11—13日，遭12号台风袭击，最大风力达10级，过程雨量达337.9毫米，房舍倒坍，水位5.06米，雨量之大，为五十多年来未有。

1967年7月，始旱，7月29日至9月1日滴雨不下，河浜干裂，是1949年以来旱情最严重的1次。

1970年3月，大雪成灾。

1971年夏旱，6月23日至9月3日降雨仅53.5毫米。

1976年7月16日晚，唐山大地震，本地有震感；夏，多日冷雨，影响早稻收割和连晚移栽；

秋，寒潮早，严重影响晚稻灌浆成熟；11月至翌年1月，罕见雪灾，菜麦受冻害，树木折断。

1978年6月15日至9月9日，降雨仅36.4毫米，旱情超过民国二十三年（1934）。

1980年春，出现严重倒春寒，导致早稻烂秧；7月15日子夜，遭狂风暴雨袭击，致早稻倒伏；7月30日午后，狂风大作，暴雨倾盆，早稻出芽。

1982年8月6日19时30分，漕泾大队遭遇雷电暴雨，倒屋2户8间，死亡1人（陈美生），重伤2人，民政救济800元，木材1立方米。另有柱港苏建珍是年落水而亡。

1984年1月17—20日，连降大雪，厚达18厘米，为1949年后罕见。6月13—15日3天暴雨，水位5.02米，早稻成灾，旱地作物减收。

1985年7月30日至8月2日，6号台风来袭，风灾严重；9月9—12日，再遭12号台风损毁。

1987年春，严重倒春寒，春花作物减收，早稻秧苗受损；7月28日，遭7号台风侵袭，狂风暴雨，机埠、电路、配电变压器受损严重；立秋前后各1周，连续高温干旱，影响晚稻发苗。

1988年7月1—22日，高温干旱，禾苗干枯；8月7—8日，遭7号台风袭击，风力9级，作物受损。

1990年7月11日—8月10日，晴热久旱，高温20天，部分农田"抢收抢种"灌溉困难。

1995年7月6日，遭受特大洪灾。

1997年7月10日开始普降大到暴雨，洪涝成灾，早稻减产，果蔬减收；8月19日，遭11号台风袭击，出现暴风雨天气，房屋、树木倒塌，供电、广播、电信中断。

1998年1月22日，大雪，积雪厚度16厘米。

1999年6月25日至7月20日，特大洪涝灾害，习称"6·30"洪涝灾害，百年未遇。

2003年8月30日19时许，遭遇疾风暴雨，房屋、行道树、"三线"损毁严重。

2005年8月5日，9号台风"麦莎"影响境内，作物有损；9月11日，15号台风"卡努"来袭，作物再损。

2006年4月11—13日，严重倒春寒，果芽冻伤。

2007年3月，严重倒春寒，农作物损失大；7月18—23日，高温和强雷暴雨，最高气温40°C；8月19日，"圣帕"台风影响，大风大雨；10月8日，"罗莎"台风侵袭，一片汪洋。

2008年1月26至2月6日，大雪，交通中断；11月7日立冬，大雨滂沱，晚稻浸水。

2010年5月1日，晴热，1959年来第一热；梅期，持续潮闷、雷暴雨天气，人不适，禾烂苗；7月中旬，连续雷暴雨；8月11—26日，持续高温，桑园、秋播受到严重影响；九月多特大暴雨。

2011年1月18—21日，暴雪，低温，冬作受损；1—5月，少雨，作物不长。

2012年1至3月，连续低温阴雨，日照仅常年一半；8月7日，"海葵"台风侵袭，树倒，房塌，农作物受淹。

2013年7月1日—8月20日，高温干旱43天，8月6日之后连续五天40°C以上，最高41.1°C，作物枯萎；10月6日，受"菲特"台风影响，特大暴雨，树倒房塌。

2015年秋冬，连续阴雨风雪，影响秋收冬种。

2017年7—8月，高温38天，最高气温40.5°C，旱作干枯，人畜中暑，电路损坏。

……　……

第五节　环境保护

千百年来，除了农耕生产和家居生活对环境稍有影响外，村域环境基本处于缓慢而不明显的自然演变之中，至20世纪60年代初，自然环境少遭破坏。后来，农业过度开发，林草植被减少，尤其是农药、化肥使用增多，影响土壤和水质，再加上乡村企业兴起，"三废"不达标排放严重，环境保护话题渐被村民关注。

村域环境保护，自20世纪80年代后期开始执行"合理利用土地、切实保护耕地"基本国策开始，遵循上级政策和部署，划定农田保护区，改造烂水田，综合治理农田，修筑水泥沟渠，防止水土流失，测土配方施肥，开展农业病虫害统防统治，逐步走上生态农业发展轨道；建房先审批，村庄搞规划，改水改厕，农户生活污水无害化处理，减少源面污染。

21世纪后，环境保护加快步伐，持续多年整治河道，构筑块石河岸，洁化、绿化、美化村居。2010年，设有村庄整洁管理工作站。2013—2014年间，拆除双元村、长浜、马家木桥、孙家埭6家生猪规模养殖户猪舍（996平方米）和栅栏区（123平方米）。2014年，针对豆制品厂、蔬菜厂污染漕泾港、墩子浜情况，村干部和党员代表、道德评判团成员多次巡视河道，最后通过协调，三家企业的污水排纳入管；稍后农户生活污水全部纳入管网。2015年，推行"五水共治"村规民约，建立水环境治理道德评判团，教育引导村民转变传统的生产生活方式，自觉参与治水护水活动，争创"治水美村"，打造"四美漕泾"（水岸整洁环境美、生产发展和谐美、生态文明自然美、乡风文明身心美），先后推出生产生活垃圾集中收集处理，沿河、沿路、沿线环境专人保洁，村庄垃圾桶村民桶长制，村干部河长制，党员路长制，等等。2016年以"四美"（物品堆放整齐美、卫生清洁环境美、花木茂盛绿化美、身心健康生活美）和"五好"（组织健全管理好、机制完善措施好、村容整洁环境好、活动多样载体好、家庭参与效果好）为标准，实施庭院美化工程，参与桐乡市"巾帼逐梦　花开桐乡"优美庭院比赛，全村年末村级以上"优美庭院"合格户有530户，占比83.3%，其中，村级以上"优美庭院"示范户260户，占比41%。2019年开始，村域实行"三治积分"办法，制订并实施《农村环境全域秀美"三治积分"管理方案》。

20世纪90年代中后期，境内逐渐有苗木专业户，至2014年高峰时，境内有专业

2015年陆家门组一角整改前　　　　2015年陆家门组一角整改后

苗木600多亩。21世纪后，村集体大力开展公共绿化，村民个人开展庭院绿化。2008年，村投资3万多元，建设室外公共休闲绿地500平方米，村主干道路和河道绿化率达100%，村庄绿化覆盖率达85%。2012年，再投资50多万元，植树8800棵。2013年7月桐乡市农业经济局开具的《漕泾村绿化情况证明》载：漕泾村主要道路和河道实现绿化，住宅之间有绿化带，道路绿化率达97%。境内河道筑有生态护岸，河岸边植草坡和乔木，圩堤种有护岸灌木，河道绿化率达97%，全村森林覆盖率达30.8%，绿化覆盖率达38.9%，农田林网控制率达96%。2014年申请创建森林村庄时，总绿化率为82%，平原农区林带林网的网格面积为246.7公顷，乔木树种绿化面积占村庄绿化总面积的比例为75%，乔木片林四个区域共有341亩，义务植树尽责率85%，人均绿地3.5平方米，农户庭院绿化率为90%。

近二十年来，漕泾村先后获得桐乡市级生态村（2008）、绿化示范村（2008）、"森林村庄"（2009）、省级卫生村（2017）和嘉兴市级人居环境优胜村（2020）等殊荣。

第三章　村级组织

中华人民共和国前,村境内存有都图、里甲一类的区域划分,有无相应组织目前无考。中华人民共和国成立后,境内存有村一级的中国共产党组织、行政组织、经济组织、群团组织等。1982年,我国《宪法》规定"村民委员会是基层群众自治性组织"。1988年后,逐步健全和完善以民主选举、民主决策、民主管理、民主监督为核心的村民自治制度,村民委员会成为村民自我管理、自我教育、自我服务的基层群众性自治组织。

第一节　党组织

1949年前夕,境内教师、医师、保甲长等群体内的个别人员系中国国民党党员,但无村级政党组织;有无中共地下党员及其组织,不详。

1949年5月村域解放后,村域受中共崇德县委留良区委领导。1952年11月11日,漕泾人范凤仙加入中国共产党,成为新骑塘乡成立后第一个农民党员。1954年8月骑塘乡党支部成立后,范凤仙担任支部(总支)委员四年。

1958年1月,骑塘乡一联社(区域覆盖今漕泾村)成立中共党组织,时名一联社党支部,张柏荣首任书记,隶属中共骑塘乡党总支部(次月改党委)。1958年10月,与今骑力村(原骑力村)区域合并为第五大队,成立第五大队党支部,隶属中共崇德县留良人民公社党委。1959年3月20日,第五大队分为漕泾、骑塘生产队,漕泾生产队建立党支部,隶属桐乡县留良人民公社骑塘管理区党总支。1961年5月,隶属中共骑塘公社党委。1961年7月18日,漕泾生产队党支部改称漕泾生产大队党支部。

1966年"文化大革命"后,党组织逐渐停止活动。1968年秋,成立大队革命领导小组,组长张仰浩,副组长张六仁、陆德林、沈子坤。1969年冬整党,翌年春恢复党支部活动。1969年至1978年间,改名为红光大队党支部。

1983年10月，更名为漕泾村党支部，支委会基本上每三年换一届，隶属中共骑塘乡党委。2001年10月后隶属于中共高桥镇党委。2002年5月，漕泾村党支部升格为党总支，下辖"老年""农业""外出"三个支部，后又增设企业联合党支部。现调整为三个网格支部。2017年8月后，隶属中共高桥街道党委。

几十年来，全村党员队伍不断壮大，党组织战斗堡垒作用日趋增强，漕泾村党组织及其负责人（见附表）带领全体党员和广大村民响应上级党组织号令，积极参与不同历史时期的政治活动和中心工作，成为漕泾村经济和社会发展的核心推动力量，特别是十一届三中全会后，成为推动改革开放、全面实现小康、建设美丽乡村、完善村民自治、乡村振兴的掌舵者和主心骨。

1958—2021年村级党组织名称及其干部名录

隶属	党组织名称	职务名称	姓名	任职年月	备注
骑塘乡党总支	一联社党分支五大队党支部	书记	张柏荣	1958年1月—1958年9月	1958年2月设乡党委
留良公社党委	骑塘管理区总支五大队党支部	书记	赵金龙 严进财	1958年10月—1959年3月	与今骑力村合在一起
		副书记	余富荣	1958年10月—1959年3月	
		副书记	吕叙昌	1958年10月—1959年3月	
		委员	苏清源	1958年10月—1959年3月	
	骑塘管理区总支五大队党支部	委员	张仰浩	1958年10月—1959年3月	与今骑力村合在一起
		委员	余庭松	1958年10月—1959年3月	
留良公社党委	漕泾生产队党支部	书记	沈关源	1959年3月—1961年2月	五大队分漕泾、骑塘生产队。
		书记	张仰浩	1961年2月—1961年5月	
		副书记	张仰浩	1959年3月—1961年2月	
		委员	张继林	1959年3月—1961年5月	
		委员	陆正昌	1959年3月—1961年5月	
		委员	吕锦法	1959年3月—1961年5月	
骑塘公社党委	漕泾大队党支部	书记	张仰浩	1961年5月—1970年6月	更名大队党支部
		副书记	范福源	1961年5月—1968年6月	
		委员	苏清源	1961年5月—1966年5月	
		委员	张富荣	1961年5月—1968年6月	
		委员	吕锦法	1961年5月—1962年3月	
		委员	范凤仙	1961年5月—1968年6月	

续表

隶 属	党组织名称	职务名称	姓 名	任职年月	备 注
骑塘公社党委	漕泾大队党支部	委 员	周子山	1962年3月—1968年6月	更名大队党支部
		委 员	张继林	1962年3月—1968年6月	
		委 员	沈叙堂	1965年1月—1968年6月	
		委 员	吕志彬	1965年1月—1968年6月	
	红光大队党支部	书 记	张仰浩	1970年7月—1976年10月	"文化大革命"期间,骑塘公社各大队名称统一冠"红"
		副书记	范福源	1970年7月—1976年10月	
		副书记	陆德林	1973年7月—1976年10月	
		委 员	沈庆法	1970年7月—1976年10月	
		委 员	李祖兴	1970年7月—1976年10月	
		委 员	张富荣	1970年7月—1976年10月	
		委 员	陆德林	1971年12月—1973年7月	
		委 员	陆财林	1973年7月—1976年10月	
		委 员	沈子坤	1973年7月—1976年10月	
	漕泾大队党支部	书 记	张仰浩	1976年10月—1978年4月	复名漕泾生产大队
		书 记	陆德林	1978年4月—1981年6月	
		书 记	范福源	1981年6月—1983年12月	
		副书记	范福源	1976年10月—1981年6月	
		副书记	陆德林	1976年10月—1978年4月	
		副书记	陆财林	1981年6月—1983年12月	
		委 员	沈庆法	1976年10月—1983年12月	
		委 员	李祖兴	1976年10月—1983年12月	
		委 员	张富荣	1976年10月—1983年12月	
		委 员	陆财林	1976年10月—1981年6月	
		委 员	沈子坤	1976年10月—1980年8月	
		委 员	吕明元	1981年6月—1983年12月	
		委 员	苏长年	1981年6月—1983年12月	
骑塘乡党委	漕泾村党支部	书 记	陆财林	1983年12月—1986年6月	1983年4月,村社分设,改大队为行政村。2001年10月隶属高桥镇党委
		书 记	李乾松	1986年6月—1993年10月	
		书 记	范雪金	1993年10月—1995年2月	
		书 记	吕明元	1995年2月—2002年5月	
		副书记	陆财林	1986年6月—1988年9月	
		副书记	沈德金	1998年8月—2002年5月	
		委 员	陆财林	1988年9月—1992年7月	
		委 员	吕明元	1983年12月—1993年7月	
		委 员	吕福元	1983年12月—1986年6月	

续表

隶属	党组织名称	职务名称	姓名	任职年月	备注
骑塘乡党委	漕泾村党支部	委员	范雪金	1983年12月—1993年7月	1983年4月，村社分设，改大队为行政村 2001年10月隶属高桥镇党委
		委员	张金发	1990年7月—1995年2月	
		委员	李乾松	1986年4月—1986年6月	
		委员	张永明	1994年9月—1997年4月	
		委员	沈德金	1992年10月—1998年8月	
		委员	王心意	1998年8月—2000年3月	
高桥镇党委	村总支部委员会	书记	沈德金	2002年5月—2017年8月	下辖农业、老年、外出三个支部，支部书记分别为陆敏华、丰金高、王云珠（后为张春飞） 2011年后增设企业联合支部，书记由沈德金兼任 2018年后改划为第一、第二、第三网格支部
		副书记	张春飞	2013年—2017年	
		委员	丰金高	2002年5月—2017年	
		委员	陆敏华	2002年5月—2017年	
		委员	张春飞	2008年5月—2013年	
高桥街道党委		书记	沈德金	2017年8月—2018年11月	
		书记	张锋	2018年12月至今	
		副书记	陆敏华	2017年至今	
		委员	丰金高	2017年至今	
		委员	沈钰	2020年至今	
		委员	屠建平	2020年至今	

附一：1958—2021年漕泾村党支部年度党员人数

1958年17人　1959年24人　1961年29人　1962年32人　1963年33人　1964年34人
1965年35人　1966年32人　1971年34人　1972年34人　1973年36人　1974年38人
1975年39人　1976年39人　1977年38人　1978年39人　1979年40人　1980年39人
1981年39人　1982年40人　1983年41人　1984年41人　1985年42人　1986年43人
2006年58人　2008年54人　2016年69人　2017年70人　2018年71人　2019年68人
2020年74人　2021年79人

附二：党总支2021年末实有党员名单

第一网格支部：

陆敏华　吕晓红　吕云康　张仁宝　吕福元　陆良曦　苏建法　沈云仙　沈敏娟
沈建忠　沈林根　沈淑杰　沈柏仁　陆瑞仙　沈德良　沈德金　沈　欢　吕其康
何建金　丰金高　屠建平

第二网格支部：

张佳梦　范伟清　范利萍　王心意　王玲燕　范翔宇　陆初金　陆志学　陆建良　陆财林

陆如民　陆炳忠　范凤仙　王　玉　张永明　陈炳江　沈洪福　张利金　沈琳洁　沈贵江
张林江　张锦标　张　杰　张　棋　范雪金　陆永生　张佳熠　陆明焕

第三网格支部：

张　锋　沈　钰　沈建林　江金凤　沈雪章　张宝和　陈晓钰　朱唯一　李权甫　范悦平
沈　洁　王叶飞　沈　佳　冯行宪　冯建中　张浙晨　冯国治　沈进福　吕明元　沈秋芳
张宝祥　张金龙　张金法　劳伟根　陈　涛　张　洁　沈　茜　沈张珩

第二节　行政组织

明清时，村域隶属崇德县语儿乡第四都，境内虽设有里、图、甲、邻等，且有里长、图董、甲长等职位，但仅表地域隶属关系而已，没有国家行政管理权限，多由本地乡绅、能人、富户、德高望重者等充任。

民国三年（1914），村域属崇德县第四自治区，由图董引领，里长领衔。民国二十年（1931），乡村基层由"都图制"改为"闾邻制"，境内何闾何邻无考。民国二十一年（1932），建立乡镇，村域隶属崇德县第四区骑塘乡。民国二十二年（1933），村域设第一、第二、第三、第四、第五保（部分保的部分区域今属骑力村、湘庄村），各保设有保长、副保长、保队附等职，首任名单无考。民国三十一年（1942）1月，村域涉及五个保：第一保保长金炳文（方田村），副保长沈乾山（漕泾港），保队附冯三明（大水路），下辖10甲；第二保保长沈炳元（南庄桥），副保长张介仁（朱家桥），保队附苏永春，下辖10甲；第三保保长吕智，副保长张振康（张家门），保队附吕宝璋（酒店浜），下辖9甲；第四保保长马德乾，副保长范圣祥，保队附陆长林（陆家门），下辖10甲；第五保保长陈新荣（后陆长林，陆家门），副保长陈关林，保队附俞顺元（张家桥），下辖9甲。

时值乱世，保甲组织及其负责人变更频繁。民国三十四年（1945）3月前后，第一保保长变更为洛水港人郭茂祥，第二保保长变更为朱家桥人朱顺福，第三保保长先后变更为漕泾港人沈乾山、沈炳元、朱仁福等，第四保（由汤家元、斗富兜、杨树角、许家塛、三角水路、曹家浜、张家兜、酒店浜、智义板桥组成）保长先后变更为陆长林、沈炳元等，第五保保长变更为陆长林。1946年5月前夕，副保长更换为第一保张祖林，第二保陆敏达，第三保朱麟荪，第四保吕在良，第五保缺失。

民国三十五年（1946）5月，村域改设第一、第二、第三保，其中第二保和第三保仅部分在现域内。10月1日，骑塘乡并入梵山乡，村域受梵山乡乡公所管辖，设第十一保、第十二保。民国三十六年（1947）4月，保甲调整，第十二保变更为第一保，办公地点张家埭，下辖19甲，共有253户994人；第十一保变更为第三保（部分地域属相庄），办公地点在智义板桥，下辖19甲，共有271户130人。民国三十七年（1948），第一保办公地点搬至马家木桥，副保长张祖林，下辖12甲；第三保（漕泾与相庄各一部分）办公地点搬至余宝庵，副保长朱麟荪，下辖13甲；第二保绝大部分为今骑力村地域。同年11月16日，境内第一保保长为张振龙，办公地在张家埭，下辖19甲；第二保保长为朱麟荪，下辖16甲，仅小部分属村境内；第三保保长为陆士康，下辖19甲，部分属于村境内。

1949年5月，村域解放。11月，废除原有保甲制，村域设骑塘乡第一村（全部）、第三村（范家门、陆家门、塔石桥、张家门、里门桥、汤家元和原相庄斗富兜等一带）。一村首任村主任陆桂松，村副主任封叙金，办公地点在圣帝殿；三村首任村主任吕沈方，村副主任范茂松，办公地点在斗富兜。

1950年3月，一村下辖张家埭、大水路、湾渔池、长浜、马头里、大木桥、查坟前、南庄桥、吕家木桥、大天井、孙家埭、顾家埭、双元村、墙门头、马家木桥等15个村民组；三村下辖范家门、陆家门、汤家元、里门桥、塔石桥、张家门等6个村民组和后归相庄的斗富兜等7个村民组，均受崇德县城关区骑塘乡人民政府领导。1951年年底开始，境内陆续出现最初的伴工组（即在自愿基础上根据自己农活的需要相互调工），后发展到临时或常年的农业生产互助组。如陆家门有12户农户较早组建起农业生产互助组。

1953年4月后，实行普选，第一村分为第一代表区和第二代表区；第三村分为第五代表区和第六代表区，代表区设有主任一职。1954年开始，村民在党的领导下走上农业生产合作化道路。11月，第一村村民成立农业生产合作社群益社（属低级社，社址在大水路），第三村成立永丰社，社址在斗富兜；翌年10月，第一村村民又新增联益合作社，社址在马家木桥；第三村内又新增民益合作社，社址在塔石桥。

1956年2月，第一村内的群益社与联益社合并为骑塘乡第一联社（高级社性质），同时将原三村民益社的范家门、陆家门、汤家元、里门桥、塔石桥、张家门划入第一联社，社址设在马家木桥，下辖21个小队。无论刚开始的低级社还是后来的高级联社，均设有社长一职，由社长带领社员群众参与社会主义乡村建设。

1958年10月，人民公社化运动开始，第一联社与第二联社组合成第五大队，设有大队长、副大队长等职,接受崇德县留良人民公社管委会领导。11月,随崇德县并入桐乡县。1959年3月20日,第五大队分为漕泾、骑塘生产队,设队长、副队长等职,受桐乡县留良人民公社骑塘管理区领导,下设第一、第二、第三、第四连,实现组织军事化、生产战斗化、生活集体化;以连为单位,办大食堂4个(南片湾渔池少良家、东片大木桥苏家、西片陆家门和中片马家木桥),社员群众放开肚皮吃饭;马家木桥两间房子里组建缝纫组1个,吕家木桥吕明禄家组建绞绳组1个,成立青年俱乐部(后演变为大队文宣队)等。

1961年4月,留良公社中析出骑塘公社后,漕泾生产队接受骑塘公社管委会领导,同年7月18日,改名为漕泾生产大队,组建大队管委会,设有大队长、副大队长等职,时下辖20个小队。9月,里门桥小队划入骑联大队。1962年,以生产小队为核算单位。

"文化大革命"爆发后,境内曾短暂出现"造反组织"——"桐乡县联总('革命造反派联合总指挥部'的简称)公社联总东风兵团"。1967年,恢复以生产大队为核算单位。1968年秋至1970年春,漕泾大队管委会改组为"红光大队革命领导小组",后称"漕泾大队革领小组",设有组长、副组长等职,接受骑塘公社"革委会"领导,下辖15个生产队。1978年4月,复名漕泾生产大队,恢复大队管委会。1980年冬,除南庄桥、查坟前、大木桥、马家木桥、张家门外,其余统一分小小队;1982年,承包到操作班;1983年春,全面实行联产承包到户。

1983年10月,村社分设,漕泾生产大队更名漕泾村,组建村民委员会,设村主任、村副主任、委员等职,受桐乡县(1993年后为桐乡市)骑塘乡人民政府领导,下辖30个村民小组。2001年10月,受高桥镇人民政府领导。2017年8月,受桐乡经济开发区(高桥街道)办事处领导。

1949—2021年村级行政组织名称及其负责人名录

隶属	组织名称	职务名称	姓名	任职年月	备注
梵山（骑塘）乡	一村	主任	陆桂松	1949年11月—1952年	1950年3月，梵山乡中析出骑塘乡
		主任	沈连发	1952年—1953年	
		副主任	封叙金	1949年11月—1952年	
		副主任	张仰浩	1952年—1953年	
	三村	主任	吕沈方	1949年11月—1953年	
		副主任	范茂松	1949年冬—1952年	
		副主任	吕南元	1952年—1953年	
骑塘乡	一村第1代表区	主任	沈进富	1953年4月—1955年8月	每个村普遍划为两个代表区，方便开展民主选举
		副主任	周子山	1953年4月—1955年8月	
		副主任	张继林	1953年4月—1955年8月	
		副主任	张乾坤	1953年4月—1955年8月	
		副主任	夏巧宝	1953年4月—1955年8月	
	一村第2代表区	主任	沈连发	1953年4月—1955年10月	
		副主任	范凤仙	1953年4月—1955年10月	
	一村群益社	社长	周子山	1954年11月—1956年2月	低级社，地址大水路
	一村联益社	社长	沈连发	1955年11月—1956年2月	
	三村第5代表区	主任	陈子方	1953年4月—1955年8月	低级社，地址马家木桥
		副主任	范茂松	1953年4月—1955年8月	
		副主任	陆阿二	1953年4月—1955年8月	
	三村第6代表区	主任	吕沈方	1953年4月—1955年8月	
		副主任	吕雪英	1953年4月—1955年8月	
		副主任	胡茂堂	1953年4月—1955年8月	
	三村永丰社	社长	吕在顺	1954年11月—1956年2月	社长、社址均不详
	三村民益社	社长	陆宝洪	1955年11月—1956年2月	社址不详
	一联社	社长	冯储昌	1956年2月—1958年9月	高级社，地址圣帝殿
		副社长	沈进富	1956年2月—1958年9月	
		副社长	陈子方	1956年2月—1958年9月	
留良公社	五大队	大队长	陈祖江	1958年10月—1959年3月	与骑联、力耕合一起
		副大队长	冯储昌	1958年10月—1959年3月	
		副大队长	余富荣	1958年10月—1959年3月	
		副大队长	陈祖江	1958年10月—1959年3月	
留良公社	漕泾生产队	队长	冯储昌	1959年3月—1961年5月	3月20日，五大队分漕泾、骑塘生产队
		副队长	沈进富	1959年3月—1960年	
		副队长	范福源	1960年—1961年5月	
		副队长	范圣年	1959年3月—1961年5月	

续表

隶属	组织名称	职务名称	姓名	任职年月	备注
留良公社	漕泾大队管委会	大队长	冯储昌	1961年5月—1968年6月	
		副大队长	范福源	1961年5月—1968年6月	
		副大队长	范圣年	1959年3月—1962年	
骑塘公社	红光大队革命领导小组	组 长	张仰浩	1969年5月—1978年4月	1961年7月18日改为生产大队
		副组长	沈子坤	1969年5月—1980年8月	
		副组长	张富荣	1969年5月—1981年5月	
		副组长	张六仁	1969年5月—1970年	
		副组长	范福源	1969年5月—1981年5月	
	漕泾大队管委会	主持行政工作	范福源	1978年5月—1981年6月	
		大队长	陆财林	1981年6月—1983年11月	
		副大队长	苏长年	1981年6月—1983年11月	
		副大队长	沈庆法	1981年6月—1983年11月	
骑塘乡	漕泾村民委员会	主 任	范雪金	1983年11月—1993年10月	1983年11月政社分设。2001年10月隶属高桥镇
		主持工作	沈德金	1993年10月—1995年10月	
		主 任	沈德金	1995年10月—1998年8月	
		主 任	吕明元	1998年8月—2002年5月	
		副主任	苏长年	1983年11月—1989年10月	
		协助行政工作	陆财林	1986年10月—1989年10月	
		副主任	沈德金	1998年8月—2002年5月	
		副主任	吕明元	1983年11月—1998年8月	
		副主任	沈庆法	1983年11月—1989年10月	
		副主任	苏长年	1989年10月—1991年12月	
		副主任	张永明	1992年10月—1996年6月	
		主任助理	张毅力	1997年8月—2002年5月	
		委 员	陆玉芬	1983年11月—1989年10月	
		委 员	吕福元	1983年11月—1989年10月	
		委 员	沈德金	1983年11月—1993年10月	1983年11月政社分设 2001年10月隶高桥镇
		委 员	范凤仙（小）	1989年10月—1998年8月	
		委 员	张永明	1989年10月—1992年10月	
		委 员	王心意	1998年8月—2000年3月	
		委 员	陆子洪	1992年10月—1998年8月	
		委 员	丰金高	1998年8月—2005年5月	期间部队服役两年
		委 员	王云珠	1992年10月—2005年5月	
高桥镇		主 任	沈德金	2002年5月—2017年5月	2017年8月属高桥街道

续表

隶属	组织名称	职务名称	姓名	任职年月	备注
高桥镇	漕泾村民委员会	主任	沈德金	2017年5月—2018年11月	2017年8月属高桥街道
		副主任	丰金高	2005年5月—2014年	
		副主任	陆敏华	2002年5月—2005年5月	
		委员	张春飞	2005年5月—2008年5月	
		委员	陆敏华	2008年5月—2018年2月	
		大学生村干部	姚雅芳	2007年11月—2011年1月	
高桥街道		主持工作	陆敏华	2018年12月—2020年11月	
		主任	张锋	2020年11月至今	党政兼任 原主任转副书记
		副主任	沈钰	2020年11月至今	
		委员	沈钰	2017年—2020年11月	
		委员	张佳梦	2017年至今	

2021年漕泾村干部名单及其分工职责表

组织名称	姓名	性别	职位	分管工作	共同职责
村党总支	张锋	男	书记	主持全面工作	（1）贯彻执行党和国家的路线方针、政策、法律法规及上级党委、政府的决定、命令。 （2）加强党的建设。落实基层党建工作责任制，严格抓好基层党组织，建设各项制度，推进党建工作不断发展。 （3）壮大村级集体经济。执行经济和社会发展计划，做好经济发展的产业引进，促进第一、第二、第三产业同时发展。推进农业结构调整，加快发展电商、旅游等新兴产业，促进农民增收，实施乡村振兴战略，全面推进新农村建设。 （4）组织公共服务。组织实施与村民生活密切相关的各项公共服务，落实人力社保、民政、教育、文化、体育、卫生健康等方面相关政策。负责村内精神文明建设。组织开展社会公德教育、爱国卫生运动、环境卫生整治，美化城乡环境。
	陆敏华	女	副书记	组织、纪检、卫生	
	丰金高	男	委员	宣传	
	沈钰	男	委员	协助组、纪、宣工作	
	屠建平	男	委员	协助书记工作（兼职）	
村委会	张锋	男	主任	主持全面工作	
	沈钰	男	副主任	农业、水利、蚕桑、绿化、民政、残联、老龄、社保、治水	
	张佳梦	女	委员	教育卫计、档案、妇联	
村务监委会	陆敏华	女	主任	村务监督	
	沈德金	男	成员	村务监督	
	张锦标	男	成员	村务监督	
	张利金	男	成员	村务监督	
	王玲燕	女	成员	村务监督	

续表

组织名称	姓名	性别	职位	分管工作	共同职责
村（股份）经济合作社	张锋	男	董事长	主持全面工作	（5）领导基层自治。领导村委会建设，组织村民和单位参与基层建设和管理，健全完善自治、法治、德治相结合的城市基层治理体系。 （6）维护安全稳定。承担村内平安建设、社会治安综合治理、公共安全及安全生产监管等相关工作，抓好"基层治理四平台"规范运行工作，处理群众来信来访，反映社情民意，化解矛盾纠纷。 （7）完成上级政府交办的其他任务。
	沈钰	男	成员	"三务"公开	
	张佳梦	女	成员	报账员	
村（股份）经济合作社监督委员会	陆敏华	女	主任	社会监督	
	张锦标	男	成员	社会监督	
	张利金	男	成员	社会监督	
	陈涛	男	后备干部	土管、城建、"三改一拆"、"三治"融合、统计、团支部、工会	

近几十年来村境内部分村民小组长（生产队长）名录表

（搜集不全，仅为部分）

村组名称	姓名	任职名称	大致年代	备注
张家埭	葛洪熙	生产队长	20世纪60年代	
	张雪林	生产队长	20世纪60、70年代	张家埭生产队
	张瑞金	生产队长	20世纪60、70年代	张家埭生产队
	郭利民	村民小组长	20世纪80年代，2000年前之后	张家浜
	张洪宾	村民小组长	20世纪70、80年代及之后	张家埭组
	张洪堂	村民小组长	20世纪90年代至2015年	张家埭组
	张华	村民小组长	2016—2019年	张家埭组
	张伟	村民小组长	2020年后	张家埭组
大水路	沈金松	生产队长	20世纪60年代	大水路生产队
	冯有余	生产队长	20世纪70、80年代	大水路生产队
	冯行宪	生产队长	20世纪70、80年代	大水路生产队
	金晋松	生产队长	20世纪70、80年代	大水路生产队
	冯国治	村民小组长	20世纪80年代	大水路组
	沈祖达	村民小组长	20世纪80年代	方田村组
	沈幼庆	村民小组长	20世纪90年代	方田村组
	严巧观	村民小组长	20世纪80年代	方田村组
	沈少良	村民小组长	20世纪80年代	湾渔池组
	沈芝琦	村民小组长	2000年以后	湾渔池组
	沈幼良	村民小组长	2010年左右	湾渔池组

续表

村组名称	姓 名	任职名称	大致年代	备 注
吕家木桥	沈祖祥	生产队长	1957年起	吕家木桥生产队
	吕明元	生产队长	1971年起	吕家木桥生产队
	沈进泉	生产队长	20世纪70、80年代	吕家木桥生产队
	吕明禄	生产队长	20世纪80年代	吕东组
	吕仕良	村民小组长	20世纪90年代	吕东组
	沈长松	村民小组长	20世纪80年代	吕西组
	沈祥生	村民小组长	20世纪80—90年代	大天井组
孙家埭	孙兰庭	生产队长	1956—1981年	孙家埭生产队
	孙文才	生产队长	20世纪70—80年代	孙家埭生产队
	孙金祥	村民小组长	1981—2006年	沈家场组
	沈建国	村民小组长	2006年至今	沈家场组
	沈仁昌	村民小组长	20世纪80年代	顾家埭组
	顾刚强	村民小组长	20世纪90年代至2006年	顾家埭组
	沈强迪	村民小组长	2006年至今	顾家埭组
	沈梅松	村民小组长	20世纪70、80年代	孙家埭组
	陈玉金	村民小组长	1982—2006年	孙家埭组
	孙周江	村民小组长	2006—2018年	孙家埭组
	吕汉林	村民小组长	2018年至今	孙家埭组
长 浜	何圣良	生产队长	1969—1984年	长浜生产队
	姚金福	村民小组长	20世纪80—90年代	长南组
	吕季松	村民小组长	20世纪80—90年代	长北组
大木桥	吕洪寿	生产队长	20世纪70年代至1983年	大木桥生产队
	苏长年	生产队长	20世纪50—60年代	大木桥生产队
	王仁康	生产队长	20世纪80年代	大木桥组
	吴桂洪	村民小组长	2000年前后	大木桥组
	吕文祥	村民小组长	2010年至今	大木桥组
南庄桥	沈关源	生产队长	20世纪70年代	南庄桥生产队
	沈周堂	生产队长	20世纪70、80年代	南庄桥生产队
	沈祥荣	村民小组长	20世纪80年代	南庄桥组
	沈锦堂	村民小组长	20世纪90年代	南庄桥组
	沈炯浩	村民小组长	2002—2013年	南庄桥组
	沈志强	村民小组长	2014年至今	南庄桥组
查坟前	吕德荣	生产队长	20世纪70年代	查坟前生产队
	陆福泉	生产队长	20世纪80年代	查坟前生产队
	吕福忠	村民小组长	20世纪90年代至2008年	查坟前组

第三章 村级组织

续表

村组名称	姓 名	任职名称	大致年代	备 注
查坟前	吕富明	村民小组长	2009年至今	查坟前组
马家木桥	沈进荣	生产队长 村民小组长	2008年前	马家木桥生产队
	沈德明	村民小组长	2008年至今	马家木桥组
双元村	李祖兴	生产队长	20世纪50—60年代	双元村生产队
	王有金	生产队长	20世纪60—70年代	双元村生产队
	王恩福	村民小组长	20世纪70—80年代	墙门头组
	陈梓江	村民小组长	20世纪70—80年代	双元村组
	陈进林	村民小组长	20世纪80—90年代	双元村组
	陈梓洪	村民小组长	20世纪80—90年代	枉港组
张家门	张云彬	生产队长 村民小组长	2012年前	张家门生产队
	张锦标	村民小组长	2013年至今	张家门组
塔石桥	陆正昌	生产队长	1958年	塔石桥生产队
	陆厚康	生产队长	20世纪60—70年代	塔石桥生产队
	张松林	生产队长	20世纪70年代	塔石桥生产队
	张桂林	生产队长	1980年左右	塔石桥生产队
	张宝泉	村民小组长	1988年前	张北组
	张钦仪	村民小组长	20世纪80年代至2000年前后	塔石桥组
	张志远	村民小组长	2010年至今	塔石桥组
	张发奎	村民小组长	1988—2017年	张北组
	张金福	村民小组长	2017—2022年	张北组
陆家门	陆财林	生产队长	20世纪60—70年代	陆家门生产队
	陆炳忠	生产队长	20世纪70—80年代	陆家门生产队
	陆建良	生产队长	20世纪80年代	陆家浜组
	陆敏乔	生产队长	1982—2001年	陆家门组
	陆锦昌	村民小组长	1982—2013年	陆家浜组
	陆金标	村民小组长	2002—2005年	陆家门组
范家门	范建堂	生产队长	1965—1975年	范家门生产队
	王雪堂	生产队长	1975—1980年	范家门生产队
	范有庆	生产队长	20世纪60、70年代	范家门生产队
	范圣年	生产队长	20世纪70、80年代	公婆桥组
	范有堂	生产队长	20世纪70、80年代	范家门组
	范德坤	生产队长	20世纪80、90年代	范家门组
	范祥荣	生产队长	20世纪80、90年代	公婆桥组
	王仕金	生产队长	20世纪70、80年代	范家门组

续表

村组名称	姓名	任职名称	大致年代	备注
汤家元	沈宝金	生产队长	1970年	汤家元生产队
	沈宝昌	生产队长	1975年	汤家元生产队
	沈月明	村民小组长	20世纪90年代至2000年后	汤西组
	张六仁	村民小组长	1982—2020年	汤东组
	张 明	村民小组长	2020年至今	汤东组

近三年各村民小组长名单
（部分小组实行小组长轮流制）

编号	小组名称	2019年组长	2020年组长	2021年组长
1	张家浜	郭建国	张正明	周国金
2	张家埭	张 华	张 伟	张 伟
3	大水路	冯少夫	冯民宪	冯宇速
4	方田村	陈根荣	陈心学	张虎良
5	湾渔池	冯国平	陈伟强	沈俊杰（沈利良）
6	吕 东	吕明禄	吕德锋	吕国平
7	吕 西	沈伟建	沈建国	沈建国
8	大天井	沈明江	沈金甫	沈金发
9	孙家埭	吕汉林	吕汉林	吕汉林
10	沈家场	沈建国	沈建国	沈建国
11	顾家埭	沈强笛	沈强笛	沈强笛
12	长浜南	姚金福	何海涛	何国新
13	长浜北	吕季松	吕新浩	陆福祥代理（吕学彬）
14	大木桥	吕文祥	吕文祥	吕文祥
15	查坟前	吕富明	吕富明	吕富明
16	南庄桥	沈志强	沈志强	沈志强
17	马家木桥	沈德明	沈德明	沈德明
18	墙门头	张德荣	王建康	王晓明
19	双元村	陈楚良	陈建忠	陈云江
20	枉 港	张德甫	李连松	苏建新
21	张家门	张锦标	张锦标	张锦标
22	张 北	张金福	张金福	张金福
23	塔石桥	张志炎	张志炎	张志炎
24	陆家门	陈雪林	陈雪林	陈雪林

续表

编号	小组名称	2019年组长	2020年组长	2021年组长
25	陆家浜	陆长文	陆大跃	吕承泉
26	公婆桥	徐中民	范金荣	徐中民
27	范家门	范福建	范福祥	范忠良
28	范家浜	范如荣	范元康	范金建
29	汤 东	张六仁	张 明	张 明
30	汤 西	沈寿庆	沈洪福	沈月明
31	新村点		朱伟国	朱伟国

附：2013年前后各村民小组妇女组长名单

郭文兰　张明娥　张美芬　蒋福英　孙杏生　范三妹　张兴仙　毛雪英　张月珠　陆月宝
周祖仙　姚长英　王巧英　俞利英　吕小英　沈爱仙　江金凤　於小丽　张妙英　钱培芬
张翠娥　黄安珠　张巧仙　许金仙　陈云仙　范利萍　范应仙　范德仙　岳玲仙　吕金仙

第三节　村务监督委员会

1961年4月—1966年5月，漕泾村设立村监察委员会，主要负责监督村务活动，周子山任主任。

1965年，大队建立贫下中农协会，徐岳堂任主任。各小队建立"贫协"小组。"贫协"的成立和发展，对20世纪60、70年代农村社会生活产生重要影响。"文化大革命"结束时，"贫协"退出历史舞台。

1993年，村设立监督员一职，先后由沈德金、王心意、陆敏华、丰金高等担任。2008年5月，恢复设立村务监督委员会，委员由村民会议或者村民代表会议在村民中推选产生，吕明元（不占编）、张春飞等先后任监委会主任。

2017年，漕泾村务监督委员会换届选举，产生新一届村务监委会，主任陆敏华，成员有吕明元、张锦标、陆财林、周惠丽。2020年11月再次换届选举，陆敏华任村监委会主任，沈德金、张锦标、张利金、王玲燕等任委员。

2020年上半年，上级纪委监委在村里设立监察工作联络站，与村务监委会二合一，强化清廉村居建设，有力推动基层治理。监察联络站站长陆敏华，联络员有张锦标、张利金、王玲燕、沈德金。近年来，"你点单我监督"活动成效明显，村民通过监察站来对村里重大的建设工程和工作项目实施有效监督。

第四节　经济组织

民国后期，村域曾出现过保农业生产合作社、信用合作社一类经济金融性质的群众组织，但没能发挥明显作用。中华人民共和国成立后，村域范围内先后存在过农会组织、互助组、低级社、高级社等，曾承担着一定的经济组织功能。

人民公社化后，漕泾生产队（后改为漕泾生产大队）及其下辖的各个生产小队，则是行政、经济合一的综合组织，一直延续至20世纪80年代初。

1983年10月，政社分设，漕泾村成立经济合作社，领导班子由社员代表大会选举产生，由若干成员组成，设主任1人，后改称社长，接受骑塘乡经济联合社（1992—1995年改为乡农工商总公司，1996年改为乡资产经营公司）业务指导，2001年后，受高桥镇经济管理服务中心业务指导。

1983—2021年村经济组织名称及其负责人名录

隶属	经济合作社名称	职务名称	姓名	任职年月
骑塘乡经济合作联社，后改为乡农工商总公司（1992—1995）、乡资产经营总公司	漕泾村经济合作社	主任	陆财林	1983年10月—1983年12月
		社长	陆财林	1983年12月—1987年12月
		社长	李乾松	1988年1月—1993年10月
		社长	范雪金	1993年10月—1995年2月
		社长	吕明元	1995年2月—2002年5月
高桥镇资产经营总公司，后改为镇经济管理服务中心	漕泾村股份经济合作社	社长	沈德金	2002年6月—2012年8月
		董事长	沈德金	2012年8月—2018年12月
		董事长	张锋	2018年12月—2020年12月
		社长	张锋	2020年12月至今

2012年后，村经济合作社改称村股份经济合作社，组建董事会，负责人亦改称董事长，另有副董事长和董事若干名。2020年12月后，董事长一职改称社长。

1993年，村经济合作社监察为沈德金，1995年变为张永明。2008年5月，成立村经济合作社监督委员会，主要职能是内部经济与财务专项监督，张春飞任主任，委员吕其康、张锦标。2012年后，陆敏华任村股份经济合作社监督委员会主任。

第五节　群众社团

民国后期，境内曾组建保农会、保民协会、自卫队等群众社团组织，具体情况不详。中华人民共和国成立后，境内陆续组建了农会、民兵、治保、调解、青年、妇女、计生等群团组织。

一、村农民协会

1949年11月成立，系农民群众组织，设有主任、副主任等职，主要职责是维护广大农民利益。后在县乡土改工作队指导下完成土改任务。1950年冬，在农民协会基础上成立土改工作队，陈伟昌为队长。在崇德县土改工作指导员蔡一等人指导下，翌年基本完成土地改革任务，无地少地农民分到了土地。土改任务完成后，村农会不再发挥重要作用，1953年农会中止活动。

1983—2021年村经济组织名称及其负责人名录

村别	职务	姓名	任职年月	村别	职务	姓名	任职年月
一村	主任	沈雪仁	1949年冬—1952年	三村	主任	范洪宝	1949年冬—1951年
一村	主任	顾恩林	1952—1953年	三村	主任	陈子方	1951—1953年
一村	副主任	孙寿松	1949年冬—1952年	三村	副主任	陈子方	1949年冬—1951年
一村	副主任	沈如洪	1952—1953年	三村	副主任	胡茂堂	1951—1953年

二、村调解委员会、村治安保卫委员会（大队治调委员会）

1949年后，设立村调解委员会和治安保卫委员会，分别负责调解境内民间纠纷、维护境内社会秩序与安全保卫，一般由村民会议或村民代表会议推选产生，报上级党委政府或者相应部门备案。两个委员会均设主任、委员等职，有时设有副主任协助，受村两委和上级党委政府及其司法部门领导。"文化大革命"期间，曾经一度"两委"并"一委"，即三者合并为治安调解委员会。

20世纪80年代后，大队治保委员会主任由张富荣担任；大队调解委员会由5人组成，主任苏长年（党员、大队支委），副主任冯储昌（副大队长），委员有吕福元（民兵连长）、周凤奇（大队会计）、范凤仙（大队妇女主任）。1991年，村治保主任为张永明，委员有孙金祥和李连甫；调解主任为苏长年，委员有王仕芳和沈进福。1997年，村调解委员会主任为陆财林，委员有陆子洪、王云珠。

2021年12月，漕泾村调解委员会和治保委员会，主任均为丰金高兼任，委员均由沈钰、张佳梦、陈涛兼任。

三、村共青团组织

1956年2月，始建新民主主义青年团组织，名为一联社团支部，1957年改为一联社共产主义青年团，后又先后更名为五大队团总支、漕泾生产队团支部、漕泾大队团支部、红光大队团支部、漕泾村团支部等，接受同级党组织和上级团委领导，首任团支书沈关源。现任团支书张佳梦。

1956—2021年村团组织名称及其负责人名录

隶 属	组织名称	职务名称	姓 名	任职年月
骑塘乡团委	骑塘一联社团支部	团支书	沈关源	1956年2月—1958年10月
留良公社团委	五大队总团支部	团总支书记	金顺高	1958年10月—1959年3月
	漕泾团支部	团支书	范圣年	1959年3月—1962年
骑塘公社团委	漕泾大队团支部	团支书	张富荣	1962年—1964年1月
		团支书	沈关庆	1964年1月—1964年12月
		团支书	张富荣	1965年1月—1969年
		团支书	陆德林	1969年—1974年
		团支书	李乾松	1974年—1983年
		团支书	范雪金	1983年5月—1983年12月
骑塘乡团委		团支书	沈德金	1983年12月—1985年1月
		团支书	冯建中	1985年1月—1990年8月
		团支书	沈德金	1990年8月—1993年10月
		团支书	沈云仙	1993年10月—1996年4月
		团支书	沈德金	1996年4月—1997年7月
		团支书	丰金高	1997年7月—1999年12月
高桥镇团委	漕泾村团支部	团支书	陆敏华	1999年12月—2001年12月
		团支书	丰金高	2022年1月—2008年8月
		团支书	姚雅芳	2008年8月—2011年1月
		团支书	丰金高	2011年1月—2013年3月
		负责（未任命）	范伟清	2013年3月—2013年9月
		团支书	丰金高	2013年9月—2014年1月
		团支书	沈 钰	2014年1月—2017年5月
高桥街道团委		团支书	张佳梦	2017年5月—2021年12月

四、村妇女组织

1949年10月后,境内第一村和第三村均建立起妇女组织,负责人分别为范凤仙(大)和吴杏仙。1956年春,一联社建立妇代会,首任妇女主任为范凤仙,接受骑塘乡民主妇联领导。后又陆续更名为一联社妇代会、五大队妇代会、漕泾妇代会、漕泾大队妇代会、红光大队妇代会、漕泾大队妇代会、漕泾村妇代会等,设有妇女主任一职,接受村两委和上一级妇联组织领导。

2017年8月起,村妇代会改称村妇女联合会,负责人由妇女主任改称妇联主席。各个时期,每个(村民组)都设有妇女队(组)长。

1949—2021年村妇女组织名称及其负责人名录

隶 属	组织名称	职务名称	姓 名	任职年月
骑塘乡民主妇联	一村	妇女主任	范凤仙(大)	1949年10月—1956年2月
	三村	妇女主任	吴杏仙	1949年10月—1956年2月
	一联社妇代会	妇女主任	范凤仙(大)	1956年2月—1958年10月
留良公社妇联	五大队妇代会	妇女主任	张金宝	1958年10月—1959年3月
	漕泾妇代会	妇女主任	范凤仙(大)	1959年3月—1961年4月
		妇女副主任	夏巧宝	1959年3月—1960年
骑塘公社妇联	漕泾大队妇代会	妇女主任	范凤仙(大)	1961年4月—1968年
		妇女主任	冯巧娥	1969年—1974年
		妇女主任	范凤仙(小)	1974年—1983年10月
骑塘乡妇联	漕泾村妇代会	妇女主任	陆玉芬	1983年10月—1985年5月
		妇女主任	范凤仙(小)	1985年5月—1998年8月
		妇女主任	陆敏华	1998年8月—2001年10月
高桥镇妇联		妇女主任	陆敏华	2001年10月—2017年5月
高桥街道妇联	漕泾村妇女联合会	妇联主席	张佳梦	2017年5月至今

五、村联合工会

2001年,组建村联合工会,为骑塘乡第一家乡村工会,第一届工会主席为吕明元,副主席为沈德金,下辖经费审查委员会和女工委员会,主任分别为沈德金和吴春仙。后每届工会主席均由时任村行政负责人兼任,隶属骑塘乡(高桥镇、街道)总工会,村办企业职工成为村联合工会会员。

六、村民兵组织

1949年后,境内成立民兵组织,始称基干民兵自卫队,第一村首任队长为吕天明,第三村首任队长为张根泉,后基干民兵自卫队改称民兵连,又先后更名为一联社民兵连、五大队民兵连、漕泾民兵连、漕泾大队民兵连、红光大队民兵连、漕泾大队民兵连、漕泾村民兵连等,设有民兵连长一职,接受上级人民武装部、民兵营和村"两委"领导;民兵连设有指导员一职,由村党支部(党总支)书记兼任。

1949—2021年村民兵组织名称及其负责人名录

隶 属	组织名称	职务名称	姓 名	任职年月
梵山乡(后骑塘乡)	一村民兵自卫队	队 长	吕天明	1949—1951年
		副队长	张富荣	1949—1951年
	一村(一联社)民兵队	队 长	张富荣	1951—1958年
		副队长	沈仰发	1951—1953年
	三村民兵自卫队	队 长	张根泉	1949—1951年
		队 长	吕洪彬	1951—1956年
		副队长	吕洪彬	1949—1951年
留良公社(后骑塘公社)人民武装部、民兵营	生产队(大队)民兵连	连 长	张富荣	1958—1962年
骑塘公社人民武装部、民兵营	大队民兵连	连 长	周福康	1962—1962年
		连 长	沈关庆	1963—1963年
		连 长	吕志彬	1963—1964年
		连 长	沈雪康	1964—1965年
		连 长	沈子坤	1966—1979年
骑塘乡人民武装部、民兵营	村民兵连	连 长	吕福元	1980—1985年
		连 长	冯建中	1986—1989年
		连 长	张永明	1989—1996年8月
		连 长	丰金高	1996年8月—1999年12月
		连 长	王心意	1999年12月—2001年5月
高桥镇(街道)人民武装部、民兵营	村民兵连	连 长	沈德金	2001年5月—2003年7月
		连 长	张春飞	2003年7月—2008年3月
		连 长	丰金高	2008年3月至今

七、村计生协会

20世纪70年代,响应国家号召,村民开始实行计划生育。村委会按照上级要求和部署,成立计生工作领导小组,由村支部书记任组长,村委会主任任副组长;设立计生专管员岗位。

  20世纪90年代，成立漕泾村计生协会，由"五老"（老党员、老干部、老模范、老职工、老长辈）、生产骨干、致富能手和育龄群众中的积极分子充任，会员大会选举产生理事会，理事会设会长、副会长、秘书长、理事等，协会会员活动小组以村民小组为单位建立，在村协会领导下开展活动。1997年漕泾村计生协会理事会由沈德金（村主任）、范凤仙（妇女主任）、王云珠（村出纳）、王心意（副书记）、范丽萍（皮革厂职工）组成，各村民小组设立计生协会小组，小组长分别有张家浜郭文兰、张家埭张明娥、大水路张美芬、方田村蒋福英、湾渔池孙杏生、吕东董汉金、吕西张兴仙、大天井毛雪英、孙家埭周祖仙、沈家场陆月宝、顾家埭张月珠、长南姚长芬、长北王巧英、大木桥俞利英、查坟前吕小英、南庄桥沈爱仙、墙门头封美金、双元村张妙英、柾港钱培芬、马家木桥江金凤、张家门张翠娥、张北黄爱珠、塔石桥张巧仙、陆家门许金仙、陆家浜陈云仙、公婆桥范利萍、范家门范应仙、范家浜范德仙、汤东岳玲仙、汤西吕金仙。随着人口与计生政策的调整，近年来，计生协会的作用有所弱化。

2000年漕泾村计生协会会员名册

村组	姓名	性别	年龄	入会年月	村组	姓名	性别	年龄	入会年月
张家浜	郭文兰	女	62	1999.4	墙门头	封美金	女	48	1999.4
	郭利明	男	50	1999.4		王恩福	男	64	1999.4
	张金法	男	54	1999.4		陆永和	女	57	1999.4
	张金琦	男	52	1999.4		王云初	男	48	1999.4
	张正华	男	42	1999.4		钟雪凤	女	48	1999.4
	张春益	男	25	2000.8		陈春堂	男	54	2000.8
	沈利英	女	48	2000.8		沈荣彬	男	41	2000.8
	沈爱明	女	48	2000.8		徐闹秋	男	52	2000.8
张家埭	张明娥	女	51	1999.4	双元村	张妙英	女	53	1999.4
	张金甫	男	54	1999.4		陈进林	男	65	1999.4
	张宝祥	男	39	1999.4		范桂仙	女	47	1999.4
	张洪彬	男	51	1999.4		陈云江	男	49	1999.4
	冯娟芬	女	44	2000.8		吴运群	女	32	1999.4
	封祖仙	女	37	2000.8		朱有康	男	43	2000.8
	张汉英	女	47	2000.8		沈梓江	男	56	2000.8
	陈文英	女	43	2000.8		陈梓康	男	60	2000.8

续表

村组	姓 名	性别	年 龄	入会年月	村组	姓 名	性别	年 龄	入会年月
大水路	张美芬	女	52	1999.4	枉港	钱培芬	女	53	1999.4
	张洪仙	女	50	1999.4		李乾松	男	52	1999.4
	冯国林	男	56	1999.4		王云珠	女	44	1999.4
	冯国荣	男	55	1999.4		钟雪妹	女	31	1999.4
	盛子英	女	49	1999.4		李连松	男	35	1999.4
	冯国治	男	52	2000.8		曹美芬	女	48	2000.8
	吕叙琴	女	45	2000.8		李权甫	男	47	2000.8
	冯行宪	男	53	2000.8		沈利娟	女	36	2000.8
方田村	蒋福英	女	48	1999.4	张家门	张翠娥	女	49	1999.4
	周福康	男	62	1999.4		张云彬	男	60	1999.4
	张培仙	女	41	1999.4		张云波	男	63	1999.4
	张利仙	女	49	1999.4		沈炳章	男	52	1999.4
	丁玲娣	女	50	1999.4		王珠宝	女	58	1999.4
	张凤英	女	49	2000.8		张锦标	男	45	1999.4
	邱利仙	女	44	2000.8		张元明	男	49	2000.8
	姚惠娟	女	38	2000.8		范桂仙	女	47	2000.8
湾渔池	孙杏生	女	50	1999.4		徐桂仙	女	41	2000.8
	冯玲芬	女	42	1999.4	张北	黄爱珠	女	54	1999.4
	冯巧仙	女	50	1999.4		张发奎	男	57	1999.4
	张利芬	女	36	1999.4		张爱芬	女	38	1999.4
	陈娟芬	女	50	1999.4		张永明	男	44	1999.4
	苏杏芬	女	51	2000.8		张玉仙	女	46	1999.4
	李炳仙	女	43	2000.8		陆桂芬	女	35	2000.8
	俞有芬	女	39	2000.8		张大龙	男	54	2000.8
吕东	董汉金	女	47	1999.4		沈月仙	女	47	2000.8
	吕明禄	男	55	1999.4	塔石桥	张巧仙	女	54	1999.4
	吕明元	男	54	1999.4		张庆仪	男	61	1999.4
	沈子仙	女	47	1999.4		陆炳金	男	51	1999.4
	沈金甫	男	37	1999.4		陆锦炎	男	49	2000.8
	吕学良	男	59	1999.4		陆炳其	男	54	2000.8
	陈娥芬	女	46	2000.8		陆培清	女	55	2000.8
	吕忠良	男	56	2000.8	陆家门	许金仙	女	54	1999.4
	吕永甫	男	47	2000.8		陆敏乔	男	63	1999.4
吕西	张兴仙	女	49	1999.4		陆财林	男	68	1999.4
	沈小英	女	38	1999.4		陆敏华	女	25	1999.4

续表

村组	姓名	性别	年龄	入会年月	村组	姓名	性别	年龄	入会年月
吕西	苏瑞芬	女	45	1999.4	陆家门	陆子洪	男	58	1999.4
	郭爱	女	32	1999.4		范凤仙	女	54	1999.4
	庄娟芬	女	48	1999.4		陆宝坤	男	57	2000.8
	沈伟建	男	46	2000.8		陆娟娥	女	49	2000.8
	王娟芬	女	41	2000.8		陆玲芬	女	48	2000.8
大天井	毛雪英	女	54	1999.4		吕云仙	女	49	2000.8
	沈祥生	男	65	1999.4	陆家浜	陈云仙	女	65	1999.4
	沈杏珍	女	48	1999.4		陆锦昌	男	52	1999.4
	沈祥源	男	65	1999.4		陆庆松	男	60	1999.4
	沈金甫	男	45	2000.8		钱彩仙	女	47	1999.4
	沈岳良	男	45	2000.8		陆初金	男	42	1999.4
	沈长荣	男	57	2000.8		陆雪金	女	38	2000.8
孙家埭	周祖仙	女	48	1999.4		钟爱玉	女	33	2000.8
	陈玉金	男	51	1999.4		陆大跃	男	43	2000.8
	沈明秋	女	46	1999.4	公婆桥	范利萍	女	38	1999.4
	沈利英	女	43	1999.4		范雪金	男	42	1999.4
	陆娟珍	女	48	1999.4		范金甫	男	42	1999.4
	赵玲华	女	45	2000.8		王仕芳	男	60	1999.4
	顾水娟	女	47	2000.8		冯利娟	女	46	1999.4
	吕汉林	男	45	2000.8		程鑫镛	男	60	2000.8
沈家场	陆月宝	女	48	1999.4		范跃明	男	44	2000.8
	孙金祥	男	53	1999.4		徐卫明	男	34	2000.8
	沈利兴	男	35	1999.4	范家门	范应仙	女	52	1999.4
	沈坤祥	男	56	1999.4		范国良	男	44	1999.4
	姚云娥	女	42	2000.8		范凤琦	男	57	1999.4
	陆建标	男	47	2000.8		范福源	男	67	1999.4
	孙祖金	男	42	2000.8		沈小媛	女	40	1999.4
顾家埭	张月珠	女	56	1999.4		王乾康	男	52	2000.8
	顾刚强	男	52	1999.4		王建林	男	42	2000.8
	顾建明	男	45	1999.4		范福祥	男	46	2000.8
	高利仙	女	47	1999.4	范家浜	范德仙	女	54	1999.4
	应水友	女	51	1999.4		王心意	男	26	1999.4
	沈其昌	男	32	2000.8		曹子芬	女	37	1999.4
	张建华	女	31	2000.8		范金建	男	54	1999.4
	沈明昌	男	60	2000.8		范宝琦	男	48	1999.4

续表

村组	姓名	性别	年龄	入会年月	村组	姓名	性别	年龄	入会年月
长南	姚长芬	女	42	1999.4	马家木桥	江金凤	女	63	1999.4
长南	丰雪荣	男	51	1999.4	马家木桥	沈进荣	男	65	1999.4
长南	何胜良	男	57	1999.4	马家木桥	沈雪章	男	69	1999.4
长南	陆子仙	女	38	1999.4	马家木桥	沈亚娟	女	27	1999.4
长南	周利英	女	52	1999.4	马家木桥	马子春	男	64	1999.4
长南	何建锋	男	28	2000.8	马家木桥	沈天忠	男	46	1999.4
长南	吕汉仙	女	39	2000.8	范家浜	沈瑞芬	女	35	1999.4
长南	丰雪昌	男	46	2000.8	范家浜	王仕荣	男	43	2000.8
长北	王巧英	女	51	1999.4	范家浜	范德江	男	58	2000.8
长北	吕其康	男	60	1999.4	范家浜	王仕坤	男	48	2000.8
长北	李兴会	女	34	1999.4	汤东	岳林仙	女	59	1999.4
长北	申屠珍花	女	38	1999.4	汤东	张六仁	男	45	1999.4
长北	姚月仙	女	50	1999.4	汤东	张明	男	39	1999.4
长北	吕美宝	女	33	2000.8	汤东	李鹤芬	女	34	1999.4
长北	何德荣	男	51	2000.8	汤东	张六庆	男	64	2000.8
长北	吕富康	男	55	2000.8	汤东	张建南	男	46	2000.8
大木桥	俞利英	女	42	1999.4	汤东	张建林	男	38	2000.8
大木桥	吴桂洪	男	58	1999.4	汤东	张利金	男	43	2000.8
大木桥	陆玉芬	女	36	1999.4	汤西	吕金仙	女	60	1999.4
大木桥	沈云仙	女	38	1999.4	汤西	杨美仙	女	46	1999.4
大木桥	苏凤仙	女	35	1999.4	汤西	沈宝乾	男	46	1999.4
大木桥	卜玉妹	女	43	2000.8	汤西	沈富昌	男	65	1999.4
大木桥	苏凤英	女	48	2000.8	汤西	沈洪福	男	38	2000.8
大木桥	吕雪明	男	49	2000.8	汤西	沈寿庆	男	56	2000.8
大木桥	吕洪寿	男	62	2000.8	汤西	沈进庆	男	57	2000.8
查坟前	吕小英	女	39	1999.4	汤西	沈德庆	男	43	2000.8
查坟前	吕福忠	男	43	1999.4	南庄桥	沈爱仙	女	57	1999.4
查坟前	吕福元	男	46	1999.4	南庄桥	苏娟芬	女	47	1999.4
查坟前	吕富明	男	55	1999.4	南庄桥	许坤仙	女	38	1999.4
查坟前	吕云康	男	52	1999.4	南庄桥	陆娟宝	女	40	1999.4
查坟前	陆良曦	男	45	2000.8	南庄桥	沈德金	男	41	1999.4
查坟前	陆娟珍	女	33	2000.8	南庄桥	沈敏娟	女	35	2000.8
查坟前	潘忠明	女	46	2000.8	南庄桥	沈顺贤	男	50	2000.8
查坟前	葛群英	女	33	2000.8	南庄桥	徐林芬	女	40	2000.8
马家木桥	沈复兴	男	66	2000.8	南庄桥	沈富华	男	29	2000.8
马家木桥	金玲芬	女	38	2000.8					

第六节 村务治理

明清时，村域属崇德县语儿乡第四都，设有里、图、甲等之类，且有里长、图董、甲长等职位，多由本地乡绅、能人、富户、德高望重者等充任，做些乡村事务牵头与协调工作。

民国三年（1914），实行区自治制，村域属崇德县第四自治区。民国二十二年（1933），推行保甲制，10甲为保，10户为甲，村域设第一、第二、第三、第四、第五保（部分保的部分区域今属骑力村、湘庄村），各保设有保长、副保长、保队附等职，由崇德县县长发文委任。时值乱世，保甲组织及其负责人变更频繁。境内各保曾选举保民代表，召开各保保民代表大会，就保内公共社会事务进行协商和决议，同时选举乡民代表，参加乡民代表大会。但受社会制度等因素限制，基层民主自治徒有虚名，农民根本权益未能得到保障。

中华人民共和国成立后，村境内废除保甲制度，设立第一村、第三村，村主任主持行政村工作，村副主任协助，在党组织和乡人民政府领导下，分别开展相应领域内的自我管理、自我教育和自我服务。

1950年11月成立的村农民协会，曾在县乡土改工作队指导下完成土改任务。土改任务完成后，村农会不再发挥重要作用，至1953年自行消亡。

1952年后，境内先后成立农业生产互助组、低级社、高级社（联社）等，由社员群众参加，基本属于经济组织，亦相应地发挥过推动经济和社会发展的作用。1958年10月人民公社化运动开始，截至1983年9月，境内先后成立第五大队（与骑联、力耘合并）、漕泾生产队和漕泾生产大队（其间曾改名红光大队），都属于政治、经济和社会合一的综合组织。生产大队既是公社直接管辖的行政编组（行政区），又是生产预算单位。大队组建管委会，"文化大革命"期间又成立"革命领导小组"和"贫下中农管理小组"。大队以下先是短暂地划分为带有军事化性质的四个连，尔后又先后划分为21、20、15个生产队（按习惯称之为小队，下同），由小队直接管理农户社员。因为自上而下的管理体制等因素，其时社员群众的政治参与程度较低。

1983年10月，村社分设，村境内在基层党组织和乡镇人民政府领导下，逐渐实施和不断完善村民自治制度，村民依法通过民主选举、民主协商、民主决策、民主管理、民主监督实现自我管理、自我教育、自我服务、自我监督。村委会由村民推举的村民代表定期召开代表大会选举产生,基本上每三年为一届。1991年1月村民代表大会有代表51人。1993年,村内设立监督员一职。2000年,逐渐实行民主听证会、村务公开、定期评议村干部等制度。

2008年5月,恢复设立村务监督委员会,负责村民民主理财,监督村务公开等制度的落实,是村民自治的重要组织形式之一,其成员由村民会议或者村民代表会议在村民中推选产生,监督委员会主任先后由吕明元(不占编)、张春飞等担任。2017年,漕泾村务监督委员会换届选举,产生新一届村务监督委员会,主任为陆敏华,成员为吕明元、张锦标、陆财林、周惠丽。2020年11月再次换届选举后,村务监督委员会有委员陆敏华、沈德金、张锦标、张利金、王玲燕5人,其中主任委员为陆敏华。

2020年11月漕泾村村民会议代表名册

姓名	性别	所在小组	是否连任	职务	姓名	性别	所在小组	是否连任	职务
张正明	男	张家浜	否	村民组长	沈玉娥	女	南庄桥	是	妇女组长
王西英	女	张家浜	是	妇女组长	沈德金	男	南庄桥	是	退休村干部
张锋	男	张家埭	否	总支书记	吕富明	男	查坟前	是	村民组长
张伟	男	张家埭	否	村民组长	沈德明	男	马家木桥	是	村民组长
张雪琴	女	张家埭	否	妇女组长	苏明芬	女	马家木桥	是	妇女组长
冯民宪	男	大水路	否	村民组长	王建康	男	墙门头	否	村民组长
张美芬	女	大水路	否	妇女组长	於小丽	女	墙门头	否	妇女组长
陈心学	男	方田村	否	村民组长	陈建忠	男	双元村	否	村民组长
沈斐	女	方田村	是	妇女组长	刘万珍	女	双元村	是	妇女组长
陈伟强	男	湾渔池	否	村民组长	李连松	男	枉港	否	村民组长
孙丽美	女	湾渔池	否	妇女组长	马晓妹	女	枉港	是	妇女组长
吕德锋	男	吕东	否	村民组长	张锦标	男	张家门	是	村民组长
吕明元	男	吕东	是	老干部	吕金花	女	张家门	是	妇女组长
范三妹	女	吕东	是	妇女组长	张金福	男	张北	是	村民组长
沈建国	男	吕西	否	村民组长	沈如芬	女	张北	是	妇女组长
沈亚燕	女	吕西	是	妇女组长	张佳梦	女	张北	是	总支委
沈应昌	男	大天井	否	村民组长	张志炎	男	塔石桥	是	村民组长
沈钰	男	大天井	是	总支委	沈利金	女	塔石桥	是	妇女组长
吕雅敏	女	大天井	是	妇女组长	陆洪林	男	陆家门	否	村民组长
吕汉林	男	孙家埭	是	村民组长	陆财林	男	陆家门	是	老干部
赵林华	女	孙家埭	否	妇女组长	陆林娥	女	陆家门	是	妇女组长
沈建国	男	沈家场	是	村民组长	陆敏华	女	陆家门	是	总支副书记

续表

姓名	性别	所在小组	是否连任	职务	姓名	性别	所在小组	是否连任	职务
陆月宝	女	沈家场	否	妇女组长	陆大跃	男	陆家浜	否	村民组长
沈强笛	男	顾家埭	是	村民组长	陆爱芬	女	陆家浜	是	妇女组长
张建华	女	顾家埭	是	妇女组长	范金荣	男	公婆桥	否	村民组长
何海涛	男	长南	否	村民组长	范利萍	女	公婆桥	是	妇女组长
丰金高	男	长南	是	总支委	范忠靖	男	范家门	否	村民组长
吕娟雪	女	长南	是	妇女组长	万兴云	女	范家门	是	妇女组长
吕季松	男	长北	否	村民组长	范元康	男	范家浜	是	村民组长
吕其康	男	长北	是	老党员	曹子芬	女	范家浜	是	妇女组长
王美强	女	长北	是	妇女组长	张明	男	汤东	否	村民组长
吕文祥	男	大木桥	是	村民组长	陈月芬	女	汤东	是	妇女组长
俞利英	女	大木桥	是	妇女组长	沈洪福	男	汤西	否	村民组长
沈志强	男	南庄桥	是	村民组长	陈利玉	女	汤西	是	妇女组长
朱伟国	男	新村点	否	村民组长					

2012年，境内启动"网格化管理、组团式服务"，将村域划分为若干个微网格，在此基础上形成三大网格，推举网格组长，协助村委会强化基层社会治理工作。其中，张明、张国平、沈建国、吕富明、张洪堂、丰金舟、沈清华、沈炯浩、吴桂洪、严巧观、范建明、孙建飞、苏才龙、沈应昌、陈根荣、陈炳祥、陆锦昌、张发奎、沈金甫、范玉良、沈德明、张龙法、李金龙、魏根福、张子良等村民担任网格组长。

2013年4月开始，根据上级部署，开始尝试"三治"（自治、法治、德治）融合模式，构建并完善基层社会治理体系，村里陆续酝酿并逐步推出了"一约二会三团"。2019年，获评为桐乡市"三治"融合示范村暨九讼村、民主法治村。

"一约"，即村规民约，让村民参与制订、参与监督，以"村言村语"规范行为，传播文明新风。2014年2月，漕泾村举行村民会议，表决通过《村规民约》，共8章29条；2020年12月24日在村民会议上进行修改，后又提炼成便于日常宣传和实践的简约版《村规民约》。

"两会"，即百姓议事会和乡贤参事会，发挥乡贤、能人的感召力，协助村两委解决和协调村里事务，实现村社事务民事民议、民事民办、民事民管。

"三团"，即建立道德评判团、百事服务团、法律服务团，实现邻里矛盾"好坏大家判"、村里事情"大事一起干"、村民困难"事事有人管"。

漕泾村百姓议事会成员名录

序号	姓名	政治面貌	村民组	职务	序号	姓名	政治面貌	村民组	职务
1	张锋	党员	张家埭	党总支书记	9	吕文祥	群众	大木桥	村民组长
2	陈涛	群众	双元村	村后备干部	10	吕富明	群众	查坟前	村民组长
3	丰金高	党员	长浜	村党支部委员	11	沈志强	群众	南庄桥	村民组长
4	张佳梦	党员	张北	村委委员	12	钱彩仙	群众	陆家门	村民代表
5	周惠丽	党员	陆家门	村文化管理员	13	陆财林	党员	陆家门	退休干部
6	张锦标	党员	张家门	村民组长	14	范仕庆	群众	范家门	村民代表
7	张金龙	党员	张家埭	党员代表	15	沈建国	群众	孙家埭	村民组长
8	吕其康	党员	长浜	党员代表					

漕泾村乡贤参事会成员名录

序号	姓名	政治面貌	村民组	职务	序号	姓名	政治面貌	村民组	职务
1	沈关庆	党员	南庄桥	会长	14	范晓娟	群众	范家门	会员
2	张德庆	群众	马家木桥	副会长	15	周利强	群众	张家埭	会员
3	沈丽娟	党员	南庄桥	秘书长	16	苏金龙	党员	大木桥	会员
4	张毅力	群众	大水路	会员	17	何洋杰	党员	长浜	会员
5	冯澄革	群众	大水路	会员	18	丰金德	党员	长浜	会员
6	陈坚	群众	大水路	会员	19	吕悦龙	党员	长浜	会员
7	陈星	党员	大水路	会员	20	沈志远	党员	吕家木桥	会员
8	陆玉良	群众	陆家门	会员	21	沈永才	党员	汤家元	会员
9	吕云平	党员	吕家木桥	会员	22	缪金梅	群众	张家埭	会员
10	吕杰锋	群众	吕家木桥	会员	23	朱有康	党员	双元村	会员
11	沈金甫	党员	吕家木桥	会员	24	沈天忠	党员	马家木桥	会员
12	吕国飞	群众	查坟前	会员	25	李娟清	党员	双元村	会员
13	陆德林	党员	塔石桥	会员					

漕泾村道德评判团成员名录

序号	姓名	政治面貌	村民组	职务	序号	姓名	政治面貌	村民组	职务
1	张锋	党员	张家埭	村总支书记	9	王华明	群众	双元村	村民代表
2	陆敏华	党员	陆家门	村主任	10	徐中民	群众	范家门	村民代表
3	沈钰	党员	吕家木桥	村委委员	11	张海和	群众	马家木桥	村民代表
4	张忠岳	群众	张家埭	村民代表	12	吕汉林	群众	孙家埭	村民组长
5	张培仙	群众	大水路	妇女代表	13	沈幼良	群众	大水路	村民代表
6	冯民宪	群众	大水路	村民代表	14	张永良	群众	张北	村民代表
7	吕明元	党员	吕家木桥	退休干部	15	沈建城	群众	汤家元	村民代表
8	沈建林	党员	孙家埭	党员代表					

漕泾村百事服务团成员名录

序号	姓名	性别	政治面貌	单位（村组）	单位及职务	服务内容
1	陆国新	男	党员	桐乡市公安局高桥派出所	高桥派出所民警	治安安全
2	朱巍杰	男	党员	桐乡市公安局交警大队六中队	交警大队六中队警长	交通安全
3	周海	男	群众	桐乡市红十字雄鹰应急救援队	雄鹰救援队队长	社会救援
4	陈伟强	男	党员	高桥农电服务中心	高桥农电服务中心电工	供电维修
5	陈月江	男	群众	高桥广电站	高桥广电站线路员	电视、广播、宽带维修
6	曹建坤	男	党员	骑塘自来水厂	骑塘自来水厂厂长	自来水管道维修
7	张锦标	男	党员	张家门	村邮递员	邮递业务
8	陆初金	男	党员	陆家门	个体	水电安装
9	姚雷辉	男	群众	长浜	个体	电脑维修
10	范玉良	男	群众	范家门	个体	电瓶车维修
11	沈建国	男	群众	孙家埭	个体	墙体打孔
12	沈建兴	男	群众	吕家木桥	个体	煤气供应
13	张建良	男	群众	张家埭	个体	建筑泥工
14	范雪昌	男	群众	范家门	个体	建筑木工
15	张建初	男	群众	张家门	个体	建筑贴块
16	朱伟国	男	群众	双元村	个体	铝合金安装
17	张建锋	男	群众	张家埭	个体	酒宴厨师
18	沈法明	男	群众	落晚村姚家	个体	婚庆礼仪摄像
19	沈建林	男	群众	马家木桥	个体	货运
20	徐中民	男	群众	范家门	村卫生保洁站长	卫生保洁、机埠主任维修等
21	吕建坤	男	群众	湘庄村	殡葬用车司机	殡葬用车
22	马玲娣	男	群众	骑力村	殡葬墓地管理员	殡葬墓地管理

漕泾村法律服务团成员名录

序号	姓名	工作单位及职务	团内职务	备注
1	张月萍	市司法局局长	团 长	与骑力村共同聘请组成
2	强国良 张 强	浙江同新律师事务所	副团长	
3	李美佳	市检察院第一检察部副主任		
4	陆国新	城南（高桥）派出所民警		

几十年来的村务治理和村民自治过程中，妇女、青年、民兵、治保、调解、计生协会等群众社团组织在某些领域亦承担着相应责任，发挥着独特作用。

村治保委员会是治安保卫的群众性组织，1949年下半年成立，续存至今，一直承担着维护社会程序、确保区域安全的任务。历届治保委员努力向群众宣传遵纪守法和防特、防火、防止其他治安灾害事故等，以提高群众的政治警惕性，协助政府及公安机关打击违法犯罪分子的破坏活动；发动群众检查、修订和维护村内治安保卫制度，以维护社会治安，确保村域安宁。2000年漕泾村获得"平安建设示范村"等称号。

村民调解委员会是协调解决民间矛盾纠纷的群众性组织，1949年下半年成立，续存至今，与治保委员会相生相伴，部分年份合二为一。历届调解委员及时排查社会矛盾，尽力化解民间纠纷，包括村民与村民之间、村民与集体之间、家庭成员之间的矛盾纠纷，防止纠纷升级和矛盾激化；进行社会主义法治宣传教育，预防和减少犯罪发生，教育挽救失足青少年，推动社会主义精神文明建设。1993年，漕泾村村民调解委员会获"桐乡县先进集体"称号。

村民兵连、基干民兵排是境内民兵组织，1949年5月后组建。几十年来，根据不同时期内的形势和村两委、上级人民武装部、民兵营等的任务要求，组织适龄青年进行兵役登记，选送优秀青年参加征兵体检，并负责预审对象的病史调查和兵役义务费收缴工作；选送现实表现好、身体健康的青年民兵参加军事素质训练；组织民兵进行以国防教育为主的政治思想教育；团结和动员、组织民兵积极参与抢险救灾、维护社会治安、完成生产突击等各项工作。1991年漕泾村民兵连被评为骑塘乡民兵工作"三落实"先进集体。

村妇女代会，2017年后改称村妇联，是境内妇女群众组织，村级设妇女主任，生产队（村民小组）设妇女队长（组长）。几十年来，根据不同时期形势和同级党政组织，以及上级妇联组织的任务要求，代表和维护妇女利益，促进男女平等，建设文明和谐家庭，关心下一代健康成长，宣传、贯彻人口与计生政策，特别是努力团结、动员和带领全村妇女投身不同时期的经济建设和社会发展，发挥了"妇女能顶半边天"的作用。

村团支部，1956年2月成立，续存至今，根据不同时期内形势和任务要求，动员和组织漕泾村全体团员与广大青年投身社会主义革命和建设事业，特别是社会主义现代化建设，同时关心青年利益，密切联系青年群众，加强对团员的思想政治教育和组织管理，关爱教育青少年。

村计划生育协会，20世纪90年代成立，由"五老"（老党员、老干部、老模范、老职工、老长辈）、生产骨干、致富能手和育龄群众中的积极分子充任，会员大会选举产生理事会，理事会设会长、副会长、秘书长、理事等，下设以村民小组为单位的协会会员活动小组。协会理事会、活动小组以及全体会员积极协助村"两委"落实国家人口与计划生育政策，承担相应工作责任；依法维护适龄群众在计划生育和生殖健康方面的合法权利，促进实现男女平等；向适龄群众提供计划生育、生殖健康的信息和服务。20世纪80年代以来，漕泾村曾多次被评为人口与计生工作省、市、县三级先进集体，村计生协会功不可没。近五年来，随着人口与计生政策调整，计生协会作用有所弱化。

此外，漕泾村大队会计先后由张仰浩（1956.2—1962.2）、周凤奇（1962.2—1983.10）、沈德金（1983.10—1993.10）、陆子洪（1993.10—1998.8）、陆敏华（1998.8—2002.5）担任。后来，村账镇管，村设报账员，先后由王云珠（2002.5—2005.5）、陆敏华（2005.5—2019.1）、张佳梦（2019.1至今）担任。

第四章 人口状况

人口的生育、姓名、从业、婚配、流动、迁徙、死亡等，无不处于一定的家庭关系、经济关系、政治关系及社会关系之中，一切社会活动、社会关系、社会现象和社会问题，都与人口发展过程及其状况密切相关。

第一节 甲户与人口

境内何时始有人类居住或活动，人从哪儿来，此类问题已不得而知。据史载，东周时代，吴越两国军队已在此驻扎和相互厮杀。

千百年来，漕泾人在此沿河建屋，聚族而居，渐渐形成了一个个以姓氏冠名的村庄，如封家场、吕家木桥、张家门、范家浜、陆家浜、张家埭等。其先辈多由外地迁入，尤以"上八府"（钱塘江以南地区）居多。迁居至此二三代后，自然成为地道漕泾人。

漕泾村虽处江南水乡杭嘉湖平原，常年风调雨顺，适合人居，但历史上总有一些天灾人祸，如旱涝、瘟疫、战乱等，人口时有上下波动。不过，总体上甲户和人口数量呈现缓慢增长态势。

民国三十四年（1945）3月，境内保甲户情况大致如下：第一保13甲164户，其中1甲（张家埭）11户，2甲（张家埭）13户，3甲（长浜）14户，4甲（封家场大木桥马头里）13户，5甲（小木桥马头里查坟前）13户，6甲（查坟前）11户，7甲（封家场大水路）13户，8甲（大水路）13户，9甲（吕家木桥大水路）13户，10甲（孙家埭）13户，11甲（孙家埭）11户，12甲（吕家木桥）12户，13甲（吕家木桥）14户；第三保13甲184户，其中1甲（王家木桥）14户，2甲（双元村）14户，3甲（双元村马家木桥）16户，4甲（工家木桥）15户，5甲（南庄桥）17户，6甲（马家木桥石路桥）12户，7甲（张家门）14户，8甲（范家门）16户，9甲（范家门）12户，10

甲(张家门)14户,11甲(陆家门)14户,12甲(陆家门)13户,13甲(陆家门王家角)13户。

民国三十六年(1947)6月,第一保有19甲253户994人,第三保有19甲271户1030人。各甲人口构成情况见下表。同年12月,第一、第三保甲数不变,户数增加1户,人口增加27人。民国三十七年(1948),梵山乡"每户平均3.96人",第一保和第三保(部分属今湘庄村)仍然各有19甲。翌年初,保甲稍有调整,村域第一保有12甲165户,约650人;第三保有13甲184户,约700人。

民国三十六年(1947)6月梵山乡第一、第三保各甲户数人数表

保次	甲别	内含小地名	户数	人数	性别 男	性别 女	保次	甲别	内含小地名	户数	人数	性别 男	性别 女
第一保	1	张家浜	13	45	24	21	第三保	1	范家门	15	57	34	23
	2	张家埭	13	56	31	25		2	范家浜	13	48	28	20
	3	长浜	14	66	35	31		3	张家门河南	17	74	48	26
	4	大木桥马头里	13	49	23	26		4	张家门河北	13	48	30	18
	5	小木桥查坟前南	13	53	29	24		5	陆家门河南	16	63	36	27
	6	查坟前北	13	46	28	18		6	陆家门	15	46	25	21
	7	南庄桥	17	68	40	28		7	陆家浜王家谷	13	52	31	21
	8	封家场大水路	13	68	33	35		8	里门桥	17	51	26	25
	9	方田村	13	54	30	24		9	汤家元	17	42	20	22
	10	湾渔池吕家木桥	13	47	26	21		10	汤家元	11	41	21	20
	11	吕家木桥	12	46	25	21		11	三角水路斗富兜	15	60	27	33
	12	大天井	13	54	32	22		12	斗富兜	12	50	25	25
	13	孙家埭	13	49	28	21		13	斗富兜	13	61	33	28
	14	沈家场	10	34	21	13		14	斗富兜	12	52	28	24
	15	顾家埭	14	47	23	24		15	酒店浜	17	75	31	44
	16	王家木桥	15	59	31	28		16	张家兜	12	52	24	28
	17	马家木桥南	16	56	31	25		17	曹家浜	12	59	28	31
	18	马家木桥北	9	31	18	13		18	曹家浜智义板桥	14	43	28	15
	19	双元村	18	66	35	31		19	智义板桥	17	56	30	26
	合计		255	994	543	451		合计		271	1030	553	477

第四章 人口状况

明清时期,境内富户家庭人口多,数支同住,四世同堂。但大多农家子弟因为疾病和经济等因素,或夭折病亡,或出门做女婿,单支为多,故每户平均人口并不多。民国时期,状况未变。据民国档案记载,民国三十五年(1946)前后,本地农家平均每户不到4人。民国三十七年(1948),梵山乡"每户平均3.96人",其时,富贵人家有三房四妾,又迟迟不分家,易现"四世同堂""小阿伯大侄儿"等人口现象,家庭人口相对多得多。

1949年10月,一村13个村坊,约160户,700人,三村中的范家门、陆家门、塔石桥、里门桥、张家门、汤家元6个村坊约140户,530人,合计现境内时有300户,1200多人。1956年一联社时,境内有15个自然村,超过300户,人口约1500人。20世纪50年代后,国家安宁,社会稳定,发展加快,加之传统观念"多生儿子多得福"和国家关于"光荣妈妈"的人口政策推动,人口增长较快。与此相适应,户均人口数上升,多为二三房组合大家庭。1977年,漕泾大队分为15个小队,人口超过2000人。

改革开放后,15个小队变更为30个村民小组,虽然已开始实行计划生育政策,大多只生一孩,但人口基数大,总人口仍呈增长态势,而且家庭趋向小型化,家庭户数增加较多。至1994年达到户数和人数双峰值。此后,随着农村计划生育政策实施见效,再加上外出读书人数增多,农村干部转为国家干部,叠加外出谋生打工、创业择业和购房读书等因素,许多漕泾人,尤其是年轻一代离开村子,境内户籍人口数开始下降。2013年年底,全村640户,2253人,其中张家埭50户,182人;大水路60户,217人;吕家木桥58户,159人;孙家埭47户,169人;长浜34户,124人;查坟前27户,97人;南庄桥30户,110人;马家木桥35户,128人;双元村56户,202人;张家门31户,111人;塔石桥33户,117人;陆家门40户,142人;范家门67户,238人;汤家元34户,121人,户均人口3.52人。2014年,据20户记账户统计,当年常住人口3.9人。2021年年底,全村30个村民小组,户籍名册里户主有674名,人口却降至2317人,常住乡下者更少。近年来,第一波外出人口,包括户籍早已迁出的,进入老年阶段,其中有一部分回流老家安享晚年,常住人口下降态势稍有减缓。

20世纪80年代中期,按当年国家政策,境内有户籍人口转为"绿色户口""自理户口"。1988年,村里有75人,1989年有72人,1994年有59人,2001年有35人。

此外,人在户不在、户在人不在和人户皆不在的漕泾人尚有许多,他们中有很多人一直情系漕泾,热爱家乡,时常还回来走亲访友,故乡同样不会忘记他们,只是难以获取确切信息而无法统计入内；境内家庭四世同堂的应有许多，五世同堂或许也有，只是因子孙后代迁出发展，或随父母迁出，或为读书迁户入城等，户籍不在村内，难以统计。

1949年前，境内出生人口男女比例基本协调，但重男轻女现象明显，女婴易遭遗弃，总人口中男性一般多于女性。民国三十六年（1947），第一保994人中，男性占54.63%，女性占45.37%；第三保1030人中，男性占53.69%，女性占46.31%。1949年后，男女平等，同工同酬，女性人口比例明显提升。1990年全村男性占51.56%；女性占48.44%。2021年户籍人口中，男性1174人，占50.67%，女性1143人，占49.33%。

从前，老人长寿的少，出生的小孩多。1949年后，社会安定，经济发展，医疗完善，老人长寿的增多，再加上计生政策见效，特别是21世纪后城镇化趋势加快，乡村亦趋少子化和老年化。2021年末，户籍人口中，60周岁以上有748人，占总户籍人口的32.28%，其中当年重阳节前夕，80岁以上有112人，85岁以上有41人，90岁以上有13人；85岁以上的人中，男18人，女23人。如果加上人在户不在、户在人不在和人户皆不在的漕泾老人，恐怕还要增加不少。

1949年至2021年间部分年份户数与人数统计表

年 份	户 数	人口数	年 份	户 数	人口数
1949	约300	约1230	1994	674	2520
1956	超过300	1500	1996	674	2488
1977	不详	超过2000	1997	674	2468
1982	556	2431	2000	674	2418
1983	554	2428	2001	不详	2431
1986	559	2318	2003	634	2329
1987	616	2374	2005	644	2330
1988	不详	2401	2011	643	2292
1989	616	2425	2013	640	2253
1990	622	2504	2016	636	2296
1991	不详	2520	2021	674	2317
1993	不详	2517			

近35年来漕泾村各自然村农户数与人口数对照表

村坊	1986年农户人口数		2021年年底户籍人口结构状况					
	户数	人数	户数	人数	男	女	85周岁及上	少数民族
孙家埭	43	162	48	141	76	65	2	彝族1人
张家门	43	161	30	111	57	54	0	0
马家木桥	28	119	35	123	62	61	5	0
查坟前	23	100	29	100	51	49	1	0
大木桥	31	138	36	125	71	54	2	0
大水路	57	226	57	219	103	116	1	0
长浜	29	123	43	149	71	78	3	0
范家门	50	238	82	251	127	124	6	0
陆家门	35	145	41	147	79	68	4	0
吕家木桥	54	218	61	206	103	103	4	0
南庄桥	31	121	36	122	64	58	1	0
双元桥	47	207	61	194	97	97	5	布依族1人、土家族1人、白族3人
塔石桥	10	53	28	106	52	54	1	0
汤家元	30	118	38	136	70	66	3	0
张家埭	48	189	49	187	91	96	3	布依族1人、满族2人
合 计	559	2318	674	2317	1174	1143	41	9

2021年重阳节前夕漕泾村80至89岁人员汇总表

姓名	性别	姓名	性别
包美宝	女	王祖兴	男
张芝康	男	吕金宝	女
张杏娥	女	陆建昌	男
贾春仙	女	沈叙源	男
孙炳坤	男	张有仁	男
谢雪英	女	范瑞英	女
吕月星	女	沈祥源	男
范建堂	男	张钦钊	男
陆炳忠	男	金瑞芬	女
沈仁宝	女	沈芝琦	男
沈爱宝	女	陆财林	男
沈炯浩	男	陈云仙	女
何阿珍	女	姚文仙	女
钱阿香	女	王文宝	女

续表

姓 名	性 别	姓 名	性 别
周菊仙	女	徐小毛	女
范连生	女	曹金娥	女
张仁宝	女	李雪娥	女
周世秀	女	魏美娥	女
余阿五	女	张美娥	女
沈洪恩	男	金雪芬	女
吕月娥	女	袁翠英	女
张金浩	男	范玉英	女
施祖仙	女	张洪江	男
沈凤仙	女	葛高仙	女
陆福泉	男	陆炳仙	女
沈济芬	女	陈美英	女
朱阿仙	女	张爱娥	女
江金凤	女	吕其康	男
吕仁娥	女	程鑫镛	男
吕凤娥	女	陆长文	男
吴阿根	女	王仕芳	男
许金仙	女	范明发	男
孙周六	男	陆庆松	男
黄杏英	女	吕承泉	男
吕洪寿	男	冯秀英	女
周福康	男	陈梓康	男
范银娥	女	苏连熙	男
徐美娥	女	姚金浩	男
吕仕良	男	吕金仙	女
王恩福	男	沈宝金	男
张雅仙	女	顾文仙	女
马兴泉	男	肖美凤	女
张宝昌	男	吕云洲	男
张应仙	女	沈桂凤	女
赵兰英	女	王云康	男
郭文兰	女	冯耀庭	男
薛水和	女	钱七宝	女
张瑞金	男	沈桂娥	女
朱玉珍	女	岳林仙	女
陈贵仙	女		

2021年重阳节前夕漕泾村90岁及以上人员汇总表

姓 名	性别	姓 名	性别
范子英	女	朱菊花	女
何月仙	女	沈雪康	男
苏长年	男	李长英	女
陈其生	男	吴连英	女
蔡桂凤	女	范锦生	男
沈巧英	女	沈雪章	男
顾美宝	女		

第二节 村庄与姓氏

境内早有居民定居常住，繁衍生息，且多为聚族而居，婚配也在不甚广泛的范围内进行，故村民姓氏总量不多。20世纪70年代前，境内主要有沈、张、吕、陆、范、陈、王七大姓，若以河流为线、以村庄为点，其时境内姓氏分布情况如下：

漕泾港境内河段两岸散落着吕家木桥、孙家埭、双元村、马家木桥、张家门等村庄，依次住有吕、沈、孙、顾、马、陈、王、张等姓氏的人家。

洛水港，海宁桐乡的纵向界河，南起斜桥丝厂洋桥，北至南沙渚塘查坟前湾处。港东为海宁，港西由南至北有南封家（海宁）、封家、张家埭、顾家（海宁）、长浜、潘家（海宁）、大木桥、查坟前等自然组，住有封、张、顾（海宁）、丰、姚、吕、潘（海宁）、苏、吴、陆姓村民。

南庄桥浜，村东北部，西起漕泾港，原东至洛水港三洋里，近40户农户居于浜南浜北，几乎清一色为沈姓。

大木桥浜，村东北部，东起洛水港三叉漾口，西至浜底后环东接通王家鱼池，浜岸上住有近40户人家，主要有吕、苏、吴三大姓。

长浜，村东面，东起海宁界洛水港，西至浜底，浜南浜北约40户农户，以吕、何、丰姓为主。

大水路，南起洛塘河，北至漕泾村文化广场，该河两岸有大水路、孙家埭、长浜、马家木桥等村民组，村民大多姓吕、姚、陆、沈、王、范、张等。

枉港，东起漕泾港，西接范家浜，中间有S形弯，河南为墙门头组，河北为双元村组，河两岸有陈、沈、朱、王、李、苏等姓。

新开河，村西部，北起陆家浜，南至骑力交界处浜底，河岸边主要居住着范、王姓人家。

范家浜，村西部，东接枉港，西接新开河，再延伸至北鱼池，接北面粪浜，直角转弯成"七"字形，西段南北两岸居住有范姓人家，零星还有徐、程姓人家。

陆家浜，村西北部，东西相连，末端回绕至陆家门村庄内，流经张家门、塔石桥、陆家门三个自然组，居民基本为张、陆姓，中间夹有一户外迁而来的章姓人家。

里门桥港，位于村最西部，斜穿王家角（范家门自然组西北一角），西通相庄港，境内河段北住着十来户王姓、范姓人家。

汤家元浜，村西部，浜南浜北住有张、沈两姓人家。

墙门头浜，村中部，东接漕泾港，西至浜底，住有孙、王、沈姓二十来户人家。

洛塘河，海桐横向界河，漕泾段北岸住有张家埭、大水路和吕家木桥组的封、张、冯、沈、周、吕等姓氏的人家。

改革开放后，人员往来范围扩大，频度增高，加之村庄结构变化，境内姓名分布状况也相应出现新变化，特别是有一些外省市青年因婚姻而迁来本村，或因创业而寓居本村，姓氏多元化程度加剧。

2021年年底，境内户籍人口中，涵盖姓氏108个，除复姓"申屠"外，其余均为单姓。其中21个姓仅有1人，12个姓仅2人，5个姓仅3人；人口较多的姓氏前六为沈、张、吕、陆、范、陈。

2021年漕泾村姓氏人数统计表

姓氏	人数	姓氏	人数	姓氏	人数	姓氏	人数	姓氏	人数
邬	1	候	1	盛	2	谢	4	顾	20
翁	1	吉	1	卢	2	严	4	杨	23
文	1	江	1	方	2	魏	5	郭	26
帅	1	姜	1	曹	2	施	5	吴	27
殳	1	来	1	曾	2	胡	5	姚	32
倪	1	劳	1	丁	2	黄	5	周	35
牟	1	雷	1	贾	2	俞	5	朱	35
莫	1	平	1	万	2	章	5	何	39
明	1	邱	1	于	2	赵	5	徐	40
孟	1	任	1	庄	2	郑	5	苏	49
毛	1	芮	1	邹	2	潘	6	孙	49
栾	1	申屠	1	卜	3	刘	6	冯	52

续表

姓氏	人数	姓氏	人数	姓氏	人数	姓氏	人数	姓氏	人数
鲁	1	谭	1	程	3	钟	6	李	56
楼	1	田	1	彭	3	罗	7	王	105
凌	1	屠	1	汤	3	叶	7	陈	116
林	1	汪	1	肖	3	余	8	范	158
梁	1	薛	1	葛	4	丰	10	陆	177
高	1	殷	1	蔡	4	钱	12	吕	199
翟	1	袁	1	邓	4	金	17	张	343
催	1	岳	1	蒋	4	许	17	沈	447
柏	1	祝	1	邵	4	马	19		
包	1	宋	2	唐	4	封	19		

第三节 生育与死亡

千百年来，本地人信奉"多子多福"，"养子防老"的传统观念。受其影响，再加上缺乏节育措施，从前普通农家夫妇多生育三孩至七八孩，甚至更多。限于古代经济和社会发展水平及医疗条件，加之自然灾害、瘟疫和战祸等意外因素的影响，存活率不高，小孩夭折多，非正常死亡多。一个家庭内，兄弟姐妹能长大成人的，一般在三人左右，多则四五人。有些穷苦人家，婴儿刚出生就被闷死，或用马桶溺死，或送育婴堂，或送给别人家。其时，生育旺盛，但家庭人口普遍不多。有的甚至因天灾人祸等因素，只剩孤儿寡母，或爷儿俩，乃至出现"老孤身""死剩种（贬义）""光棍户""绝户"等单口家庭。史料记载，民国三十五年（1946）前后，本地每户农家平均拥有3.96人。1948年第三季度，境内第一保出生9人，其中男7女2；第三保出生3人，其中男3女1；同季第一保死亡男女各1人，均为25岁至30岁，第三保死亡男5女4，其中婴儿1名，少年1人。

20世纪50年代后，社会稳定，国家鼓励多生育，生育子女多的褒奖为"光荣妈妈"，村中人口增长较快。20世纪60年代初期达到顶峰。虽然20世纪70年代后期开始，国家陆续推行计划生育政策，家庭人口上升幅度缩小。但由于医疗条件趋好等多种因素，人的寿命越来越长，"四世同堂"家庭普遍出现。

1972年，漕泾大队成立计划生育工作领导小组。是年，出生率控制在10‰以下。1973年,国家倡导"晚"(晚婚年龄男25岁、女23岁)、"稀"(两孩间隔4年以上)、"少"(一对夫妇不超过两个孩子)的生育政策。1979年,提倡"一对夫妇生育孩子,最好一个,不得超过两个",开始实行独生子女奖励政策,有村民率先领取独生子女优待证(1980年3月改称独生子女光荣证)。

1968—1980年漕泾大队出生婴儿统计表

年份	1968		1969		1970		1971		1972		1973		1974	
性别	男	女	男	女	男	女	男	女	男	女	男	女	男	女
人数	31	25	30	33	18	24	33	21	16	24	28	16	23	12

年份	1975		1976		1977		1978		1979		1980		1982	
性别	男	女	男	女	男	女	男	女	男	女	男	女	男	女
人数	17	20	18	14	14	14	17	15	17	10	22	12	25	15

1982年,实行晚婚晚育、少生优生政策,提倡和推行"一对夫妇只生育一个孩子"。1985年,乡村实行照顾二孩,适当松动的生育政策。1986、1987年,生育二孩政策有所调整,又值1962、1963年出生人口进入婚育高峰,故人口出生率回升。1988年起,人口出生率、自然增长率再度回落。1990年,漕泾村成立计划生育协会,让老党员、老干部、村组妇女干部等人一起参与计划生育工作的宣传与实施。1995年前后,漕泾村计划生育协会理事会由沈德金(村主任)、范凤仙(妇女主任)、王云珠(村出纳)、王心意(副书记)、范利萍(皮革厂职工)组成,各村民小组设计生协会小组,小组长分别有:张家浜郭文兰、张家埭张明娥、大水路张美芬、方田村蒋福英、湾渔池孙杏生、吕东董汉金、吕西张兴仙、大天井毛雪英、孙家埭周祖仙、沈家场陆月宝、顾家埭张月珠、长南姚长芬、长北王巧英、大木桥俞利英、查圩前吕小英、南庄桥沈爱仙、墙门头封美金、双元村张妙英、枉港钱培芬、马家木桥江金凤、张南张翠娥、张北黄爱珠、塔石桥张巧仙、陆家门许金仙、陆家浜陈云仙、公婆桥范利萍、范家门范应仙、范家浜范德仙、汤东岳玲仙、汤西吕金仙。

1997年,村成立计划生育协会民主监督小组,组长沈德金,组员范凤仙、王云珠、王心意、范利萍、丰金高。1999年,村内有专职计生干部陆敏华。2000年,漕泾村计生协会有会员244人。2004年,漕泾村计生率达到100%,综合避孕率93.48%,长效节育率80.98%。2000年前后开始,境内独生子女家庭每年享受政府奖励。

2007年，漕泾村获浙江省"人口与计生基层群众自治示范村"称号，在此前后，数次获评省、市、县三个层级上的"人口与计划生育先进集体"。

漕泾村2021年独生子女14周岁以内家庭父母享受奖励名单

户籍地	孩子姓名	孩子性别	父亲姓名	母亲姓名	户籍地	孩子姓名	孩子性别	父亲姓名	母亲姓名
大木桥	吕欣怡	女	吕银烽	余 婷	马家木桥	李谨萱	女	李庄域	沈丽叶
双元村	王 铮	男	王晓明	田雪莲	吕家木桥	沈一衡	男	沈佳莹	沈 燏
孙家埭	沈栩佳	女	沈 枫	钱 瑜	大水路	李铭浩	男	李鸿涛	王芳莉
张家门	张锡梵	男	张 杰	陈善琴	陆家门	陆哲皓	男	陆明焕	周惠丽
孙家埭	孙佳颖	女	孙 杰	谢方丽	大木桥	吕璐琰	女	吕 伟	陈红霞
大水路	沈思阳	男	沈俊杰	鲁 绪	汤家元	沈鑫晨	男	沈贵江	俞 佳
张家埭	张梓涵	女	张英杰	王 英	双元村	吴清悦	女	吴高翔	李 薇
南庄桥	沈音汝	女	沈建飞	杨李荣	汤家元	闻康越	女	闻鹭涛	张 怡
陆家门	陆鑫纯	男	陆 强	杨晓华	张家埭	张梓琪	男	张成吉	张 钰

2016年，国家全面放开二孩生育，育龄村民生育二孩略有增加。2021年，放开三孩生育，是年漕泾村出生16人。

2021年，境内已有两代人实行计划生育政策，加上部分人员因买房、读书迁出户籍等情况，农户每个家庭平均户籍人口数较少。从户籍统计看，2021年年底，全村674户，2317人，户均人口3.438人；从血缘家庭人口数看，大多家庭五六人，甚至更多。年长老人往往在2个甚至3个子女的小家庭之间轮流居住，或单独居住，户籍挂靠在留守子女小家庭里。

旧时，由于战乱、瘟疫、重大疾病等灾祸频发和生活、医疗等条件低下，村民平均寿命一般在五十岁上下，以致"人生七十古来稀"。1949年后，随着社会日趋安定，生活质量不断提升，医疗条件越来越好，村民非正常死亡极少，身体素质渐好，寿命普遍延长，如今七十八十不稀奇，几乎每个村民小组皆有年过九十乃至近百岁之人，死亡人数少于出生人数。1988年出生30人，死亡16人；1989年出生49人，死亡23人；1994年出生30人，死亡25人。2021年出生18人，死亡12人。

第四节　流动与迁徙

长期以来，除了逃荒避难、投亲靠友等会引发少数人员流动外，村境内人口迁徙现象不明显，甚至连婚姻嫁娶也多在村域内或周边区域内进行。民国时期，境内有极少数人外出谋生，"上八府"有女性嫁入村内。

20世纪50年代后期城镇职员精减下放，回流村境内，村境内也有人因支援宁夏或者支援国家"三线"建设而迁出。20世纪60、70年代城镇知识青年下放到境内的有十多人，另有苏北人嫁入村内。

改革开放后，不仅婚姻嫁娶地域范围扩大，而且由于知青返城、青少年升学读书、干部升迁、外出创业、进城买房等原因，人口迁徙流动相对增多。1982年，本公社外大队迁入1人，本县外公社迁入5人，本省外县市迁入2人，外省迁入5人；同年迁往本公社外大队1人，迁往本县外公社7人，迁往本省外县市5人，迁往省外1人，迁往外地的以升学的学生为主。1989年，乡外迁入24人，乡内迁入9人，迁村外9人；1994年，乡外迁入11人，本乡迁入15人，迁出21人。2002年，迁入3人，迁出30人。

2000年后，随着城市化进程加快，特别是进城打工、在市区购买商品房、重视子女教育、青年男女结婚、户籍迁徙政策宽松等，推动了域内村民，特别是青年夫妇及其子女迁籍市区，常住城镇。相反，长期在外工作生活的原籍漕泾的退休老人，有一部分选择回村居住养老，属于人在户不在。

此外，也有一些人在户不在的外地居民住在境内，如张家埭郭晓雅（老知青）、张锦芳（已退休），马家木桥的刘红，塔石桥赵邦友、高秋英、赵启慧一家三口（已常住约20年），范家门的苏仁良和罗世珍等。至于回乡安享晚年或城乡两头住的老年漕泾人更多。

附：几种典型的户籍迁移情况举例

一是知青上山下乡，下乡时户口迁入，大多于1978年前返城迁回。如南庄桥殷美芳、钱建明、邹石长，大木桥张承恩，张家埭侯建福、郭晓雅、杜洪生，吕家木桥杨秀英（留下）、徐志娟（留下）、沐金华（留下），孙家埭苏家驹，马家木桥陈国英、苏丽珠（留下）、苏家新，塔石桥张炳连、张永年、张永芬、张永发，范家门范均康，汤家元陈伟德、陈伟忠。

二是精减下放。如20世纪50年代为减轻国家负担而精减下放的张月庆等。1962—1963年，有许多城镇机关和企事业职工带着家属回原籍或投靠亲戚下放，后几乎没人再返回原单位，如南庄桥沈祖良，张家埭张长仁一家七口（张长仁、陈爱凤、张娟芬、张娟明、张国民、张伟明、张勒华）、郭松金，吕家木桥吕学良、沈建忠、阿宝、三娜、朱佩芬、吕月娥，孙家埭孙周六（杭钢），马家木桥江金凤，双元村陈梓康，陆家门陆家浜李福英（上海）、章义诊（上海）等。

三是支援宁夏、长兴、安吉孝丰等地而离乡的人员，后大多返回。如张家门张柏荣、马阿三（张柏荣妻子）、张永发（范德富），张家埭张有福，吕家木桥沈仁昌，马家木桥李杏珍，范家门范德庆、范仕康，陆家浜陆月龙等。

四是大中专录取外迁。20世纪70年代初，国家招收"工农兵大学生"，如马家木桥张永才（后曾任桐乡绸厂厂长）、查坟前吕福生（后任政府部门领导）等。1977年恢复高考后，村境内学生考上中专、高校人数逐年增多，毕业后绝大部分在外就业，回村境内就业的甚少。

五是干部升迁离境，如塔石桥陆德林，南庄桥沈福荣、沈彩仙，陆家浜陆玉芬，双元村朱有康等。

六是婚姻嫁娶而迁进迁出。这一因素一直存在，只是地域范围和时代特征明显。大多数为本地嫁娶。20世纪60年代前后，江苏、上海、安徽及本省"上八府"等地均有人来境内安家落户，比如张家门王珠宝、栾冬年、汤子品，张家埭吴阿根、薛水城、赵兰英、郭文兰、陈文英、任翠萍、沈寿宝、徐娥珍，吕家木桥毛雪英、袁彩英、钱桃英、周金宝、梅芳，孙家埭张月珠，马家木桥黄国香、徐平芳，范家门范雪芬、范德宝、徐彩宝、朱珍云、陆二宝、周凤宝、唐阿囡，陆家门陆家浜李福英、章义珍、钱七宝、汤彩英。

20世纪80年代后，有部分云南、贵州、四川等地妇女远嫁本地男士，如南庄桥罗云连、刘英、周东会，张家门杨正仙、杨正联、谢明芬，大木桥翟莲英，张家埭郑启芬、王小情、李良玉、邹永芬，吕家木桥李贤芬、王朝旭、郭爱、郭平、陈再珍，孙家埭严建荣，马家木桥杨云香、杨秀连、刘红、曾傅金，范家门罗世珍、肖佳英、吴桂英、张焕霞、万兴云、陈昌兴、孙应辉、牟自香、陈贵芬、文顺莲、谢招连、刘桂秀、罗万芬、丁桂琴、李凤、孙定荣，陆家门陆家浜余彩华等。

改革开放后，域外人因创业、做生意、打工等多种因素暂居境内，形成了一个特殊的人口现象——暂住人口，亦称流动人口。据2016年《高桥镇漕泾村流动人口育龄妇女登记表》显示，时年登记在册的外籍育龄妇女就有73人，其中多为四川、安徽、贵州、河南等省籍人。

第五节 少数民族

境内向来为汉族聚居地。1953年、1964年、1982年、1990年共4次全国人口普查，村境内居民均为汉族人。1990年年底，全村2504人，均为汉族人。

20世纪90年代后，随人口流动范围扩大和速度加快，加之婚姻择偶、择业定居等观念日益开放，始有非汉族人口迁移而来，但总量仍然甚少。2021年年底，户籍迁入境内的少数民族人口9人，占全村总人口不到0.39 %。他们具体情况是：白族人吴运琴嫁到双元村，生育二位朱姓女儿，也随母登记为白族人；布依族人陈燕嫁到双元村，布依族人柏朝珍嫁到张家埭；满族人吴月嫁到张家埭，生育郭姓儿子，民族随母亲；土家族人田雪莲嫁到双元村；彝族人林生月嫁到孙家埭。

第五章 民生民政

悠悠万事,民生为最。民生是人民幸福之基、社会和谐之本。1949年后,让老百姓过上好日子,成为党和政府及广大干部,特别是基层干部工作的重心。

第一节 村民就业

民生大事,就业为本。千百年来,漕泾一直是典型的农耕经济区域,境内成年村民,几乎清一色以务农为生,种田养蚕,男耕女织,大多过着日出而作、日落而息的乡居生活,农闲时兼顾着做些传统手工业。少量殷实人家,女性一般不从事农事生产,裹小脚,为家庭妇女。极少数大户人家,男性亦不从事农事,常年雇用长工,或者干脆出租田地,收取租米。

民国后,境内始有作坊式的个体工商户出现,有的青壮年农民办起作坊式小工厂,有的长期贩运物资,有的甚至外出开店经营。据民国档案里一份1946年填报的境内人员名册,"身份"一栏填写的有碳窑业主、从商、丝商等,还有道士、教师、军警等,说明这些非农人员中,也一部分是兼职,农忙季节务农,其余时间从工经商。

1949年后,绝大多数村民仍为纯农民,全年均在田地里干农活,只有少量农民兼任民办教师、赤脚医生、村社干部、手工业师傅等。20世纪70年代后,渐有农民走进公社办或大队办企事业单位,成为"洋工人""洋职员",从事非农职业。据调查,1979年全大队共有256个全劳力基本脱离务农岗位,其中社办人员106人(男96人,女10人),队办人员150人(男88人,女62人)。

1979年在非农岗位的漕泾大队社员行业职业一览表

在业人员姓名	性别	所属	工作单位名称	现任职业或工种	在业人员姓名	性别	所属	工作单位名称	现任职业或工种
吕季堂	男	长浜	骑塘广播站	值机员	王云珠	女	柱港	织袜组	织袜工
周福康	男	大水路	骑塘机电站	站长	范桂仙	女	双元村	织袜组	织袜工
沈明昌	男	顾家埭	骑塘机电站	水利管理员	沈瑞珠	女	南庄桥	换纱组	换纱工
冯国荣	男	大水路	骑塘兽医站	阉割员	曹美芬	女	柱港	换纱组	换纱工
苏清源	男	大木桥	骑塘兽医站	兽医	张美娥	女	柱港	烘袜组	烘袜工
陆炳忠	男	陆家门	骑塘良种场	农技员	张娟金	女	张家门	缝头组	缝头工
张永良	男	塔石桥	骑塘蔬菜厂	复口工	计杏宝	女	张家门	换纱组	换纱工
苏叙龙	男	大木桥	骑塘蔬菜厂	腌制工	陆娟娥	女	陆家门	换纱组	换纱工
李松甫	男	双元村	骑塘蔬菜厂	上榨工	张月妹	女	塔石桥	织袜组	织袜工
范仁康	男	范家门	骑塘蔬菜厂	大组长	张仁仙	女	塔石桥	织袜组	织袜工
陆金洲	男	塔石桥	骑塘建筑社	泥工	张娟	女	塔石桥	织袜组	织袜工
张学良	男	塔石桥	骑塘建筑社	普工	张玉仙	女	塔石桥	织袜组	织袜工
张大龙	男	塔石桥	骑塘建筑社	木工	张彩凤	女	陆家门	织袜组	检验工
沈洪堂	男	南庄桥	骑塘建筑社	木工	陆爱芬	女	陆家门	织袜组	织袜工
沈祖康	男	南庄桥	骑塘建筑社	泥工	范凤仙	女	陆家门	换纱组	换纱工
沈清华	男	南庄桥	骑塘建筑社	普工	张良芬	女	方田村	织袜组	织袜工
吕金良	男	大木桥	骑塘建筑社	普工	金春娥	女	湾渔池	换纱组	换纱工
吕建德	男	大木桥	骑塘建筑社	泥工	沈杏山	女	吕家木桥	织袜组	换纱工
张根松	男	张家门	骑塘建筑社	泥工	张培仙	女	方田村	织袜组	织袜工
张林金	男	张家门	骑塘建筑社	普工	周春仙	女	方田村	织袜组	织袜工
陆宝洪	男	陆家门	骑塘建筑社	供销员	沈桂芬	女	大天井	织袜组	织袜工
陆玉良	男	陆家门	骑塘建筑社	木工	王桂娥	女	吕家木桥	织袜组	织袜工
陆仕良	男	陆家门	骑塘建筑社	普工	沈叙娟	女	大天井	织袜组	织袜工
陆敬南	男	陆家门	骑塘建筑社	木工	吕明仙	女	吕家木桥	织袜组	织袜工
陆敬和	男	陆家门	骑塘建筑社	木工	沈玉芬	女	沈家场	织袜组	织袜工
陆建初	男	陆家门	骑塘建筑社	泥工	沈进富	男	沈家场	织袜组	炊事员
陆建生	男	陆家门	骑塘建筑社	泥工	张仕金	男	张家埭	织袜组	炊事员
陆大跃	男	陆家门	骑塘建筑社	木工	张汉英	女	张家埭	织袜组	罗纹工
陆月昌	男	陆家门	骑塘建筑社	泥工	张利芬	女	张家埭	织袜组	织袜工
陆建昌	男	陆家门	骑塘建筑社	泥工	翁祖文	女	张家埭	织袜组	织袜工
张金松	男	张家门	骑塘建筑社	普工	卜美仙	女	张家埭	烘袜组	烘袜工
张建国	男	汤元	骑塘建筑社	普工	张菊芬	女	张家埭	织袜组	织袜工
何德芳	男	长浜	骑塘建筑社	出纳	沈玲珍	女	张家埭	织袜组	织袜工
沈金荣	男	南庄桥	骑塘建筑社	泥工	沈小媛	女	湾渔池	织袜组	织袜工
张娟芬	女	马家木桥	织袜组	织袜工	陆寿潮	男	陆家门	骑塘建筑社	木工

第五章 民生民政

续表

在业人员姓名	性别	所属	工作单位名称	现任职业或工种	在业人员姓名	性别	所属	工作单位名称	现任职业或工种
陆寿海	男	陆家门	骑塘建筑社	木工	范娟英	女	公婆桥	整理组	整袜工
冯宇速	男	大水路	骑塘农机厂	造型工	范红仙	女	公婆桥	整理组	整袜工
沈仁清	男	南庄桥	骑塘农机厂	钳工	冯丽娟	女	公婆桥	整理组	整袜工
陆建林	男	双元村	骑塘农具厂	锯板工	范利金	女	范家门	缝头组	缝头工
张宝和	男	马家木桥	骑塘农具厂	出纳	范凤英	女	范家门	织袜组	织袜工
沈顺贤	男	南庄桥	骑塘农具厂	油漆工	张利芬	女	汤家元	织袜组	织袜工
郭松金	男	张家埭	公社砖瓦一厂	机修工	沈小妹	女	汤家元	织袜组	织袜工
陈炳松	男	双元村	公社砖瓦一厂	制砖工	薛宝珠	女	柱港	烘袜组	烘袜工
沈云浩	男	墙门头	公社砖瓦一厂	制砖工	沈利英	女	张家埭	织袜组	织袜工
吕季松	男	长浜	公社砖瓦一厂	制砖工	冯储昌	男	大水路	漕泾皮鞋厂	厂长
沈荣彬	男	墙门头	公社砖瓦一厂	制砖工	范金建	男	范家浜	漕泾皮鞋厂	仓管员
范建祥	男	范家门	公社砖瓦一厂	制砖工	张凤生	男	张家埭	配底车间	配底工
王银浩	男	王家角	公社砖瓦一厂	制砖工	张永福	男	张家埭	配底车间	配底工
何圣良	男	长浜	公社砖瓦一厂	验泥工	周心一	男	方田村	配底车间	配底工
吕洪寿	男	大木桥	公社砖瓦一厂	泥棚管理员	金伟民	男	湾渔池	配底车间	配底工
王雪堂	男	王家角	公社砖瓦一厂	泥棚管理员	沈美仙	女	大天井	做帮车间	做帮工
沈建浩	男	大天井	公社砖瓦一厂	坯场管理员	沈国民	男	大天井	配底车间	配底工
顾自强	男	顾家埭	公社砖瓦一厂	坯场管理员	沈建昌	男	顾家埭	做帮车间	做帮工
沈雪章	男	马家木桥	公社砖瓦一厂	炊事员	沈应昌	男	大天井	做帮车间	做帮工
张仰浩	男	马家木桥	公社砖瓦一厂	保管员	吕娟英	女	长浜	做帮车间	做帮工
范月坤	男	范家门	公社砖瓦一厂	坯场管理员	陈美芬	女	双元村	做帮车间	做帮工
冯行宪	男	大水路	公社砖瓦一厂	车间主任	孙爱英	女	张家门	做帮车间	做帮工
陆良曦	男	查坟前	公社砖瓦一厂	车间副主任	何建平	男	长浜	配底车间	配底工
沈伟良	男	大水路	公社砖瓦一厂	拉坯工	吕仁良	男	大木桥	配底车间	配底工
沈宝乾	男	汤家元	公社砖瓦一厂	拉坯工	沈永光	男	马家木桥	配底车间	配底工
陆初金	男	陆家门	公社砖瓦一厂	拉坯工	王永和	男	墙门头	配底车间	配底工
范建林	男	范家门	公社砖瓦一厂	拉坯工	张汇祥	男	张家门	配底车间	配底工
张建良	男	汤家元	公社砖瓦一厂	拉坯工	陆雪金	男	陆家门	配底车间	配底工
丰雪昌	男	长浜	公社砖瓦一厂	装窑工	陆永生	男	陆家门	配底车间	配底工
沈国昌	男	顾家埭	公社砖瓦一厂	装窑工	范国良	男	范家门	配底车间	配底工
陆志昌	男	陆家门	公社砖瓦一厂	封门工	张凡	女	范家门	配底车间	配底工
杨碧彩	女	范家门	公社砖瓦一厂	制砖工	张娟仙	女	汤家元	配底车间	配底工
侯引珍	女	南庄桥	公社砖瓦一厂	制砖工	苏凤英	女	大木桥	配底车间	配底工
李永梅	女	双元村	公社砖瓦一厂	制砖工	张志杰	男	塔石桥	做帮车间	做帮工
冯玲芬	女	湾渔池	织袜组	织袜工	吕春荣	男	大木桥	公社砖瓦一厂	出窑工

续表

在业人员姓名	性别	所属	工作单位名称	现任职业或工种	在业人员姓名	性别	所属	工作单位名称	现任职业或工种
张天德	男	马家木桥	公社砖瓦一厂	机修工	范明发	男	范家门	做帮车间	做帮工
张汇金	男	张家门	公社砖瓦二厂	制坯工	沈利英	女	沈家场	漕泾医疗站	赤脚医生
顾锦洪	男	孙家埭	公社砖瓦二厂	拉坯工	王胜林	男	吕家木桥	漕泾医疗站	赤脚医生
王建林	男	范家门	公社砖瓦二厂	出窑工	范凤琦	男	范家门	漕泾医疗站	赤脚医生
朱根荣	男	双元村	公社砖瓦二厂	拉坯工	张金琦	男	张家浜	漕泾学校	中学教师
沈洪福	男	汤家元	公社砖瓦二厂	出窑工	沈森良	男	湾渔池	漕泾学校	中学教师
沈建国	男	吕家木桥	公社砖瓦二厂	拉坯工	沈小芬	女	沈家场	漕泾学校	小学教师
沈祖祥	男	吕家木桥	公社砖瓦二厂	仓库保管员	沈忠堂	男	南庄桥	漕泾学校	小学教师
何永江	男	长浜	公社砖瓦二厂	发货员	沈进财	男	马家木桥	漕泾学校	小学教师
沈子元	男	南庄桥	公社砖瓦二厂	电工	陆建明	男	陆家浜	漕泾学校	小学教师
吕锦林	男	查坟前	公社砖瓦二厂	制坯工	陆宝坤	男	陆家门	漕泾学校	小学教师
沈芝坤	男	南庄桥	公社砖瓦二厂	厂长	陆建洲	男	塔石桥	漕泾学校	中学教师
孙兰庭	男	孙家埭	公社砖瓦二厂	车间主任	孙利金	男	孙家埭	漕泾学校	中学教师
沈宝松	男	汤家元	公社砖瓦二厂	整理工	张继林	男	张家浜	漕泾机埠	放水员
冯炜夫	男	大水路	公社砖瓦二厂	装窑工	冯耀庭	男	大水路	漕泾机埠	放水员
陈坤江	男	双元村	公社砖瓦二厂	拉坯工	孙强	男	湾渔池	漕泾机埠	放水员
张洪高	男	张家门	公社砖瓦二厂	电焊工	沈进泉	男	吕家木桥	漕泾机埠	放水员
张宝根	男	塔石桥	公社砖瓦二厂	炊事员	孙周江	男	孙家埭	漕泾机埠	放水员
沈锡荣	男	马家木桥	轧粉组	粉轧工	沈关源	男	南庄桥	漕泾机埠	放水员
沈利明	男	孙家埭	大窑车间	装窑工	张有仁	男	张家门	漕泾机埠	饲料加工员
张万荣	男	塔石桥	制砖车间	制坯工	张银浩	男	张家门北	漕泾机埠	饲料加工员
吕伟林	男	吕家木桥	大窑车间	出窑工	王云初	男	墙门头	漕泾机埠	机手
陈建生	男	双元村	大窑车间	装卸工	范仕庆	男	范家浜	漕泾机埠	电工
范月芬	女	范家门	制砖车间	制坯工	朱洪堂	男	孙家埭	漕泾良种场	粮农
沈美仙	女	汤家元	制砖车间	制坯工	顾财康	男	沈家场	漕泾良种场	粮农
张宝财	男	马家木桥	机电组	机修工	吕学芳	男	长浜	漕泾良种场	粮农
孙小妹	女	大水路	骑塘绸厂	副厂长	沈建生	男	马家木桥	漕泾良种场	粮农
李权甫	男	双元村	骑塘绸厂	供销员	沈洪恩	男	墙门头	漕泾良种场	粮农
王金英	女	范家门	力织车间	挡车工	马子春	男	马家木桥	漕泾良种场	养猪羊
冯亚芬	女	大水路	检验组	检验员	张文标	男	张家门	漕泾良种场	粮农
李娟英	女	范家门	力织车间	挡车工	范建堂	男	前家浜	漕泾良种场	粮农
沈月仙	女	马家木桥	力织车间	挡车工	范福高	男	范家浜	漕泾良种场	粮农
张富荣	男	张家埭	漕泾袜厂	大队企业负责人	陆关初	男	陆家门	漕泾砖瓦厂	出窑工
张钦钊	男	塔石桥	做帮车间	做帮工	张金法	男	张家浜	漕泾袜厂	厂长

续表

在业人员姓名	性别	所属	工作单位名称	现任职业或工种	在业人员姓名	性别	所属	工作单位名称	现任职业或工种
李乾松	男	柱港	漕泾袜厂	会计	范德庆	男	范家门	漕泾砖瓦厂	出窑工
范富荣	男	范家门	漕泾袜厂	出纳	王仕芳	男	范家门	漕泾砖瓦厂	厂长
沈柏仁	男	南庄桥	漕泾袜厂	采购员	范福山	男	范家门	漕泾砖瓦厂	炊事员
陈坚坤	男	双元村	漕泾袜厂	供销员	沈德庆	男	汤家元	漕泾砖瓦厂	焙烧工
张毅力	男	方田村	钳工组	钳工	张应庆	男	大水路	漕泾砖瓦厂	制砖工
陆金福	男	陆家门	钳工组	钳工	陈建良	男	大水路	漕泾砖瓦厂	制砖工
苏云龙	男	大木桥	钳工组	钳工	吕明禄	男	吕家木桥	漕泾砖瓦厂	制砖工
陈建福	男	双元村	钳工组	钳工	孙金兴	男	孙家埭	漕泾砖瓦厂	制砖工
沈娟芬	女	孙家埭	缝头组	缝头工	陆培根	男	查坟前	漕泾砖瓦厂	制砖工
沈伟英	女	孙家埭	缝头组	缝头工	张正明	男	张家埭	漕泾砖瓦厂	焙烧工
吕伟芬	女	长浜	烘袜组	烘袜工	冯光荣	男	大水路	漕泾砖瓦厂	焙烧工
陆子仙	女	长浜	织袜组	织袜工	吕明标	男	吕家木桥	漕泾砖瓦厂	焙烧工
姚菊芬	女	长浜	织袜组	织袜工	沈仁昌	男	吕家木桥	漕泾砖瓦厂	焙烧工
张娥珍	女	大木桥	整理组	整理工	孙自强	男	孙家埭	漕泾砖瓦厂	焙烧工
王翠萍	女	大木桥	织袜组	检验工	陆金发	男	陆家门	漕泾砖瓦厂	焙烧工
吕春仙	女	大木桥	织袜组	织袜工	王云康	男	大木桥	漕泾砖瓦厂	会计
吕雪妹	女	大木桥	织袜组	织袜工	沈财荣	男	吕家木桥	漕泾砖瓦厂	出窑工
吕雪娟	女	查坟前	织袜组	织袜工	张正华	男	张家门	漕泾砖瓦厂	出窑工
陆娟红	女	查坟前	织袜组	织袜工	张金松	男	塔石桥	漕泾砖瓦厂	出窑工
吕福仙	女	查坟前	织袜组	织袜工	王建明	男	双元村	漕泾砖瓦厂	制砖工
沈桂仙	女	查坟前	织袜组	织袜工	陆洪文	男	陆家门	漕泾砖瓦厂	制砖工
沈金娥	女	马家木桥	织袜组	织袜工	苏文龙	男	大木桥	漕泾砖瓦厂	制砖工

恢复高考制度后，境内村民有的通过中考、高考外出读书，毕业分配到城镇工作；也有的通过招干而走上乡镇干部岗位，后又成为公务员或事业单位工作人员；更多的村民则自谋职业、自我创业，不再从事纯农业生产。据1982年农村职业调查，当年境内农家660户，农村人口2363人（男1188人，女1175人），除去未成年人和老年人外，能作为农村劳动力资源的有1563人，其中男733人，女636人，他们中间从事农业生产的仅有308人（男165人，女143人）。1989年，全村整、半劳力1780个，出县劳力15个，出乡劳力35个，临时外出劳力30个；其中从事农业的406个，从事牧业的320人，从事副业的300人，从事工业的520人，从事建筑业的200人，从事运输业的2人，从事商贸服务业的16人。

1992年邓小平南方谈话后，市场经济兴起，个体、私营工商户涌现，境内村民从业面更宽泛，从事第一产业（农业）的村民更少了，从事第二产业（工业、建筑业）和第三产业（商贸服务业）的村民更多了，甚至有的村民自己开店、办厂、开公司，成为或大或小的工商业主，即便留在乡村务农，有的人也由自给自足的传统农民转型为面向市场经济的现代农民。1996年2488人中，劳动力有1485人，从事家庭经营的580人，打工的702人。

21世纪后，村民职业更趋多元化。2003年，有劳动力1442个，从事种植业的350个，牧业的202个，工业的448个，建筑业的150个，运输贸易服务的200个。2005年有劳动力1367人，减去在校生90人和丧失劳动能力的30人，外出558人，务农315人，从工695人，建筑业158人，非农92人。2009年12月，漕泾村被评为桐乡市充分就业村。2011年643户中，纯农户39户，农业兼业户138户，非农兼业户419户；壮劳动力1478，只从事农业的仅243人，外出创业务工的955人。2014年，据20户记账户统计，当年常住人口户均3.9人，劳动力人口户均2.4人，其中，从事第一产业的户均0.5人，从事第二产业的户均1.1人，从事三产业的户均0.85人。

第二节　村民收支

民国及以前，境内村民多为自耕民，以务农为主。即便农闲时干点家庭副业和传统手工业，大多自给自足，少有进行出售的，主要收入来源渠道单一。

20世纪50年代后，村民逐渐走上合作化道路，参加集体生产劳动后，按人口和劳动工分分配等生活实物，年终凭劳动工分多寡获得分红，大多数人家有现金收入，各户还有一定数量的"自留地"，其物产或自用，或去集市出售，以此应付和弥补一家人的开销，即所谓的"开门七件事"，绝大多数农户收入有保障。假如生活困难，过不下去，有一定的集体救济。

改革开放后，土地承包，农户按市场规律和市场需求自主生产，收入来源渠道增多，额度逐年提升。尤其是外出谋生，上班打工，创业打拼的，收入相对更多，其中创业收入和工资性收入的总额及其在农户总收入中的占比均逐年上升。1994年抽样调查，10户合计农业收入130622元，工业收入22000元，而二十年后的2014年，统计20户记账户，是年户均现金收入10.944万元，其中企业上班和分散打工所获的工资性收入达6.826万元。

近年来,政府财政转移性支付力度加大,扶农惠农补贴增多,村集体收入也逐年增加。2005年,村集体经济收入45.82万元,其中各类拨款收入23.96万元,发包收入8.71万元,出租房屋设备4.4万元,征地等收入8.75万元。2010年,村集体各类收入182万元;2010年前后,摘掉桐乡市"贫困村"帽子。2015—2018年间,村集体通过宅基地整理和复垦工作,获得收益近千万元,为确保村集体民生项目和公益事业发展奠定财力基础。2018年后,参与高桥两新建设开发有限公司(投资500万元)、高桥强村投资股份有限公司(投资200万元)、智创服饰产业园开发股份有限公司(投资300万元)三个抱团项目,每年经常性收入100万元。2020年,又参与强村投资股份公司(投资300万元),每年经常性收入增加到130万元。2020年,村集体经常性收入243.76万元。

1986—2020年境内村民人均收入情况汇总表

年 份	人均收入(元)	数据来源及其情况备注	年 份	人均收入(元)	数据来源
1986	648	村档案	2007	9318	20户抽样调查
1987	772	村档案	2008	10070	20户抽样调查
1989	932	村档案	2009	10477	20户抽样调查
1990	1260	20户抽样调查	2010	13212	20户抽样调查
1992	1459	20户抽样调查	2011	14830	20户抽样调查
1994	2619	10户抽样调查	2012	16958	村档案
2000	4373	村档案	2013	19047	20户抽样调查
2003	5590	20户抽样调查	2014	23000	20户抽样调查
2005	7227	20户抽样调查	2020	42253	村档案
2006	8550	30户抽样调查	2021	45222	村档案

20世纪50年代,村民开支仍以解决温饱为主。20世纪60年代后,除了满足最基本的日常生活需要外,大多数村民节衣缩食,努力积攒,待到一定时候,将积蓄用于造房子、"讨娘子"(为子女办婚事)、看大病等家庭大事上。改革开放后,除了确保生产经营必要投入和日常生活开支外,大宗支出集中在农家房子更新换代、添置出行车辆和婚丧嫁娶、人情随礼等方面。21世纪后,又追加私家小轿车购置、子女校外培训、在城镇购买商品房等。

2013年境内10户农经记账户总收入汇总表（单位：元）

家庭代号	家庭人数	总收入	其中现金收入	企业上班打工报酬	家庭工农商经营收入	财产性收入	从乡村集体外获得转移性收入	纯收入	人均收入
1	5	270974	260136	86140	184552		282.5	70735.892	14147
2	2	6654	2966	0	500	6000	154.7	6494.698	3247
3	3	79063	75901	29500	49442		121.1	77344.668	25782
4	6	105811	11579	100300	5310		201.8	102351.78	17059
5	5	120311	115499	96760	22420	950	181.6	113789.602	22758
6	2	13313	12781	2360	8673	2240	40.4	6527.356	3264
7	4	185836	178403	0	185260	375	201.8	98986.78	24747
8	5	144081	138318	88500	55011.6	375	195.1	140745.654	28149
9	3	6648	5500	2124	3304	1200	20.2	5142.178	1714
10	4	64826	62233	-59000	826	5000	0	63880	15970
11	5	78806.772	75655	59000	19658.8		148	72874.772	14575
12	2	25354.876	24341	11800	12980	400	174.9	22108.876	11054
13	5	281140	269894	38940	242200		0	151962	30392
14	3	42373.02	40678	35400	4720	2118.5	134.5	38271.02	12757
15	5	135253.04	129843	118000	16284	700	269	128731.04	25746
16	5	62525.958	60025	42480	19824		222	57891.958	11578
17	4	117004.15	112324	96760	19116	960	168.2	109214.15	27304
18	3	95421.054	91604	82600	12626		195.1	91437.054	30479
19	4	70214.52	67406	59000	7080	4000	134.5	68442.52	17111
20	4	85698.876	82271	68440	16284	800	174.9	77790.876	19448
合计	79	1191309.266	1817357	1077104	886071.4	25118.5	3020.3	1504722.874	357317

2013年漕泾村20家农经记账户支出汇总表

家庭代号	家庭人数	总支出（元）	其中现金支出（元）	小计（元）	家庭经营费用支出（元）					上交税费（元）	
					种植业费用	林业费用	牧业费用	第二产业费用	第三产业费用	小计	一事一议筹资金额
1	5	200238	123900	200088	2088	80000			118000	150	150
2	2	160	160	100	100					60	60
3	3	1718.4	3540	1628.4	1628.4					90	90
4	6	3460	7950	3280	2714		566			180	180
5	5	6522	3540	6372	5428		944			150	150
6	2	6786	4720	6726	6726					60	60
7	4	86850	86140	86730	4130			82600		120	120
8	5	3336	2360	3186	3186					150	150
9	3	1506	1180	1416	1416					90	90
10	4	946	590	826	826					120	120
11	5	5932	3540	5782	5782					150	150
12	2	3246	5900	3186	3186					60	60
13	5	129178	243080	129028	9440		119588			150	150
14	3	4102	3540	4012	4012					90	90
15	5	6522	7080	6372	6372					150	150
16	5	4634	2950	4484	4484					150	150
17	4	7790	8024	7670	2360				5310	120	120
18	3	3984	3658	3894	3894					90	90
19	4	1772	1416	1652	1652					120	120
20	4	7908	5900	7788	6844		944			120	120
合计	79	486590.4	519168	484720.4	76269	80000	122042	82600	123310	2370	2370

第三节 村民生活

1949年前，境内村民大多生活艰辛，遇上风调雨顺，一般农户尚能有饭吃，有衣穿，但普遍不富裕。假如遇上天灾人祸，则入不敷出，度日如年，苦不堪言。

1949年后很长时期，村民先后以互助组、合作社、生产队为单位，有固定的实物分配和年终分红，绝大多数农户生活温饱或基本温饱。计划经济时代，农户生活必需品大多凭购货票证购买。

1973年下半年，对漕泾大队学校三年级至初一年级学生（共291人）进行过一次"忆苦思甜"抽样调查，其中有267人上交调查表，汇总数据如下：1949年前夕，受地主剥削213户,受高利贷剥削101户,做长工99人,做短工240人,做童养媳38人,卖讨丫头14人,卖儿女11人,卖房屋51户,卖田地104亩,卖青苗17户,讨饭74人,亲属被害死41人,被抓壮丁65人,遭强盗土匪抢劫62户,被反动派鞭打278人,有病无钱治疗死亡206人,冬天无棉衣450人,夏天无蚊帐276人,一字不识671人,房屋被烧19间,做童工14人,上辈无下落3人。1973年下半年,党员54人,团员95人,"红卫兵"28人,"红小兵"400人,小学生451人,初中生53人,高中生29人,其他学习者73人,房屋新建280户,改建167户,猪羊1912头,丝绵被215床,棉花被881床,垫被466床,毛料衣服204件,丝绵衣1232件,棉花絮衣791件,毛线衣606件,棉毛裤272条,低筒套鞋967双,高筒套鞋796双,球鞋671双,蓑衣524件,电灯726只,时钟166只,手表111只,热水瓶463只,五斗橱22只,暖橱196只,新做床93只,享受公费医疗32人,享受合作医疗1625人。

1977年浙江省桐乡县购货证

1978年,改革开放后,随着经济发展和社会进步,村民生活水平不断提升,不仅物质生活充裕起来,而且精神生活明显丰富了。从整体看,2000年村民生活基本达到小康,2020年全面实现小康。

一、吃食

餐次习惯

旧时一日三餐。农村农忙期间下午加一餐点心;从前时要开夜工,半夜加一点便餐。早餐一般喝白米粥或饭糁粥,配以自家腌制的咸菜或隔夜菜,相应时节有些辅食;中餐一般是白米饭,炒点自家菜园摘来的蔬菜,蒸点老冬菜,菜油放得很少,荤腥更少;晚餐多喝粥,如有午饭剩余,则蒸热后给正在长身体的青少年和做重体力活者搭吃,餐菜极少,直到20世纪末,渐改晚饭并有烧菜。

传统吃食

主食:以大米饭、大米粥为主。旧时,食单季稻米,也有喜食冬春米(米经加温发酵)的,煮成饭松软爽口,易于消化。20世纪50年代末,耕作制度改变后,改食双季稻米,但早稻多作为公粮上缴,村民多食晚稻米。为调口味,农家常在大米中掺入猪肉末、蔬菜、杂粮等煮成咸肉饭、菜饭和杂粮粥等。尤其是新米饭、菜饭等口感甚佳。

辅食：以麦粉、红薯（山芋）、南瓜等为料做成各式辅食，有麦粥、麦铬嘟、麦糕、包子、馄饨、面羹（面条）、红薯（刨皮汤山芋、带皮蒸山芋、煨焦山芋）、红薯米粥、老南瓜（干蒸、汤烧）、南瓜米粥等，而且多为应季性辅食，无反季节食材。逢年过节要用糯米制作糕团、圆子、粽子、年糕、糯米饭、杜搭酒等，新年里有年糕沾黄豆粉、芝麻炒糖年糕、菜煮年糕、糯米饭镬糍泡糖水等食物。过年前夕，每家打好两三匾年糕，储存好一大缸立春前的水，待年糕硬板后放入缸内，据说这样不容易发酸，年后慢慢食用，甚至要吃到垦花草田为止。糯米饭镬糍泡糖水，主要是用来接待新客人（含新婚夫妻）的。

零食：一般都是自家地里（房前屋后和自留地等）种植或家长利用农闲时段自制的，属于休闲类食品，如芦穄秫（属于糖用高粱）、甘蔗、红萝卜、放泼娄（爆米花）、杜枣子、油筋豆、芽蚕豆、麦糕、麦包子、南瓜饼、炒晚豆、炒麦麸、火盆煨蚕豆、灶心洞焖酥晚豆、晒制豆瓣酱、酒酿等。家中老人从市镇"出市"（上街）回来，偶尔捎带点"粒头糖"、堰兢糕、松花糕、麻球、油炸鬼、芝麻饼、云片糕、包子、酥糖等小点心。20世纪60、70年代大队赤脚医生发的宝塔糖（兼具消杀小孩肠道蛔虫功能）成为小孩们爱吃的免费糖果；游走村坊的"换糖担"来了，小孩们努力找出家里的鸡、鸭、鹅毛，肉骨头，牙膏壳，废铜烂铁，破布头等，换点麦芽糖之类的小食品。

瓜果：三四十年以前，乡村里一般人家很少有吃水果的习惯。即便吃点水果，多为自种自产，如黄金瓜、西瓜、熟瓜、黄瓜、枇杷、毛桃子、柿子、石榴、荸荠、莲藕、莲蓬、菱等，有时倒是会采摘一些野生果子，如桑葚、灯笼果、野樱桃、无花果等。

蔬菜：从前农家很少上街买瓜蔬，亦不讲究荤素搭配，更不讲究色香味，多数人家饭桌上，碗橱里，最常见的是用缸、甏自行腌制的老冬菜、水咸菜等，有时用自家黄豆上街换点豆制品。即便有时蔬，多为自产于房前屋后的应季菜，如青菜、薹心菜、小白菜、交菜、茭白、莴苣、榨菜、雪里蕻、大头菜、菠菜、瘤芥菜、白萝卜、茄子、洋花萝卜、苋菜梗、韭葱、大蒜、蒜苗、冬瓜、丝瓜、青南瓜、活芦（音）、黄瓜以及竹园里的春笋、鞭笋等和抽空挖来的芋芳、慈姑、马兰头、荠菜等。

豆类：主要有蚕豆、赤豆、晚豆（黄豆）、圆眼豆（白扁豆）、寒豆、裙带豆、长豇豆、绿豆、黑豆等和由晚豆制成的豆腐、白豆腐干、香豆腐干、千张、油豆腐，后来渐有素鸡等。

肉蛋类：主要有猪肉、羊肉、鸡肉、鸭肉等，还有鸡蛋、鸭蛋及以之制成的咸蛋、皮蛋等，多为自家饲养的牲畜所产，平时舍不得吃，留着过年过节或款待上门亲戚，或上街售卖后换些日用品。过年时，农户大多要杀猪，猪血肚肠烧熟后要分送一碗给左邻右舍，猪头（元宝头）要留着过年用，多余的猪肉腌成咸肉。还有一个有趣现象，境内人似乎因避讳唐皇室李姓，禁食鲤鱼，直至如今还认为鲤鱼要放生，不得食用。

吃法

从前讲究"坐要有坐相，吃要有吃相"，如八仙桌座位有讲究，正对大门的为上位，背对大门的为下位，上尊下次，左尊右次；六人莫坐"乌龟（音几）桌"（对应两边各坐2人，剩下两边各坐1人）；过年过节去亲戚家做客，切忌随意大吃，切忌主动去夹大块状和球状的菜，即便东家客气地夹到碗里，也要夹回去；主人家上菜碗数不宜成单，特别忌讳三道菜；主人陪客人吃饭时切忌提前离席；徒弟跟师父去东家做"吃着工"时，师傅不开吃，徒弟不能吃，徒弟必须比师父先吃好；任何情况下，切莫用筷子敲碗，否则像讨饭的；切忌筷子竖插在菜碗、饭碗里；不能一只手闲置着单手吃饭；菜盘切忌吃光；切忌吃鱼时将鱼翻转过来吃……

吃茶

本地中老年男性有喝早茶的习惯，以前尤其盛行，甚至一年四季，风雨无阻，常常两三点起床，赶往骑塘桥、斜桥、智义板桥等小集镇茶馆店里，泡上一壶茶，谈天说地调纠纷，打听信息"灵市面"，过节过年有评弹、说书、唱戏文的，有时顺便将自家菜蔬或手制品摆放在茶馆门口等待买家。有些茶馆也提供下午茶。

吃烟

从前农家成年人多吃烟。男性往往手持1至3尺不等的竹管，不时往管头里塞老烟丝，往火盆里吸，俗称吃潮烟或吃老烟，短烟管上系着一只小烟丝袋。女性吃烟者不少，有的用潮烟管，有的用水烟壶吃水烟。这些土烟源自农家自己种植的烟叶，经烤晒、切刨等环节后装入防潮烟袋，陆续食用。从前人们田地里劳作时要休息，休息就叫"吃烟"。20世纪70年代末开始，慢慢改吃买来的圈烟（香烟）。

吃朋东

从前，本地村坊上有"吃朋东"的习俗，类似如今的"AA制"聚餐。每年农闲时节，每户出钱或出食材，派一个家长代表，合在一起吃顿饭，图个开心。过去"吃朋东"图的是实实在在地吃上一顿，现在"吃朋东"是日子富足后追求的情感盛宴。

吃坟酒

从前,还有吃坟酒习俗,如范家门有人家20世纪60年代前要摇船到星石桥北面祖居地吃坟酒。家族祖坟附近有坟田坟地,由守墓人耕作,除去各项开销尚有剩余,需要分摊到各分支。由族长召集,趁祭拜之时,派代表前来,先祭拜,再吃坟酒,后带着分得的那份坟产回家。

附:农家传统美食

旧时,本地民间的烹调厨艺和糕点手艺,一般为祖传,传统食品大多由农家自行制作,有些在附近小市镇上的专业作坊店铺里可以购得,其中一部分可以用原材料换得,如豆腐用黄豆换,糕点用糯米换。20世纪80年代后,部分传统美食消失或难得一见,剩余的绝大部分可以买现成的,或订购定制,或逢事雇人上门,实现商业化操办。

红烧蹄子:乡村酒席的压轴大菜,肥而不腻,特别下饭。尤其是婚宴请客和款待新人,必不可少,一般叫吃蹄子酒。原料为猪腿的上位与臀部连接的那一截,后大腿最好,落腿时大小适宜,形状圆润"登样"。烧法:洗净去毛,放入铁锅,添加生姜料酒,水沸撇"泛"(浮沫),用枯树木硬柴再文火"笃"(焖烧),半熟时加酱油、红糖、料酒、香料等,再慢烧至酥软透熟、肉香飘溢、红润收膏为止。

红烧大羊肉:乡村酒席高档大菜,香气四溢,口酥松软,营养大补。做法:选农家散养吃草且尚未怀胎的花窠羊(青年湖羊),当场宰杀切大块,放入铁锅用硬柴不加盖朝天烧,接近烧开时出水,或边烧边撇尽"泛",再加酱油、黄酒、老姜、红枣、甘蔗梢、萝卜、红糖或冰糖等继续烧。去膻臊气后,文火煨烧至酥烂、无汤、起膏为止。出锅盛碗时,再添姜末、蒜叶。

红烧大羊肉

鸡黄肉:旧时一道过年待客的佳肴,香脆可口。做法:碗里打两个鸡蛋,放些面粉、水、盐后调成糊状,把油渣或小块带肉猪骨头放入碗里搅拌,用调羹把裹了面糊的渣块或骨块放进油锅里炸,金黄色时捞出即成。可直接吃,也可再与黑木耳、笋片等和汤烧。

鱼圆:农村酒席必备菜肴。用以吃草为主的隔年白鲢,去头尾,除骨架,纯肉剁烂,放盐、料酒、味精、白糖等,用筷调成泥糊后让其发胀成透明状,用手握捏并从虎口处逐一挤成球形鱼圆,滑入光滑羹匙里,随即轻放进约70℃的一锅水中,随时撇去浮沫,至鱼圆呈玉白色用勺捞出锅,盛到放了盐、鸡汤、味精、小葱的碗里即成,鱼圆松嫩香鲜、爽滑可口。若生鱼圆里夹杂些油炸过的肉皮碎条再蒸,那就成了另一道菜,叫宴球。

韭菜炒蚕蛹:韭菜,又叫"起阳草",营养丰富,尤其是春天的韭菜,味道更鲜美;蚕蛹则富含蛋白质。做法步骤:先将蚕蛹洗净,韭菜切断,尖椒切圈;起油锅,以姜蒜辣椒炒香、下蚕蛹煸炒一

香炒蚕蛹

123

会；加入韭菜炒匀；待韭菜炒熟后，加入盐、生抽、胡椒粉、鸡精调味。

咸菜：属于百吃不厌、百搭皆可、美味廉价的家常菜。原料可以是乡村里带叶或带茎的各式菜品，可加工成水咸菜（缸里菜）、冬菜（甏里菜）和半干半湿菜（盐齑菜）等。烧法：可剁碎后加菜油单蒸或油锅里单炒，放点糖、姜、辣椒更好，也可与其他食材合在一起，烧成咸菜肉丝、霉干菜烧肉、咸菜河蚌、冬菜毛豆、咸菜滚豆腐、咸菜面、咸菜春笋汤……不胜枚举，皆美味可口。

臭苋梗（豆腐干）：这是从前夏季农家下饭的常见菜，香气袭人，口感极佳。做法：苋梗截段洗净，放入臭卤甏（存有可长期使用的臭卤汁），三五天或七八天（与气温高低相关）见白沫且卤熟后取出，不洗，加菜油等蒸一蒸即可。将白豆腐干放入臭卤甏后，一两天，至多三四天，待表面软滑、呈浅绿色、散发异香的时候，加点菜油放到饭镬头上蒸即可，放些青豆、辣椒之类炖制尤佳。

马兰头拌春笋香干丝：这道春季特有的农家菜清香扑鼻，味鲜无比，爽口明目。做法：采集马兰头后洗净焯水，取出挤干揉成团，剁碎，添加春笋丝、香干丝、千张丝均可，或浇菜油干蒸，或开油锅干炒，简单易行，绿色健康。

榨菜肉丝汤：猪里脊肉洗净，切丝，榨菜洗干净，姜去皮，均切丝；葱洗净，切末备用；锅中倒入6杯水烧开，放入姜丝、榨菜煮滚，再放入肉丝煮熟，撒上葱末即可盛出。

镬糍：以色泽晶白、不干不烂的糯米饭为原料，在农家土灶铁锅上用饭刀揎成，要揎得厚薄适当，焦嫩恰到好处。一般食用方法是用几片镬糍加红糖开水冲泡待客或给产妇饮服，最高档的吃法是沸水中打入鸡蛋添白糖，常以此款待首次上门的女婿，色香味俱全，营养上乘。

番薯干：本地美味零食之一，色泽金黄，薄如纸片，吃起来特别松、脆、香。主料番薯（红心尤佳）洗净烧熟后，去皮捣烂成泥，放入刚炒熟的芝麻拌匀，然后在铁锅上摊成饼样，放在纱布或蚕匾里切片晒干，防潮收藏，随吃随取。若取出再稍微炒一炒，则更佳。

番薯干

甜酒酿：这是一种清凉沁人、甘而不腻、爽而不稠的夏季休闲食品。做法：糯米煮饭，取出放饭箪上凉至30℃后，再分批摊到陶瓷类平底容器内，每一批米饭上均匀撒入碾成粉状的甜酒药，用手揿实。最后，在饭中间挖开一个小坑。盖好，过一两天闻到香气时，揭盖观察，饭粒上有绒白毛，小坑里有潮湿状，即可倒入添加了糖精或白糖的凉开水，再存放一天左右时间即可食用。若天凉则外裹棉胎絮一类东西以维持一定温度。

麦馂嘟：农家面食之一，可单吃，也可添加咸菜、青菜、肉丝等混合吃，很爽口，鲜味足，还可放入薄汤米粥中。做法简单，小麦面粉放水加盐，搅成干一点的面糊，拌入鲜鸡蛋更好，一手拿碗，一手捏筷或小勺子，在烧开的水里或汤粥里或菜汤里，陆续夹入一小份一小份，不时搅拌，熟后上浮且呈金黄色。

赤豆糯米饭：每年腊月二十三家家户户烧赤豆糯米饭，香飘满屋。烧法简单，先洗净赤豆，用温水浸泡半天或一天，沥干下锅烧至半熟有香，再焖成豆酥，汁紫，然后将淘好浸过的糯米倒入,水量比白米饭略少,用饯刀搅匀,盖上木镬盖,烧至边沿冒出水汽时焖一焖。

芽麦揭饼:是一种暗绿带焦黄色的其貌不扬的甜饼,纯手工制作。清明前,将地里野生的叶泛白有绒毛的大棵草头割来洗净煮熟捣烂,融入一定配比的粳米糯米粉,糅合一番后,分成大块上笼蒸熟,趁热加入麦芽粉,揉匀后做成团子压扁,常在中间裹入豆沙甜馅,外面可粘些芝麻。再起油锅,两面分别煎成微焦状,便成了软糯不烂、甜美清香的绿色点心。

芽麦揭饼

炒年糕:这是非常有名的点心之一,几乎家家都会做。用石臼打或手工打糯米年糕,切片,在涂有菜油的铁锅上翻炒,加红糖炒,则成糖炒年糕;再加桂花,则成糖炒桂花年糕。还可配以青菜、咸菜、肉丝、榨菜之类辅料,可干炒,也可汤煮,甚至白水煮年糕粘黄豆饽也很是不错。

馄饨:取新鲜猪后腿肉,墩头板上用刀剁碎,掺入鲜酱油、老姜末、葱蒜头等,搅拌均匀作馅,再用薄面粉皮包裹成耳朵状,便成肉馄饨,既可烧煮成鲜汤(猪油汤、骨头汤、鸡汤等)馄饨,也可干蒸。从前还有用面粉和红糖作馅的甜馄饨,多干蒸。

高桥糕:这是对产自高桥一带许多糕点的一个统称,做工精良,味美可口,花式多样,内含有桔红糕、棋子饼、麻片糕、芝麻饼、小桃片、椒桃片、满桃片、一口酥、钉头糕等,主料多用米粉、粳米、糯米兼有,再配以芝麻、核桃、糖之类。

寿桃:传统特色糕点,用于祝寿。用糯米生粉,在一个拗出了桃子形状的模子里压制成形,再上锅蒸熟即可。

松花糕:亦叫鹅头颈,用米粉蒸透、待凉,反复糅合,中间放一层豆沙,卷成条状,用刀切作一段一段,像鹅的头颈,再滚上黄色光滑的松花粉。

寿桃模子

芝麻酥糖:用糯米粉、黄豆粉、黑芝麻拌白糖等制成,皮薄屑多,纹罗细密,芯屑分明,甜味纯正,松酥爽口。既可做茶食点心,也可作礼品赠送亲友。

二、穿戴

发型头饰

清代,男性蓄长辫。民国后剪去长辫,中老年多剃平顶、圆顶或光头;青年剃西式分头(俗称西装头);孩童剃桃子头(前脑顶留桃型发式)或荷叶头。女性中老年喜盘各式发髻(螺髻、包髻、连环髻、舞凤髻、蝴蝶髻等);老年妇女习惯头戴绉纱双叶相,无项,护额两侧,可防风湿头痛;已婚妇女多习惯包头巾,用蓝底白花土布,大小似毛巾,夏天可擦汗,冬天可代替帽子,沿袭至20世纪60年代渐废;后女青年多留长发,梳辫子,少有剪学生头或者童花头的。小孩戴虎头帽。

1949年至20世纪70年代中期，男子发型发式无甚变化，女青年开始剪短发，亦流行长辫、单辫、双辫。20世纪80年代，男性留长发和女性烫发成为时尚。20世纪90年代后，传统理发演变为美发，烫发、焗油流行，发型日渐多样。较为常见的发色有黑色、棕色或金黄色；发型有长发、短发、卷发。女性大多蓄长发，发式有马尾式、蘑菇式、波浪式等。男性习惯留短发，发式有平顶式、游泳式、分式等。青年尤其是年轻女子追求时尚，经常变换发式；近年来，男子剃光头的不少。

衣裤服装

旧时，富家多绫罗绸缎，男的穿长袍马褂，头戴碗帽，俗称瓜皮帽，后改戴铜盆帽，即大礼帽；女的穿绸衣长裙或旗袍。绝大多数普通农家为清一色的杜布，自产棉花，自织布料，按自己喜好染色，男性灰黑色居多，女性烤蓝色印花布；男穿对襟土布衫，女穿扯襟（大襟）布衫；男女多穿断腰（折叠式）裤子，用线绳或面带捆住裤腰。中老年人，不分男女，春秋冬都喜欢在肚皮前系一块作裙，形似围裙，一般用蓝色土布制成，裙腰阔约二寸，裙长盖至脚面，上缝各类花纹，今已少见。

1949年后，男性逐渐爱穿中山装，有的还在中山装左上口袋插钢笔，成为最时髦的打扮。"文化大革命"期间，年轻人向解放军学习，流行穿军便装（草绿色，无领章帽徽）。20世纪70年代始有"的确良"服装，直挺不皱，色彩鲜亮，洗后免烫快干。20世纪80年代曾风行戴假领头，在头绳衫或外套的里面，代替衬衫领子。20世纪90年代后，服装质材和款式日趋多元，境内人有穿西装、夹克衫、航空衫、羽绒衫、滑雪衫、风衣、T恤衫、喇叭裤、踏脚裤、牛仔裤、羊毛衫、休闲装等，裙子有连衣裙、百褶裙、直筒裙、一步裙、皮裙子等，与城里人日益趋同，许多服装，其面料、颜色和款式已不分男女与老少。近些年来，服饰渐趋轻松休闲和健康环保。

20世纪90年代以前，本地农家衣服大多叫裁缝师傅上门，量体裁衣。原先做衣纯手工制作，整烫用柴熨斗，后有洋机（缝纫机）和电熨斗。老人过五十岁后，一般要雇人上门做寿衣寿裤。现如今，无论日常穿戴，还是特殊穿戴，都已现买现穿。

从前没有塑料雨衣，农人外出劳作多穿戴箬帽，蓑衣用棕榈材料做成，多为请人加工，自家也利用农闲编织。

美容整形

旧时，境内女孩一般在7岁前，要穿耳洞、"缠足"等。缠足俗称"裹小脚"，用长布裹紧脚趾，里面加夹木板或硬板纸，促使足骨变成"三寸金莲"，辛亥革命后废止。民国时期，少有人化妆。1949年至20世纪70年代，女性崇尚朴实、精干，至多冬季擦抹雪花膏一类化妆品,羞于展示女性美。20世纪80年代,部分女性开始使用脂粉。此后各种化妆品多如牛毛,青年女性多喜化妆。

鞋袜

旧时,富家女子多穿绣花鞋,或锦袜缎鞋;普通人家男女多穿布袜布鞋,或赤脚穿鞋子。生产劳动时,常穿自己编织的草鞋、蒲鞋等,甚至赤脚;夏天穿木拖鞋,冬天穿絮鞋,雨天穿钉鞋或赤脚。各类鞋子几乎均为自家妇女自制,主要流程有削样、糊帮、切底、合拢、整形等。20世纪60年代后,购置鞋子的情况渐多,雨天始穿元宝套鞋、高帮套鞋、塑料拖鞋、塑料凉鞋等。

钉鞋:塑胶套鞋出现之前,雨天多用钉鞋行走。该鞋用多层粗布加硬衬制成,外用桐油涂抹,形似元宝套鞋,鞋底钉有数十枚防滑半圆形铁钉,可套于布鞋外穿。20世纪60年代后逐渐少见。

蒲鞋:用草绳作底筋,用稻草或布条来编织,每隔二扶,编入一根细绳(有脚筋),长短够了后,把百脚筋翻上,用稻草或布条来沿四周编鞋帮,到一定高度后锁口,即成蒲鞋。

箬壳鞋:由箬壳编制而成,鞋帮浅,轻便,可代雨鞋,但不耐用。现已绝迹。

絮鞋:鞋底用旧粗布做好千层底,鞋帮则用夹了棉花絮的双层棉布,且做成蚌壳状。手工缝制,流行至今。

草鞋:农家劳作甚至在家休闲时,多穿草鞋,皆由家人用稻草编成。耐磨性差,但经济实惠,穿着舒适。

三、住房

旧时,境内村民住房大多建于河边、浜角。1949年前,富户有墙门堂、木楼房等;普通农户多为泥墙草顶的茅草屋或木柱头嵌入墙的瓦顶平房。1949年后,普遍为木结构平房,多为砖墙瓦顶木门窗。木结构房屋时间长久后,如果出现倾斜,要请牮房师傅来牮房校正。20世纪70年代后木房基本绝迹。

数户人家(多为同姓宗族)并建,坐北朝南,一字排列,俗称长埭头;每户一开间(约4米),进内依次为进廊、大门间、灶间(吃饭间)、房间、柴间、猪羊棚等,俗称肚肠屋。各家廊屋连通,以便雨天串门,利于结婚摆酒撑盘(从前不搭喜棚,借用左邻右舍大门间)。

每户屋前均有10余平方米场地,俗称道地,用于摊晒各种物品,吃乘凉夜饭,也用来在族人丧事时摆豆腐饭（切不能借用邻所大门间）。

20世纪70年代后，境内村民开始改造或新建住房，多为平房，后有2或3间二层楼，楼梯内设，砖混结构，铺五孔板，楼上设有走廊与护栏。20世纪90年代后新建住房，以三层楼为主，始有现浇筑圈梁和楼板。21世纪后，排屋别墅式住宅渐次增多，讲究美观，外墙多用瓷砖、马赛克或涂料粉饰。

旧时，房内设施设备主要使用桉木、竹编家具，有八仙桌、长条凳、垫架床、暖橱、箱垫、箱子等，卫生用具为粪缸、粪桶、茅坑棚等。20世纪80年代后，小方桌、床头柜、五斗橱、大衣橱、食品橱、沙发、写字台、三靠床、高低床流行，始有厕所间，多水泥或瓷砖贴面的蹲坑。20世纪90年代以来，钢木、塑料、软体、人造板以及玻璃、大理石等材料构成的组合式、嵌入式家具渐次进入农家，卫生间内有抽水马桶。

建房流程与环节

建屋造房是大事件，历来讲究，仪式繁多。主要顺序有开日、破土、落料、定礤、起榀、上梁、安土等，若是旧屋翻新，还有除旧。

开日：当家人提前到盲人那里选定吉日良辰，盲人一般会在一张红纸上写明除旧、破土、落料、定礤、上梁、立灶、砌棚、排坑、安土的具体日期与时辰，主人家只要照单执行便是。

除旧：拆除旧屋前先对房基进行祭祀，祈求土地神庇护，然后燃放鞭炮以驱邪，祈求拆房平安不出意外。祭拜结束后由主家男丁先拆除烟囱、灶山，接着由帮工拆屋除旧。灶山上的君位牌子用红绸包好存放，待新屋建成，重垒新灶时复位。

破土：一般选择在天亮前五更时分，主家用鱼、肉、酒等请土地菩萨，在建房区域外围翻些小坑，撒点石灰，以示圈地动土。

落料：由领班木匠（俗称木匠桌头）落定造房要用的第一根大木料，表示木匠活开始，当天主家要给领班木匠红包，并请吃糖蛋；晚餐要办"落木酒"，酒菜丰盛。

定礤：即测定新屋方位，由领班泥水匠（俗称泥水桌头）撒白石灰定样，晚餐要办定礤酒，酒菜丰盛。当天主家也要给领班泥水匠红包，并请吃糖蛋。定礤时要考虑朝向、环境等风水学因素。

起榀：按占星家所定时辰，立起木柱头架子，底垫红纸。当晚主家要办"起榀酒"，备有大鱼大肉。

上梁：选吉日辰时，一般为寅卯（赢懋）或辰巳（顺市），取顺利意。由媳妇娘家备猪头三牲（猪尾衔在猪嘴中以代全猪，活鲤鱼一尾，活雄鸡一羽），外加糖糕（上梁年糕）、水果等，祭请"家堂菩萨"。架栋梁（正梁）时，木匠桌头手托一盘，盘中有上梁馒头、糖果、糕点一类甜品，沿梯而上，在爆竹声中扶正正梁，梁中绑有写着"上梁大吉"的红纸或红布，内嵌"顺治"铜钿多枚，老木匠边唱边将喜果喜糖和上梁元宝等从空中撒下，称"甩上梁元宝"，唱词如"金玉堂，金银财宝用斗量；成双富贵，连中三元；四季发财，五子登科；六进财香，七保团圆；八仙过海，九子九孙都宝贵，荣华富贵万万年"等好口彩，女当家在正梁下面用红布接，当唱至最后一句时，木匠桌头将所有甜品一起抛下，在场人员包括看客均可抢拾，现场越热闹东家越开心。当日，亲朋好友送礼祝贺，晚上摆上梁酒，宴请亲朋和师傅小工。

安土：新屋建成一段时间后，主家男丁在一间新屋中用酒、肉、鱼和素食多样，外加接土圆子及纸头马幛等祭拜土地菩萨。拜毕，封屋七天，不准外人（尤其是女人）踏入，以示对菩萨的敬重。安土后，不宜再动土。如要立灶、砌棚、排坑等，完成后要单独用酒肉祭拜。

门扉

俗称"摇闼"，紧贴大门间的大门，为门外之门，高低为门的五分之二许，木制花格式，用桐油或油漆涂抹，这一装置意在防止外来动物进入屋内。

迁居

以爆竹鞭炮庆贺，邀亲朋吃搬家酒。第一件搬进新居的物件一般是马子（马桶），俗称"子孙桶"，寓意子孙绵衍；也有先搬帐子、算盘的，意为"长子可算"，均取吉利口彩。

四、出行

行走

旧时行路，多为步行，或穿自制各式鞋子，或干脆赤脚。有好玩者，自制高跷在村坊内行走。极少数富户，家备轿子或租用客轿，然后雇人抬轿。

乘船

出远门，要乘坐手摇航船；无桥过河则用船摆渡，包括绳拉渡船（无艄公渡船）。

行车

20世纪70年代末，境内始有自行车骑行。20世纪80年代后期，自行车基本普及。20世纪90年代,逐渐出现摩托车。2000年后,电瓶车普遍起来。2010年后,不少中青年村民自驾私家小轿车出行。老年人一般仍然喜欢骑脚踏三轮车或电动三轮车,或者免费乘坐城乡公交车。

第四节　生活器具

旧时,境内普通农家房居物具,十分简陋,主要有八仙桌、长条凳、垫架床、暖橱、箱垫、箱子等;卫生用具为粪缸、粪桶、茅坑棚等。

1979年,张德庆家获香港亲戚赠送电视机一台。1980年,沈进福家购置12寸西湖牌黑白电视机,将天线捆绑在毛竹上。1984年夏,南庄桥一沈氏家庭购入西湖牌14吋黑白电视机一台(420元),用天线能接收到碛石山上的电视转播信号。20世纪80年代中期后,境内农家青年结婚,始流行小方桌、床头柜、五斗橱、大衣橱、食品橱、沙发、写字台、三靠床、高低床等新式家具,也开始改造厕所间,多用蹲坑,水泥抹面或瓷砖贴面。据1988年暑期调查,全村农户耐用消费品量多质优。

1988年漕泾村农户耐用消费品和房屋情况汇总表

村民小组	缝纫机	自行车	手表	轻骑	摩托	电视机	彩电	收录机	电风扇	洗衣机	电冰箱	二层楼	三层楼
张家浜	16	39	45	0	0	12	1	1	25	0	0	34	0
张家埭	20	31	47	0	0	4	0	1	15	0	0	23	0
大水路	18	28	39	0	0	8	0	1	15	0	0	36	0
方田村	19	34	56	1	0	13	0	7	30	1	1	38	0
湾渔池	26	25	51	0	0	8	1	3	32	2	1	30	0
吕　东	10	25	34	0	0	9	0	1	15	0	0	25	0
吕　西	7	25	36	0	0	9	0	1	20	0	0	15	0
大天井	13	27	48	0	0	9	1	1	25	0	0	31	0
孙家埭	7	19	33	0	0	6	0	0	14	0	0	20	0
沈家场	9	20	36	0	0	3	0	6	21	1	0	13	0
顾家埭	6	22	28	0	0	4	0	0	9	0	0	9	0
长　南	6	24	37	0	0	5	0	2	15	0	0	22	0
长　北	4	22	32	0	0	4	1	1	14	1	1	8	0
大木桥	9	32	65	0	0	14	0	1	29	0	0	32	0
查坟前	15	38	57	0	0	6	1	1	34	0	0	23	3
南庄桥	15	65	93	0	0	14	1	3	37	0	0	51	0

续表

村民小组	缝纫机	自行车	手表	轻骑	摩托	电视机	彩电	收录机	电风扇	洗衣机	电冰箱	二层楼	三层楼
马家木桥	17	39	75	0	1	12	1	6	31	0	0	35	0
墙门头	11	25	46	0	0	9	0	4	21	0	0	22	0
双元村	15	28	44	1	0	5	0	3	20	0	0	31	0
枉港	9	19	40	0	0	3	0	1	16	0	0	17	4
张家门南	15	39	59	0	0	9	0	4	30	0	0	33	0
张家门北	7	24	45	0	0	9	0	1	14	0	0	28	0
塔石桥	8	25	37	0	0	8	0	0	21	0	0	32	0
陆家门	11	38	52	0	0	12	0	1	30	0	0	32	0
陆家浜	10	32	50	0	0	9	0	3	26	0	0	32	0
公婆桥	16	20	31	0	0	5	0	2	16	0	0	19	0
范家门	12	26	57	0	0	2	0	2	16	0	0	19	0
范家浜	10	28	59	0	0	9	0	0	21	0	0	29	0
汤东	9	23	37	0	0	6	1	2	15	0	1	11	0
汤西	7	30	49	0	0	15	1	3	22	0	0	35	0
合计	357	872	1418	2	1	241	9	67	649	5	4	785	7

1989年,居民生活用电每度从0.25元升至0.32元。20世纪90年代中期后,钢木、软体、人造板以及玻璃、大理石构成的组合式、嵌入式家具渐次进入农家门,卫生间渐有抽水马桶,电视机、洗衣机、冰箱、空调等逐渐普及。21世纪后,村民生活器具更新换代加快,呈现智能化、数字化趋势,与城镇人家已无明显差别。传承了上百年甚至上千年的传统家居老物件,渐渐消失。

为不忘过去,传承乡愁,在此罗列部分传统的农家生活器具。

一、厨房用具

灶头

常见的家庭厨房灶头,自下而上由灶脚、灶肚、灶面、灶膛、灶山头、灶讯洞、烟囱组成。灶脚贮灰,灶肚烧柴,灶脚与灶肚之间架有小铁条(俗称火楞),灶肚上口架镬子,灶面上放置碗、盆等物;灶膛中空,通烟囱;灶山头用来供奉灶家菩萨;灶讯洞用来存放油盐瓦罐;烟囱一般建于平房的椽翘(瓦片)之上,方形烟道上端四面出口顶盖砖瓦,既利于烟气喷散,又避免

灶头

雨水进入。灶头根据大小分单眼灶、两眼灶、三眼灶。两眼灶肚之间内侧配有小型汤罐、镬子。

此外，还有一些特殊灶头，大灶如烘茧用的烘灶、豆腐店和畜牧场里的袭糖灶（俗称老虎灶）等；小灶如船上用的缸灶，摆酒席而临时搭起来烧蹄子、羊肉用的砖灶（后改为铁皮桶灶），烧野火饭而堆垒的支架灶或地坑灶等。

风箱

木制，由箱壳、拉手、风管和响板组成。使用时，拉动拉手，响板被风掀开，风从外进入箱壳内，推动拉手时，响板被风推上而闭合，风只能经过风管进入灶肚。

风箱

八仙桌

木制，高约1.2米，边长约1.2米，可坐8人，故名八仙桌，四周雕有对称的简单花纹。

长条凳

木制，高约50厘米，长约1.2米。能坐两三人，常常与八仙桌配套使用。

骨牌凳

坐面为长方形的单人凳子。与此相似的坐面为正方形的方凳，俗称油头凳。

八仙桌

衬凳

面板较宽的长条凳，木制，可坐两三人，也可躺人，夏天可搬至道地上吃乘凉夜饭。还可用于掼砖坯等生产领域。

镬子

农家灶头上的厨具，按用途可分饭镬子、菜镬子、水镬子；按材质可分生铁镬子、钢精（铝）镬子；按口径型号可分一尺四、二尺二、二尺、一尺八、一尺六、一尺四等，最小是汤罐镬。

镬盖

木质，由顶盖、圈板、拎手和竹箍组成。顶盖为圆形，直径按镬子大小而定，由两块半圆形的木板拼接而成，中间装有木质拎手。圈板由十数块小木板使用竹梢钉拼接而成，小木板略呈弧形，上略狭，下稍宽，所以

镬盖

整个圈板上小下大。竹箍有两个，箍在圈板的上面和中间。根据镬子大小配置相应镬盖。

蒸架

用竹钉将两条纵向、七八条横向的长竹片组装成的镂空架子，圆形，按镬子型号，有大小之分。

蒸架

火钳

铁质，用来协助将柴火送入灶肚内。有大小之分，皆由两根铁条组成，下端扁头，上端卷成半圆形，方便手捏且开闭自如。

火叉

单根铁条，形如火钳的一半，但手捏处不卷曲，只是稍粗，用于灶肚烧火时挠柴挠灰。

笤帚

竹制品，将竹片劈成针状，上端扎紧，下端分散，中空，用以洗涮锅子等。

退灰耙

木制，长约1米的木棒上装有一块边长约10厘米的正方形木板，用于灶脚肚退灰。

丝瓜筋

丝瓜筋

取老熟的丝瓜，去皮、籽，剩其筋，可洗涮锅、碗、盆、盏等器具。

墩头板

切菜、切肉时用，要求平整、细密、厚实、浸水性强，一般是由大圆木分段锯下的，厚约10厘米，以柳木、银杏木为佳。

菜刀

较轻、较薄，刀口锋利。主要用于切蔬菜。

蛮刀

比菜刀厚重，刀口锋利。主要用于斩带骨头的肉类。

菜刀

㲌刀

正名锅铲，有多种类别，如按用途分为饭㲌刀、菜㲌刀等；按质材分为木㲌刀、竹戗刀、金属戗刀，金属戗刀一般装上木柄或竹柄，以防手持部分过烫。

提桶、担桶

提桶、担桶

用于从河中提水回家，倒入水缸内。小号可移作畀猪食的猪食桶。比提桶大许多，需要用扁担挑的，是担桶，木质，每隔一段时间要用桐油油漆。

勺

舀水用具，从前多为铜勺子，也有葫芦勺子，后多以塑料制勺，装有短木柄。

撩海头

漏勺，金属勺子上打有众多洞眼，现多用铅丝或细钢条做成，用来捞菜、渣等，水自行淋下，也可以用来烧出汤面和馄饨等。

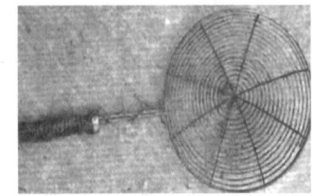

撩海头

缸

敞口盛水陶器，一般配置木盖。按型号可分特大号、大号、中号、小号缸等；按用途可分米缸、水缸、菜缸、肉缸、杀猪缸、石灰缸等。

甏

小型收口陶器，甏身形状多样。按型号可分大号、中号、小号等；按用途可分冬菜甏、酒甏、臭卤甏等。

钵头

小型敞口陶器。按型号有大、中、小之分。一般用来盛放盐、酱、猪油等调料和粥饭茶水，加盖。

淘箩

淘米用具，周身有细孔，以前多为竹制品，后改作铁皮制成。

淘箩

饭篮

盛饭的专用器具，细篾编织而成，上有竹环。夏天，将饭篮悬挂于通风处，则饭食不易馊。

饭斗

盛饭的专用器具，亦称饭桶，高约30厘米，圆底圆口，腰略鼓，形如瓶，以水浸木制成者最佳，饭食不易馊。

饭斗

打水矾

即明矾，矿石类物质，起净水作用。从前农家人多吃河水，打水矾放于水缸底边，每挑满一缸水，丢放少许，片刻后，水中杂质便沉淀缸底。用打水矾沉淀的水来蒸煮菊花，色泽特别光亮。

碗橱

又称菜橱，高约2米，宽约80厘米。有竹制、木制两种。一般分上下两架，每架又各分两栏。上架放置常用的干货，如粉丝、干枣、糖等。下架放置菜碗、空碗等。

碗橱

汤碗

也称匹碗、大碗、公碗，盛菜盛汤的瓷器，也有的当作饭碗使用。有敞开大碗、高脚大碗、鱼羹大碗等数种。

汤碗

盏子

即盛饭的小碗，多为瓷器，也有铜盏子。

盅子

微小瓷器，种类较多，大同小异，如按大小分，有大盅子、小盅子两种；按所盛物品分有酒盅、茶盅等。

瓢羹

瓷器汤匙，按大小之分，有大瓢羹、小瓢羹；按材质之分，有碗砂瓢羹、洋铁瓢羹。

瓢羹

盆子

瓷器。盛菜用具。有圆盆、长盆、方盆等。

盆子

碟子

瓷器。盛放酱油、醋、葱碎、姜末等的器具。

茶叶罐

瓷器。下垫石灰以防潮,上有盖。

茶壶

陶器、瓷器均有,大小形态多样。农家一般为大茶壶,圆柱形,前有短嘴,上有铁环拎手。

热水壶

由外壳、胆瓶、瓶塞组成。以前多为竹编外壳,后多为塑料制、铁皮制的外壳。

茶壶

撑盘

木质长方形浅口盘子,多用于办酒席时端菜上桌,也可在祭祀时盛放猪头、羊头、全鸡、全鸭等。

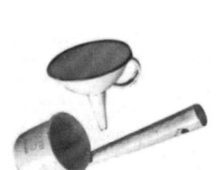

撑盘

酒壶

盛酒器具,陶器、瓷器、锡器均有,前侧有长嘴,后侧有手环,大小形态多样。

漏斗

装灌水、酒、油等液体的用具,上口大,下口极细,边侧有手持耳环,多为铁皮制作,现有塑料所制的。

酒提子

竹制、木制、铁皮制均有,装有手持长柄,专门用来从酒坛中舀酒的用具。

火柴

俗称洋煤头,细木梗,一端涂以火药,盒上两边贴有砂纸,一擦即着火。

酒提子

打火石

即天然燧石,两块互相击打,能冒出火花,引燃干燥柴火。曾是主要的取火工具。

迂身

即围裙,围在胸腹部的布片,做家务时用来保持衣服清洁。

煤球炉

俗称煤球风笼,圆桶形,最早为纯陶器具,后渐有铁皮包裹。炉肚分上下两层,用漏空铁架隔开,上放柴火和煤品,下

煤球炉

面漏存灰渣，通风助燃，炉顶放壶烧水，或放小型镬子烧菜。点燃煤球炉是个技术活，先用稻草揉成一个团，塞在炉膛最下面，点燃稻草，在烧着的稻草上放硬柴火、树枝、劈好的细碎柴等。然后将煤球或煤块用钳子夹到柴火上，用扇子对准下方炉口扇风，直到煤燃烧为止。

二、内房用具

雕花床

带有雕花工艺的高档木质床具，床基座和四个侧面均装人工雕花（刻花）的木板木框，涂漆，高档的还有金镶边。正面开口入床，有的还配有轿屋和坐厢，以及脚垫台，一般只有富户才能拥有。

雕花床

垫架床

垫架床

简易木制床具，左右一对。中间铺设木板或竹榻，再铺上席子或被单、垫絮等，四角插小竹竿，以挂蚊帐，垫架有低矮的小木栏，俗称"羊棚圈"。有些垫架床后面一侧亦装上"羊棚圈"，以防小孩睡觉时滚落下地。如果不用垫架，直接落地，则成地搭铺，白天不睡可拆除，腾出空间派其他用场。

榻

竹制、木制、藤制均有，一般无顶无栏，榻脚有的有，有的无，可搬动，是午间小睡的用具。无脚之榻可架在架子或条凳上作睡床。若四围木框中间用棕线编织，则称为棕棚。

蚊帐

俗称蚊橱，有纱布、夏布之分，细眼，轻便，通风，但蚊子不能飞入。

席

按质地分，有草席、篾席、藤席等；按型号分，有单人床席、双人床席。冬睡草席，夏睡篾席。篾席又称竹席，又可分篾青席、篾红席，篾青席更阴凉。

踏床头

床前踏板，有矮脚，又称"床前板"或"踏床头"，坐在床沿时可以搁脚，也利于小孩爬上床，还可放置鞋、袜、夜壶等物具。

马子、马桶

女性、小孩的溺尿用具,圆桶型,木质,有盖,夜间一般放于床前,清晨倒洗后放于坑间。无环、用手拿的称马子;有环、用手拿的称马桶。据传,从前叫虎子,虎状坐便器,唐时为避讳而改称马子。

马子、马桶

马箱

俗称夜壶箱,正方形,高约50厘米,外观如箱子,内放马桶,掀起上面盖板即可使用。

马箱

夜壶

男性用来接尿的陶质器皿,总体壶状,形态各异,正名尿壶。一般夜间使用,俗称夜壶。多由老年男性晚间置放床底下备用,也有直接放在被窝里,清晨倒洗的。

夜壶

茅坑

即简易厕所。从前是排泄和存放大小便的一个坑,有的砖砌,有的摆缸,有的置放粪桶,上搭茅草棚,故称茅坑。若无棚,称露天茅坑。移入屋内的,常常与猪棚羊棚连在一起,挖深坑,砖砌,坑口铺条木板,留出一部分砌置一个砖木混搭的露口框箱,用于坐便。臭味重,不卫生。目前境内农户几乎均改成使用抽水马桶,茅坑升级为厕所、卫生间。

铜火炉

冬季取暖的铜质用具,圆形,腰间直径二三十厘米,高约20厘米,有密布小圆眼的盖,内盛烧红但并未起火的硬柴或木炭,伴以软柴灰。装有拎环。

铜火炉

衣橱

俗称暖橱,高约2米,宽约80厘米,进深约40厘米,上下两层,中间有两个抽屉,上层存放衣裤,下层存放被褥,抽屉存放小件物品等。

衣橱

箱子

一般高约50厘米,长约80厘米,宽约40厘

箱子

米，上有箱盖，系有铜搭钮，可上锁。以存放衣服、被褥等为主，木质，以香樟木最佳，既有香气，又可防蛀。从前境内女儿出嫁，至少要有2个香樟木箱作为嫁妆。

五斗橱

置放在卧室内的用于储存衣服的柜橱。中间有上下5个抽屉，叠放衣服或其他贵重物品，两边还有2个拉门，挂衣服用。四角有矮脚，总高度在1.2—1.4米左右。上面还可以放录音机、电视机等。20世纪80年代曾是结婚几大件中的必备家具，现已不多见。

官箱

小木箱，高约20厘米，宽约30厘米，上有小铜锁，以存放契约、证件、人情账册等家庭文书为主。

梳妆盒

女性梳妆用具，内里分层分格，存放小镜子、画笔、胭脂、粉膏等物。富户女子的梳妆盒往往十分精致。

梳妆架

木制，高约1.5米，上有镜子，下可放脸盆等物，抽屉里盛放各种梳妆用品。

绞面线

绞面是妇女一种古老的美容项目，绞净面毛可令颜面光洁，之后重生的汗毛会较细，久而久之，毛囊收缩，能收到长久美容之功效。所用仅一根线，多麻制。做法：脸上先涂粉末，再拿出一条线，挽成8字形的活套，右手拇指和食指撑着绳套右端，左手扯着绳套左侧线的一端，口中咬着线的另一端，右手拇指一开一合，咬着线的口和左手配合右手，如此以8字形套在脸上拉来拉去，直到面毛被拔光为止。

女线

缝衣钊线，有大小、粗细、长短不同的多种，针头一端特尖，另一端有洞眼，供穿线。旧时女子所做的针线、纺织、刺绣、缝纫等工作及其成品称为"女红"，女红所用针线，简称女线。

顶针

手工缝纫用具，又叫顶针箍，金属制品，套护在手指上，用来推顶缝纫针，也有用厚实的多层布条绕在手指上替代的。

脚桶

木制的洗脚盆，亦可用于小孩洗澡，用若干木片箍成，有大

脚桶

小之分，中档一般口径50厘米，高二三十厘米，多有卷口，供双手拿着倒水。

面桶

形制和材质与脚桶类似，但没卷口，用于存放和揉捏面粉、米粉，做糕点等，有大小之分，村内多见的是大面桶，口径1米左右，高约30厘米，红漆居多。

三、书房用具

除笔、墨、纸（俗称纸库）外，尚有以下几件常见物具。

书包

用布、皮革等制成的袋子，用来携带课本、文具用品等。从前村境内用的多为简易布袋，内无隔层，更没袋中袋；单背带，至多容纳五六本书和一个铅笔盒。如果用帆布，布面缝上简易花纹或文字，已属高档书包。

书包

砚瓦

学名砚台，中国古代文房四宝之首，中国书写、绘画研磨色料的工具，有砖砚、瓦砚、石砚等，形态多样，华贵者材质高档，周有雕花。从前境内农家常见的是8厘米长、4厘米宽、1厘米深左右的砖砚，中间有低洼处，滴水磨墨。

书板

长方形薄木板。因从前书本多为宣纸装订，较为柔软，为防压折，故放于书板上包叠。另一用途是在上面铺纸写字。

笔筒

有木制、瓷制等，农家多用竹筒代替。

书板

算盘

串档珠算盘起源于北宋，现代计算器出现前使用广泛。算盘形状不一、材质各异，一般为长方形，周为木框，内装九档至十五档不等的竖档，上部约四分之一有一道横梁，档串算珠，梁上两珠，每珠作数五，梁下五珠，每珠作数一，运算时定位后拨珠计算，可以做加减乘除等算法。

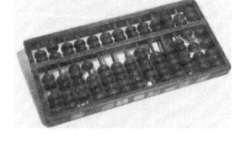

算盘

写字砖

一种吸水性很强的青砖，形如板。用于练习写字，以笔蘸水，在上面书写，初极清晰，如写纸上，后渐湮灭。

四、照明用具

蜡烛

以柏油、羊脂等制成,中有芯线,点燃芯线,能持久燃烧。按型号分,有大蜡烛、小蜡烛;按颜色分,有红蜡烛、白蜡烛。以前平常人家多用小蜡烛。寺庙、喜庆场合用大红蜡烛。

蜡台

铁制、铜制、锡制均有。铁塔形,下为四方台座,上为针形,以插蜡烛,中间有槽,以盛蜡汁。

油盏

俗称"油盏头",粗瓷小碗,或以铁皮卷成,敞口浅底,内盛菜油或豆油,以灯草一根浸于碗内,点燃,有微弱光芒,可挂于墙壁、柱子上,古时亦配有专用的火桩柱。

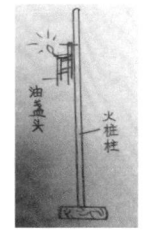

油盏

三光灯

即散光灯,底为矮瓶状储油罐,上面装有玻璃罩,方、圆皆有,顶端镂空,外加一个铁皮条环,配以拎线和横杆,用手拎着边行走边照明。

洋油手照

学名煤油灯,将小玻璃瓶装在一个铁皮条小架子上,有把手,瓶上有盖,盖中央插有小铁管,管里有一段棉纱线,下端浸于瓶中煤油中,上端微露于小管之上。点燃后吸油、燃烧。

洋油手照

美孚灯

也是一种煤油灯,由瓶座、灯芯开关、灯罩等组成。瓶中盛煤油,灯芯又扁又长,如蛇古头,由棉纱编织成,浸于煤油中,上端被夹住,旋转外面的开关,可开可关,可明可暗。灯罩用玻璃制成,如瓶状,既可防风助燃,又可增加光亮。20世纪初美国美孚石油公司生产这种灯并倾销中国,故名"美孚灯"。

汽油灯

上部为灯顶,下部为灯座,内装煤油,中间是纱罩,一般为石棉网。灯座上有打气管子,打进空气,把煤油从一组小孔中压出,喷成雾状小滴,化为蒸汽,跟空气均匀混合后燃烧,使纱罩发出炽

美孚灯

热光亮。亮度高,但耗油多,且每隔一段时间要打气进去,一般挂于婚庆场地、村戏场头。

马灯

与美孚灯相似,外面装一壳子,上有把手,可在野外使用。

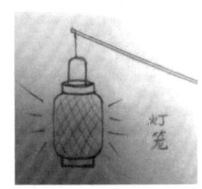
灯笼

马灯

灯笼

椭圆形。用竹篾扎成,外裹红绸,内放灯,中空,系一细绳,用棒提着。一般用于节庆和婚庆之时。

五、防雨用具

油纸伞

伞柄、伞骨均为竹制,伞面用油纸,比如今的折叠伞明显大些。

晴雨伞

伞柄、伞骨均为铁制,伞面用薄布或塑料制成,现多为自动伞,轻便,晴雨两用。

蓑衣

是雨天农民野外劳作和摇船运输时的雨衣,用棕叶编织成,无袖、无领,两肩外倾,水滴顺棕榈丝片流下。20世纪90年代后逐渐以塑料雨衣替代。

箬帽

形如圆盘,中间隆起,有尖顶,竹篾编织两层,中间夹以箬竹叶,与蓑衣配套,能有效遮雨、防渗漏。

蓑衣、箬帽

钉鞋

乡村雨天穿用,用皮革做面和底,鞋底下面装有圆铁钉,能有效防滑。20世纪60年代后逐渐绝迹。

六、度量器具

市尺

度器,多为竹制,上有标识,一般刻至寸,从前农妇织布,需用尺量,多借样自制。后逐渐出现皮卷尺等。

秤

衡器，从前绝大多数为杆秤，由刻有刻度的木质秤杆、大小二档秤纽（麻绳）、铁制秤钩和秤砣组成。大秤可称至200市斤，由两人抬着称或者吊在廊檐横梁上称；小秤可称至20市斤，一人手提即可。现渐由磅秤、电子秤替代。

秤

斗

量米、麦、豆、柏籽、菜籽等的器具，多呈直口直壁的圆筒形，平底，用立式木片箍成，并在口、腰、底三处箍以竹条或铁皮条，有的斗腹两侧各有一柄或拉环，方便拿放。作为计量器具，一般是十升为一斗，十斗为一石，以米为例，1斗为15市斤。

斗

升箩

多为量粮食的木质器具，容量为斗的十分之一。本是一种容器，但用作量器，底平口敞，均为正方形，但底小口大。升也有大小，常见的标准量器，以米为例，1升为1.5市斤。

升箩

七、婴幼用具

摇篮

竹制，密眼，两端耸起，形如元宝，底呈椭圆形，可摇晃，以催助婴儿睡眠。

坐车

小孩专用坐具，竹制、木制均有，村境内从前常见的坐车，下设坐凳，前有栓板、梢板，可紧可宽，后有椅板，可供靠倚。

立桶

木制，专供小孩站立，并可四周旋转。高度超过1米，圆柱形，上口小，直径约为15厘米，下口大，直径约在30—40厘米之间，桶中间有木关。冬天板下放火炉，以取暖。

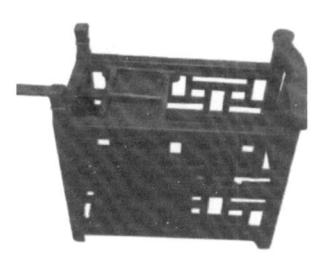

坐车

立桶

烘篮

竹制，疏眼，粗篾，高约50厘米，半球形。使用时，将火炉、炭盆放于烘篮下面，将婴儿衬衲、屎袋、衣裤等放于上面烘干。一般在久阴天气里使用。

衬衲

即尿布，方形，适宜用柔软、吸水性好的棉布，冬天用夹层絮布，夏天用单片布。20世纪90年代后逐渐被"尿不湿"替代。

屙袋

旧时系在刚会走路的小孩屁股上，装大便用。粗布制成，三角形袋，前后有布带。

围嘴袋

多为小孩用，挂于头颈，下系腰间，以防饭菜或口水掉落在衣服上。下方设置一个小口袋，用于放些小食品、小玩具之类，正面部分一般绣上寓意吉祥富贵的图案。

八、孩童玩具

摇鼓咚

即拨浪鼓，圆鼓双面皮，系有碰珠，有柄，左右摇动，"咚咚"有声。

纸风车

取一张正方形花纸，剪成4片，折成漏斗状，装于一小杆上，风吹来，即能旋转，常插于坐车上。

铁箍罗

取一根粗铁丝，圈成圆圈，直径约30厘米，用一根有弯钩的细直铁条套住，人推着快跑，铁箍罗快速旋转行进。

纸格

用纸折叠而成，其中一面为"十"字形，置于地上，用另一纸格用力撇打，不能直接碰撞，凭风力让地面上的纸格反转，即为胜。

纸燕子

用纸折叠而成，形如燕子，向远处掷去，能折飞回来，飞翔形态极像燕子。

弹子

直径1厘米左右的玻璃圆球，玩法是在地上挖3个小泥潭，成等边三角形，边长约1米，以大拇指直接弹击弹子，或者用弹子弹击弹子，最先到达泥潭者为胜。

搭知了棒

取一根长约20厘米的篾竹或铁丝,弯成椭圆形圈,插在小竹竿上,扎紧,去天井里、瓜棚下、猪羊棚找些蜘蛛网缠上,利用蜘蛛网的黏性去粘知了,捉来养于瓶中,或者用长线系住,让其飞,或者喂鸡鸭吃。后多用塑料袋或网兜代替蜘蛛网。

蜜蜂瓶

取一个小玻璃瓶和一根粗篾丝,在泥砖墙上,寻找藏有蜜蜂的蜂洞,轻轻搅动,蜜蜂不堪骚扰,爬出来,正好以瓶口装着,采几朵菜花养着,或者捉住,掐断其细腰,舔食蜜汁。

弹弓

多为小男孩的打鸟工具,取一个有弹性的三叉树枝或粗铁丝弯成一个U字形,下端作柄,上面两端系以牛皮绳,中间串一皮条或厚布条。使用时,一手先将小石子夹在皮条或厚布条里,一手捏柄,两手前后用力拉开,瞄准目标后松开手,小石子飞射出去。

弹弓

花线板

取一根纱线,长约60厘米,两端系结,套于两手,另一人挑线后接住,能变幻出许多不同的图案出来,多为女孩所爱玩的。

毽子

取鸡毛3根,下端扎紧,固定于一枚铜钿之上。使用时,用脚尖踢,以踢的时间长和次数多为佳。

"七"

用碎瓦片敲凿而成,如拇指甲大小,每人7颗。玩耍时,先在平地上画一圆圈,大小根据参与人数多少来确定,人多则"七"多,圆圈就大些;人少则"七"少,圆圈可小些。玩前,将所有的"七"捧起来上抛,右手迅速翻转,手背朝天,"七"掉下来,势必有一部分落在手背上,然后再抛起来,手迅速翻转,手心朝天,接住其中一粒。"七"经过两次抛掷,绝大部分掉在圈内,也有几粒滚出了圈外,这几粒就由别人决定,可放置于圈内任何一个地方。这两次抛掷很重要,既不能抛掷得太散,落在圈外,也不能抛掷得太密,最好是有疏有密,两三粒一丛。正式丢时,根据"七"的分布情况,确定抓几粒,将刚才接住的一粒"七"再抛上去,手迅速翻转,把看准的几粒"七"抓起,不可碰到其他的"七",再翻转手将抛起的一粒接住,就算成功了。如果这次抓住的是4粒,取出4粒放于一旁,抓住的是2粒，则取出2粒。最后看谁积累的"七"多，谁就算赢家。女孩多爱玩。

木制"手枪"

木制，上面扎小竹管，制作一撞针，套于小竹管中，用牛皮筋扎住，下设一扳机。使用时，拉起撞针，竹管另一端塞入黄豆一颗，扣动扳机，撞针滑下，撞击黄豆，黄豆迅速弹出。

风筝

篾竹做架，上面糊纸，系长线，拖飘带，有蝴蝶、长龙、燕子等各种形状和图案。

风筝

牛皮筋

牛皮筋长约5米，两端系结。使用时，套于两人的脚踝上，其余人在上面以各种姿态跳。

九、其他用具

蒲扇

棕榈树叶制作而成，边沿以篾竹撑挺。为防破损，农家购回后常在边沿上镶以布条。

蒲扇

折叠扇

一般以竹篾为扇骨，再糊以纸。珍贵的挂有玉石，扇面上绘有名人字画。

折叠扇

羽扇

俗称鸟毛蒲扇、鹅毛扇子，多以鹅毛制成，白色为多，湖州产的最佳。

潮烟管

短烟管，小竹管制成，打通竹管，磨光竹节，下端口有金属套口，可以装烟，上端口吸烟，管身系一小布烟丝袋；长烟管，约80厘米长，小竹管下端口烤弯上翘，并装金属套口，用于填充老烟丝。

水烟壶

多为铜制，由烟管、吸管、盛水斗、烟仓、通针、手托六个部分构成。烟管一头为半圆形烟碗，下连一细管，伸入盛水斗

潮烟管

羽扇

的水中。吸管一般长30厘米左右，位于烟管之后，或紧挨，或稍有间隔，上端向后弯曲，便于吸烟，下端也插入盛水斗，但露在盛水斗中的水面之上。烟管、吸管、盛水斗一般为一整体。烟仓独立，多为桶形，有盖，以防烟丝风干或过潮。手托主要起连接作用，盛水斗与烟仓都安插其中。考究的烟袋手托极尽装饰，外表镶嵌宝石，有花、鸟、草、虫、鱼等纹样，亦常有吉祥图案、诗词联句等。水烟壶多为女性所用。

媒头纸

一种黄色的薄毛纸，可卷起来使用，不能卷得太紧，也不能不松。点燃一端，瞬息明火即灭，仅冒青烟，使用时，用嘴一吹，又可点燃，是吸水烟的辅助用品。

拐杖

俗称支老拐，竹、木均有，长度约相当于人的半身，上端有把手，下端可装套头。

棒香

由木屑、香料拌制而成，成棒状。点燃后，冒青烟，有浓烈香味，有驱虫、提神、镇静的功效。

香炉

插香、焚香的器具。

香炉

六神牌

也叫马幛，画有六神的屏风式硬纸牌，插于木架上。因为六神说法不一，所画神仙也不一样，村境内的多画佛、观音、玉皇大帝、孔子、文昌帝君、魁星或门神、户神、井神、灶神、土地神、厕神。农家供奉六神牌，多为祈祷风调雨顺、五谷丰登、六畜兴旺。

六神牌

门闩

一根较粗的木头，方圆均有，一头有襻带之类的配件，夜间插在大门间的大门门框腰间，起防盗作用。一对大门拥有一个门闩。

节节高

摘去叶子，留下分叉的竹竿。竖插在地上或斜靠墙壁，用来搁架横竿，晾衣晒物。

蚌壳絮鞋

即棉絮鞋，千层布底，两块隔层布面合拢，形似蚌壳，隔层里有棉花絮，为冬季保暖鞋，一般由农家妇女自制。

寿材　棺材

生前备好的将来用来盛放尸体的长方体柜盒，一般选用柏、松、楠、柳、桐等木材做成，外观长约2米，宽约60厘米，高约60厘米，六面板壁厚度约5厘米，一般为白坯，先存放在家里，称为寿材。等老人过世时涂上黑漆，装殓遗体后，叫棺材。1987年实行火葬后，改用骨灰盒。

沼气池

利用人畜粪便制造沼气的池子。沼气是有机物质在厌氧环境中通过微生物发酵作用产生的一种可燃气体，因首先在沼泽地发现，故名沼气。20世纪70年代，境内农户广泛挖建沼气池于房前屋后，加盖发酵，沼气用管接入农家灶具，点火烧饭炒菜无臭味，有节约能源、保护环境等多重优点，可惜后来弃之不用。

沼气池

第五节　民政慈善

1949年前，村民生活穷苦，无民政福利制度保障。1949年后，村民生活渐趋富裕，但由于多种原因，贫困家庭仍长期存在。人民政府关心民生，逐步出台推行五保户、困难救济、补助残疾人、烈军属优抚、养老护老、合作医保、"三免一补"等多项民政福利制度，各级政府和社会各界爱心人士参与的民生事业不断发展。

2002年，遵照政府统一部署，将境内五保老人集中到高桥镇敬老院集中供养，村里每年为五保老人提供30斤大米（可折市价），政府负责每月菜金45元、柴12元、零用钱10元、医药费25元、服装费15元、过节菜金3元、水电费6元，合计116元（1996年标准）。2007年，村里有26户持证残疾人，统一由政府"买单"，参加城乡合作医疗保险。2008年，全村有五保老人1人、残疾人30人、低保户20户45人、困难户30户65人；2012年有五保老人9人、低保户22户40人、低收入户2户5人、残疾人有43人、军烈属6人，他们分别得到政府和社会不同程度、不同方式的救助和优抚。2013年，有低保户22户39人，得到救助11020元。2015年，全村有低保户17户，享受低保待遇29人，其中有1户1人非农村户籍，当年发放救助金12050元。2017年，村里享受特扶政策的对象有3人，2021年享受特扶政策的对象增至5人。

2013年4月，漕泾村被评为桐乡市扶残爱心村。2018年以来，凡困难户、贫困户、低收入户等,在建房、医保、教育等方面有各级政府和村集体的政策倾斜照顾;凡老年人均有老年补贴、高龄津贴;丧葬有补助金。此外,有多种类别的志愿者为有需要的农户家庭和村民个体提供社会救助和志愿服务。

2009年8月,在村企文明结对活动启动时,巨匠集团在漕泾村设立"巨匠杯"崇学奖,有3名大学生和4名高中生成为首届获奖者。奖项目前仍在定期续颁。2020年8月28日,巨匠集团专门邀请高桥街道党委委员朱阳红、桐乡经济开发区(高桥街道)宣传科长屠建平、漕泾村党总支书记张锋,以及漕泾村当年优秀初高中毕业生来到集团总部,把2020年度颁奖典礼迁至巨匠集团总部大楼。

第六节 便民服务

改革开放后,政府逐步通过村级组织为村民提供生产生活服务。21世纪后,在各级党政机关及部门大力支持下,村级各类组织聚焦村民生产和生活方方面面,构建起便民服务体系。

2010年后,在村办公楼内开设漕泾村便民服务中心,为村民敞开式办理各类事务提供方便。2012年,设立慈善工作站。约在2015年前后,村内创建三大网络管理体系。2018年,将便民服务中心升级为党群服务中心;2019年,设立村退伍军人服务站。至此,村里已形成全日制服务窗口、公开化服务项目、党群服务平台等有机融合的基层社会服务新模式。

村两委以党群服务中心为平台,带领村民管理和运营集体资产,指导和服务村民发展家庭经营,提供包含拥军优属、救灾救济、鳏寡供养、残疾人扶助、老年人优待和婚姻、户籍、殡葬、社团等方面的相应服务。

漕泾村民服务33个项目清单

项目	服务名称	服务内容
党群服务	党员组织关系管理	党员组织关系转接及相关信息管理、流动党员报到登记
	党员教育管理	组织"三会一课"、主题党日、固定活动日、主题教育、远程教育等
	党费管理	对党费进行收缴、保管、上缴、使用等
	发展党员	受理入党申请、培养入党积极分子,条件符合的发展为党员
	咨询接待	为党员群众提供各类咨询和建议
	志愿服务	开展党员、团员志愿服务、关爱帮扶、微心愿认领活动等

续表

项目	服务名称	服务内容
政务服务	社会事务	最低生活保障及社会救助代理申请、残疾人证代办、老年优待证代办、流动人口居住登记、人民调解、提供求助热线服务等
	人力社保	城乡居民医疗保险参保、办理土征人员养老保险、申办城乡居民养老保险、工伤调处等
	国土住建	受理和代办征迁四项补偿结算、村民住宅用地审批、危房改造申请等
	文化体育	组织开展体育健身活动、免费图书阅览、免费影视播放、免费开放文体活动场所、组织开展社区居民文艺活动等
	其他服务	全程代理行政审批、服务事项等
管理服务	安全防范	禁毒、反邪教、反电信诈骗、反恐等知识的宣讲
	安全生产	消防安全检查及平安宣传
	食品安全管理与指导	食品、药品经营管理与监督（协助）
	防灾减灾	组织防灾减灾宣传、演练和应急避灾安置
	反家暴	提供母婴庇护所、反家暴宣传
	自治服务	各类村域治理服务
生活服务	残疾人就业帮困	残疾人生活补助申领、残疾人养老保障补助申领、残疾人就业创业小额贷款等
	敬老、尊老、助老	老年人免费理发服务、老年人意外险理赔服务、重阳节慰问在籍老人、银龄互助——困难老人生活志愿服务
	垃圾分类指导	组织开展垃圾分类培训、垃圾分类积分卡申领
	企业招工信息发布及查询	企业招工信息发布及查询、职业介绍、职业技能培训
健康服务	免费药具领取	免费提供避孕药具并告知领取方式和单位
	计生四项手术	四项手术费用报销资料收集上报
	妇科体检普查	发放妇女体检普查通知
	健康有约	各类参保人员体检
	健康教育咨询	为居民提供健康方面的咨询服务
	健康宣传活动	为居民提供健康教育宣传讲座
	应急救护培训	为军民进行应急救护培训
法律服务	社区矫正与安置帮教	社区矫正人员日常报到、每月至少一次刑满释放人员安置帮教活动
	妇女、未成年人、老年人权益保障	维护妇女、未成年人和老年人合法权益
	法律援助	为经济困难需要法律援助的居民提供便民法律服务
	普法教育	法律知识专题讲座等法制宣传教育活动
	矛盾纠纷调处	提供婚姻、家庭、邻里等各类矛盾纠纷调处服务

第五章　民生民政

村委会负责事务

部门	项目内容	部门	项目内容
组织部机关工委	干部选拔、考核征求村、社区意见	卫健局	计划生育婚育证明、独生子女证明、流动人口计划生育证明等 再生育审批，独生子女父母光荣证申领、计生家庭奖扶、特扶等情况核实
	在职党员干部在村、社区报到情况反馈	医保局	合作医疗基金报销审批单，合作医疗报销调查证明书
团市委	志愿者服务情况	红十字会	红十字爱心病房助助项目、中央财政晚血救治项目申请人身份和经济状况证明、申请红十字人道救助的村（居）民基本情况核实或证明
公安局	户籍迁移中的实际居住证明	资规局	失土村民证明（证明撤建制居民，没有房产证、土地证）
人社局	退休人员基本信息登记	残联	残疾人相关情况证明
	办理养老保险关系注销手续，领取丧葬抚恤费，直系亲属关系证明	市监局	企业住所（经营场所）同一地址证明
	异地退休人员领取退休金人在证明、医疗保险异地人员证明	烟草局	村（居）民申请办理烟草专卖许可，需村、社区出具证明
	《就业失业证》申请，灵活就业人员社保补领申请	供电	电表过户亲属关系证明、电表调换及异常时居住情况证明
	退休人员基本情况登记、享领待遇资格年审、享领人员死亡证明、办理死亡终止待遇支付关系证明		村民申请三相线用电时承包田亩数证明
民政局	补领婚姻登记证（在现档案馆馆藏婚姻档案无法查实的情况下）		村民取消农业生产用电，需要办理峰谷表，无法提供房产证明时，需村委会出具证明的
	申请社会救助等村（居）民基本情况核实或证明	司法局	村（居）民个人查阅史志方面资料要求村（社区）证明。村（居）民申请法律援助的家庭生活困难证明
	孤儿审批时需出具的证明；收养人收养子女的能力等情况证明		
	门牌证遗失证明、门牌编号确认证明	档案局	村（居）民个人查阅特定档案要求村（社区）证明
教育局	申请助学学生的家庭情况证明	环保局	环评阶段公众参与（公示）、投诉等）情况证明
	学生假期参加社区活动情况反馈证明	其他	入党、入团、入伍等各类政审证明

第六章 农业生产

漕泾一地曾长期处在农耕社会,农业文明绵延悠长。直至20世纪中后期,漕泾仍是农业村。人民公社期间,漕泾大队是公社乃至桐乡县的农业生产先进典型之一。1972年前后,时任大队干部陆德林曾代表漕泾大队到湖州出席嘉兴地区农业生产经验交流大会,并在大会上作经验介绍。1991年,获桐乡县粮食生产先进集体荣誉。进入21世纪后,漕泾村现代农业方兴未艾。

农业,体系庞大,门类繁复,分支众多。狭义上仅指种植业,而广义农业,则囊括农(种植)、林、牧、渔业。很长时期内,漕泾农业侧重于以粮食作物为主的种植业和以桑蚕饲养为主的养殖业。进入21世纪后,农业生产总量缩减,但趋向多元化发展,果蔬业和家禽业尤为突出。

第一节 土地权属演变

封建社会,土地绝大部分为封建皇权所有,农民只是租用,村域土地也不例外。民国后,皇权不存,土地私有,可以买卖。民国十八年(1929)土地呈报时,境内耕地接近1000亩,旱地不到600亩,均为农家私有。

1950年12月,崇德县土改指导员祭一等人进入村境内,指导一村和三村农会成立土改工作队,队长为陈伟昌。农会依据上级政策,按是否拥有土地及拥有多少等标准,将农户家庭分别评定为"地主""富农""上中农""下中农""贫农""雇农",其中家庭成分为"地主""富农"的户主分别定为"地主分子""富农分子"。土改中,境内"地主分子"6人,"富农分子"14人;没收地主多占土地,分配给无地、少地农民,并在分配完成后进行复查,报经乡人民政府核查和县人民政府审核,颁发由县长马心如签发的《土地房产所有证》。1951年春,土改完成,废除地主阶级封建剥削的土地所有制,实行农民的土地所有制,解放和发展了农村生产力，为国家工业化开辟道路。

1952年后，为有利于发展农业生产，在党和政府引领下，境内农民自发地组织起农业生产互助组，如陆家门有12个农户较先组建起生产互助组。1954年11月，在互助组基础上，一村内成立群益合作社，三村内成立永丰合作社；翌年10月，一村内又成立联益合作社；三村内又成立民益合作社。在互助组和初级社组建过程中，农民土地以入股形式入组入社经营，其所有权仍属农民本人，只在经营形式上发生变化。

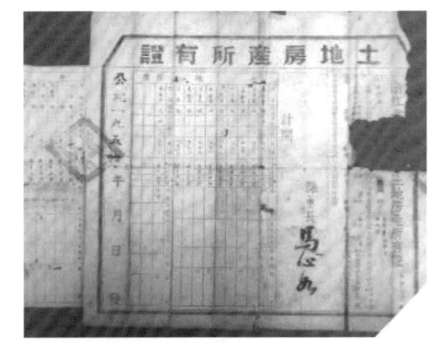

土地房产所有证

1956年2月，第一村群益社与联益社合并为第一联社，稍后第三村的范家门等6个村坊划入一联社。在组建联社（高级社）时，除坟地、宅基地、零星林地及少数暂时不愿入社的农户的田地仍属私有外，农民都是带着原属于本人的土地加入高级农业生产合作社的，土地已归集体所有；划给社员的少量自留地（人均0.1亩左右）也归集体所有，实现公有公用，但由社员个体使用。至此，基本完成了农村土地从个体私有到集体公有的转换。这些集体所有的土地，除国家依法征用和为方便生产而互换插花田地或飞地外，禁止土地出租或买卖。

1958年10月，农村开展人民公社化运动，乡村土地明确为集体公有性质。第一联社与第二联社（今骑力村）合成第五大队，受崇德县（次月并入桐乡县）留良人民公社（1961年4月析出骑塘人民公社）领导。起初按军事化要求编制成四个"连"，作为生产组织单位，原属高级社的土地、农具、粮食、物资和公共积累，全部无偿归公社所有，由公社统一调配使用，收益分配以公社为核算单位，粮食实行供给制，村境内在南片湾渔池的沈进浩家、东片大木桥苏家、西片陆家门和中片马家木桥4处办起大食堂，还在马家木桥两间房子里组建缝纫组1个，在吕家木桥吕明禄家组建绞绳组1个等。

1959年3月20日，第五大队析分为漕泾、骑塘生产队。漕泾生产队（1961年后更名漕泾生产大队）下辖第一、第二、第三、第四生产小队，土地归生产大队所有，固定给生产小队使用。1962年秋后，境内土地包括社员的自留地、宅基地等，均由大队所有调整为生产队所有，不经过县级以上人民委员会审查和批准，任何单位和个人都不得占用。这样，进一步明确了土地的公有性质。社员自留地归社员家庭使用，长期不变，允许社员开垦零星荒地。社员在自留地和开荒地生产的农产品，不算在集体分配的产量和集体分配的口粮之内，国家不征收农业税，不计统购任务。社员家庭副业的产品和收入，归社员所有和支配。

"文化大革命"期间，社员自留地和家庭副业曾被当作"资本主义尾巴"来批判，一度以"三献"（献自留地、献饲料地、献宅基地）为名，收回社员个人土地使用权。

1980年冬，除南庄桥、查坟前、大木桥、马家木桥、张家门外，其余生产队统一分为"小小队"，1981年再承包到操作班，1983年春，全面实行家庭联产承包责任制，将土地分为口粮田、责任田、饲料田、旱地、专桑地五部分，按吃饭底分、人口劳动底分和个人承包意愿等因素，承包到户，同时将国家粮食征购任务、农业税、集体提留等计算并落实到户，签订合同。1983年春，承包户共承包水田1880亩，其中口粮田971.2亩，责任田908.8亩；承包旱地201亩，原有自留地继续由家庭耕种。自此，农民有了农业生产的经营自主权、产品处置权和劳动收益权。

1984年后，逐渐完善水利、农机、用电等领域的统一经营服务，从而筑起统分结合、双层经营的联产承包经营新体制。土地承包期从原定的3年延长到15年，发放《农村集体土地承包证》；承包期内，人口增减，劳力进出，用调整粮食任务和经济补偿的办法来解决，称为"动粮动钱不动田"；随着乡镇企业发展，实施"以工补农""以工支农"的政策措施来增加农业收入；土地承包期间，在同意和见证下，允许承包户转让土地，自找对象，自愿协调；稳定林权，长期不变，鱼塘由专业人员承包，固定人员，适当延长承包期。

1989年开始，根据上级要求，恢复已中断若干年的承包户集体提留"三上缴（公积金、公益金、管理费）"制度，用于农机、水利、环保等方面设施的维修、更新、增添其他为农服务的公益项目。上缴标准为每亩口粮田6元，每亩国家粮食任务田4元，每亩旱地（含专桑地）10元。1990年，全村上缴18314.22元。1998年，集体提留制度中止。2006年后，国家废止农业税。

1990年，贯彻承包土地"大稳定，小调整"的工作方针，口粮田按人员口粮底分计算，责任田按劳动底分来划定，村干部、乡村企业人员，外出经商务工人员、民办教师等都按40%划定。

1991年农业承包合同汇总表

项目	人口	承包土地（亩）				应交国家		集体提留（元）	排灌费（元）	劳动积累（工）
		合计	水田	旱地	桑地	粮食任务（斤）	农业税（元）			
张家浜	87	77.16	57.37	1.28	18.51	9595	2664	484.82	430.29	655
张家埭	108	105.62	83.27	1.903	20.45	13621	3574	639.95	624.48	853
大水路	89	81.8	60.15	1.503	20.14	9850	2574	517.23	451.17	686
方田村	77	69.599	49.75	2.841	17.01	8172	2119	447.31	373.08	586
湾渔池	77	76.32	55.20	0.651	20.46	9306	2426	487.2	414	615
吕 东	59	61.48	45.27	—	16.20	7132	1902	388.42	339.56	483
吕 西	77	71.86	48.71	3.066	20.08	7294	2049	475.07	365.36	594
大天井	95	99.71	77.27	3.902	18.54	12757	2925	610.8	579.51	777
孙家埭	59	70.72	50.49	2.919	17.31	9906	2282	454.77	378.67	518
沈家场	61	86.98	60.44	5.224	21.32	12251	2716	567.62	453.26	592
顾家埭	52	62.17	43.65	3.003	15.51	8582	1925	403.45	327.4	455
长浜南	75	72.26	52.28	1.843	18.130	9097	2238	461.19	392.13	586
长浜北	56	58.01	44.11	—	13.90	7740	1909	359.59	330.82	457
大木桥	152	180.15	114.79	20.67	44.69	21995	5065	1227.56	860.97	1331
查坟前	107	95.1	62.83	6.50	25.79	9334	2662	636.87	471.23	806
南庄桥	133	144.35	100.33	3.55	40.47	17059	4210	941.83	752.49	1109
马家木桥	128	163.16	112.75	6.52	43.90	21434	4925	1067.99	845.61	1166
墙门头	84	91.63	64	5.02	22.61	12141	2904	596.25	480.02	702
双元村	64.5	85.63	55.82	6.23	23.58	11220	2505	577.22	481.62	599
枉 港	73.5	84.411	57.12	3.13	23.16	10571	2503	548.55	428.43	629
张家门	114	128.7	81.25	9.25	38.21	15351	3727	880.75	609.38	976
张家门北	69	75.01	56.67	—	18.34	9388	2160	466.76	425.06	578
塔石桥	53	65.42	48.47	—	16.950	7615	1878	411.89	363.53	472
陆家门	86	92.42	64.80	2.51	25.11	10344	2557	600.22	486.01	712
陆家浜	79	91.45	64.21	3.47	23.74	10733	2620	593.12	481.57	682
公婆桥	90	110.91	79.59	5.24	26.06	14013	3054	711.25	596.92	802
范家门	97	117.43	81.47	7.88	28.08	15000	3383	766.96	611.09	853
范家浜	78	92.48	64.52	3.91	24.06	11340	2554	602.29	483.92	685
汤家元东	68	84.77	55.76	3.37	25.65	10442	2358	568.91	418.22	612
汤家元西	75	81.26	55.24	2.84	23.18	9917	2360	536.44	414.3	625
合 计	2523	2777.97	1947.56	118.17	711.16	343200	82728	18032.28	14670.1	21196

1996年9月，开始推行"两田制"，将承包地分成口粮田和责任田，口粮田按人口平分，每人0.4亩，只负担农业税；责任田则按人、按劳分配，除了负担农业税，还要交纳一定的承包费。全村共24个组进行了改革，意在通过土地经营权的流转，让责任田向种田能手集中，解决"有田无人种，有人无田种"的矛盾，杜绝农田抛荒废耕，1997年后废止。

1999年9月后，全村开展第二轮土地承包工作，在确保农民均有土地承包权前提下，通过土地流转方式，让责任田向个体集聚，境内始有种植大户。2012年流转土地354.7亩，至2014年全村已累计流转土地1358亩，达到市政府整村流转土地80%以上的要求。至2019年，村内有种养大户近30家，其中6户达到家庭农场规模和水平，张德庆家庭农场最为闻名。

2015年开始，连续4年开展宅基地的整理和复垦工作，至2018年共新增耕地超百亩。2018—2020年间，通过"退散进集"又新增20余亩耕地。

总之，七十余年来，土地所有制及经营体制，大致经历这样一个变更过程：土改分田地到农户—建立农业临时互助组—常年互助组—生产互助合作社（初级社）—生产联合社（高级社）—大公社（大队）—小公社（大队、小队）—实行家庭联产承包责任制（村经济合作社）—土地流转给承包大户—构建现代家庭农场。

第二节　土地资源变迁

村境内土地资源主要有可耕作的圩头水田和高岗旱地。1949年底，村境内一村（占今漕泾村大部分）拥有田地约1500亩，其中水田约1000亩，旱地约500亩，其余为荒地、坟场、道路和宅基地等。1956年，从低级社升级为高级社时，原三村5个村坊划入一联社。此时，境内可耕田地超过2000亩。此后，在党和政府引领下，境内农民积极开荒种地，陆续新增田地，出现了许多新地块和新圩区。

南庄桥

地：西北喊、河南角、沈墙门、坟前头、檀头岗、河南地、鱼池老、三洋里、高墩横、三个坟、大河东地、小河东地、西喊坟、毛家园。

田：河西田、鱼池田、西浜老、门前田、秧田头、三畈头、坟前头、大下畈、河东田、鱼池老、角落里、沈墙门、水路田。

张家门

墩子浜、湾田里、金介门前、高地老、东港老、门前田、门前后片、七分地、长港老、长片田。

张家埭

洛塘河北称塘佬,往北是田心岗,沿洛水港从南到北,依次有烧炭坟头、外六分、转湾头佬、南埭、北埭、张家浜,至陆家秧田为止。

田:分上畈头、中畈头、下畈头,南起长岗,北至大岗,上畈、中畈有中横分界,以便防涝。

地:自南往北,有蝴蝶头、高山佬、七分岗、洞桥头、老坟头、灶头地、西北海、南面还有大小两个池塘,有池田几亩。

吕家木桥

大地里、新庙尾基、连江横、专水路、大鱼池头、沙子浜、长岗、新开田、短段头、老坟岗、磨子坟、坟地里、荒田、鱼池田、响广头、东马路、西马路、河东田。

孙家埭

南下片（田）、大水东桶（田）、盐家鱼池头（桑地）、车埠弄（桑地）、东北下片（田）、胡家洞地（桑地）、小岗圈（田）、金家洋（桑地）、心田地（桑地）、长毛沟北（桑地）、胡家大中岗、上下片（田）、坟前头（田）、吕家岗（桑地）、河西（田）、五元啦坟头。

马家木桥

老坟岗、八直落、劈开岗、大岗、三分三里、念伍亩头、小岗圈田、斜且荡里、鱼池田、姚家岗。

双元村

田:东门口、双元村后头、洞桥西、朱家门前。

地:南河滩、后头降、东田枉、高地头、北枉。

塔石桥

养马地（打马地）、园里、财神地、牢房地（沙拉里）、太子浜、水仙鱼池。

范家门

沙子浜、徐介里、东湾里、大湾、西岗佬、姚家岗、马路头、葛家门前、河南田、东港佬、顾家屋东、水路浜、东北佬、新头地、松树坟头、扑树坟头、浜田、河西、王介谷西南佬、河西田、河南田。

汤家元

棉花田、东桥头、百旺头、坟角里、小埂圈、毛坟头、张家坟头、夹杂里、东埂老、上南头、甘蔗田、直东、大家坟、漏潭头。

陆家门

新桥头（桑地）、坟前头（上爿田、下爿桑树地）、东北佬（刺脚鱼地头）桑地、打马地（田）、长岗（茅草岗）、东长轮（地）、一亩七里（下面田，上面荒地）、河西（田）、塔石桥河南（西为桑地，东为田）、河东（马家木桥田）、河南小竹园（树地及桑地）、过西田（田）、西长坟（地）。

长浜

田：东岗、门前田、牧场门前、机耕路东、机耕路西、浜田、西喊田、后头田。

地：东南老、建松屋边、浜南、季康屋边、浜北、德荣屋前后、新开河东边、西喊田王、下王头、南田王。

大水路

田：封家场、周家大桥东面、西坟头、王家大路东面、机耕路北。

地：封家场、孝庆屋后、渠道南面、国治前后、甘枯塘、王家大路西、园鱼池、方鱼池南北、机耕路东面、西坟头。

查坟前（立新）

田：机路西、大下爿、下爿头、中爿头、上爿头、长秧田、西喊田、横爿、张家浜田、上三亩、门前田、八分头田、文浜田、鱼池田。

地：莫家园东边塘口地、山蹬、山蹬北、和尚地、北三亩、大坟里、林荣屋边、西喊地、地心里、南三分、公屋边、查坟老东面、南喊田王。

大木桥

山前头、鱼池田、沈阿七、屋居地、姚墩、地心里、德福岗、朝南田、上片田、过东田、老坟头、马头里门前南、三亩田、北三亩、河南门前地、柏树岗、王片田、新地里、小木桥头田、肖片头。

这些由一代又一代村民不断开垦并传承下来的土地资源，历经20世纪50、60年代的小规模平地和20世纪70年代中期的大规模平地，至1981年，全大队拥有水田2064.01亩，旱地1108.18亩，合计3172.19亩。是年6月，曾有过一次全面的土地资源调查。

1981年漕泾大队各生产队田地分类统计表（单位：亩）

地名	水田				旱地				耕地总面积
	水田	荡田	改土田	总面积	白地	专桑地	自留地	总面积	
张家埭	89.7	0	63.1	152.8	1.7	44	16.93	62.63	215.43
大水路	66.2	0	108.2	174.4	0.5	56.97	21.68	79.15	253.55
吕家木桥	82.29	0	95.98	178.27	2.3	49.14	17.8	69.24	247.51
孙家埭	103.76	0	63.71	167.47	8.5	59.7	23.61	91.81	259.28
长浜	60.25	11.17	32.72	104.14	1.49	37.01	14.51	53.01	157.15
大木桥	112.29	0	1.7	113.99	34.6	49.2	18	101.8	215.79
查坟前	36.63	0	28.87	65.5	4.9	29.7	10	44.6	110.1
南庄桥	48.88	0	56.78	105.66	7.01	40.76	15.05	62.82	168.48
马家木桥	60.5	5.2	55.2	120.9	4.08	47.23	15.95	67.26	188.16
双元村	107.6	4.7	74.1	186.4	11.1	66.7	26.4	104.2	290.6
张家门	22.3	0	60.7	83	9.19	0	12.74	21.93	104.93
塔石桥	34.9	0.1	74.7	109.7	1.15	37.15	13.9	52.2	161.9
陆家门	72.52	21.7	35.3	129.52	4.8	54.39	18.6	77.79	207.31
范家门	88.77	19.21	199.5	307.48	2	79.35	26.86	108.21	415.69
汤家元	60.77	19.33	43.68	123.78	10.9	38.11	17.05	66.06	189.84
良种场	0	0	21	21	0.3	3.5	0	3.8	24.8
合计	1047.36	81.41	1015.24	2144.01	104.52	692.91	269.08	1066.51	3210.52

1982年统计，全大队耕地2371.3亩，其中水田1881.1亩、旱地491.9亩；桑园724.5亩。据同年土壤普查，境内有水稻土2183.2亩，其中，黄斑田1209.71亩，小粉田127亩，壤质加土田1026.49亩；潮土1208.35亩，其中壤质叠堆土928.59亩，小粉质叠堆土297.79亩。

1983年，全大队实有耕地面积2367亩，其中集体耕地2081亩（田1880亩，地201亩），分到社员家庭有286亩（自留地238亩，饲料地48亩）。集体耕地2081亩中，有效排灌面积1870亩，机电排灌面积1880亩，旱涝保收有1870亩。

1984年测量，境内有耕地2575.9亩，其中水田2183.2亩（圩田2009.53亩、荡田173.65亩），旱地392.7亩（白地359.25亩、花白地33.45亩），桑园809.85亩，林地5.8亩（疏林地3.15亩、竹园2.65亩）。另有宅基地433.3亩（民居413.8亩、工厂用地19.5亩）、道路用地89.4亩，以及河港沟渠水塘等水域面积381.25亩（河流234.7亩、水塘14.65亩、沟渠131.9亩）。

2012年，全村拥有耕地3107亩，其中水田2430亩、旱地677亩。2015年，漕泾村耕地面积2905亩，其中水田2516.9亩、旱地388.2亩。2016年，耕地面积2907.1亩，其中水田2517.8亩、旱地389.4亩；是年农作物播种面积（含复种）4884亩，其中粮食作物1497亩，经济作物3386亩。

2015年至2019年间，村集体通过农户宅基地整理复垦和企业"退散进集"两项工作，恢复耕地百余亩。2021年，村域总面积为2.1平方公里，总土地面积为2893亩，其中水田1840亩、专桑地681亩。

第三节　土地平整与水利建设

史前时期，夏禹带领先民疏通江河，导太湖水入海，使杭嘉湖平原水灾得到平息。本地先民兴修沟洫，治平洪涝。

相传春秋战国时期，本地开始辟水造田，围圩与开河同时进行，筑圩堤，内以围田，外以围水，河道成格，圩田成方。秦汉继续开拓。

三国始军屯，推行屯田制，孙权委派陆逊率人屯垦此地，设营于距村域直线距离不足5千米的路仲。两晋，朝廷又领兵嘉兴屯田，中唐大规模屯田，展开圩区治理活动，修筑圩岸，挖河筑堤。至五代，钱镠独居东南，置营田军，设撩浅军罱河泥肥田，挑稻秆泥护桑，修围挖湖造田，开塘疏港浚河，造堰设闸，涝可泄水，旱可引水。至此，基本形成沟渠纵横，田连阡陌，桑柏相间，田、地、池交错插花分布的水田种粮、旱地栽桑、池塘养鱼立体农业结构，田地耕种完全脱离"火耕水耨"的原始状态。

入宋后，按千字文为序，自天地玄黄开始，为圩区编码，如天字圩，地字圩等，称为字圩，圩长组织修圩纳粮。宋南渡后，北方巨家侨寓于此，侵占江湖滩地，盲目围垦，不顾水道通畅，水面递减，水道阻塞，蓄泄功能削弱。

明清时期，养蚕利厚，蚕桑业崛起，毁田、平圩、种桑，地增田减，桑地趋高，水田趋低。

民国时期，战乱频繁，江河失治，河港淤浅，圩堤坍塌，形成漏水圩、靠天圩，产能低，无收入。民国三十六年（1947）3月18日，境内开始疏浚大水路、里门桥等处河道，受益农田4050亩。

1949年前后，境内田面高程最低仅3米，最高在7米（荡田）以上，大多数田面高程在5米左右，而旱地平均高程在8米左右，有的高岗高程甚至超过10米。这样的高低落差，严重影响农业生产的抗旱排涝。

1950年后，政府重视农田水利和田间工程建设。20世纪50年代，以工代赈，并圩挖沟，修堤筑坝，堵塞漏洞，设置内河造机埠，实行抽水排灌，提高圩堤建设标准。1958年，在圣帝殿建造第一座固定机埠，张继林任机埠主任，继任者为张宝财。后大队相继在张家洋、王家木桥、大水路建造三座机埠。起初以柴油发动，20世纪60年代初，大队通电后，改由电力带动机泵，大多数水田逐渐实现电力排灌。

20世纪60年代，"农业学大寨"运动发起，始以生产队为单位进行土地平整，同时大力积肥造肥、扩种绿肥、推广水稻矮秆良种、改良土壤，推行"农业八字宪法"（土、肥、水、种、密、保、管、工），建设高产稳产农田。这一时期，村境内平整土地约500亩，投工3000工，挑土上万立方米。

20世纪70年代中期，大规模开展农田基本建设，男女老少齐上阵，肩挑手提两人抬，搬高墩土，填烂水田；积肥造肥，改良土壤，建设旱涝保收良田。这一轮大规模人力平土，全大队约投20万工，平土约2000亩，搬移土方超过100万立方米。

20世纪80年代后，乡村大办砖瓦厂，毁堤开缺，卖土制砖，造成优质水土流失，多年后被制止。此时，境内地面高程下降，田地落差趋小。1983年，全村耕地为2081亩，其中有效排灌面积为1870亩，机电排灌面积为1880亩，旱涝保收为1870亩。

1983年漕泾村田面高程及其亩数测量统计表

高程（米）	3.71—3.8	3.81—4.0	4.01—4.2	4.21—4.4	4.41—4.6	4.61—4.8	4.81以上	合 计
骑塘乡面积（亩）	46.7	357.12	1722.32	2376.25	1365.53	1384.16	4384.25	11636.33
漕泾村面积（亩）	17.5	7.32	142.01	654.3	444.54	218.53	699	2183.2

1984年年底，境内有水坝2座、水闸3座。1985年后，在发展一优两高（优质、高产、高效）农业政策推动下，针对圩区排灌工程失修、设备老化、效益衰减的状况，村里利用"农综""圩专""粮专""灾后重建"等资金进行圩区整治，实施圩区治理和圩区建设工程，改造箱子田，建设高产稳产农田。

1989年，设村水利农机专管员一职，由陆关跃担任。1990年冬至1991年春，投工3.3万工，修圩堤5处，共0.219千米，开挖引水河浜850米，改建水闸1处，落河涵洞5座，拓宽排涝干渠65条，共9千米，新建节控水闸5座，新筑水泥渠道700米，共

1984年春漕泾村机电排灌设备调查汇总表

机埠坐落地址	电力灌溉				电力排涝				备注
	装机			灌溉面积（亩）	装机			受益面积（亩）	
	处数	台数	千瓦		处数	台数	千瓦		
王家木桥	1	1	13	791.3	1	1	13	791.3	灌溉与排涝分机
张家漾	1	1	20	760.65	1	1	20	2360	灌溉与排涝同机
吕家木桥	0	0	0	0	1	1	7.5	300	纯排涝机埠
双元村	0	0	0	0	1	1	7.5	300	纯排涝机埠
大水路	1	1	20	550.3	1	1	20	1050	灌溉与排涝同机
汤家元	1	1	4.5	190.55	0	0	0	0	纯排涝机埠
查坟前	1	1	4	20.4	0	0	0	0	纯排涝机埠
合 计	5	5	61.5	2313.2	5	5	68	4801.3	

完成土石3.96万方。20世纪90年代后期开始，政府主导多轮土地整理，财政资助20万元，机械化推土约5万立方米，整理土地约1000亩，调整机埠沟渠，建设稳产高产圩区。张家洋率先开始浇筑水泥渠道。1993年冬至1994年春，投入3万工和3.1万土石方，兴修农田水利工程。1995年冬，启动漕泾港圩区整治工程，吕明元、沈德金等村干部参与工程指挥。1996年，村境内新浇水泥渠道2381米，累计3742米，获乡政府补助21750元。1997年1月，疏浚大水路河道、修建涵洞以配套漕泾圩区建设（受益水田780亩），获桐乡市补助资金2万元。1998年冬和1999年春，骑塘乡政府下达给漕泾村水利基本建设的任务有：投工18780工，开挖土石方18780立方米。其中疏浚河道1条，长度1300米，土方10400方；加高加固圩堤2次，长度90米；疏通排灌干渠9000米；浇制砼渠（明渠）500米，改造张家门和马家木桥2座泵站，每座设备电压11.5千伏；修建大水路民桥1座。

1999年10月，马家木桥孙家埭区块启动土地整理（箱子田改造）。后来，全村陆续开展土地整理，土地分配以组为单位。

21世纪初，启动漕泾村农业综合开发土地治理项目，自马家木桥村部至骑漕线区块，开展大规模机械化土地整理，整理开发土地1500亩，挖土5万立方米，建成标准农田1000亩，新建泵站2座，筑U型沟渠5千米，修筑砂石路10千米，路旁绿化种植10千米。

2010年漕泾村圩区面积1964.59亩，圩堤长度7.53千米，闸站6个，泵站18个，村泵站负责人为沈伟建。2011年冬至2012年春，投资33650元，公开招标，由同兴水利工程队施工，疏浚整治漕泾港南段800米。2012年，改造大水路水闸，农田排水埋管24寸；时年全村耕地3107亩，其中水田2430亩、旱地677亩，分两大水利工程灌区，有吕家木桥和大水路2座水闸，查坟前、张家洋东、张家洋西、大水路、汤家元、朱家、马家木桥、吕家木桥、王家木桥9座泵站，泵房面积225平方米，水泵12台，装机容量179.5千瓦，配套渠道33664米，暗管1200米。

2014年，加固加高外河圩堤380米，新设U型沟渠750米，增强抗旱排涝能力。2016年，改造吕家木桥水闸，农田排水埋管20寸。在上级政府支持下，境内耕地地力开始得到保护，每年农户能获得一定标准的地力保护补贴，其中2016年的补贴为每亩160.95元。

2021年3月，启动张家洋西高效节水灌溉项目建设工程。现境内田地高低落差大为缩小，基本呈"一平如砥"的地貌景观，农业基础设施完善，形成"旱能灌、涝能排、田成方、林成网、渠相连、路相通"的标准农田格局。

漕泾村2016年水利机泵管理现状表

运行管护内容	工程名称	水泵配置			受益面积（亩）	建设时间	管理员姓名
		台数	型号	装机（千瓦）			
灌溉泵站	查坟前泵站	1	12	1/7.5	132	2011年	沈国昌
	张家洋西泵	1	12	1/13	316	2012年	徐中民
	张家洋东泵	1	12	1/13	193	2016年	沈国昌
	汤家元泵站	1	10	1/13	167	2016年	徐中民
	朱家泵站	1	12	1/13	422	2016年	徐中民
	马家木桥泵	1	8	1/7.5	102	2012年	沈国昌
	王家木桥泵	1	12	1/13	386	2012年	沈伟建
	大水路泵站	1	12	1/22	366	2013年	沈伟建
	吕家木桥泵	1	10	1/13	136	2016年	沈伟建
排涝泵站	吕家木桥泵	2	30	2/59	2864	2016年	徐中民
	大水路泵站	1	22	1/22	1122	2012年	徐中民

第四节　传统种植业

种植业，亦称植物栽培业。狭义上的农业，指的就是种植业。漕泾村境内传统上栽培的各种农作物，可分为粮食作物和经济作物。

一、粮食作物

本地自然条件优越，宜种植物多，粮食作物门类品种多，可以分为水稻与旱粮两大类。本节主要叙述水稻外的其他粮食作物。

春秋吴越时期，本地已较大面积地种植稻、粟、黍、稷、菽、麦(小麦)等十余种作物，并基本掌握了"春种八谷，夏长而养，秋收而聚，冬蓄而藏"的农事规律。

隋唐时期，耕作技术日趋精细，粮食倍增。据《至元嘉禾志》，宋元时旱粮新增豆、稗等。明清以后，大麦、蚕豆、番薯等亦相继引种入境，但蚕桑业占比渐大，旱粮面积减少，大部分白地、乌桕林地和花白桑地(桑树凋落形成)，以大麦、小麦为多，并常与豆类作物间作、套种、轮作。豆之属已有蚕豆、豌豆、赤豆、绿豆、白扁豆、大豆等。

民国时期，粮食作物仍以稻麦为主；旱粮主要有大麦、小麦、蚕豆、豌豆、大豆、番薯、玉米，其他小杂粮有绿豆、赤豆、玉米等。民国末期，开始推广纯系小麦品种，亩产量有所提高；旱粮总产量约占粮食总产量的五分之一左右。

20世纪50年代初期，白地旱粮生产仍沿袭传统方式，以省工、省力、省肥的豆类作物为主，多与经济作物间作、套种或混栽，水田春粮占比渐大。1957年始，农业强调"以粮为纲"，水田逐渐改单季稻为双季稻，绿肥花草和蚕豆的种植面积扩大，旱地改低产作物为高产作物，压缩大豆种植面积，扩种番薯。1959年，普遍实行三熟制（以产麦子、菜油、豆类为主的春花、以产籼米为主的早稻、以产粳米和糯米为主的晚稻），是年漕泾晚稻种植已有2016亩。1971年后，大麦面积逐年扩大。

1983年，境内粮食播种面积4945.8亩（全年复种面积），单产636斤，总产量3146730斤；政府下达境内粮食分配总量3178730斤，统一经营和承包经营生产粮食3158730斤，社员自营生产粮食20000斤，交售国家粮食795355斤，其中属于征粮的有166845斤。1985年，全村年产粮食299万斤。

从1953年开始直到1992年，我国实行了长达39年的粮食计划收购和供应（统购统销）。在此期间，粮食生产一直由国家政策控制，集体和承包户家庭都得执行粮食种植面积和种植品种的管控，并按上级下达的任务指标缴售公粮，俗称爱国粮；完成公粮任务前提下，才能分粮到户，人们凭粮票购买粮食及其制成品。

1991年，漕泾村获桐乡县粮食生产先进集体。1992年后，粮食生产放开，实行国家政策指导与市场调节相结合的政策。境内早稻面积减少，麦—稻—稻三熟制面积大幅减少，经济作物占比增大。2000年后，境内耕种面积进一步萎缩，传统种植业逐步为现代农业所替代，普通农户已逐渐不种水稻，连经济作物种植也大为减少，代之而起的是承包大户的大棚专业种植和家庭农场。

2005年，晚稻1600亩，单产520公斤，总量832吨；小麦30亩，单产267公斤，产量8吨；大麦30亩，单产267公斤，产量8吨；玉米5亩，单产450公斤，产量2吨；其他谷物5亩，单产250公斤，产量1吨；大豆90亩，单产255公斤，产量23吨；蚕豆50亩，单产200公斤，产量10吨；杂豆20亩，单产240公斤，产量5吨；山薯50亩，单产715公斤，产量72吨。此后，粮食作物种植逐年减少，2018年秋季农作物播种面积仅768亩。近年来，全村种植业面积有所回升。2019年增加至1126亩，2020年经济作物种植面积为3515亩（含套种）。

大麦

春花之一，别名牟麦、饭麦、赤膊麦，与小麦的营养成分近似，但纤维素含量略高，属禾本科，一年生，秆粗壮，光滑无毛，直立，叶鞘松弛抱茎，多无毛或基部具柔毛，两侧有两披针形叶耳，叶舌膜质，具坚果香味，碳水化合物含量较高，蛋白质、钙、磷含量中等，含少量B族维生素，多充作饲料。大麦麦秆柔软，多用作柴灶燃料和牲畜铺草，也大量用作粗饲料。大麦种植以大田为主，20世纪60—70年代，本地曾广泛种植。一般从晚稻收获后，稻田里就要翻垦麦楞，撒播麦种。春末收获后，就要拆麦楞，再灌水做成秧坂田。

小麦

属于越冬作物，秋种春收，旱地种植，为主要春粮。南宋初年，北方人大批南迁，小麦栽培迅速扩大开来。到明代《天工开物》记载，江南已遍种小麦，且在粮食生产上占据重要地位。明代诗人沈明臣描绘南沙渚塘两岸"野雉低飞麦浪齐"。至20世纪80年代，本地仍有种植。小麦的颖果是人类的主食之一，磨成面粉后可制作面包、馒头、饼干、面条等食物；发酵后可制成啤酒、酒精、白酒等。小麦富含淀粉、蛋白质、脂肪、矿物质、钙、铁、硫胺素、核黄素、烟酸、维生素A及维生素C

等，深受本地民众欢迎。2016年境内还有小麦30亩，总产麦子8吨。

蚕豆

属粮食、蔬菜和饲料、绿肥兼用作物，分大粒型和小粒型两大类。大粒型通称牛踏扁，粒大、瓣阔，有青皮、白皮之分，以白皮为佳；小粒型品种，通称桐乡小青豆，俗称"香珠豆"，有青皮、白皮和紫皮三种。民国时期至20世纪60年代，小青豆为当家品种。20世纪70年代起，引进慈溪香珠豆、平湖牛踏扁等，但面积甚少。2002年引入慈溪大白蚕。2007年仍以桐乡小青豆为主。

大豆

即黄豆，古时称菽，俗称蔓豆，是粮食、蔬菜和饲料、绿肥兼用作物。多开白花，嫩豆青色，老豆黄色，可制作成嫩蔓豆汤、酥黄豆、炒黄豆、豆黄字等，有的当菜，有的当饭，有的作零食。用老黄豆加工而成的豆制品，有豆腐花（脑）、豆腐（有老嫩之分）、豆腐干、油豆腐、素鸡等，营养上乘，是本地民众餐桌上不可或缺的素菜。明清时境内已有种植，既植于成片白地和花白桑地，也种在路边、岗滩等边角地带。既可用豆钎、豆柱点浅坑播原豆，也可集中育苗后移栽别处，好管理，有早熟、中熟、晚熟之分，晚熟的俗称迟蔓豆。2018年，全村种植大豆115亩。

番薯

又名甘薯，俗称山茹，块根、红皮、白芯，质脆味甘，煮熟烂软，亦可生食，是老少皆宜的主要杂粮品种之一，亦作家畜饲料，还可加工成粉丝等菜肴和薯条、薯饼之类零售。境内明代开始种植，民国后大规模栽种，20世纪60、70年代，境内种植达到高峰。农户将分到的番薯切晒成干，上交国家粮库以备战备荒。1980年后，种植面积呈波动式下降。1989年只有山薯70亩。2016年，村内种植115亩，总产量72.8吨。

玉米

又名玉蜀黍、黄粟等，原产拉丁美洲，元代境内已有种植，但面积不大，以田头地角种植或者与其他作物套种。明万历《崇德县志》载："物产：稻、黍、麦、菽、麻，其中黍包括粟米(小米)、黄粟(玉米)、芦穄粟(高粱)。"大队时期，农户自留地稍有套种。改革开放后，仅在房前屋后少量种植自食，后专业大户成片种植出售。2018年全村夏种玉米53亩。

高粱

境内高粱俗称芦稷粟，旧时不作人食，仅喂鸡鸭；脱粒后的秆梢用来编织扫帚。另有一种甜高粱，俗称甜芦稷粟，可作零食。这两种高粱境内农户长期来一直零星套种。

其他小杂粮

泛指生长期短、种植面积少、种植方法特殊，有特种用途的多种粮豆，包括豌豆、绿豆、赤豆、豇豆、芸豆、小扁豆、马铃薯等，大多属粮食、蔬菜和饲料、绿肥兼用作物，境内一直以来均有种植，但量不大。1989年，有大豆80亩。2016年，种植杂豆163亩。2019年，种植土豆11亩。

漕泾村2016—2019年间部分年度各类粮食作物种植情况表

粮食作物分类	2016年			2018年			2019年		
	播种面积（亩）	亩产（公斤）	总产量（吨）	播种面积（亩）	亩产（公斤）	总产量（吨）	播种面积（亩）	亩产（公斤）	总产量（吨）
1.谷物	758	1645	399.5	484			823		
单季晚稻	602	561	337.5	431			769		
小麦	30	267	8						
玉米	92	452	41.6	53			54		
其他谷物	34	365	12.4						
2.豆类	348	417	79.4	115			114		
大豆	285	239	68.2	115			114		
蚕（碗）豆	63	178	11.2						
合计	1106	2062	478.9	599			937		

二、经济作物

村域属"百花地面"，盛产各式作物，有蚕桑、蔬菜、油料、芝麻、花生、杭白菊、晒红烟、棉花、麻类、药材、果蔗、菌菇等。

20世纪50年代以前，境内除蚕桑和油菜以外，其他经济作物占比不大，基本以自产自用为主。20世纪60年代贯彻以粮为纲方针后，蚕桑和油菜外的其他经济作物比重更低，甚至把农户自留地上的许多经济作物当作"资本主义的尾巴"清除了。改革开放后，农户逐渐加大了经济作物种植比重。1985年，全村共产油菜籽1704担，络麻1414担，榨菜21000担，鲜蘑菇240担。

21世纪后，蚕桑和油菜作物种植面积大幅下降，但经济作物新品种不断涌现，商品属性越发明显，各种"名、特、优"农产品占据主导地位。2011年，利用土地流转新增扩建无公害蔬菜基地150多亩，新建葡萄园100亩，菊花65亩。2016年，全村经济作物（含复种）3387亩，2019年3181亩，2020年3515亩。其中，2018年果园种植面积392.61亩，含柑橘园1.87亩，梨园5.92亩，桃园35.86亩，李子园1.25亩，枇杷园28.64亩，柿子园1.79亩，葡萄园277.9亩，其他果园39.38亩；年水果总产量689.24吨，含柑橘2.01吨，梨7.07吨，桃8.21吨，李子0.8吨，枇杷1.84吨，柿子2.79吨，葡萄486.67吨，果用瓜154.4吨，其他水果25.45吨。

漕泾村2016至2019年间部分年度各类经济作物栽种表

粮食作物分类	2016年			2018年			2019年		
	播种面积（亩）	每亩单产（公斤）	总产量（吨）	播种面积（亩）	每亩单产（公斤）	总产量（吨）	播种面积（亩）	每亩单产（公斤）	总产量（吨）
1. 油料	387	190	73.4	368		69.71	584		113.59
油菜籽	378	190	71.9	359	190	68.21	575	195	112.13
芝麻	9	167	1.5	9	167	1.5	9	140	1.26
2. 棉花（皮棉）	126	144	18.1	125	145	18.13	122	123	15.01
3. 药材类	7	200	1.4	6	200	1.2	6	195	1.17
4. 蔬菜（含菜用瓜）	1791	2587	4633.5	1718	2560	4398.08	1693	2549	4314.18
5. 果用瓜	66	2339	154.4	73		167.22	102		
西瓜	32	2500	80	31	2500	77.5	33	2500	82.5
甜瓜	34	2188	74.4	32	2188	70.02	49	2188	107.21
草莓				10	1970	19.7	10	1970	19.7
其他							10	2600	26
6. 花卉园艺	877			779			909		
观赏和绿化苗木	552			611			909		
草皮	325			168					
7. 其他作物	133			104			100		
饲料草	99			71			69		
菊花	7	200	1.4						
其他	27			33			31		
合计	3387			3173			3516		

境内曾种植少量水生植物，主要有茭白、莲、藕、菱、芡实、芋、荸荠、慈姑、菖蒲、艾叶等。沿河岸还种植菰、芦等植物。现栽种苗木（香樟等乔木和紫薇等灌木）、草皮、药材、果蔗、花生、杭白菊等。

蔬菜作物

宋时，本地已呈现"桑下春蔬绿满畦，菘心青嫩苔芥肥，溪头洗择店头卖，日暮裹盐沽酒归"的景观。至元代，列入《至元嘉禾志》的常见蔬菜有"菘、芥、葱、韭、薤、蒜、荠、芹、苋、蒿、生菜、甜菜、苦荬菜、莴苣、芦菔、菠菠、葫芦、冬瓜、藕瓜、茭白、茄、笋、胡萝卜"等。明末清初，境内蔬菜栽培技术渐趋成熟。民国后，蔬菜花式品种有所增加，但村境内仅房前屋后、路边地角种植，多为自产自食，少有上街零卖的。

1949年后，蔬菜栽种规模依然不大，农户仅在自留地少量种植，自家食用；集体在桑树地里套种些榨菜、白萝卜、大头菜、红薯等，也种植生瓜、啄瓜，每年派社员摇船外出售卖。改革开放后，扩大蔬菜种植面积。1985年，全村收获鲜榨菜21000担、鲜蘑菇240担。1989年，蔬菜复种1020亩，其中榨菜有11000担。20世纪90年代后，蔬菜生产逐渐步入基地化、大棚化、标准化、产业化发展阶段，榨菜、大头菜、瘤芥菜、小黄瓜和多种叶菜及其水干两式的腌制品等成为农民增收的重要产业。2000年后，本地农业龙头企业积极开发无公害农产品、绿色食品，涌现出一批畅销国内外市场的名优蔬菜产品。2005年，复种蔬菜1616亩，单产2650公斤，产量4282吨。2010年，桐乡市成顺食品有限公司在村域和周边湘庄、骑力、龙南收购鲜榨菜420吨。2018年，全村夏种蔬菜242亩，秋种蔬菜113亩。

蔬菜种类繁多，境内有九大类：根菜类，主要是萝卜、胡萝卜（又称丁香萝卜、洋花萝卜）、大头菜、生姜、藕、蕉藕等；茎菜类，有慈姑、茭白、莴苣笋、竹笋、芦笋等；叶菜类，有青菜（俗称太湖菜，另有一种为矮脚太湖菜，油冬儿菜）、大白菜（俗称胶菜）、小白菜、毛毛菜、芥菜、黄芽菜、苋菜、菠菜、瘤芥菜、蒿菜、芹菜、包心菜（有平头、尖头两种）、雍菜（俗称空心菜）、芫荽（俗称香菜）等；花菜类，即花椰菜，有青绿色（西兰花）和淡黄色（花球菜）两种；果菜类，有茄子（有长形和灯泡型两种，紫黑色）、番茄、辣椒等；豆菜类，有豌豆（有紫花和白花两种）、豇豆、芸豆（俗称四季豆）、扁豆（俗称羊眼豆）等；瓠果类，有南瓜、冬瓜、丝瓜、葫芦（俗称地蒲、活芦）、瓠瓜（俗称长葫芦）等；薯蓣类，有芋艿（有紫梗、青梗、白梗等）、马铃薯（俗称土豆）、洋芋艿（形似生姜，多年生，多见于醪沼棚、醪沼替附近）等；葱蒜类，有小葱、大蒜、韭菜、韭黄（俗称韭芽）、洋葱等。

2020年，本地民众能够食用到的大宗蔬菜有叶菜类、根菜类、白菜类、甘蓝类、芥菜类、葱蒜类、茄果类、瓜类、豆类、薯蓣类、水生蔬菜类、多年生蔬菜类、野生蔬菜类和食用菌类等14类，300多个品种，而且有些属于反季节蔬菜，大棚能全年种植。

瓜果作物

长期以来，境内瓜果种植不成规模，多为房前屋后或天井里零星栽种，品种也不多，主要有枇杷、枣子、桃子、梨子、梅子、李子、橘子、柿子、石榴、葡萄、黄金瓜、啄瓜（雪代瓜）、黄瓜、西瓜等，自食为主，少有零卖的。生产大队时期，集体仅种植少量生瓜、黄金瓜、啄瓜，农家私自栽种的更少，而且那时百姓亦少有吃水果的习惯。20世纪80年代后，瓜果种植开始扩大，品种亦增多，有甘蔗、梨子、葡萄、草莓、猕猴桃等。20世纪90年代后，瓜果生产进入快速发展期，且呈现出生产基地化、销售商品化、品种多元化、设施大棚化、时间反季节化等特征，涌现出不少瓜果专业栽培大户和家庭农场，如张德庆、施志强、陈全林、陈全明等是葡萄种植大户，沈海波是黄桃种植大户。2005年，村内种西瓜5亩，单产2750公斤，产量14吨；甜瓜10亩，单产2600公斤，产量26吨。2018年全村种植瓜果65亩，其中西瓜32亩，啄瓜33亩。同时，村民也开始注重吃瓜果，且日趋日常化、多元化、品质化。

黄瓜：也称胡瓜、青瓜，是葫芦科一年生蔓生或攀缘草本植物。茎、枝伸长，有棱沟，被白色的糙硬毛。卷须细。叶柄稍粗糙，有糙硬毛；叶片宽卵状心形，膜质，裂片三角形，有齿。雌雄同株。果实长圆形或圆柱形，熟时黄绿色，表面粗糙。种子小，狭卵形，白色，无边缘，两端近急尖。秧苗长至尺许，需搭架子让其攀缘生长。境内旧时农户房前屋后多有栽种，但自食为主。20世纪90年代前后曾有农户规模种植小黄瓜，用于出售青货及其腌制品。

香瓜：义名"甜瓜""白啄瓜"等，是葫芦科黄瓜属一年生蔓性草本植物，叶为心脏形。花单性，黄色，雌雄同株。瓜呈球形，皮色黄、白、绿皆有，夹杂各种斑纹。果肉脆或绵软，味香而甜。境内早有栽培，但量不大，且作鲜果食用。改革开放后有专业户扩大种植并出售。近年来，境内保有30亩以上。

油料作物

分为食用和非食用两类。本地食用油料作物以油菜为主，芝麻、花生为辅；非食用油料作物主要有棉花籽、乌桕籽、蓖麻籽。前者加工自用，后者采摘后出售给专业油坊。集体生产时，前者种植面积较广，主要缴售国家，后者日趋减少。改革开放后，农户个体种植前者的越来越少，后者则早已绝迹。

油菜：又叫油白菜、芸薹等，一年生草本植物，茎直立，分枝少，色深绿，帮如白菜，属十字花科白菜变种，花朵黄色，株高30—90厘米。境内曾广泛种植，现仍有零星栽种，一般为晚稻收割后，翻垦大田，浅楞浅沟，用种刀种下油菜秧，清明前后油菜开花。收割时先斫起或拔起菜梗，多日后趁天晴捻出油菜籽。1985年，全村尚产油菜籽1704担。1989年油菜种植598亩。2005年，油菜种植300亩，单产300公斤，产量48吨。

芝麻：又名脂麻，是胡麻的籽种，被称为八谷之冠，属一年生直立草本植物，高60—150厘米。芝麻籽含油量高达55%，榨出的麻油、胡麻油、香油，气味醇香，生用、热用皆可。境内20世纪60年代前，有零星种植，面积不大，主要用于自食。2018年全村芝麻种植仅9亩。

棉花

棉花是锦葵科棉属植物的种子纤维，植株呈灌木状，高一般为1—2米，花朵乳白色，开花后不久转成深红色，然后凋谢，留下绿色小型的蒴果，称为棉铃。棉铃内有棉籽，棉籽上的茸毛从棉籽表皮长出，塞满棉铃内部，棉铃成熟时裂开，露出柔软的纤维。纤维呈白色或白中带黄，长约2—4厘米。明清至20世纪70年代，境内一直种植棉花，汤家元还有"棉花田"地块名，王家墙门头和圣帝殿加工厂曾有棉花加工机器。不过，境内棉花种植不成规模，仅农户自留地上零星种植，主要用于自家摇纱或弹絮。进入21世纪后，境内棉花专业户恢复种植棉花，且引进彩棉。2016年至今，境内基本保有棉花125亩左右。

麻类

学名黄麻，是一年生草本韧皮纤维作物，其纤维白而有光泽，吸湿性好，散水快，是制作麻袋、麻布、纸张、绳索等的主要原料。一般四月下旬套种在麦子和油菜田的堘里，等到春花收割后，络麻苗也已长叶，十月初络麻开始成熟。拔麻后，两人合作夹麻，再将麻骨与麻皮分离开来，麻骨当柴，麻皮浸水，俗称"剥络麻"。麻皮浸泡十多天后汰洗，晾晒后变成白色麻纤维，俗称"麻筋"。境内曾长期种植麻类植物，20世纪70年代种植规模在200亩上下，麻筋由供销社收购。1985年，全村尚产络麻1414担。1989年络麻尚有80亩。此后，络麻种植渐趋消失。

乌桕

原为境内著名经济林之一，属大戟科落叶乔木，高约15米，兼具经济、药用和园艺价值。木质优良；籽粒外皮之蜡质称为"柏蜡"，可提制"皮油"，制作高级香皂、蜡纸、蜡烛等；籽仁榨取的油称"柏油"或"青油"，供制作油漆、油墨等用；由蜜蜂采制的乌桕树花蜜具有清除自由基、抗辐射、抗氧化、防衰老等功效；乌桕树对有毒气体有较强的抗性；入药常用于治疗疥疮、湿疹、皮肤皲裂、水肿、便秘等。境内有少量野柏，更多的是经嫁接而种植的"家柏"，栽种历史悠久，20世纪60年代以前，村域处处有乌桕，秋末冬初时，村民以专用柏钩铰摘下来出售。可惜1958年后渐遭砍伐，现已绝迹。

花木

旧时，境内除人工栽种成片桑树外，大量草木皆自然生长于农家房前屋后、田边地角、路旁渠岸、荒场白地和坟场等，树种杂乱。1949年后，植树造林曾大起大落。20世纪50年代末，以经济林为主，高速度绿化造林，漕泾生产（大）队按上级要求成立绿化领导小组，大搞"七边"（河边、沟边、路边、塘边、宅边、渠道边、坟墓边）植树。20世纪60—70年代，绿化造林让位于粮食生产，连野生树木也遭严重砍伐。20世纪90年代后，境内始有苗木花卉专业种植户，如杨美玲、张春飞、方伟杰等。2005年，有苗木90亩。2012年，境内有香樟、柏树、樱花、水杉、湿地松、柳树、桂花、珊瑚等5厘米以上乔木19954株，还有大量的紫薇、女贞、黄杨、月季、海桐、红花檵木等灌木。2013年，投资高桥镇绿化公司16万元，又成立漕泾村苗木专业合作社。2016年，全村有花卉、苗木19亩，2018年新增林地33亩、草皮71亩。2019年，夏正安种植苗木100亩以上，杨凤鸣种植苗木200亩以上。2021年后绿化造林又有所缩减。

菌菇

菌菇种类繁多，本地主要有香菇、金针菇、茶树菇、杏鲍菇以及猴头菇等品种，20世纪80年代后始有规模种植。1989年，村内曾产鲜蘑菇约1500公斤。21世纪后，境内少有人种植。

中药材

本地历史上一直少有人工种植的草药，但自然生长的草药却很多，民众有时会采摘挖掘草药，出售给中药店或自备自用，境内草药有车前子、蛇床子、地肤子、女贞子、艾叶草、铜钱草、鱼腥草、薄荷草、益母草、荠菜草、地锦草、过冬青(夏枯草)、马兰头、马齿苋、茅草根、何首乌、金银花、蒲公英、吴茱萸、千里光、老鹳藤、橘子皮等。此外，民众还会根据药膳同源，从动植物中寻找药用价值，如桑椹、桑白皮、蜂房、蜂蜜、蜂蜡、蚕蛾、蚕沙、僵蚕、蛇蜕、蝉蜕、蚕蜕、乌梢蛇、斑猫、龟甲、鳖甲、牡蛎、水蛭、蜈蚣、白颈蚯蚓、生姜、芍药、木瓜、杜仲、辛夷、石榴、松脂、三七、花椒、桂皮、枸杞子、槐花子、凤仙子、地骨皮等。

第五节　传统养殖业

一、养殖概况

境内养殖业以饲养羊、猪、牛、兔、犬、猫、鸡、鸭、鹅为主。距今7000年左右的新石器时期，本地先民已从事猪、犬、羊和牛等的驯养。春秋战国时期，牛、羊、犬、鸡、豕等"六畜"饲养基本齐全。唐代，采取官民并举的方法发展养殖业。宋代，畜禽饲养发展较快。明末清初，境内猪、羊、鸡、鸭养殖业有较大发展，以羊、猪为多。民国前期，农民养猪、养羊数量有较快增长，尤以养羊较为普遍，以增积畜粪肥田为主。抗日战争时期，畜禽饲养时兴时衰，但总体数量上呈锐减之势。抗战胜利后，虽有所恢复，但发展缓慢。

1949年后，养殖业空前发展，截至20世纪80年代，境内农户家庭大多养猪养羊，平均猪存栏2头、羊存栏6只，在出售获利的同时，从生产队里获得因提供栏肥而予以的畜牧工分。

1958年，圣帝殿附近建起集体畜牧场，有猪棚56个，猪136头，由丰叙金分管，副队长苏清源任场长，共有饲养员28人，其中党员5人、团员7人，分2个饲养组和3个饲料生产组。后又发动当地土木工12人、打草荐（草席）妇女32人、打墙做棚男劳力24人，从"五日至十二日的七天中新建草棚10间、猪棚40个、增猪111头"，共有猪棚96个，猪247头，其中母猪134头、公猪2头、肉猪3头、小猪108头，备有专用饲料地60亩。1959年，书记挂帅，干部分工，大办牧场，"4月养猪405头（其中母猪36头），到10月底，增到902头（其中母猪297头），生猪总头数翻了一番"，其中，公羊从30头增至300头。漕泾大队畜牧场曾是桐乡县畜牧业先进集体，其做法和经验曾多次被县里报道。1959年《桐乡日报》有《漕泾港大力开展养猪"五全"（全配、全孕、全生、全活、全壮）运动》《建立"六定、一奖、三查、四报告"责任制》《漕泾队畜牧生产高速跃进》等系列报道，为此，大队还获县里奖赠的20吨木船1只。1962年前后，15个生产队亦办起畜牧场。大水路畜牧场有猪舍12间左右，养猪40多头。有的生产队畜牧场最多时养猪超过100头。20世纪70年代中期，集体畜牧场先后关闭。

改革开放后，家畜家禽养殖以农户家庭为主。1982年，县食品公司高桥食品站在公社管委会监证下,与漕泾生产大队签订生猪派购任务书,全年派购生猪1740头。1985年,全村生猪2526头、家禽5531羽,兔5230只,湖羊年终存栏3794头。此后,国家放开猪肉购销价格,受劳力紧张、肉价低廉等因素制约,养殖户数剧烈锐减,饲养总量持续下降。直至20世纪90年代后,猪肉价格极速上升,养猪效益明显提高,境内出现吕乾松等养猪大户,逐渐呈现专业化、规模化、商品化、机械化、高端化发展。

21世纪后,随良种繁育与推广、饲料生产与加工、畜禽防疫灭病及配套服务网络等体系的建立和完善,专业生态养殖业加快发展。2005年,生猪年末存栏579头,羊存栏3294只,小湖羊皮2250张,家禽存栏2620只,出栏3800只,兔存栏919只,出栏747只,兔毛400公斤。

1958—1960年漕泾畜牧生产情况多次被报道

2011年,境内有养鸡场7家,共占地11400平方米,房舍7800平方米,当年出栏395039只,年末存栏101229只。而普通农户因劳动力、棚舍等因素,畜禽饲养量日趋萎缩。2015年,落实"三改一拆"和"村庄整治",境内不再饲养生猪。2016年,全村年末存栏羊3399只,家禽6766羽,兔子81只。2020年后,政策调整,允许农户养猪,但境内仅张建林等人恢复养猪。

二、养殖门类

境内传统养殖业,主要有四大门类:一是家蚕(详见《蚕桑》一章),二是家畜,三是家禽,四是水产。

羊

以湖羊为主,源自蒙古羊。境内从前农户家家都有"羊棚头",挖坑为棚,一棚两三只,甚至五六只,有些农户还不止一棚。养羊目的有四:一是积肥,棚底垫稻草柴(糠),积成"羊勒湿";二是剪毛,春季剪一次,毛优价高;三是剥皮出售,尤其是小湖羊皮享"软宝石"之誉,颇具经济价值;四是宰杀食肉,羊肉细嫩、味道鲜美,营养价值极高。多数农户有雄羊,自行"赶胎",自行接生。湖羊多食青草,亦食水草,杂以菜叶、番薯藤、蚕沙、枯桑叶、豆荚壳、稻草等;冬季,以干草、枯桑叶、稻草柴为主。生产大队时期,大量养羊,需要大量草料,斫羊草成为那时村民集体生产劳动之余的家庭任务，更是当年乡村少儿与读书同等重要的"功课"。

明末清初，境内盛行养湖羊。20世纪30年代，附近市镇已设羊行，湖羊交易频繁。日寇全面侵华后，本地小湖羊皮出口受阻，饲养量减少，战后略有恢复。1949年后，养羊业得到较快发展。1957年第一次调高羔羊皮收购价格，当年饲养量猛增。"大公社"期间，社员将私养的羊集中到公养，不久恢复分户饲养。1985年，全村年终羊存栏3794头。1989年全村羊存栏1330头，2003年规模化养羊的只有1户，当年出栏130头。2016年全村羊出栏3787只，出售小湖羊皮4633张，出售羊肉79.5吨，出产绵羊毛3.8吨；年末存栏3399只。2018年第二季度境内羊存栏3377只，出栏233只。2020年境内羊出栏3695头。境内沈祥荣、陈明祥等曾经或仍旧规模化养羊，吕建良和朱伟国养羊均在百头以上。

猪

民国初期，养猪渐多。1938年后，境内养猪显著减少。1949年后，政府重视畜牧业发展。20世纪50年代后期至70年代中期，境内肉猪公私并养，大队、小队皆办养猪场，几十头至数百头不等，集体养猪场内还养有公猪、母猪，自行繁殖。实行家庭联产承包责任制后，受经济结构调整和猪肉市场价格起落影响，饲养量时增时减，期间有过养猪大户。1989年全村饲养生猪3610头。2003年规模化养猪的有2户，当年出栏540头。2015年，政策导致境内不再饲养生猪。2020年政策允许后，境内仅张建林等人恢复养猪，大多农户已放弃养殖生猪。

从前农家养猪，一是为了积猪粪肥田，二是为了过年过节杀猪食肉，都采用猪棚圈养，一般与羊棚相邻，砖石铺棚底，内置石猪槽，粪口连茅坑，每个猪棚约4—5平方米，养2头左右。苗猪（小猪）从养有母猪的人家或附近市镇小猪行里花钱购来，喂以米糠、柴粮、麸皮、豆饼、豆糟、蚕豆、南瓜和剩饭剩菜等食，大半年后出售或屠宰。20世纪80年代前，毛猪一般出售给食品公司，每头价格50元上下；百姓再从肉店偶尔"断"（方言音dàn）肉改善伙食，坐臀肉每斤0.72元；过年前也有私自杀猪的，处理后净重百来斤，自家或邻居分而腌成咸肉，主人家烧煮猪血肝肠并分赠本族人家各一大碗；秋冬摆酒人家，当家的特意提前多养一两头，雇人屠宰（也包括杀羊），用硬柴火红烧酥肉于大铁锅中，色香味俱佳。大水路等地，在畜牧场时期亦曾因生猪下派任务已完成，到年底屠宰后分派给社员个人，每家每户能分到2斤左右的猪肉。

狗

农户养狗,功能仅限于看家护院。一般从别家狗窝里讨得狗崽,一直养到老死为止。如为母狗,一旦下崽,也多送人。如今有农户亦养宠物狗。

猫

村上几乎每家每户都饲养猫,甚至不止一只,主要用来捕捉屋内老鼠,守护米囤豆袋。如今仍多有养猫,主要用来玩乐。

家禽

境内农户历来饲养家禽,以鸡、鸭为主,鹅次之,多为各户单独饲养,白天放于户外,傍晚进入鸡棚、鸭棚,略补充些谷物饲料,饲养周期较长。饲养家禽主要为了生蛋,农家一般于清明前后自孵苗鸡,秋冬可生蛋,用来招待客人,做蛋汤,或者自家食用,煎、蒸、焙、红烧皆可,若有多余的,可到街市上出售或换物。20世纪60年代,境内农户普遍养殖鸡鸭,但饲养量相当小,平均每户养鸡约三只,养鸭不到一只。20世纪70年代,家禽饲养被当作"资本主义尾巴"严格控制,常年饲养量不能超过人均一只。20世纪80年代初,引用"配合饲料"饲养家禽,饲养量迅速增加。1985年全村饲养鸡、鸭、鹅等家禽5531羽。1989年有鸡、鸭、鹅8100只。20世纪90年代后,境内陆续出现家禽饲养大户,其中秦纪红、陈玉斌、徐素琼、向继堂、屠家宝、沈汉根、杨正祥、马洪江、杨正乔、陈孝华等饲养肉鸡均在5万只以上。2016年,全村出栏鸡774832只、鸭20381只、鹅28只,出产禽肉1192.9吨,出产蛋34吨;年末存栏肉禽4966只、蛋禽1800只。2018年第二季度,全村家禽存栏182639只,出栏141793只,禽肉出售226.9吨,禽蛋出售5.8吨。2020年全村出棚家禽439443只。

兔

民国时期,境内农户养兔数量甚少,主要饲养品种为中国白兔(俗称草兔)。20世纪50年代,开始引进皮用兔和毛用长毛兔,饲养方法为圈养或整棚散养,饲料以青草为主,搭配糠、麸、豆、谷类等精料。20世纪60年代,全村饲养家兔不到100只,均为社员私养。20世纪70年代后期至80年代中期,兔毛外销量增加,促使兔毛价格上升,农户养兔积极性提高,约半数农户养兔,朱爱康、张大龙等规模化养兔。1985年全村养兔5230只。稍后,随着兔毛价格暴跌,大量农户放弃兔子饲养。1989年养兔1100只。2003年有规模化养兔户1户,出栏獭兔350只。2016年,出栏121只,存栏不到100只,出产兔肉0.3吨。2018年第二季度,全村兔子存栏仅81只,出栏亦仅23只。2020年，全村出栏兔106只。

水产

境内有塘、港、浜、漾、池等自然水域，还有稻田鱼塘等人工水域，有野生水产，也有人工饲养的鱼，但渔业比重不大，主要有鲢鱼、鳙鱼、青鱼、草鱼、鲤鱼、鲫鱼、鳊鱼、白鲦、黑鱼等。其它鱼类有鳜鱼（桂鱼）、鲶鱼、鳑鲏、鳗鲡、黄鳝、泥鳅等。除鱼类外还有鳖（甲鱼）、河蟹、龟、虾、螺蛳（田螺）、河蚌、蚬子等。此外，境内旧时尚有水獭、水貂等水兽和野鹅、野鸭、鹁鸠、鹭鸶、野塘鹅、鸥、鸳鸯、水雉、摸鱼鸟（鸬鹚）等水禽。

1978年前，境内没有专业养鱼、捕鱼的传统，鱼类多为野生，任人捕捉。春、夏、秋季下雨天，会有部分河浜鱼逆流游进沟渠圩田，村民趁机捕鱼捉蟹；春夏之际，村民夜间提着灯照鳝抓蛙，上街售卖换取零用钱。集体生产时期，各个生产队均有池塘养鱼，多为鲢鱼、鳙鱼（花鲢）、草鱼、青鱼等鱼种，春季放入鱼秧，撒以鲜草或粪便喂食，年底（有的隔年）抽干池塘捉鱼，然后以计重或点个儿摸号方式，分给社员家庭过年食用。此外，偶有村外渔夫划着鸬鹚船，载着"摸鱼公"（鸬鹚）来境内河道"衔"鱼。

改革开放后，境内始有人将承包田改为鱼塘，专业养殖水产，如苏建国养殖甲鱼等。1989年，全村内塘淡水水产类有14300公斤。2005年，水产品产量9吨。2016年，境内池塘养鱼33.5亩，其中草鱼2.5亩，产量2.3吨；鲢鱼3亩，产量2.2吨；甲鱼28亩，产量17.5吨。

第六节　现代农业

21世纪后，在党和政府的指引和支持下，境内农业综合开发项目和土地综合整理工程得到了各级财政等部门的大力资助，传统农业向现代农业转型发展。

村两委根据"调粮、扩经、增养、提效"总体思路，逐步推进农业生产的区域化布局、专业化生产、产业化经营，同时加快发展高效生态农业。2010年后，以设施农业为特征，以良种化、规模化、集约化经营方式为重点，实现了生产、加工、销售一体化，从而推进了标准化农业发展，达到了农产品质量与效益双增长。在这一进程中，村内专业承包大户不断涌现，出现农业企业和家庭农场，现代化农机农具改变传统农业生产方式，大幅度提升农业生产效率，再加上现代经营，让农业生产有了更大的经济效益和社会效益。

2015—2016年，漕泾村参与实施高桥综合农业开发项目，新建泵闸站及相关建筑物，新筑U型沟渠和生态护岸，新建高效节能微喷灌区，新铺设砂石路面和水泥路面机耕路，配套建设农田林网，种植防护林。

2020年后，加大投资，陆续开建农产品冷藏保鲜库2000平方米，实施100亩葡萄基地提升项目，修筑镇级公路长达12.5公里（含整治境内南庄桥和龙南星石桥两个村民小组）。2021年，新建大木桥43亩大棚。

现代农业发展，离不开现代农业综合设施建设和设备配套。境内农业设备主要包括：玻璃连栋温室、塑料连栋、塑料大棚、人造光照、田园管理机械、冷藏保鲜库、节水灌溉（含喷滴灌、管道输水，渠道防渗及节水设备与技术）等。这些现代农业设备主要由张德庆（水果）、海云（水果）、朱伟国（畜牧）、吕建良（水果）等人的家庭农场筹资购置，并得到上级资助。如2010年3月，推广省经济型喷滴灌技术时，漕泾村建设无公害蔬菜基地喷灌项目100亩，省内补助2万元。

张德庆家庭农场，2014年1月24日创建，地址在高桥镇漕泾村张家门组，主要经营范围为果树的种植和水果的零售，农场以葡萄、草莓、小番茄、甜瓜等果蔬为主。2020年花费32万元，购买安装了海宁环感信息科技有限公司研发的一款智慧农业服务云平台，包括13个温室大棚和联栋棚，加装了160个卷膜器，统一铺设喷滴灌设施，通过手机客户端可远程操控大棚开关和喷滴灌开头，实时查看每一个温室大棚内的情况，包括农作物的长势、空气温湿度、土壤湿度、二氧化碳浓度等指数。"互联网+农业"缓解了农场劳动力紧张的状况，推动了智慧农业的发展，农场当年就被桐乡市认定为规范化家庭农场。2021年又投资83万元立项建设高桥张德庆果蔬基地基础设施建设项目，包括园区环境绿化工程约132平方米，新建道路约2466米，沟渠工程约1750米，围栏工程建设约1400米，还新建门头　个，以及一些标识牌。

附：近年来漕泾村重点经营大户、农业企业、家庭农场名单

重点经营大户

施志强	漕泾村	葡萄	陈全林	漕泾村	葡萄	杨凤鸣	漕泾村	苗木
张大龙	漕泾村	长毛兔	杨正祥	漕泾村	肉鸡	屠家宝	漕泾村	肉鸡
杨正桥	漕泾村	肉鸡	徐素琼	漕泾村	肉鸡	陈孝华	漕泾村	肉鸡
向继堂	漕泾村	肉鸡	万先奎	漕泾村	肉鸡			

农业企业

桐乡市龙顺食品有限公司　蔬菜加工　县级龙头

桐乡市生欢食品有限公司　豆制品加工　县级龙头

家庭农场

桐乡市高桥海云家庭农场　漕泾村　黄桃

桐乡市高桥伟国家庭农场　漕泾村　畜牧

桐乡市高桥张德庆家庭农场　漕泾村　水果

桐乡市高桥三毛果蔬农场　漕泾村　水果

2019年漕泾村种养大户调查表

大户姓名	种养品种	种养规模	种养地址
秦纪红	肉鸡	5万只以上	漕泾村陆家门
陈玉斌	肉鸡	5万只以上	漕泾村范家门
徐素琼	肉鸡	5万只以上	漕泾村范家门
向继堂	肉鸡	5万只以上	漕泾村张家门
屠家宝	肉鸡	5万只以上	漕泾村范家门
杨桂元	肉鸭	1万只以上	漕泾村陆家门
沈汉根	肉鸡	5万只以上	漕泾村陆家门
杨正祥	肉鸡	5万只以上	漕泾村张家门
马洪江	肉鸡	5万只以上	漕泾村陆家门
杨正乔	肉鸡	5万只以上	漕泾村张家门
陈孝华	肉鸡	5万只以上	漕泾村双元村
吕建良	羊	100头以上	漕泾村双元村
朱伟国	羊	100头以上	漕泾村双元村
杨凤鸣	苗木	200亩以上	漕泾村大水路
杨美玲	苗木	35亩以上	漕泾村张家埭
张春飞	苗木	30亩以上	漕泾村张家埭
村集体	苗木	60亩以上	漕泾村马家木桥
方伟杰	苗木	28亩以上	漕泾村张家埭
夏正安	苗木	100亩以上	漕泾村大木桥
张德庆	葡萄	180亩以上	漕泾村马家木桥
施志强	葡萄	80亩以上	漕泾村汤家元
金圣熙	红美橙	80亩以上	漕泾村吕家木桥
沈海波	黄桃	20亩以上	漕泾村长浜
曹　吉	水稻	70亩以上	漕泾村大木桥
施建华	水稻	50亩以上	漕泾村
许模样	水稻	500亩以上	漕泾村

第七节　农肥与农机

一、农肥

俗话说：庄稼一支花，全靠肥当家。农业肥料，范围广泛，品名繁多，大致可分两大类：有机肥料和化学肥料。

有机肥

本地农家肥料主要有人粪、畜禽粪，还有绿肥（亦称草粪，由花草、残菜、野草、水草、瓜藤、蚕豆梗、软柴草）、饼肥（菜饼等）、蚕沙粪、泥粪（河塘泥、沟泥、稻秆泥）、垃圾、灰肥（主要是灶膛柴草灰）等，但施用量较少。抗战胜利后，本地人粪不足，农民到上海、杭州、苏州、湖州等城市收集装运人粪等。

1949年后，干部带领社员大积有机肥，如《桐乡日报》上《漕泾队分类大施后期肥》一文提到，仅1959年9月上旬就积肥45800担。特别是党和政府倡导"猪多、肥多、粮多"，长时期内扶持和鼓励农户增养猪羊。20世纪60年代中期"农业学大寨"后，更是以计头、包屁股、称重量等方法，推进农家饲养猪羊，增积栏肥，家畜粪料增多；还动用农船扒青苔、剪蕰草做农家肥料；大积大造土杂肥，削草皮泥、割青草、沤制小塘泥；每年冬春，青壮年轮流撑船罱河泥；秋冬时节，都要安排劳力外出扒垃圾，去城市装大粪。20世纪70年代以前，境内大田种植紫云英，俗称"花草田"，一般亩产鲜草2000公斤，除满足两熟制早稻基肥外，还用于猪羊的饲料补充。此外，绿肥还包括黄花苜蓿、蚕豆（割青）、水花生、水葫芦、水浮莲、绿萍、猪屎豆等，不过，总量仍远不及花草田的紫云英。后因扩大春花种植面积，花草种植渐少。

每年冬、春农闲季节，摇船罱泥，既能积肥，备足农田、桑园有机肥料，又能清淤，疏通河道，改善环境，净化水体，多种效益并存。罱河泥至今至少已有1000多年历史，罱泥船摇到罱泥河段，停橹搁好，罱泥人双手分握提杆、坐杆二根竹竿，坐杆沿船舷靠紧下水，提杆向上，坐杆着泥向下往前推进，泥足停滞，两杆相并，坐杆靠船舷借力顺势提起，出水提入船中，双手一分，河泥吐落船里，如此往复，船渐下沉，泥满水出，停罱起橹。摇至某处河岸泥塘口，然后用勺子划泥入大泥塘，过后再用粪桶（偏干则改用土筐）接力挑泥至水田。水田里每爿田都挖泥塘，约6立方米，1吨羊肥（羊勒湿）与2至3船河泥，铺一层羊肥，就再铺一层河泥,最上面以一层河泥封面,略高于田面,沉降后低于田面,上面以水养护,可使草少、泥活,挑出塘时省工省力。可用作基肥,也可用作追肥。民国期间,桑地罱泥有苏北人摇船沿村包罱。20世纪50—70年代,人口急增,粮食短缺,化肥不足,推行"三熟制"的情况下,每年冬春,人们轮班撑船罱河泥,兴修水利挖河泥,鱼池清塘挑污泥,抽水干浜挑河泥。有的还组织罱泥船队,到附近城镇罱市河泥,肥效数倍于农村河泥。还有割蕰草,与河泥沤制"草塘泥",以猪羊肥窖制"小塘泥"施于稻、麦、油菜及棉、麻等作物。桑园、河边、田角、地头一般都开窖积泥。20世纪80年代中后期,随着乡村企业发展和农业生产转型,罱河泥的情况日渐减少,除部分桑地和秧田外,罱河泥基本消失。

水田年年罱泥,渐积渐高,既影响灌溉,又导致肥易流失,草易徒长,高阜先涸,影响产量。为保持田面高程与圩相平,冬季高阜处往往挖沟,挑稻秆泥,用于培修圩堤或加高桑地,以补水土表层的流失,表土每年补充才能保持桑园茂盛。稻秆泥挑到桑地,倒散劈碎铺平,垦冬地时翻入土中,保持稻秆泥肥分。

此外,20世纪70年代,家家户户建造沼气池,粪便入池发酵后,肥力更佳。20世纪80年代采用过早稻草还田。

化肥

民国三十六年(1947),崇德县合作社开始供应氮素化肥硫酸铵(俗称肥田粉),但境内农户使用量极少。

20世纪50年代,化肥使用量渐增。1966年后,开始使用桐乡县化肥厂生产的氨水和碳酸氢铵,按照上级统配数量与日期,各生产队组织壮劳力摇5吨农船去崇福装回。1973年,开始推广磷肥,以过磷酸钙为主,其次是钙镁磷肥。1974年后,逐步推广钾肥,主要有氯化钾、硫酸钾等。1979年,化肥使用量增加较快,以尿素为主,次为碳酸氢铵。20世纪80年代末,晚稻及经济作物普遍使用钾肥。20世纪90年代后,使用化肥量大幅度增加,仍以氮肥为主。20世纪90年代中期开始,承包大户和家庭农场始用复合肥。

二、农机

20世纪50年代后期,境内始有以柴油作为动力的抽水机、粮食加工机械。20世纪60年代后期,逐渐改用电力设备。20世纪70年代,渐有手扶拖拉机、电动脱粒机、电耕犁、发电机、机动农船等等。20世纪80年代,漕泾村曾被评为桐乡县农机安全村。20世纪90年代后,农机品种增多,农机档次升级。后村中开始有联合收割机、播种机一类设备。

抽水机

1954年,崇德县防汛指挥部组织柴油机下乡,流动支援排涝。1958年,吕家木桥建立机埠,试用柴油动力抽水机实施排灌。20世纪60年代大队通电后,改用电力抽水机,同时陆续在张家洋、王家木桥、大水路增建机埠。20世纪70年代,墩子浜机埠电压20千伏,要求调高为50千伏。1984年春,村内电力排式灌装机共有11台,82千瓦,装于10处,受益面积7033.2亩,其中电力灌溉设备有6台,74.5千瓦,共灌溉5处,灌溉面积2313.2亩;电力排涝设备有5台,7.5千瓦,共设有5处,受益面积4720亩;包含两用机埠1处。1989年,排灌用电每度从0.05元升至0.2元。1998年冬,改造张家门和马家木桥2座泵站,每座设备为11.5千伏。

人力喷雾器

20世纪50年代初期,用铜制手推喷管吸取土制农药液杀桑螨。1956年开始,使用人力喷雾机,有单管式、背包式两种。1958年开始有手摇喷粉器,主要用于水田和桑园喷药治虫,亦可用来为蚕室、蚕具消毒或打湿桑叶。1983年后,农户多采用工农背包式喷雾器,每户拥有1台以上。

机动喷雾器

1975年,大队始用柴油喷雾器和汽油喷雾器防治农作物病虫害。1978年,大队始用东方红-18型机动喷雾器2台,9匹马力。1983年后,大多机动喷雾器闲置不用。

挖掘机

这是农田基本建设中开河挖渠、修筑堤坝常用的机器,由动臂、斗标、驾驶室、智能化操作系统、液压系统、履带式行走机构等组成。因价格不菲,境内集体和个人均未曾购置。综合农业开发项目中,村里租借村外挖掘机进村作业。

棉花加工机械

主要有轧花机和弹花机。轧花机是将籽棉去除棉籽的一种机械,分为脚踏和机动两种。弹花机是用于把去籽的棉花加工成各种棉花初制品。20世纪60年代棉布凭票供应,农户自留地种棉面积增多,圣帝殿加工厂内有轧棉机。20世纪70年代后,境内不种棉花,加工机械闲置报废。

机动船

有挂机船和挂桨船之分。其中,挂机船是将发动机、传动系统、螺旋桨等组成一个整体，一般配置2.21—3.68千瓦的柴油机，安装在3吨以下农船尾部。挂桨船是将发动机、传动系统、螺旋桨分开安装在船上不同部位。境内常用的挂桨机，型号为73型，一般装在3—5吨农船上，柴油机动力为12马力，1974年村内有2艘，至1984年有9艘。

吸泥船

境内曾在20世纪80至90年代租借使用过吸泥船，配有8.82千瓦的柴油机1台，吸泥泵、吸泥管和吸泥头一套。吸泥船是专门用于吸排河床淤泥的，淤泥主要用于肥田、培桑。

暗沟犁（炮弹头）

利用电耕犁牵引机牵引暗沟犁，打田间暗洞（也称鼠洞、丰产洞），以降低春花田地下水位，同时还提高了土地利用率，达到了增产增收的效果。村内曾于20世纪70年代末期使用过，由于受低压电网的限制，以及开沟机移动性差等原因，1980年后逐步停用。境内曾有过2台。

拖拉机

1971年早春，漕泾大队购置手扶拖拉机2台，每台约600元，派郭松金、王运初等4名青年，前往濮院参加桐乡县第一期拖拉机手培训班，并将拖拉机装运到濮院。培训归队后，大队统一调度，开始机耕花草田。因其操作灵活，适应性强。后陆续添购，最多时大队有手扶拖拉机6台、中型东方红拖拉机1台、船型拖拉机（因缺陷较多无法推广而之后被淘汰弃用）2台。20世纪80年代初，每个生产队各有手扶拖拉机1台，基本实现大田机耕作业，大大减轻农民劳动强度。1983年后，原集体购置的手扶拖拉机逐渐折价到户。不久，陆续停止机耕。21世纪后，境内引进专业机耕队机耕。

电耕犁

又称电动绳索牵引犁。1973年前后，大队集体有电耕犁2台。电线拉到田头，电耕犁田，不久即因电力设备限制而停用。

人力打稻机

又称脚踏打稻机，用来脱粒晚稻和小麦，分双人和多人型号，一边脚踏一边滚动脱粒。1954年开始推广，20世纪60年代中期普及，最多时全大队拥有超过40台。1956年三村民益社（低级社）曾获崇德县奖励脚打稻机1台。

电动打稻机

20世纪70年代中期,电动打稻机开始增多,实现稻麦电动脱粒。先后出现场上打稻机(较长、多人同时脱粒)、落田打稻机(双人为主)和喂入式脱粒机(价格昂贵、量少)三种。因为秋收冬种抢时间,排班通宵脱粒。1983年后,农户大多独立拥有和使用落田打稻机。20世纪90年代初,有小型电动打稻机200多台,后随着水稻种植面积减少而减少。近年来,村内引进联合收割机。

脱粒机

20世纪70年代中期,有自制滚动式简易脱粒机,即利用铁皮打稻机滚筒安装网筛,使用时开倒车,强行脱粒稻谷。20世纪70年代末期,封谷式脱粒机流行,可直接下田脱粒,亦可于谷场脱粒,每个生产队至少有1台。家庭联产承包责任制实施后,不再使用。1989年,农户脱粒用电价格每度从0.1元升至0.27元。

推土机

推土机是平整土地最常用的机械。以东方红系列推土机为例,配套动力一般为39.69—55.13千瓦柴油机(东方红-54-75推土机),机器由驾驶室、启动系统、操作系统、液压系统、履带式行走机构和工作系统(即铲刀)等组成。推土机铲刀的规格、提升高度、切土深度因机型不同而各异,作业方法也因具体条件不同而异。境内机械化平整作业所用推土机均为租借。

粮食加工机械

碾米机用来将稻谷去壳除皮,碾成白米,村内早期使用分离式碾米机,20世纪80年代后开始使用砻碾组合碾米机,并与12型拖拉机配套,适合在各村坊流动作业。磨片式磨粉机用来磨麦粉、米粉等。粉碎机用来粉碎稻草、秕谷、番薯藤等作猪饲料。生产大队时期,境内多个机埠兼加工厂,这些机器均有。

第八节　通用农具

数千年农耕生产过程中,先民创造和使用过的农具,种类繁多,品名复杂,充分彰显劳动人民的聪明才智。下为部分通用农具,水稻生产和蚕桑生产专用农具另见相应章节。

铁耙

翻田垦地的主要工具,一般长约25厘米,宽17厘米,用铁锻打,上方下扁,上厚下薄,上狭下阔,外两齿和内两齿各为

铁耙

半副，相套而成。竹柄为主，并以厚木枕、破布条垫之铆定，柄长约2米。铁耙类别多，按用途分为垦田铁耙、垦地铁耙、翻树铁耙等；按重量分为重头铁耙、轻头铁耙两种；按形状分为尖头铁耙、宽头铁耙、鸭脚铁耙等。

刮子

半月形铁制农具，刀口较锋利，形似扇面，圆管里装竹柄。有大小之分，大刮子常用于为庄稼地除草、松土和下种时培土、开槽等。小刮子仅用于小桑苗嫁接培育时的培土、除草等。

刮子

镢子

收割庄稼和割草的铁制工具，长约20厘米，刀口锋利，刀头微尖，背略厚，装木柄。小号的一般用于作物幼苗阶段除草或培土，或小孩子斫草；成人斫草多用中号镢子，割稻用中号或大号镢子，刀身狭长且有一定弧形的，则一般称为镰刀、镢子，可斫稻，更适用于割茅草、水草之类。

镢子

磨砖

形如砖头，实为磨光的特制砖，用于磨菜刀、剪刀、镢子等。粗砖多称磨砂砖，细砖俗称荡砖。使用时，一般先在粗砖上磨，再在细砖上拭。

竹扁担

系挑担工具，一般取三四年生的大毛竹中下段约1.5米，一劈为二，两端有箭状绳扣，中间宽，竹有弹性，能省力。分大扁担、小扁担两种，大扁担可挑一二百斤，小扁担可挑数十斤。

长扁担

一般以坚硬且弹性较好的杂木制成，长约2米左右，两端大小一致，切面为椭圆形，各嵌四颗竹钉，微露于外，利于扣住绳索，防止滑落。一般用来挑体积庞大而蓬松的柴草、菜花梗等，不必用箩篮，直接以麻皮担绳捆扎后用长扁担挑起两大捆。

担绳

一般为麻质，长约4至6米，一头系有担钩，担钩用坚硬的杂木权去皮制成，另一头麻绳渐细。一副两根，对应平衡。用担绳直接捆扎柴草等蓬松物品时采用特殊打结法，一拉收紧，再一拉即松。

乔扦

俗称"乔扦竹",长约200厘米,3根竹为一束,搭成三脚架,用于在烂水田、晒稻秸。将稻秸倒搁于架上,可防稻谷出芽,缓解收种劳力矛盾。

畚箕

薄竹篾编成,俗称篓箕,用于搬移谷物、垃圾等。后出现用铁皮制成的畚箕。

草篰

斫羊草用,也可盛放其他东西。与此类似的还有柴篰、叶篰、茧篰、草篰、猪篰等,民国以后往往通用。一般用竹篾编成。篰身圆筒形居多,篰壁有镂空的,也有不镂空的。

草篰

杠子

双人抬重物所用,选用光滑、坚硬、笔直的毛竹或杂木棍。短杠2米左右,单人挑或双人抬200多斤重物;长杠4米以上,可抬那些体积较大的物品。有时用门闩代替。

钎步

农田开沟、撬土、培泥常用工具,也用于做秧田板拖平。口薄锋利,有平口、舌尖形两种,正面中央凸起,背面凹,两侧向上折边强固,长约25厘米,宽约15厘米,上部有圆管,方便装竹或木柄。

翻子

翻子

能有效砍断较粗树根的翻树工具。长约30厘米,宽约15厘米,较厚重,上端用挤木枕方式装以木柄,下端渐薄,有刃口,且稍宽。

斧头

劈柴工具,长柄。重约10斤,较厚重,刀口与木柄平行同向,对劈树菩头特别有利。短柄斧头是木匠工具之一。

斧头

种刀

单手挖掘浅层地下茎物或插种秧苗的主要工具。长约30厘米,宽约3厘米,上部有直管,装短木柄。上端装以"T"字形木柄,下端较锋利。既可挖掘萝卜、大蒜、马铃薯、竹笋等,又可用来插种榨菜、油菜等秧苗和小桑苗等。

种刀

深沟锹

也叫深根锹，是开挖较深沟渠的工具。半月形，长约30厘米，宽约8厘米。下沿有刃口，较锋利，上部有管，装有短木柄，木柄呈T字形。20世纪70年代，农村大面积种植小麦，为使土壤脱水，大量使用深沟锹开掘深沟，上覆以土，以扩大播种面积。

穿眼箩

盛物容器，用竹片或藤条编织而成。高度、大小、形状均与箩头箩相当，但洞眼大，一般用于装运桑叶、菜类、薯类、柴草等物。

穿眼箩

拖刀

冬种田间划线开沟作塄的专用工具。拖刀长度约25—30厘米，上阔下窄且微弯，拖刀上部有管子和小孔，管子装有拖刀扶手柄，小孔为拖刀拉孔。使用时拖刀下部插入泥土中约15厘米，通过铁钩将拉孔、绳子连结，一人向前背（拉）绳子，另一人手扶刀柄，使拖刀沿着直线向前移动，切割田土。至20世纪80年代已少见。

土笪

挑运旱土、稻秆泥、羊勒湿、秧苗等的竹编农具，敞口，一边直一边圆，三角系有绳索，成对，用扁担挑，容量不多，但取倒方便。

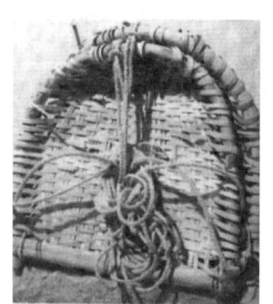

土笪

捯耙

用木条或竹条制成的耙子，装长竹柄，用于收集枯枝败叶或翻晒场地上的稻谷、羊草、桑叶等，由7—10根烤弯的竹条排列扎成，后多用粗铅丝或生铁代替。

捯耙

跳板

可用单块又厚又阔的长木板充当，也可以两三根竹杠捆绑而成，多架设在船与桥砣之间、沟渠塘坑之间、高低有落差的岗头之间、建房工场上两处架子之间，凡需要架空行走作业的地方均要使用跳板，短则3米上下，长则4米以上，阔均20厘米左右。如果用三根小杂木略作砍削，并列拼排而成，又叫排跳，用途与跳板同。

洒水壶

浇灌洒湿用具，桶形，上沿开小口或有活动盖板，前有长管加莲蓬头，蓬头布满密眼，旁有提手，上有拎环。早先木制或皮制，后用铁皮、塑料材质制作。

笆斗

也叫栲栳，用竹篾或柳条、藤条编织成的盛物器具，有底圆口圆的，也有底方口方的，容量有大有小，敞口一般用阔竹片圈起，有两个掰口，无绳索，不能挑或抬，只可搬动。

罱篰

也称罱泥夹，取河泥用具，明清时期已广泛使用。由麻绳或竹片编织而成，两片合成袋状，可张可合，分别装在两支毛竹罱篙的根部，座杆粗，提杆细，下端烤曲，如剪子。双手掰开罱篙，罱篰张开，用力切入河泥层，再夹紧罱篙，罱篰闭合，拖出水面，提到船舱时放开罱篙，河泥泻入船中。

罱篰

划泥勺

罱满河泥的船停靠到河泥塘边，用划泥勺一勺一勺划到塘里。勺子从前为木质，后多作塑料制成，根据河道水位与泥塘口的距离长短装有适当竹竿长柄。

划泥勺

粪桶

挑运猪粪、人粪、鸡鸭粪、河泥等肥料的装运工具，也可用来挑燥水浇灌农作物和树苗。木质，上中下镶以竹箍，粪桶口上有对应的两只长环，俗称"粪桶耳朵"，用来系绳，以一对担挑。有弯口粪桶、直口粪桶两种。

料子

也称粪勺，是作物浇水、浇粪等的专用工具。用短木板拼箍而成，镶以竹箍，口径约25厘米，底直径约15厘米，高约12厘米，后多采用塑料压制，装有长竹柄或木柄。

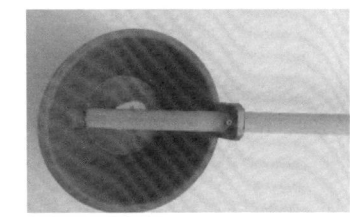

料子

粪桶

柏钩

摘取柏籽的专用工具。从前，本地多柏树，成片，称柏林。柏树比较高大，采

189

摘柏籽需要借助柏钩，钩如"m"形，装以长竹竿。使用时，扣住柏梗，用力一铰，柏梗便带着柏籽掉落下来。

元宝篮

提挎式盛容器具，大小不等，底部平，篮身椭圆形，无角，口部两端略高，形如元宝，用竹篾编成，有眼无眼均可，上有篮环。

元宝篮

四角篮

呈正方形，边长约30厘米，高约20厘米，竹篾编成，有角，无眼，上有篮环，方便手提。早年村民用来上街购物，也叫"出市篮"。

摆梯

木制，高约2.5米。左右两半，上端用铁销子扣合，开闭自如。一般有7关，每关约20厘米。四脚落地，人在上面可以平稳地作业。又称竖梯或四脚梯。

四角篮

陞梯

又称靠梯，木制、竹制均有，高3—4米，甚至更高。构件为摆梯的一半，但横关比摆梯要多些，通常在10关以上，可倚靠在墙壁、树干上作业。

石鼓凳

高约15厘米，石质鼓形。原放于木柱底部，以防潮湿霉烂，20世纪70年代后住房木结构渐改砖混结构后，多移用为敲打桑条的衬垫石，或者腌制冬菜、水咸菜时的压菜石。

石鼓凳

切番薯刀

这是番薯切条的专用工具，盛行于20世纪70年代，装于一张条凳上，七八排钢刀片并列镶嵌于一根木条上，有柄，与一块垫板成直角。使用时，将番薯平放于平板之上，上下掀动木柄，番薯被切成丝状。晒干后贮藏，既可代作卖粮，也可作为猪的饲料。

烟帘

晒制晒红烟叶（老烟叶）的专用竹制品，长约80厘米，宽约50厘米，方格，有少量眼，一副由两扇组成。使用时，先将一扇放于架子上，将青烟叶一排排整齐叠好，

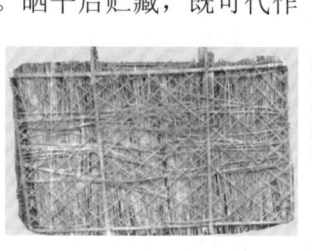

烟帘

再合上另一扇,用4根竹撑(小竹条,一端削尖)夹好,成为一片。晒时,两片相对,斜靠成棚,俗称"烟帘棚"。

羊毛剪刀

比一般剪刀大,尖而长,刀面薄。使用时,先将羊脚捆扎好,平放于地上,将剪刀轻轻套入羊毛丛中,成条剪下,整齐划一。

三脚马

锯割竹木、硬柴时的架空辅助工具,一个树杈和一根支木组合,下面三脚落地,故称"三脚马",很平稳,上面有叉。使用时,先将竹木、硬柴等架于叉上,一脚踩住,一手按住,即可开始锯割作业。

三脚马

叶枪

枪头铁制或铅线做成,枪头呈"U"字形,两齿长约10厘米,再装上木柄或竹柄。等桑树叶子落下时,用叶枪去戳,不需弯腰。

竹丝扫把

打扫场地的卫生工具,也可作收拢作物颗粒的围拢工具。由除去竹叶的小竹枝捆扎而成,作业面大,扎有竹柄。

芦稷秫扫把

由芦稷秫(不甜,属于帚用高粱)梢头捆扎而成,作业面小,但打扫时比较干净,适宜打扫庭院。

芦稷秫扫把

廪条

用以盛放谷、麦、豆之类的篾竹编织而成的围栏,高约1米,长度根据需要而定,一般在5—10米之间。根据盛放量多少,在蚕匾边沿或者大木桶边沿竖立成圆圈,里面堆放稻谷等,腰间可加围线绳防止胀开。

畚箕

半斜体容器,用薄而阔的竹篾编织制成。打扫卫生时,用来接倒垃圾;或搬运作物颗粒果实。如果是干净的,也可用来收集和搬运稻谷、麦粒、菜籽、豆类等,还适用于手工给稻谷、麦粒等扬尘,双手握提畚箕,均匀而轻柔地抛空,落下时接住,利用风力扬尘。

畚箕

风车

清扬工具，手摇生风，用来清除稻谷、麦粒、豆粒、菜籽中的秕谷、空壳及轻质杂物。明清时境内已广泛使用。木制构件，高约1.5米，长约2米，由木架、护板、风叶等构成，分上下两层，上有斜斗，下面右侧有木制风扇，左侧有通风口，再下面有漏斗。20世纪80年代始，逐步被电动扬谷扇替代。

风车

水车

这是一种利用木链牵引刮板引水上行的大型灌溉农具，木质，由车壳（木槽）、刮板、木链条、拐木轴、扶木等组成，以木板为槽，头部高于堤岸，大轮轴悬空，尾部小轮轴浸入水流之中，整座水车固定在堤岸的木架上。使用时，踩动拐木轴，带动木槽内叶板，刮水上行，倾倒于地势较高的田中或水位较高的河中。形如龙骨，故又称龙骨水车。20世纪60年代后，逐渐被抽水机所取代。

豆柱

也称豆桩、豆拐，播种蚕豆、黄豆等豆类种子时的打穴专用农具，长约1米，"T"字形圆木柄，下端套一个铁制圆锥头。使用时，两手各握住木柄上端的小横木，用力凿地，地上便会出现一个尖底小土坑，盛以种豆，上覆以土。

斫刀

形如菜刀，但背部厚实，刃口坚硬锋利，手柄为连体空心铁柄，常用于劈树柴。

斫刀

麻袋

俗称叉袋，盛放稻谷、麦子、豆类、菜籽、柏子等的器具，用麻线织成，袋口一端系有一根小细绳，用以捆扎。洪涝灾害时，灌装沙石泥土后，也可用作沙包筑坝或堵缺口。

木犁

木犁是翻土、埋草的畜力农具。传统的木犁是由古代的石犁演变而来的，其主要部件有犁铧、犁壁、犁底、犁辕、操作手柄等。除犁铧和犁壁为铁制外，其余部件均由坚硬的韧木制成。20世纪50年代初，将犁辕、犁托改为铁制。20世纪60年代后弃之不用。

连枷

春秋时就开始出现的脱粒工具。由一个长约2米、一端钻有圆孔的长柄和一组平排的长约40厘米、宽15厘米左右的扁平竹片或坚韧木片构成,用来拍打晒干了的谷物,如小麦、豆子、芝麻等,使之断穗,破裂脱出。20世纪70年代后境内已经绝迹。

连枷

扳网

正方形,边长约5米左右。用4根弹簧竹将四角撑起,中间交叉并固定好,扎一个扣。取两根长竹竿,作为支撑,一端扎在一起,系一根长绳,一端叉开撑在岸边。使用时,将扳网放于河中,静待数分钟后,拉绳,先紧后缓,将扳网拉起,将网的四角悬空。如果有鱼此时游过就会被网住。扳网四边的网眼较稀,越到网心越密,并形成一个兜状的网底,鱼如果滚入,难以逃脱,即俗话所说的"难逃网底"。

兜网

口沿为椭圆形,底较深,网眼细,装于长竹竿上。用扳网捉到鱼,用它兜上岸,方便又保险,也可用它来兜浮鱼。

脚网

两根弹簧竹交叉扎住,成"X"形,并弯曲成半圆形,用细麻绳将四端(四脚)绷紧,再用网将左、右、后、底四个面罩住,留下前面一个面,底面中间细麻绳上再系一根绳,与上面两根弹簧竹交叉处联结,提起底网一侧,使底网外高内低。使用时,人站在浅水处或岸边,左手握住弹簧竹交叉处,轻轻将脚网放入水中,右手持一个棒,搅一下水,左手迅速提起脚网。若有鱼,落入网底,不易逃脱。用脚网捕到的鱼多为小鱼。

圆网

口圆,直径不等,一般在50厘米左右。口沿为竹箍或铁箍,网底较深。使用时,两手托住网箍,行进,鱼落入网中,插翅难逃。一般适宜在沟渠中捕捉。

戳鱼枪

长约两三米的竹竿或木棍,要求细长、坚硬、匀称、轻便,下端装有一把钢刺,一般要七八根刺,长约20厘米,锋利且挫有倒刺。钢刺有扎成圆形,如梅花状的,俗称"梅花枪";有扎成扁形的,俗称"扁鱼枪"。使

戳鱼枪

用时，两手托杆，瞄准鱼，用力迅速掷去，一旦击中，快速提起，若遇较大的鱼或较晚逃脱的鱼，要顺势按在河底，待其力尽再提起，以防逃脱。有些戳鱼枪的上端（即梢端）还系一根细麻绳，以备遇到远处的鱼时，可以掷枪而去。

移丝兜网

长约2.5米，宽约1米。细丝网，四角系一细绳，张在两根小竹竿上端。使用时，将两杆下端夹于腋下，握住杆中央，将网轻轻丢入河中，待其自然张开，人便边退边提杆，鱼往往被兜住。

钓鱼棒

取一根弹簧竹或其他细竹，削净，梢端系一根长线，线上穿一串浮子，浮子由作物秆切成，长约2厘米，线端系一鱼钩，装上诱饵，即可钓鱼。

鳝鱼夹子

竹制品，长约15厘米，形如剪刀，前端锯成齿形，凸凹相对，后端为把手，中间插有铁销子。使用时，张开夹子，瞄准鳝鱼，迅速夹住，鳝鱼只能扭动，不能逃脱。

鳝鱼钩

钢丝制成，长约30厘米。先将一端磨尖，再在火上烤红后弯转。使用时，在钩上套上曲鳝（蚯蚓），然后伸至鳝鱼洞口。鳝鱼闻到腥味，即吞钩，迅速提钩即可。

鳝鱼笼

用竹篾编织成，长约15厘米，圆棒状，笼口直径约为2厘米。一端有口，一端无口。使用时，在笼内放入蚯蚓等饵料，放入田间、沟边，鳝鱼游入，便会因不能转弯，再也游不出来。

鳝鱼笼

麦钓

一根线上配置着数十甚至上百只钓子(钩子)，总长有成千上百米。每隔数米系一根钓子，钓子上装一颗麦粒作为诱饵，故称"麦钓"。从前境内河道里有专门放麦钓为业者，傍晚时分，夫妻俩划一小舟，逆流而上，一人划舟，一人坐于船首，有条不紊地抛放麦钓。每抛放一副，末端系在一根竹竿上，然后插于水上，上端插一片荷叶或者一段竹梢作为标志。半夜时分，顺水而下，逐一收钓，有鱼在钩。

兔子网

疏眼细丝网，宽1.5米左右，长数十米不等。使用时，选择好有利地形，一般是河边、岗滩边，先将整张网用竹竿轻轻支起，然后在兔子有可能藏匿的荒草间朝张网的方向驱赶，兔子受到惊吓，纷纷逃跑，冲到网里，竹竿倒下，被兜住，猎人赶到，裹住兔子，用力在地上一摔，摔死兔子即可。

野猫枪

铁叉，呈"U"形，尖齿锋利，略向外张开，装于木柄或竹柄上。是刺杀野猫（又称偷鸡豹）的工具，故名野猫枪。

黄鼠狼棚

呈等腰三角形，边长约50—60厘米，由竹段、竹片扎成，顶角中间留一空间，预留给撑木。模木上搭一个横木，挑起棚子，棚子上覆以稻秆泥等重物，下面设一机关，机关下系一细绳，绳上系青蛙等饵物。黄鼠狼嗅到青蛙气味，咬住一拖，拉动机关，销子脱落，横木失重，棚子顿时压下，压死黄鼠狼。

黄鼠狼箱

筒形木箱子，一端门户洞开，一端无门。内设机关，细绳上系青蛙等饵物，黄鼠狼叼住饵物，一拖，拉动机关，小门顷刻落下，黄鼠狼被关于其中。

鱼篓

竹制容器，按形制而分，有圆篓、方篓、扁篓。多呈瓶状，敞口，缩颈，大肚，有竹盖或以草团塞之，常挂于渔人腰间。大者则置于河边水中，捕到鱼后暂放其中，以待出售。

蛇篓

竹制品，与大鱼篓相仿，唯编织更密，瓶颈更小，以防有毒蛇出逃而发生意外。

竹籪

也称鱼籪。小的高约1米，宽度不等，以竹片编结。春天涨水，常有小鱼逆流游入田沟之中，用小竹籪拦断，以便捕捉。大的安置在养鱼河段上，用竹栅拦断，以利捕捉和养殖，但不影响通航和行洪。

猪棚

竹、木制成，高约1.2米，木框上钉以竹板，套于木柱上，较为牢固。

猪槽

长短不一，一般在1米左右，宽约30厘米，高约20厘米，由整块条石凿刻而成。由于猪天生喜欢拱食和咀嚼，其它材质的食槽容易损坏或拱翻，故石槽为最佳选择。

羊棚梉

即可装卸的活动栅栏，横向在矩形木框或树干框内，均匀地竖立式钉以若干根细木棍或竹棒,间距较宽,羊头可伸进伸出,吃草喝水,栅栏左右两头套入木柱曲形缺口内。

羊泔水钵头

盛水器,钵头、小瓮缸等均可充当,置于羊棚槾外或靠墙一侧,周边放些砖头或小条石垫实固定,以防被羊掀翻。

退屎耙

长方形小木板,装上一根长杆,形如灶肚里退灰用的退灰耙,用于将猪屎退涮到粪坑里去。

钉抓(钉耙)

又称钉耙,起翻羊肥的专用工具,形似铁钯,耙齿圆形,上大下尖,重量较轻,但齿尖似长钉,装柄。使用时,只需以之抓动羊肥,可成片成把抓起。也可用小一些的尖子铁耙代替。

铡刀

铡切柴草的工具。由小铁架和铡刀组成,小铁架钉在一张条凳上,上置铡刀。使用时,掀起铡刀,将柴草放在小铁架上,用手一铡,柴草被齐刷刷切断。也可铡番薯藤、南瓜藤等。

铡刀

塔箪

用来关自家饲养的鸡鸭,早晨放出,傍晚关进。一般用较宽的竹篾片编织而成,有缝眼可透气,高约七八十厘米,圆身拱顶,上有一个拎手,一侧开有一个口子,方便鸡鸭进出,有活动竹门,方便开闭。也有农家建鸡棚、鸭棚来代替,一般建在角落,或用泥砖砌壁,用帘盖顶,或在墙脚开洞,洞后天井里搭个小棚子。

塔箪

第七章 水 稻

村域属"鱼米之乡",水稻栽培是村中种植业的典型代表,最重要的农业之基和民生之本,直至如今,稻米占粮食总产量比重仍然最大。老话讲得最明白:"吃饭靠种田"。近年来,随着党和国家强调保住"米袋子",境内水稻种植面积稍有回升。

第一节 稻作历史与经验

村内稻作农业源远流长,栽培经验丰富。据传,远古时代的神农氏(炎帝)"尝百草、辨五谷",将谷物从野生状态培植成粮食。距村域西北方向直线距离不足17千米的罗家角遗址发掘表明,7000年前后,本地已有先民开始定居生活,并用石器、骨器耕作,生产稻谷,实现了从采集野生稻到栽培人工稻的演变。那时起,本地虽时有灾害发生,但水稻种植从未中断。至明清时期,日趋精耕细作,品种增多。

民国二十一年(1932)境内稻谷产量约占粮食总产量的七成。后推广间作稻,引进一批早籼、晚籼及晚粳新品种。据1948年10月30日填报《崇德县梵山乡本年正产收获量调查报告表》显示,梵山乡第一保(今漕泾)、第三保(今漕泾和湘庄)的糙米亩产甲等田1.4石、乙等田1.2石、丙等田1石,平均1.2石(一石为100市斤)。

1949年后,水稻生产进入全新发展时期,农作制度在变革和创新中不断完善,农田基础设施得到根本性改变,良种和适用技术得到了广泛普及,单产量在20世纪50年代已达400多斤。1956年后,村内开始试种双季稻(早稻晚稻连作)。1959年暮春,当时的留良公社骑塘管理区漕泾生产队共种植早稻887亩。《桐乡日报》上《漕泾队建立细收细打"三查"制度》一文报道,早稻收割时,有的生产队掼稻过程浪费现象严重,于是,各级干部深入到漕泾,"在田头现场重新打了一遍三亩田早稻柴,结果多打出52斤谷子,连同稻桶周围和田边地角的谷粒,加起来共计100多斤",在贯彻执行三查制度后,"连瘪谷也很少见了"。是年,漕泾单季晚稻和双季晚稻共种植2016亩,其中一类1110亩,二类836亩,三类70亩,单、双季晚稻种植面积比例约为1:2。至20世纪80年代初,漕泾大队水稻年均亩产约七八百斤。

集体生产时期,境内农业生产有"双抢",即早稻抢收和晚稻抢种,任务繁重,天气炎热,而收种季节性强,"立秋不种田",故用"双抢"来命名15天左右的大田农活。一般流程是生产大队在七月十几号召开"双抢誓师大会",动员和部署工作,大队全体干部和社员代表参加。会后,各小队分别召开社员大会,编班组,分任务。二十日前后开镰,或在田里当场斫稻,当场掼稻脱粒,或者先斫再用柴绳绑捆,之后暂时竖排在田边岗头;紧接着,男性以翻田(后以拖拉机机耕)、摊田、挑肥和挑秧为主,女性以拔秧为主,下午两三点钟一齐种田。如果临近下雨或吹台风,又要将野外捆稻紧急挑回公房,开夜工掼稻(后有电动打稻机),稻柴分户晾晒。为此,这段时间常常连着开早工、开夜工,只有午间一两点(俗称"热中心")才休息一下,习称歇热。"双抢"是一场"人民战争",各行各业要下乡支援"双抢",连家中老人和小孩都要动员起来,做些送茶水、晒稻谷、看管鸡鸭之类的事。

实行家庭联产承包责任制后,水稻种植由农户各自负责。1985年,全村产粮299万斤。1989年,早稻1540亩,晚稻1880亩。20世纪90年代中期,开始调整水稻熟制,从以连作稻为主改为以单季稻为主,同时试行水稻直播、旱育秧、化学除草等轻型栽培技术,种植面积虽然减少,但亩产量反而得到提升,至1997年突破1000斤,是年稻谷产量约占粮食总产量的85%。

近年来,境内农户大多不种水稻,水稻种植集中至专业户,面积稳定在400—800亩之间。其中,2016年单季稻种植602亩,亩产1122斤,共产稻谷337.5吨。2019年初步调查,曹吉种植水稻70亩,施建华种植水稻100亩,许模样种植水稻500亩。

稻作农业中,历代农人逐渐积累起厚实的栽培经验。境内现今六七十岁的老人即便没有多少科学文化知识,亦大多为传统农业的行家里手,能脱口说出许多曾经流传本地的农事谚语。这些农事谚语就是稻作经验最简洁、最直白的语言表达。

第二节 水稻熟制与品种

境内水稻种植,大致经历了单季稻—双季稻—单季稻之变化过程,这中间既有熟制上的早、中、晚之分,又有品种上的籼、粳、糯之别。

单季稻,即一年只种一季,分单季早稻、中稻、晚稻三种。20世纪50年代中期前和20世纪90年代中期后,境内多为一年一熟的中稻。即每年六月中下旬到七月初插秧,十月中下旬开始收割。

双季稻,就是一年种一季早稻和一季晚稻,包括再生稻、混作稻、间作稻和连作稻等。村域集体农业期间种植过双季稻,且多为连作稻,即早稻收割后紧接着种植晚稻,一般都是五月中下旬开始收割春花,同时插种早稻秧,是谓"夏收夏种";七月中下旬时抢收早稻,紧跟着翻耕水田后抢插晚稻秧苗,必须赶在农历立秋前插种完毕,是谓"双抢";11月时收割晚稻,再播春花,是谓"秋收冬种"。

单季稻每亩产量要比双季稻的一季高,但总量比双季稻低好多。必须说明的是,水稻种植无论是单季稻时期还是双季稻时期,同一田块内还有一季春花(油菜、大小麦等)作物,所以从田地资源的利用角度讲,最少二熟,最多三熟。其中,"两熟制"指一熟春花,二熟单季稻;"三熟制"指一熟春花,二熟早稻,三熟晚稻。

从前,境内水稻品种长时期变化不大,尤其是古代和民国时期,稻种均为农家自己在收割稻谷时留下的饱满种稻,精心收藏起来,等待来年浸种育秧,一般不轻易变换稻种,致使水稻产量较低,平均亩产一般在150斤上下,丰年也不过300斤。因此,丰年粮食尚能自给,寻常年份不足,荒年缺粮更多。1949年后,党和政府重视稻种改良,逐渐建立县、公社和大队三级良种试验场和良种繁育体系,推广水稻新品种和栽培新技术,产量不断提升,如2016年,境内种植单季晚稻602亩,总产稻谷337.5吨,平均亩产达1122斤。现村委新办公大楼所在地,即为当年大队良种场(小农场),约1975年至1985年间存续,约10亩有余,陆炳忠、范建堂先后负责。

早稻:民国时,境内少种早稻。1950年,境内早稻主要品种为团头、观音尖、太湖青、霜打青等老品种。20世纪50年代中后期至20世纪90年代末,境内广泛栽种早稻,主要为籼稻,口感较差,一般作为工业用粮或储备粮,品种先后有嘉兴白皮、503、天花落、莲塘早、陆财号、杭州团头(团头天花落)、早熟二九青和早熟偏迟的浙辐802、中熟的二九丰和中秆早、迟熟的矮脚南特号等，广陆矮四号成为持续多年的当家早稻品种。

中稻：民国时期，多为一年一熟的中稻，以籼稻为主，有少数粳稻、糯稻。主要品种有广籼、罗尖、青粳尖、龙凤尖及红壳糯、白壳糯等，又陆续引进胜利籼、中农34、中籼399等改良种。1949年后，境内基本无中稻种植。

晚稻：民国时期，境内种植的晚稻品种有荔子红、霜打青、香粳稻等，其中香粳稻产量最高，可达400斤，俗称"双担田"，质量亦佳，香味特浓，故种植比较普遍。1956年起试种双季稻，晚稻选用853、新太湖青等品种。20世纪60年代先后引进农垦58、苏稻一号。1966年起引进抗病丰产农虎6号等。20世纪70年代末引进矮粳23、嘉湖四号等作为当家品种，特点为穗大、耐肥、抗病强。20世纪80年代后，桐晚青和秀水系列（48、04、09、110、嘉花1号等）先后引进，抗病高产。1994年零星试验种植粳型杂交水稻，品种为寒优1067、八优161，亩产在1100斤左右。

糯稻：民国时期，境内主要有香粳糯、白壳糯、红壳糯等。1949年后，除沿用原有品种外，较多种植紫乌糯、鸡脚糯、桂花糯等。20世纪60年代后期，引进京引15。20世纪70年代后期引进双糯4号等品种。20世纪80年代后主要品种是祥湖47，种植时间较长。2003年，种植品种为祥湖914。

第三节　稻作流程与环节

目前，水稻种植相对粗放，如稻种直播，没有拔秧移栽这一中间环节。而集体生产时，水稻种植最为精细。现以那时的水稻种植为例，描述其生产流程及主要环节：浸种育秧—拔秧种田—田间管理—收割脱粒。

浸种育秧

这一阶段要做的事很多：一是选种浸种；二是找一小块最方便进出水的田作为秧田，翻耕，整平，灌水，秧板上铺一层薄薄的河泥；三是均匀撒上已浸出微芽的种谷，轻轻抹压；四是若气温偏低则盖上薄膜；五是指派人员走动，也有插纸帆或稻草人的，以防飞鸟偷食秧板上的种谷。

清代和民国时期，水稻育秧为水育，包括清水浸种、盲谷落田、密播水育及凭脚印分畦、深水灌溉等。1956年开始，早作稻提倡晒种、风选、筛选、泥（盐）水选种和药剂浸种，推广草囤催芽或地窖催芽，并推广半旱秧田（通气秧田）。3月底始播,清明前后旺播,亩播300—400斤。秧板普浇河泥,播后揾谷,覆盖物为砻糠灰或灰泥,后推广薄膜。秧田施肥分"断奶肥""接力肥""起身肥",培育"嫩壮秧"。1959年后,一度推广蒸气育秧。1962年起,两熟制播种期推迟到清明前后,三熟制播种期以4月10—20日为多。连作晚稻播种适宜期在6月18—22日,迟播对成熟期稻穗结实率有较大影响,故有"十年早,九年好"之谚。秧龄35—45日,以移栽时秧苗"五叶一心六寸长"为标准。

拔秧种田

这个阶段,无论是收割春花养春蚕种早稻田的"蚕罢头里",还是收割早稻种晚稻的"双抢季节",都是任务繁忙,时间紧迫。先要收割春花(早稻),再是灌水翻垦(20世纪70年代后陆续用手扶拖拉机代替),摊平耖细,甚至施入底肥,同时利用早工或夜工拔秧,之后组织所有人挑秧甩秧、弯腰插秧,俗称种田。后期试行过机械插秧,但因没法推广而中止。

长期以来,水稻移栽一直采取拔秧插种方式。民国时期采取大株稀植方式,一般亩栽9000—14000丛。20世纪50年代开始推行适度密植,亩插15000—17000丛。两熟制推行小株密植。推广双季稻后,早稻亩栽约50000丛;晚稻亩栽约40000丛。单季晚稻秧苗插种一般在夏至前后,有"夏至两边田"之谚;改制后,移栽时间提前,有"早稻不种六月田,晚稻不过立秋关"之谚。20世纪70年代,曾有一段时间,部分田地采用旱地育秧,小苗带土移栽。2000年后,广泛应用直播栽培技术,大田不翻耕,秧苗不移栽,将种谷直撒大田。

田间管理

秧苗移栽后,要加强田间水、草、肥、药的管理,这是决定水稻收成好坏的关键。

水:基本保持田水平衡,涝则易将禾苗淹死或"煮熟",旱则易让禾苗渴死或晒枯,因而必须根据不同苗龄期及其所需水分而及时排出或灌进,有"浅水播种、深水护苗、薄水发棵、放水搁田、放水回田、燥田待收"之说。村中有专职放水员。

草:田中有适量水,则草的生长受到抑制。一旦半干半湿,草会疯长,易超过秧苗,为此,要组织人力耘田,甚至二次耘田,拔除杂草,尤其是稗草;耘田还兼有为禾苗根部松土之意。现在多用除草剂,但对米质、土质等有副作用。

肥:水稻一生需要吸收氮、磷、钾、硅、硫等营养元素达17种之多。水稻肥料分为基肥、分蘖肥、穗肥、粒肥,前一种也称底肥或基肥,羊肥最佳,后三种称追肥、粪便、肥田粉使用最广。化肥多了，田块土质降低，稻谷品质会变差。20世纪70年代后，多用尿素、氯化铵、碳酸氢铵拌过磷酸钙，或用氨水掺水施用。

药：水稻生长期内，害虫较多，以蝗虫、螟虫和鼠类为主。随着小株密植和"双熟制""三熟制"推广，新的病虫害不断发生，主要有稻纵卷叶螟、褐稻虱、稻飞虱、稻瘟病、纹枯病、白叶枯病、恶苗病等，危害大，稍不留神会使水稻生产前功尽弃。1965年6月，村内组建大队、二级植保（农作物医生）队伍，开展查病、施药防病除虫等工作。

收割脱粒

稻收割时，多在水田里，一边斫稻，一边掼稻，也有先将水稻捆件，竖立在广田塍上，待晚稻插秧告一段落后，挑至公共场地，组织人工掼稻的。晚稻开镰前，大田已干，斫稻后当即放倒成排，待基本干燥后，再挑至公房内，脚踏滚轮脱粒。20世纪70年代后，人工掼稻渐改为电动打稻机脱粒。脱粒后，稻谷晒至干燥入库。那时，早稻掼稻常趁晴热天冒着高温进行，晚稻脱粒常轮班开夜工。

第四节　专用农具

稻桶

稻、麦、豆等粮食作物的木质脱粒农具，主要用来掼稻，故称稻桶。方形，朝上开口，下方有底，底部稍小。为了固定稻桶和便于移动，底部一般镶有两根较粗圆木条，端头长过底边，以方便背桶时拿放，放在水田里用绳拖拉。

稻场

也称稻栅栏，木质框架，呈90度旋转"曰"字状，中间均匀插有20余根细竹棒。掼稻时，捧起稻把在稻场上用力掼一掼，再松一松，稻粒就纷纷漏入桶内。

稻桶

棚荐

在稻桶四角各插一根小竹竿，高约2米，用麻布包围三面，20世纪70年代起多将"蛇皮袋"拆开代之，似蚊帐，故称稻帐，能有效防止谷粒外溅。

棚荐

稻场

第七章 水　稻

谷箩

俗称淘箩，竹制盛物器具，细篾条编织成，无眼，高约50厘米，底小口大，圆形，四角用竹板撑起，中间略鼓，容量大，一对谷箩可盛放稻谷150—200斤。

谷箩

箩头箪（稻箩）

又称没眼箪，竹制盛物器具。高约40厘米，底部小，敞口，上下均为圆形，中间略鼓。容量比谷箩略小，但自身重量较轻，便于携带。用篾丝编织成，密实无洞眼。

箩头箪

谷耙

形如捌耙，但专门用于翻晒稻谷、麦粒、豆粒、菜籽等，木质，呈"T"形。使用时，只需推动谷耙，来回走动，稻谷等物自然变成条状，易被晒干。

种田棒

长约0.7米的细竹竿，既是量器，又是标尺。种田前，先将种田棒横放于大田田面，两端种上一撮秧苗作为标识，这一棒即为一仓，再用种田绳依标识将秧苗拉直。一仓内种12棵，由两人在各自脚的两侧和中间分别插2棵秧苗。种田棒还有一项用处，即可以在插秧后将种田棒竖躺在秧苗间，计算一棒内种植有几行秧苗，与规定数相比是否过密或过稀。

种田绳

长短不一，一般在50米左右，为细苎麻绳，后多用塑料绳替代。

种田绳

拔秧凳

秧田里拔秧时所坐的凳子，长约30厘米，宽约10厘米，高约20厘米，不仅比一般凳子略大，而且为防止凳脚陷入秧板烂泥，左右两对凳脚下装有两条木板，与凳脚成90度垂直，俗称摆脚凳。

拔秧伞

在普通晴雨伞伞柄上，接一根竹竿，插于秧板中，人在伞下拔秧，既可遮阴，又可防雨。早先有专用的长柄油布伞。

拔秧凳

203

耥耙

俗称锄苗耥头。用于稻田前期苗行间除草、松土。耥板长约30厘米，板上有5排铁钉，装有竹柄。20世纪60年代后，逐渐弃之不用。

水田耙

水田耙用于起土碎土、埋草和平土。水田耙有刀耙和滚耙两种。刀耙一般用4块木板制成150厘米左右长、约65厘米宽的木框，中间装有两块长木板，木板底下沿长度方向互相错位，各安装一排刀片，人可站立在木板上驱牛前进，将犁耕后的土块切碎，并起到初步平土的作用。滚耙是在刀排中间加装一个可以转动的滚轴，滚轴上装有刀片。作业时将稻茬、杂草压入土中，同时起到初步平土的作用，20世纪50年代末境内已停用。

水田耖

碎土平田工具，形状似"而"字。有木耖和铁耖两种，木耖下梁长度为200厘米出头，其上面装有一排木制或竹制耖齿，上梁为"开"字架，一为强固，二便操作，可改变耖齿入土深浅，达到平土和埋草作用。铁耖长度要短些，20世纪50年代末境内已停用。

戽斗

俗称"甩桶"，由两人运作的人力灌水排水器具。一般用柳条或木料制成木桶，将绳索系在木桶两端对称的位置，使用时两人面对面，双手各抓住绳索，以一致协调的动作将塘水舀入或舀出。1960年前后开始，常用粪桶代替，这是控制田块水量最简单的排灌土法。

桔槔

提水器械，立木横杆，杆一头系石，一头系桶，桶揿入井中或河中，水满后通过杠杆原理，自升至需水高度而倾倒，用于提水灌溉，或提除涝水。此器物在村内早已消失。

瓦窦

陶制的排水器，又名涵管。以瓦筒两端牙锷相接，置于塘堰之中，时放田水。须预于塘前堰内，叠作石槛，以护筒口，令易启闭。此器物早已消失。

第八章 蚕 桑

村域地处杭嘉湖平原腹地，属"丝绸之府"。旧时，蚕桑业是支柱产业之一。俗话说得好："吃饭靠种田，用钿靠养蚕。"

第一节 栽桑养蚕历史

周代，推进农桑政策，鼓励栽桑养蚕。东汉时蚕桑业也较发达。五代时，吴越王钱镠采取"保境安民"国策，修水利，开圩田，发展农业，鼓励发展蚕桑，农村呈现"桑麻遍野"景象。北宋末，北方鲁桑嫁接技术陆续传到江南，传到嘉湖地区后，逐渐形成湖桑。南宋，栽桑养蚕大盛。南宋嘉泰年间（1201—1204），嘉湖地区的桑品种有青桑、白桑、黄藤桑、鸡桑等，丝织业骤兴。淳祐年间（1241—1252），崇德以织狭幅丝织物出名。元至元十年（1273）由司农司编定《农桑辑要》一书，颁发给各州县，农桑业开始出现转机，养蚕技术发展显著，并总结出"十体、三光、八宜、三稀、五广"的养蚕十字经验。明代中叶，政府倡导以耕织为立国之本，栽桑养蚕和植棉极为普遍；明末清初，蚕桑生产技术进一步提高，桑品种增多，"桑种类有密眼青、白皮桑、荷叶桑……紫藤桑、望海桑凡十有六"。在树型养成上普遍采用拳桑形式，桑叶产量得到提高。一般亩产1000斤至1200斤。鸦片战争后，重起引苗栽桑热潮。

民国时期，境内养蚕技术改进很大，蚕种得到改良，当然土种仍有一定比例。无论改良种还是土种，桑蚕仍为各家各户独自散养，设备差，产茧量低。富户大户桑地多，养蚕多，若人手不够，便雇请蚕娘办叶喂蚕，称为"蚕季工"。

1954年前后，境内多处村坊有农户自愿组建养蚕互助组，如塔石桥民宅里创办小蚕共育室，张金荣负责。1958年公社化后，统一以自然村为单位，在农家集体共育小蚕到出火。以春蚕为主，中秋次之，炭火加温，土风扇降温。三龄期后，分发到各家各户落地,由妇女为主轮流喂蚕。

20世纪60年代前期,各生产队普遍建造公房,主要用作小蚕共育室。20世纪60年代后,桑园逐步不间作,实行改桑种桑,提高桑园单产。桑树以桐乡青(湖桑35号)、荷叶白、湖桑197等为主。这一时期,全大队年养蚕种约800张,春蚕每张产茧子约60斤。

20世纪70年代前后,共育室里挖沟盖砖,筑"地火龙",为小蚕加温添暖。20世纪70年代,大队全年仍养蚕,蚕种在1100张左右。

20世纪80年代初期,为提高桑树产叶量,开始改良桑树种植,境内陆续减少高秆桑,推广低秆桑,甚至无秆桑(地桑);为提高养蚕功效,养蚕方式亦作相应调整,大蚕多用地铺,直接整枝喂叶,上蔟时亦直接将柴龙置于地铺之上。

1983年春,全面实行家庭联产承包责任制后,农民栽桑育蚕热情进一步激发,但仍以自然村为单位共育小蚕,三龄以后,由各家各户领回饲养(稍后各户自行培育小蚕)。是年全村桑地724.5亩,饲养蚕种1448.5张,茧子单产75.4斤,总产1092216.9斤。1983年,农户573户,桑地724.5亩,饲养蚕种1442.5张,其中春季694张、夏季141.5张、早秋123张、中秋466.25张、晚秋17.75张,蚕茧总产量109647.8斤,其中春茧57690.3斤、夏茧7913.7斤、早秋茧7579.2斤、中秋茧33638.9斤、晚秋茧2825.9斤,缴售给国家(星石茧站)107056.8斤,其中春56361.3斤、夏7913.7斤、早秋7579.2斤、中秋32376.7斤、晚秋2825.9斤,出售后总茧款207447.08元。折算后,亩产151.34斤,户产191.36斤,户得茧款362.04元,获上级化肥奖励129968.5元。因为春茧每张产量达83.13斤,名列全县前茅,吕明元应邀在桐乡县蚕桑生产大会上作经验介绍。

1983年漕泾村各村民小组蚕茧量款汇总表

队别	蚕种(张)		产茧量(斤)					茧款(元)	
			总产茧量			收茧量		留茧量		
	全年	晚秋	全年	张产	晚秋	全年	晚秋	全年	全年	晚秋
张家浜	47.25	0.25	3098.4	73.3	50.3	2944.4	50.3	176	5593.35	87.2
张家埭	38.5	—	2981.7	77.45	13.2	2813.7	13.2	168	5290.69	23.78
大水路	46.5	1.25	3870.1	83.2	220.9	3705.1	220.9	165	6864.07	386.61
方田村	25.5	0.5	2732.3	76.97	80.2	2620.3	80.2	117	4941.6	143.24
湾渔池	45.5	—	3813.9	85.03	58.5	3476.9	58.5	127	6731.61	116.90

第八章 蚕 桑

续表

队别	蚕种（张）		产茧量（斤）						茧款（元）	
	全年	晚秋	总茧量			收茧量		留茧量	全年	晚秋
			全年	张产	晚秋	全年	晚秋	全年		
吕桥东	35.75	0.75	2772.9	77.56	136.2	2738.9	136.2	34	5738.59	254.71
吕桥西	32.25	0.25	2233.2	69.25	28.5	2204.2	28.5	29	4256.52	55.59
大天井	36.75	0.25	2885	78.5	67.6	2859	67.6	26	5564.43	123.34
孙家埭	37.5	0.5	2714.4	72.38	130.6	2665.4	130.6	49	5015.51	203.65
沈家场	37	—	2146.8	58.02	36.4	2100.8	36.4	46	4169.11	66.12
顾家埭	24.5	—	1909.4	77.93	15.8	1863.4	158	47	3669.13	29.99
长 南	50.5	0.5	3350.5	66.35	43.5	3131.5	43.5	19	5668.8	75.56
长 北	41	0.5	2625.1	64.03	42.1	2613.1	42.1	12	4344.39	76.55
大木桥	99	1	7380.4	74.55	171	7235.4	171	145	14084.34	317.62
查坟前	60	1	4295.6	71.59	112.4	4254.6	112.4	41	8135.44	202.96
南庄桥	75.5	1.5	5750.3	76.16	263.7	5610.3	263.7	140	10438.98	456.8
马家木桥	90.5	0.75	6974.7	77.07	114.1	6935.7	114.1	39	13820.17	210.03
墙门头	51	1	4065	79.71	159.5	3958.5	159.5	106.5	7652.12	305.51
双元村	46	—	4045.6	87.95	20.3	3980.6	20.3	65	7833.41	31.5
柾港	43.5	0.5	3570.2	82.07	97.3	3486.2	97.3	84	6854.27	182.41
张家门南	59.5	0.5	4092.4	18.78	68.3	4017.4	68.3	75	7924.52	324.65
张家门北	37.25	0.75	2800.9	25.19	99.1	2698.1	99.1	102	5334.6	171.21
塔石桥	37.5	1	3102.1	82.72	157.4	3047.1	157.4	55	6136.45	287.89
陆家门	42	1	3142.3	74.82	126.3	3128.5	186.3	21	6442.8	254.25
陆家浜	45.75	0.75	3902.4	85.2	106.4	3789.4	106.4	113	7481.77	206.93
公婆桥	60.5	0.5	4382.7	72.61	24.7	4255.7	24.1	137	8664.51	41.32
范家门	64	0.5	5133.1	80.21	84.6	5013.7	84.6	120	9944.18	164.40
范家浜	56.25	0.75	4127.2	73.37	104	3989.7	104	137.5	8096.1	177.92
汤 东	34.25	1	2758.2	80.53	126.2	2720.2	126.2	38	5205.23	116.49
汤 西	39.5	0.5	3180.4	80.52	67.2	3028.4	67.2	152	5833.18	—
合 计	1440.5	17.75	109837.2	—	2826.3	106930.9	3027.9	2586	207729.87	5095.13

1985年，漕泾村实施"丰收"计划，桑园建设得到加强。是年全村全年饲养蚕种1780.25张，总茧量123618.1斤，其中115759.25斤缴售给国家，得茧款223104.24元。据1988年春桑园示范方普查，全村桑地面积570.862亩，其中，承包地522.531亩，自留地48.331亩；产量1000公斤以上的一类桑地276.007亩，产量500—1000公斤的二类桑地180.662亩，产量500公斤以下的三类桑地98.598亩，花桑15.595

亩。1989年，五季蚕种3096张，产茧104608公斤。1991年，五季蚕种3124张，产茧102167.8斤，投售879407斤，得茧款885437.5万元。其中，春蚕1113.75张，应投售蚕茧60164斤，实际投售70169.4斤，超售15612斤，上级奖励20296.02元；夏茧、早秋茧超售5598.5斤，中秋、晚秋茧超售10184.95斤。

1995年以后，实行农田基本改造，桑园面积逐年减少。2000年以后，国际丝价暴跌，蚕桑生产进入低谷，仅有少量农户养蚕，而且春蚕夏蚕、早晚秋蚕基本不养。2005年，桑园681亩，养蚕2297张，产茧97吨。2016年，全村桑园面积484亩，全年春夏、中秋、晚秋四季饲养蚕种，共1059张，其中，春蚕658张、夏蚕41张、秋蚕360张，产茧1190担，计11.9万公斤，其中春茧788担、夏茧42担、秋茧360担（中秋茧188担、晚秋茧172担）。

第二节　桑树栽培

在靠蚕挣钱的年代，蚕农重视桑园栽培，并做足做实以下主要功课。

一是播种。先要从上年的桑椹中获取桑籽。然后在下一年初夏播种，夏秋生长，初冬落叶，幼苗时俗称广秧，未经嫁接，是谓野桑。

二是嫁接。境内以前方法是：将广秧移植桑园，生长一年后，斜剪上截，形成插口，取三寸左右长的家桑条，单面削尖，相向入插口，再用稻草或布条扎紧。20世纪70年代后，境内桑农大多不再嫁接桑苗，而是直接从本地或同福、灵安一带小桑苗区购入小桑苗种植。1989年，村内尚有小桑苗广秧4亩。

三是留拳。桑苗嫁接成活或小桑苗种植后，春天抽芽，摘去多余的芽头，只留上面3个，长成株条，待第二次春蚕采叶后，剪去枝条，不久新芽萌发，各留2个，始成拳桑。境内拳桑有高、中、低秆三种。屋傍地角零星栽培的桑树一般为高秆拳，不修枝，多火桑。20世纪70年代后多培育低秆桑甚至无秆桑，称"无秆密植桑"。后多中低秆桑，离地50厘米左右留拳，亩栽800至1000株。

四是施肥。一年四季各1次，主要有河泥、塘泥、稻秆泥、堆厩肥、菜油饼、蚕沙等，堆厩肥包括猪羊粪、鸡鸭粪、人粪等。尤其是冬季土地封冻前要施足有机肥，肥量占全年三分之一。

五是治虫。桑园虫灾主要有桑螟、桑天牛、蛀虫、蚜虫等，晚秋蚕或最后一季蚕桑叶摘尽后，要及时治虫封园养树，谓防治关门虫，以压低越冬虫害基数，防止病原物的传播及微粒子病的发生,保护明春叶芽萌发。还可人工刮卵除虫,刮除野蚕、白毛虫等越冬卵蛹、幼虫。

六是剪梢。秋末或初冬将桑条的梢尖修剪掉,剩下大约三分之二的桑枝。

七是除草。每年初冬和春季,桑园需要分别进行一次全面除草,俗称削地。来年春季再削地一次,要求深削,削除发芽草。

八是束枝。叶落尽后,要矫正树势树形,便于冬耕、施肥等园间作业,同时能引诱害虫潜伏于草束间,以便日后灭虫。

九是冬耕。冬天垦桑树地,行间深翻15—20厘米泥土,形成沟肩,深10厘米左右,以少断根和不伤粗根为原则;翻转的土块宜大不宜小,畦面不起洼坑,畦沟不能阻塞。

十是刷白。初冬将熟石灰稀释,放入少量硫黄、柴油后刷于青年桑的拳部及其秆部,以及老年桑的三叉以下,这样能填没越冬幼虫的居穴,控制蚧壳虫和膏药病的危害。

十一是整枝修拳。修整树形,锯掉枯桩死拳,剪去病虫枝、细小无效枝,增强树势,减少养分消耗。

十二是开沟排水。桑树恶涝,若遭水淹,根尖萎缩,桑叶落黄,故要开沟挖畦,及时排水,做到雨停地面无积水。

第三节　养蚕流程

据传蚕业起源于黄帝之元妃西陵氏,西陵氏嫘祖教民如何育蚕,蚕业从此兴起。千百年来,养蚕技术多有改良,但流程与环节基本不变。

选种

旧法制种是先选取饱满硬健的蚕茧作种茧收藏。蚕蛹变蛾子破茧而出,雌雄交配后,雄蛾死去,雌蛾产卵,用桑皮纸接蚕卵,包裹藏起。本地多取余杭种。

浴种及贮种

冬至日前后,择一极冷之日,将蚕种浸于冷水中,约半日许取出,仔细漂洗,以去其附着之污浊物,然后置诸空气流通之处,俟阴干而后贮藏。农户一般将蚕种用丝锦包裹,昼则藏胸中,夜则纳于被内,此贮种方式易致种病。

消毒

蚕病之有传染性者,其病原每附着于蚕室及蚕具上,至翌年则发生同样的传染病,故非设法消毒不可。消毒之法,最有效者,为福尔马林蒸发法,或者用石灰水洗涤法、硫黄熏蒸各法,皆能奏效。蚕具、蚕室消毒时,必须密闭一昼夜。

催青

桑叶发芽后二三日,将贮藏之蚕种取出催青,最为合适。蚕种出库第八天左右,可以看到蚕卵一端有小黑点,这是点青,当有20%的卵点青的时候,可以用黑布遮住,从点青日开始算,等到第三天早上就可以把黑布撤掉,接着进行开灯感光孵化。20世纪60年代起,从选种、贮种到催青,都由政府蚕种场统一操办。

收蚁

收蚁人称为乌娘。当开灯感光3—4个小时左右,春蚕的话上午九点,夏秋蚕可在早上七八点,需要收蚁。收蚁的时候,将桑叶切成0.5cm的小方块,用叶量一般是蚁量的5倍,将其撒到垫塑料薄膜的簸箕中,一只手拿着蚕种纸,一手拿蚕筷,用力均匀地拍打蚕种纸背,让其掉落到簸箕上,再用刮蚁蚕,整理成圆形即可。

小蚕饲养

收蚁后小蚕饲养要历经四眠:喂给切细的嫩桑叶丝三昼时后,首眠一昼时左右,谓头眠;蜕皮醒来再喂给切细的条形桑叶,约三昼夜后再眠一昼时,谓二眠;醒来喂给切小的桑叶片,三四昼夜,要三眠一二昼时。三眠后蚕大天暖,将火盆撤离或将"地火龙"关掉,故三眠人称"出火";醒来喂给全叶四五昼夜,要四眠一二昼时,谓大眠。

在此期间,有四个方面要上心:一是控制温湿度,蚕室温度保持在26—27℃,不足时要以火盆(后改为以地火龙)加温,一二龄湿度90%,三龄湿度85%,不足时向地面喷水保湿;二是给桑合适,桑叶要嫩,品质优良,还要察温度之高低、空气之干湿,以定给桑之多少,头眠前一昼夜喂八回,二眠出火前一昼夜给七回,大眠前一昼夜应六回,叶量总体上逐渐增加,夜间桑量应少于白昼,但各龄盛食期为蚕积蓄体中脂肪之期,桑量亦应增加,否则眠中脂肪缺乏,易发疾病;三是及时除沙,即除去蚕匾中余剩之桑以及蚕粪,除沙次数与喂叶数成反比,头眠前一昼夜一二回,二眠、出火、大眠前一昼夜三回或四回,眠前、眠醒时要加一次除沙,除沙

小蚕饲养

方式以糠除为便，即用砻糠，撒于蚕匾，使蚕身隐没并给桑，隔二三小时，然后用羽毛或手将糠上之蚕与桑扫集一处，则在糠下之蚕沙，即可除去；四是分箔，因蚕体渐大，容易拥挤，应适时分匾，使之疏密适宜，一般可与除沙同时进行。

大蚕饲养

蚕宝宝大眠后，即进入五龄期，要扩展房舍空间，稀放蚕体。不用蚕匾也行，可直接落地铺蚕，喂给整枝桑叶，七八天后可以上蔟。期间，一昼夜喂叶大约五回，温室保持在25度；每天使用石灰粉消毒蚕体、蚕座，湿度高时可撒2次石灰粉以确保蚕室干爽通风；除沙每日一回，方式为网除，其法先以蚕网铺于匾上，给整枝桑条2回，然后将网抬至他匾，则网下之蚕沙自可除去，若落地铺饲养，又喂以整枝桑条，可不除沙，层层累高。

上蔟

俗名上山。上蔟时当注意的是，先以清洁干燥之稻草（切忌麦草），制成蚕蔟，排列成行。然后拾蚕之已经老熟，全身透明者，轻轻放上。大约一蔟上二十余头最为合适，勿使过密，则将来同宫茧自少。此外如果空气湿度大，宜加调整，温度则尤忌先低而后高，大概以华氏八十度上下为宜。

采茧

采茧不得过早，早则蚕身尚未变蛹，皮肤新嫩，容易伤损破溃，最好以上蔟后四足日为最适。至采茧时尤宜将同宫薄茧随时捡出，如蔟中有腐烂之蚕，更须先行弃去，否则污及他茧，大失茧之价值，故不可不慎。

第四节　蚕桑业副产品

种桑养蚕，为产蚕茧，从而形成两种主要产品：绵兜及其制品，如丝绵被胎、棉衣棉裤内芯等；缫蚕丝，旧时手工缫土丝，机械缫洋丝，为纺织丝绸产品提供丝料。除此，还有下列多种副产品。

桑叶

境内广泛养羊，明、清以来，农家多利用枯桑叶喂羊，养羊五六头，羊粪又多用于桑地或肥田，形成枯桑叶喂羊、羊粪培桑肥田、粮桑并茂的传统生态良性循环。桑叶内含丰富的氨基酸、纤维素、维生素、矿物质以及多种生理活性物质，村民常把桑叶作为药食两用的原料，中医将桑叶作为治疗消渴证的中药应用于临床。

桑枝（皮）

民国时，农家将带皮鲜桑枝条敲碎，取皮喂羊。20世纪50—80年代，农户剥取桑条皮并晒干，由供销部门收购，作造纸原料。后将桑枝加工成桑枝屑，加入适量辅料，配制成袋栽香菇基质，用于栽菇培育；以桑枝条为主要原料，加工制成中密度纤维板，产品销往上海等地。

桑椹

俗称"乌都"，为古今常用的中药材，具有聪耳明目、补肾润脏之效，是老少皆宜的水果类零食。桑椹成熟时节，有的农户还采集桑椹拿到集镇上，销售给酒厂酿制"桑椹酒""桑椹露酒"等，酒味醇和，果香浓郁，且有保健作用。20世纪80年代后，桑树由高秆逐渐改成无秆，桑椹产量减少。

蚕蛹

蚕蛹具有极高的营养价值和药用价值，含有丰富的蛋白质，脂肪酸、维生素（包括维生素A、维生素B2、维生素D及麦角甾醇等），是人们餐桌上的美味佳肴。此外，蚕蛹还可当作肥料和饲料。

蚕沙

蚕沙即为蚕宝宝排泄物，具有药用价值，干燥后，性味甘温，入肝、脾、胃经，常用于治疗风湿痹痛、头风、头痛、皮肤瘙痒、腰腿冷痛、腹痛吐泻等症；古人将蚕沙炒热后装入袋中，趁热敷患处，可治诸关节疼痛，半身不遂；民间用蚕沙作枕芯填充物，有清肝明目之效。同时，蚕沙也是极为优质的有机肥料。

第五节　专用器具

蚕架

给桑架，俗称饲蚕凳。清代形制为面方尺余，脚高2尺，凳面凿一圆孔，凳脚右两档中另设一横档，上凿浅穴与凳面之孔相对，用圆木为柱，高3尺，纵横平置二档于顶，如十字形，从凳面之孔插下，竖于横档的穴内，可左右转动，以便于置筐饲蚕。当代大多推广折叠式给桑架，用两长木两短木构成长方形框架，在长木中间部位钉入长钉，成交叉形，在两短木之间系绳索，使用时两框展开成"X"形，即可在两短木间置蚕匾、给桑叶，使用后折叠置于墙边，不占蚕室空间。主要用于在养小蚕时，当架子铺摆蚕匾。

第八章　蚕　桑

蚕柱

古时四柱落地，清代后用三根较粗的木柱，其中一根能自由旋转180度，柱高超过2米，中间装8—10个木关，木关之间相距约10厘米，蚕匾可依次套入，既节省空间，又便于小蚕保温、保湿。使用时，移动中间一根可旋转的木柱，三柱呈等腰三角形，套入蚕匾，蚕匾大半在内，小半在外，很稳妥。不用时，旋转中间木柱进行折叠，靠于墙边。

蚕柱

蚕匾

也称蚕箔，盛桑叶和养蚕的浅口容具，用竹篾编成，底平，边沿有转圈。宋代以前为长方形，后改为圆形和腰子形两种，大圆匾直径约3尺七八寸，边高约3寸。腰子形匾略小，用于养小蚕。

叶箩

分大小叶箩。小叶箩四角平底，常见的为方形直立，高约40厘米，口径约40厘米，细竹篾编制，紧密不留箩眼。大叶箩高约80厘米，口径约55厘米，中间不鼓起，以阔竹篾编成，底圆，箩身留眼，开口大，容量大，亦有方形大叶箩。明代已普遍采用大小叶箩。

叶箩

叶墩

为小蚕切桑叶专用平台，圆形，高约10厘米，直径约15厘米。用稻柴结扎而成。将当年产的干稻柴刷净，去掉柴壳，去两端，取中间一节，捆扎结实，用两个竹箍紧紧箍住，然后刨平，略微鼓起。用叶墩头切桑叶成细条状，无连叶，不伤刀，亦不伤叶，且无荤腥等异味。

叶墩

叶刀

切桑叶的专用刀具。与菜刀相似，但更薄、更轻便。

蚕网

用棉纱或麻皮编织而成，分小蚕网和大蚕网两种。小蚕网，眼密，亦用作防蝇网；大蚕网眼稀。通过覆盖蚕网，可以迅速分拣出眠蚕与青蚕

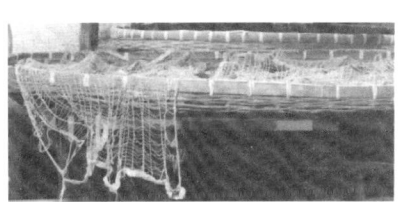

蚕网

（未眠蚕），以分别饲养。20世纪80年代起改用塑料纸绳制作。

蚕苴

盛蚕子的器具，用细方木条糊成长方形，中间再糊上一根细方木条，成两个正方形，两面糊上细眼纱布，中空，盛放蚕子。蚕的数量称"张"，一长格为一张。

桑剪

修剪桑枝的专用刀器，剪刀头像白果，把手处像花瓶，剪刀脚像盘卷起来的小旗帜，故有"白果头，花瓶壶，扯旗盘"之说。桑剪品牌有"叶里飞"等。除剪桑枝外，还可用于剪细小的广秧和其他树枝。

桑剪

接桑刀

嫁接桑苗的专用刀具。长约15厘米，呈弧形，装有小木柄。刀口十分锋利。

桃花纸

专门用于收蚕子的纸张，与宣纸相仿，色淡红，故称桃花纸，薄而软，透气。

火缸

蚕室取暖用具。使用时，先在缸内放置燃烧而又无浓烈气味的桑枝数根，上覆袭糠、木屑，按压结实，桑枝引燃碧糠、木屑后，无明火、无浓烟。

柴龙

形如一条长龙，故称柴龙。将当年产的稻柴、麦柴或茅草刷净，去柴壳、柴屑，截去两端，取中间一段，长约15厘米，长短一致，一把把扎好，如筒面，称柴龙。绞柴龙时，要用的工具有柴龙凳、柴龙扁担。柴龙凳是在普通的条凳上装一个"T"形架，下端插于条凳中间，左右两端各装一个摇杆；柴龙扁担是在旧扁担中间凿一个洞，也装一个摇杆。摇杆是用三根小条木制作的，形状与手扶拖拉机上起动发动机的摇杆一样。使用时，先用稻柴绳系住凳上的两个摇杆，中间钩住柴龙扁担上的摇杆。柴龙的长度与地铺的长度相同，也就是农家堂屋的长度加长一些。绞柴龙需要四个人配合，一人坐于凳子上摇动摇杆，一手一个，按顺时针方向摇；一人立于对面，一脚撑住扁担下端，一手握住扁担上端，另一只手按顺时针方向摇动摇杆。第三个人，一只脚跨在两根绳索中间，另一只脚跨在绳索外面，面朝柴龙扁担，双手捧住由第四个人传递过来的柴龙柴，从两根绳索中间均匀

柴龙

地剔出去。这时,摇杆摇动,绳索夹住柴,并迅速旋转,随着柴龙柴的逐渐剔出,柴龙迅速加长,至柴龙凳时,解开系在两个摇杆上的绳头,打一个结,一条柴龙便算完成了。

茧篮

竹制品,椭圆形底,长敞口,两角翘起,形如元宝,中有一竹环。家庭用的茧篮较小。收茧站用的很大,能装上百斤茧,中间无环,两端各装有一个绳扣,两人可抬着行走。

剥桑条皮夹子

农家剥桑条皮用的专用工具,取两根废弃的铁耙柄(或光滑、年久的毛竹),用麻皮绳扎紧,固定于廊柱上,一长一短,露出缺口。之前多用木榔头敲打桑条,现多用钢管夹子。使用时,将新鲜的桑条用力丢进缺口,一拉,桑条皮顿时开裂松动,但不会被夹烂,之后剥皮。

剥桑条皮夹子

蔟箔

宋代称为杉木解枋,长6尺,阔3尺,以箭竹作马眼福,插茅,疏密得中,复以无叶竹案,纵横相搭,又在蔟背铺以芦箔,以篾透背而缚。清代蔟箔放置在帘上,帘以芦苇织成,长、短、阔无定制,视室大小定。

第九章 工商经济

漕泾一地,农业经济悠久而发达,工商经济发育相对迟缓。20世纪60年代末,境内始有零星工商实体。20世纪80年代后,队办(村办)企业逐渐增多。20世纪90年代,境内个体、私营经济兴起。21世纪后,农业生产焕发生机,承包大户借鉴工商模式建成现代家庭农场,使传统农耕生产嬗变为企业化大生产。

第一节 工商经济萌芽

手工业,包括家庭副业,以及其成品贩运,是现代工商业的滥觞。长期以来,境内农家耕种之余,多有家庭副业,把自家农副产品加工成生产劳动工具和生活日用物品,多为家庭自用,多余部分拿去附近集市出售或物物交换。部分村民农闲季节从事传统手工业,使用简单工具,依靠手工劳动,小规模生产非农产品,最初属于副业性质的家庭手工业,与农业、家庭副业融为一体,家中开设小作坊、小工场,少有雇工;有的季节性应邀前往或随师傅外出为东家打工,或直接进入他人作坊工场,为雇主干活。此外,有的专门从事收购、贩运、出售家庭副业产品和手工业产品,成为小商小贩。

境内家庭副业和传统手工业,以及小商小贩,所需技能的习得,多以家人族人引领为主,或在亲友熟人中拜师学艺。代际承袭或师徒相传过程中,涌现出一代又一代的百工之人,本地俗称"手艺师傅"或"手业师傅",如漆匠师傅福堂、顺贤、锦元、利洲、国洲、仁江、利江、锦泉、锦发、富华等,还有阿三烤红薯,文祥粉丝煲,封祖法长条空心爆米花,陆长文、沈月明做的米花糕,苏家驹、徐娟惠剃头,建林卖肉,陆巧生、吴桂仙做裁缝,陆建昌、范雪琦打灶头,陆坤年箍桶,应庆做皮蛋,顾长林卖利高糖,沈汉祥杀猪,沈明宝做账房先生……甚至有吹奏手朱永千,道士吕志杰,婚庆师沈杰等。百工中,不乏能工巧匠。

民国以来漕泾能工巧匠举要

村组	姓名	行当名称	大致年代	村组	姓名	行当名称	大致年代
张家埭	张耕彬之子	裁衣师傅	1949年前	南庄桥	沈国民	施工员	现代
	张长仁	裁衣师傅	中华人民共和国建立初期		沈利洲	漆匠师傅	现代
	张月坤	烧炭工	20世纪50—60年代		沈国洲	漆匠师傅	现代
	郭松金	机修师傅 治蛇盘腰	20世纪60年代		沈忠敏	装修师傅	现代
	封叙金	畜牧管理员	20世纪70—80年代		沈富华	漆匠师傅	现代
	张金发	机修师傅	20世纪70—80年代		沈炜	软件开发技术	现代
	张忠岳	泥水师傅	20世纪70—80年代	双元村	朱永千	乐队师傅	20世纪70—80年代
	郭建明	木工师傅	20世纪70—80年代		陈炳祥	木匠师傅	2000年前后
	张锦芳	电焊师傅	20世纪70—80年代		李桂祥	泥水师傅	现代
	张文高	木工师傅	20世纪70—80年代		王继昌	开拖拉机	2000年前后
	周国金	泥水师傅	现代		陈国新	木匠师傅	现代
	张锦浩	泥水师傅	现代		陈伟良	泥水师傅	现代
	张建锋	厨师	现代		陈明祥	泥水师傅	现代
	郭明荣	泥水师傅	现代		陈德祥	泥水师傅	现代
	郭子荣	泥水师傅	现代		吕建良	专业打孔	现代
	郭建华	厨师	现代		朱福荣	漆匠师傅	现代
	张华	水电	现代		陈楚良	漆匠师傅	现代
	郭伟丰	泥水师傅	现代		陈坤祥	泥水师傅	现代
大水路	张应庆	做皮蛋	20世纪70—80年代		沈荣彬	造桥、机埠等	现代
	沈祖达	泥水师傅	20世纪80—90年代		王永新	木匠师傅	现代
	周幼庆	泥水师傅	20世纪80—90年代		孙新强	开大船	现代
	严巧观	碾米 开拖拉机	20世纪80年代至今		苏飞烨	电工师傅	现代
	沈安良	裁衣师傅	20世纪80年代	张家门	张汉祥	杀猪屠夫	20世纪70—80年代
	冯恒夫	木匠师傅	现代		张锦标	电工师傅	20世纪80年代至今
	封祖法	加工爆米花	现代		张元明	泥水师傅	现代
	冯耀庭	杀猪屠夫	20世纪70—80年代		张根松	泥水师傅	现代
	周凯乐	电工师傅	现代		张金松	泥水师傅	现代
吕家木桥	吕新发	水作师傅 编藤篮	20世纪五六十年代		张水甫	电焊师傅	现代
	吕仕良	水作师傅	20世纪70—80年代		张林江	电焊师傅	现代
	吕忠良	水作师傅	20世纪70—80年代		张雪华	电焊师傅	现代
	沈祖兴	水作师傅	20世纪70—80年代		张建学	泥水师傅	现代
	沈叙昌	水作师傅	20世纪70—80年代		张建林	泥水师傅	现代
	沈祖荣	水作师傅	20世纪70—80年代		张汇初	泥水师傅	现代

续表

村组	姓名	行当名称	大致年代	村组	姓名	行当名称	大致年代
吕家木桥	沈祖金	水作师傅	20世纪70—80年代	张家门	张金龙	泥水师傅	现代
	沈岳庭	水作师傅	20世纪80—90年代		张元明	泥水师傅	现代
	沈秋庭	水作师傅	20世纪80—90年代		张建清	漆匠师傅	现代
	沈岳良	水作师傅	20世纪80—90年代		张凤琦	泥水师傅	现代
	吕明元	水作师傅	20世纪80—90年代	塔石桥	陆建昌	泥水、编藤篮灶头师傅	20世纪70—80年代
	沈财荣	水作师傅	20世纪80—90年代		张大龙	木匠师傅	20世纪80—90年代
	沈金甫	水作师傅	2000年前后		陆金洲	泥水师傅	20世纪80—90年代
	沈金发	水作师傅	2000年前后		张仁良	木匠师傅	2000年前后
	沈仁昌	水作师傅	2000年前后		张福良	木匠师傅	现代
	吕明生	水作师傅	现代		张子良	泥水师傅	现代
	沈明高	水作师傅	2000年前后		张锦良	泥水师傅	现代
	沈长松	泥水师傅	现代		张金松	泥水师傅	现代
	王胜江	泥水师傅	现代		张淼火	电工师傅	现代
	陆月昌	泥水师傅	现代		徐月宝	裁衣师傅	20世纪80—90年代
	沈全兴	泥水师傅	现代		陆锦泉	泥水、灶头	现代
	沈伟初	泥水师傅	现代		张月良	泥水师傅	现代
	沈全庆	水作师傅	2000年前后		张 波	电工师傅	现代
	沈明忠	水作师傅	2000年前后		张明	泥水师傅	2010年前后
	沈明华	水作师傅	2000年前后	陆家门	陆寿海	木匠师傅	民国（清末）
	沈叙荣	水作师傅	20世纪80—90年代		陆寿潮	木匠师傅	民国（清末）
	沈永林	拖拉机师傅	20世纪80—90年代		陆坤年	箍桶匠	20世纪50—60年代
	沈仕民	泥水师傅	现代		陆敬南	木匠师傅	20世纪70—80年代
	王建根	水电	现代		陆敬和	木匠师傅	20世纪70—80年代
	沈庆元	水作师傅	现代		陆洪文	编藤椅师傅	20世纪90年代
孙家埭	孙金冠	药伙计	1936—1962年		郭月仙	剃头师傅	20世纪90年代
	顾长林	卖利高糖	20世纪80—90年代		陆大跃	木匠师傅	20世纪80年代至今
	孙坤祥	木匠师傅	1973—1990年		陆玉良	木匠师傅包工程	20世纪80年代至今
	孙周江	开挂桨船	20世纪80—90年代		陆仕良	泥水师傅	2000年前后
	吕汉林	泥水师傅	1978—2022年		陆炳炎	泥水师傅	2000年前后
	沈其昌	修自行车	2000年前后		陆永法	木匠师傅	20世纪90年代至今
	沈恩昌	木匠师傅	现代		陆如金	电焊师傅	20世纪90年代至今
	陈玉兴	电工师傅	现代		陆初金	水电师傅	20世纪90年代至今
	沈建国	专业打孔	现代		陆如民	水电师傅	20世纪90年代至今
	沈建林	电工师傅	现代		陆益锋	水电师傅	现代

续表

村组	姓名	行当名称	大致年代	村组	姓名	行当名称	大致年代
孙家埭	陈新锋	开拖拉机	2000年后	陆家门	陆学飞	木匠师傅包工程	20世纪90年代至今
	沈杰	乐队师傅	现代		沈雪昌	漆匠师傅	20世纪90年代至今
长浜	陆松林	修缸补甏	1963—1974年	范家门	范德芳	泥水师傅	20世纪80—90年代
	丰雪荣	开拖拉机	2000年前后		范仕庆	水电师傅	20世纪80—90年代
	吕季康	开拖拉机	2000年前后		范雪琦	灶头师傅	现代
	姚宝荣	开拖拉机	2000年前后		范雪昌	木匠师傅	20世纪90年代至今
	何德金	开拖拉机	2000年前后		王海良	漆匠师傅	现代
	姚宝发	杀猪屠夫	20世纪80—90年代		范金良	漆匠师傅	现代
	吕志杰	乐师	现代		范如金	泥水师傅	现代
	何建平	漆匠师傅	现代		范如荣	泥水师傅	现代
	吕学彬	漆匠师傅	现代		范常荣	木匠师傅	现代
	吕建华	开拖拉机	现代		苏仁良	泥水师傅	现代
	何建金	电工师傅	现代		范炳琦	泥水师傅	现代
	吕悦忠	铝合金师傅	现代		徐卫明	开拖拉机	2000年前后
	姚金兴	铝合金师傅	现代		范建祥	泥水师傅	现代
	丰金舟	电工师傅	现代		范建清	漆匠师傅	现代
马家木桥	张天林	泥水师傅	现代		范卫国	泥水师傅	现代
	张天伦	泥水师傅	现代		范国清	泥水师傅	现代
	张建初	泥水师傅	现代		范玉良	机电维修	现代
	张天康	泥水师傅	2000年前后		范玉仁	泥水师傅	现代
	沈建林	开拖拉机	现代		范笑一	漆匠师傅	现代
	沈德明	汽车教练	2010年前后		范晓国	木匠师傅	2010年前后
	沈永华	水电师傅	现代		范宇杰	木匠师傅	现代
	马洪兴	漆匠师傅			何建强	水电师傅	现代
	徐娟惠	剃头师傅	现代		范益彬	漆匠师傅	现代
大木桥	吴桂仙	裁衣师傅	20世纪70—80年代		范君诚	木匠师傅	现代
	吕建德	泥水师傅	20世纪80—90年代	汤家元	沈阿海	殡葬服务	20世纪70—80年代
	吕春泉	木匠师傅	现代		张建国	泥水师傅	现代
	吕利华	木匠师傅	20世纪90年代至今		张建德	水电师傅	现代
南庄桥	沈品元	裁衣师傅	20世纪30年代		张伟林	泥水师傅	20世纪90年代
	沈进福	裁衣师傅	20世纪40年代		沈建城	漆匠师傅	现代
	沈七毛	木匠师傅	20世纪30年代		沈永高	铝合金师傅	现代
	沈金荣	泥水师傅	20世纪50—60年代		张国平	铝合金师傅	现代
	沈悦芳	泥水师傅	20世纪50—60年代		沈新学	泥水师傅	现代
	沈明宝	账房先生	20世纪60年代		沈江波	漆匠师傅	现代

续表

村组	姓名	行当名称	大致年代	村组	姓名	行当名称	大致年代
南庄桥	沈福堂	漆匠师傅	20世纪80年代	查坟前	陆桂松	木匠师傅	20世纪50—60年代
	沈周堂	杀猪屠夫	20世纪90年代		吕金荣	水作师傅	20世纪50—60年代
	沈洪堂	木匠师傅	20世纪80—90年代		吕松标	裁衣师傅	20世纪50—60年代
	沈祖康	泥水师傅	20世纪70—90年代		吕福忠	漆匠师傅	现代
	沈顺贤	漆匠师傅	20世纪70—80年代		陆新江	开拖拉机	2000年前后
	沈锦元	漆匠师傅	现代		陆洪熙	漆匠师傅	现代
	沈锦泉	漆匠师傅	现代		陆培根	漆匠师傅	现代
	沈锦发	漆匠师傅	现代		陆正庭	漆匠师傅	现代
	沈仁江	漆匠师傅	现代		吕忠华	建筑施工员	现代
	沈利江	漆匠师傅	现代		陆兴元	泥水师傅	现代

有2个有趣现象：一是百工之人呈现出明显的地域分布状态，如大水路做洋袜，张家埭做丝绵，吕家木桥做豆腐，长浜前捉鳝，查坟前腌冬菜，南庄桥漆匠多，塔石桥和陆家门木匠多。二是有些产业和行当在村内延续一段时光后，竟然演化成了小地名，如张家埭的烧炭坟头，汤家元的甘蔗田、大水路的圆鱼池、张家门的养马地等。

20世纪60年代前，游走于境内的村外手艺师傅亦不少，他们中有剃头的、修面的、弹棉花的、做蚕娘的、做奶娘的、箍叶墩的、箍木砻的、箍桶的、修理铜器具的、修油布伞的、银首饰包金的（对农家银饰做涂金处理）、凿磨子的（石磨纹路磨损后要重新凿深纹路）、打家具的、磨剪刀的等，他们挑着工具箱，背着包袱，串村走户，上门服务，甚至还有摇船停靠在村里的桥墩边，连日作业的，如江西人补碗，绍兴人修缸补甏、凿坑银（坑银指粪缸茅坑壁上的那一层污垢，为银白色，或入药，或作肥料），萧山人透（捅）烟囱（烟墨灰做肥料，据说还可做橡胶、塑料、油墨、墨汁等添加剂），德清人扎竹箔，金华人做蓑衣，吴江严墓人垫房屋，绍兴人收纸锭灰，上八府人鸡毛换草纸，江北人破布头换糖担、义乌人做货郎等，还有不知哪来的打拳头、卖膏药的等。

随着产业发展、技术进步和社会转型，境内村民大多外出谋生创业，打工上班，鲜有人愿意继续从事传统家庭副业和手工业，传统的能工巧匠逐渐老去，会传统手艺的青年人几近消失。

第二节 手工技艺

编织

编织是一项最古老的传统手工技术和传统工艺，基本上属于原始手工范畴，运用手指等进行操作，配以棒、针、钩等微型器具物件。后逐渐出现以人力为动力的木制机械，编织时常常手脚并用。

一般将植物的枝条、叶子、茎秆、皮张、线条等或动物的毛、发、丝等加工后，手工操作才能完成编织。编织品按原料分，主要有竹编、藤编、草编、棕编、柳编、麻编、棉织、丝织等类别；按用途分，主要有日用生活品、欣赏品、玩具、服饰鞋帽等类别；按形态分，主要有盛放器（如草篰、谷筐、土筐、米淘箩、纸篓、菜篮、鳝笼、米囤、蒙条、麻袋、蚕网、渔网、网袋、草包等）、穿戴物（如头绳衫、头绳裤、头绳帽子、手套、围巾、披肩、草帽、草鞋、蒲鞋、蓑衣箬帽等）、垫子和装饰品（如席子、垫子、棕绑、门帘、窗帘、绳索、绳团、草片等）、把玩品（如小狗、小猫、茶壶、酒壶等）四大类；按工艺技法分，主要有编织、包缠、钉串、盘结等。

上述编织业的门类品种村内均存在过。而农家常年在编织的主要有2种东西：一种是妇女利用农闲、雨天、早晚等时间段在家编织的毛线衣裤，一般为家用，后来出现横机、套口机等机械后，毛衫编织便进入机械化、自动化、商品化阶段。另一种是搓稻草绳和编草鞋，备生产和生活的不时之需，出现半机械化器具后，有了踏绳团、打草包的活动，出售编织品来获取副业收入。

土布织造

农耕社会里，一般男耕女织。"女织"就是境内女孩十来岁要练习纺线，十三四岁学习织布。纺纱织布和针线、刺绣、缝纫等"女红"是农村女性必须掌握的基本技能。土布织造大致历经种棉花、脱棉籽、弹棉花、擀棉条、纺棉纱、浆纱、经布、织布、染布、成衣等环节。

种棉花。选好种子，整平土地，畅通排水系统。大约在立夏前后，天气晴好，适时播种。出苗后适时疏苗、松土、除草、施肥、捉害虫，确保棉苗生长健壮。秋季，趁晴天采摘棉花，清除杂质，晒干收藏。

脱棉籽。棉花晒干捡净后要脱棉籽。传说古代，棉籽用剥的方式脱粒，效率极低。近代，用一种叫作"擀车"（碾车）的器具来轧棉花，右手摇动手柄，右脚踩踏板，左手揍在小斗边，并慢慢将棉花塞进两个滚轴间缝隙里，滚轴就将棉花纤维拉进去，将棉籽"轧"出来，棉花成为皮棉。待到在圣帝殿轧棉花时，已采用电力加工机械。

弹棉花。将皮棉纤维弹松拉长，使其松软，利于纺纱时均匀拉成纱线。旧时弹棉花工具叫"弹棉弓"，形似射箭之弓，两端绷一根弦线，把弓背吊在房梁上，弹棉人左手把持弓身，不停地在皮棉上移动，右手拿着弹棉锤，不停地在弓弦上轻敲，使弓弦震动，绞在弓弦上的皮棉便被弹松弹软。

擀棉条。皮棉被弹松弹软后，就把松软的皮棉撕成约三个指头宽、一个指头厚、一米左右长的皮棉片，然后左手拿一根叫"杀子"的光滑细棒慢慢转动，右手同时将皮棉片轻轻地裹卷至转动着的"杀子"上，紧接着拿起擀板（大约20厘米宽、50厘米长，装有手柄），来回在"杀子"上搓几下，致其成形。成形后，"杀子"轻抽，棉条收藏。

纺纱。俗称"摇纱"，右手摇动摇车大轮，左手不紧不松地拿着棉条慢慢地提放，棉条便拉长成纱线。拉长到一定长度时，大轮倒退一下，把纱线圈在锭子上。摇纱，需要体力和技巧，村内女孩一般10岁后就要开始学了，农妇摇纱大多利用晚间和下雨天，有时在村坊上自行展开竞赛。

搬纱。将锭子上的棉纱，摇到"呼车"（木杠转轮）上，使一个一个的棉纱锭转换成一绞一绞的棉纱线圈，直径近1米，重约500克。

浆纱。织布前，纬纱不用浆，一绞一绞的经纱要用麦面糊浆过，才能牢固有韧性。先用一个盆，把水烧开，然后把面粉撒在开水盆中，调成稀糊状，然后把经纱倒入其中，使之渗透均匀，之后套到浆纱木头上晾晒，并经常用一根小木棍套在经纱上轻轻用力绷拉，防止粘连。晒干后，一根根经纱很容易分开。

搬"喂（音近似yì）子"。分两种情况，一是"搬筒管"，即用一种俗称"搞片头"（实为竹片转轮）的器具将已上过浆的经纱"搬"到筒管（竹竿去节而成的竹管）上，用于布经。另一种是"搬梭里子"，即用一转轮器具将没浆过的大纱锭上的棉纱直接"搬"到细小竹管上，使之成为"梭里子"，织布前喷洒点水雾，浸湿后当作纬线穿梭到布机的上下两股经线之间。

经布。名为经布，实为经纱，是一件技术活，需要在一个较宽阔的道地上，依照欲织布匹的长度、宽幅和纹路式样的要求，将浆过的纱筒管均匀摆在一个叫经架的竹架子上，上下两层。然后把每个筒管的纱头拉在一起，打上一个结，用一个特别光滑的筒管拉着，来回牵拉，逐一绕在经架前方左右两端的经程（轴承）上，为经纱上机做准备。这个环节很关键，要用到许多物具，差遣许多人手，甚至需要男人帮忙来回牵拉，来往布"经"，几十上百个筒管旋转，发出的响声巨大，好似摆开战场，蔚为壮观。

穿综穿箔。经好的经纱叫经条，"经条"通过"运布"至末段，途中要穿越"综"和"箔"。综是将经条分出上下绞，中留空间的构建，箔是把梭子里的纬纱织进经纱的一个推拉组件。经线穿综穿箔后扎到布轴上，再用插销绞紧，农妇便可坐到布机坐杆上织布了。

织布。先将事先"搬"好的"梭里子"插入梭子，然后一边脚踏布机下面的踏板，让一根经纱被拉高，一根经纱被拉低，中间留出一个空档，一边将梭子用合适的力从空档的一侧"射"到另一侧，再从另一侧运回这一侧。周而复始，循环操作，一丝一缕拼织起来，成为一定尺幅的土布布坯。境内一般由农妇织布，手脚并用，常在昏暗油灯下，织至半夜，甚至通宵。

染练。布匹从布机上落下后，属坯布，要染练。染布用染料，也可用土办法：先到野外采集"乌桕树"等一类叶子，用一口大缸放满"薄河泥"，把乌桕树叶等浸泡在薄河泥中，待树叶腐烂后，把坯布放到缸里，若干天后，把坯布捞出来，摊在门前屋后的空地上晒，晒干后到河里洗去污泥，便成了藏青色的土布料。

成衣。这是解决穿衣问题的最后一环。趁相对农闲时光，农家上门邀请裁衣师傅到自己家里量体裁衣，手工缝纫，炭火整熨。1949年后，裁衣师傅渐有了"洋机"（脚踏缝纫机）和电熨斗。制衣用具一般由东家去裁衣师傅家里挑来，完工再挑回去。裁衣师傅吃着三餐加小点心，工钱每天1元左右。

旧时人们穿着多为土布衣，盖的多为土布被；普通人家嫁女娶媳所用的被褥亦多用土布。至20世纪70年代，境内农妇仍要摇纱织布，当代纺织机械基本沿袭织土布原理和流程。

做围嘴袋、肚兜

围嘴袋、肚兜均为婴儿保洁卫生用品。其中，围嘴袋主要用于防止奶液、口水、饭菜等弄脏衣服；肚兜主要用于夏季暖腹避寒，防虫叮咬肚脐。从前境内很流行，且几乎都为家庭自行制作。围嘴袋的领洞前面留得较长，后面较短，下方设置一个小口袋，用于放些小食品、小玩具之类的东西，正面部分一般绣上寓意富贵吉祥的图案。肚兜的做法与现在的围裙相似。

稻谷加工

旧时，解决吃饭问题，就要种田获取稻谷。有了稻谷想获取大米，还需一道粮食加工环节，依靠原始手工操作。

先是牵砻。"砻"是使稻谷变成"糙米"的工具。牵砻人站着推拉磨晃，砻就会旋转，同时另一人手拿盛满稻谷的小斗，从侧面斜着倒进转动的洞里。稻谷从砻的两边泻出来，绝大部分谷壳被碾掉而成为糙米，小部分可能还是稻谷。接着，先用风车把谷壳扇掉，再用筛子筛，将残剩的少数稻谷集起来用手捧着，再放入砻里磨一遍。牵砻不仅吃力，而且灰尘呛人。

接着打米，把米皮即米糠去掉，使糙米变成白米。工具包括石臼、石锤和米筛。先把五六十斤糙米放在石臼里，再喷上三五斤水，掺和均匀，再用二三十斤重的石锤"打"，打米就是把米糠打掉，有时一个人打，有时两个人对着打，米糠打掉就是白米了。

据说更早年代，先人没有牵砻和打米的这些工具时，是用甏和舂米棍，把稻谷舂成白米的，利用这种方法舂米，效率是非常低的。如今则采用现代机器加工，但原理相似。

踏泥砖、掼砖坯

从前造房时，除了稻草、竹子、木料、石头等建材外，还要用到砖坯。砖坯分两种，一种叫泥砖块，一种叫土砖坯，两种所用泥料和制作方法、砖块形制等方面略有差异。

泥砖块的长、宽、厚度比土砖坯要略大些，所用的泥料是田里、河里取来的湿泥，再加上人工赤脚反复踩踏，使之成为韧性好、密度高的熟泥。也许因为要反复踩踏，所以制作泥砖叫"踏泥砖"。踏熟的泥料，先放入一个木制的有开闭小机关的砖盒子里，密实，抹平整，然后放在道地边或桑地里，靠自然风干。这些泥砖农家建房时用来砌腰墙，也有用来砌外墙的，只是砌外墙时还得追加一层稳泥（掺入切割后的稻草）抹面。这种传统制砖业，在本地绵延了千百年，至20世纪末期绝迹。

土砖坯是靠手工掼出来的，所以叫掼砖坯，是件体力活，没有臂力是不行的，而且一天掼下来，一定会腰酸背疼，精疲力尽。掼砖坯所用泥料是地里的干土，掺入一定水泡上，多了就稀了，少了就太硬了，都会影响下一道工序。问隔一定时间后，把泡好的土反复翻几遍，直至泥土半熟。在泥堆旁边有一张一米多高的表面平整光滑的木凳或其他板台,上放制砖的木模子,凳子边上挂一个泥弓(竹片弯成弓,两端用一根钢丝连接)。泥堆旁边还要倒上自家灶肚里的草木灰。准备工作完成后开始掼砖,先取来用水浸泡过的木模子,向内撒上草木灰放在凳上,再直接用两手从泥堆上切下一个泥团,揉成长方形后,用力向模子内一掼,如有凹缺,再掼进一小泥团,以确保模子里的泥到头到边。然后用弓在木模上从前向后一拉,将多余的泥去掉,再端起十来斤重的模子走到平整的场地上,场地上事先筑有一条条用于摆放、晾晒砖坯的高径,将模子一边靠近高径地面,然后将另一边用力对地面一敲,慢慢拎起模子,砖坯就侧摆好了。如此往复,砖坯摆成一垛一垛,以便自然风干。下雨前盖好防雨的柴片、竹布,夏日太烈时,盖防曝晒的草帘。如果想提高风干效率,考究人家会在中途翻转土坯。20世纪60年代后,大多农家利用早晨、午间、晚间等制砖坯,干燥后,少量用于砌灶头、隔腰墙,大多装运至附近土窑,加工烧制成砖,用于自家造房。建造轮窑后,制砖便机械化了。此外,从前,手工制砖的同时,尚有借助脚踏转桶手工制作土瓦的。

土法榨油

旧时,百姓食用油以菜籽油、豆油、棉油为主,这些食用油均依靠乡村和集镇上的油坊进行油脂加工,用油车土榨;油车皆为木制,故土榨亦名木榨。榨油操作方法是以牛力或人力作动力,用石磨将清理干净的油菜籽等油料碾成粉碎,再以铁锅烘烤、炒熟,做成油饼,然后将油饼放入木车里,"油博士"(打油技术工的俗称)往油车里打进若干带有小机关的木棍,施加一定压力,油饼里就流出油来。土榨的产量和出油率很低,有的油坊随油料的收获季节,时开时停,系小规模的季节性手工生产作坊,业务以代客加工为主,亦称"乡作"。境内从前有土法榨油业,油坊在加工食用油的同时,也加工柏油、桐油等非食用油。油菜籽和乌桕籽均产自本地。1949年后,圣帝殿加工厂仍在榨油,但不再使用土法,改用榨油机榨油。

"剥茧子""扯牙(音)子""拉绵兜""翻丝绵""缫土丝"

本地历来为蚕桑生产区,植桑养蚕,自然属于农业,但个人对蚕茧进行加工,形成蚕茧衍生品,可归为家庭副业,集体的则可归入作坊式手工业,机械化、工厂化后谓之工业。

旧时,蚕茧按质量等级可分为上等茧和下脚茧。能缫出正品生丝的称为上等茧,用来缫丝,谓之"剿土丝";不能或难以缫出正品生丝的称为下脚茧,包括双宫茧、薄皮茧、穿虫茧、黄斑茧、重油茧、软绵茧、深色茧、污痂茧等,用来制作丝绵品,大致要历经"剥茧子""拉绵兜""翻丝绵"等环节。那时,"剥茧子""拉绵兜""翻丝绵"和"剿土丝",多系家庭作坊所为,所制丝自用不销售。若自用有余,则出售一些,赚点"活来钿"(闲钱)。

1949年后,丝绵加工和缫丝生产基本纳入国家计划管理,且渐趋机械化、自动化生产,"剿土丝"逐渐退出历史舞台,开启工厂化生产阶段,但"剥茧子""拉绵兜""翻丝绵"等基本依旧手工完成。本地有村民被抽调进入加工场或丝厂劳作。进入21世纪后,农户手工"剥茧子""拉绵兜""翻丝绵"亦日趋少见,但仍有。

剥茧子,也叫剥丝绵,一般由妇女操办。首先是搭起大锅灶,将茧子倒入水中,煮两三个小时,把里面的蛹煮熟,把茧煮散。煮茧子时要放入老碱,老碱放多了剥起来太脆,蚕丝容易拉断,放少了剥起来太费力,拉不开丝。其次是在一个冷水盘内将蚕茧撕开一个小口,剥开拉大,拉成小弓样的网兜,套在四根手指上,取出蚕蛹,再到水中横向和竖向拉大,套上半圆形的竹(木)环,六到八次后,就可以拉成一个小小的绵兜,退出套环后挂到竹竿上晾晒。

拉绵兜,俗称"扯矮子",不需要任何工具,只用双手撕、拉、扯即可,但也是一个需要体力加技术的手艺活,需要两个人默契配合,要同心同力。在一个八仙桌或临时铺设的板台上,两侧妇女隔桌子面对面,通过两双手的拧、拉、绷、铺等一系列动作,将绵兜铺成蓬松的丝绵胆。

翻丝绵,就是将已经成形了的丝绵胆,翻入丝绵被、丝绵袄、抱裙等过冬保暖用品中。先要将里外双层的衣被通过侧边开口进行外翻,然后将丝绵内胆覆盖其上,再捏着翻转而入,用线缝口。至于丝绵内胆的形状和厚薄等则根据过冬保暖品的不同要求而定。此类丝绵用品既轻又暖,且具有抗螨、除菌、透气、助眠、保持人体水分等好处。

丝绵袄

农家用手摇或脚踏丝车土法缫丝的主要流程与环节如下:烘茧(杀灭蚕蛹和蝇蛆,除去水分,使鲜茧的易溶性丝胶适当变性,利于缫丝过程中顺利解舒)、混茧(选茧质相近者按照工艺要求的比例进行混合,均衡茧质、统一丝色、稳定操作,剿出品质一致的生丝)、剥茧(剥去蚕茧外围一层松乱的丝缕茧衣,利于提高生丝质量。)、选茧(剔除不能缫丝的下茧或难以缫丝的次茧,在上茧中分选出大型茧或小型茧)、煮茧(利用水和热的作用把蚕茧外围的丝胶适当泡软,以便缫丝时茧丝能连续不断地依次解离)、缫丝(蚕丝纤维为蛋白质纤维,丝胶和丝色素为其主要组成部分。桑蚕丝的单直径约为13—18微米，相当于头发丝的1/20。一个桑蚕茧的丝全部展开后，全长可达1000—1500米）、复摇（将缫制的小丝送到复摇车上加工复摇、烘干，成为大丝）、整理（使丝片保持一定的外形，防止生丝缠绕，便于运输和储藏）等。

磨豆腐、做豆干、压千张

豆腐好吃，而且营养好，但做豆腐却是一件苦事。老话说："天下行业有三苦：撑船，打铁，磨豆腐。"本地一直有村民从事水作行。即使到了当代采取了机械化、电动化的大规模生产，人们仍钟情于古法磨制的传统豆腐。

传统豆腐制作的基本流程和大致方法如下：首先是浸泡，把黄豆（绿豆、白豆、豌豆等豆类亦可）去壳洗净，洗净后放入水中浸泡。其次是磨浆，浸泡适当时间后，再加一定比例的水，磨成生豆浆。这个环节全凭人力牵拉，而且天天都是半夜三更就开始，相当累人。三是榨汁，用特制的布袋将磨出的浆液装好，收好袋口，一边吊空摇晃，一边用力挤压，将豆浆汁榨出布袋。为了尽可能提高出浆率，减少资源浪费，在榨完第一次后将袋口打开，放入清水，收好袋口后再榨一次。四是烧煮，将榨出来的生豆浆汁放入锅内煮沸，边煮边撇去上面浮着的泡沫。煮的温度保持在90—110℃之间，并且需要注意煮的时间。五是点卤（有盐卤和石膏卤两种，一般用石膏点卤），这一环节技术要求高，点少了稠不成豆腐，点多了豆腐不嫩不柔。石膏点卤的方法是先将焙烧好的石膏碾成粉末，加水调成石膏浆，倒入刚从锅内舀出的豆浆，并用勺子轻轻搅匀。不久，豆浆就会凝结成豆腐花，在豆腐花凝结后约15分钟内，用勺子轻轻舀进已铺好包布的木方框或其他容器。六是挤压，容器盛满豆腐花后，用包布包起，盖上木板，压10—20分钟，即成水豆腐。

若要制成豆腐干，只要将豆腐花舀进木制方框里，用布包好，盖上木板，在板上堆上石头。压尽水分，即成豆腐干。

若要制成千张，只要将豆腐花舀进铺着纱布的木制方框里，一层纱布舀一层，每一层量少且均匀摊散至盆框子四边。然后盖上木板，系上木杠，压着石块，运用杠杆原理慢慢施以重力，直至压出几乎所有水分，再打开层层纱布，取出的便是千张。

若要制成油豆腐，只要将豆腐干切成一个个小正方体，放入油锅里煎煮，随着油温升高，豆腐干内部膨胀起来，表面又有油皮凝结，即成油豆腐。

若要制成豆腐皮，只要选用浓豆浆，倒入平底锅中，加热时注意不要煮沸，锅中豆浆的表层就会产生一层皮膜，用竹签等工具恰当地捞出即可。此膜捞出后锅中会再次产生皮膜,继续捞出。捞出后,让它慢慢地干燥。干燥后就成了豆腐皮。

晒酱

梅雨季节,处处出霉,正是做酱的时节。先从黄豆(蚕豆亦可)中选出八九斤,筛出杂质,洗去灰尘,下锅水煮。等豆子煮化时,掺上小麦粉,和成一团,做成黄豆粑(亦称麦糕),放在簸箕中,上面覆盖山上砍来的黄荆,晾在家中的阴凉处,多半是黑暗的柴房,最好放在麦根草上。然后,在绵绵不绝的雨丝中,黄豆粑长满了毛茸茸的长毛。某个雨后的晴天,用铲子把长毛的黄豆粑铲到洗得光亮的酱钵里,兑上盐水,用一只长筷子搅匀,放到柴房的屋顶上或高台上,开始晒酱的漫长过程。酱钵需要细心呵护,不能让雨淋着,夏日暴雨,抢收稻谷之外的大事,便是盖酱钵;也不能掉进树叶等杂物,需小心捡出;还需要不时搅拌,让酱轮流晒太阳,渐渐的,酱钵里出现了淡淡的香味,酱的颜色也由黄变黑。此时,酱香四溢开来,就开始走上餐桌,既可当辅菜,又可作调料,当然还可以上街出售。

酿酒

旧时农家酿酒分两种:一种是夏季的甜酒酿,当零食点心吃;另一种是冬季的米酒,用来接待客人。做米酒的流程与工艺如下:将优质糯米在生水中浸泡5小时左右,沥出,下锅蒸熟,焖10分钟左右,盛入蒸桶,架在缸上,用冷水冷却(一般50斤米淋40斤冷水,再淋10斤热水),倒入缸中拌酒药(50斤米拌入3两左右酒药),搅拌均匀后,用手压结,再在中央挖一个小坑,按平。在上面撒上酒药,封上草盖保温,一昼夜后,看酒酿是否满坑,如果满坑说明温度正好,如不满坑,说明温度偏凉,要在缸外加固稻草以加温。酿满坑后方可下水。第一次按50斤米加入20斤水的比例加冷水,待10小时左右再看一下温度是否符合要求(如偏凉,适当加入30℃左右的温水),第二次加水则是每50斤米加入30斤冷水;第三次加水为每50斤米加冷水20斤。等5—6天后,用刀将酒酿切块后翻身(上面翻到下面)。半个月左右可以起酒饮用。酒榨干后,酒酿再放入缸中等段时间,可以烧造白酒。

打灶头

挑好日子后,雇请师傅上门到灶边间,砌一组烧稻草、秸秆、桑柴等的土灶头,多为三眼灶加汤罐镶。当家的自己做小工,搬泥砖、塘砖等物料,捣泥浆,和入纸巾、石灰等,师傅到场后,先是根据当家的的要求放样,然后逐渐完成砌灶脚、留灰道、开灶膛、砌灶壁、搭灶山、出烟囱、抹灶面等等工序。灶体落成后再画灶画,画灶画流程般分四步:第一步分块,按整体要求在墙体、灶头上分好块儿;第二步打样,根据每块图案内容用弹线打样；第三步着色，用颜料将已打好样的图案着色，第四步勾线，用小号毛笔勾勒线条，作品完成。

腌菜酱菜

旧时，境内蔬菜栽种有季节限制，农家为了在其他季节也能有菜下饭或就粥，便用缸、甏之类容器来腌菜、酱菜，本地出产的多数根菜、茎菜、叶菜等都能经加工而成腌菜、酱菜。按干湿程度分，有湿态（也叫水咸菜，腌制在缸里，如雪里蕻、小榨菜整枝、瘤芥菜等）、干态（俗称冬菜、甏里菜，如老冬菜、大头菜等）、半干态（如萝卜条、榨菜箭头）。不同的腌菜，腌制流程与工艺技术有差异，但大多历经选料、清洗、晾晒、盐渍、倒缸（翻窨）、封缸等流程。掌握好食盐的用量是关键，过淡易腐，过咸不能食用，此外，还有腌制过程中的时间、温度、环境和所用器具等因素不尽相同。此外，从前境内农户都制作并食用一种特殊的腌菜——臭卤菜，几乎每家每户灶头间里都有一个臭卤甏，各家将咸鱼卤、菜卤和毛豆、鞭笋等倒入甏里进行发酵，待卤汁形成后，想吃什么就"臭"什么，如苋菜梗、豆腐干、毛豆、冬瓜等。

箍桶

从前木桶多种多样，有汰脚桶、揉面桶、水桶、米桶等，甚至小孩的立桶，箍桶便是一种民间手艺。以前每当农闲季节，箍桶师傅挑着工具担子，走村串户，吆喝着"箍桶啦……"，主动巡回着寻找生意，也有师傅到附近小市镇上开设箍桶店。现在大部分圆木制品被塑料、金属所代替，托桶师傅也逐渐少了。箍桶指用杉木作原料，运用特制的工具和技艺制作和维修各种圆柱形或圆台形的生产工具、生活用具的一门手艺，桶经过选料、劈料、刨光、用竹钉拼好，用竹箍或铁箍箍住，箍紧即成。

牮屋

从前木结构房屋久而久之易出现歪斜。为此，境内有农家雇请牮屋匠牮屋，师傅根据自己的经验和技艺，借助种种辅助工具与独特的牮屋器械对偏移倾斜的屋宇进行摆正和拉直。一般流程为：首先将屋上瓦片逐一拆卸，随后按照步骤把房屋框架结构内不同位置上"凹凸相接"的榫头从"榫眼"中拆卸出来；待影响牵引或存在危险的各种梁柱架体被拆卸后，就采用完全合适的杠杆支点，给倾斜偏移的屋体施以一定强度和一定方位的校正和拖曳，使之牵引复原至建筑主体最初的状态；最后再采用榫卯等工艺来巩固房屋的承重构造，加强局部结构的安全性、耐久性和适用性，使房屋稳固耐用。

第三节　手工器具

一、草编业器具

草鞋耙

木制或杂树制成，编织草鞋、蒲鞋的工具，呈"T"形，有一方形横木，上嵌9个木榫头，中间一个略高、略粗，方形竖木比横木略小，装于横木中间，使用时，扣于条凳一端，人张开两腿，坐于条凳上。草鞋经绳有4根，一端兜于木榫头上，一端扎在一根粗绳上，系于编织者腰间，绷紧，用稻草或麻绳作为纬绳，在4根经绳间上下编织。

草鞋耙

柴帘耙

编织柴帘的工具，长约1.5—2米，由两根细小的长木条拼装组成，木条上钉有竹签，两两相对，一般为4对或5对，用于夹绳团。编织时，取柴草（稻柴、麦柴、芦苇等）一绺，用细绳扎紧，结成帘。

柴草梢子

编扎草圈的专用工具，"V"字形槽铁，长约30厘米，另一端装木柄，一端尖。使用时，将柴草梢子插进已编织好的草圈中，由于柴草梢子是槽型，中有空间，可插进一绺柴草，拔出梢子，将柴草留于草圈之中，可作为下一圈草圈的系头。

草扇盖

以稻草编扎制成，圆形，大小不等。用它盖于蒸桶上，妥帖而厚实。

草扇盖

草扇帘

以稻草编织制成，长方形，较薄，是物品堆放时临时防雨、防潮、防晒的用具。

草扇把

将稻草一端扎于一根竹梢上，长方形，较厚，是搭建草棚的材料。

麦柴帘

晾晒货物或遮蔽阳光的自编用具，用稻草绳和麦柴编织而成，能卷起来存放，少占空间，一般长约6米，宽约1.5米。晾晒时，铺在两根毛竹上固定，可抬着行走，也可卷着搬回屋内，次日展开再晒。亦可架空作凉棚遮阳。

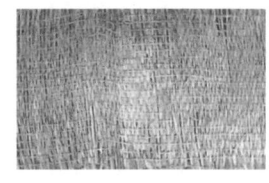

麦柴帘

草包

以稻草编织制成的袋，主要用以装泥，筑坝抗洪。

米囤

以稻草编扎制成。盛放稻米等粮食的专用器具。圆柱形，大小不等，大者可盛放五六担米。

小囤

与米囤相同，但要小得多，冬天盛放禽蛋，不会冻碎；也作保暖囤，将需要保暖的钢精锅子或粥钵头放入，盖上囤盖。

草帽

也叫凉帽，用蒲草编织而成，分男用、女用两种，男用草帽小，折口处缝一圈狭小的黑布；女用草帽较大，帽檐用竹圈撑住，帽下有牛筋可系头颈。

草帽

草鞋

选用又软又长的糯稻草编织制成，不卷口，仅以绳索系住脚趾、脚背，为从前农民田间劳作时所穿。

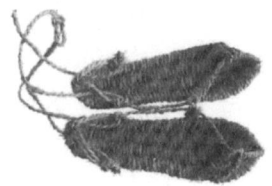

草鞋

蒲鞋

一年四季，晴天雨天都可以穿，如果材料讲究，做客人也可穿。一般用稻草编织，也可掺入芦花，破皮条，旧棉絮或笋壳（竹壳），甚至配上带颜色布条，非常漂亮，暖和，有卷口，式样有低帮、高帮、高靴，比草鞋更精致、细密，内放笋壳以防潮。

蒲凳

用稻草编扎而成。圆形，高约10厘米。一般用于祭祀跪拜时，多让小孩坐。

蒲鞋

麦柴扇子

选用麦秆中段,刷去柴壳,用篾丝串联,剪成蒲扇状,四周镶以布条,再装上柄。扇起的风比蒲扇要小,但更柔和。

草绳团

用糯稻草搓成,有两股绳、三股绳之分。三股绳称索,一般为抬重物时用。

二、加工器具

砖坯框子

这是掼土做砖坯的模具,木制,长约15厘米,宽约7厘米,厚约5厘米,一头固定,能松动,另一头也能拆开,以便脱坯。在宽板凳或石板架子上,将踏熟的软泥用力掼入框内,再用铅丝泥弓切去表面多余之泥,之后脱坯到晒场上晾晒风干。倘若制泥砖,模子会稍大,更厚,上有活动盖板。

砖坯框子

弹凳

木制,弹棉花专用凳。低矮。一侧有竖杆,上有横木,木上有穿孔,可插竹竿。

木砻

俗称砻子,磨谷去壳取米的坚硬木制加工器具,其原理和形制与石磨基本相同。砻子为圆盘状,由上臼、下臼合成,合拢面上镶有硬木或竹齿,后改为刻细斜槽;下臼置于支座固定不动,上臼连接着一个丁字形的摇臂,习称磨晃,磨晃用绳子系住,吊在房梁上,能够晃动,推动上臼旋转,上臼留有中洞。放入稻谷,二臼相互摩擦,稻壳碾裂而脱离,米粒称糙米。牵砻劳动强度大,工效低。1960年后,逐渐被动力碾米机取代。

弹凳

木砻

石磨

俗称磨子,粉碎米、麦、黄豆等的专用工具。由架子、磨盘、推手等组成。架子为木制,磨盘分上盘、下盘,凿有齿痕,相向而合,下盘固定不动,上盘可旋转,上有眼,如漏斗状,谓投料口;推手为"人"字形,一端装于上盘,另一端装以横木,吊于房梁上。使用时,一人推动推手,带动上盘逆时针旋转,另一人坐于石磨旁，将米、麦、黄豆等物一把一把倒入上盘上的洞眼，随着磨盘的旋转，被磨成粉末，又从两盘交合处的边沿落下，下置一匾接入，此项工种俗称牵磨。另有小型磨盘，放置桌上，一手投料，如芝麻等，一手摇动丁字形操作杆（俗称"磨杭梗"）。

石臼

旧时供舂米或打年糕用，青石块凿成，内呈碗形，外形有方、圆两种，大小有异，境内以三斗、五斗臼为多，配有石槌，俗称打米蒲柱。舂米时，臼内置稻草做成的臼圈一个，将糙米倒入臼内，可一人舂，也可二人对舂，需多次舂击，方成白米，效率低。20世纪60年代后退出舂米历史舞台，但仍有臼打年糕。

石臼

臼锤

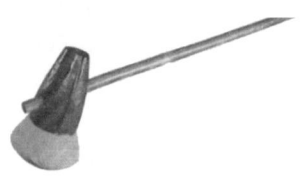

臼锤

由石锤、木枕和木柄组成。石锤似半个葫芦，上有方眼，可与木枕拼装，十分巧妙，越捶打越牢固。石臼与石臼锤是舂米、打年糕的主要工具。将糙米放入石臼，用石臼锤捶打，米衣脱落，即为精米。

筛子

竹篾编成，圆形，大小各异，是筛选稻谷、米、麦、豆、菜籽等的工具。按用途不同，分为谷筛、米筛、粉筛等。使用时，两手上下、左右晃动，让粗细物质分开。

筛子

棕丝帚

用棕榈丝扎成，用于扫米、麦、粉等。

蒸桶

无盖无底，高约1米，上口直径约8厘米，下口直径约60厘米。外侧中间有把手，以便抬起蒸桶。

蒸桶架

竹制品，阔篾编扎而成，大小与蒸桶搭配。使用时，将它放置于蒸桶架中间略下的位置，以薄布作垫，上铺净米或米粉，即可开蒸。

蒸桶架

切糕线

切割年糕的专用纱线，白色，长约1米，两端系一小截竹筷作为拉手。年糕刚打好后，很软，也很黏，不能用刀切，稍作整形后，用此线切割成块状。

寿桃印子

木制，有柄，刻有桃子形状，直径约7厘米，厚约1厘米。使用时，先在印子上抹上菜油，以防沾粘，再将糯米粉揉搓成团，嵌入印子中然后按平，握柄轻敲一下，寿桃圆子便出来了。寿桃圆子一般是祝贺生日时所用。

寿桃印子

包子印子

木制，有柄。用法与寿桃印子相似，所不同的只是雕刻的图案不同，刻的是三角包子。包子一般是去亲家的小客人所用。

揭饼印子

木制，有柄。圆形，直径约12厘米。刻有吉祥图案。用法与寿桃印子、包子印子相同。揭饼一般是女子出嫁时送给夫家的礼物。

雪糕印子

木制，箱形，可拆可装。一板有四块，方形，刻有"福禄寿喜"等图案。使用时，先将糯米粉均匀撒入印子中，然后搬上蒸笼蒸熟。出笼后，拆开印子，即成。雪糕一般是女子定亲时送给男家的礼物。

蒸笼

起源于汉代。用竹篾制成的蒸食物用的蒸笼，不含金属，绿色环保，透气性好，蒸气不倒流。分为青皮慈竹蒸笼和去青皮楠竹蒸笼。圆桶形，每脱（层）高约二三十厘米，一副蒸笼至少二三脱以上。用来蒸粉、蒸包子等等。

蒸笼

刨烟凳

刨制晒红烟丝的专用器具。凳上装有夹烟叶的夹子。使用时，先将烟叶整齐地夹住，然后用刨子刨，烟丝便掉下来。

烟叶刨

形制与木匠所用的刨子相同，但略长，更锋利。

三、建筑业器具

锯子

用三根木条做成"工"字形，一侧装钢锯条，一侧装麻绳，并在腰间加一横档，可收紧或放松，以利更换拆装锯条。有锯身长短之分、锯条阔狭之分、锯齿粗细之分等，各有各的用处。

锉刀

三角钢条制成，可锉铁耙、刮子等农具。

锯子

凿子

使用凿子打眼时，一般左手握住凿把，右手持锤，在打眼时凿子需两边晃动，目的是不夹凿身，另外需把木屑从孔中剔出来。半榫眼在正面开凿，而透眼需从构件背面凿一半左右，反过来再凿正面，直至凿透。凿子有大小、宽窄、平斜、方圆等众多之别。

凿子

墨斗

墨斗由墨仓、线轮、墨线（包括线锥）、墨签四部分构成，是中国传统木工行业中极为常见的工具。墨斗通过手摇转动轮伸缩墨线、弹拨浸墨之线等手法来测量长短，并在房屋建造中用于涂画直线、吊挂直线等。

墨斗

刨子

刨子

用来刨直、削薄、出光、磨平木面的一种木工工具。传说由中国古代工匠鲁班发明。一般由刨身（刨堂、槽口）、刨刀片（也叫刨刃）、楔木等部分组成。按刨身长短、形状、使用功能可分长刨、中刨、短刨、光刨（细刨）、弯刨、线刨，阴刨、阳刨、铲口刨、兜肚刨、槽口刨、座刨、横刨、边刨等等。

钻头

常用来打眼。由金属钻头、木棍、旋转木套、横拉杆、旋转绳等组成。现已用电钻替代。

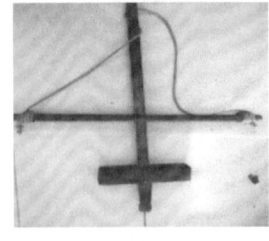

钻头

尺

木工用来测量、划线的工具，材质有木、竹、塑料、钢等，分直尺、直角尺、大曲尺、短曲尺、三角尺、蝴蝶尺、大小活尺、钢卷尺等。

泥桶

桶高二三十厘米，直径三四十厘米，有拎环。从前用木片条，以竹篾箍成，现改为塑料制品。

泥刀

砌砖工具，钢铁制品，形如菜刀，手柄与刀身连为一体。

泥夹

也叫抹泥刀，主要用于抹平泥浆、填敷泥灰等。薄薄的钢片上有手握木柄。

泥夹

木蟹

也称抹手，一块长方形的较厚实且平整的木板，反面装着凹形向下的木质手柄，用来抹平粉刷的墙壁。后有铁板装木柄的木抄。

四、纺织业器具

摇车

纺纱工具，由底座、车轴、锭子等部件组成，以"丁"字形组装。底座木质横梁长约130厘米，宽约3厘米、厚约2厘米，一头有装锭子的车头，另一头接着架有车轴的木架子，高约80厘米，宽约60厘米，车轴两端分别交叉插有8根小竹，每根长约80厘米，小竹顶端上用一根细麻绳紧紧扣住并连接起来，形成"W"状，整个车轴成一空心轮，再用一根细绳索作为传动带，扣在这个空心轮上，扭转细绳索，再扣在锭子上。使用时，先在锭子上擦一点菜油，卷上一张笋壳，笋壳尖朝下，系一小段引线，然后人坐在椅子上，右手摇动车轴，细绳索带动锭子，锭子快速旋转，左手捏一小把棉花，续上引线，轻轻提起，棉花筒渐渐被绞成棉线。此时，右手暂停，倒退一下，再摇动，棉线卷在笋壳上，渐成两头尖中间宽的锤形，称纺锤。40年前境内妇女几乎人人都会利用夜间和雨天不出工的时间在摇车上摇纱。

摇车

翻纱车

俗称"呼车"，与摇车相似，但转轮直径要小，全部为木质横档结构。将纺锤的纱翻到空心车轴上，转换成直径60

翻纱车

厘米左右的圈状经纱，再到浆汁中浸润，以增加韧度，后面还可染色。

篗片头

纺织器具之一，用来将浆染过的纱线搬到筒管或梭里子上。形制及其车架车轴与翻纱车类似，但转轮改由四根小竹竿和四根线绳组成。

筒管

经纱用的竹管，长约15厘米，长短、粗细要求基本一致。纱线经浆染干燥后，将一绞一绞的纱转换到竹管上，作为经线等候经布，或者作为经线翻转到"梭里子"上。

经线架子

也称经场。两根毛竹并列横放，两根小毛竹竖立，组成一个架子，分上下两架。横放的毛竹上均匀地钻上几十上百个洞眼，一根细长的竹撑插入眼中，套上两个纱筒；在架子前面的泥地左右两侧分别插上一排固定综棒。经布时，将众多的筒管上的纱线汇聚为一绺，来回绷于综棒上，这是为织布准备的长长的经线。

综

长约1米，宽约15厘米，上下两根细竹条上系上许多综头，每一个综头都为一个线扣，供经线穿过，是谓"穿综"。综有两副，织布时，一副吊于上面机架横木上，一副系在下面的踏脚板上，一上一下，错开两股经线，供装有纬线的梭子穿行。

梭里子

小竹管子，长约5厘米，粗约0.3厘米。织布时将纱线翻卷到梭里子上，再将其嵌入梭子中，作为纬线来回织布。

梭子

大体呈菱形，外表光滑，中空，用一根细小的称为"梭芯"的牙签状竹针，穿过梭里子的管芯，两头分别嵌入梭子内侧两端的细眼，纱线头从梭子上的细洞里面穿出。织布时，左右手来回运送梭子，拉出纱线，作为纬线与固定在织布机后轴上的经线交织成布。

梭子

竹筘

也叫"杼"，旧为竹制，在一个长75厘米上下、高（宽）约25厘米的横向狭长的竹条框内，竖式镶嵌无数根细扁的光滑竹篾，形似梳子，然后装套在一个可将推拉的两端用绳吊着的狭长横木框里，它的作用是把纬线推到织口。织布时，推动竹筘，踏动踏板,梭子在交叉转换的上下两排经线之间来回穿越(穿梭一词源于此)。

织布机

以前境内家家户户都有的木质大型织布机械,长约2.5米,宽约1.5米,最高处约2米,由机座、机架(龙头)、踏板、座杠、前轴(卷布轴)、中轴(传动轴)、后轴(送经轴)、综、筘等十多个部件构成,可分上下两部分拼装而成,上面是吊架,用作悬吊竹筘和线综;下面是基座,主要用来架起前、中、后三轴,基座下面有两个脚踏板。织布者坐在座杠上,左右两脚一上一下,轮流踩踏踏板,踏板与上面吊架有绳索相连,吊架一上一下,带动两只综,两股经线也随之一上一下,一上一下之间留出约4厘米的空间,左右两手分先后相向递梭子,让梭子在二层经线中间穿行,并留下纬线,与经线反复交叉而积寸成尺,终成布匹。如何循环往复驾驶织布机,十分考验织布人的手脚灵活、配合默契以及体力支撑。

织布机

丝绵弓

竹片条,尺寸一般为2.5厘米宽、40厘米长,弯成弓形,插在透绵木板上,浮置在水面上。将煮熟的茧子剥开后,均匀地套于左手上,剥至六七个后,再拉开着套到丝绵弓上涨挺,然后取下晾晒。

绵叉杆

将茧衣和丝吐头组成的下脚料(俗称丝绵汰头絮)打成丝绵线的竖立式小木杆,如麻梗粗细,高约1米,也有用细竹枝做成的,上端装一个铁叉头,下方挂有一个线砣,比竹筷稍细,上刻有"S"形浅纹,套一个约莫三寸长的芦管或麦柴管。线砣下端挂几枚铜钿,以增加稳定性和旋转力度。使用时,将丝绵汰头絮挽在铁叉头上,一手握住杆子,食指与拇指轻轻撮住丝绵汰头,另一手食指、拇指、中指并用,边扯松纤维,边剔除杂质,并捻成细绵条,同时按顺时针转线砣,线砣迅速旋转,待丝绵线捻到三四尺长时,捏停线砣并略退一下,然后稳稳地将丝绵线缠绕到线管上去。

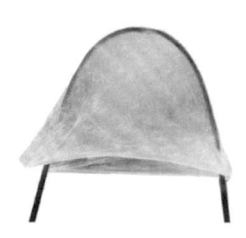

丝绵弓

土丝车

以前家庭土法缫丝的工具。木制,由丝灶、丝轴头、烘灶等组成。丝灶为一铁锅,下烧硬柴,以保证锅中水常开,灶上有小木架,上有丝钩;丝轴头在左面,下面与踏板连在一起，踏动踏板，丝轴头就会旋转；烘灶在丝轴头左下方，将硬柴火（无明火）放于下面，以保证茧丝及时被烘干。使用时，先用六七个茧子放入锅中，待水烧开，用一个稻柴绺头将茧丝头抽出，合成一股，穿过上面的丝钩，再接到丝轴头上，踏动踏板，旋转丝轴头，茧丝便源源不断地被抽出。使用时陆续添入茧子，以接替前面已被抽尽的茧子。

第四节　现代工商

民国后，现代工商业开始在本地产生萌芽，村内始有作坊式、家庭式的个体工商户。据民国档案记载，1946年前后一段时间内，"骑塘乡第一保（今漕泾村大部分）保民张芝林，33岁，炭窑业主"，表明20世纪40年代漕泾一地建有炭窑，有炭业，生产木炭、竹炭等。此外，"第二保"之苏永春和"第四保"之沈宝金、沈福卿、吕子文、吕思忠、范仁芳（36岁）、陆乾生（26岁），以及"第五保"之陆应忠（39岁）、沈掌富（35岁）、陈桂林（43岁）、陆长林（40岁）等人的档案材料中，有的人从事职业一栏标注为"经商"，有的身份为"商人"，其中，陈桂林的名字后面还特别注明是"丝商"。张家门张振康亦曾以贩卖木材为业。可见，民国时期，漕泾一地已有多人从事工商业了。

中华人民共和国成立后，境内工商业仍然发展得不多。20世纪50年代后期开始，高桥供销社骑塘综合组每年农忙期间安排货郎下乡支农。20世纪70年代后，本地供销社在马家木桥开办商店，张志庆、沈培昌、范阿三等人先后负责经营，主要卖些日常生活用品。改革开放后，有不少漕泾人走出去，在村外城镇多处开店，只因信息不齐，难以搜集。而村内前后开过商店的有沈雪章小店、王彩宝馄饨店、孙金兴饭店等等。

土窑

1962年，大队在圣帝殿机埠办起集体性质的漕泾粮油加工厂，可算作境内第一家工厂，机埠主任张继林兼任厂长，南庄桥沈关庆任会计，马家木桥张宝才做技术师傅；设备有碾米机两台，小钢磨两台，江苏如皋买来榨油机一台；每天能加工稻米三千斤、面粉三百多斤、榨菜籽油和黄豆油二百多斤。之后，张家洋机埠也办起加工厂。

1968年后，大队在圣帝殿办起砖瓦厂，实为"土窑"，烧制砖块和瓦条，张富荣负责，王仕芳负责具体事务。

改革开放后，在"无工不富"思想指引下，村里起用能人，大队办企业，并由张富荣负责大队企业的创办与管理。1978年3月，大队在吕家木桥洛塘河边创办漕泾袜厂，厂长为陈建坤。1979年已有三家集体工厂，其中，张金法担任厂长的漕泾袜厂是年有员工70人，分成行政、缝头、烘袜、换纱、整理、织袜、钳工等组别。1980年1月，张庆钊从青石公社学手艺，后引进制鞋业，在马家木桥沈家院北兴办漕泾皮鞋厂，由老干部冯储昌担任厂长，漕泾皮鞋厂办得有模有样，是年有近30名员工。1982年3月，在吕家木桥袜厂边兴办漕泾手套厂。漕泾砖瓦厂则由王仕芳任厂长，是年有固定员工20多人。

起初，企业物资进出，全靠水运，因而全村工业经济集中在洛塘河口，也以南端村庄最为发达，大水路袜子加工和吕家木桥豆制品加工起步较早，且一直延续至今，成为漕泾村两大重要产业。

1985年，村办企业有袜厂、皮鞋厂、皮件厂、手套厂等6家，其中漕泾袜厂曾经红红火火，吸纳了许多村民进厂挣工资奖金。1986年3月，在马家木桥桥东兴办漕泾五金皮件厂，厂长张金法，生产各类钢制桌、椅、床。1987年，村办企业有皮件厂、皮鞋厂、袜厂、砖瓦厂、预制厂、丝袜厂等6家，共计有固定资产19万元，职工231人，产值总计142万元。1990年年末，有村办企业3家，员工74人，总产值96.47万元，销售额103.52万元，上交国家税收5.53万元，实现利润3.5万元。1991年有企业3家，员工107人，总产值166万元，总收入130.8万元，总利润0.97万元，上交国家税收7.39万元。1990年3月，在马家木桥桥西三库房开办油泡厂，厂长为张洪滨。翌年3月，在马家木桥桥西三库房开办电子厂，厂长为陈炳松。

1992年后，社会主义市场经济正式确立，个体、私营经济崛起，村办企业逐渐衰落。1993年，村投资5.3万元，创办油面筋厂。1995年，村中有企业3家，皮件厂经营收入22.230万元，皮鞋厂经营收入14.95万元，预制厂经营收入15.25万元。1996年村中有企业2家，皮件厂总产值22.82万元，预制厂4.15万元。1997年，村内家庭经营收入为979.58万元，私人企业经营收入为2735.6万元。2000年7月，桐乡市乡镇企业管理局发文通知骑塘乡资产经营总公司，同意桐乡市骑塘乡漕泾预制厂改制，这是最后一家村办集体企业。据清查，该企业总资

鞋厂厂牌

产为2.3万元，负债1.01万元，净资产为1.29万元，经受让双方协商，该企业资产以2.3万元全额（不含土地）转让给受让人（原法人代表）张金龙。

2002年12月6日，漕泾沈庆元豆制品加工厂成立。2006年，村内有私营企业45家，个体工商户20家。2007年，腾飞包装有限公司和中南家具厂成为高桥镇级规模企业，职工分别有45人，另有南庄菜厂9人，龙顺食品公司20人。2011年，全村有企业45家，其中规模化企业3家，工业总产值1312.6万元。2012年，全村工业总产值1457.8万元。2013年，属于高桥镇规模以上企业的桐乡市腾飞包装有限公司，当年产值任务是4358万元。是年，吕家木桥沈永林的桐乡市高桥骑塘永林针织厂由个体户转为企业。2014年，村工业有袜厂、纸箱厂、皮件厂、小五金厂等，时年村中有私营企业3家，个体工商户20余家。2015年前后，漕泾村企业有高桥翔翔皮革制衣厂（沈建中）、高桥中瑞五金电器厂（葛海洪）、桐乡市高桥生欢豆制品厂（吕明生）、桐乡市龙顺食品有限公司（钱伟忠）、漕泾沈庆元豆制品加工（沈庆元）、高桥骑塘永林针织（苏瑞芬）、高桥可梦针织加工厂（沈建荣）、桐乡市雅云袜厂（苏云芬）、桐乡南庄蔬菜厂（陈利根）等。

据工商登记信息显示，漕泾皮鞋厂成为境内第一家经工商登记的工商户（1981年12月），自此至2021年，境内有工商登记信息的共219家工商户。此外，可能还有未曾进行工商登记或登记在外埠的经营实体，如杭州钢管农具总厂漕泾联营厂（法人代表张金发）等。

2018年至2020年，按照上级政府要求和部署，工业领域实行"退散进集（关停淘汰那些低效、小型、分散的企业，腾出土地和空间，同时按照"用地集约、产业集聚、要素集中"的要求，择优进入开业园区）"政策，以推动传统产业转型升级。其中，境内的高桥陈氏菜籽加工厂、晨晖包装制品有限公司、龙顺食品有限公司、高桥海和纸箱厂、高桥可梦针织加工厂、高桥晟艺袜厂、永林袜业有限公司、中瑞五金电器厂等企业于2018年5月完成资产评估。

1981-2021年工商登记注册过的境内工商户简表

商店或者工厂名称	法人代表	成立时间	商店或者工厂名称	法人代表	成立时间
漕泾皮鞋厂	范金建	1981.12.28	神仙果家庭农场	王华明	2015.7.21
漕泾砖瓦厂	范雪金	1982.3.19	高桥旺鑫家庭农场	何国清	2015.8.26
范家门知青店	范均康	1983.4.5	苏春光副食品店	苏春光	2014.5.7
五金皮件厂	沈炳章	1984.6.9	高桥三毛果蔬农场	丰金高	2014.8.26
骑塘绢袜厂	张永明	1988.7.13	高桥双园水产养殖场	苏建国	2015.1.9
漕泾民乐商店	沈庆法	1990.8.8	伟杰袜子加工厂	沈伟杰	2016.1.12
骑塘中学蔬菜厂	陆建明	1991.5.27	中曼生物科技公司	徐仕兴	2016.11.28
骑塘乡漕泾蔬菜厂	沈伟民	1991.6.24	高桥晟艺袜厂	陈利根	2016.4.5
骑塘皮革工具袋厂	张金琦	1993.12.3	影尚服饰公司	沈永林	2016.7.20
骑塘永林针织厂	苏瑞芬	1993.8.20	诗彧服装店	沈 飞	2016.8.30
骑塘雪章小店	沈雪章	1994.11.7	伟国家庭农场	朱伟国	2016.9.21
五金皮件厂经营部	张正华	1994.4.1	徐氏家庭农场	徐中民	2016.9.21
骑塘中意皮鞋厂	范金建	1996.12.20	海云家庭农场	沈海波	2016.9.8
腾飞复合包装厂	张毅力	1996.4.19	优帆网技工作室	沈 炜	2017.1.12
骑塘少良袜厂	沈少良	1996.6.1	中南蔬菜食品公司	陆沈建	2002.10.10
骑塘雪强豆腐摊	吕雪强	1996.6.1	范德芳加工纸箱厂	范笑一	2002.10.16
骑塘桂芬服务部	朱桂芬	1996.6.1	跃发蔬菜食品厂	俞小平	2002.10.9
骑塘建坤豆腐摊	沈建坤	1996.6.1	高桥生欢豆制品店	吕明生	2002.11.26
漕泾大水路小店	张利仙	1996.6.1	沈庆元豆制品加工场	沈庆元	2002.12.6
骑塘漕泾俊明袜厂	周俊明	1996.6.1	骑塘陈氏伞经销部	陈 坚	2002.5.20
东方制刷机械厂	陈光耀	1996.6.1	高桥永生工艺鞋厂	王永和	2002.7.16
骑塘万隆菜厂	封祖林	1996.7.15	高桥海和纸箱厂	张海和	2002.9.11
君如意鞋业公司	王树华	1996.7.9	漕泾惠惠理发店	徐娟惠	2002.9.13
高桥天鹰涂料厂	沈建国	1997.11.21	华通塑钢毛条厂	缪金梅	2003.1.23
骑塘漕泾钢家具厂	沈炳章	1997.5.13	骑塘佳宝羊毛衫厂	王加宝	2003.4.28
飞虹锁厂	陈 刚	1997.6.11	华德利塑钢毛条厂	缪金梅	2003.7.17
骑塘中南菜厂	陆沈荣	1997.7.10	文祥轻纺经营部	沈文祥	2003.8.7
雄茂园林苗木公司	夏正安	2015.6.12	豪翔皮件制衣厂	沈建中	2004.5.13
骑塘佳佳制衣厂	吴晓泉	1997.8.7	漕泾羊毛衫加工厂	沈利金	2004.5.13
高桥晟运袜厂	陈利根	1998.1.16	中南羊毛衫厂	吕明元	2004.5.17
骑塘天一蔬菜厂	钱伟忠	1998.5.28	孙仁兴羊毛衫厂	孙仁兴	2004.6.29
骑塘志良袜厂	吕永芬	1998.7.22	漕泾水泥预制厂	张金龙	2004.8.12
万兴蔬菜食品厂	章桂林	1999.7.2	漕泾村农资服务站	何国荣	2005.10.27
国荣副食小店	何国荣	1999.8.17	通宇电信器材配件厂	张正华	2005.1.14
高桥敏丽袜子加工厂	封敏珠	2015.6.9	漕泾满谊商店	陈 学	1999.8.31

续表

商店或者工厂名称	法人代表	成立时间	商店或者工厂名称	法人代表	成立时间
骑塘中南菜厂	陆沈荣	2000.11.14	小天使童鞋网店	沈红	2017.6.29
宏丰机械加工点	陈仁康	2000.11.30	高桥老沈家庭农场	沈永香	2017.7.28
骑塘益友客运社	苏建华	2000.3.23	静家电子商务公司	陆雪金	2018.2.9
慧达喷胶棉任公司	孙时良	2000.3.8	沈建林道路运输户	沈建林	2018.12.17
骑塘漕泾预制厂	张金龙	2000.8.23	烨达贸易有限公司	何栋烨	2018.6.28
骑塘仁昌副食店	沈仁昌	2001.11.17	高桥嘉羽制衣厂	张羽林	2018.7.9
高桥永建建材店	张哨明	2016.12.6	敏珠日用百货店	封敏珠	2019.11.13
骑塘飞升蔬菜厂	陆建初	2001.3.26	金跃土石方工程队	金伟民	2019.11.18
苏家副食品店	张新惠	2016.4.19	龙渊贸易公司	冯冬艳	2019.11.18
骑塘佳佳制衣厂	吴小金	2001.6.8	果乡家庭农场	范忠良	2019.12.10
金松盛食品公司	杨建强	2001.8.16	力云建筑工程队	丰云飞	2019.12.26
翔飞皮革制衣厂	沈飞	2017.2.28	大水路水电安装部	周凯乐	2019.1.28
骑塘永清肉摊	陈永清	2001.8.29	老沈土石方工程队	沈荣彬	2019.2.15
龙顺食品有限公司	钱伟忠	2005.5.31	高桥足缘包装厂	何建明	2019.5.16
梧桐吴钿铭货运社	吴钿铭	2005.8.23	明生豆制品经营部	吕明生	2019.8.26
中南家具厂	施丽萍	2006.1.5	李仁华道路运输户	李仁华	2020.10.26
陈氏菜籽加工场	陈明跃	2006.5.11	高桥吕建华运输户	吕建华	2020.11.6
骑塘顺康豆制品店	沈顺康	2006.8.2	华固机械租赁部	丰云飞	2020.12.9
高桥杏山副食品店	沈杏山	2007.1.4	兴荣土石方工程队	沈欢	2020.3.16
张德庆家庭农场	张德庆	2014.1.24	高桥卫明家庭农场	徐卫明	2020.3.16
娟玉副食品店	钟娟玉	2014.3.31	高桥强强家庭农场	徐强	2020.3.16
卡梅隆皮革制品厂	郭梅	2008.7.24	百顺建材经营部	姚建新	2020.4.14
中瑞五金电器厂	葛海洪	2008.8.6	赞尚服饰有限公司	张波	2020.4.16
高桥雅云袜厂	苏云芬	2009.4.27	敦牧服饰有限公司	张波	2020.4.20
翔飞皮革制衣厂	沈建中	2009.4.7	老吕室内装修队	吕春泉	2020.5.21
杰诚包装有限公司	邹云清	2009.5.7	群群袜子包装部	李群	2020.6.24
可梦针织加工厂	沈建荣	2009.9.25	高桥沈斐袜子店	沈斐	2020.7.13
高桥怡人服饰厂	吕国飞	2011.11.25	高桥红狸皮草商行	沈小利	2021.6.29
生欢食品股份公司	吕明生	2012.11.27	华钰食品配送部	沈庆元	2021.9.22
永林袜业有限公司	苏瑞芬	2012.12.19	丁桂琴副食品店	王银浩	2020.9.1
晨晖包装制品公司	冯晨晖	2013.12.4	新鑫家庭农场	钟炳生	2020.9.30
高桥漕泾副食品店	孙浩	2013.1.28	楚良养殖户	陈楚良	2021.11.1
纷美袜子包装点	苏瑞芬	2013.6.6	席诚袜子店	席诚	2021.1.15
高桥法来利服装店	沈建法	2020.7.17	杜森皮草商行	范应杰	2021.11.8
东清土石方工程队	张东清	2021.2.20	青风机械租赁部	张东清	2021.12.16
建金水电安装部	何建强	2017.5.4			

第十章　交通邮讯

20世纪60年代以前，村里村外人员往来和物资流通的通道，仅为泥路和水路；与之相应的交通方式就是双脚行走和摇橹行船。20世纪80年代后，往来交通方式日趋多元化，甚至现代化，乡村与城镇一样，十分方便。

第一节　陆路交通

一、道路变迁

千百年来，境内陆路交通，道路大致历经小泥路、机耕路、60厘米宽水泥路、2米宽水泥路（碎石公路）、4米宽水泥公路、柏油公路的变迁过程，与此相应，交通方式也历经双脚步行，自行车、三轮车骑行，摩托车、电动车骑行，公交汽车，私家小汽车出行的发展历程。

20世纪70年代初，境内各条道路几乎清一色为泥路，狭窄弯曲，有些还是借用田地上的田塍、沟渠、岸坝，有的处于高岗斜坡的腰间。雨天，泥泞难行；晴天，高低不平。村域南沿的洛塘北岸和村域东北角的南沙渚塘北岸，尚设有拉纤塘路，纤路只是比一般乡村道路稍宽而已。其中，吕家木桥至斜桥的塘路属于境内，据传在久远的某个时期，曾有富户出资铺过这段塘路的石板路。

1972年春，为迎接机耕时代拖拉机耕田，境内开筑第一条机耕路（漕泾至骑联）。1975年前后，大规模修筑大木桥、长浜至朱家、张家埭至斜桥老丝厂、大水路至朱家桥的道路。新筑机耕路虽然宽大，总体平整，路旁种有水杉等行道树，但仍旧属于泥路，逢雨天，泥泞湿滑，行走时要穿雨鞋甚至高靴套鞋；突遇晴好，路上留有许多坑，大平小不平。稍后，村中渐次出现自行车骑行，行路速度加快了。但也常遇到问题：偶遇下雨，人扛车；路面不平，车摔人。

20世纪80年代前期，随着乡村企业全面兴起，方便村民骑行自行车，村里自筹资金，争取乡里补助，还有村民捐助，开始在机耕路和稍宽的主干道泥路上浇筑薄薄一层混凝土的水泥路，宽约60厘米，其中第一段为塔石桥至范家门水泥小路，约1984年浇筑。截止1988年，乡政府至漕泾村水泥机耕路长度3.1公里，村到各村民小组的水泥机耕路长达5公里。

1989年，修筑骑力至漕泾线（乡道编号Y813）的乡村碎石公路，1992年3月通汽车。1993年，马家木桥至南庄桥段也扩建为碎石公路。

2006年5月，开通城乡三级公交车，境内有331路公交车，设南庄桥、漕泾村、张家埭、孙家埭四个站台，起初运营中巴小车，后改换大巴空调车，每天自高桥至星石桥往返各5班，最早时间为5：26，最晚时间为21：21，票价2元。2008年，境内的2条碎石公路浇筑成三四米宽的水泥公路。2012年争取上级支持，投资600多万元，完成高斜公路拓宽浇筑工程；同年在市交通局驻村干部吴大江努力下，争取上级投资12万元，经村民代表大会通过，修筑马家木桥通往落晚连接高桥的水泥公路，并安装村内第一批路灯。

2013年，投资70多万元，硬化通组道路3.5公里。2014年。经村民会议讨论决定，投资20万元，安装道路路灯2.1公里。现有路灯178盏，累计投资近79万元。

2017年，"户户通水泥路"，全村实现2.5米水泥路通组通户；此前有农户自行浇筑通户水泥路的，村里对自浇部分实行每平方米45元的补助政策。2019年上半年，完成24条（共10500平方米）田间道路硬化，同时还对约4700平方米的道路铺设了石子。下半年，村部至西及沙渚浜至塔石桥北全长1679米的道路拓宽升级，先后铺成沥青路面。

附：漕泾村道路的变迁（沈关庆）

漕泾村地处典型的江南水乡地带，河流纵横交错。曲折的浜沟水路交织成网，因此道路也曲曲折折，自古以来羊肠小道密布，有句俗语叫"秧田路通北京"，意思是说路虽小但路路通。只不过都是泥路，所谓大路也只有1米宽度，而且村内土壤属于黏韧性特大的青紫泥土壤，一到下雨天，泥泞路滑，很难行走。老辈人雨天走路是春夏穿草鞋，秋冬穿蒲鞋，再早一些时候还有一种钉鞋，鞋底下有铁钉防滑，行走甚是艰难。1970年前的道路都是这样。

1970年开始进行农田改造，有了手扶拖拉机，道路也要开通机耕路，田块圩头并大，道路直改宽，一般大路都与灌溉渠道同线，也就是大机耕路旁边就是灌水渠道，经过几年的逐步改造，村内机耕路东西南北贯通，路也加宽到两三米，主要道路宽度达到五米。这样就大大改善了拖拉机的通行，人们晴天行走方便许多，而且有自行车的方便骑行。但是，这样的路一到雨天，问题就大了，因为主要道路比较集中，行人来往频繁，所以烂泥路坑坑洼洼，穿着半高靴子、胶鞋踩到深泥潭也会没下去。一到雨天,人们出行就叫苦连天,行路成为十分艰难的事情。到了1968年,有好心人带头出资在主要道路上浇水泥路,当时有张家埭人出资浇了一条60厘米宽的水泥路,接着就有多个自然村村民自行集资在本自然村主要道路上浇60厘米宽水泥路。这样的路雨天行走方便许多。但总因路面太窄,骑自行车很危险,开拖拉机也不方便。1992年就把这样的路改成了碎石路,方便拖拉机通行。但是碎石路毕竟不是农村理想的道路,因为村民下田劳动往往赤脚行走,碎石路大大影响村民行走。道路的改造始终成为一大难题。

2006年村组公交开通,K331路公交车从高桥集镇至骑塘公交站(星石桥),漕泾村段正处于该线路的中间路段,村内设有南庄桥、漕泾村、张家埭、孙家埭4个站点。公路开通的头两年还是碎石路面,2008年改成水泥路面,2019年和2020年国家又投入1000多万元改成宽阔的沥青路面。公交开通后村民进出城乡十分便利。

2015年开始,在建设美丽乡村背景下,村里开始实施道路硬化工程,资金大部分由政府拨款,村集体也投入520万元,先将主干道浇制水成泥路,然后再延伸到每个自然村。经过3年努力,2017年全村实现水泥路户户通,村民出行不管晴天下雨天都十分方便,小轿车也可直接开到自己家门前。

2020年,K331公路浇筑沥青路面,通往海宁斜桥的公路、马家木桥东西大道和塔石桥南北大道也同时铺成沥青路面。这样村内就形成东西南北四条沥青大道,纵横联通,与大小水泥道路交织成网,四通八达,车来人往非常方便。通往自然村的道路大多安装路灯,晚上走路也很明亮。

二、乡道村道

村境内乡道主要有2条,一是骑力至漕泾线(乡道编号Y813,东段),另一条是桐斜线(南段),最早为20世纪70年代的机耕道,后改为碎石乡村公路,再浇筑成水泥公路。2012年,桐斜线拓宽。目前,两条乡道均为柏油路面。

1995—2019年间境内乡道改造情况简表

路名	起讫地点	里程(米)	等级	车道	路面结构	基宽	面宽	碎石路面	水泥路面	柏油路面
桐斜线	崇楼线—漕泾	3070	四	单	沥青碎、砾石	5.5	4.5	1995年	2012年	2020年
	漕泾—斜长桥	940	四	单	先水泥砼后沥青	6	5	1995年	2004年	2019年
骑漕线	骑荆—漕泾	2518	四	单	先水泥砼后沥青	6	5	1989年	2006年	2019年

村境内村道主要是从主干道通往各个村民居住点(村坊)的道路和村坊之间来往的道路。20世纪70年代前,均为泥路小道。20世纪70年代中期前后,将原村道扩展为机耕路(适合手扶拖拉机通行),有的则干脆新辟机耕路,但仍为烂泥路。

1983年后,开始先后浇筑宽60厘米左右、厚两三厘米的水泥路,主要适合自行车骑行。1990年,村内投资2100元,新筑水泥路0.7公里。1992年,已有水泥道路4020平方米,长6.3公里。

21世纪后,多数村道浇筑为能单向通行私家轿车的碎石路,后又陆续改浇成水泥路。2006年,村内道路长12.5公里,属四级及以上公路,已硬化2公里。2017年,总投资898625元,实现14个村民小组内田间道路硬化,合计长5135米,宽2.5米,面积12837.5平方米,路面厚15厘米。2021年,二段村道还浇成柏油路。

目前境内主要村道明细表

名称	长度(米)	宽度(米)	路面结构	走向	道路桥梁	途经村庄
桐斜线至查坟前	808	4	水泥	东西	无	查坟前
张家门至骑漕线	1444	3	水泥	南北	无	张家门
骑荆线至骑漕线	928	5	沥青	—	无	—
骑荆线至桐斜线	1385	3	水泥	—	无	—
骑荆线至桐斜线	1378	4	水泥	—	无	—
骑荆线至桐斜线	285	5	沥青	东西	无	范家门
骑力至漕泾	129	2.5	水泥	—	无	—
骑力至漕泾	1563	2.5	水泥	东西	无	—
骑力至漕泾	572	2.5	水泥	东西	无	—

三、桥梁

桥梁是水上"陆路",是陆路交通的连接线。20世纪70年代以前,村境内乡村道路跨越塘河、港浜的,多为木桥,如大木桥、马家木桥、吕家木桥等,也有部分石桥,如塔石桥、南庄桥、南阳桥等。20世纪70年代后,因渠道拓宽和修筑机耕路等,拆旧桥,建新桥,新桥多为钢筋混凝土浇筑的双曲平桥或拱波桥。

1989年后,骑力村至漕泾村、落晚村至斜桥等碎石公路分别开通,桥梁相应改建为水泥公路桥,其中,王家木桥在骑荆线至骑漕线0.433公里处,坐落在孙家埭组,跨漕泾港河道,桁架拱结构,空心板梁浇制,桥长10.6米,桥面净宽4.05米,属公路Ⅱ级桥,1992年竣工通行;张家洋桥在骑荆线至骑漕线2.579公里处,桁架拱结构,坐落在张家门组,跨漕泾港河道,长22米,桥面净宽3米,属公路Ⅱ级桥,1996年12月8日通车;塔石桥(新桥),在骑荆线至桐斜线1.878公里处,空心板梁，坐落在塔石桥组，跨陆家浜河道，长14米，桥面净宽4.5米，属公路Ⅱ级桥，1998年12月1日通车。

2021年，境内已无木桥，尚存塔石桥、张家洋石坝桥2座老石桥，其余为钢筋混凝土桥梁，其中多座为有等级的公路桥梁。

1982年境内桥梁22座桥梁简表

桥 名	所在自然村	河道名称	道路名称	桥型结构	桥总长	桥石宽	净跨度	通航高程	河底高程
王家木桥	孙家埭	漕泾港	机耕路	双曲拱	23.2	3.7	12	6	0.5
南阳桥	吕家木桥	洛塘	沿塘桥	整体拱波	28	3.2	19	5.8	1.5
大水路桥	大水路	大水路	机耕路	整体拱波	10	3.5	8	4.2	2.5
孙家埭桥	孙家埭	大水路	机耕路	整体拱波	14	3.6	12	5	2.3
塔石桥	塔石桥	陆家浜	机耕路	整体拱波	23	3.6	16	6.3	1.6
王家谷桥	王家谷	新开河	机耕路	整体拱波	22.4	3.5	18	5.8	1.3
马家木桥	马家木桥	漕泾港	机耕路	整体拱波	25.2	3.6	20	5.6	1.7
吕家木桥	吕家木桥	漕泾港	机耕路	钢筋砼平桥	20.6	1.6	9.6	5.6	1.6
小木桥	双元村	枉港	村大路	三孔木桥	10.1	1	9.1	4.3	1.5
大水路石桥	大水路	大水路	机耕路	单孔槽型板	12.4	1.4	7	5.4	2.5
大木桥	大木桥	洛水港	跨县大路	单孔槽型板	12.4	1.4	7	5.4	2.5
王家谷桥	王家谷	新开河	串村大路	水泥平板桥	20.3	1.2	18	5	0.8
大水路石坝桥	大水路	洛塘	沿塘桥	水泥平板桥	11.7	1	2	5.9	2.4
小木桥	大木桥	苏家浜	串村大路	单孔石平桥	11	1.2	3.2	5.2	1.8
长生桥	查坟前	洛水港	查坟前大路	三孔石平桥	16.4	1.4	10	5.9	0.6
南庄桥	南庄桥	南庄港	串村大路	三孔石平桥	12	1.1	7.8	5.3	0.9
张家洋石坝桥	张家门	塔石桥港	大路	石坝桥	13	1.1	12	5.6	1.8
塔石桥	塔石桥	塔石桥港	大路	三孔石桥	13	1.1	12	5.6	1.8
公婆桥	范家门	吕家桥港	大路	单孔石平桥	11.6	1.1	4.2	5.4	1.5
张家洋水管桥	塔石桥	漕泾港	大路	水管平桥	26	0.4	21	5.5	0.5
张家门桥	张家门	漕泾港	大路	三孔木桥	14.6	1.4	12	5.4	0.4
范家门木桥	范家门	吕家桥港	串村大路	三孔木桥	10.2	1	8.2	4.6	2.2

1979—1987年间境内桥梁改建情况表

桥 名	建成年份	投资（万元）	桥型结构	跨径（米）	使用性质	载荷吨位
南阳桥	1981	11	混凝土	20	机耕桥	3
张家洋	1981	14	混凝土	18	机耕桥	3
马家木桥	1981	12	混凝土	20	机耕桥	3
塔石桥	1979	09	混凝土	16	机耕桥	3
范家门桥	1980	11	混凝土	18	机耕桥	3
大水路桥	1979	0.2	混凝土	8	机耕桥	3
孙家埭桥	1979	0.2	混凝土	8	机耕桥	3
长浜桥	1980	0.5	混凝土	8	人行桥	—
王家石桥	1980	0.5	混凝土	18.3	人行桥	—
张家门桥	1986	0.7	混凝土	9	人行桥	—

四、交通车辆

双轮人力车

又称劳动车、手推（拉）车。早先车身为木质，敞开式，有护栏，后有以钢铁材质制成的，长约280厘米，宽约80厘米，高约50厘米；下方着两轮，早时为木轮，后为钢圈钢丝胶轮，故也称钢丝车，载重250公斤左右。后又由此而衍生出钢丝翻斗车。其结构简单，轻便灵活，常用于短途运送建筑材料、粮食、蔬菜、厩肥、柴草等。20世纪80年代初，此类车辆几乎户均一辆。

自行车

俗称脚踏车。1978年前后，陆德林拥有村内第一辆自行车。后陆续有更多村民购置。20世纪80年代后期，随着生活条件改善和道路畅通，自行车基本普及，中青年村民竞相以拥有上海产永久、凤凰牌自行车为荣。20世纪90年代前后，多数农家有不止1辆自行车，自行车已成为上街、上下班、上学读书的代步工具，也是村民运输小宗农副产品的载荷工具。

轻骑、摩托车

20世纪80年代后期，随着人们生活水平的提高和县乡公路的通车，农村青年开始购买轻骑、摩托车，其特点是速度快、省油耗，既可载人又可载物。20世纪90年代后，村里不少年轻人结婚前要购置摩托车，企业小老板也有不少拥有过摩托车，牌子有嘉陵、本田、雅马哈等。1995年前后，摩托车普及。2000年后，多数人家有1

辆以上摩托车。

三轮车

20世纪90年代初期，村内有不少人力脚踏三轮车，多为青壮年运送小件货物。20世纪90年代后期，人力三轮车数量渐增，中老年人使用的居多，并开始出现电瓶三轮车和摩托三轮车，多为工商户使用。至2003年，境内半数以上农户拥有人力三轮车1辆。

小型运输机动车

20世纪80年代后期，一些农户将拖拉机改装为农用运输翻斗车，开始投入陆路运输。20世纪90年代后，随着个体、私营经济加快发展，小型运输机动车辆随之增加。2003年，村里有8人从事拖拉机运输。

汽车

20世纪80年代后期，漕泾袜厂等企业先后购置货运汽车等机动车辆。2000年前后，随着个体私营经济快速发展，汽车拥有量呈直线上升趋势，多数个体私营企业有货车和轿车。几乎同时，部分农户家庭开始购置用于代步的私家车，至2015年前后，境内农户基本实现户均1辆小汽车，有的还不止1辆。截至2021年年底，全村637户（含在外工作家庭成员），拥有私家轿车约1000辆，户均1.5辆。

第二节　水上交通

旧时，水路交通发达。境内洛塘、漕泾港等常有漕船、盐船、酒船等官船和木帆船、小划船、渔船、田庄船、养鸭船等民船路过。至20世纪70年代，洛塘、南沙渚塘仍有纤塘路，以拉纤方式牵引船只加快航行。

20世纪70年代初，漕泾大队拥有一艘16马力的机动船，用于接送干部外出开会、考察等，后改为30马力简易小轮船。每个生产队一般有大小不一的木质农船2至5条不等，后又有水泥船。承包到户后，集体船只折价到户，有村民自购挂桨机动船只，或将原来的木船、水泥船加装柴油发动机，用于物资运输。

20世纪90年代后期，随着公路运输发展，拖拉机和农用运输车增多，水运衰落，船只多被弃于浜兜或损毁处理，挂桨船亦逐年停用、被淘汰。2003年，村里尚有2人从事船舶运输。洛塘河至今仍有大型运输船队过往。

一、河港概况

境内水道密布，河流融通，基本形成一张由二塘三港十三浜组成的连接甚至环绕各村庄的江南水网，不仅具有泄洪、灌溉、饮用、洗涤等功能，而且曾经承担着人流交通、物流运输的功能。

二塘：洛塘紧贴村域南沿，贴境长度约1263米；村域东北角直抵南沙渚塘，贴境长度约200米，两塘为主干水道，均为东西走向。

三港：有3条纵向港连通南北两塘，即东侧洛水港、西侧相庄港和中间漕泾港。其中，境西汤家元组贴相庄港约300米，境东贴洛水港1765.4米，中部漕泾港在村境内长1752.9米。

十三浜：处在两塘三港之间，穿梭于自然村落的前前后后，多为"断头浜"，一头联通港塘，另一头至多与圩区水田泄洪排水的水沟相连。其中，有1条叫"路"（大水路），1条叫"河"（新开河），2条叫"港"（枉港、里门桥港）。

2021年境内三级河道名录

级别	河道名称	流经区域	境内或贴境长度（千米）	起止点	
				起 点	终 点
市 级	洛塘河漕泾村段	漕泾村	1.263	朱家桥东	斜桥老丝厂西
	相庄港漕泾汤家元段	漕泾村	0.3	洛塘河	木芽桥港口
镇 级	漕泾港漕泾段	漕泾村	2.566	洛塘河	南沙渚塘
村 级	南庄桥浜	漕泾村	0.329	漕泾港	东浜底
	大木桥浜	漕泾村	0.349	洛水港	浜 底
	东长浜	漕泾村	0.324	海宁界	浜 底
	大水路	漕泾村	1.197	文化广场	洛塘河
	枉 港	漕泾村	0.752	漕泾港	范家浜
	新开河	漕泾村	0.561	陆家浜	骑办村界
	范家浜	漕泾村	0.582	枉 港	新开河
	陆家浜	漕泾村	0.908	漕泾港	里门桥港
	里门桥港	漕泾村	0.472	陆家浜	相庄港
	汤家元浜	漕泾村	0.296	相庄港	陆家浜
	墙门头浜	漕泾村	0.122	漕泾港	浜 底
	墩子浜（新开）	漕泾村	0.700	南庄桥浜	村文化广场
	洛水港	漕泾村	0.165	洛塘河	南沙渚塘
	太子浜（已填埋）	漕泾村	0.5	漕泾港	陆家浜西北端

二、疏浚维护

旧时，水路是村民进出家园、运载物资甚至婚姻嫁娶的首选通道。每隔一段时期，总有政府主导或当地村民自发组织的河道疏浚和河岸整修工程。

民国三十六年（1947）3月18日，开始疏浚大水路、藤桥至铁店桥、许忠桥、枉港、胡家埭王家石桥至里门桥的河道，长2850米，先是租用吸水机船吸干河水，再发动民工9616工，起土11631方，5月14日完工。

1949年后，党和国家重视水利事业，曾多次组织民工开挖新河道，整修老河道。漕泾村先后派出村民参与乌镇市河、崇福市河、康泾塘和长山河等水利工程。1955年冬和1971年冬曾2次疏浚南沙渚塘航道。1978年冬，疏拓相庄港和漕泾港，使河面宽23米，底宽2.2米，河底高程-0.5米，开挖土方10余万立方米，重建桥梁机耕桥6座和人行桥5座，其中村内占比过半。许多年来，每年春冬两季，村民轮班罱泥，既能积肥又能清淤河道，洁净水质。

20世纪80年代后，公路交通运输趋于主流，水运逐渐衰落，加上清淤停止，河道狭窄，河床抬升，河岸坍塌，通行困难，曾经辉煌过的漕泾港也终结了航运历史；还有污水横流，农药渗散，村民们千百年来喝惯了的河水不能再喝，甚至连日常的洗刷也成了大问题。

2019年漕泾村河道、河长、排水口标识牌编号一览表

河道名称	河道长度（米）	河道起点	河道终点	河 长	排水口标识牌编号	保洁人数
南庄桥浜	328.5	杨家桥浜	浜 底	沈 钰	081301-081303	3
大木桥浜	349.3	海宁界	浜 底	沈 钰	081304-081309	6
东长浜	324.3	海宁界	浜 底	丰金高	081310	1
大水路	1197	南庄桥浜	洛塘河	张 锋	181311-081315	5
枉港	751.7	漕泾港	范家浜	陈 涛	081316-081318	3
新开河	561.2	里门桥港	浜 底	陆敏华	081319-081322	4
范家浜	582.4	里门桥港	枉 港	陆敏华	081323-081331	9
陆家浜	907.8	漕泾港	浜 底	张佳梦	081332-081342	11
里门桥港	472	相庄港	陆家浜	陆敏华	081343	1
汤家元浜	295.6	相庄港	浜 底	张佳梦	081344-081345	2
墙门头浜	122.3	漕泾港	浜 底	陈 涛	081346-081347	2
漕泾港	1752.9	南沙渚塘	洛塘河	朱阳红	081348-081359	12
洛塘河	1050	长安塘	硖 石	张 锋	081360	1
洛水港	1765.4	南沙渚塘	洛塘河	沈 钰	081361-081362	2
墩子浜	700	南庄桥浜	大水路	丰金高	081363-081366	4

21世纪后,国家重视河道修复,政府投资修浚河道,动用多元化手段进行"五水共治",做帮岸,砌护岸,挖淤泥,捞杂物,清水草,实行领导兼任河长制、专人河道保洁制等,重现河靓水清的水乡美景,虽然水运的繁荣景象不再,但对于生态修复、环境治理、农业发展、乡村美化等意义重大。

三、主要河道简介

南沙渚塘

春秋战国时曰"语儿泾"或"语儿中泾",雅称语溪。西起运河南沙渚塘桥,东至高桥楼下角,继续往东抵达海宁路仲古镇,全长17公里,骑塘境内河长13.54公里,河面宽27.3米,底宽4.8米,河底高程1.1米。水流方向,自西向东,入海宁境,达路仲。因年久失修,河道淤积,航船货船常常搁浅,1955年冬,发动沿塘(南沙渚塘桥至海宁界)乡村疏浚南沙渚塘。1971年冬,第二次疏浚,改善沿线机埠引水情况,目前,河面宽25米,河底宽3米,河底高程0.5米。境内查坟前村民组紧贴此塘,约有200米长。

洛塘河

古名洛溪,又称洛塘。据记载,因塘系清康熙间县令许三礼所修筑,该塘旧时亦曾称许公塘河。东西流向,西起辛江塘万兴桥东,东至硖石镇,全长24.4公里,河面宽25.5米,河底宽11.6米,河底高程0.8米,其中大水路与吕家木桥组交界河段,东起斜桥丝厂洋桥,西至骑力村朱家组处,全长1263米。

相庄港

北起南沙渚塘,南到洛塘河。流经湘庄、骑力、漕泾三个行政村,长2.4公里,宽23米,河底高程-0.5米。水流方向自北向南。其中漕泾汤家元组紧贴相庄港中段,约300米。

漕泾港

不仅因过漕船运输漕粮而得名,而且纵贯村域,可谓村民们的"母亲河",是从前村民们进出村域的主要水上通道。北起南沙渚塘祚家桥东边,南到洛塘河南阳桥口。流经落晚、漕泾两个行政村,长2.5公里,宽20米,水流方向自北向南。其中,在漕泾村内河段全长1752.9米,由南至北分别架设南阳桥、吕家木桥、王家木桥、马家木桥、张家洋桥、南漕泾桥、北漕泾桥等七座桥;河港两岸散落着吕家木桥、孙家埭、双元村、马家木桥、张家门等村民组。20世纪90年代,两端造闸设机站,已不通航,成为内河。

洛水港

漕泾村与海宁黄墩村的界河，海宁人谓之"西九曲"，南北流向，南起斜桥丝厂洋桥，北至南沙渚塘查坟前弯处，河道全长1765.4米。港西自南至北有南封家（海宁）、封家、张家埭、顾家（海宁）、长浜、潘家（海宁）、大木桥、查坟前等自然村。洛水港两岸的广大区域，明代曾建吕氏庄园，有山有湖有九曲，据传吕希周在崇德县城直塘改弯兜前，在家乡洛水港流域内先行先试，改建出了这一段"西九流"（《东汇诗集》里多处提及"东汇之源""九曲"等），至今在洛水港的一个弯兜内还留有一个"放狗墩"的开挖痕迹。

南庄桥浜

坐落于漕泾村东北部，西起漕泾港。原浜东直达南沙渚塘，后因多次土地整理，已填埋至沈洪堂门前。2003年土地整理前村坊西面还有一条环绕水域东浜，现均已填埋。该浜坐落于南庄桥组，组内近40户沈姓农户在浜南浜北居住，河面架有一座"南庄桥"，因组、桥名而取名为"南庄桥浜"，全长328.5米。

大木桥浜

坐落于漕泾村东北部，东起洛水港三叉漾口，西至浜底后环，东接通王家鱼池，河面架有2座桥，东头一座原为"小木桥"（该桥东面还有一座架于洛水港上的桥为"大木桥"），西头为田间劳作方便，20世纪70—80年代时，农户自己搭建了一座简易板桥，未取名。该浜全长349.3米，因组、因桥名而取名为"大木桥浜"。该浜疑是吕希周在西九曲"直塘改弯兜"中的一"弯"。

长浜

坐落于漕泾村东面，东起海宁界洛水港，西至浜底，河面没有桥梁，居中位置只剩一个土坝，原来南北农户仅通过该土坝走动。此浜估计因当年开挖时较长而取名"长浜"，又因骑力村也有条长浜，为了使十区分，后有"东长浜"一名。该浜疑是吕希周在西九曲"直塘改弯兜"的一"弯"。

大水路

坐落于漕泾村中东面，南北向，南起洛塘河（海宁市河），北至漕泾村文化广场，乃漕泾村一条灌溉主渠道，原先仅是为周边土地灌溉而人工开挖的一条水渠，因南头住着个村坊，该村坊叫大水路，且挖得像一条大水路，便取名为大水路。该河道在2004年通过机器开挖，河面已扩至10米，并把原来人工开挖的弯曲基本河道拉直，仅剩大水路组一个弯处，全长1897米。该河为大水路、孙家埭、长浜、马家木桥等组的水利排灌带来了极大好处,河面架有四座桥,由南至北分别为大水路一号桥(冯志刚家东)、二号桥(冯巨曲家东)、三号桥(陈坚家东)、四号桥(骑漕线),在长浜组还有一个土坝,现已排设暗管并修成水泥路面。长浜组还有1个五孔板架起的便梁,当初应该是为了河东农户到河西干农活方便而自行搭建的,仅能容一人直行。北段因通往漕泾村部那堆断后,至北段有"墩子浜"叫法,主要灌溉大木桥、南庄桥的农田。

枉港

坐落于漕泾村中部,东西向,东起漕泾港,西接范家浜,中间有一S形湾,河道南北均居住着七十来户人家,南为墙门头组,北为双元村组,东面居住着枉港组人家。原来建有一座陈家木桥,后来道路改道,人家也向大路迁居,陈家木桥因失修而毁弃了,现仅剩一条木墩。陈家木桥东面的土坝倒是排了暗管,浇了水泥路,一直用于陆路通行。该河全长751.7米。

新开河

该河坐落于漕泾村西部,由漕泾村组织人工开挖,本计划打通至洛塘河,结果因区域涉及两个村的土地,只开挖了漕泾段,骑力段没有开工,所以该河北起陆家浜,南至骑力交界处浜底,因是新开的河道,所以取名为"新开河"。该河全长561.2米,河面架有新桥和王家角桥2座桥,主要居住着范姓、王姓人家,该河的开挖极大方便了范家门组的农田水利排灌,有利于农业生产。

范家浜

坐落于漕泾村西部,东西向,东接枉港,西接新开河,延伸至北鱼池,接北面粪浜,全长582.4米,直角转弯,形成一个"七"字形,河面架有2座桥,因南北居住了范姓人家,取名"范家浜"。

陆家浜

坐落于漕泾村西北部,东西相连,东起漕泾港之张家洋口,西边向西南接骑力村里门桥港,往北接湘庄村三谷水路,末端回绕至陆家门村庄内。2003年土地整理时将南边斜向西南段的原陆家门组与汤家元交界处河段填埋,北边现相漕路以北段也已填埋,目前全长907.8米,河面共有一闸门(从前梅雨季洪涝时闸门还能关起来防内涝,1996年漕泾港圩区工程建了南北2座水闸后,该闸门也荒废,现门已毁,门洞改成了混凝土浇筑的2.5米宽小桥面)、二桥(新、老塔石桥)、一土坝(河的最西端为三叉洋北,旧时那里有小木桥,河西的地,当地百姓叫木桥河西地,现桥身已毁,桥脚还在,改成埋有暗管的土坝)。河的末端回绕处,浜北人称之为"浜北坟地",高低起伏,连绵不断,到处是坟,有些恐怖。该河流经张家门、塔石桥、陆家门3个自然组百来户人家。

里门桥港

贯穿骑力、漕泾2个村,在漕泾村的最西部,位于王家角,东西流向,原起于陆家浜与新开河交汇处,斜穿王家角(范家门自然组西北一角),西通相庄港,土地整理前为陆家门、范家门、汤家元2个自然组的交汇点,土地整理后填埋了汤家元以北段。河道全长472米。

汤家元浜

坐落于漕泾村西部,东西流向,东起浜底,西至相庄港,河道全长295.6米。原先浜底位置,即浜的东部称汤东,浜的西部称汤西。

墙门头浜

实为一长圆形鱼池,在漕泾村中部,坐落于墙门头组,东西流向,河道全长122.3米。东接漕泾港,西至浜底,水位较深,是旧时夏季人们玩水嬉戏的好去处,也是垂钓的好地方,池西北处建有漕泾唯一一个挑水平台。

四、水上交通工具

境内水上交通运输工具,主要为船只。从前,船只为木制,后渐次出现水泥船和钢板船,吨位大小和结构形制不一,以适用生产生活领域中的不同需求。

航船

是旧时农村出入附近城镇的水路交通工具,船主称"航船户"。多为3吨开艄船,上有芦扉棚以防风雨,船头设有挡风板,后艄为平棚,备一长一短两支橹和一篙、一纤绳,短橹起加快或平衡作用,纤绳用于拉纤,约可乘20余人或载货物2吨。早晨开船,以吹海螺为号,沿途有航船埠头,见客即停,载货载客甚便。途中,青壮年帮助摇船。上市交易完毕,下午两三点钟,原路折返。

木质农船

是农家出市交易货物,出门走访亲戚,日常运送农作物等的水上交通运输工具,种类繁多,按吨位可分为大(5吨及以上)、中(3吨左右)、小(1.5吨)3种,按式样分划船、开艄船、光板子船、木帆船等,按用途分航船、驳船、打航船、捉鱼船等。同是划船,有手划船、脚划船之分;同是渔船,有板荡船、钓子船、丝网船、鸬鹚船、夹索船、撒网船、螺蛳船等。清明迎水会之时，农船还往往成为水上舞台，有高竿船、龙灯船、打拳船、拜香船等。通用农船一般配有橹、桨、长短跳板、竹篙、帆布、橹绷绳、麻绳团、缆绳、纤绳等。民国时期，因船价格昂贵，仅富裕农户备船。农业合作化后，集体购置，公有公用。分船头、船舱、船艄三部分，船舱又可分前舱、中舱、后舱；船头可一两人同时撑篙，船艄可一人或双人摇橹，或一人摇，一人拉，载重时岸上有一两人拉纤。船舱装芦扉或竹帘，以备出远门长途装载，农闲时用于娶亲或接送客人。

水泥农船

始于20世纪70年代，用钢筋扎架，铺于钢丝网，再浇以水泥，除船头、船艄均有密封舱外，形制与木质农船相似，载重3吨、5吨、7吨不等。生产大队时，每个生产小队一般拥有2艘以上水泥船，用于还粮、售茧、装氨水、罱河泥、运建材等，可用纤绳牵引。20世纪90年代中期后，使用率逐年降低，加之河道淤泥增多，多数水泥船闲置废弃。

罱泥船

俗称"小船"，木质，船身狭长，无棚，载重1吨左右，冬春间用于罱河泥。人站于船尾，用手左右交替旋转桨柄，桨片划水前行。平时可载肥料、秧苗、养蚕时载桑叶，收割时载谷、柴，亦可在做客、探亲、出市时以之代步，还可用来捉鱼、养水草等。这种船型每个生产小队一般有一两条。

挂桨机船

20世纪80年代初，始有木质农船或水泥农船加装柴油机而成为机动船只，俗称挂机船或嘭嘭船，有挂机、挂桨两类，一般马力在3—12之间。2000年后，这种船在村内消失。

橹

长约4米，木质，由橹叶、橹柄、橹填脐、橹绑绳等组成。橹叶呈狭扇形，越到下端越扁、越薄，上端呈圆柱形，大约在橹中下方的位置镶一木质小方块，中有一个圆形凹潭，称为填脐，俗称橹碗碗。橹叶与橹柄用薄铁皮紧紧绑接在一起。橹绑绳连接橹柄与船舷。摇船时，先将橹碗碗套于装在船艄横木上的中指粗、六七厘米、上端呈半球状的铁棒头（橹人头，俗称橹八屌）上，然后推扳橹柄，往外换掀，称"推艄"，往内拉称"扳艄"，左脚站立不动，右脚前跨

橹

后荡,双手双脚用力均匀。推扳橹柄,橹叶自然扭动,下端在水中作"之"字形划行,从而推动船只前行。

桨

多用于小船上。以前多木质,上部为圆棍状,下部为片形。有一船一桨的,也有一船两桨的。有用手划桨的,比如坐在船沿双手斜着划水;或在船尾站着一手握单桨,靠着船尾一个支点(桨腰上也有一个凹眼)左右半幅转动划水;也有坐着用脚划桨的,可单桨也可双桨。

桨

篙子

也称撑杆,小毛竹去除梢尖与箬头,长短一般四五米左右。下端带铁钩子的称"挽钩篙"。一般放于船首,开船、到岸或途中碰到船只拥挤、碰擦等情况时使用;若短距离行船,仅用篙子左右往后撑即可。

橹绑绳

多用棕麻编成,很牢,且无伸缩性。初学摇船者多从扯橹绑绳开始,双手捏住绳的下端,随着掌橹者的节奏来回拉动,可以减轻摇橹者的劳动强度。

纤绳

长度在50至100米之间,也有更长者。多用麻绳编成。绳上系有纤板,纤板套于背纤者胸前。背纤者前行,拉动船只移动。多见于运河塘边。以前运河塘边有纤路,也称塘路。遇到桥梁不能从桥下穿行时,背纤者到桥中央甩纤绳,需要一定技巧。

帆布

大船中间装有桅杆,挂有帆布,风吹帆布,可加快船行速度。当年漕运粮船,就有乘风扬帆的。

麻绳团

球状麻团,球表层用麻绳编织,留有一根粗绳头用于拎拿,球内塞棕榈叶等物,具有很强力的弹性。船到岸埠或者两船交会,有可能发生碰撞,以麻绳团放于船头或船舷阻挡,能缓解冲撞力。

铁链

铁制链条,船首船尾各一根,停泊时,系在船桩或树菩头上。小船多用麻绳索。

麻绳团

芦扉帘

以小芦竹编织制成，长方形、方形均有。船棚上铺以芦扉帘，可防雨、防晒。

短跳板

为上下船和船舱之间行走方便，需放置数块短跳板，长度在2—3米之间。

缸灶

旧时，用一只破旧穿眼箩，涂上"稳泥"（稻柴短段、泥土和水搅拌而成），留一小口子，供烧柴用，上置锅子。以前，农民摇船出远门，数日甚至半月不回，用此来烧饭煮菜。此灶简陋、轻便、体小，可搬动，适宜在船上使用，颇受农民喜欢。

第三节　邮信往来

一、概况

邮政通信，也是一种信息和物品往来，故在此概述。

民国二十二年（1933），曾有斜桥至高桥的电话专线穿越过境，但境内无电话通信落地设施设备。村内若有民众欲打电话，则需前往附近已装电话机的斜桥、骑塘桥、高桥、扶驾桥等地。

20世纪50年代，骑塘乡（公社）开始在境内开辟投递邮路，乡村邮递员陈金奎每天到漕泾村部（大队部）投递报刊、信件、邮包和汇兑单等。

1958年，马家木桥河西大队部安装一只内部广播机。1962年，通过农村广播线路安装第一部大队部电话，俗称手摇电话，需要总机接转，时常信号不畅。1981年，出资架设电话专线。若民众需拍电报，则要到斜桥或高桥邮电所办理。

20世纪80年代后期，主要村办企业出资架设电话线，安装电话机。1990年前后，电话改为程控自动交换，直接拨号打电话，起始程控电话号码为6位数；1993年起改为7位数号码；2006年，境内509户农户安装电话机；2007年起改为8位数号码。大约1992年后，境内始有人使用无线寻呼设备，购买寻呼机。稍后，极少数村民率先拥有"大哥大"（模拟手机，性质为无绳手持电话机）、"小灵通"、"二哥大"等。

1996年6月，启动乡村有线电视光缆联网，农户陆续安装有线电视。2006年前后，互联网宽带开始进村，是年村内有电脑55户，能宽带上网的有31户。后成年人基本普及智能手机，宅用电话则几乎退出历史舞台。

2010年前后,乡村始有快递业,大量快递物件暂存在村委驻地。2012年,上级在境内设村邮站,属一类站性质,张锦标任义务邮递员,每年市镇给予一定的劳务补贴。同年,投资70多万元,其中村配套8万元,按照数字电视示范村要求,全村进行了有线电视改造和农户广播改造。

二、境内出现过的部分通信设备简介

手摇电话机

这是一种可以传送与接收声音的远程通信设备,主要由送话器、受话器、摇把、电铃、干电池等几部分构成,电话线与总机连通,打电话时先用摇把将人工总机摇通,方可与他人通话。20世纪80年代中期,总机改为自动程控交换机后,电话机改为用圆盘拨号、敲击数字键接通。

手摇电话机

"大哥大"

是手提无线、可移动的模拟电话机的俗称,据说俗名源自香港。20世纪80年代末期面世,虽然厚实笨重,状如黑色砖头,重量都在1斤以上,只能打电话,且通话质量不够清晰稳定,却是当年极少数人才配置得了的通信设备。流行时间不长,之后很快被更轻巧、更便捷、功能日趋强大的手机所代替。

"大哥大"

寻呼机

寻呼机

俗称BP机,是无线寻呼系统中的被叫用户接收机,由超外差接收机、解码器、控制和显示器等部分组成,它从基站发射的寻呼信号和干扰中选择出所需接收的有用信号,恢复成原来寻呼本机的基带信号,并产生声响(或振动)、显示数字(或字母、汉字)消息。虽然体积小、重量轻、价格低廉和功耗低,但只能接收无线电信号,不能发送信号,所以是单方向的移动通信工具。仅20世纪90年代流行于村内。

"小灵通"

是一种手持式、低功率的电话系统。采用微蜂窝技术,通过微蜂窝基站实现无线覆盖,将用户端以无线的方式接入本地电话网,在无线网络覆盖范围内自由移动使用。村内有人使用过,2011年退市。

邮筒 邮箱 信箱

一种邮政通信的便民设施。邮筒是邮局设置的用来收集外寄信件的圆柱体筒子，邮箱则为方形盒子，现统一为绿色。古时为竹质，现改用金属材质。寄信人可以把信件投入就近的邮筒或邮箱，邮差定时开启收走，回邮局再分类、运输及派送。收信人的私人收件设施称为信箱，通常放置于住宅入口，方便邮差派信、送报纸。

邮筒

第十一章　村庄民居

吃穿住行，是人类最基本的生活需求。其中，有"住"才有家，有家必有族，聚族而居，必成村坊。漕泾村域至今仍然保留着江南水乡传统村坊的基本格局。

第一节　村坊与村组

千百年来，村民大多聚族而居，于是形成了一个个的自然村坊，甚至许多村坊还以家族姓氏加以命名，如"马家木桥""张家埭""封家场""孙家埭""吕家木桥""张家门""陆家门""范家门""汤家元""王家墙门""张家浜""顾家埭"等。

后来，由于人口持续增长，村坊不断扩展，大村坊又析出许多小村坊，如"吕东"与"吕西""汤东"与"汤西"等。当然，千百年的历史流变中，家族迁徙，婚姻嫁娶，政策推动，或许还有瘟疫、战乱和自然灾害等因素，使得有些家族聚居的村落里，逐渐涌进了不少外姓人家和异姓人口，如范家门，除范姓户主外，新增了徐、和、王等非范姓户主；除了范姓人口外，新增的非范姓人口反而更多了，依户籍统计，范家门村民中有姓氏近30个。相反，有的冠姓村坊不再存有该姓住民，如汤家元无汤姓。

20世纪50年代门牌号

20世纪50年代末期至20世纪80年代初期，境内基本按村坊远近，先后组建过4个、20个、15个生产队，俗称小队。1983年10月后，调整为30个村民小组，至今40年，一直未变。

2012年，在孙家埭村民小组区域内，村里专门划出15亩地，开建农民新村，名为"漕家苑"。这是一个特殊村落，现已有30户农家落户此地。

1986年境内自然村基本情况如下。

马家木桥：自然村，行政村驻地。28户，119人，村中有一木桥，相传系三户姓马的村民所建，故名马家木桥。村以桥名。

张家埭：自然村。48户，189人。该村张姓居民居多，故名。后分为张家埭和封家场两个居住点。现有张家浜、张家埭两个村民小组。

大水路：自然村。57户，226人。村东有一条水沟，俗称水路。村以水路得名。现分为大水路、方田村、湾渔池三个村民小组。

孙家埭：自然村。43户，162人。村民以孙姓居多，故名。1949年前又称孙家墙门头。现已分成孙家埭、顾家埭、沈家场三个村民小组。

吕家木桥：自然村。54户，218人。村中有一木桥，据传为吕姓乡绅捐造，故名吕家木桥。村以桥名。现拆分为吕家木桥东（吕东）、吕家木桥西（吕西）、大天井三个村民小组。

长浜：自然村。29户，123人。村中有一长约0.5公里的河浜，习称"长浜"，为区别于力耘村和南木村的长浜，称"东长浜"。村以浜名。现拆分为长浜北、长浜南两个村民小组。

大木桥：自然村。31户，138人。该村旧有大、小两座木桥，架于村中河上，人称大木桥、小木桥。后来取大木桥作为村名。

查坟前：自然村。23户，100人。该村东北原有一座大坟，据传为清代海宁袁花一姓查的官员墓葬，村故名查坟前。

南庄桥：自然村。31户，121人。村中有桥，名南庄桥。村以桥名。

双元村：自然村。47户，207人。该村旁有一片大桑园，故名。后分为双元村和墙门头两个居住点。现拆成墙门头、双元村、枉港三个村民小组。

张家门：自然村。43户，161人。村中最早有张姓居住，故名。

塔石桥：自然村。10户，53人。村内有塔石桥，村以桥名。现分成张北和塔石桥两个村民小组。

陆家门：自然村。35户，145人。住户都是陆姓，故名。现已划分为陆家门和陆家浜两个村民小组。

范家门：自然村。50户，238人。村民以范姓为主，故名。现已析为公婆桥、范家门、范家浜三个村民小组。

汤家元：自然村。30户，118人。据传该村旧有一座15亩左右的果园，为汤姓所有，村名由此而得。现分成汤家元东（汤东）和汤家元西（汤西）两个村民小组。

第二节 公房与民宅

一、集体公房

共育室

1961年前后，孙家塣等生产队率先建起公房；1963年前后，马家木桥建造公房。同一时期，几乎所有生产队均建起公房。公房一律为平房，砖木结构，习称洋房，其首要功能是做共育室养蚕，春花和早晚稻收割时又做脱粒场所和临时仓库，农闲时还兼做社员大会会场和村民活动场所。房前一般有泥场地，后浇为水泥晒场，靠近河浜，利于装卸各类物资和农副产品。20世纪80年代后，公房渐趋消失，或租售给农户，或自然破损。

共育室图

漕泾大礼堂

1972年，在马家木桥东、路北建造大礼堂，王金松负责施工。礼堂坐西朝东，占地面积约600平方米，东面有进廊，进廊南侧为大队干部办公室，二层楼上有广播室和会议室。礼堂大厅约10间，长近40米，宽约10米，侧边各开两对大门，大厅屋顶起角很高，钢筋人字梁架空，檩子和椽子皆用木材，墙砖由大队土窑烧制。大礼堂是当时村内标志性建筑，竣工后常做开会、放电影、文艺演出等主要场所，曾一度作为本大队血吸虫病临时防治点。1999年已成危房，拆除后改建为村办公用楼房。

大礼堂图

集体畜牧场

大队畜牧场始创于1958年，地址在圣帝殿附近，房舍简易但规模宏大，始有50间，后增至上百间。20世纪60年代后期，每个生产小队都建起畜牧场。大水路畜牧场在村坊中部的初小教学点前面，场舍系砖瓦结构平房，南北二排，中间通道喂食，猪舍有12间左右，每间养3头猪左右，每间有1个猪槽。20世纪70年代中期，大队良种场内恢复大队畜牧场，1978年前后关闭，场舍陆续被拆除或破落。

大队良种场

仅有平房数间,用于农具存放和工作人员临时歇脚。1985年裁撤,后所建房舍被拆除,原址建造漕泾村小学。

校舍

1957年前后,一联社(漕泾)在马家木桥建教室,作为境内学校的本部校舍。1970年后多次扩建,并形成合围的校园。20世纪90年代,学校迁至小农场新建二层教育大楼,原平房校舍先后改作天一蔬菜厂、中南家具厂、晨晖包装厂。2005年,村小学并入骑塘中心学校后,校舍改为可梦针织厂,生产袜子,2020年拆除。

机埠用房

圣帝殿机埠有机房,仅一间,里面有一台机器,用于加工稻谷、面粉、黄豆。大水路机埠有三间房子,内置抽水机。后来,原有机房废弃,在吕家木桥等处新建水闸泵站用房。

集体厂房

20世纪70年代末期开始,村内先后创办多家集体企业,在马家木桥两侧、小农场、吕家木桥等地建造起相应的公家厂房。后随着集体企业改制或关闭,公家厂房也先后或被租赁或被闲置,其中有的因破旧而损毁或被拆除。

村民居家养老服务中心

坐落于马家木桥东桥堍。2014年,村投资5.5万元,对原村办公大楼的部分房舍进行整修,始成村养老服务中心。2021年村办公室迁出后,整幢楼二层九间全部划村民居家养老服务中心,建筑面积八九百平方米,底楼有杂货店、理发店、老人活动与休息室、服装加工出租间等,楼上主要有会议室、伯鸿乡村书屋、保健房及管理办公室等。

村民居家养老服务中心

村综合大楼

坐落于马家木桥东侧,原良种场位置,2021年夏竣工,建筑面积约2800平方米,分4层。底楼有便民服务大厅、调解室、退伍军人服务站、广播站、红忆馆、垃圾分类科技展馆等,二楼有文化礼堂、办公室、小会议室、妇女之家、村民教育室、监察工作联络站、乡贤参事会、民兵之家、洽谈室、益农村信息站、网格工作社等;三楼有多功能报告厅、舞蹈培训室、声乐室、春泥计划活动室、文化办公室和小会议室等,四楼有健身房、档案室等。

冷库

2020年，为推进农村效益，村里在原良种场区域建起一座冷库，占地面积约500平方米，冷库2000立方米，竣工后每年出租。

二、村民私房

旧时，境内村民住房大多建于河边浜岸。1949年前，除极少数富户建有高大的墙壁、墙门堂、圆堂屋，甚至木楼房外，普通农家多建墙与木柱结合的平房，泥墙草顶的茅草屋也不少。1949年后，茅棚草屋渐趋绝迹，砖瓦平房渐趋增多。

二十世纪五十年代及以前草房

二十世纪五十年代及以前村民泥墙瓦房

二十世纪六、七十年代村民砖木结构平房

民房手绘图

很长时期内，普通民房多为平房，三开间或五开间，两侧或屋后加披盖，仅为一进，俗称"一埭头"。五开间的，东西两间为卧房和灶间，正中三间连通为堂屋，俗称"大门间"，养蚕和婚丧大事在堂屋进行；三开间的，东或西间，前后分隔为卧房和灶间，其余两间相通为堂屋，或者堂屋后隔断，做卧室或储物间。倘若兄弟分家，才会在后面加造一进或二进。当然，也有数户人家（多为同姓宗族）一开始就并排建房，坐北朝南，一字排开，走廊相连相通，俗称"长埭头"；每户一开间(约4米长)，过走廊、进门槛后，依次为一进大门间，二进灶边间（与吃饭间合一），三进房间卧室，四进茅坑间，常与柴间、猪羊棚间混杂，也有用披屋代替的，俗称"肚肠屋"；有些农家的前埭与后埭之间有"过弄"和天井。各家廊屋连通，以便阴雨天串门，也利于结婚摆酒撑盘行走，从前不搭喜棚，多借用左邻右舍大门间。家家户户大门间前有场地，亦称道地，用于摊晒各种物品，吃乘凉夜饭，也用来在族人丧事时摆豆腐饭，办丧事切忌借用邻家大门间。

旧时，木结构房屋时间长久后，如果出现倾斜，就要请竖房师傅来竖房校正。20世纪70年代后木房基本绝迹，砖瓦平房渐趋增多。

20世纪80年代后本村三代楼房

20世纪80年代开始，民房变迁加快，村内出现持续多年的"建房热"，大致历经砖木平房、砖混二层楼、现浇三层楼、别墅或排屋的发展过程，日趋讲究安全质量，结构设施更适合人居，外墙内饰越来越美观，但村坊缺乏规划，显得分散零乱，当然也似乎有错落有致之感。据统计，1983年夏，全村已拥有二层楼房785间，三层楼房7间。1989年全村建房87户，竣工251间。1990年建房75户，竣工210间，共12100平方米。2003年，全村10户共投资96万元，建房166间，共3990平方米。

三、农民新村

2012年，在上级相关部门支持下，村里在孙家埭规划约15亩地，开始营造农民新村，名为"漕家苑"。现已有30户农家搬迁入内。

农民新村

附：村民住房代代观(沈关庆)

20世纪50年代之前，村民住房大多数简陋破旧，除少数富裕户有砖木结构粉墙黛瓦的厅屋或圆堂屋外，大多数村民住的都是泥墙加木结构梁柱的低矮平房，甚至少数人家是泥墙草棚。那时的泥墙多为打墙，即用两块木板夹住，用泥土一层一层打结实，内外再用稳泥，即碎柴火和泥粉装饰一下，形成墙壁。为防雨水冲刷，再用稻草编成草扇，挂在墙外遮挡雨水。内墙多用泥砖砌成，或用竹夹粉刷上稳泥，这种墙叫拆壁墙。

20世纪50年代末和60年代初，那时办人民公社，普遍建造大队大礼堂和集体公房，村民住房基本不变。20世纪60年代后期和70年代初，那时大队办土砖窑，烧制青砖青瓦，村民开始建造新房，新建住房都为砖木结构，大梁用人字屋架。村里自此出现了较多粉墙青瓦的平房，居住条件有较大改善。

20世纪70年代末到80年代，那时不仅有轮窑生产红砖，还有水泥预制厂生产水泥梁条和水泥五孔板等水泥预制品，不少村民建起了两层楼房。20世纪80年代中期后，始有村民建三层楼房，房子式样更新。

21世纪后，有村民建起别墅式楼房，全部采用现浇框架结构和钢筋混凝土，门用防盗门或木门，窗架多用铝合金材料制作，呈现现代化建筑风格。

第三节　设施与配套

村庄建设中有许多配套基础设施，多为公用，或由政府提供保障，或由富户赞助建设，或由村民合资共建。随时代变迁，有些已经被损毁、消失，有的在调整变化，有的却依然如旧，万古千年。

一、石帮岸与桥砣

境内村庄多依河浜而建，房前屋后，河浜环绕。为防止河滩塌损，常筑有护岸，旧称帮岸。护岸有植物护岸和工程护岸两种。植物护岸，即河岸坡种榆、杨、柳、芦苇、竹、芦竹、水杉和草被等植物，起到固岸作用，且改善绿化环境，提高河道自净能力，创建人水和谐环境；工程护岸，即旧称石帮岸，打木桩，设水盘石，用条石砌成，方便停船、上下人员、搬运货物等。旧时，吕家木桥吕永甫家、张家埭张学彬家、长浜何家、大木桥王家和苏家等处有石帮岸。20世纪80年代后，石帮岸因年久失修而坍塌消失。21世纪后，美丽乡村建设过程中，许多河浜重新用混凝土艺术砖块修筑帮岸。

桥砣，正名河埠，多为石材砌筑而成，故亦叫石砣，每个村坊一般有多处河埠，形制有直河埠、斜河埠、马鞍河埠、倒马鞍河埠、长河埠等，境内直河埠居多，即旱时从最低水位开始，叠步向上至洪水最高水位止，一般每级石阶高0.15米，阔0.5—1.2米不等，坡长2—10米不等，能容纳多人同时洗涮。筑石埠成本高，一般由本族数户共同筑成，只有富户才有可能独家修筑。桥砣是乡村亲水工程，供村民挑水、洗衣、淘米和人员上下、货物进出之用，还是宗族乡亲利用洗涮时机进行亲密接触、交流思想、打听信息的公共空间，在此往往能够体察人情世故和时世变迁以及水乡情趣。夏季，石砣上往往人声鼎沸，热闹非凡；冬季，石砣还兼作送别和迎接新娘的重要站点。

二、排水系统

乡村房屋历来四周有明沟，清明夜开挖水沟是一年一度的旧习俗。旧时在茅草房四周打墙挖沟，建矮墙深沟，茅屋内冬暖夏凉，雨水能畅流入沟，经地沟入浜河。生活污水，每户农家灶间有水斗与灶头相接，污水下入阴沟，排出屋外流入明沟。20世纪80年代，房舍由木结构改为砖混结构，房前屋后有白铅皮层漏和钢筋混凝土天沟，经落水管排入下水道。20世纪90年代后，农村新建楼房别墅，排水系统与城镇趋同，前后有天沟，左右有落水管，屋内外地基相差一尺，地梁围固，卫生间安装抽水马桶、盥洗盆、太阳能热水器，有地下排水管，灶间污水排水管，室外建三档式、六档式化粪池。2000年后，村内建农户生活污水处理池。2015年，全村生活污水逐渐开始纳管排放。

三、饮水工程

境内村民饮水，以前皆直接饮用河道水，至多为从河浜里肩挑手提到自家水缸里以后，放些明矾，以作澄清。20世纪60年代后养水草，水面分配到户，水草满港，水质气味和色泽变差，各个村坊在重要地段陆续开挖大型公用水井。20世纪70年代后，过度使用田间农药，开始兴办小厂和豆制品作坊，废水废物倾注入河，河水不再安全，村民大多饮用井水。其中，打在灶间的叫灶边井，不少家庭将小井打在天井里或者自家墙脚边。1984年上半年，全村拥有水井118口，包括小学1口、袜厂1口、配种场1口、汤家元2口、陆家门4口、张家门2口、马家木桥6口、南庄桥7口、查坟前4口、大木桥10口、长浜3口、范家门18口、双元村12口、吕家木桥11口、孙家埭12口、大水路17口、张家埭7口。后地下水位日渐下降，饮用井水被逐步叫停。

1996年，骑塘乡自来水厂在吕家木桥开挖境内第一口深井。翌年，自来水通到各个村坊。2006年，实现县域统一供水，时年全村有544户接通，占84.6%，仍饮用井水的仅99户，占15.4%。2008年前后，城乡供水一体化全覆盖，部分农户饮用水还用上"千岛湖""家家乐"等桶装水，或加装净水装置。

四、供电工程

历代以来，农户照明均用蜡烛、菜油，后逐渐使用煤油。1963年前后，圣帝殿机埠通电，始用马达带动抽水机和粮油加工机器。1966年开始，大队自行从排灌机埠配电变压器低压侧引线接入农户用电。开始时一户人家可安装一盏电灯，统一管理，按电灯的瓦数来计算电费，农忙时节为保证农业用电，照明电经常会被拉闸停止。1969年，一户一盏电灯照明，普及到全大队所有社员家庭。

20世纪80年代后，乡村工业崛起，农村工业用电量直线上升，农家生活用电受到一定影响，时常要停电。进入21世纪前后，在上级政府支持下，漕泾村完成乡村电网改造，加上农户生活用电优先，境内农家生活用电确保无忧。

五、通户道路

从前，村域通户道路均为黏土小路，一旦下雨，泥泞不堪。20世纪80年代后期开始，陆续浇成窄幅简易水泥小道，后又先后改成宽幅碎石路和水泥公路，还装上路灯。2021年年底，私家车均可通行到户，有水泥路面，亦有柏油路面，部分路基做了庭院式美化修饰。

第四节　整治与美化

20世纪末开始，境内村居管理得到领导和村民的重视，至今先后走过整治村庄和优美庭院两大阶段。

1993年，首先开始对乡村农户实行城镇化管理，亮出村牌、组牌和农户门牌。进入21世纪后，根据上级关于"美丽乡村""五水共治""三改一拆""退散进集"等工作的部署和村情，陆续推进村庄环境卫生治理，垃圾集中清运、河道保洁和绿化造林等具体工作，实行保洁人员路段负责制和农户"门前三包"责任制，垃圾日产日清，对垃圾房和垃圾桶定期冲洗、消毒杀虫，村庄垃圾桶增至216只。2007年，漕泾村成为桐乡市"整治达标村"。2008年，投资3万多元，建设室外公共休闲绿地500平方米，村主干道路和河道绿化率达100%，村庄绿化覆盖率达85%，并于当年收获桐乡市级生态村美名。2009年被评为森林村庄。2010年，设立村庄整洁管理工作站。2012年，在11个村庄和3个健身点，以及尚未绿化的乡村道路边再投资50多万元，植树5万多株。2014年，参与全市"清三河"行动，募得"五水共治"村民捐款4955元，境内农业面源污染得到有效治理，漕泾港和大水路浜成为当年主攻河段；按上级要求清退了六家生猪规模化养殖户。

2015年，生欢食品厂、可梦针织加工厂、永林袜业、龙顺食品等四家企业污水全部入管网排放。至2016年年底，农户生活污水治理全部完成，当年新增299户受益农户。与此同时，由村干部分别任河长，经常对全村河道进行巡查，确保河道整洁无污染。

2019年漕泾村河道、河长、排水口标识牌编号一览表

编　号	植树地段	株数（株）	主要树种	投入资金（元）
1	双元村	1500	伟柏、女珍、湿地松	18000
2	杠港	1500	香樟、湿地松、伟柏	18000
3	大天井	3000	香樟、湿地松、伟柏	24000
4	吕家木桥	3000	香樟、湿地松、伟柏	24000
5	陆家门	1700	香樟、湿地松、伟柏	12000
6	张家门	2200	枫香、水杉、湿地松	21600
7	范家门	1800	柳树、桂花、红枫	30000
8	查坟前	800	柳树、桂花、红枫	12000
9	大水路	2800	柳树、桂花、红枫	43200
10	双元村	500	水杉	6000
11	3个健身点	500	香樟	6000
12	路两边	4500	黄山莲树	54000
13	路两边	35000	榉树	32000
合　计		58800	—	300800

2015年8月，漕泾村被确定为桐乡市"诗画水乡　治水美村"争创村，"整治村庄"变为"优美庭院"：一是水岸整洁环境美，当年投入2万多元，为11个自然组298户修筑生活污水治理池，大木桥和汤家元等河道近4000米块石护岸修筑完成；农

业综合开发项目和一事一议通组道路项目均基本完成,陆家浜河道疏浚全面完成,漕泾港和大水路两条样板河河道养殖近200平方米的水生植物,使河道、沟渠、水塘能做到洁化、绿化、美化,又启动垃圾中转站改造工程;二是生产发展和谐美,围绕严控种植业、养殖业污染,拆除河边禁养区范围内两户农户的畜禽棚舍,两家食品公司污水接入污水管网,八家豆制品小作坊全部关闭;三是生态文明自然美。带部分村民参观历年绿化示范户,推行房前屋后种植绿色植物,在大水路、范家浜、枉港等小河浜养殖鱼类,改善河道水质;四是乡风文明心灵美,教育引导村民转变传统的生产生活方式,自觉参与治水护水活动。同时每季开展"卫生文明家庭"评选活动,当年有358户农户被评为"卫生文明家庭"。

2019年孙家埭某农户庭院

2016年,继续以"四美"(物品堆放整齐美、卫生清洁环境美、花木茂盛绿化美、身心健康生活美)和"五好"(组织健全管理好、机制完善措施好、村容整洁环境好、活动多样载体好、家庭参与效果好)为标准,深入实施村庄整治和优美庭院工程,参与桐乡市"巾帼逐梦 花开桐乡"优美庭院比赛。上半年对全村的河边、道路、桥边、房前屋后的建筑垃圾和一些杂物进行了专项整治清理,下半年在此基础上又对全村所有通组道路两侧杂草进行了一次全面清理,还道路整洁;6月对墩子浜、大水路河道进行清淤,南庄桥、塔石桥两个示范点全面整治,农户小菜园围上小栅栏,在部分卫生死角用青砖和黑瓦砌成别致的矮墙。当年全村636户人家参与"优美庭院"创建活动,年末村级以上"优美庭院"合格户有530户,占比83.3%,其中,村级以上"优美庭院"示范户260户,占比41%;20户家庭被评为镇级"优美庭院"示范户。2017年,投资近20万元,在全村13条河投放了两万多尾鱼苗,种植700多平方米水生植物,还对墩子浜、汤家元浜两条河道及范家浜1号鱼池进行了清淤。

近些年,漕泾村先后荣获桐乡市"A级景区村庄"、治水美村、全面小康建设整治达标村、文明村、生态村、绿化示范村、农村环境全域秀美第一批典范村、人居环境优胜村等称号。

第十二章　文化体育

漕泾，地处农村深乡，从前乡村文化设施相对缺乏，村民文化生活不甚丰富，但每个时代多多少少留下些许文化印记。改革开放后，文化建设明显加快，村民文化生活日渐丰富，体育健康意识日趋增强。

第一节　文化生活

一、看戏、听书、逛庙会

从前，村内在马家木桥等地临时搭有戏台，演花鼓戏。1949年前，文艺活动主要由村外民间团体"会""班""社"来村内或者在村外附近小市镇开展，村民自行观看或参与。1949年后，马家木桥、大水路、塔石桥等村坊的白场地上有时搭建临时露天戏台，县花鼓戏剧团或者越剧团前来演戏。

每逢新年、清明和菩萨生日等重大节日，有提龙灯、台头、地戏、提香、抬阁游园、迎神拜会、戏文娱乐等庙会活动，村民们纷纷走出家门旁观，甚至参与其中。虽然这些由"会""班""社"等民间团体展开的文艺活动多带浓郁的宗教色彩和家族风格，有的甚至直接宣扬封建迷信，但它们与乡村文艺活动有着极为密切的关联，并制约着乡村文艺的内容、形式。

听说书也是一项重要的文娱活动。男性中老年村民一般都会步行到附近的骑塘桥、斜桥、智义板桥等小市镇上的茶馆里，边喝茶边听书。女性中老年村民一般到扈舍庙、圣帝殿、余宝庵等处烧香拜佛，偶尔有戏文观看。

20世纪50年代后，看戏仍然是本地民众的一大喜好和文化习惯，主要曲目有《杨家将》《盘夫索夫》《方卿见姑娘》《陆雅臣卖娘子》《碧玉簪》《王老虎抢亲》《双枪陆文龙》等，或为越剧，或为花鼓戏。有了电影后，戏义搬上银幕，民众依然观之不疲。

1972年年初，大队建造大礼堂，内有较为标准的舞台。除了开大会，不时有剧团前来演出戏文，大队文宣队更是每逢国庆、五一、春节等时节都为群众提供文艺演出。

二、成立俱乐部，建立文宣队

1949年后，在党组织和政府部门的支持和指导下，有关团体组织文化下村，努力活跃和丰富群众文化生活，但境内群众文化活动相对偏少。

1958年春，根据上级统一部署，一联社俱乐部成立，这是党对群众进行政治思想教育的重要阵地，是农村业余文化活动的核心组织，由专设的委员会（从冬学委员会改组而来）领导，包括乡村行政干部、小学教师、青年团员、工作队干部等，分设文教宣传（负责民教班、学习互助组、读报组、黑板报、阅览室及流动图书室等）、文体娱乐（组织唱歌、讲故事、演小节目、拔河、打篮球、打乒乓球等）、生产（领导蚕桑组、刺绣组、捕鱼组、制草鞋草包组）、总务（负责群众活动的场所、器具、经费、杂务、大众卫生等）等小组，在俱乐部骨干成员带领下，群众文化艺术活动虽然在业余时间展开，但往往配合党和政府的中心工作，与党的宣传、文教卫生、新风引领、生产组织融为一体。

大概1959年后，大队在原有的乡村俱乐部基础上成立革命文艺宣传队，简称业余文宣队，境内文艺爱好者报名参加，利用业余时间排练和演出节目。1971年，兴起"革命样板戏热"，大队业余文宣队再度活跃起来，在大队礼堂和共育室前的白场上多次演出，并在大队、公社多地表演，其中现代越剧《半篮花生》被选上参加全县农村文艺汇演。1980年后文宣队自然解散，存续时间20来年，成绩不俗，着实不易。

附：我们村的文宣队（沈忠堂、吕学良讲述，吕云平执笔）

20世纪50年代后期至70年代初期，文艺宣传队是那个年代的特有产物，是活跃在农村的文艺娱乐队伍。回顾那个年代，农民生活比较艰苦，农村文化生活极其匮乏，没有电视，没有任何团队来演出，十天半月难得放一场电影，大队文艺宣传队的成立给农村群众单调的文艺生活带来了乐趣，增添了色彩，营造了当地的文化氛围，满足了群众的迫切需求，深受广大群众的喜爱。

当时我们公社各个大队都成立了文艺宣传队，漕泾大队也不例外，大概1959年前后，在党支部的领导和大力支持下，我们成立了革命文艺宣传队，队长由大队干部沈子坤担任，队员先由自己报名，再由领导小组研究决定，条件是会乐器，具有一定的音乐知识和演唱水平，有一定的表演技能，不怕苦，不怕累，热爱文艺宣传工作，最后由领导小组决定。第一批参加的有琴师王仕高、朱永林、张炳铨、朱玉林、沈祥林等,演员有沈忠堂、吕学良、沈悦松、范德方、吕季堂、沈菊仙、沈利仙、范佩芬、沈杏三、吕祥芬、王胜娥等,刚成立时队员比较少,后来逐步增加,最后有30多人。

演出内容结合当时的中心工作和党的各项方针政策,紧跟当时形势。宣传队有一个编写小组,自编一些当时形势需要的诗词,自己配上民间小调进行演唱,如杨柳青调、紫竹调、马登灯调、锡剧、湖剧、越剧等,通俗易懂,喜闻乐见,深受广大群众喜爱。表现形式有大合唱、表演唱、小组唱、歌伴舞、独唱、小品、三句半等形式。

白天大家各自在田里劳动,晚上集中到大队排练,风雨无阻,排练时没有导演,都是自导自演,边排边想动作,集思广益,排练一个节目需要很长时间,每晚都需排练两三个小时,来去都是步行。

排练成熟后开始演出,除本大队经常演出外,还到外面多地交换演出,去过高桥公社落晚大队、留良公社湾里村大队、海宁县斜桥公社黄墩大队和三联大队、周王庙公社星火大队和六联大队等。

外出演出自带乐器、道具,肩挑手扛,高举宣传大旗敲锣打鼓,排起长长的队伍步行几公里前往演出地,只要锣鼓一响,四面八方的乡亲们都会聚拢来,男女老少齐出动,场场爆满,后面的人都站在凳子上看,真是热闹,演出一场时间都有两个多小时。当时没有音响设备,没有话筒,都是放开喉咙清唱,有时连续演出,有的队员嗓子都唱哑了还是坚持,毫无怨言,演出结束后大家有说有笑,步行几公里回家。

在当时我们宣传队最有影响力的节目有歌舞表演《敢教日月换新天》,由沈忠堂、吕学良表演;歌舞表演《毛主席著作闪金光》《手捧宝书心向党》,由沈菊仙、沈利仙、沈佩芬表演;歌剧小品《牢记血泪仇,不忘阶级苦》,由沈菊仙、王仕高、范德芳表演。这几个节目成为每场必演节目,深受广大群众的喜欢和好评。

20世纪70年代初期,那是一个全国各地盛行学唱、学演革命京剧样板戏的年代,掀起了大唱样板戏的高潮。我们漕泾大队第二次成立了文艺宣传队,队长还是由沈子坤担任,队员选拔和以前一样,琴师有张炳铨、陈国胜、陆宝坤、沈祥林等,演员有沈忠堂、吕学良、陆建明、沈天忠、吕忠良、朱根荣、陈国英、苏利珠、沈小芬、吕福仙、沈凤娥、张爱娥、吕学芬等。

演出内容为歌颂伟大领袖毛主席,学唱、学演革命京剧样板戏选场。文宣队排练了京剧样板戏《沙家浜》第二场《转移》,京剧样板戏《智取威虎山》第三场《深山问苦》,《红灯记》第五场《痛说革命家史》,学唱京剧选段有《智取威虎山》中的《朔风吹》《我们是工农子弟兵》,《沙家浜》中的《朝霞映在阳澄湖上》,《红灯记》中的《红灯照我闪闪亮》。还排练了现代越剧《半篮花生》全场,由沈忠堂、陈国英、沈小芬、吕学良演出。

说到演出地点,文宣队在本公社各大队巡回演出,也曾去高桥公社、落晚大队、海宁县斜桥公社三联大队、黄墩大队、六联大队等地演出,外出演出先集中到大队,大队里有一只挂桨船,由郭松余师傅驾驶挂桨船送我们去演出地,演出场面还是和之前一样,大礼堂里人山人海,场场爆满。

1974年桐乡县文联和县文化馆组织举办全县农村文艺汇演,先由各片区选拔节目参加县农村文艺会演，我们宣传队的现代越剧《半篮花生》参加了片区选拔，桐乡县文化馆馆长步祖林亲自参加了这次选拔，结果我们的《半篮花生》被选上参加全县农村文艺汇演，当时步馆长还亲自给我们手把手的指导，使我们的节目更加完美，后来去了桐乡县人民大会堂，参加全县农村文艺汇演，受到领导和群众的一致好评。

自从参加宣传队以来，队员们都花费了巨大的精力和大量的时间，虽然当时是没有报酬和补贴的，但队员们都能克服种种困难，放弃休息时间，不管白天黑夜，风雨无阻、不辞辛劳、不厌其烦、无怨无悔，为文艺宣传工作无私奉献，并为此在心中感到无比的光荣和自豪。

三、听广播

1965年，骑塘公社在星石桥张氏民房内建起广播站，开始架线通往村内，在大队部和各生产队的聚众点或者公房走廊上，安装上一只只有木盒的舌簧喇叭，属于有线广播，播送县广播站的广播节目。此后，听广播成为群众精神文化活动的主要项目，包括收听天气预报、新闻和报纸摘要节目及文艺节目，文艺节目比较丰富，有各类革命歌曲，也有相声、评弹、花鼓戏、越剧、京剧、广播剧等。

1969年开始，广播机改用音质较好的动圈喇叭，且逐步普及到每一户人家。大队安排陈梓洪、张明等人先后担任广播业余线路员，协助公社广播站管理和维修广播。20世纪70年代初，广播陆续普及到各家各户，极大丰富了社员群众的精神文化生活。1971年开始，《红灯记》《智取威虎山》《沙家浜》《海港》《奇袭白虎团》《龙江颂》《杜鹃山》和芭蕾舞剧《红色娘子军》《白毛女》等现代京剧及其唱段，在广播机里反复轮播，致使许多群众都能跟着哼唱几句。

1975年前后，南庄桥、双元村、范家门、马家木桥等地公共地段或交通要道处，竖起毛竹，拉装高音喇叭，早中晚播送广播节目，社员群众在田间地头劳作时也能听到广播。另外，在平整土方、开挖河道等工地上也临时安装高音喇叭，用来播送战报和文艺节目。与此同时，收音机也在境内部分农家出现，能全天候收听到多个电台节目。

其时，社员要经常性收听公社或大队召开的广播大会。广播会内容有宣传党和国家的方针政策、"三夏"动员、"双抢"誓师和抗洪救灾、计划生育、农田水利、水稻育秧、大田管理、植物保护、蚕桑培育等重要农事上的知识等。即使是那些新闻节目、天气预报，也成为村里人每天都必须关心的内容。每当有重大事件发生或者气象变化，村民总是喜欢到广播机下面仔细聆听，因为这是当年农民获取外界信息的主要途径之一，农民每天生活都离不开它，甚至有许多老人习惯以广播机响了作为一日三餐的开烧时间,以广播结束作为晚上上床睡觉的时间节点。

1988年开始,设有广播专职线务员,负责村广播室至各农户的广播喇叭的管理和维修,工资由村里按每户1.5元收取,上缴乡里后统一发放。此后,陆续"发展音箱喇叭,以舌簧喇叭过渡,淘汰压电喇叭,提高喇叭优质率",至20世纪90年代,村境内全部更换成音箱喇叭,音响效果提高。2013年,全村完成调频广播改造,有调频广播500余只,村应急广播1只。可惜随着电视机和手机的先后出现,村境内农户中的广播听众少了。

四、看电影

看电影,是20世纪70年代令人印象深刻的群众文化活动之一。1970年前后,偶有县电影放映队来村内马家木桥等地放映电影。1972年秋,公社自备16毫米放映机,成立电影队,吴金荣、范雪林等人挑着放映设备到漕泾来放映露天电影,稍后有了开往各村放映的电影船,放映地点多在大队学校操场,偶尔也到部分大村坊的白场上。天尚亮,在众人帮忙下,电影队用三支毛竹搭起架子,挂上幕布,用学校里的读书台子摆好放映机和幻灯片机,老人小孩老早搬凳捐椅前来,占据有利位置。天黑后,收工回家吃好夜饭的青壮

电影票

年们陆续挤着进场。电影票2分一张,但终有个别人趁入口处检票员不注意时溜进场内。少年儿童因没有买票的钱,要么跟着大人溜进去,要么到幕布后面去看反面电影,待电影放到近半,门口放开,进去搬块石头或拾几块砖头临时当作凳子,甚至索性坐在地上看起"后半场"来。

有些时候,听说这场次电影好看,如放映《卖花姑娘》,电影场上就会人山人海,观众挤得气都透不过来。后面的人站到了高凳上,还是看不到电影。于是,人潮开始在场内来回移动起来,结果白天安放好的凳子都不安稳了,凳脚被轧断,凳板也不知去向。小孩哭,大人叫,场上的噪声掩过了喇叭的声音,放映机被挤得移动了位置,银幕上的影子跳到了幕外。此时,总有几个"青头几"趁机"轧朋友",甚至"起潮头",场上秩序更乱。于是,放映员不得不一边用喇叭喊叫要遵守秩序,一边撑开双臂保护着放映机不被挤倒损坏,偶尔还不得不通知民兵维护现场秩序。

20世纪70年代初,大队礼堂建好后,但凡遇上雨天和冬季,放映电影都改在

礼堂，大队礼堂成为那个时期村民文化活动的主要场所，但除了自行搬来凳子的以外，大多人还是站着看电影。那时放映电影正片前常常要先放幻灯片进行时政教育，还要放上一二集"新闻简报"。

其时，电影主要以战争片、敌特片为主，先为黑白电影，后渐有彩色，主要电影有《南征北战》《地道战》《地雷战》《侦察兵》《上甘岭》《打击侵略者》《看不见的战线》《原形毕露》《火车司机的儿子》《金姬和银姬的命运》《地下游击队》《宁死不屈》《第八个是铜像》《南海风云》等。后来有彩色电影《春苗》《海霞》《创业》《决裂》《青松岭》《渡江侦察记》《红色娘子军》《难忘的战斗》《小花》等。"文化大革命"十年时期，大多观看"现代革命京剧样板戏"电影《红灯记》《智取威虎山》《沙家浜》《海港》《奇袭白虎团》《白毛女》《龙江颂》《杜鹃山》等，后添加了《天仙配》《珍珠塔》《铁弓缘》《宝莲灯》《红楼梦》《梁山伯与祝英台》《碧玉簪》等戏曲电影。20世纪80年代后，电影增添爱情片、武打片等；村内学校开始组织学生白天到大队礼堂观看电影，门窗挂上帘子遮光；村内成年人已不满足于露天观影、站着观影，陆续有人到附近乡镇电影院甚至县城电影院去看电影。

五、看电视，唱流行歌曲

1979年前后，张德庆家获香港亲戚赠送的电视机一台，1980年沈进福家购置12寸西湖牌黑白电视机，将天线捆绑在毛竹上，信号不灵敏，影像不清晰，但依然能够吸引左邻右舍前来观看。1982年前后，村团支部和妇女委员会等在大队五金厂楼上创办文化俱乐部，虽有图书室、乒乓室等，但时值电视出现，俱乐部因没有人气而不久关闭。1984年夏，南庄桥有人家购置14寸黑白电视机，时价420元，能收到来自碛石东山电视信号发射塔发出的电视信号。此后，村民的文化生活，主要是看电视，如每年的春晚、电视里的演唱会、连续播放的电视剧等。20世纪90年代，电视机、双卡录音机、VCD播放机等逐渐成为村里青年结婚的基本配置，电视机也由黑白的换成彩色的。

20世纪80—90年代，村民爱看的电视连续剧和电视电影主要有《霍元甲》《射雕英雄传》《上海滩》《陈真》《红楼梦》《西游记》《血疑》《水浒》《济公》《渴望》《公关小姐》《杨乃武与小白菜》《武则天》等。村里年轻人开始学着哼唱电视里的主题歌和插曲，或者相约去附近城镇卡拉OK室，唱唱流行歌曲，有的顺便还打打游戏机。

2002年后，有线电视（共用天线）开始铺设到村内，村民能够收看清晰而稳定的电视节目，至2005年全村有线电视全覆盖。2010年，在原清廉漕泾互动电视示范村基础上，村集体为农户出资，订购每年180元的互动电视增值业务，对全村电视网络进行升级改造，实现全村光纤入户，村民可免费体验220兆华数光纤云宽带两年，村民看上了数字电视。2021年，全村有线电视用户达600余户。看电视条件好了，可近年来村民看电视的兴趣却趋淡。

看电视

六、文体活动多元化

乡村文化建设。1999年，拆除危房大礼堂，原址改建为村办公房，大会议室兼作村文化中心（后改名文化礼堂）。2001年，沈建伟家庭成为农村文化示范户，硬件设施由上级资助，村里负责日常经费，文化站负责送科技文化下乡。后又有张锦标家庭、范德良家庭两户标识为文化示范户。

2010年前后，村里建起文体健身苑，组织村民成立业余文体组织，建立非遗文化传承项目，电脑、手机开始在村内普及，村民上网、看博客、刷视频、加QQ、连微信、玩抖音……

2014年后，村里共投资45万元，先后建起文化广场，包括儿童乐园、健身苑、清廉苑、伯鸿乡村书房、运动场、露天舞台、宣传长廊等配套设施，这些成为村里新的文化设施。稍后修筑五人制足球场和200米的健康绿道。

2015年11月，村里设文化建设专职管理员，驻村工作，时属高桥镇文化站管辖，漕泾村首任文管员为周惠丽，第二任文管员钟晨滟自2020年8月驻村。专职文管员在村两委领导下，在结合境内实情扎实开展文化基础设施建设的同时，还组织起文艺表演队，比如漕泾村广场舞表演队，由19人组成，参与广场舞比赛，节目《瑶族情歌》还获了奖。第三届中秋民俗展示活动中，漕泾村派出人马参与展演。2016年年底，漕泾村在村中举行首届"村晚"（迎春晚会），后每年一届。2017年村内文化礼堂获评市三星级。2021年9月，连获高桥街道第六届稻草人精品赛金奖、第四届一村一韵才艺大赛金奖。同年12月小品《忆桑梓》获桐乡市第一届村社"三团三社"建设成果展示银奖。2021年8月，高桥街道在漕泾村文化礼堂举办《老兵永远跟党走》文艺演出。是年,漕泾文化礼堂获嘉兴市级"四星级农村文化礼堂"。

2021年,村办公大楼落成,文化礼堂搬进新大楼内,内设阶梯报告厅、宣教室、培训室、乐器室、健身房、图书阅览室等,配套创建高档次的"红忆馆",文化条件日趋完善,文化生活日趋多元化。

第二节 文化遗产

文化遗产,分为物质文化遗产与非物质文化遗产两大类。物质文化遗产,又称"有形文化遗产",包括历史文物、历史建筑、人类文化遗址;非物质文化遗产,包括曾经流行于一时一地的语言表达、表演艺术、社会实践、仪式、节庆活动等,以及有关自然界和宇宙的知识和实践,还有传统手工艺等。村内文化遗产,无论是物质性的,还是非物质性的,均十分丰富。此处仅列遗迹、遗址、音乐、舞蹈与美术等。

漕泾村非物质文化遗产2008年普查线索汇总表

民间文学	民间音乐	民间手工技艺	生产商贸习俗	消费习俗	礼仪	岁时节令	民间信仰	游戏传统体育	传统医药
21	1	10	3	3	28	10	11	1	13

一、遗迹和遗址

圣帝殿

圣帝殿在全国有多处,因殿内供奉着"南岳司天昭圣帝"而得名。境内圣帝殿在村域西南方向的洛塘河北岸,殿内供奉的是三皇五帝时代的夏官火正(官名,后改为大司马)火神祝融(永远光明之意)。何时修筑,已无考。1964年前,建筑尚在,内供奉菩萨多尊,稍后被毁。本地信众一直信奉并祭祀圣帝祝融,圣帝殿至今仍是本地民间宗教活动场所之一。

圣帝殿图

余宝庵

原在塔石桥北桥堍北面,毁于"文化大革命"初期,现剩一块白地。原庵有多间庵堂，庵前有石塔一座。县志记载，清代道光丁酉年（1837），石塔突然坍塌了。后塔石用来建造塔石桥。为弥补庵里缺少镇庵之物的缺憾，人们筹资买玉石，另筑一尊大型玉石

余宝庵手绘与实图

龟，有陆姓老年村民曾见过这尊玉石龟。"文化大革命"前，余宝庵还有3间平房。现在陆家浜对岸民间集资新建4间平屋。

张家门旗杆石

张家门因明代张玙家族而得名。张家数代得功名，清时又稍有复兴，传说其家有人再中武状元，但尚无史料可证。20世纪50年代，张家门村坊尚有三对旗杆及旗杆石。

查坟

嘉庆八年（1803）四月，海宁袁花查懋（当代武侠小说大师金庸七世祖，经营盐业，亦精史学）之柩与汪恭人、刘恭人合葬于境内查坟前一带，后子查世倓（乾隆年间解元，官至刑部郎中）、曾孙查绍镤（道光二十六年举人）、玄孙查宸华等人亦葬于此。坟址周边河道尚在。

九弯兜（西九曲）

500年来，一直盛传吕希周"直塘改作九弯兜"，但一般人认为弯兜是在崇德县改的，以抵御倭寇。其实，吕希周在崇德县城仅进行过"直塘改弯兜"，"直塘改作九弯兜"是在老家北阳桥、查坟前、大木桥一带进行的，这里是吕希周家族祖坟所在地。吕希周《东汇诗集》多处提及"九曲"。近年，里人陈国强反复走访和踏寻，发现此处河道确有九个"弯兜"，正是因为这"九弯兜"的好风水，清代袁花望族查家后来才看中这里而建"查坟"，坟前村庄渐由多部史书记载的"吕家里"更名为"查坟前"，一直称呼至今。"九弯兜"具体为：南沙渚塘往南转向洛水港为第一弯，再往南200米左右有一个三岔口为第二弯；接着南行80米左右，河道转向西，系第三弯；西行约100米，分岔出一条往北河港，属第四弯；继续往西二十余米处有长生桥（桥塊遗迹尚存），再往西六十米左右，河道折向南，成第五弯；约五十米后折向东，为第六弯；约二十米处出现第七弯；河道折向南，南行约五十米又转往东，出现第八弯；往东河道逐渐变宽，中有一个十余平方米的小土墩，或是

当年查家修筑坟墓时取土所致，再往东约三十米，河道又变窄，继续约八十米，一个九十度转弯后南去，出现第九个弯兜。有趣的是，"九曲"河道将一块陆地分割成一大一小、一南一北两个方块，空中俯瞰俨然一个大大的"吕"字！

牌坊

又名牌楼，是中华特色建筑之一，是封建社会为表彰功勋、科第、德政以及忠孝节义所立的建筑物，为门洞式纪念性建筑物。明代张家门有一座牌坊，叫"应魁坊"，是为表彰张玘曾祖父张俊所立，还有旗杆石。而原崇德县治，有一座牌坊叫秋官坊，"为刑部主事张玘立，在书院巷口"，至今五百年仍存，已列为桐乡市文保单位。

牌坊

马路

境内早有"马路"，且有东西"马路"之分。西马路，南起洛塘口"接官亭"，北达塔石桥，长约2里，宽2米，传说此马路专为某朝廷大官（人名无考）往返官署与故里之间而修筑，两头均有上（下）马石和旗杆石，其中旗杆石后为漕泾所造第一个机埠移用。东马路，从塘河边的新庙开始，北行至墙门头，约1.5里长。附近百姓称这两段道路为马路，传习至今。

接官亭

地点在洛塘北岸的村域西南角，漕泾港南出塘口边南阳桥西侧。据传，境内曾有人科举入仕，成为品阶较高的朝廷命官，此人又是大孝子，时常要归里探视高堂，故特地于洛塘北岸修建了一座六角木亭子，以方便在此进行车船换乘。"接官亭"与"马路头"属于配套设施。有老人说，几十年前此亭还在，呈六角型尖顶，六根木桩，六面通透，后被县里财政局拆去，现为一片田地。

接官亭

马家木桥

原桥为五孔木桥，跨漕泾港，河中有四对斜着的支撑木桩，中孔略大，桥面为五对横向圆木，上面密布着众多的纵向木条，木条之间镂空。据传，此桥系几户马姓人家捐资建造，年代不详。后河道拓宽时拆除，改建为水泥桥。

马家木桥

南阳桥

原桥为双条石横梁平桥,单孔,跨漕泾港最南端出口,系洛塘北岸的塘路连接线。此桥与北面三四公里的北阳桥相对应,年代不详,20世纪80年代改造为双曲拱形混凝土机耕桥,目前呈废弃状态。当年的石桥柱石等仍垫在机耕桥的桥基下,半副桥柱联依稀可见:扬帆东去达斜川。

南阳桥

南庄桥

跨东西向南庄桥港的双排石梁平桥,三孔,南北桥堍各有三级石台阶,建造年代不详,后改为水泥平桥。河中间的两座石柱上有桥联一副:西去漕泾接沙渚,南往斜塘连洛水。

南庄桥

老塔石桥

三孔老石桥,跨陆家浜,属于桐乡市文保单位。桥面总长不超过10米,由两块长条石梁并排建成,宽不足1米;桥两端没有台阶,与浜岸直接相连。桥下有2个竖壁形桥柱,每个桥柱由两块长条石并排构成,上垫1块桥系梁,两头伸出桥面约0.2米,下垫多块系梁石。此桥建于清道光年间,与许多桥一样刻有"里人公助"字样。据传,塔石桥北端,原来有一座余宝庵,庵里曾耸立着一座高大石塔。村庄里人口繁衍,浜北人家早已分迁浜南,多年来村民们一直苦于浜南浜北交通不便。后庵里石塔坍塌,石料正好被村民们用作桥石,造起这座小石桥。

老塔石桥

南庄桥与沈姓及沈墙门、亭子漾、毛家园

南庄桥自然村有个小地名叫沈墙门,20世纪60年代平整土地时还发现了地下的石块墙基,据传是沈家从乌镇迁来这里的第一位老祖宗所建的庄园遗址。当时庄园规模较大,沈墙门和河南角两个地块都是当时庄园的旧址,占地约十亩。沈墙门后有三进高房,厅堂高大气派,四面高墙围起,墙内靠右边是花园,园中有鱼池、假山、亭阁、回廊,有苏式私人花园的风格。因为园中亭子建在西北角,从亭中望出去是墙外的十字大漾潭,便称此潭为亭子漾,这个地名亦流传至今。漕泾沈家从乌镇北庄桥迁来,所以此处称为南庄桥。沈家迁来时,此地东北角已住着一户毛姓人

家，也有一座花园住宅。不过毛家人是做蚕丝生意的。隔了三年，毛家人因为生意原因迁往洲泉去了，这里只留下一个园子，后人称为毛家园。（沈关庆记述）

大水路

现今大水路是一村坊名，但早年此处确有一处奇特水道，水道属于人工开挖，何时何人组织开挖，目前无考。水道的奇特之处在于：由别处2条河浜延伸至村坊南面，突然环形360度旋转起来，所挖河道泥土，堆在环形水道的中间，形似孤岛，且远远高出周边地面二三米以上。这一环形水道中央的高墩，为何而建始终无人知晓。20世纪60年代，该地仍留有原始地貌。（孙利金口述）

新庙

原址在南阳桥西侧，三间平房做庙宇，祭祀哪位神仙菩萨或历史人物已不得而知，何年所建亦无考。估计因重建过而习称新庙。1948年，新庙房舍被毁。

吕氏西庄园

明代中叶，吕希周家族的庄园有东西两处，东庄园在洛水港东侧，西庄园在祖宅地。两座山庄均恢宏硕大，至今还有民间传说其"南门淘米霸鱼桥，北门汰脚众圣堂""南面吃水断河头，北面吃水东升塘"，虽有夸张之嫌，但吕希周的多首诗词却明确描述：西园山庄（祖宅），内设明农草堂和后乐园，挖有南湖，筑有南山，还有设宴款待友人并举办歌舞活动的"桥南宅第"。显然，西庄园已涵盖今天北阳桥、查坟前一带，甚至更广大。因为"楼阁翼云开"，庄园东北角有了至今仍在使用的地名——楼下角。可惜，时过境迁，山庄已无踪。

新庙

二、建筑与美术

民间土灶头和灶头画

境内农家灶头，形制最常见的是三眼灶，形似六角花篮，故称"花篮灶"。由灶脚、灶身、灶台、灶肚、灶山、灶君堂（神龛）、灶尘板等组成。打造灶头，灶身的料多为农家自制泥砖，一般雇请本地打灶师傅打造。

有灶必有画。灶头画，一般由打灶师傅自己绘成，从灶山、灶箱到灶身、灶脚，绘制神仙佛像、历史故事、山水风景、飞

土灶

禽走兽、植物花果、吉祥文字、线条纹样等七类画，画多至10余幅，少则5幅，大小不等，形状不等，错落有致。画中文字大多为五谷丰登、六畜兴旺、喜庆有余、桃李满天下等，用来装饰、美化灶头，表达农家的美好愿望。原先，民间灶匠所绘灶头画，因为缺乏彩色颜料，仅以黑白两色为主，颜料往往就地取材，如烧过饭菜的铁锅外面会产生一层薄薄的深黑色灰粉，农家称"镬煤"，用刀刮下来后，用清水调匀，就能形成黑色的液体，作为绘画颜料。后来，出现水彩颜料，灶画才渐有色彩。绘画工艺主要有依灶绘画、酒调颜料、湿壁作画等。

稻草玩偶

本地农人在千百年来的水稻、小麦、油菜、蚕豆、蚕桑等种植中，早就学会就地取材，因地制宜地编织各种生产生活器具，包括颇为美观的稻草玩偶，而且师带徒，代代相传，境内至今仍有多位编织高手。近些年来，街道和村里为了庆祝农民丰收，多次开编大型田间稻草玩偶，并经沈关庆等乡贤老师的妙笔点化，栩栩如生，活灵活现，其中既有憨态可掬的小动物，又有生机勃发的瓜果菜蔬，兼有美术工艺价值和点缀大地价值，深受村民群众喜爱。

三、戏曲与音乐、舞蹈

花鼓戏

花鼓戏系外地人所演，常在农民采摘桃李花果时演出，故俗名为花果戏。因其题材来源于农村生活，剧情简洁明快，曲调活泼流畅，用方言演唱，具有浓郁地方特色，深受农民尤其是村妇们喜爱，但清末民国时曾被禁演。1952年，部分老艺人重组花鼓戏小组，农闲时演出于马家木桥、塔石桥等处。配乐乐器有二胡、板胡、月琴、三弦、鼓板等。传统剧目有《还披风》《庵堂相会》《卖草囤》《秋香送茶》《红玉》《陆雅臣卖娘子》《尼姑庵里卖皁药》《磨豆腐》等，大多以当地居民津津乐道的传闻旧事为原型改编。

鼓吹乐

鼓吹乐是旧时嫁娶丧礼或者庙会迎灯中运用的乐曲。漕泾一带，有专门从事婚丧奏乐的人员，俗称"乐人师傅"，如从前有朱永千（吹奏手），现有吕志杰（道士）、沈杰（婚庆师）。他们往往代代相传，一般4至5人结成一群，其中技艺最高的领头人称作"掌礼先生"。鼓吹乐曲都比较短小灵活，往往反复演奏，所用乐器有竹笛、唢呐等，加上鼓、锣等二三件打击乐器。婚典乐曲有《开门曲》《轿前红》《浪柳园》等；丧事乐曲有《苦黄连》《工尺一四合》《敬仙廷弦河》等。现在多用钢管乐器。无论婚丧，演奏曲目多为现代流行音乐和流行歌曲。

宗教音乐舞蹈

这是古老宗教文化的遗存，本地曾流行，现存少量仪式，并已简化。"念佛""点树灯""拜忏""做焰口""蹿花"等，包含民间音乐舞蹈元素。

串树灯：过去，办丧事人家请来和尚做法事时，晚间由和尚在厢房中央放置一座树灯。树干圆柱上有48个小方孔，插入"树枝"，每枝上各点一盏药师灯。表演时，和尚唱着小调，用法器和乐器伴奏，移步换位，绕灯边唱边舞。现改为电子音乐电子灯。

步罡踏斗：本地曾广为流传的道教设坛建醮做法事的形式之一，意在礼拜星宿，召遣神灵。表演时，道士执剑踏步慢舞，有规律地"踏星斗，走太极"，伴以乐器演奏。

蹿花：也叫五梅花，是佛道都有的出殡前必演的宗教舞蹈，舞者均为和尚、道士、阴阳先生（俗家道士），8人左右，有"文场""武场"之分，文场是表演人操一件丝竹乐器，吹奏江南丝竹，边走边舞，表演各种各样的小幅度舞蹈动作；武场是表演人各执一件打击乐器，由掌锣者为领舞人，边敲边连蹦带跳，做翻跟斗、豁虎跳、走矮子步等戏曲动作。近年似已完全复演，但乐舞简化，文武融合，舞者边吹打边起舞，边转身边变幻队形，节奏亦渐趋紧促，高潮一到，戛然而止。

飞钹舞：僧侣做法事末尾的一种宗教祭祀性舞蹈，5人表演，其中1人领头，手拿大钹，其余均拿小钹。5人边敲钹边做各种舞姿，穿插跳跃，舞到高潮时做"飞钹"动作，有"单飞""双飞""高飞""中飞""低飞"等，难度大。双人飞钹时，其余3人旁敲小钹，以壮声势。此舞现已少见。

抢冷羹饭：此舞迷信色彩较重，现已消失。五人表演，分别饰送夜头、白无常、黑无常、老头子、无常嫂。表演开始时，送夜头手端米筛上场，白无常和黑无常跟着出场。送夜头利用米筛中的羹饭做诱饵，时而高举，时而摇晃，时而旋转，做不同造型，吸引黑、白无常前来抢羹饭。他们一起表演"之"字形、走花阵等队形，饰老头子和无常嫂的演员在中间穿插。舞时敲钹伴奏。

灯舞：传说挂灯舞能辟邪。舞者均为道士，身着道袍，脚穿高跟木鞋，边走边舞，并不时变幻队形动作，场面非常宏大。其中，部分舞者手臂必须挂2至4只灯。

滚灯

滚灯用12根竹篾扎成球体（大的直径115厘米，小的95厘米左右），球的中心又装一小球，有红、黑之分。红心球称"文灯"，重20来斤；黑心球称"武灯"，最重可达60余斤。凡拿黑心灯出来的，旁人可以抢夺。每年元宵灯会，各村各户聚会游行，那些自恃武功底子好，又人多力强的村坊便做起黑心灯。表演者挥舞自如，犹如火轮旋转，且配以锣鼓急急风、七字锣和走马锣等，气势恢宏。滚灯舞蹈由9套27个动作组成，结尾必定"开荷花"。

经蚕肚肠

蚕农婚俗中的民间舞蹈，"经蚕肚肠"即缫丝之意。旧时，新郎新娘婚后第二天，必须举行一次模拟缫丝的歌舞活动，以祝福新郎新娘将来养蚕丰收，缫丝织绸。表演时，厢屋中4只靠背八仙椅围成一圈，由喜娘取来一团染红的丝线，线头捆在木椅靠背上，然后由喜娘牵着红丝线绕椅盘旋，手扯丝线，边舞边唱，新娘新郎右手扶线，依次尾随其后。

荡湖船

歌舞结合的民间舞蹈。表演前，将走马锣反复敲打，以招引观众。表演时，3位演员根据荡船节奏吟唱杨柳青调。所用歌词一般由乡间文人编写，亦有表演者自行创作的。演唱时配有3—4人演奏丝竹乐伴奏。乐手们把琴用带子系托在腰带上，跟随湖船行进，反复吟唱数遍后，敲打锣鼓。主要动作有踏步前行、左踏横行、解缆绳、进退步等。之后，荡湖船演化为水上"踏白船"，也有用竹篾仿制成船形道具，在陆地上模仿水中动作表演的。

马灯舞

从前元宵节为出灯日，要进行持续半月的夜晚表演。马灯舞可于庙会上表演，亦可应邀在人家道地上表演。小规模为8个男人扮马，8个女人（男扮女）持花篮，大规模的有数十人，配有十二生肖灯、鲢鱼灯、莲花灯、八角灯等。舞者一刻不停地小步蹲跳，作马奔腾状，有大步、急步、碎步3种，队形多样。用锣鼓伴奏，锣鼓节奏决定速度和步法。

舞狮舞龙

从北方流传到江南的民间舞蹈，舞者多为男子。舞狮一般为3人组合，2人身披狮皮，1人为头，1人为尾，还有1人手拿绣球引逗狮子，另有人在旁边用打击乐器配合表演。舞龙最早用布制（亦有纸制）龙，颜色有青、黄、黑、白几种，人数由龙的节数而定，每人拿住一节，队前有1人拿龙珠，龙随珠舞，以站立行进舞为主，伴有敲锣打鼓，乐队约3至5人。

蚌壳舞

先由人擎旗开道，接着锣鼓演奏，后面就是双人舞蹈或多组双人舞蹈，男角演撒网人，撒开大网，一心想抓住女角扮演的蚌壳精，蚌壳精拼命想钳住网。一旦蚌壳钳住渔网，撒网人便灵活机动地打3个"虎跳"，表示挣脱，于是蚌壳精放下渔网，接着继续行走，轮番表演。

十旗十伞

庙会中的民间舞蹈之一，用彩绸制作10面旗，用竹棒做10顶伞，上面绣有龙凤、八仙过海等图案。男女青年各10人，分别拿旗和伞，另有两人领头，指挥队形变幻。舞蹈有单链条、双链条、蜜蜂叮癞痢等动作。同时有5名乐师，以大锣、小锣、鼓、大钹、小钹等配乐。

打莲湘

打莲湘，有1男1女双人舞的，有4男4女群舞的，也可多至10余人共舞。舞者每人手持一根竹制莲湘棒，竹节两侧挖孔，用铁丝串上数枚铜币，加以固定，棒身裹上彩绸，挥舞时发出"咔嚓"之声，边舞边唱。所唱有杨柳青调、五更调等。

拜香凳

流行于本地庙会和年节的歌舞节目。8名男童，每人双手端一只装饰精巧的特制小方凳，上置七层宝塔或凉亭。男童走各种队形，走一段，行一次礼，在由宗教音乐演化而来的拜香调伴奏下边唱边舞，丝竹音乐旋律优美，唱词一般六句一段，重复吟唱。

第三节 歌谣、越剧、童谣、猜谜语

民歌、越剧、童谣、猜默子（谜语）等，是特具乡土气息的民间文艺表现形式，历史久远，既有传承，又有变异，近来更趋失传。

一、歌谣

本地歌谣为江南民歌的一部分，承吴歌之传统，属小调，具有细腻柔婉、清雅秀丽、含蓄优美等风格，又多用吴地方言俚语来演唱，呈现出轻、低、柔、软、甜、嗲等语音特征。除《茉莉花》《紫竹调》《采茶舞曲》《太湖美》《姑苏风光》《孟姜女》

《四季相思》《九连环》《江南可采莲》《月儿弯弯照九州》等外,下列歌谣仅流行于本地。

习俗歌
(讲唱者郑彩琴 记录者沈新华)

年初一,长辈面前拜个揖。

二月二,吃个萝卜解油腻。

三月三,要吃鲈鱼上河滩。

四月四,搭起硬灶忙做丝。

五月五,家家门前荡菖蒲。

六月六,猫狗众牲澡个浴。

七月七,新麦馄饨真好吃。

八月八,海宁塘上等潮发。

九月九,新白糯米酿桌菊花酒。

十月朝,姐妹相会在今朝。

十一月里正冬至。

大年底,叫化(花)子冻杀一大堆。

上梁书
(12花名,唱书,沈华良提供)

正月梅花是新春,东君起造大高厅;上得宝梁生贵子,贵子及第中头名。
二月梨花白如银,魁星铁斗到门庭;张仙送下麒麟子,观音鼎甲中头名。
三月桃花红喷喷,三阳高照宅门庭;千两黄金非自为,一家和气值千金。
四月蔷薇叶里放,保佐东君看龙蚕;山棚一片梨花白,蚕花廿四喜开颜。
五月石榴花正红,摇落茧子又种田;每亩收成三石八,父慈子孝合家欢。
六月荷花透水鲜,昔日皇子去求仙;修炼山中方七日,世间为官几千年。
七月凤仙满地红,福星高照画堂中;成名一举登科日,父武攀桂步蟾宫。
八月桂花阵阵香,吉日良辰上宝梁;上得宝梁能整齐,取出比罗万里长。
九月菊花是重阳,甘罗十二为丞相;能知过去未来事,太公八十遇文王。
十月芙蓉山阳春,鲁班先师事照应;千秋万代长生乐,人人衣紫佑朝廷。

十一月雪莲开山顶,牛郎配上好织女;七子团圆登科日,儿孙金榜题名时。
十二月蜡梅早迎春,东翁近前呼音端;廿四节时增吉庆,年月日时保平安。

蚕花歌

(歌谣,高长法讲述,朱炳荣整理)

正月过去二月来,三月清明在眼前,清明夜里吃盅酒,一齐同心看好蚕。花花蚕种放在枕头边,隔了三日三夜看格看,乌龙化出万万千。二日二夜眠头眠,三日三夜做二眠,莲松花开提出火,草树花开眠大眠。大眠提得窗头多,一家老小笑呵呵,当家爷爷主意好,打听行情问价钿。连夜开出买叶船,一只开到许村去,一只开到章濮院,难为一点老酒钿,叶船装得满载载,拔起蒿子就开船,顺风顺水摇到桥砣边。毛竹扁担两头尖,你一掮来我一掮,一掮掮到蚕房边。隔了两日看格看,个个通到小脚边,前房后埭全上到,还留三窗小花蚕,上来上去无处上,只好上在灶脚边。歇了三日看格看,好比一个落雪天,茧子采到廿四分,踏丝车摆两边,东边踏出杏哥叫,西边踏出凤凰声,粗丝银丝上斗量,细丝银丝买田庄,低田买到太湖边,高田买到南山脚。

哭七七

(歌谣,陈洪江提供)

头七到来哭哀哀,手拿红被盖上来,风吹红被四角动,好比我郎活转来。
二七到来好思量,思思量量哭一场,月亮里点灯空挂名,小小春梦做一场。
三七到来做道场,诸亲百眷全到场,廿四个和尚团团转,小奴奴打扮去装香。
四七到来奴梳妆,梳妆台上好风光,台上一面青铜镜,只照奴奴不照郎。
五七到来望乡台,望乡台去望一望,望见家中大男小女哭,一心想郎活转来。
六七到来去关魂,关着我夫见阎君,牛头马面两边分,当中独跪我夫郎。
七七到来除白绫,白头白扎白布裙,有心带你三年孝,无心七里就嫁人。
脱落白裙着红裙,咆人替我做媒人,媒人总有媒全谢,比我亲丈夫胜三分。
一路哭来一路行,回头阿公二三声,五十无子无人敬,七十无子断六亲。
一路哭来一路行,回头婆婆二三声,肖怪媳妇心肠硬,只怪你儿寿不长。
一路哭来一路行,回头阿哥二三声,经营账册交给你,要你阿哥来管理。
一路哭来一路行,回头阿嫂二三声,鞋儿台盆交给你,四季衣衫你操心。

一路哭来一路行，回头姑娘二三声，总把钥匙交给你，万事门儿要当心。
一路哭来一路行，回头大妈二三声，小囡打架要劝开，好比南海去烧香。
一路哭来一路行，回头阿囡二三声，为娘嫁到婆家去，做担包子送上门。
一路哭来一路行，儿子阿官二三声，若有见我亲娘面，改名叫声继佰娘。
一路哭来一路行，棺材横头哭二声，不要怪我心肠硬，只怪你自己命不长。

二、越剧

越剧发源于浙江嵊州，发祥于上海，流传于全国，但更受浙沪一带人喜爱。作为浙沪的连接地带，本地拥有众多越剧爱好者乃至"发烧友"。漕泾大队文宣队亦曾排演过越剧折子戏。如今，虽然越剧演出几近绝迹，但本地老年人和广大女性群体中仍有不少人喜欢越剧，通过电视机、收音机收看收听，其中有些还会哼唱几句。

本地民众较为喜爱的越剧曲目主要有《梁山伯与祝英台》《西厢记》《红楼梦》《祥林嫂》《情探》《李娃传》《追鱼》《春香传》《碧玉簪》《孔雀东南飞》《何文秀》《彩楼记》《打金枝》《血手印》《李秀英》等。

三、童谣

童谣是民间歌谣中的一种，是专为儿童作的短诗或歌谣，强调格律和韵脚，通常口头流传。

十二月歌

正月踢毽子，二月放鹞子，三月清明做团子，四月养蚕采茧子，五月端午裹粽子，六月买把花扇子，七月里么吃莲子，八月里么剥瓜子，九月里么造房子，十月里么对帖了，十一月里借顶花轿子，十二月里咪哩叭喇讨娘子。

娘舅，娘舅

娘舅娘舅，趟趟空手。喝酒像漏斗，吃饭像饿狗，吃肉像搬乱砖头；一跤掼到灶门口，爬起来还要抓把油盐豆。

一只麻鸟

一只麻鸟共共飞,飞到外婆拉烟囱里。烟,烟脱三根毛。毛,毛家桥;桥,桥塍塝;塝,土地堂;堂,糖搨饼;饼,饼一张;张,张果老;老,老寿星;星,新娘子;子,猪八戒;戒,街沿石;石,石宝塔。宝塔尖,戳破天,天落雨,地滑塌,滑倒三十六个老阿太。

一个星

一个星,咯楞噔。两个星,挂油瓶。油瓶长,掼过梁。凉伞高,换把刀。刀吭柄,换支秤。秤吭砣,换面锣。锣吭脐,换床被。被吭角,换个小木铎。笃笃笃,笃到杨家北。早晨头,圆子粥。点心头,鱼唠肉。夜够头,蹄子扑塔东坡肉,合家团圆坐一桌。

一箩麦

一箩麦,二箩麦,三箩开始打荞麦,噼噼啪,噼噼啪,认真打来认真拍。荞麦打得多,送你一淘箩,荞麦打得少,明天起个早。

跳皮筋

橡皮筋,脚上绕,绕在脚上跳呀跳。像飞雁,似小鸟,先跳低来后跳高。跳过山,跳过海,跳过祖国台湾岛。见亲人,小同胞,同跳皮筋同欢笑。

小手绢

小手绢,四方方,天天带在我身上。擦擦鼻涕擦擦汗,真是我的好伙伴。

扇子

扇子扇凉风,日日捏手中,若要问我借,要到八月中。

摇篮歌

小宝宝,困觉觉,妈妈来把宝宝摇。摇摇摇,摇摇摇,一摇摇到外婆桥。

摇船摇到外婆桥系列童谣

（一）摇啊摇，摇啊摇，摇到外婆桥，外婆叫吾好宝宝，买个鱼来烧，头弗熟，尾巴焦，外孙吃仔豁虎跳，一跳跳到城隍庙，香炉腊签侪翻到。

（二）摇啊摇，摇啊摇，摇到外婆桥，外婆叫吾好宝宝，买个娃娃（鱼）烧，头弗熟，尾巴焦，刮起尾巴再烧烧，外孙吃到欢淘淘。

（三）摇啊摇，摇到外婆桥，外婆叫我好宝宝。糖一包，果一包，外婆买条鱼来烧。头勿熟，尾巴焦，盛在碗里吱吱叫，吃拉肚里豁虎跳。跳啊跳，一跳跳到卖鱼桥，宝宝乐得哈哈笑。

（四）摇啊摇，摇啊摇，摇到外婆桥，外婆叫我好宝宝。请吃糖，请吃糕，糖啊糕啊，莫吃饱。少吃滋味多，多吃滋味少。

四、猜谜语

境内村民称谜语为"默子"，猜谜语叫"猜默子"，有趣而有益，是农耕时代本地村坊上的人们常玩的游戏，尤其是小朋友们乐此不疲：夏日乘凉、冬夜睡前，或者落雨天，小孩们常缠着大人讲故事，出默子，从中既得到情绪的愉悦，又能够增长见识和启蒙事理。列举若干如下：

红漆马桶黑漆盖，一碰就要碎。（熟柿子）

一双燕子着地飞，早晨出去夜来回。（鞋子）

早嘀笃，夜嘀笃，一夜勿嘀笃，当家娘娘心里放勿落。（门闩）

十个兄弟上高山，八个忙碌两个懒，呼啦呼啦一阵扫，雪花飘飘落下来。（搔头皮）

远看一只红脚桶，日中晌里晒到背脊痛。（太阳）

青葱葱，矮蓬蓬，汰汰毛脚嫁老公。（手工拔秧）

远看一座庙，庙里一个头，两只手在动，两只脚在抖。（脚踏洋机、脚踏缝纫机）

四四方方一座城，城里兵马闹盈盈，两个将军对面坐，勿用刀枪比输赢。（下棋）

他有你没有，地有天没有。（猜字谜：也）

一人一张口，口下生只手。（猜字谜：拿）

当年有一组"默子"涉及外婆,尤感亲切,这就是"外婆版默子",例如:

外婆拉屋里有棵葱,一日到夜摘(拔)三通。(筷筒里的筷子)

外婆拉屋子里一只鸡,来了客人啼三啼(提)。(茶壶)

外婆拉门角落里一棵菜,落起雨来就豁(撑)开。(雨伞)

外婆拉屋门口一根竹竿头,小囡死忽抱牢不肯歇。(甘蔗)

外婆拉屋里有只井,蹲脱去齐头颈。(立桶)

外婆拉屋里有只小抽斗,抽开来侪是和尚头。(火柴)

外婆拉屋里一块白石头,坐坐坐勿嚄,立立立勿嚄。(豆腐)

外婆拉门角落里有根细木头,一到夜来套个箍颅头。(门闩)

外婆拉门前竖牢一只碗,落雨三日三夜落勿满。(鸟巢)

外婆拉廊屋头有只青脚桶,十个强盗抬勿动。(石臼)

外婆拉地里一窝小强盗,个个戴凉帽。(芋艿)

外婆拉屋里两只船,落雨便要开(套鞋)

第四节 体育健身

一、活动概况

长期来,村民体育健身活动以民间体育为主,常常寓于乡土文化、民俗传承、游戏娱乐和生产生活之中,具有群体性、自发性、玩乐性、趣味性、竞技性等特征。民国前,境内主要有打牌、下棋、跳绳、跳竹竿(跳高)、打弹弓(射击)、开战扔泥璞头(投掷)、跳牛皮筋、猫捉老鼠、造房子、斗鸡、戴着柳编帽打仗、飞格子、撒水花、抽陀螺、滚铁环、荡秋千、翻夹纸、踢毽子、翻跟斗、踏高跷、放鹞子、豁虎跳、劈一字、游河、武术、摔跤、举石担(石鼓)、扳手等体育活动。

民国后,始有零星的具有现代体育元素的群众体育活动。如打乒乓球,卸下一扇大门板,架在两只条凳上,或用两只八仙桌拼在一起,中间放一排砖或者一个门闩隔开,用自制的带手柄的木板作为乒乓球拍;在空白场地上,竖起一只(半副)自制木质篮球架,晴天时三五村民聚在一起投篮球。20世纪70年代后,漕泾大队学校有了较为正规的篮球架、乒乓台,除学生外,亦吸引附近中青年村民前来打球。

近些年来,体育锻炼意识更强,村民常利用早晚时间在村道走走路,绿道上跑跑步,到文化广场上做佳木斯健身操,跳跳广场舞,打打太极拳,打打球;还有的在老年活动中心下下棋，打打牌。有时村里还组织适合村民群众实际的体育小比赛，如篮球赛、棋牌会等。在桐乡市"运动家"智慧体育社区挑战赛中，漕泾村获得铜奖。2018年4月14日，漕泾村举办首届乒乓球比赛。2019年6月14日，漕泾村开展"红色领跑，健康生活"暨全民健身活动。是年，获得桐乡市小康型老年体育示范村荣誉称号和开发区（高桥街道）首届全民运动会铜奖。

二、项目选介

拔河

系双方各执绳一端进行角力的体育活动。人数可多可少，但双方必须人数、男女数或体重相等，方可比赛输赢。活动在足够大的平地上开展，双方各有指挥长乃至加油队，不仅要齐心协力，还得讲究技巧和战略。裁判一令下，开始用力，当绳中标识超越某方起拔线时，吹哨中止，当场宣布某方为胜。一般要交换场地，实行三局两胜制。本项目延续至今。

摔跤

俗称"搏跤"，类似于当今的自由式摔跤，比试体能和技巧。在旁观者见证下，双方可以手足并用，用抱头、抱颈、抱躯干、抱上下肢、缠腿、勾足、挑腿等动作，先将对方摔倒的为胜。

举石担（石鼓）

一种举重运动。石担为两块等重石盘，穿孔固定在棍棒两端，一般取用现成的磨盘或柱磉石。每担重量可任意确定。有举和舞两种运动方法，举法有单手或双手的抓举、推举、挺举；舞法有扯旗、腰花、背箭、头花和颈花等。

吊环

意在训练手臂力量和技巧，多为男性中青年参与。将麻绳皮条系于木架、树枝或梁柱上，表演者单手或双手执皮条，握于手掌中或绕缠于手臂上，身躯吊悬在空中，做各种升降、倒转、支撑及各式水平动作。亦有在麻绳皮条下端拴圆环的，如今归入体操项目。

豁虎跳、腾空翻

一种类似虎跳的武术动作。人体先直立，伸直双臂，快速地向身体的侧面翻转360度，中途双手可落地支撑一下；连着这样侧翻，看能连续翻几个，多者赢。此外，假如是向身体的前面做类似动作，且中途双手不落地，属于腾空翻，叫跮跟斗；假如是向身体后方做类别动作，也不着地的，则叫翻倒卯儿，统称腾空翻。

劈一字

是亦叫一字马或者劈叉，两条腿前后分的叫竖叉，左右分的叫横叉，最终状态是两腿摆成一字形，犹如当下的瑜伽动作，有拉伸筋骨、锻炼身体之功效。

跳房子

亦叫跳格，先用一支粉笔或一块瓦片在平坦场地上画一个格子，形状多样，再在距离第一格适当位置处，画一条起跳线，同时准备布沙袋一只或小瓦片一张（最好每人自备），每人按顺序轮流把沙包或瓦片扔到指定地点。然后，游戏比赛正式开始。玩法有许多，以跳梅花房为例，玩法如下：一是站在起跳处，设法丢小石块进第1格，丢进才有资格开始跳；二是单脚（另一脚弯起）跳进第2格，然后依格子数一直单脚跳到最后的终点，若另一只脚落地、脚压线越界等则算违反规则，不能再跳，等下一轮时从停跳处续跳；三是以单脚跳方式由终点再依序往回跳；四是跳回到第2格时，弯身捡起第1格的小石块，依序跳回起点；五是再将小石块丢向数字2的格子，丢进了就反复第一次动作，若没丢准或犯规就换下一个人玩，以此类推，从近及远，依次向前；六是等全部格子跳完后，就有权利盖房子了，即背向把碎石片掷入任何一个空格内，该房子即属于你，写上自己的名字或代号后，其他人在跳跃前进时就必须跳过此格，不可落脚在你的房内，而东家却可以在自己房内两脚并立，休息一会儿再跳。全部房子都被盖完时，拥有最多房子的人算是大赢家。

跳房子

踢毽子

又叫"打鸡"，源于古代"蹴鞠"，少年、女子偏好这项运动。毽子分为鸡毛毽、皮毛毽、纸条毽、绒线毽等。踢法主要有"盘、蹦、拐、磕、抹、背（音'杯'）、勾、踏"等8种。规则简单，只要连续踢空不落地，都算数，越多越好。还有花样踢法，以肩、背、胸、腹、头与两脚配合，做出各种姿势，使毽子经久不落地，缠身绕腿、翻转自如；既可个体独踢，也可集体群踢。踢毽子时通过抬腿、跳跃、屈体、转身等运动，使身体各部分都能得到很好的锻炼，有效地提高关节的柔韧性和身体灵活性，增强血液循环和新陈代谢。踢毽子还可健脑，并能使精神高度集中，增强反应能力。

跳皮筋

是一种在两脚交替跑跳中完成各种动作的全身运动，具有经济、简便、趣味性强等特点。皮筋是用橡胶制成的弹性细绳，长3米左右。皮筋被牵直固定在两杆底部或两人脚部，游戏者来回踏跳；可三五人一起玩，亦可分组比赛，由两人各拿一端把皮筋抻长，其他人轮流跳，按规定动作，完成者为胜，中途跳错或没勾好皮筋时，就换另一人跳。皮筋高度从脚踝处开始，不断上升，到膝盖，到腰，到胸，到肩头，再到耳朵、头顶，难度越来越大，跳者不许用手钩，还可边跳边唱自编的有一定节奏的歌谣。跳皮筋有挑、勾、踩、跨、摆、碰、绕、掏、压、踢等10余种腿部基本动作，同时还可组合跳出若干个花样来。

跳绳

是一人或众人在一根环摆的绳中做各种跳跃动作的体能运动，冬季最适宜，绳子早先用稻草或麻皮纺织而成，有单人跳、双人跳、多人跳等。单人跳用短绳，双手各捏住绳子一头，旋转成圈，绳过脚下时身体向前或向后腾跳，若绳子被头部或脚部缠住，即中止，计数绳圈转动次数多少。高手身体腾跃一次，绳子能甩两三圈。若有规定的比赛时间，中途暂停后可再跳，直至无力甩跳为止。多人跳使用长绳，习称跳长绳，绳子专门由两人拉开距离甩成圈，跳者依次进出绳圈，被绳缠住不能跳或无力再跳者先淘汰，亦可众人一起跳。双人跳，一人握一端绳，或一人握两端，二人同时跳跃，花式繁多。此项运动如今在学校里仍在延续，但绳子改用塑料的，且有计数器。

掰手腕

亦叫反手劲，一种手臂、手腕力量比试活动，基本方式为两个人以手相握，以肘部为支点，同时相互用力，直到一方难以支撑，手被掰倒为止。

第十三章　教育事业

20世纪60—80年代前期，骑塘乡教育曾经是桐乡县乡村教育的先进典型，漕泾学校在张宝堂、张宏良等人先后带领下，教育秩序良好，教学质量上乘，是典型中的典型。当年桐乡县教育局机关干部下基层的蹲点单位就在漕泾大队。

第一节　私塾教育

清以前，村内仅有少数大家族办有私塾，教授家庭内子孙和亲戚子女识字计数，学习儒家思想和中华传统文化。在此基础上，经童试录取后，学生可进入县学以上的官学机构读书，以备参加高一级之考试，谓之"进学""入学"或"入泮"，士子称"庠生""生员"等，俗称"秀才"，向上还有"举人""进士"等科举功名。明代中期，张家门张俊为宣德四年（1429）己酉科举人，孙子张䎂为成化年间监生，曾孙张玘为正德八年（1513）癸酉科举人、正德十二年（1517）丁丑科进士，张玘长子张尧臣为嘉靖十一年（1532）岁贡生；吕希周为正德十年（1515）秀才、嘉靖四年（1525）乙酉科举人、嘉靖五年（1526）丙戌科进士，其吕氏家族科举有名者众多。

民国初期，境内私塾有马家木桥私塾（塾师无考）、张家埭私塾（塾师名唤如忠先生，姓不详）等。之后，私塾逐渐被小学堂所代替。

1937年11月后，村境沦陷，日伪骚扰，学校停办，有教员在家或应聘开办家塾，如忠先生在张家埭办过一段时间的私塾，龙游人项鹤松在马家木桥也开办过一段时间的私塾。

第二节　幼儿教育

1949年前，境内无正规学前教育，幼儿教育仅限于家庭之内。直到1958年人民公社化运动时，大批妇女走上生产第一线，境内有个别生产小队办了季节性托儿所、幼儿班，但三年经济困难时期停办。

1980年4月，大队在马家木桥下伸店旁边的2间空房里正式创办全日制幼儿班1个，附近约40名幼儿入园，第一任幼儿教师是陆玉芬。随后，大队在大水路1间公房内又开办了大水路幼儿班1个，招收张家埭、大水路、吕家木桥、大天井、孙家埭等地幼儿20人左右，第一任幼儿教师是顾文仙，后幼儿班规模逐渐扩大。

1992年前后，村幼儿园开始分设大班、小班两个年级，教室与小学合在一起。2006年9月，本村幼儿班全部并入骑塘中心幼儿园。在此期间，张瑞仙、苏金佩、苏凤仙、沈国芬、沈云仙、吕小萍、李少敏等人先后加入幼师队伍。

起初，村幼儿园教育工作受村两委和骑塘乡妇联领导，保教业务由中心幼儿园代为处理。因为与村学校联系密切，村幼儿教师长期接受村小负责教师具体管理。1998年，村幼儿园管理权限正式划归教育部门，与镇妇联和村妇代会脱钩，接受中心幼儿园领导，直至村幼儿班裁撤。

第三节　小学教育

1930年前后，张希堂（或云张希唐，东阳人）在境内开办崇德县第四区立初级小学，并任校长兼教员，确切校址无考。此前有无他校，尚不得知。

1937年前，境内有2所初级小学：一所在张家门，名为区立潮泾港初级小学，张希堂任校长兼教员；另一所在大水路，名为区立大水路初级小学，王家栋任校长兼教员。

1937年11月，境内沦陷，日伪骚扰，学校停办。1939年后，学校始有恢复，境内学生上学一般前往本地学校，如骑塘乡第二保小学校，张希堂任校长兼教员，有1个复式班。1940年2月后，张希堂入高桥乡中心国民学校任教员，接任者不明；又如崇德县梵山区第一流动施教团（后改为骑塘乡第四保小学校，1947年后曾并入智义板桥第五保国民小学校），地址在斗富兜，先后有吕在廷女儿吕月芬（1946年春曾因吕月芬赴沪生产而停办）和沈琪等主持并任教。

1943年5月，骑塘乡第三保小学校开办，校址在马家木桥，陈启担任校长兼教员，1944年3月王家栋接任，有一个班有40人，施教范围是当时的骑塘乡第一、第二保。

1945年10月，骑塘乡第三保小学校更名为骑塘乡第三保国民学校，校长为王家栋，项鹤松为教员。国民学校不仅招收全日制小学生，还利用农闲时光受命开办成人识字班、妇女扫盲班等，参与其他一些松散的乡村社会教育事务。

1946年上半年，已是崇德县参议员的村民朱麟生（苏）、张振康和同为县参议员的骑塘桥人陈亚英等成立筹建委员会，参与筹建骑塘乡中心小学。

1946年8月，骑塘乡第三保国民学校改名为漕泾港国民学校（漕泾港初级小学），1947年春改名为梵山乡第12保国民学校，校长项鹤松兼教员，张嘉成（张驾顺，国医）为学校校董。1947年下半年，学校复名为漕泾港国民学校，校址所在改名为梵山乡第一保。与此同时，肇昌乡落驾木桥人张宝堂进校，接任校长兼教员，直到1949年。其中，在1948年4月的一次崇德县教育视导中，漕泾港国民学校被评为甲等学校（全县甲等学校数量很少）。

抗战末期至1949年间，境内教育先后接受骑塘乡中心国民学校和梵山乡中心国民学校骑塘桥分部的业务辅导，以及崇德县政府的教育巡视与督查，教育督学有张宝瑚、锹勤源等人。此外，境内校长需参加骑塘乡教育会。这期间，境内有学生到村外如斜桥、骑塘桥、崇德县城、长安镇等地就读小学。

1949年5月，村域解放。漕泾港国民学校改名为漕泾港初小，地址在马家木桥，4个年级的学生共同组成一个复式班，张宝堂担任校长兼教师，借用富户张云魁家民房上课，教室朝北。

1950年3月，漕泾港初小在大水路借用云松家3间空房子创办分部，一间作办公室，两间合成一间教室，公办教师张珏英从留良调来任教。靠近斗富兜的村坊里的学龄儿童前往斗富兜初小读书。

1955年前后，余宝庵内开办学校，老师系杭州人方雪伯。

1957年前后，骑塘乡一联社负责拆除民房，马家木桥原址建造朝南教室一排。

1958年上半年，境内老师有张宝堂、张珏英、陆旅祥三人。下半年，教育开始"大跃进"，隶属于留良公社五大队的漕泾港小学有学生208人，其中一年级70人，二年级39人，三年级38人，四年级28人，五年级32人；塔石桥办有民办初小，学生33人，其中一年级25人,二年级8人。是年,学校响应国家号召,开展勤工俭学,办起了小农场、小牧场。

1959年1月,漕泾大队学校改为漕泾大队小学(完全小学),开齐六个年级。翌年7月,首届六年级学生约30人毕业。时全校有学生200多人,负责人为张宝堂,教师有张珏英、张罗锡等;大水路分校由张钰英老师一人任教。另有塔石桥初小。

1960年前后,遭遇三年经济困难,许多学生失学回家,大队学校学生规模明显缩小。1962年7月完小毕业班合影中,学生仅有11人。是年,公办小学转为大队民办。1963年9月,吕学良初师毕业后于大队任教。

1965年,国家提倡学校办到家门口。除了漕泾大队小学本部(所在地为马家木桥,老师有张宝堂、蔡文喜、郑仁英等)和大水路分校(老师张钰英)实行全日制教育外,还在吕家木桥、南庄桥、塔石桥、汤家元、大木桥、范家门等村坊开办非全日制耕读小学,上午读书,下午耕作,学生年龄参差不齐,张永年等人成为耕读小学老师。上半年,大队学校有学生133人(含女生26人),其中一年级37人(含女生4人),二年级26人(含女生4人),三年级18人(含女生1人),四年级21人(含女生4人),五年级21人(含女生7人),六年级10人(含女生2人);另有大水路分部51人(含女生12人),其中一年级21人(含女生4人)、二年级21人(含女生6人)、三年级9人(含女生2人)。此外,还有非全日制耕读小学学生101人,分校统计如下:

1965年上半年漕泾大队耕读小学学生人数统计

校名	总计			一年级		二年级		三年级		四年级		五年级	
	小计	男	女	男	女	男	女	男	女	男	女	男	女
马家木桥	25	10	15	2	8	4	1	2	4	0	0	2	2
吕家木桥	16	8	8	8	7	0	1						
大水路	16	5	11	1	6	4	5						
南庄桥	5	0	5	0	3	0	1	0	1				
塔石桥	23	7	16	3	7	1	3	1	6	0	2		
大木桥	8	2	6	2	4	0	2						
汤家元	4	1	3		2				1				
范家门	4	2	2		2				2				
合计	101	35	66	19	37	9	15	3	12	0	2	2	2

1966年5月，"文化大革命"开始，学校正常教学活动中止，校长张宝堂先生受到一定冲击。1966年下半年，学校停课闹革命，1967年下半年"复课闹革命"后，根据"学制要缩短，教育要革命"指示，境内学校全面推行五年一贯制，强调"以阶级斗争为主课"，取消历史、地理、音乐、美术等学科，改设政治、语言、算术、军体等科，注重"学工学农学军"，原文化课教材被视为"封资修"。

1968年下半年，漕泾港学校本部有一年级75人，二年级49人，三年级55人，四年级35人，五年级26人，六年级13人，合计253人，其中女生105人。另外塔石桥有分部，有复式班1个，学生28名，其中女生17人；大水路分校办学情况不详。

1969年前后一段时间，大队成立贫下中农管理学校小组，徐岳堂任贫管组组长，学校具体工作由吕学良老师负责。1969年8月，公办教师张炳铨回队任教，时年秋季学校有学生240人。1970年这一学年，学生增至370人。1971年8月又开办大木桥分校，时年全大队学生增至440人。

学校规模急速扩大，学校办学条件日趋艰难。1970年9月7日，大队打报告，向县政府计划办公室和物资局申请建校所需物资，然后负责原地翻造那排朝南教室，由原来的4间破旧教室改为6间教室。稍后，又在南侧增建朝北房子和朝西房子，其间有大小办公室各一间。校门口朝西，门前有泥操场一个，稍后在靠近校门一侧的操场上铺了一些黄土，建成一个拥有水泥柱子、木质篮板、铁质篮筐篮球架的较为标准的篮球场，不仅师生在球场上上体育课和打球，附近青年农民也经常利用农闲时间在此打球，甚至开展篮球比赛，引来众多村民前来观看。是年，大水路初小张钰瑛老师调走，沈小芬接替工作。

1971—1973年期间，张炳铨老师担任负责教师。1973年秋，张宝堂儿子张宏良担任负责教师，时学生共有291人（含刚创办的初一班学生40余人）。是年初，张永年（1968 1973年服兵役）从部队复员回大队，仍当民办教师。

1974年秋开始，村内学龄儿童入学率连续七年年达到100%。1977年8月，漕泾学校被评为桐乡县抓纲治校先进集体（全县仅16所学校获奖）。

1978年上半年，村内任教于小学的公办老师有冯爱华、张宝堂等人，民办老师有陆宝坤、陆建洲、沈进才、沈小芬、陆建明、沈忠堂、沈彩仙、张宝和、张宏云等。

漕泾大队学校曾长期为公社乃至桐乡县基础教育先进单位。1979年，桐乡县教育局在漕泾学校召开全县普及初等教育现场会。是年前后，大队学校办学规模达到鼎盛。档案显示，1980年这一学年第一学期小学有9个班级，其中复式班2个，学生总数288人,本部一年级31人,二年级31人,三年级甲乙班59人,四年级54人,五年级甲乙班66人,大水路分部32人,塔石桥分部15人,其中有少先队员234人,期末评出"三好学生"51人、"红花少年"67人。

在20世纪70—80年代,落晚大队靠近南侧的村坊,每年有一批学生在漕泾学校读书,所以落晚大队派沈兴波老师前来漕泾任教,报酬由落晚大队支付。

1980年夏,教师张宏良调离大队学校,回老家担任留良公社中心学校校长,从相庄学校调回的张金琦接任负责教师一职。1982年3月,上级部门到大队学校,对6名民办老师进行考核,分出一二三类民办教师。1982年秋,张金琦离职读书,民办教师陆宝坤接任负责教师。

1983年下半年,学校改名为漕泾村小学,时有小学本部一二年级复式班36人,三年级29人,四年级58人,五年级51人,大水路分部一二年级复式班28人,总计学生202人,老师7人。1984年,陆宝坤离职后,公办老师张汇丰担任负责教师。

2005年漕泾村小学撤并前夕,师生在教学楼前合影留念

1984年秋，明确学校由骑塘乡中心小学直接管辖。是年，在普及初等教育（小学五年教育）工作中，漕泾村成为先进集体。

1988年，境内普及九年制义务教育。是年，张金琦从相庄小学调回漕泾小学，再次担任负责教师，直到2005年夏学校撤并。

1989年，骑塘乡人民政府87号文件同意异地新建漕泾小学，建筑面积588.2平方米，投资11万元，其中乡政府补助30%。1990年9月竣工，地处原大队小农场。时年有5个年级，学生共151人，教师7人。

1991年，漕泾村小学获桐乡县校舍日常管理先进单位一等奖。1992年，县政府对漕泾村重视村校改造工作进行表彰。

1995年前后，学校按上级要求，开始全面推进素质教育。

2005年7月，学校撤并，师生并入乡中心小学。

第四节　中学教育

1949年前，境内无中等教育，但有个别富家子弟读初中，需去桐乡县、海宁县和崇德县城的中学就读。1949年后，村内有少量农家子弟前往长安、嘉兴等地中学和崇德、桐乡两县中学读初高中。

1973年秋，张宏良担任大队学校负责教师后，学校办起小学戴帽子二年制初中班，村内始有初中教育。是年秋，初部有初一班1个，40多人。时初中部拥有77平方米教室，旧风琴1架，旧办公桌4个，半新旧书橱4只，棕棚1张。

1975年7月，漕泾学校首届初中生约40人毕业，以大队学校为背景拍摄毕业班师生合影，照片上人员姓名如下。

前排左起：沈顺康、吕明生、李建明、陆初金、沈建林、金伟民、张根松、张虎良、张月良、冯宇速、沈介夫、吕仁良、陆洪林。

中排左起：陈亚娟、沈小媛、张娟、张云仙、范利金、冯玲芬、张汇丰、陆德林、沈芝坤、张宏良、吕学良、陆宝坤、张宝堂、沈小芬、吴育红、冯爱华、沈彩仙。

后排左起：沈祥荣、吴祥金、张永良、张雪林、沈宝金、陆厚康、孙兰庭、苏长年、沈忠堂、陆建明、沈兴波、吕银发、沈进财、沈森良、陈国胜、吕福忠、沈常荣、沈九泉、沈锦发。

1976届大队学校初中毕业师生留念

1978年上半年,村内任教于初中班的公办教师有张宏良、张炳铨、吴育红,民办教师有张金琦、吕学良、沈森良、吕银发、吕锡熙等;下半年开办了初一、初二年级各2个班。当年漕泾大队办的初中,公办教师所占比例较高,负责人张宏良率领全体教师(含小学教师)教书育人,奋发有为,学校教育质量上乘。

1979年秋,初中班改二年制为三年制。漕泾小学戴帽子初中班仅有初一和初二,读初三年级一律集中到公社五七中学,也有个别学生前往斜桥中学、高桥中学等读初三;而此时的戴帽子初中班已明确为公社五七中学的一个教学点,时有3个初中班,共162人,其中女生44人,初一42人,初二甲乙两个班62人,时有教师15人(含小学教师)。

档案显示,1980年这一学年第一学期,大队学校有初中生89人,其中初一52人,初二37人,少先队员85人,期末评出"三好学生"12人、"红花少年"18人。

1980年学校内有民办教师13人(含小学,下同),平均每人每月26元;1981年,有11人,平均每人每月41元;1982年7人,平均每人每月45元,平均每人承包口粮田0.35亩。

1983年秋季，漕泾学校有初中班2个，配备教师5人，孙利金负责数学课，陆建明负责语文课，陈亚娟（代课）负责政治等课，吕锡熙（代课）负责英语等课，沈利兴负责物理等课。

1987年，学校停办初中班后，境内学生读初中一般前往骑塘乡初级中学，个别前往斜桥中学、高桥中学等。

第五节　成人教育

抗战胜利后，漕泾港的骑塘乡第三保国民学校，不仅招收全日制小学生，还利用农闲时光开办成人识字班、妇女扫盲班等，并参与诸如设立问字处、报栏等松散的乡村社会教育事务。

1949年前，境内农民受教育程度极低。据1955年一份民校扫盲教育汇报材料载：一村大水路村坊1949年前只有3人能读会写，其中2人还任过伪职。

20世纪50年代，境内一村和三村（部分）利用冬季农闲时间办起冬学，组织民众扫盲，教员由小学教师和村干部等充任。

1951年起，一村开办的冬学改名为民众学校，坚持常年办学。至1955年，有7人达到高小毕业水平，12人达到初小毕业水平。驻大水路村坊的群益社53个男女正（半）劳动力人口中，37人已能识字写文，13人能识一两百个字，仅3人不识字，该社2名会计、4名记账员都是在民校学成的。起初，民众学校集中办在漕泾学校里，白天小朋友上课，晚上社员上课，夜校里常常灯火通明。后各个生产小队公房里也纷纷办起夜校，一位教师负责辅导多所夜校。

20世纪50—70年代，漕泾大队业余夜校声望较高，中心学校领导和桐乡教育局领导曾多次来漕泾召开业余教育现场会，肯定并推广漕泾大队成人教育的办学成绩和办学经验。1978年上半年，小学公办教师张汇丰开始负责全公社成人教育工作，但办公地点仍在漕泾学校内。

1983年，根据普查资料，12至40周岁共有1318人，其中文盲63人、半文盲54人，初小程度184人，高小程度250人，初中程度678人，高中程度83人，整体文化程度高于全乡乃至全县当时的平均水平。

漕泾大队1983年村民受教育程度普查统计表

年龄分段	文盲	半文盲	初小程度	高小毕业	初中毕业	高中毕业	在校生	合计
12至15岁	0	0	3	61	139	1	80	204
16至25岁	10	2	26	83	335	70	0	526
26至40岁	53	52	155	106	204	12	0	588
合计	63	54	184	250	678	83	80	1318

据统计，1990年，漕泾村2504人中，文化程度大专的2人，中专5人，高中109人，初中671人，小学955人，不识字或识字较少的545人（其中，12周岁以上人群510人，12至14周岁人群1人），另有5周岁以内婴幼儿217人。

1994年，村里设立骑塘乡成人文化技术学校教学点，负责人为陆子洪，老师为张金琦。1996年4月，调整为成人教育领导小组，组长为沈德金，组员陆子洪、范凤仙。

进入21世纪后，漕泾村成人教育演化为全员社区教育，将村民思想政治教育、党员教育、老年教育、青少年校外教育、工农职业培训、民俗文化建设、体育健康活动等融合在一起，开展大文化、大教育，途径、方式日趋多元化。

村境内民国时期学校名称及其负责人名录

校 名	校 长	校 址	档案上的时间	备 注
区立漕泾港初级小学	张希堂	漕泾港	1937年前夕	
区立大水路初级小学	王家栋	大水路	1937年前夕	
骑塘乡第二保校	张希堂		1939年前后	
漕泾港国民学校	陈 启		1943年7月	
三保保校	张希堂		1943年8月 1945年4月26日	张希唐实际已调至高桥乡中心小学,教务王家栋主持工作,不符法规,拟请王家栋为校长
	王家栋		1945年5月7日	关震东任命王家栋为校长
			1945年8月	
骑塘乡第三保国校	王家栋	马家木桥	1945年9月	第一学期恢复办校
			1945年第1学期	42岁,嘉兴人
			1945年11月	
			1946年1月4日	1946年获中心国校级任教员资格(M3-008-145-034)
	项鹤松	漕泾港	1946年2月16日	校董向张树德报告要求高桥中心校归还20张课桌
			1946年10月	27岁,龙游人,1946年3月6日到岗
骑塘乡第一保国校		方田村	1947年	
骑塘乡第二保国校		马家木桥	1946年8月19日	张树德补发任命书,任期1946年2月至7月
			1947年2月	
梵山乡十二保国校			1946年11月19日	学生24(其中女5)人
			1947年9月4日	项鹤松卸任,与留良十八保校陈启对调
漕泾港国民学校	陈 启	漕泾港	1947年10月20日	陈启未到岗,由张宝堂代课
			1947年10月20日	陈启未到岗,由张宝堂代课
			1948年4月2日	陈启未到岗,由张宝堂代课
			1948年5月17日	卸任
	张宝堂		1948年5月17日	接任
			1948年7月7日	
			1949年1月18日	
	陈 启		1949年3月11日	

1978年4月漕泾大队公民办教师名册

序号	姓名	性别	年龄	学历	参加工作年月	职务	任课	月工资（元）	全年补贴（元）	全年工分折扣（元）	身份性质
1	张宏良	男	30	初中	1967	贫管组副组长	初一数学	40.5			公办
2	张炳铨	男	33	普师	1968.9	教师	初一语文	36			公办
3	冯 坚（爱华）	女	32	普师	1968.9	教师	小三语文	36			公办
4	张汇丰	男	34	普师	1968.9	业余教育干部		36			公办
5	吴育红	女	34	普师	1969.2	备课组长	初二语文	36			公办
6	张宝堂	男	57	师范	1947	备课组长	小五算术	52.5			公办
7	陆建洲	男	21	高中	1975.9	教师	小五语文			255.24	民办
8	沈进才	男	35	速师	1970.9	教师	小四语文	26	40.6	271.4	民办
9	张金琦	男	30	高中	1969	教师	初二数学	26	80	232	民办
10	吕学良	男	36	初中	1962.9	教师	初二语文	26	103.66	208.34	民办
11	沈森良	男	31	高中	1968.9	英语备课组长	初中英语	26		323	民办
12	陆宝坤	男	32	初中	1970	贫管组人员	初中政治	26	74.85	237.15	民办
13	吕银法	男	23	高中	1974.9	备课组长	初中理化	25	43.07	256.93	民办
14	沈小芬	女	21	师训	1971.2	教师	低段语数	24	124.8	163.2	民办
15	陆建明	男	20	初中	1973.9	教师	小四语文	25	63	237	民办
16	沈忠堂	男	31	农校	1972.9	教师	小三数学	26	31.65	280.35	民办
17	沈彩仙	女	23	初中	1971.9	教师	低段语数	24	117.9	170.1	民办
18	吕锡熙	男	22	高中	1977.9	教师	初一语文				代课
19	张宝和	男	20	高中	1978.3	教师	小四算术				代课
20	张宏云	男	21	初中	1978.3	教师	低段语数				代课
21	苏金培	女	20	高中	1977.9	教师	初中英语		60	250	代课
22	沈兴波	男	36	小学	1968.9	教师	低段包班	落晚大队派驻，由落晚大队负责支付报酬			
23	孙利金	男	21	当时正就读于社来社去师范			初中物理			翌年310	民办
备注	1970年后，落晚大队靠近漕泾地界的村坊有一批小学生和初中生就读漕泾学校，落晚大队派驻老师1至2人。										

第十四章　卫生保健

卫生保健事业关系人民群众的生老病死。1949年前,境内无较固定的卫生保健工作队伍,更谈不上有像样的卫生保健事业。1949年后,党和政府重视农村卫生队伍建设和卫生事业发展,不仅逐渐解决了乡村缺医少药的状况,而且不断编织起村民群众卫生健康保障网。2017年,漕泾村获评"浙江省卫生村"。

第一节　机构与队伍

1949年前,境内既无专事卫生保健的村级机构,又无固定而持续的卫生事业队伍,仅有零散的私营性质的个别执业中医师,如张嘉顺、陈梅卿等。此外,尚有少量分散在乡村民间、运用土法的挑疹郎中、刮疹人员和接生婆等。

20世纪50年代初,境内各村坊仍只有个别民间土郎中,比较有影响的有汤家元阿海等。附近斜桥、骑塘桥、智义板桥、星石桥、高桥等地已有联合诊所,村民若患病,一般前往这些医疗机构就医。

1954年开始,县里偶尔派血吸虫病专业防治人员到境内指导查灭钉螺,帮助培养不脱产的查灭钉螺人员。1956年开始,由骑塘乡联合诊所派医生到村蹲点,进一步指导查灭钉螺和查治血吸虫病工作,扩大培养不脱产的查螺员队伍。1959年11月后,漕泾始有脱产卫生保健员1人,姓名为张乾山。同时每个小队开始陆续指派1名不脱产保健员,负责查灭钉螺、查治血吸虫病的组织工作和卫生宣传。

1966年,大队卫生保健员半农半医。是年11月,张乾山参加县卫生局开办的半农半医培训班。后大队又指派朱菊花参加培训,后成为境内新法接生员。1969年3月,漕泾大队在马家木桥东侧的平房里建起大队合作医疗站,并配备3名卫生保健员,后又有吕云中、沈利英等人前后加入大队赤脚医生队伍。从此,境内有了正式的集体医疗机构及专业卫生人员。

漕泾大队赤脚医生情况一览表

序 号	姓 名	性 别	所 在	工作机构
1	范凤琦	男	范家门	漕泾合作医疗站
2	王胜林	男	吕家木桥西	漕泾合作医疗站
3	吕福生	男	查坟前	漕泾合作医疗站
4	吕云中	男	查坟前	漕泾合作医疗站
5	沈利英	女	孙家埭	漕泾合作医疗站

1970年后，卫生保健员改称赤脚医生。合作医疗站的创建和赤脚医生队伍的建立，极大方便了农民就近治病。大队赤脚医生报酬为工分制，抵扣所在自然村（生产小队）需承担的务工工分。赤脚医生是农民自己的医生，与农民朝夕相处，开展巡回医疗和门诊、出诊工作，坚持送医、送药、送治疗上门，同时承担着预防接种、查灭钉螺、查治血吸虫病、普及新法接生、宣传卫生防疫知识等任务，如遇"夏收夏种"、"双抢"、"秋收冬种"、平整土地和开挖河道等时机，赤脚医生一定巡回出现在田间地头和工地上。

1983年后，赤脚医生改称乡村医生。此后一段时间，合作医疗筹款困难，乡村医生应得报酬难以保障，合作医疗站运营受到影响，乡村医生处于管理松散、报酬自行解决的无秩序状态。

1989年前后，根据县政府统一要求和骑塘乡部署，漕泾村酝酿恢复、调整和完善村级合作医疗体系。1990年11月，漕泾村启用村级卫生保健站，站址在马家木桥大礼堂东北侧，由卫生院配备1名初级卫生保健专职人员；12月，成立村初级卫生保健领导小组，组长范雪金，副组长沈德金，组员陆子洪、王胜林、陆炳发，翌年调整为组长范雪金，组员沈德金、范凤仙、王胜林，受骑塘乡初级卫生保健委员会（1991年于乡内设立）指导，主要职责是宣传和执行国家的卫生工作方针、政策、法规，完成卫生部门提出的各项初级卫生保健任务，宣传卫生科普知识，动员和指导群众开展以除害灭病为中心的爱国卫生运动，搞好计划免疫和传染病、地方病、寄生虫病的防治，开展食品卫生、劳动卫生、环境卫生等卫生监督和技术指导工作，同步做好优生优育、妇幼保健和计划生育技术指导工作，承担一般疾病的诊断、治疗和转诊护送工作；乡村医生报酬实行基本工资和劳务工资两部分核算的方式，基本工资由乡统一核定，劳务收入（包括挂号费、出诊费、检查费、注射费）

按集体和个人3:7计算分成，年终奖金经乡村两级考核后核定。与此同时，是年12月15日起，乡村医生全部走集体办医之路，不得私自行医。1995年，村初级卫生保健工作纳入乡政府年度工作计划。1997年后，村初级卫生保健领导小组组长沈德金受乡卫生院（乡初级卫生保健委员会并入卫生院）管理。

1999年，漕泾大礼堂成为危房，被拆除，村卫生保健室在大礼堂东北侧单独重建，五间平房占地181平方米，还有宣传橱窗和草坪，组成一个小院子。室内有诊疗室、治疗室、输液室、药房等，备有简易诊疗器械、常用药品。2000年1月1日，全新的漕泾村卫生保健室正式启用，注册资金为8.4万元，沈利英负责。

2002年，在村卫生保健站更名为社区卫生服务站，纳入新型农村合作医疗体系，明确为非营利性医疗机构，隶属于高桥镇骑塘卫生院，人员从通过统一考试的乡村医生中择优录用，实行聘用制，设预防保健科、全科医疗科、内科、中医科、中西医结合科等，担负医疗、预防、保健、康复、健康教育、计划生育、技术指导等职能，以巡诊、门诊为主要服务方式。时有医卫人员3名。

2006年后，村级社区卫生服务站多轮调整过程中，漕泾村社区卫生服务站得以保留，并达到了社区卫生服务规范化运营和一体化管理的各项要求。2007年4月，社区卫生服务站隶属于高桥镇卫生院。2010年前后，服务站曾一度拥有沈利英等4名乡村医生。目前，漕泾社区卫生服务站拥有沈利英（退休返聘人员）、黄功兆两位医卫人员，隶属高桥街道中心卫生院（高桥街道社区卫生服务中心）。

第二节 合作医疗制度与服务

1969年初，在党和政府的重视和支持下，漕泾大队成立医管会，创建队办合作医疗站，开始实施农村合作医疗制度，即每年社员个人出1元，由生产小队会计收缴给生产大队会计，再从生产大队公益金中补助1元，大队负责管理使用；社员去合作医疗站或赤脚医生处看病只收挂号费，所有药品、敷料、注射、针灸等都可享受免费服务，凡需去公社卫生院以上医疗单位就诊治病的，除挂号费、床位费外，门诊费可报销20%，住院费可报销80%。

1970年5月1日开始，漕泾大队合作医疗纳入公社合作医疗体

20世纪70年代村民合作医疗卡

2002—2021年农村合作医疗筹资标准一览表

年 度	筹资标准（元）			年 度	筹资标准（元）		
	个 人	财 政	合 计		个 人	财 政	合 计
2002—2003	20	6	26	2013	200	430	630
2004—2005	25	27	52	2014	260	540	800
2005—2006	37.5	40.5	78	2015	260	540	800
2007	40	85	125	2016	350	750	1100
2008	60	110	170	2017	350	850	1200
2009	80	158	238	2018	430	990	1420
2010	100	200	300	2019	490	1010	1500
2011	135	285	420	2020	560	1070	1630
2012	160	350	510	2021	610	1100	1710

系，大队办合作医疗演化为社办合作医疗。1972年公社成立医管会，对参加合作医疗的社员每人每年补助一元，但其中合作医疗款总额的20%需上缴公社医管会，此后凡是去公社卫生院就诊的可直接报销80%，重病需转上级医院治疗的亦可在公社医管会报销80%的医药费。合作医疗的普及，不但大大方便了农民就近治病，还大大地减轻了农民的医疗负担，特别是减少了农民因病致贫的情况。据1973年12月学校学生家庭调查统计，时年漕泾大队参加此项调查的学生家庭，已有1625人享受到集体合作医疗。

1983年后，合作医疗筹款难度陡增，赤脚医生报酬难以保障，实际上已开始自行经营，自负盈亏；村中停止执行合作医疗报销制度，合作医疗站名存实亡。

1987年起，以乡为单位实行互助医疗保健制度，重点解决住院重病患者的经济负担，境内村民参与率不高。

1991年后，漕泾村开始组织村民以整户方式参加村互助合作医疗，个人每年每人缴纳4元，村里每人每年补贴2元，乡里每人每年补贴1元，经费由村统一保管和使用，村里建立互助合作医疗领导小组，1994年6月改称初级卫生保健工作领导小组。1996年起，漕泾村互助合作医疗制度升级为骑塘乡合作医疗保健制度，1997年起村办企业职工也参加了乡合作医疗保健。1999年起，由"原定农户每人收30元，乡补贴1元，村补贴1元，享受六年合作医疗大病补偿"改为"缴20元享受三年"，实行村收乡管，统一由乡初级卫生保健工作领导小组专款专用，建立专项账册，村民参与率有所提高，但仍没能普及。与此同时，20世纪90年代里，境内少量村民曾一度参与以乡为单位推出的"大病补偿型"合作医疗基金。

2002年6月后，按照上级部署，漕泾村民参与桐乡市新型农村合作医疗体系，简称"新农合"，个人每人每年交费20元，市财政每人每年补贴3元，镇财政每人每年补贴2元，村每人每年补助1元。个人缴费以户为单位，由村收缴。报销比例是凡符合规定的住院医药费和指定病种（糖尿病、肿瘤、慢性肾功能衰竭、精神病、器官移植后续治疗）的门诊医药费可享受合作医疗报销，按梯度分级按比例报销。此后，逐年提高筹资标准，更逐年加大各级财政补助比例和参保人报销比例，从此参保率逐年提高。2005年后，村民"新农合"扩展为"桐乡市城乡居民合作医疗保险"。2006年开始，境内凡参加当年医疗保险的中小学生、儿童及60岁以上老人每年免费体检一次，其他参保人群每两年体检一次。2010年以后，境内村民参保率年年接近100%。2017年开始，实行家庭医生签约服务，进一步巩固三级医疗防保网的网底。

2005年后城乡居民医保卡

漕泾村2017年新型合作医疗情况汇总表

序号	组名	户数	参保户数	参保率（%）	序号	组名	户数	参保户数	参保率（%）
1	张家埭	25	24	96	16	南庄桥	26	25	96.2
2	张家浜	29	28	96.6	17	马家木桥	36	35	97.2
3	大水路	25	24	96	18	墙门头	19	18	94.7
4	方田村	21	19	90.5	19	双元村	19	18	94.7
5	湾渔池	20	19	95	20	枉港	17	17	100
6	吕东	15	15	100	21	张家门	29	28	96.6
7	吕西	20	19	95	22	张北	19	18	94.7
8	大天井	24	24	100	23	塔石桥	11	10	90.9
9	孙家埭	15	15	100	24	陆家门	20	19	95
10	沈家场	21	21	100	25	陆家浜	18	17	94.4
11	顾家埭	12	12	100	26	公婆桥	23	21	91.3
12	长浜南	19	18	94.7	27	范家门	24	22	91.7
13	长浜北	15	15	100	28	范家浜	23	22	95.7
14	大木桥	36	34	94.4	29	汤东	16	16	100
15	查坟前	30	28	93.3	30	汤西	18	18	100

第三节 防病与治病

从前，境内民众一般不重视防病，甚至连治病也不怎么看重，像痱子、伤风感冒之类更是不当病。即便出现诸如甲型肝炎、乙型肝炎、黄疸肝炎、伤寒、麻疹、破伤风、百日咳（哮咳）、鲤婆瘟（腮腺炎）、白喉、流行性脑膜炎、疟疾、石病（肺结核、痨病）、鼓胀病（血吸虫病）、大脚疯（血丝虫病）、秃疮（癞痢头）、麻风病、流行性感冒、痢疾、感染性腹泻病、地方性甲状腺肿（碘缺乏）、致残性代谢性骨病（氟中毒）、血吸虫病、布鲁氏菌病（引发脑炎、肾炎、关节炎）、抓手拐脚（小儿麻痹症）、天花（麻子）等本地常见疾病，村民往往首先求助于盲人瞎子、巫婆神汉、菩萨神仙，弄点诸如菩萨香灰、梵山坟泥土之类的所谓"仙方"，回家掺水炖服，其次才向民间医生寻求"土方子"，或者就近问诊于斜桥、骑塘桥、智义板桥、星石桥等地的中医郎中，经济条件差的农家则往往采用听天由命的消极态度，等待病亡。

民间医生，包括"草头郎中""挑痧郎中""蛇医""接生婆"等，他们各自用自己多年积累的临床经验和某方面特长，为病人缓解病情，消除痛苦，甚至还能利用简单而又疗效神奇的"秘方""偏方""验方"治疗疑难杂症。此外，有些农家自己也会用世代传承下来的"土方子"为家人改善体质或缓解病痛。

1949年后，随着教育普及和科学发达，以及卫生医疗条件日益改善，村民卫生健康意识逐渐增长，更多人主动防病治病，凡有个头痛脑热，逐渐习惯于就近到斜桥、骑塘桥、智义板桥、星石桥、高桥头等地诊所和公社医院就诊。1969年3月，漕泾大队建起合作医疗站，基本实现小病小痛不出村。至20世纪90年代后，境内民众拖病不治或土法治病的现象基本消失。2019年，漕泾村创建村民健康自助监测点，获桐乡市级"健康村"荣誉。

第四节 公共卫生与农家卫生

1949年后，党和政府号召开展爱国卫生运动。如1951年6月，为开展人民健康事业，反击美帝国主义的细菌战（宣传插图），加强抗美援朝运动，全国掀起夏令卫生运动，翌年7月又设立爱国卫生突击日等，开展灭蝇、灭蚊、灭孑孓、捕鼠、捕杀野犬、捕捉麻雀，以及疏通沟渠、填埋臭水坑、取缔露天粪池、挖蛆蛹的"除四害"运动，境内民众全员参与。

自古以来，境内村民习惯于各自取用河、浜、港和池塘水饮用。20世纪50年代中期开始，政府引导民众将乡村公共卫生重点逐步放到改水和改厕两件大事上。20世纪50年代开始，村内结合血吸虫病防治工作迁移河、浜、塘边的粪缸，家家户户都在储水缸里加入明矾净水。20世纪60年代后，有的自然村开凿了大口径的砖井（井壁用砖或瓦砌），如大水路、墙门头、双元村、吕家木桥、马家木桥、范家门、陆家门，井的数量不断增加，至20世纪70年代大量开凿小口径水井，俗称灶边井，全大队水井猛增至100余口。1996年，骑塘乡自来水厂在吕家木桥开挖境内第一口深井，1997年1月全村用上自来水。2005年起，启动辖区内城乡供水一体化管网建设工程，渐次推进二级管网（高桥镇到各行政村供水点管网）和三级管网（行政村供水点至农户管网）建设，至2010年12月底，境内停用深井供水，接入桐乡市水务集团管网，村民一律改用地上水厂供水。

漕泾村生活污水处理情况调查表

自然村名称	总户数	人口数	已开展治理户数					未开展治理户数	其中厨房洗涤池治理户数		其中未治理其他污水源			拟处理方式（√）	
			三格式		六格式		入自建集中处理	入污水管网		厨房泔水	洗涤水	养殖户（户）	小作坊（户）	农家乐（户）	纳管网	集中式生态池
			正常使用	已损坏	正常使用	已损坏										
合　计	640	2253	413	7	200	0	0	14	6	0	0	3	7	0	0	0
张家埭	50	182	40	4	6	—	—	—	—	—	—	—	—	—	√	—
大水路	60	217	59	—	—	—	—	1	—	—	—	—	—	—	√	—
吕家木桥	58	159	53	1	—	—	—	3	1	—	—	—	7	—	√	—
孙家埭	47	169	41	—	—	—	—	4	2	—	—	—	—	—	√	—
长　浜	34	124	30	—	—	—	—	3	1	—	—	1	—	—	√	—
大木桥	38	136	36	2	—	—	—	—	—	—	—	—	—	—	√	—
查坟前	27	97	25	—	—	—	—	1	1	—	—	—	—	—	√	—
南庄桥	30	110	30	—	—	—	—	—	—	—	—	—	—	—	√	—
马家木桥	35	128	20	—	14	—	—	1	—	—	—	—	—	—	√	—
双元村	56	202	30	—	24	—	—	2	—	—	—	2	—	—	√	—
张家门	31	111	6	—	25	—	—	—	—	—	—	—	—	—	√	—

续表

自然村名称	总户数	人口数	已开展治理户数					未开展治理户数	其中厨房洗涤池治理户数		其中未治理其他污水源			拟处理方式（√）	
			三格式		六格式		入自建集中处理	入污水管网		厨房泔水	洗涤水	养殖户（户）	小作坊（户）	农家乐（户）	纳管网	集中式生态池
			正常使用	已损坏	正常使用	已损坏									
塔石桥	33	117	28	—	5	—	—	—	—	—	—	—	—	—	√	
陆家门	40	142	7	—	33	—	—	—	—	—	—	—	—	—	√	
范家门	67	238	4	—	63	—	—	—	—	—	—	—	—	—	√	
汤家元	34	121	4	—	30	—	—	—	—	—	—	—	—	—	√	

长期来，境内农户一般使用露天粪缸或棚厕，夜间使用马子、夜壶排便。1949年后，随着居室由草棚升级为砖木屋，卧室后搭有茅坑间，多与畜棚相连，以直排为主。20世纪60年代后，结合上级血吸虫病防治工作要求，漕泾大队开始重视粪便管理，集中建设无害化粪池，逐渐改变粪便直排状态。20世纪70年代曾建设并使用沼气池。20世纪90年代初，境内开始进行全面改厕工作，要求做到新建房农户建厕与建房"三同时"（同时设计、同时施工、同时验收），乡村土地管理所在乡初级卫生保健工作委员会验收合格的基础上退还建房押金200元。21世纪后，境内开始普及抽水马桶，开展生态无害化厕所建设。2006年，已有555户的房屋配置抽水马桶卫生间，实现单户处理生产生活污水。2008年村里投资4万元，将农户的化粪池改造成为生态污水处理池，后又陆续将生活污水纳入生态无害化处理池统一处理。2013年开始，将农户污水纳入管网。2017年，全村645户人家全部建成卫生厕所，建成无害化户厕的有532户，占全村总户数的82.4%。

2000年后，村内爱国卫生运动与整治村庄人居环境、建设美丽乡村结合起来，引发民众广泛参与。如进行"五水共治"，境内河道实行河长制；绿化美化村庄和庭院，改善村民居住环境；集中处理垃圾，实行"一户一桶"制。2008年，村庄垃圾桶增到216只。2011年村里配置卫生保洁员孙周江、孙金祥、沈伟建3人，后建成垃圾中转房，保洁队伍增为张建林、陆志昌、孙周江、沈国昌、吕永堂、赵邦友6人，全域实行垃圾分类。至2017年，垃圾桶增至350只，并推行村民桶长负责制，村中有垃圾中转房1座，垃圾清运车3辆，1名专职保洁员常年清运。村部建有无害化卫生公厕1座,专人管理。2019年3月,在全市率先实行"红色路长制",由党员就近认领乡村道路义务保洁与整修任务(起源于南庄桥小组老党员沈祖良家)。2020年6月,共同参与高桥街道"三治"融合爱国卫生积分奖励券首发仪式,将新做法落实到户。这些基层治理的成就,引来省市多家媒体争相报道。

近年来,漕泾村先后荣获桐乡市卫生村、"除四害"村、全面小康建设整治达标村、卫生村和浙江省卫生示范村、高标准农村生活垃圾分类示范村等荣誉。

2017年漕泾村河道污染源基本情况普查汇总表

组 名	户 数	参保户数	参保率(%)	组 名	户 数	参保户数	参保率(%)
张家埭	25	24	96	大天井	24	24	100
张家浜	29	28	96.6	孙家埭	15	15	100
大水路	25	24	96	沈家场	21	21	100
方田村	21	19	90.5	顾家埭	12	12	100
湾渔池	20	19	95	长浜南	19	18	94.7
吕 东	15	15	100	长浜北	15	15	100
吕 西	20	19	95	大木桥	36	34	94.4
查坟前	30	28	93.3	塔石桥	11	10	90.9
南庄桥	26	25	96.2	陆家门	20	19	95
马家木桥	36	35	97.2	陆家浜	18	17	94.4
墙门头	19	18	94.7	公婆桥	23	21	91.3
双元村	19	18	94.7	范家门	24	22	91.7
柱 港	17	17	100	范家浜	23	22	95.7
张家门	29	28	96.6	汤 东	16	16	100
张 北	19	18	94.7	汤 西	18	18	100

2021年漕泾村卫生清洁考核达标情况

组 名	户 数	卫生清洁户数	卫生清洁户达标率(%)
张家埭	51	48	94.12
大水路	64	52	81.25
吕家木桥	62	53	85.48
孙家埭	44	41	93.18
长 浜	40	31	77.50
人木桥	39	32	82.05
查坟前	26	23	88.46

续表

组 名	户 数	卫生清洁户数	卫生清洁户达标率（％）
南庄桥	34	30	88.24
马家木桥	38	21	55.26
双元村	57	51	89.47
张家门	62	57	91.94
陆家门	42	33	78.57
范家门	79	61	77.22
汤家元	38	32	84.21

2017年漕泾村各组卫生考核评分汇总表

组 名	房前屋后清理堆放物品	房前屋后定期打扫	生活垃圾入箱	村组道路畅通及打扫工作	河浜水清无漂浮物	屋内整洁门窗干净	抽查村民个人卫生	组内无露天厕所	不损坏绿化和卫生设施	组内无卫生死角	全年得分	清洁卫生户户主
张家埭	9	9	10	10	9	9	10	10	9	9	94	张洪堂
张家浜	9	9	10	10	9	9	10	10	9	9	93	张金福
大水路	9	9	10	10	9	9	10	10	9	9	94	冯国伟
方田村	9	9	10	10	9	9	10	10	9	9	94	陈福坤
湾渔池	9	9	10	10	9	9	9	10	9	9	92	沈芝琦
吕 东	9	9	10	9	9	9	10	10	10	10	95	吕明元
吕 西	9	9	8	10	9	9	10	10	9	9	92	沈伟初
大天井	9	9	10	10	9	9	9	10	9	9	92	沈建荣
孙家埭	9	9	10	9	9	9	10	10	10	9	94	孙周江
沈家场	9	9	8	10	9	9	10	10	9	9	91	沈建国
顾家埭	9	9	10	10	9	9	10	8	9	9	92	顾刚强
长浜南	9	9	10	10	9	9	10	10	8	9	93	姚阿金
长浜北	9	9	10	8	9	9	10	8	9	9	90	吕季松
大木桥	9	9	10	10	9	9	9	10	10	9	93	吴桂洪
查坟前	9	9	10	10	9	9	10	10	9	9	94	吕富明
南庄桥	9	9	10	10	9	9	10	10	9	9	93	姚金浩
马家木桥	9	9	10	10	9	9	10	10	9	9	94	沈进荣
墙门头	9	9	10	10	9	9	10	10	9	9	94	陈建生
双元村	9	9	10	10	9	9	9	10	9	9	92	陈子庆
枉 港	9	9	10	9	9	9	10	10	10	10	95	苏建洪
张家门	9	9	8	10	9	9	10	10	9	9	92	张云彬

续表

组名	房前屋后清理堆放物品	房前屋后定期打扫	生活垃圾入箱	村组道路畅通及打扫工作	河浜水清无漂浮物	屋内整洁门窗干净	抽查村民个人卫生	组内无露天厕所	不损坏绿化和卫生设施	组内无卫生死角	全年得分	清洁卫生户户主
张 北	9	9	10	10	9	9	9	9	9	9	92	张发奎
塔石桥	9	9	10	9	9	9	10	10	10	9	94	张钦仪
陆家门	9	9	10	10	9	9	10	10	9	9	94	陈雪林
陆家浜	9	9	10	10	9	9	10	10	9	9	93	陆锦昌
公婆桥	9	9	10	10	9	9	10	10	9	9	94	程鑫铺
范家门	9	9	10	10	9	9	10	10	9	9	94	范才荣
范家浜	9	9	10	10	9	9	9	9	9	9	92	范金建
汤 东	9	9	10	9	9	9	10	10	10	10	95	张六仁
汤 西	9	9	8	10	9	9	10	10	9	9	92	沈进庆

2008年漕泾村改厕汇总表

组 名	总户数	卫生厕所	完成率（%）	投入资金（元）	完成时间
张家埭	25	25	100	24662	2008
张家浜	29	29	100	28608	2008
大水路	25	25	100	24662	2008
方田村	21	21	100	20716	2008
湾渔池	20	20	100	19729	2008
吕 东	15	15	100	14797	2008
吕 西	20	20	100	19729	2008
大天井	24	24	100	23675	2008
孙家埭	15	15	100	14797	2008
沈家场	21	21	100	20716	2008
顾家埭	12	12	100	11837	2008
长 南	19	19	100	18743	2008
长 北	15	15	100	14797	2008
大木桥	36	36	100	35513	2008
查坟前	30	30	100	29594	2008
南庄桥	26	26	100	25648	2008
马家木桥	36	36	100	35513	2008
墙门头	19	19	100	18743	2008
双元村	19	19	100	18743	2008
枉 港	17	17	100	16770	2008

续表

组　名	总户数	卫生厕所	完成率（%）	投入资金（元）	完成时间
张家门	29	29	100	28608	2008
张　北	19	19	100	18743	2008
塔石桥	11	11	100	10851	2008
陆家门	20	20	100	19729	2008
陆家浜	18	18	100	17756	2008
公婆桥	23	23	100	22689	2008
范家门	24	24	100	23675	2008
范家浜	23	23	100	22689	2008
汤　东	16	16	100	15783	2008
汤　西	18	18	100	17756	2008
合　计	645	645	100	636271	—

附一：《今日桐乡》 2020年6月26日报道

"红色路长" "村民桶长" "特殊存折"
"三治"融合，打开人居环境提升"万难锁"

"阿仙，你又来啦！今朝天气热，别太辛苦哦……"6月24日一大早，开发区（高桥街道）漕泾村南庄桥旁，村民热情地与"红色路长"陆瑞仙打起了招呼。

党员陆瑞仙是漕泾村新上任的"红色路长"。作为路长，她每天都要对"承包"的村道进行巡查。在漕泾村，像陆瑞仙这样的"红色路长"有100多人，80%以上是该村的年轻党员，他们每人认领一段100至300米不等的道路，定期进行路面清扫、铲除杂草、修整苗木、清运路障等工作。

"在人居环境提升行动中，乡村道路整治算是一桩难事。以前，有村民觉得路是政府修的，道路美不美、干不干净也是政府的事。村道也因此成了环境整治中的'真空地带'。"漕泾村相关负责人介绍，为了破解这一难题，漕泾村号召党员带头干，担任各个路段的"红色路长"，实施分段包干。

经过一个月的试点，村民们都很认可这些"红色路长"。在"红色路长"的示范引领下，更多的村民也主动参与进来。不仅如此，漕泾村还全域推行"村民桶长"，让爱护环境、随手进行垃圾分类逐渐变成村民的自觉行为，着力推动打造整洁美丽的农村环境。

自治带动，更离不开德治、法治的相辅相成。漕泾村在自治基础上，还加大了对村民的考核奖励力度。村道德评判团每月对村民房前屋后、垃圾分类等人居环境情况进行检查，一旦发现问题，便要求村民限期整改。同时，保洁员每天还会对村民的垃圾分类情况进行评价，月底将日评情况公布在每家每户的公示牌上，而且考评结果也会记录进村民的"特殊存折"。农户可以用存折上的积分兑换生活用品、社会服务等,积分高的农户将获得更高的社会认可度。此举也大大调动了村民自觉参与垃圾分类、打造干净整洁村居环境的积极性。

如今,漕泾村有了明显的改变:全村637户,从刚开始每月有500多户人家需要整改,到现在,每月仅有二三十户人家需要进行微整改。曾经,全村垃圾分类投放准确率还不到50%,现在该村的垃圾分类参与率、知晓率已达100%,垃圾分类投放准确率能达到99%以上。这让漕泾村党总支副书记陆敏华很是自豪,"下一步,我们将充分发挥'三治'融合发源地的独特优势,以党建为引领,巧用'自治、法治、德治'法宝,调动最广大人民群众的参与热情,将人居环境提升行动做得更贴民心、更近民意"。

附二:2021年10月15日嘉兴电视台综合新闻报道

"红色路长",一把扫帚的故事

(记者鄢皓东、杨树)

在桐乡经济开发区(高桥街道)的漕泾村,这里的道路总是干净整洁,时常能看到村民们拿着扫帚在公共道路上清扫,路边还设有"红色路长"的公示牌,上面写明了路段的长度和负责人。漕泾村里红色路长的故事,要从一个老党员开始说起。

雨才刚刚停,陆瑞仙便拿着扫帚出门了,随着秋天的到来,道路上的落叶也多了起来,基本上每天都需要清扫。这把扫帚是她从自己的公公沈祖良手中接过来的。早在2015年,有着40多年党龄的沈祖良,开始主动承担起了清扫公共道路的义务。

陆瑞仙

村民陆瑞仙:他以前是,我旁边的路,他经常看到脏了,有时候去扫一扫,晚上吃完了晚饭(去)。

然而2018年的一场交通意外,让沈祖良再也没有机会去清扫道路了。

村民陆瑞仙:他一句话都没有就走了。他走了以后呢,我想我是一个党员。他走了那段路我想就在我们旁边,那么我想想看我也要跟他一样,要扫一下。

陆瑞仙点亮了工具间的灯,将清扫工具摆放整齐。在灯光下,不止有着她对公公的思念,更有对一名老党员的崇敬。在她的带领下,家人们也都加入了义务清扫公共道路的行列。

村民陆瑞仙:家里我老公他们也帮助我扫的。我的两个女儿,她回来看看路上脏,前个星期天我女儿来。妈妈,你的路太脏了,她拿把扫帚去帮我扫了。那我的孙子已经十岁了,他看看,奶奶你的路也脏了。他就弄把扫帚也要去扫的。他们都是这样子的。

一开始一些村民以为陆瑞仙承包了村里道路的保洁工作,还跟她打听每个月的工资是多少。面对这些提问,她没有过多解释。

村民陆瑞仙:扫这个路啊,我不跟他们说,扫这个路要多少钱一个月呢,有空反正我就来扫扫,反正扫一扫也没关系的,一个是锻炼下身体,另一个在自己旁边看起来好看一些,晚上散散步也是心情好一点。

陆瑞仙身患糖尿病,每天都要打上三针胰岛素,如果遇上炎热的天气,有时候甚至需要打上一针胰岛素才能继续工作。正是由于她的坚持,清洁干净的道路慢慢地延长,在2019年的时候,从自己的家门口一直延续到了整个村子。他们一家义务清扫道路也慢慢被村民们所了解。

桐乡经济开发区(高桥街道)漕泾村党总支书记张锋:我们在党员大会上进行了公开,然后得到了绝大部分党员的积极响应,甚至在会上有党员提出来志愿加入。当时我们还没想好怎么弄,后来也是采纳了一些党员的意见、建议。然后把这个取名为红色路长。

村民沈建国:我们村民感觉党员是带头先锋,我们感觉村民也有一种义务去扫这个马路,看起来是很干净,大家都很喜欢。

现在全村已经有120多人加入了义务清扫道路的行列,村子也越发的干净整洁,一个老党员的故事也将继续流传下去,变成许许多多人共同的故事。

吕仁娥(陆瑞仙的婆婆):老头子知道了也很开心,现在共产党员最好了。

桐乡经济开发区(高桥街道)漕泾村党总支书记张锋:突出了党员的认知高度,做到了党员先锋模范的带头作用,为我们的人居环境、垃圾分类方面的工作加大了推进的力度,让我们的村变得更加整洁、美丽。

吕仁娥

第五节 接种与防疫

从前,除以民间土方防病防疫外,村民不进行疫苗接种,以至于某些传染疾病难以消灭,并留下后遗症,甚至影响寿命,如天花、麻风、霍乱、伤寒等。洛水港内曾经长期停留风子船,船上的麻风病人为港东海宁人,以敲击梆子为号,沿河乞讨,最后死在船上,由族人或家人将死者遗体放入缸内,用盖密封,风子船则被拖到荒野烧掉。

民国三十五年(1946)春,骑塘乡乡民代表大会会议记录之第九条决议"本乡应举行春季布种牛痘","请张驾顺(注:境内人)先生负责向斜桥基督教堂请求痘苗若干,交乡公所转发本乡医生,义务布种,如痘苗无着,再由乡公所筹款购办"。但是,碍于社会制度、经济水平和医疗条件等,1949年前防疫项目极少,应用范围不广。

20世纪50年代,参加原崇德县卫生委员会举办的短期卫生防疫集训班后的漕泾

2018年漕泾村爱国卫生运动委员会组织网络及其责任人一览表

序号	组织单位	责任人姓名	序号	组织单位	责任人姓名
1	张家埭	张洪堂	16	南庄桥	姚金浩
2	张家浜	张金福	17	马家木桥	沈进荣
3	大水路	冯国伟	18	墙门头	陈建生
4	方田村	陈福坤	19	双元村	陈子庆
5	湾渔池	沈芝琦	20	柱港	苏建洪
6	吕东	吕明元	21	张家门	张云彬
7	吕西	沈伟初	22	张家门北	张发奎
8	大天井	沈建荣	23	塔石桥	张钦仪
9	孙家埭	孙周江	24	陆家门	陈雪林
10	沈家场	沈建国	25	陆家浜	陆锦昌
11	顾家埭	顾刚强	26	公婆桥	程鑫镛
12	长浜南	姚阿金	27	范家门	范才荣
13	长浜北	吕季松	28	范家浜	范金建
14	大木桥	吴桂洪	29	汤家元东	张六仁
15	查坟前	吕富明	30	汤家元西	沈进庆

村小学教师,向境内农民群众进行防疫常识宣教工作。20世纪50年代后,境内少年儿童陆续开始免费接种牛痘,天花病得到控制。1979年开始对0至15周岁儿童全面实施儿童计划免疫工作,定时定点体检,接种卡介苗、百白破、麻疹疫苗等基础疫苗和牛痘、鼠疫、霍乱、伤寒、乙脑、流脑、白喉、脊髓灰质炎等的疫苗。1985年后境内儿童开始接受保健保育系统管理,实行按时接种,从而保证儿童出生后的首次接种间隔时间都能做到准时无误。

血吸虫病,在本地流行已久,是旧中国遗留下来的一大祸害,严重危害人民身体健康,民间称之为"火胀病、膨胀病"。1949年后,特别是1958年毛泽东在杭州发表《送瘟神》诗篇后,乡村掀起了一场千军万马送"瘟神"的防治血吸虫病群众运动,境内干部和群众给予大力配合和积极参与。尤其是漕泾大队卫生保健员和赤脚医生,以及各地查螺员,发动和组织广大社员群众到河滩、沟渠等处查钉螺,以土埋为主、火焰和茶子饼为辅进行灭螺。查病则以孵化加镜检为主,同时还开展抗原皮内试验检测。治病以酒石酸锑钾20天疗法为主,还探索7天疗法、3天疗法等。粪便管理以粪缸小型集中,搭棚加盖,定期贮存为主。大队二级专业人员上门收大便，动员病人，他们挑着药箱，背着铺盖，住进庙宇、礼堂、农户家，搭地铺，下农村设点，查病治病。1972年，漕泾大礼堂竣工后，曾一度作为漕泾村血吸虫病治疗点。1979年，境内基本消灭血吸虫病。

20世纪60—70年代，政府在每年春秋两季查血吸虫病时，一并检查钩蛔虫病，将免费配发药物与个人自行购药相结合。境内少年儿童一般免费服用"宝塔糖"、"驱虫灵"等，并提倡讲卫生，勤洗手，减少蛔虫入口的可能；钩虫病则采用左旋咪唑和噻嘧啶合并治疗，并提倡加强劳动防护，特别是初夏不要光脚去桑地劳动等，钩虫病感染亦得到有效遏制。20世纪50—80年代，境内协同参与的丝虫病普查普治活动前后有19次，卫生保健专职、兼职人员往往在夜间8时后挨户上门采集耳垂血60立方毫米，制成镜血片检测，凡检出丝虫病者服"海群生"1.5克进行治疗。1984年，经嘉兴市卫生局考核，村内基本消灭丝虫病。

几十年来，境内重点围绕血吸虫病、麻风病、霍乱、流行性出血热、甲型H1N1流感、狂犬病、艾滋病、新生儿破伤风、戊肝、痢疾、淋病、病毒性肝炎、伤寒、麻疹、肺结核、感染性腹泻、出血性结膜炎、手足口病、流行性腮腺炎、风疹、禽流感、新冠病毒等展开防疫工作，村干部、赤脚医生（后乡村医生）、卫生保健员和广大村民等予以配合。尤其是20世纪60—70年代的血吸虫病防治和2020年春节开始的新冠病毒疫情防控，境内全民动员、全民参与，展开"人民战争"。经过几代人努力，境内传统型的"两病"（传染病和流行病）先后得到控制，其中大脚风、麻风病、碘缺乏、氟中毒、小儿麻痹症、天花等疾病几近绝迹。

此外，1959年冬至1960年，在县、公社卫生人员支持下，境内组织过一次大规模的妇女病全员普查普治工作，收效甚好。1985年开始，境内致力于孕产妇系统管理，确保孕产妇健康；同时每年开展妇女病普查建卡活动。2009年年底开始，定期对妇女进行"两癌"（乳腺癌、宫颈癌）的免费筛查。

2017年，发放老鼠药700包，蟑螂药400支。2020年至2021年，组织村民参与抗击新冠病毒肺炎疫情，守住桐乡"南大门"。2021年，漕泾村获嘉兴市除四害村称号。

第十五章　民风习俗

风俗，即长期相沿、积久而成的风尚、习俗，是特定社会文化区域内历代人们共同遵守的行为模式或规范的总和，包括民众的道德风貌、行事风格和生产生活中的各类习俗。积极的风俗有利于丰富精神生活，教化民众思想品性，有利于引领社会风气，促进社会和谐安宁。

风俗具有传承性，但随着社会变化和时代进步，陋习会逐渐消失，新风则时有形成，这叫移风易俗，如女性裹小脚、女性不上桌吃饭、上门女婿改姓更名等境内旧俗早已不复存在，而婚姻"两头开门"、男女平等、年酒办在酒店里已蔚然成风，垃圾分类等正在成为新时尚。

第一节　民　风

漕泾长期受农耕文明浸润，民风至今依然古朴典雅。在保留着古风的漕泾民风谱系里，诚恳、勤奋、仁爱、争先创优等较为突出。

漕泾人的"诚"，包含着诚实、诚朴、诚信、诚正等诸多优良品性，而且薪火相传，一脉相承。1990年，村民江金凤被评为骑塘乡"十佳好母亲"。1993年，村民陈云仙被骑塘乡表彰为"好婆婆"。1997年，全村开展"五好"（爱国守法热心公益好、学习进取爱岗敬业好、男女平等尊老爱幼好、移风易俗少生优育好、勤俭持家保护环境好）文明家庭创建和农村新家庭建设活动，全村638户有512户参与新家庭建设考核评比，达标392户，占比76.5%。2005年起连续开展"城乡文明手拉手"结对共建文明活动，漕泾村先后与巨匠建设集团、高桥信用社、南日蔬菜食品二公司等结成城乡对子，共创文明风尚。2014年，漕泾村向全体村民发出《孝亲敬老倡议书》，年底又评选出张六仁家庭等"四灯家庭"10户，评出大水路沈幼良等"五好村民"9人。2015年开展文明卫生家庭评选表彰；2018年8月17日漕泾村道德讲堂开讲；2019年评选"最美漕泾人"，并在年末第四届"村晚"上给予表彰，这些人遵纪守法、相敬相爱、积极进取、乐于助人、宽以待人、严于律己，成为"最美漕泾人"的代表。近年来，"嘉兴好人""桐乡好人"中也有漕泾人，他们的事迹还登上媒体报刊。

漕泾人自古充满正气。明代张玙和吕希周两位进士，曾为朝廷官员，在任时，廉洁清正，不畏权贵，以至于惹怒上司，致仕归里。近几十年来，大量漕泾人士成为各级各类干部，清正廉洁有作为，这无疑与漕泾民风的"诚"相关。2019年，漕泾村荣获嘉兴市级"三治融合"示范村暨"无讼"村、"民主法制村"。

漕泾人勤奋，自然包括了勤劳、勤学、勤思等优良品质。自古至今，漕泾农家崇学之风绵延不绝。古代以张玙、吕希周两大家族为代表，家学渊源士子多，吟诗作词著述丰。1960年后，漕泾教育声名鹊起，1977年恢复高考制度以来，漕泾学子应考升学的很多。2009年，为激励漕泾学生勤奋学习、立志成才，引导漕泾家长重视教育、尊重知识，在巨匠集团资助下，村中设立"巨匠崇学奖"，定期给境内学子表彰鼓励。

无数漕泾人从小勤学，成年后将勤学勤思贯彻到人生事业中，勤奋劳作，勤奋做事，勤奋创业。1993年，村民陆月宝被表彰为骑塘乡"养殖业能手"，王巧英为"个体加工业能手"。本志编撰过程中搜集到的近千名当代乡亲的信息里，就有他们的事业成就。范兰珍、范凤仙、张宝堂、沈关庆、张宏良、吕云平、张德庆、张瑛、马麟娟、冯飞芸、吕新锋等乡亲就是勤奋漕泾人的典型代表。

仁爱之心，漕泾人从来不缺，爱国、爱乡、爱乡亲，已经融入历代漕泾人的血液里和精神谱系中。从前，漕泾人习惯于科举还乡，归里著述，还不忘为民做事，乐在其中；今天漕泾人无论打拼在外有多远，仍坚持春节还乡，走亲访友；还有的退休还乡，与邻为伴。即使因为种种不便，回乡日少，但依然通过多种方式保持与家乡的联系，依然关注着家乡进步发展的点点滴滴。更多漕泾人以业绩上的辉煌为漕泾父老乡亲增光添彩，这何尝不是他们爱乡的一种明证！

争先创优亦是漕泾人血液里流淌着的基因。虽处深乡，但从不缺乏与外部世界的联系。洛溪、语溪、漕泾港等，是古代黄金水路，均贴境或穿境而过；沪杭铁路，是近代"长三角"的交通大动脉，就穿行在漕泾村的南侧，村域东南角距离斜桥火车站约1千米；G60高速公路高桥出口处和沪杭高铁桐乡站离漕泾村域不远。这些通往外界的通道无疑打开了漕泾人的视野和心扉，造就了争先创优这一抹漕泾民风品性中的亮色，远的无以考察，但1949年后广大村民在村"两委"带领下，长时期保持着农业生产的不断发展，乡村教育曾经成为一面旗帜，治安、调解、计生、妇女工作等时常斩获先进，这是不争的事实。21世纪后，漕泾村多次荣获桐乡市级、嘉兴市级、浙江省级先进集体。此外，浙江在线、浙江新闻客户端、新蓝网、浙江电视台新闻频道、嘉兴电视台新闻频道、桐乡电视台文化教育频道、学习强国、桐乡发布等各级各类媒体先后报道过漕泾村美丽乡村建设、现代农业发展、垃圾分类示范、红色路长聘任、特殊存折推广等创新之举。

近些年来，漕泾人更加注重村规民约，传承家风家训，做文明漕泾人，创美好新家园。

做文明漕泾人，创美好新家园
——漕泾村村规民约简约版本

依据宪法和法律，制定村规与民约。
爱党爱国爱人民，共同来把家园建。
道德规范人人守，共同致富奔向前。
夫妻恩爱家和睦，邻里互助美德传。
树立家规与家风，尊老爱幼人人赞。
提倡优生与优育，生男生女都是爱。
移风易俗树新风，婚丧喜事不比攀。
四位一体要长效，房前屋后景致倩。
垃圾分类做得好，环保酵素作用显。
"五水共治"齐推进，精品河道碧波潆。
铁拳护航齐参与，交通安全大家盼。
扫除黑恶等势力，打击歪风正气展。
修筑房屋需审批，乱搭乱建要拆除。
一约两会三团式，产生矛盾就地办。
不忘初心跟党走，牢记使命心头念。
德治自治与法治，"三治"融合新举添。
村规民约字虽少，共同践行齐呼唤。
牢记村规与民约，漕泾新貌共期待。

第二节　生产习俗

农耕社会里，本地生产集中在种植业、养殖业和手工业方面，生产习俗主要存在于这些领域，这些习俗意在祈求平安和顺利，部分习俗涉及千百年来积累的生产经验和生产规律，有一定科学道理。

一、种田习俗

开秧门

稻作礼仪丰富多彩。"开秧门"是其中一项。拔秧时，秧把由两小把扎成一大把，两小把合拢处留有缺口，此谓"秧门"。每年第一次插秧，便叫"开秧门"，象征一年农时开端，兆示兴旺发达之意；结束插秧那天，又叫"关秧门"。农家对"开秧门"十分重视，一般在立夏前几天，家家户户都吃咸鲞，鲞头朝南，寓意为种田有"想头"。过去，富户人家多在这一天雇"相帮大伯"插秧，招待饭菜丰盛，一天吃四餐，为的是让"相帮大伯"劳作时尽心尽力，民间有"菜蔬有牢当家娘娘橱里，气力有牢相帮大伯肚里"一说，主人家不敢怠慢帮工；早餐，每人规定要吃两个鸭蛋（俗称种田子），有"吃了种田子，将来谷子饱满""吃了种田子，秧苗不会浮"之说，午饭、晚饭尤为丰盛，要吃"种田酒""种田肉（必须是白焐肉，状似铁耙的榫，俗称铁耙榫，吃这块肉有规矩，大师傅不动筷，谁也不能先吃）"。同时，农家还须备香烛黄纸，在田边或土谷庙祭烧，祈求丰收。

插秧种田禁忌

拔秧插秧过程中，因为"秧"与"殃"谐音，于是就有了不少禁忌，如拔第一把秧前，须先用秧根擦手，以防"秧疯"；开始插第一行秧时，切忌开口；不得将秧苗甩在别人身上，以忌中秧（殃）；从秧担上取秧苗后抛向田间，不能叫掼秧或抛秧，只能叫作"打秧"；有人秧苗不够种，旁人不得将秧苗直接传给他，需扔在那人身边的田面上，由他自行捡取，切忌传秧（殃）；插秧人之间，切忌将多余之秧苗直接用手相传，以免传"殃"；田种好后，若有多余秧苗，不能乱丢，要将秧把抛入池塘，或插在田岸边，称为"多秧"，以示今年粮多，并可供耘田时补缺株；插秧不能有"鲦鲦鱼"（没有插牢而浮在水面的秧株），不能种"潮烟管"（根部弯曲的秧株）；插秧时，速度慢的人，会有别人在后面帮着插，有时一不留神，整块田全部插满了，那速度慢的人还留在田中央未插完，活像被套上了一大块木枷（古刑具），迷信说法认为这样会惹晦气，需求神拜佛，乞求平安，方能免祸消灾；如果插秧出现"丝车榫"（因种田绳拉错而形成不规整的状态），东家可以不付工钱，甚至不给饭吃。

种田会（"盘工盘"）和青苗会

种田，不仅任务重，而且时间紧，所以从前农家按老规矩组成青苗会，以保护青苗，祈求丰收。其中有一项职责就是种田时组织会内农户相互支援，俗称"盘工盘"。青苗会成立那天，应买来鱼肉荤腥和香纸蜡烛，设案供请田公、地母。传说田公、地母为一对老年夫妻，生性勤劳，耕作不息，双双累死在田间。种田人敬仰他们，尊为神仙。在会上，应选出会头师傅。会头往往由族长担任，再由会头指派记账、记工等人员。第一年参加种田的小青年，由会头指派师傅，当场磕头拜师。种田师傅很有威望，一"盘"之中，徒弟听从师傅调教。种田开始，先由会头师傅下田，插第一棵秧，称之为"开秧门"。秧门一开，"盘"中人家的水田，就要挨次序一块块种过去。种田结束，挑个日子，备办鱼肉香烛，供请当地土地菩萨和田公、地母，称为做青苗会。会上，一是根据各人劳力强弱、技术高低评出等级；二是算账，算出各家出成多少，所种稻田用工多少，缺余的用钱找补，也可暂作欠账，今后代工补还。全"盘"中所有费用，也按田亩分摊，一次算清。随后吃罢酒饭，散"盘"回家。"盘工"种田，按俗规，女人不能参加，只管在家中做饭送茶。家里没有男劳力的人家，由本人要求，会头安排日子，帮助种好田，到时一并算账。

关秧门

最后一块田种好，称"关秧门"。插秧结束时间，要尽量控制在当天"申时"（下午4点钟左右），否则会被认为不吉利。最后插秧的田块俗称"汰脚田"，意为种好后可以洗净腿脚，穿上鞋袜。家里雇有帮工的，要备酒菜，请帮工喝酒。20世纪50年代耕作制度变革后，"早稻不种六月（公历）田，晚稻（插秧）不过立秋关"亦成为关秧门的时间习惯。

烧田会

旧时农历正月间，农户在田头、田埂上或路边堆起稻草，于黄昏时点燃，年轻人则高举燃着的小草把绕田奔跑，观者齐呼："烧啊烧，跑啊跑，今年年成格外好；跑得快，烧得高，三石六斗稳牢牢（有把握）。"至今仍保留"烧草作肥""燃草驱虫"等积肥、灭虫习俗。

祀田神

1950年之前，本地流行祀田神。仪式在旷野举行，每一次要两三天，程序甚为复杂。凡农桑歉收之年，于冬季选祭地，翌年农历二月吉日搭祭台，供祭品祭众神。祭台前以长木棍作骨，外扎稻草成宝塔状，曰柴宝塔，高数米，四周用绳固定，祭祀长达一昼夜，送神后由强壮农民拉倒柴塔，按倒地方向卜丰歉。除祭神外，还有奏乐、唱书、送龙舟等项目，由主东君（乡村长老）操办，请神歌先生主持唱神歌《赞符官》。

吃新米饭要祭天

从前靠天吃饭，而吃饭又与灶家菩萨相关，相传灶家菩萨每年要上天向天佬菩萨报告人间情况，种田要敬畏天佬菩萨，具体到家里就是要敬畏灶家菩萨。所以，每逢吃新米饭，第一碗饭要放置在灶山上，并燃香点烛，祭奉灶家菩萨。也有用茶盅盛新米饭放于木盘中，将盘置于屋前场地高凳上，燃香祭天的，祭毕方可就餐。此外，当日要邀出嫁女儿回娘家同餐，俗称"吃新米饭"。

斋天

即祭天，此俗古老，且规模较大，祈求上天风调雨顺、农家五谷丰登。春秋两季各举行一次，全村出动，各户准备香烛祭品，燃烛诵经直到天明；斋天时，要邀民间赞神歌手赞神，流程有请神、"发遣"、"燃香桥"、领祭、唱长短篇赞神歌送神等。整个祭祀活动由老年妇女组织的庚申会负责，妇女起主要组织作用，为别的风俗活动所少见。

二、养蚕习俗

关蚕房门

旧时，蚕农从蚕卵孵化起，到蚕茧结成止，必须"关蚕房门"，即养蚕期间停止一切亲朋好友往来。有的蚕农还用红纸写"蚕月知礼"四字，贴在自家门上，以示谢绝客人入内。有的在门口打上许多木桩，用左手搓的草绳张网，禁止陌生人上门，如有冒昧上门者，主妇甚至会把一盆水泼向来人。买进的桑叶，要用桃枝在上面轻鞭三下，以示辟邪。

请蚕花

当蚕蚁孵出后，蚕农备香烛，供奉蚕神像；蚕娘头插红绿纸的彩花，将剪碎的灯芯和野蔷薇花细末撒到蚕种纸上，再把蚕种纸挽在秤杆上，用鹅毛将蚕蚁和灯芯、野花末一起掸往蚕匾中；采用秤杆、灯芯等物收蚁，寓意"称心如意"。

蚕生日

农历十二月十二日为蚕生日，亦称蚕花娘娘（马头娘）生日。是日，农家用糯米粉做形似蚕茧的圆子，俗称茧子圆或长圆子。亦有用糯米粉、南瓜掺和做成的。将茧圆装碗，配几盆甘蔗，橘子等水果供于灶山，燃香点烛祭祀。从前还取出藏于家中的蚕种，撒上少许盐粒，称为"腌种"，用布包袱包裹，到腊月二十三送灶时，再取出蚕种，拨去盐粒，清水冲洗，挂于通风干燥的地方晾干收藏，等到来年春季谷雨前后，取出"焐种"。

谢蚕神

清末、民国时期，本地蚕农在春蚕每一眠时都要祭蚕神。后祭祀蚕神仪式简化为两次，一次在蚕事初始时，祭神祈求保佑；一次在采蚕茧后，还愿酬神，俗称"谢蚕神"。蚕神的具体名称，民间说法很多，如马头娘、蚕花娘娘、蚕丝仙姑、蚕皇老太、马鸣（明）王菩萨等，形象为一古代女子骑在马上，手捧一盘茧子。1949年前各地乡村小庙多有蚕神塑像，农家也供神像，多为马头娘。蚕茧丰收后，蚕农以酒食祭谢蚕神，祭毕全家聚餐，享用祭祀用的鱼肉，称为吃蚕花饭。有的还在端午节谢蚕花，方式是年轻女蚕农在水边玩"豁蚕花水"游戏。

接蚕花

一般是每年正月初二在家举行接蚕花仪式，用彩纸做成小花，中间缀以元宝，供奉于灶间，同时由歌手将事先准备好的一杆秤、一块红手帕、一张蚕花马幛（蚕神祃）和插在黄纸上的两朵红白纸花（枝上有柏树叶）交给该家的女主人，并诵唱《蚕花歌》（称心如意，万年余粮；蚕花马、蚕花纸，头蚕势、二年势，好得势；采取好茧子，踏得好细丝，卖得好银子，造介几埭新房子），此时女主人恭敬地将这几样物品收藏起来，称"接蚕花"。待收茧缫丝，"谢蚕花"后，须将蚕花纸、蚕花马幛祭祀焚化。

轧蚕花水会

这是每年清明前后的水上祭祀盛会。迎神会从清明日开始，早上由主持的村坊将马鸣王神像从庙中移至船上，各村坊参加迎神会的船只齐集朝拜，并在船上表演拿手节目，如龙灯船上赛灯，台阁船上少儿彩扮表演，标杆船上表演者爬上竖在船上10多米高的粗毛竹，上演惊险动作，打拳船表演拳术，拜香船由儿童捧"香凳"边跳边唱《拜香调》，还有"摇快船"比赛。游人如织，船满河面，沿河数里设满茶棚、酒肆、货摊,鼓乐喧天,热闹非凡。境内没有大规模蚕事民俗活动,但有村民成群结队去附近划船漾等处参加轧蚕花水会。所谓"轧蚕花",有"越轧越发"的说法。

做茧圆、吃蚕花包子

蚕事伊始或蚕罢,蚕农多用米粉做有馅或无馅的团子和小圆子,称为茧圆,作为祭祀蚕神的供品,近代则逐渐成为一种饮食习惯,或将茧圆馈赠亲友。本地蚕农过去做茧圆谢神,多在蚕三眠以后。有些农户清明节还做生粉团子,形似茧子,馈赠亲邻,喻"越生越多"。茧圆有青白两种,青者代表桑叶,白者代表茧子,称为"吃青还白"(食桑吐丝)。1949年后,做茧圆习俗渐变,农户于售茧那天,常于集镇上买回甜、肉包子,回家分食,称吃蚕花包子。

演蚕花戏

清明节前后或收茧后,必演蚕花戏,多由全村集资雇请皮影戏艺人来村演皮影戏,老幼聚集观看。演完整本皮影戏后必加演一段《马鸣王菩萨》,皮影戏纸幕上出现一个女子骑在马上奔驰的影像,艺人则伴唱《马鸣王菩萨》,这首民歌包含古老的蚕桑神话和传说。演毕,蚕农向艺人讨取做纸幕的绵纸,称"蚕花纸",用以糊蚕匾,可致丰收。演戏点灯的灯芯,艺人分赠蚕农,称"蚕花灯芯",置于蚕室,可保蚕事顺利。

祛祟避邪和占卜

古人对蚕宝宝的生死病害存有迷信心理,常采用一些巫术来祛祟避邪,如蚕娘食螺蛳叫"挑青";清明节出游不归家叫"避青"。传说吃完的螺蛳抛向屋顶,即可转移灾祸。另有传说认为桃枝可以驱邪,本地近代尚残留这一风俗,如蚕农缺桑叶,从外地买进,须先用桃枝在桑叶上轻轻鞭打三下;蚕农还常在门口或蚕匾上插桃枝;浴蚕种时必须使用桃木板煎过的水。蚕房门口要挂蒜头、菖蒲和楝树花;夜间男主人要在石灰水中把手浸湿,在蚕房门口按下一个白手印,蚕上蔟时,蚕房门口的门框或柱子上要剁上一把刀,蔟棚上放一碗冷饭。此外,还流行一种占卜,叫"请淘箩头姑娘",在淘米箩上摆物摇动,视其状态,预测桑蚕的丰歉。

养蚕期间的言行禁忌

语言忌讳,如忌"亮",因为亮头病是蚕病的一种,"天亮了"要说"天开眼了";忌"姜""酱",因为姜、酱与僵谐音,僵病也是蚕病的一种,故"姜"叫"辣烘","酱油"叫"咸酸";忌"笋",因为与"损"谐音,"笋"要称

"钻天";忌"虾",因为吴语"虾"音与蚕浮肿病发音类似,"虾"要称"欢";忌"爬""逃""游",因为三者均为蚕的病态,辟邪物"桃枝"要改叫"掌头";忌"葱",因为与"冲"音近,有相克之意,要改称"香头";忌"四",吴语"四"与"死"谐音,蚕四眠,要称"大眠";忌"完",认为不吉利,"完了"要改叫"好了";忌"豆腐",吃豆腐要改称"吃素饭"。

三眠

行为禁忌,如蚕室内,忌带入烟气、香气、油气等,忌酒、醋等的异味和蒜、葱等五种辛味渗入,忌敲打、哭泣、叫喊等响声,忌饮酒者切桑叶饲蚕,忌穿丧服,忌产妇出入,忌用破蚕匾等。其中有些符合科学道理,因为蚕室内需要保持清洁和安静,忌杂音、气味、光亮等,以免"惊吓蚕宝宝"。

置蚕猫

鼠为养蚕大敌,农民除养猫捕鼠外,也购置蚕猫吓鼠。蚕猫多为泥塑彩绘,活灵活现,可以以假乱真。1949年前,本地一带捏制者多,集市也有售卖;也有木刻印刷在红绿纸上的,有些杂货店每年冬季将这类蚕猫与蚕神幛一同出售,蚕农购回贴于蚕匾上;还有手巧的农妇制作蚕猫剪纸,贴于蚕室。这种用镇邪物驱鼠的民俗也是古代巫术祛邪的一种遗存。

戴蚕花

旧俗流行用彩纸剪扎成纸花,称"蚕花"。养蚕妇女将此戴于头上或鬓边,以图吉利,为蚕乡女子特殊时尚,俗称"戴蚕花"。民间有《蚕花歌》:"蚕花生来像绣球,两边分开红悠悠,花开花结籽,万物有人收,嫂嫂接了蚕花去,一瓣蚕花万瓣收。"

丧事中的蚕花

家里老人故世,办理丧事过程中,处处与蚕花沾边,如入殓时,亲戚要依次结蚕花绵兜,盖在死者身上,并撕下一角别在自己身上;出殡时,亲属亲戚要手拉手,盘蚕花三圈,并将手中所持蚕花蜡烛带回自家;化座前现场人员要拔蚕花,俗称"讨蚕花";死者后人要扫一扫蚕花地,用蚕匾扇一扇蚕花运。这些蚕花物品之后要放置在自家蚕房里,算是一种祥瑞,可保蚕业兴旺。

婚事中的蚕花

男女定亲时,女方常送一张蚕种或几条蚕作为定亲信物,叫"送蚕花";男方母亲须着红色丝绵袄去接,称"接蚕花"。新娘进男方家门时,喜娘要向四周撒一些钱币，供众人拾取，称为"撒蚕花铜钿"，同时唱民歌《撒蚕花》，最后三句是"今年要交蚕花运，蚕花茂盛廿四分，茧子堆来碰屋顶"。女儿出嫁时用两棵小桑树和一枝万年青陪嫁，娘家要用蚕火（蚕室照明用的灯架子）、发篓（采桑用的小竹篓）等蚕桑用具作为嫁妆。拜天地仪式时，喜娘要唱《经蚕肚肠》民歌，歌词缠绵回环，寓祝福之情。新婚次日，堂屋中用椅子围成一圈，中置栲栳，上放面条、蚕种纸、秤杆等物，喜娘领新娘围椅子旋转，把红色的丝绵线缠于椅背，还要象征性地扫一扫"蚕花地"。这些仪式皆寓养蚕缫丝之意，所用各物象征蚕花丰收，幸福绵长，称心如意。

蚕熟夜

即"清明夜"，家家屋檐下插桃枝、柳条，谓之"插长头"。祭神除供三牲外，增置一只"蚕花盘"，内盛蚕种、铜钿、蚕花毛（过年时鸡尾上拔下的长羽），俗称"三宝"。蚕种用红绸包成四方，上放一根"蚕花毛"。旁放24枚铜钿，表示"蚕花廿四分"，意思是养蚕能获丰收。同时，蚕熟夜用铁器在房前屋后翻土，称"动响土"，可避蚕惊；也有在自己门口用筷击碗，口呼"猫咪"的，意为可避鼠害。凡请到的蚕娘，要与主人共食"蚕熟夜饭"（清明夜饭）。清明夜饭，除荤菜外，还少不了炒螺蛳、糯米嵌藕、发芽豆、马兰头、白焐蛋、清明圆子等，以讨得好口彩，俗称"蚕菜"。其中，吃螺蛳后要将壳往屋面上抛扔，屋瓦上发出的滚动声能吓跑老鼠，利于清明后养蚕，而且毛毛虫、蚂蚁等会钻进壳里做巢，不再出来骚扰蚕宝宝；吃藕是祝愿蚕宝宝吐的丝又长又好；吃发芽豆是博得"养蚕发家"的口彩；吃马兰头等时鲜蔬菜，是谓眼目清凉看好蚕；吃白焐蛋，是谓做出的茧子又大又白；清明圆子，被视作"清明茧"，寓意采得茧子万万千。

望蚕讯

亦名"望山头"。蚕宝宝爬上柴龙吐丝结茧，谓之"上山"。采摘时，"蚕门"就开了，蚕农间开始相互探望"山头"，询问对方收成，同时开始走亲访友，互致慰问，相互庆贺。走访时，习惯携带软糕、糖包子（甜蜜幸福之意）、鳓鲞（谐音"立想"，即丰收在望之意）、枇杷、梨子（其色或黄或白，以示黄金白银等财物进门）等，讨个好口彩，图个吉利；也有送粽子的，称"蚕讯粽"。结婚后头一年儿女亲家间的望蚕讯最为隆重，先由蚕娘婆家带少量粽子、一块熟猪肉、一条鱼和白蛋等物品，去为娘家请蚕花五圣，称为"讨蚕讯"。隔天，娘家便备好相同的供请物品，同时裹好数量较多的蚕讯粽，一道挑着送到女婿家去，供请蚕神菩萨，称为"望蚕讯"。送去的蚕讯粽,由女婿家再分送给邻居亲戚。蚕讯粽为箬叶制成,呈三角形,粽内裹有糯米、赤豆和红枣等,还要裹一大一小连在一起的"抱子粽",煮熟后再在粽箬上系红丝绵条。这一风俗,至今仍久传不衰。本地还流传多个版本的《望蚕讯》民谣。

蚕花廿四分

"蚕花",既是蚕桑生产代名词,又是蚕农祈望蚕茧丰收的惯用祝颂词;"廿四分",是表示蚕茧丰收的数字。蚕一生要蜕四次皮,依次是先隔七日为头眠,再隔六日为二眠,再隔四日为三眠(三眠一般叫"出火",即蚕房内撤去火盆),再隔七日为四眠(但决不能叫四眠,应叫大眠),再隔五日为上山(蔟)。大眠时,蚕娘把蚕捉来过秤计重,蚕茧结成后再计一次重量,一斤大蚕结一斤茧子,计作一分蚕花,能收到"十分蚕花"以上者,便算是养蚕能手了,所以蚕农们互说"蚕花廿四分",是讨个好口彩,以祝吉利。

长蚕花

"长",指生长、增长。蚕农收蚕蚁时,要将桃叶(俗称"长头")切成细丝,再将灯草芯剪成碎末,撒于蚕种上,旁边放一杆秤。当蚕蚁爬上"长头",用鸡毛轻轻将桃叶丝连同蚕蚁掸下,放于蚕箩。此俗称"长蚕花",沿袭至今。

三、其他生产习俗

请棚头五圣

亦称请棚头神、请栏前菩萨等。每逢清明节、兄弟分家独立门户或新猪羊落户、饲养猪羊不顺等时,农家就要请棚头神,以求菩萨保佑猪羊饲养顺利。基本方法如下:在猪羊棚前的地上放置一张圆形小筛子,内放熟肉一碗,煎鱼一个,鸡蛋一枚,酒、饭各一盅,筷子一双,用三根稻草打一人形结,置于酒盅边以代神位,装香点烛,主人面朝猪羊棚作揖。完毕时,焚烧佛纸,洒洒在棚前地上。

百花生日

农历二月十二日,称花朝日,本地人俗称"百花生日"。旧时村民以彩纸制幡,插门前道地边,再挑选一棵桃树或枣树,缚捆红布条或红纸片,插些纸花,祈求花木茂盛,无病无虫;过节时要用柴刀砍掉一些果树树杈,这样可多结果实。农妇多在发髻上插上油菜花,也插荠菜花,谓入夏头不晕。饮食方面,则采集百花,和米一起捣碎,蒸制成糕食用,谓之"花糕";采集野外生长的白蒿、荠菜等,谓之"挑菜",然后制成时鲜应景的春菜粥食用。如今老年妇女中,还依稀可见此俗遗风。

车水唱《哈头歌》

《哈头歌》的前身就是《车水号子》。旧时,本地人为排涝抗旱,素以人力踏水车车水。车水一般需4至8人配合。车了多少水,需要计数,人们便以呼唱来计算水车运转的次数。具体地说,人用双脚踩踏轴轮上的步柱后,轴齿轮带动车链(挡水板)运转。一般轴由12个齿轮、车链由120块挡水板组成,120块挡水板运转一次,即为一转。为计数方便,村民在轴的某个齿板和车的某块挡水板上各做一个记号,当水车运转时两个记号相逢,就算一哈,俗称哈头。一哈车链运转10次,逢哈头即唱,17哈进位为1起,满1起便调班休息。唱哈头时,往往一唱众和(或一问一答),以唱代言,由一靠近记号的车水者担任领唱。大家按照计量数序齐声和唱,使计数在众目睽睽的演唱中正确无误,得到大家认可。

拜师收徒

旧时手工业者,人人都要拜师。先寻找中人(一般为亲戚或熟人)撮合后,择日携猪肉、面条、红烛、红枣、桂圆等礼物,由中人引见师父,然后立"关书"(契约),再举行拜师仪式,点香,拜祖师像,师父坐椅上,徒弟行大礼,俗称"跪过红毡毯,才算有出山"。礼毕,中人将红枣、桂圆分赠在场的师傅和师兄们,意为结缘,再由师父领徒弟拜见师母。学徒头年一般不学艺,只帮师父家做扫地汰碗等杂役,甚至要倒师傅的夜壶和师母的马桶。三年学徒期,师父只管饭,不发工钱。期满后,由家人出资办一桌酒席,酬谢师傅,称"出师酒",并且师徒从此结成亲戚,逢年过节,徒弟仍要拜望师父。

求职

旧时外地来的手工业者求职,须按行业找同行"作坊",向主人自陈师门及求职意向,主人若觉得合适,即雇用;如果不中意,则向其他同行推荐。若无人收留,即由主人供应"两餐一宿",次日奉送盘费,打发其另谋生计。

辞退

旧时,业主如果要辞退一年以上的长工,必须选择在农历正月初五接财神之日。这一天,如果主人不使某个长工拜财神菩萨,即为辞退。

新年开工

每逢新年开工,东家必放烟火、鞭炮和炮仗,甚至还要占卜选日子、定时辰,请神祭祀，讨个喜庆，图个吉利，期待"开门红"。这种开工习俗流行至今，长盛不衰，只是近年来因为国家禁放烟花爆竹而渐趋消失。

摇船出远门

从前，摇船出远门，先要找盲人择日、定时辰。出门前几天，尽量不吃鱼，即使吃鱼，也不能将鱼翻过来吃，亦不能说"把鱼翻过来"。开船时刻，女人、小孩不得当面相送，也不得多嘴，预防女人招来不吉，小孩招来臭嘴，致使出门不吉，旅途不顺，或者生意不畅。

第三节　生活习俗

和各地一样，漕泾一地，在千百年来的日常生活中，形成了许多传统习俗，包罗万象，不胜枚举。这些生活习俗大多表达着人们的情感和愿望，符合中华传统美德。比如，人际来往、说话沟通时，特别讲究"利市"，防止"冲口出"，否则，既失自身风度，又伤别人情感。当然，其中也掺杂着愚昧无知，甚至封建迷信之处。

一、婚姻习俗

从前，本地婚姻习俗繁复，而且环节众多，礼数讲究，过程冗长，现择其要描述如下。

说媒

也叫说亲、提亲等。从前盛行"父母之命，媒妁之言"，因为在男女授受不亲的古代社会里，"男女双方非媒不知名"。作为姑娘来说，一旦有父母之命，活着是人家的人，死了是人家的鬼，否则就是不孝。媒人是男女双方之间的唯一沟通中介，起着牵线搭桥的作用。有了父母之命，媒妁之言，婚姻才被视为正统。媒人在一系列说媒环节中担负着中间人角色。虽然也有两情相悦的，但更多的夫妻是假媒人之口登门说媒提亲而成的。

对帖子

又称卜帖、报吉。媒人在得到男女双方父母的认可后，便可递"帖子"。"帖子"也叫"八字"，在大红纸上，以天干地支方式写上姑娘出生的年、月、日、时，即生辰八字。女方出帖，媒人领贴，并送到男方家中，交给男方，看看能否

"对得上"帖子。古人迷信,以火灼龟甲灼开的裂纹来推测吉凶。后大多请盲人或者巫婆根据男女双方出生的年、月、日、时进行掐算,看八字是否相合,五行是否相配,相合的定下亲事,不相合的就把帖子退掉。也有少数家庭把女方大红的八字帖供奉在灶君堂前或家堂前,看看几个月内家中是否一切顺利,要是蚕茧茂盛,人口太平,生意顺利,就算"卜吉"了,要是家中出现重大"不顺",如族人吵架、家人病亡、蚕茧歉收、生意蚀本等,便将女方八字帖交由媒人退还给女家。此俗行将消失。

订婚

古称"安心",俗称"传红"。卜吉后,如婚姻可成,男家即送"安心礼"至女家。富家送一块金块,上镌吉祥花纹,还有一个金锭、一对金如意,取"决定如意"的口彩。女方受礼称"受茶",并向男方答礼,然后请至亲吃定亲酒,公布婚约。贫家送礼视经济情况而定。旧时男女订婚后,逢节日男方应送礼到女方家,如粽子、月饼、鸡、鱼、猪蹄髈、糕点等,用竹篮或木篮装盛,故称"送礼篮"。此俗仍盛行于本地。男女双方相中并得到双方家长首肯,即择日举办定亲酒,男方赠送聘金大红包给女方,若两头安家则无红包来往。

择日

即男女双方确定婚期。男家须购办首饰(金戒指、手镯等2至4件)、果盒(盒内分两框,一置桂圆,一置茶叶)及聘礼数十元至数百元,由媒人送至女家。女家亦备糕盒及和合(传说中的和合二仙)一座(置玻璃盒中,为绸或纸制成),座下以红绸包庚帖,回赠男家。在准日之前,媒人先须"话亲",即男家托媒人往女家提议迎娶,女家故意不允,至少往返三次才答应。男方选定结婚日期,提早半年通知女家,称"对盘",又称"行大盘",托媒人送礼,有绸缎、布料、首饰及礼金,礼金数亦甚可观,也有女方讨价还价,致使男方送追礼的;同时,还要向至亲"行盘",以期至亲加倍"出盘"。此俗1949年后本地仍流行,时有为追索聘礼,男方因贫穷无法满足女方要求而造成婚姻纠纷的,不少男子为行聘负债累累。

婚姻礼数

为表示对女方家养育之恩的认同,婚礼中免不了要赠送礼金,有"正封""大盘""小盘"等许多名目。正封(正礼)是给女方家置办嫁妆,红封上一般写"聘礼之敬"。大盘是给女方长辈的礼钱,其中,给女方爷爷、奶奶、外公、外婆的礼封上写"尊祖之敬""外太之敬";给女方父亲的写"堂上之敬",给女方母亲的写上"生育之敬"（俗称肚痛封筒）；给女方弟兄的写上"尊舅之敬"。小盘亦称外盘，是给女方娘舅、姑父、表小伯等的，给媒人的写上"月老之敬"。娶亲时，还要赠送名目繁多的小封筒，如茶水封筒、子孙封筒、厨司封筒、抱舅封筒等，以表谢意。

安床

择定良辰吉日，在婚礼前数天由"好命佬"将新床搬至适当位置。在婚礼之前，再由"好命婆"负责铺床，将床褥、床单及龙凤被等铺在床上，并撒上各式喜果，如红枣、桂圆、荔枝干、红豆、绿豆。安床后任何人皆不得进入新房，触碰新床。直至婚礼前晚，须邀约双数的未婚青年，在新床里睡上一晚，谓之压床。"好命佬""好命婆"由父母、子女健在，且婚姻和睦的男女长辈亲友分别担任。

好日

就是结婚的日子。新婚人家要办酒宴，当家人要在"好日"前的某日上午，拿着一包红糖或状元糕，逐家上门"告吃酒"。"好日"一般为期三天。第一天是谢媒和新人上头、客人进场。早上族人先将自家八仙桌、长条凳、撑盘等用具拿来（现在多由当家人向婚庆公司租借圆桌、凳子、喜棚等整套设备和用具），并开始买菜、洗菜等，俗称相帮；中午娘舅、姑夫、表小伯等至亲和媒人前来报到，有的还会带来上头圆子等，提前一段时间还要送给新人布料（现送"折衣钱"红包代替）；晚间俗称"进场"，所有亲戚分远近，或全家，或两人到场，把"人情"（礼钱，用红纸或红袋包着）交给当家人，长辈还要送新人"见仪"（即见面礼，数额大致相当于所接外盘的2倍）；朋友和本族出嫁姑娘不攀亲的夫家等要送来"贺封"。晚餐开席前，先举行新人上头仪式。酒席少则五六桌，多则几十桌。第二天是"正日"，有娶亲送亲、拜天地进洞房、拜家堂、敲灶囱、回门、闹新房、吃小夜饭等环节。第三天是谢相帮。

上头

由古代成人礼演变而来，男的叫"冠礼"，女的称"笄礼"。男女新人在婚典前夜（拢客夜）择定良辰（男方比女方早半个时辰），于自家大门间举行上头仪式，象征自己已是"大人"了，从前由"好命佬"及"好命婆"主持。新娘要"开面"，用棉线绞净脸上汗毛，使脸色光滑，意味着要成人妻、做人妇，不再是黄毛丫头了。男方要提前送来女方"拢头"（头饰和新衣）。现在简化了，厅堂里摆放八仙桌，上供上头圆子等，新人坐在桌前红漆椅子上，父母托着上头盘在新人头上做三上三落动作后,将盘中上头花戴在新人胸前,并帮助新人穿上新袜新鞋,然后新人起立叩拜。另有一说,上头原谓"妆头",意即为新人化妆。

娶亲

娶亲前女方索礼,如"谢娘篮""请坐礼""抱舅礼""肚痛礼"等,俗称"发轿还要银百元,媒人随轿送五盘"。一般在"正日"天亮前,男方用轿子或摇船式,鸣锣开道到女方家,到时鸣炮(开门炮仗)表示到了。接亲时,轿前要由父母双全的两童男提灯。女方用茶宴招待来宾后,乐人师傅吹打,由小伙提灯或烛来回三次,催新娘上轿。女方上轿前,先隔门槛由女方亲戚传递嫁妆,男方候接,嫁妆一般少于男方礼金。嫁妆中马桶是必备的,俗称"子孙桶",红漆,内放一包花生,两个染红的半熟鸡蛋。当新娘上轿时,轿前铺芦席(或米袋),新娘踏着上轿,意为不带走娘家的泥土,也有舅父或兄弟抱上轿的。新娘上轿必须哭,谓"哭发哭发",一般新娘小声哭泣,母亲大声哭泣。娘舅抱新娘上轿后,先由母亲喂饭,然后由兄弟扶轿杆,起轿旋三转,于鼓乐声中抬往男家。如果乘船迎娶,有的地方船上置两根带泥的青竹,新娘上船后,急速行驶,竹篙撑岸,以不沾水为吉。

婚礼大典(拜天地、拜堂)

迎亲船回到男方家河埠头(轿子到达家门前)时鸣炮,盖着红头巾的新娘子由娘舅抱进男方家大门落座,其间要依次踏着递进的麻袋进门,谓之"传代",用五只袋,兆"五子登科";还要跨越火盆或绕火堆三圈,意在拒绝一路可能带来的邪气进门。在摆满供品的桌子前,新郎新娘在司仪(或喜娘)引导下先拜天地,再拜父母高堂,三是夫妻对拜。然后,父母朝南坐(如有一亡故,也要虚设盅筷),新郎新娘跪着敬酒。礼毕,新郎持红绸带牵着新娘,由两青年持一对花烛导入洞房。洞房坐床男东女西,传说新娘坐床面积多,兆婚后老倌怕老婆;新郎坐得多,则兆婚后老婆怕老倌,故互不谦让,紧靠而坐。坐床后,新郎用秤杆(寓称心如意)或甘蔗(寓节节高,老来甜)挑起新娘的盖头红纱巾,喜娘将枣子、花生、糖果等向新房床帐内外四处抛撒,称"撒帐"。酒席上,新郎新娘问候宾客,并敬烟敬酒,长辈当场给见面红包。

拜堂成亲

敁（tǒu）灶囱

姐（妹）结婚当天下午，其弟兄前往探望，谓"敁灶囱"。男方家先设茶宴（茶水糕点等）招待，再入席吃酒宴，新婚姐夫家要送红包。此俗缘起如下：传昔时新娘子常受婆家姑娘或妯娌捉弄，将烟囱堵死，新娘烧饭时烟雾弥漫，受到公婆指责。其兄弟来探望，发现蹊跷，用长竹竿敁通烟囱，烟道畅通后烟雾顿消，饭菜烧好。此传说含有娘家兄弟保护新娘子在夫家地位之意，此俗境内仍流行，只是当下兄弟多随送亲队伍提前到达新婚姐夫家。

闹新房

闹洞房是婚礼中的高潮环节，除逗乐之外，还有其他意义。旧时男女结合多是经人介绍，相互之间比较陌生，闹洞房能够让他们驱除陌生感，为新婚生活开个好头，此外闹洞房还能使亲友彼此熟悉，显示家族的兴旺发达，增进亲友间的感情。具体活动是宾朋好友提出各种刁难游戏，迫使新郎新娘大出洋相，借以取乐，有"三日无大小""越闹越荇发"之说。

吃小夜饭

旧时，新婚当晚，闹新房后，亲戚基本散去，剩下本族人和村上人，男家要在大门间里摆上酒菜，让新郎新娘吃，谓之"吃小夜饭"。喜娘在旁一边揽菜，一边说些开心喜气而又调皮调侃的话，如吃个肉圆子，养个大儿子；吃张肉皮，夜夜碰肚皮等，引来满堂欢笑。其实，结婚吃"小夜饭"，始于明代朱元璋嫁女时特地用红绫包了一小碗面，放些腌菜，叫女儿在睡前吃。原意是闹新房后，客人走了，担心新娘刚到婆家不敢吃饱，又不好意思向婆婆索取，所以养身娘事先准备好一份饭菜，并告诫女儿：以后过日子要靠你自己了，要学会勤俭持家。此俗20世纪70年代后逐渐消失，改为随嫁妆品一并送2碗米饭，用红丝绵包裹。

回门

清代称"对月""望对月"。即结婚一个月以后，妻子带着丈夫回娘家探望，新郎带去一桌酒菜，俗称"桌面礼"，岳父母也送见面礼。此俗1949年后仍流行，但回门已不限于满一月，多数三天就回门。近几十年来，"回门"安排在婚礼正日下午进行。

摆汇（会）亲酒

结婚后，新娘子的娘家自然成为男方亲戚，新娘子在娘家时的至亲大多也与新郎家成为亲戚。为此，从前男家要摆汇（会）亲酒，凡不来出席者，意味着不愿意结成亲眷来往。

嫁女三件套
旧时女儿出嫁，女方父母除置办嫁妆外，另有三件特别礼物随船送到新娘子的新家：万年青、桑秧、火叉。万年青象征四季常青，吉祥如意；桑秧有"桑秧近近种，姑娘远远送"之意；火叉，意指"天错地错是我错"，是爷娘对女儿的教诲，万事忍耐，孝敬公婆。

招女婿
又名"入赘"，俗称"倒插门"。招婿女家一般有女无子，以招婿来传宗接代和增加劳动力。男方则家中兄弟众多，无力娶亲，入赘女家。从前，上门女婿地位低下，上门后要更姓（随"坐家囡"姓）改名，生下的子女一律随母姓。1949年后一段时期，家庭成分为地主、富农的男子往往入赘于贫下中农家庭。

两头开门
这是21世纪后逐渐形成的新习俗，源于计划生育。因为男女双方都是独生子女，恋爱结婚过程中，双方都挑明：男不娶不赘，女不嫁不招，男女结婚后要共同顶着两边的门庭。正因如此，结婚时无彩礼嫁妆往来，各自办理己方酒席，各设新房，轮流住宿，或者在城里共同布置一套新婚房子。至于孩子姓氏，一般都是事先协商好，多为头胎跟父，二孩随母。

媒人
俗称媒婆大人，也叫月老，据说月老是天庭里专管婚姻的一位上仙。一般情况下，媒人手里掌握着一些姑娘的家庭背景、年龄人品，才貌长相，以及父母对儿女婚姻的要求等信息。媒人心里都有一本账。媒人首先要权衡谁家姑娘配谁家儿子比较合适，这就是当时人们所倡导的"门当户对"。因为门不当户不对，即使成就了婚姻也未必幸福，只有男女双方的社会地位、经济状况、人品相貌旗鼓相当，才能结成夫妻。在旧时代，由于家庭贫困，结婚生子仅仅为了传宗接代，贫不择妻的也不在少数。进入现代社会后，有的家庭仍然利用媒人牵线搭桥成就婚姻大事。有的男女双方虽然是自己选中了对象，还是要假媒人之口"牵线搭桥"的。因为在婚姻方面许多事情不便当事人直接协商，譬如彩礼的多少，嫁妆的好坏，很难讨价还价，以媒人居间调停较为合适。

"四师一娘"
"一娘"，即喜娘，俗称"喜家娘娘""喜家大妈"，为半职业性质。旧时喜娘在婚礼前一天至新郎家,为新郎母亲梳妆,接待客人。迎亲日喜娘为迎亲船准备物品用具,然后随船至新娘家,引新娘上轿、入船。到男家后,喜娘引新娘上岸、下轿,仪毕,引新郎新娘入洞房,为新郎新娘铺床摊被,陪伴新郎新娘吃"状元花烛饭"。次日,喜娘安排新郎父母吃寿饭。喜娘一般都口齿伶俐,在每道仪式上都能随口编出取悦人的好口彩(顺口溜)。"四师"是指厨师、茶师、乐师、铳师,乐师在婚礼中除了吹拉弹唱外,还兼有调度指挥、主持等工作,懂得传统婚礼的顺序和所有习俗。境内"乐人师傅"从前有朱永清,现在有吕志杰(道士)、沈杰(婚庆师)等。

1949年后,本地婚礼习俗有所变化,如整个婚庆流程缩短,目前只存留定亲办酒席和好日摆酒二大环节。订婚时彩礼很重,但名目简化;婚前双方乘火车到上海,男方为女方买手表、衣服和床上用品;迎娶不用花轿,代之以船,婚礼司仪简化。"文化大革命"期间,曾有几年办酒席要批准;20世纪80年代后,逐渐以自行车迎娶,讲究丝绵被有几床、家具有几只脚等;20世纪90年代后,讲究家用电器配置,时兴外出旅游度蜜月。21世纪后,结婚讲究在城里是否买房,有没有私家车;婚礼复趋考究,酒席越发客气和洋气,喜宴有冷盘、热炒、和点心、水果,配以蹄髈、全鸡、全鱼等大件,海鲜越用越多,瓶装高档酒取代家酿米酒,无论贫富设宴时均表现出不同程度的奢靡之风。

二、生养习俗

生儿育女是人生一件大事,关系到血脉延续和家族繁衍,历来为人们所重视。为此,本地围绕生养积累了许多习俗,如视怀孕为"有喜",生子为"添丁",产子前要催生,产后产妇要做舍姆娘(坐月)、家庭要摆剃头(满月)酒,为孩子做周岁等等。

端催生蛋

出嫁女儿临产前一个月,娘家须择吉日送来鸡蛋(常为12个),称"端催生蛋",祝分娩顺利,早生贵子。若半月后未生下,娘家要再端一次催生蛋。其实,出于"客气"和"面子",女儿第一次"做舍母",娘家总要端2次以上"催生蛋"。

诞生礼

婴儿诞生,必用红脚盆温汤洗浴,随后包入褓袱用秤称其重量。男婴加入算盘和历书,女孩加入剪刀和尺一起称。1949年后孕妇大多去产院生育,此俗渐废。

报生

孩子降生,其父即往外婆家报生。外婆家要送早已准备好的红包裹一个,内有婴儿的衣服、裹裙、尿布等。男家在大门门户柱上挂筛子一只,筛子中央贴有一小方红纸。若生男孩筛子挂东柱,生女孩则挂西柱。

做三朝

孩子生后第三天称"三朝",由外婆家送来鱼肉、糕点、果品、香烛斋佛,称"做三朝",然后将供品分赠邻舍儿童,称"结人缘"。同时,父母为孩子取名,多为"乳名"。

端蛋汤

也叫端舍母汤,指得知亲戚家添丁,月内必须送礼祝贺。从前主要是送些镬糍、红糖、鸡蛋、糕等,礼数成双,以图"成双富贵",如今大多折钱送个红包。同时,还要"串长寿仙"(见面钿)。

剃满月头

小孩满月(常为生后的第28天或临近一月时择吉日),要请剃头师傅上门来剃胎发。剃头时,要在小孩头上留一小撮胎发。据传,这样做的目的是盼望小孩像猫狗一样好管。剃毕,要送红包给剃头师傅。主家备寿桃、水果、香烛,为孩子斋星官。富有者要办满月酒,宴请外婆一家及亲朋好友。当日,外婆家送来鱼肉、寿桃、水果等,为孩子斋星官并送礼。次日,小孩随父母到外婆家做新客人。到外婆家时,小孩要从靠在屋檐下的梯关口穿过,然后放在灶口或门角落草柴堆上。穿过梯关,谓"过关",寓意小孩"日长夜大无关口";草柴堆,谓"睡柴窝",寓意小孩"似小猫小狗一样好管"。小孩回家时,外婆家要串长寿钱,红蛋(染红)、红甘蔗(甘蔗扎红绳),打送包子,还要赠纺纱纡子、历本袋及银项圈、手镯、脚镯、摇铃等,有盼小孩快快长大、吉利顺经之意。此外,也有在小孩出生百日时,给小孩挂长命百锁的等。

串长寿仙

旧时,小孩子第一趟到亲戚家做新客人或者新年里来做客人,亲戚家的长辈要用线绳串一些银子或铜钿给他,额度很小,意在祝愿健康成长,如仙家一般长命百岁。现改用现钞红包替代。

做周岁

小孩生后十月,要"做周岁",庆祝孩子出生后的第一个生日。重头戏就是

"抓周",又称"抓龟":父母为婴孩沐浴后,打开外婆家送来的红包裹,给小孩穿新衣,戴虎头帽,胸挂百锁(长命锁),再抱到厅堂八仙桌上。这时,八仙桌上早已摆满了书、笔、算盘、秤、尺、剪刀、玩具、状元糕等,令婴孩双脚踏在四脚龟上,任其自由抓取桌上的东西,以他所抓着的东西,来预测他未来的一生和前途。如抓取书、笔等文具,预示将来喜爱读书、能写文章;抓取算盘、秤,则预示日后善于经商,精打细算,会过日子;女孩抓到勺子、尺子等,说明将来会做家务活;抓住状元糕能做高官等。然后,桌上点燃香烛,放置寿桃、糕点、水果等,立太君马幛为其斋星官,小孩脚套寿星鞋作揖。届时,外婆家馈赠礼品,亲友送礼庆贺,俗称"周礼",包括一段布料等。主家要办周岁酒宴请亲友,并向邻里分送寿桃等。此外,小孩周岁后到十六岁前,每年生日,家长要给小孩烧糖蛋或面条。随着社会进步,现在小孩过生日形式日趋多样化。

上学礼

小孩第一天上学,家长一是要将孩子的一双鞋放在灶洞口,以避免逃学回家。二是让小孩带上状元糕、糖果等,分送给小朋友们,谓之"结缘"。三是步入私塾或学堂后,要举行拜师礼,先要叩拜至圣先师孔子神位,双膝跪地,九叩首;再拜先生,三叩首;然后向先生赠送"六礼"(芹菜寓意勤奋好学,业精于勤;莲子心苦,寓意苦心教育;红豆寓意鸿运高照;红枣寓意早早高中;桂圆寓意功德圆满;干瘦肉条以表达弟子心意)。先生为孩童举行朱砂开智(朱砂启智或朱砂点痣)开学仪式,手持蘸着朱砂的毛笔,在孩童眉心处点上一个像痣一样的红点,因为"痣"与"智"谐音,意为开启智慧,目明心亮,希望日后学习能一点就通。

过"韩信关"(斋星官)

男子29岁,俗称"韩信关"(此俗据传与韩信29岁被杀有关),一般由岳父家前来操办,礼品有米粉做成的寿桃一担,另有水果、糕点等,称斋星官,由过韩信关的男子行礼拜揖,说一些保佑、祝愿的话。家长备一桌酒菜,招待岳父一家。女子29岁,娘家也替她斋星官,但规模较小,只是讨个"吉利"。仪式后,还要向邻里朋友赠送糖果,以示"渡过韩信关,一生保平安"。此俗现在演化,年岁逢九的年初一,必斋星官;祭拜一番后,分送寿面、糕饼、果品给村上各家各户;意在预祝子女事业有成,并提醒晚辈人生道路上注意自身安全与健康。

做寿

父母六十花甲要做寿,但本地一般"做九不做十",即59岁时,女儿家要替父母亲做寿,为寿星送来全套寿衣,包括帽、鞋、袜等,猪肉一腿,鲤鱼一尾,还有寿幛、寿烛、寿桃、寿面等。拜寿时,一边摆桌祭祀,一边让寿星坐在正位,接受子孙晚辈和亲友祝贺、叩拜,而寿星亦要给小辈发"拜寿钱"。礼毕,吃长寿面,并分送村埭邻居。晚上,举办寿宴。从前,家境贫寒者无力筹办寿宴,但至亲,如女儿、外甥、内侄等在过寿者59岁时得送蹄子、鲜鲤鱼等,称"补生"。家境小康者,虽也做寿,但酒席、礼仪从简。做寿习俗如今尚存,但大多改送红包给寿星,并合家欢聚,以表孝心。70岁时,一般不做寿。八十、九十、百岁时做寿,称"做大寿"。旧时,还有为已故父母做寿的,谓"冥寿"。

六十六担肉

年纪六十六,阎王要吃肉。旧时农人认为,66岁是人生的一道坎,老人容易发生意外,而想要破解这道坎,就必须要吃闺女买来的"一刀肉",或66块酥肉,以保平安,顺利过"坎"。据说这是为还阎王的债,实际上也是解老人的"馋"(嗷食)。现在多为折送钞票。

"望"病人

人生一世,难免生病。此时,亲戚好友要"望"(móng)病人,本地乡间叫"望讯",实为探望,祝病者早日康复。探望有禁忌,如每年清明节、中元节、寒衣节和农历每月初一、月半、廿三均不宜望病人(从前人们认为初一、月半属上香日子,很多孤魂野鬼会出现在病人周围,对病人极其不尊重,不但会把阴气带给他们,还会让阴间误以为病人身体不好,就会催着这些病人走;廿三是月忌日,要回避),其余日期也要农历逢双,单日不吉利;时辰要逢早,必须上午进行;要带上"望包"(慰问品),其中要注意不能给病人带梨,因为谐音离。现大多改成以红包慰问。

三、丧葬习俗

旧时,境内人死后,凡有后代或族人料理丧事的,多要摆一定规模的"豆腐饭",亦称"素酒"。丧葬仪式庄重,将死者置于棺材内,停放家里三年后,再择日移棺土葬,堆土成坟,或在自家地上修筑棺材亭子。有些大户望族辟有家族墓地,坟墓修筑豪华,且祖坟(堂总坟)配有坟田坟地,聘请守墓人(有些竟然世代沿袭),甚至兼种坟田坟地,有出产时,办坟酒,分坟产。1949年后,政府倡导移风易俗,简化丧葬。"文化大革命"期间,曾出现某些极左做法,挖祖坟,平坟头。1987年7月1

日后，遗体实行火化，骨灰盒（骨灰瓮）安放在政府提供的公墓里。

送终

死者咽气之时，子女和近亲须随侍在侧，听取临终遗嘱，断气时急速将病榻蚊帐除掉，为死者脱衣净身，更换事先准备好的"寿衣"（内衣）。寿衣须成单，若是女性死者，为免遭地府剥衣之辱，要穿红棉袄裤。同时，床前要焚烧佛经和纸钱，灶山上燃香点烛，村外三岔路口架砖烧草鞋（现改用布鞋、球鞋之类）；现场女性要手持燃香，环跪病榻前号哭（哭灵）；约请一桌老太婆念佛。此谓"送终"，意将死者灵魂从现世送入阴间。

转场

由子女和本族侄子将死者从居室转移至中堂（大门间），铺尸场，设灵堂。转场中，长子捧头，次子捧腰，季子捧脚。若儿子少，可由侄子等近亲晚辈甚至本族相帮替代。停尸门板上，死者头南脚北或头东脚西，着元宝枕，嘴含用红纸包裹的银锭，两脚用泥砖夹住，脚后点油盏灯，称"脚后灯"，身盖至亲所做大被，称"盖尸被"；头边放米饭一碗，中间竖插一双筷子，称"头边饭"；晚辈开始昼夜守灵。转场后，及时将死者病榻及其草席、被褥等扔于屋后地上。丧事伊始，死者儿子需理发，俗称"剃孝子头"，一为剃头驱邪，二因"五七"之内不许理发。当然，有的村坊转场安排在开吊进场后的当晚。死者生前衣服，一部分于入殓夜的半夜里焚烧于村外三岔路口，另一部分于接眚、化座等时烧给死者。同时邀道士做法事，超度亡灵。近亲送"忏"，丧家回谢；"乐人师傅"应邀进场吹打。

报老

也称报丧或报死，实为发讣告。先由家人或族人请道士推算入殓、入土时辰和"接煞"日期，并将死者姓名、生死日期、所住都图和入殓、入土时所忌"冲克"写在黄纸上，称"批书"。批书斜贴于边门，以示昭告；本族男性2人一组，分头到亲戚家去告知死亡、吊唁有关事项。报老人一般不进亲戚家门，一旦进入，亲戚家要请报丧人吃"烟火食"（糖蛋或糖茶），以示慰劳和除晦。

开吊

转场后，灵堂前用白布（现改红布）作幔（俗呼孝堂），分隔内外两部分，幔内死者平躺在门板上，两端点油灯，现在还加上五色闪动树灯，近亲属在旁伴灵；幔外放八仙方桌，桌上放鱼肉，燃香点烛，接受亲朋好友前往跪拜吊唁。旧时，阔气人家设长流水席，吊客礼毕入席用餐，全天不断。

奔丧

接到讣告后，亲戚陆续前来奔丧吊唁，并携带冥被、羹饭和蜡烛等，至亲追加坐臀等，本族只备蜡烛。客人吊唁作揖时，死者女眷伏尸痛哭，儿女辈跪拜回礼，乐师吹打。然后，亲戚好友到账桌边呈报素仪，亲戚的叫"人情"，朋友的叫"吊子"，账房代东家收受，并登记在簿。

披麻戴孝

父母亡故，儿女须披麻戴孝。儿子头戴粗麻帽子，身穿白长衫，腰束麻草绳，脚穿麻面鞋，为重孝。女儿、儿媳头戴白帽，身穿白衣裙，腰系白带子，脚穿白面鞋；孙辈头缚缝有一块小红布的白布条；曾孙头缚红布条，身披红披风。参与吊唁治丧的亲戚和本族人也相应缚白腰缠，戴白帽子。现场所有人不得穿戴鲜艳服饰，尤其是嫡亲子侄不能着红，否则会被人视作"不孝"。穿着丧服行走时，要远离邻居家，更不能入内，否则会带进晦气。假如一不小心进入隔壁人家大门间，丧事办理后，要立即购买香烛和菜肴，代为请家堂。

豆腐饭

丧家要为吊唁者置办素酒，俗称"办豆腐饭"。从前"豆腐饭"以豆腐、豆腐干、千张、油豆腐等豆制品和蔬食为主；出殡后，素席改荤席。现今每餐皆荤菜，仅进场餐有一两盆豆制品素菜。

入殓

在"土工"为死者穿上寿衣后，子女先为死者梳头，念梳头经，尽最后一次孝道。然后，子孙辈将死者从棺材板捧移入棺，盖上多层被头，然后晚辈2人一组依次对扯绵兜蒙于尸身上，意思是视死者为蚕，所扯绵兜为蚕儿吐丝结茧，边扯边吟蚕花民谣，祈求死者保佑晚辈养蚕顺利，生活安定，称"扯蚕花"。晚辈多，拉得多，茧层厚，结果好。同时僧道诵经，乐师吹打，女眷号哭。土工负责盖棺敲锭榫后，再用众多的红绿带子棺身交叉捆扎起来，并打好花结，此谓"结瑶"。次日一早，众亲送死者去火化。从前土葬时，入殓环节移至交日下等送葬前夕进行。

上庙

子孙、族人及至亲聚集，由逝者哲嗣捧灵牌、持灵幡，曾孙辈提红灯，引领至当坊庙界，称"上庙"。一路号啕痛哭，撒纸钱，在转弯处、桥梁处点烛，呼唤死者名讳。上庙路上，曾孙辈遇桥要爬过。到庙前，以红竹棒敲庙门，众人跪入，揩墙壁，摸柱子，哭拜庙中诸神，祈求对死者的庇护。在庙内要烧念佛篮、竹椅，点

"满堂蜡烛"等,众人转圈。上庙实为去庙里"报度牒",把死者的名字报在寺庙名册上,寺庙为之立长生牌位。此俗如今仍有,但形式简化。

送葬

先由道士在灵前"跳花"(一种原始宗教舞蹈),再"盘蚕花",时儿子手捧升箩蜡烛,带家人在前,亲戚族人单手持烛香在后,依次围着棺材来回盘绕三圈。然后族人相帮将棺材转三圈后,移至道地,搁于凳上,用两木及两扁担捆扎好后,道士在棺盖上猛击一瓦,称"赶煞",起棺送葬就此开始。前有沿路撒黄纸钱人(俗称撒买路钿)及秉烛人开道,本族四男壮抬棺,子女亲邻随后,女眷沿路痛哭,僧侣诵经,乐师吹打,送至墓地。从前不直接落葬,还要置筑棺材亭子。回转时,丧家道地上燃烧草柴,置"烟火墩",送葬人跨越烟火墩,并要吃糖,以示除晦。当下,棺材改为骨灰盒,送葬前还增加去桐乡或海宁殡仪馆火化的环节。旧时,有停棺在家多年不葬的习俗;未成年人夭折,要用绵兜裹尸体,装入箩(笼)或布袋中,悬挂桥下或临水的树上,任其风吹雨淋,谓"风化",日后自然坠落于水,谓"托生"。

送葬

座头台子(灵台)

拆除灵堂后,靠退堂置灵台,称"座台"。桌上放置女儿家送来的座头(纸房子),桌前端围素色桌帏,桌上摆放死者灵位及香炉、烛台,一盏油灯昼夜长明,桌下小竹椅上放一被面,椅前放死者鞋子一双。桌前上方悬挂道士撰写的"超度文榜"。座台一般设3年,每日点油灯,供以茶饭,名"端座饭",孝子数月不能理发,亦不能穿戴鲜艳衣饰,衣摆不缝,且3年之内不能出远门,称为服孝。吕希周就是因为父亲亡故而辞官回籍,丁忧3年的。

做七

死者断气谢世的当天起,每七天为一个"七",七"七"四十九天。去世第三天天放亮前,女儿、儿媳要到坟头哭泣,称"望三朝"。第一个七称"头七","头七"早上,至亲要烧几个荤素菜前往祭拜灵位,称"做头七"。"二七"至"三七"之间每天由晚辈供素斋祭拜。五"七"之祭礼最讲究,要延请道士拜忏、老太念佛超度,要办"五七豆腐",俗称"二转豆腐"。七"七"称"断七",认为死者灵魂已经远去。

接眚

据传，人死后其灵魂要在近期的某一天回家一次，然后再到"阴司"去报到。这次灵魂的回归，由"眚神"引导，这天称"回煞"，丧家要"接煞"，俗称"接眚（shěng）"。眚期由道士按死者去世的日子（天干地支）计算。接煞时辰一到，家中假设尸场，用死者生前衣服做成尸样，再用生前盖过的被头毯子覆盖，内放几只粽子。家里各个门框边也要挂上粽子，延请道士摇铃诵经——"赶煞"到门外。然后，将接煞粽、接煞圆子供于灵前，家人跪在座台前，背向解粽子绳，并粽绳往后甩，谓"解结"。座台上所置的灵座，俗称"座头"，将灵位（亦称牌位）移入"座头"内，"结"绳系于灵台边。

落葬

落葬前，先请风水先生择地，殷实人家用石料或水泥筑穴。生前做空穴称"寿穴"。一般人家挖土穴葬棺，上盖黄土，略高于地，旁栽松柏，称作坟。贫者无力请风水先生择地，则依靠甩扁担，指向哪里就在哪里筑穴，用稻草包扎棺材入土。从前，有浮厝习俗，即用砖石将棺木四角垫高，离地三寸，暂不入土归葬，棺材外面砌砖盖瓦，形似亭，俗称"棺材亭子"。也有仅用稻草覆棺的，俗称"柴草棺材"。停棺年久（如3年等），棺木腐朽，亲属乃收拾遗骨殓入瓷甏(骨殖甏)，再行落葬，累土为坟，种上万年青和柏树等。20世纪60年代后，逐渐改为直接落葬土坟。20世纪90年代后，取消土葬，不设坟头，改为公墓，且于出殡送葬后即刻落葬。

化座

也称除灵，一般在座台设置满3年后，择日除灵。至亲端鱼肉、水果之类祭拜。请道士诵经做法事，焚烧"座头"。现在，不仅座头越来越豪华，而且还配置有纸船、纸汽车，和众多的纸糊家电日用品一起焚烧。化座后，子女、儿媳脱下孝衣，换上平常衣服，称"脱白"。1949年后，"除灵"一般在"五七"，或断七当天进行。是日，丧家要宴请亲友客人，称"除灵酒"。至此，治丧才算结束。近年，本地丧事更为简约，将上述送葬、接眚、落葬、化座等环节一并在出殡当天办毕，治丧全部结束。

关魂

人死后一段时间（通常一年）后，家人想念死者在阴间生活如何，往往会从坟头上撮一点土，然后去关魂婆那里关魂。据说，死者灵魂会借助关魂婆这个身体，与家人沟通说话。此俗现在仍在流行。

请忌日香

死者去世之日,称忌日,子孙后代要心中牢记农历忌日。逝世百日祭之后,每年这一天,家人要点烛祭拜,俗称"请忌日香",以示纪念。头几年,女儿孙女等要携纸钱参与娘家祭拜活动。一般安排在中午,荤素四或六碗,有肉有鱼,有酒有饭。斟酒后,先合掌作揖,再跪拜,叩三个响头。过一会儿,再次斟酒拜揖。约半小时再作揖,焚纸钱后灭烛,将饭菜搬回灶头。祭拜时应仪表整洁,以示尊重。此外,清明、七月半、冬至、过年等时节要祭拜,称请太太。这些体现不忘祖宗、追根溯源的中华美德。

四、其他习俗

歧视女性

旧时由于妇女地位低下,有不少歧视妇女的陋习。接待客人就餐时,女人不得入座八仙桌,至少不得坐正位;月事中的女人,被视作"不祥",祭祀时要回避,不得触碰祭祀用品;结婚场合,丧偶女性不能靠前,否则会被主人视作"晦气";外人来访谈事,女人不能擅自代表男人(主人)做主,当男人(主人)不在家时,只能讲一声"阿拉屋里呒人牢";女人不能把衣物(尤其是内衣)高挂门口,或者挂于人员进出的场所,甚至连坐船,也不能把头伸出舱外,否则会被认为是不守规矩,会给人们招来不祥;女人不可以随意跨越锄头、扁担、凉帽、笠帽等用具,一旦跨越,男人再用,会惹上晦气;女人一旦丧偶,总要被扣上"克夫"的帽子,改嫁很难;若有叔伯尚未婚配,就得无条件"接捧"。此类忌讳有些时至今日仍在明里暗里地流行着。20世纪80年代以前,生女孩,在村上会抬不起头;倘能招得女婿,也要"明吃三分亏";在老人眼里,女儿和孙女都是别人家的,生不出儿子和孙子,往往被认为续不了香火,对不起祖宗。

小孩姓名

长期以来,小孩出生,几乎清一色从父姓。20世纪90年代后,偶有冠父母双姓的。

旧时,同一家族的同辈人,一般按家谱字辈取名字;没有字辈的,弟妹跟随哥姐,首字或尾字相同。富贵人家将小孩的名与字分开,长大后还自行取号,同一孩子有时取多个名字,如乳名(小名)、大名、学名等;一般人家只给孩子取1个名字,且不考究,随意叫个小猫小狗的,甚至不取名,以排行称呼为阿大、阿六、阿九等。村民之间常常喜欢给对方取诨号(绰号),有的甚至被叫习惯后,还能广泛流行开来,以致人们只知讳名，不知真名。

民国至1949年后的一个较长时期，境内人名多选用"金""银""财""宝""荣""华""富""贵""光""宗""耀""祖""福""禄""祥""和""仁""义""德""高""健""康""长""寿""山""海""月""良"等吉利字，女性中"娥""仙""芬"等字使用频率尤高。20世纪50年代，男孩多用"庆""建""国""中""华""强""民""新"等字。"文化大革命"期间，"红""卫""兵""军"等字流行。改革开放以来，"雨""晨""宇""菲""涵""博""欣""佳""轩""思""琪"等字大量入名，而且取单名成风。

第四节　时节习俗

时节，即四时八节，原指春、夏、秋、冬4个季节和立春（春节）、春分、立夏、夏至、立秋、秋分（中秋）、立冬、冬至，泛指一年中的种种节日。过年过节，礼仪习俗繁多，其中好多习俗蕴含着一地民众特有的价值观和思维特性，包含着敬畏自然、敬仰先祖、教育后人、和谐人际等思想倾向。

一、传统节日

过年系列

旧时，农历正月初一为元旦，俗称"年初一"；从年三十到年初一，俗称过年。实行公历后，改称春节。境内春节过年，实为农民的狂欢节，是全年最重要、最隆重的节庆。广义上讲，过年是由一系列节庆组成的，从腊八开始，到正月半结束，时限长，跨度大，项目繁多，礼数复杂，既要除旧迎新，团圆欢聚，迎喜接福，又要祭神拜祖，保佑平安，祈求丰年，还要走亲访友，馈赠礼物，互致问候。

腊八节

腊月初八，寺庙设斋供粥，谓之"腊八粥"。腊八开始，农家要腌猪头，酱肉，打年糕，酿米酒，置办年货，并添置新衣新鞋，还要在家里搞卫生大扫除，谓之"掸尘"，除旧迎新。

送灶与接灶

农家都用柴火灶，灶山上供奉灶神，称"灶君""东厨司命"，俗称"灶家菩萨"。据传，腊月廿三，灶家菩萨要上天向玉帝报告东家一年情况。傍晚，东家将开锅第一碗赤豆糯米饭,撒些红糖,连同清茶和荸荠之类供果奉至灶山,点烛燃香祭灶神,红糖糯米饭均是黏糊之物,意在"封住灶君嘴巴",不让其上天向玉帝告发人间过失,使之"上天奏好事,下地降吉祥"。祭毕,在门前道地上竖短竹一根,上用冬青、柏枝缚成架,将灶君马幛系架焚烧,使其"噼啪"发声,意谓送灶君菩萨上天,俗称"送灶"。年初一,东家将印有"东厨司命"的新灶神马幛供入灶山内,下面的灶洞内放上事先用竹爿和彩色纸糊成的蚕花,然后挂上新的红布灶幔,接着把年糕切成块状盛于碗盏,加些红糖后放入灶龛。家长持香到自家天井里或场上,一边对天拜揖,一边嘴念"灶公公回来哩",然后返身回到灶间,将香插在灶山香炉上。这时,全家人轮流对灶神拜揖,算是灶神被接来了,称"接灶"。

掸煋尘

腊月廿四,家家户户掸除灰尘,搞卫生,意在扫除穷运、晦气,留下福气。扫地顺序是,如果这一年尚算顺利,可从大门口开始往内屋扫,寓意把旺气收住在家;如果运势不太顺心,可从屋子末端开始,往大门口打扫,寓意把过去的晦气彻底扫出家门。

祭祀

先请年菩萨,一般是年三十下午,农家请神祭祖,俗称"请年菩萨"。此时,先祭请"六神菩萨",请求各路神仙保佑,再祭请"家堂菩萨",感恩祖先恩德。目前,似乎多数人家已将两项祭祀合二为一。厅堂里横放一张甚至两张连接的八仙桌,上置马幛、菜刀、原生筷,茶盅2只,酒盅更多,供奉猪头(俗称元宝头)一个或咸肉一方(俗称元宝肉)、生鲜全鱼(贴红纸)、烧熟全鸡(经过阉割的雄鸡,插三根鸡尾毛,嘴衔蒜)、千张白干一盆(上置大蒜一根)、年糕及干鲜果、炮仗百响和佛经锡箔等,点香燃烛,合家依次跪拜。祭请年菩萨后,还要分桌祭祀地主太太(上地菩萨)和祖宗人人(分里外两批,里坦太太指直系三代祖先,或合祭或分祭;外头太太一般统指本地那些无人祭祀的孤魂野鬼)等,桌数较多,从下午请到傍晚。祭祀完毕,开席吃年夜饭。

吃年夜饭

农历腊月三十(小月二十九日),称"除夕"。除夕夜吃年夜饭,意为全家团圆,必须等齐家人后方可用餐,实在难齐,则设置空座。是餐,菜肴相比平常异常丰盛,且带有象征吉利、幸福之类的"好口彩",如发菜喻"发财",肉圆喻"团圆",全鱼喻"年年有余"等。吃饭要盛两次,取成双吉利,不吃粥,不淘汤,不剩"饭碗头"。锅中饭要多烧一点,称"隔年饭"。餐毕,家长习惯用草纸替小孩擦嘴,称"净口",意思是过去一年间,小孩无意间说过不吉利话,类似"放屁",不作数;长辈要给未成年晚辈发红包,俗称"压岁(祟)钿",认为可以辟邪驱鬼,保佑平安。20世纪80年代中后期开始,年夜饭后,合家观看中央电视台春节联欢晚会成为新俗。

守岁与烧头香

除夕夜燃点大红烛,糕饼果子和花生瓜子摆满一桌子,合家围坐,喝糖茶,吃瓜子,直到过了半夜子时方能睡觉,此谓"守岁"。是夜,债权人提着灯笼向欠户收取欠款,络绎于途,因为过了此夜,年初一不能再催讨债款。凌晨后,不少善男信女都要争着赶到附近寺庙烧香,以求菩萨赐福,此谓"烧头香"。

接财神

年初五为"财神日"。家家户户均在年初四夜设祭桌,请财神,谓"接财神"。桌上供"五路财神"马幛,祭品有肉、鸡(蛋),另挂一尾活鲤鱼,用红头绳缚在鱼脊鳍上,悬挂上空,谓之"鲤鱼跳龙门",祭毕将鲤鱼放生。点上香烛,三跪五拜,祈求这年财源滚滚来,香点三炉,酒过三巡,燃放鞭炮爆竹,表示已接财神。

拜年

从年初一开始,小孩穿新衣新鞋,玩大气泡,放鞭炮等,尽情玩耍,若有胡闹,家长也克制不打骂;大人遇熟人,双方抱拳作揖,互祝"恭喜发财""新年好";要"做客人",客人来了和去亲戚家,都要泡(喝)糖茶(红茶加糯米镬糍);亲戚家要摆果盘,内装瓜子、蜜饯、长生果、寸金糖、麻片糖等,还要吃芝麻炒年糕,桌上菜肴基本上离不开大鱼大肉,咸肉、鸡黄肉、鸡肉、鱼肉等,大多为"看肉",不能吃,至少不能多吃;酒多为自酿的杜搭米酒。做客人要带礼物,俗称手把子,雅称陪手礼,另外要单独赠送亲戚家老人糙纸包装的芝麻酥糖之类礼物。

拜年做客人一般有先后顺序,如年初一拜娘舅,年初三拜丈人。如果上年有至亲新婚,新年里要设宴款待新郎新娘,俗称"吃蹄子酒",红烧蹄髈必备,菜肴极丰。新人第一次上门做客带来的礼物要原封送回,参考新人给小孩见面钱多少,由当家人回赠给新人红包。客人一到,请吃糖茶。如果是小孩第一次来做客人,当家人要"串长寿钱"。

2000年后,拜年做客人,逐渐由原来的随到随吃,调整为约桌酒,即定日子,先邀请,吃圆桌,俗称"吃年酒",连招待新人吃蹄子酒也一并融入其中。近年来,摆年酒逐渐提前,甚至地点亦改在大酒店或"农家乐"。

旧时过年还有许多小习俗,如办年货,贴门联和年画,倒贴福字;年初一放开门炮仗,吃年糕,不扫地,不洗衣服;年初七谓人日,大人小孩聚集到一起,轮流坐到一杆大秤吊挂着的叶蓖里或板凳上,称体重;拜年只能拜到正月半,否则只能"烂糖鸡屙炒青菜"。

元宵节

正月十五元宵节,也称上元节。境内农家这一天,早上要吃芝麻汤圆;年轻人大多会前往硖石、斜桥、梧桐等城镇上,逛街"轧热闹",敲锣击鼓舞龙狮,观灯猜谜逛庙会,称为"闹元宵"。

二月二

二月初二,萝卜生日,男女老幼都吃生萝卜,认为此日吃萝卜,能明目,使衣领少油腻,可治头痛病等。有的甚至将萝卜抛过屋梁后,拾之再吃。当天还有吃菜煮年糕之俗。另有土地菩萨二月二过生日一说,旧时土地庙附近的善男信女,会在此日组织菩萨巡游活动。

清明

清明日称正清明,次日称二清明,再次日称三清明。清明日前一夜称清明夜,也是寒食节。俗话说,清明大如年。清明夜要祭祖拜阿太,分桌供奉酒菜,另有粽子、清明圆子及水果供品。清明夜饭,要有炒螺蛳、藕嵌糯米、芽蚕豆、马兰头等菜品,多为讨个好口彩。正清明开始,到附近寺庙烧香,去市镇看社戏;二清明开始走亲戚,邀客人;除了踏青、插柳、放鹞子、荡秋千等,还有一场重头戏是祭祖扫墓,俗称上坟,子孙们要携带"二白一绿"(把米粉用木模印成猪头、鸡、鱼形状,俗称"三牲",用麦芽粉、棉线头草和糯米粉做成草绿色的麦芽揭饼,后改成做白色和草绿色的糯米小圆子)到坟场,供奉在墓前,同时清理修整坟茔及周围杂草,添加一块方方正正的新泥土到坟头上,折几枝新柳枝插坟上,然后作揖叩头行礼,焚烧纸钱。此俗延续至今,但已简化。

端午节

五月初五为"端阳节",又称"午日节、五月节、龙舟节、浴兰节"等,此日,人们洗蚊帐,晒衣物被絮,家家挂钟馗像,插菖蒲、艾草,还要吃煨鸭蛋,吃

"五黄"(黄鳝、黄鱼、黄瓜、黄泥腌蛋、雄黄酒),并将剩余的雄黄酒挥洒于墙脚、床底等阴暗处。小孩要挂香袋,戴虎头帽,穿印花老虎衣,在额上写"王"字并涂抹至耳朵,意为除害镇邪,保夏季平安。至今仍有吃粽子、晒衣物、烟熏等习俗。

立夏日

立夏日,大人小孩都喜欢带着荞葱、春笋、咸肉、新蚕豆等食材和锅镬碗筷,去野外挖个土坑,搭个灶,架上锅,烧"立夏饭",俗称"烧野火饭",祈求健康不生病。而且,此日可任意在农家田地中自由采摘豆、笋、蒜苗之类食材,树木任由砍伐或取拿柴火,以不必告知主人为吉利,当地民俗谓:"立夏饭,不算偷。"是日,还要吃立夏糕(松花糕)、麻球、白焐肉、生豆腐拌蒜泥、咸鸭蛋等。

六月六

六月初六,古称"天贶(天赐)节",俗语称"六月六,猫狗畜生汰浴"。此时天气一天热过一天,是洗晒好时段。主妇们翻箱倒柜,把那些陈年旧货都倒腾出来,分别放置在门板、桌凳、蚕匾和晾衣竿、节节高、三脚架、篱笆上晾晒,是谓"出风"防霉变;人也可以在河中洗澡了,连家里养的猫和狗,都要赶到河边洗洗干净。

夏至

夏至日一早,小孩被邀至外婆家,一日三餐均在外婆家吃,谓"不疰夏"。是日,农家要做糯米圆子、麦包子,让小孩子靠着桑树等,一边吃,一边喊"你疰我勿疰",这样可以防疰夏。同时,当天要备菜祭祖,邀出嫁女儿回家同餐。夏至节气,是农民一年中第一个丰收时节,故要"过时节"以示庆贺。20世纪90年代后,夏至"过时节"习俗淡化,唯夏至日外甥做客于外婆家的形式尚存一些。

乞巧日

农历七月初七,又称"乞巧会"、"七夕"、"重七"。晚上,妇女在庭院场地上摆张杌头凳,上点香烛,供瓜果糕点以祭织女,乞求学会纺织、针线活,期待自己心灵手巧;还常在星月下穿针或浮针于水碗,以得影为巧。青年妇女尚采槿树叶洗发,意为一年不生头虱。现在部分农家仍沿袭此俗。

中元节

农历七月十五,佛教称"盂兰盆节",民间称"鬼节""亡人节"。传说七月十三至二十三,阎罗王打开地狱门,放那些鬼魂回家探亲,还说没出牙齿的婴孩能见到祖宗。月半这天，要裹馄饨祭拜祖宗，并邀亲戚来一起吃馄饨，俗称"过七月半"，亦叫"吃馄饨"。如果"过七月半"不予祭奠，祖宗们未享香火，是哭着回阴曹地府的，那是对祖宗不孝不敬。此外，家人死后的第一个"七月半"，要提前至七月十三过节，至亲提前送来佛经、佛柴或锡箔等，当天再来做客，叫作"第一年约桌"。现今，大多农家仍有过七月半之俗，但已经简化。

七月三十插地藏香

七月三十晚上，乡村农家要摊糖面饼（撈饼），买糕点，焚香斋佛。家宅四周、路口及平时小孩拉屎撒尿多的地方要插点燃的棒香，称"插地藏香"；还用木屑、砻糠拌油，点燃于路边，称"点狗屙香"；考究点儿的人家会在蚌壳内放菜油，用灯草点燃，置于道地、三岔路口，有的放入河面上。据说，这是为了引诱鬼从稻田里出来"敲潮烟"，以免"稻瘟"。另有一说，"狗屙香"是为了纪念元末抗元的张士诚。

中秋节

八月十五为中秋节。是夜，人们祭月、赏月、拜月、吃月饼、赏桂、饮桂花酒等，此俗流传至今。旧时，新女婿节要提前送月饼、滋补品等给岳父母，称"望八月半"。

重阳节

九月初九，也称重九，代表长久、长寿之意。此日，旧时有煮食老菱、毛豆荚、黄南瓜、毛芋艿等习俗，但从前本地不重此节。近些年来却逐渐看重，衍生出尊老敬老新习俗，如小辈给长辈购新衣，送食物，给红包，陪旅游等。

立冬

立冬日，本地有进补习俗。是日，小孩食鸡蛋，谓进补，大人食清焖老母鸡者颇多。时甘蔗成熟，故有"立冬之日吃甘蔗"之风。

冬至

称冬节，"冬至大如年"。旧时，农家多用新糯米制作"冬节圆子"，家家设供祭祖，全家团圆吃冬至夜饭，还要做客。是日，从前有将停放于野外的亲人尸骨，从棺内拾入甏中重葬之俗，谓"烧棺材"。冬至日动土，可免择日之俗。20世纪90年代后，冬至"过时节"的种种习俗渐淡。

二、新兴节日

元旦

1月1日，新年第一天，法定节假日。

妇女节

3月8日，全称"国际劳动妇女节"。

植树节

3月12日，全称"中国植树节"。民国五年（1916）始定于清明节，1928年后为纪念孙中山先生对植树绿化的强力倡导，改定于孙中山逝世纪念日。

劳动节

5月1日，全称"国际劳动节"，法定节假日。

青年节

5月4日，全称"中国青年节"，纪念1919年5月4日爆发的五四运动。

儿童节

6月1日，全称"国际儿童节"。

建党纪念日

7月1日，中国共产党于1921年7月在上海（后转嘉兴南湖）召开第一次全国代表大会，宣告成立中国共产党。

建军节

8月1日，全称"中国人民解放军建军节"，纪念1927年8月1日中国共产党领导和发动的八一南昌起义。

教师节

9月10日。1931年，中华民国政府同意6月6日为中国教师节，后改为夏历孔子生日8月27日。1949年后中华人民共和国中央政府曾恢复6月6日为教师节，1951年宣布"五一国际劳动节"同时为教师节，1985年国家确定每年9月10日为教师节。

国庆节

10月1日。1949年10月1日，北京天安门广场举行开国大典，宣告中华人民共和国成立。

第五节　游玩习俗

　　游玩，俗称孛相（白相）。从前，人们一般利用冬春季、下雨天、过时节等时光，在家里、村上，自寻玩乐伙伴，因地制宜开发游玩项目，往往具有民俗性、娱乐性、群体性等特征，如谈天说地、玩纸牌、打牌九、走棋等，个中又细分为多种，如玩纸牌，俗称打老K或打扑克，可分为打百分牌、打沙蟹、掼原子、算廿四点、争上游、比大小等花样，棋类有象棋、五子棋、军棋、陆战棋、跳跳棋等。青少年喜欢跳绳、攀竹竿、爬树、放鹞子（放风筝）、跳竹竿（跳高）、打弹弓（射击）、开战扔泥璞头（投掷）、斗脚鸡、扭扁担、掰手腕等，趣味性强，略带竞技性。

　　1949年后，社会安宁，生活趋好，游玩活动日趋丰富，村民常利用农闲、下雨天、节庆和赴宴等机会，上街、进城看看，到附近地带看看四向（观光）。少年儿童游玩项目更是五花八门：集体性的活动有斗镢子、摸盲、叠罗汉、鹞鸰叼小鸡、轧猪油、丢手帕、挤油、跳牛皮筋、打盘洞（捉迷藏）、赶码子、猫捉老鼠、官兵捉强盗、笃"毛老虎"、造房子、斗鸡、斗蟋蟀、捉七（扔小沙包）、打弹珠、挑花线板、轧面油尖、戴着柳编帽打仗等；既可一个人玩，亦有两人或多人比赛着玩的有飞格子、撇水花、抽陀螺、滚铁环、抖空竹、荡秋千、吹泡泡、翻夹纸、踢毽子、折纸飞机、翻跟斗、打虎斗、旋粟子、旋硬币、夹弹珠、踏高跷、捏泥巴、舀蚌壳、挑香棒、放鹞子、敲蜜蜂、豁虎跳、劈一字、放百响等。此外，诸如在渠道沟里游水，听老人讲空头（故事），到田里捉鱼鳝，抓泥鳅，上树掏鸟蛋等，虽算不上玩耍项目，但亦让人记忆深刻。

　　改革开放后，村民渐有乘高铁、飞机出远门旅游的。近年来，许多人早晚聚众做健身操，跳广场舞，老年人则巡回念佛，"借佛游村"；青少年儿童则喜欢上网，玩电子游戏等。

　　打盘洞

　　即捉迷藏。先选定一个范围，并依一定规则，选定其中一人作为寻找人，其他为躲藏人；寻找人背着大家数数，可长可短，而躲藏人必须在这段时间找某个地方躲藏；时间一到，开始寻找，最先找到的人为下一轮寻找人，没有被找到，且最后回到出发点的人，直接成为躲藏者。此项游戏在公房内外进行最为适宜。

斗锹子

也叫"打塌架"。春播前或秋收后，在软泥田野上，孩子们三五成群，利用斫草间隙，以手中的锹子为器具，开展比赛活动，方法如下：脚踩一处固定的地方，轮流将木柄锹子扔向五米左右的远处，锹子经过空中一个弧线飞行后，落入泥地草丛中，若直立插入田泥，称老爷撑伞，何千何万，得最高分；若横向躺着，记零分。

斗锹子

撇水花

也叫"打水漂"，男孩最喜爱玩，方法简单：站在河岸边，随手捡几片碎瓦石片，用力斜斜地贴近水面一掷，看它在水面坠落又弹起，再坠落，再弹起，直到消失于水中。多人一起撇水花，可以比水花的多少，或距离的长短。

舀蚌壳

又称选蚌。河蚌和蚬子等软体动物在被捕捞、烹制后，取其肉为菜肴，剩余的蚌壳和蚬壳则成了玩具。玩时，参加者将若干蚌壳撒于桌面，然后用一个蚌壳去舀其余蚌壳。舀进后又滑出者算失败，舀取时蚌壳如触碰到其他未舀上之蚌壳也算失败。谁能顺利地舀完桌上所有蚌壳，就算胜利。此游戏跟"捉七"玩法相似，只是所用器具不同而已。

舀蚌壳

抽陀螺

俗称抽"贱骨头"，从旋毛栗子的活动演变而来。玩时，用鞭绳绕陀螺，拉动起旋，然后用鞭绳对其不断地抽打，使之旋转不停。抽打得越狠，旋转得越快，时间越长；可单人抽、双人对抽，使陀螺原地旋转或移动旋转的时间长短。抽陀螺的场地随意，泥地、草地、硬地均可。抽打者上下肢、腰、眼都在运动，同时磨炼人的心理素质。

滚铁环（圈）

手捏一端为"U"字形的铁棍或铁丝，推一个直径约60厘米的铁圈（环）向前跑。手上的力量通过长柄的钩子传递到铁环上，促使铁环做着圆周运动而快速滚向前方，人亦紧跟在铁环后奔跑。滚铁环的关键在于掌握好平衡，否则铁环就会哐啷一声，跌翻在地。

滚铁环（圈）

挑花线板

也可叫翻棉条、翻牛槽、翻桃子、翻绳、翻线、攀撑子、挑花线。可单独进行，也可两人甚至多人进行，女孩尤喜此项游戏。玩时只需用一根细绳或毛线结成绳套，长短参考参与人数多寡，一人以手指编成一种花样，另一人用手指接过来，挑成另一种花样，相互交替编挑，直到一方不能再编挑下去为止。挑花线的起手式一般是"面条形"，常见的有"降落伞""花手绢"等五六种，高手能翻出更多花样。

挑花线板

鹞鸽叼（tú）小鸡

亦称"老鹰捉小鸡""黄鼠狼吃鸡"，属多人游戏，在户外或有一定空间的室内进行，方法和规则如下：猜拳定出老鹰、鸡妈妈、小鸡仔，鸡妈妈后面依次是小鸡，老鹰不抓鸡妈妈，只能突破鸡妈妈防线，抓住最后面的小鸡，老鹰方为胜。鸡妈妈为防止老鹰抓住自己身后小鸡，可张开双臂，左右移动，尽量拦住老鹰，小鸡们紧随鸡妈妈身后转动，以避免被捉住；一旦老鹰突破了鸡妈妈的防线，快要抓住最后面的小鸡时，小鸡立即蹲下，双手捂住耳朵，这样老鹰就得重新站在鸡妈妈的前面，游戏重新开始。

移十六码子

在棋盘确认4个米字格加三角格粪坑，四周放16个码子，中间放1史大码，小码、大码各为一方。大码先走，小码迟走。走码子时按线走，只可走一步，大码走进同一直线上的两小码中间称为担，可以吃掉被担两小码，其中三担（六小码）很容易吃，大码吃后若被赶入粪坑为平局，大码吃小码4担或以上者为胜。如小码只剩下4个，还可把大码掠入壁角，使之不能动弹，无路可走。如只剩两小码，大码走到两小码一头，称为撬猪头吃尽小码，小码走到大码另一头，称为共猪头，大码败。

踏高跷

这是一种玩乐性质的行走方式。一般在两根木棍或竹竿上分别系上脚套，行走者双脚伸入套中，大步行走。旧时，下雨天，大人或小孩聚在一起比试谁踏得高，走得快。

摸盲

需2个人以上，其中摸盲的人用一块毛巾包住眼睛，另外的人在规定范围内可随意走动，不能被摸盲人摸到，摸盲人如果摸到一个人，即便只是揪到衣服的角，就算成功,而被摸到的这个人要被罚去摸盲,循环往复。

轧猪油

这是冬日里儿童取暖的一种游戏。集合多人,分成两组,大家背靠着墙或坐在长门槛、长条凳上,肩肩相挨,脚脚相抵,站成一排,一声令下,两队分别往中间挤,齐心协力的加油声中,总有人顶不住压力被轧出来,这被轧出的"猪油"就站在一旁为剩下的伙伴加油,等待新一轮游戏开始。

第六节　信仰习俗

民间信仰,是我国传统文化的重要组成部分,内容包罗万象,种类繁多庞杂,内有敬畏自然、祭拜祖先、崇尚忠孝正义、劝人为善等中华传统美德,具有丰富精神生活、满足精神寄托,教化民风等功能,亦有宣扬妖魔鬼怪和封建迷信的成分,故而需要扬其精华,去其糟粕。

本地村民信佛教、道教者众多,1949年前更甚,信众不分男女老幼。境内的圣帝殿、余宝庵、新庙和附近的沪舍庙、植福庵、斗富兜总管堂等,为聚众开展民间信仰活动提供了场所,一定程度上推动了民间信仰习俗的形成和传承。境内曾经盛行众多的宗教信仰习俗,如今大多因为明显违反科学常识而逐渐被村民所抛弃,年轻人中更鲜有信仰宗教者,老年群体中也仅存烧香念佛、按时节祭祀和治丧上庙等习俗。

本地还有部分村民信奉基督教,尤其是王家角、马家木桥、查坟前、张家埭、大水路等村民小组有一些基督徒,他们定期到斜桥基督教堂做礼拜,包括诵读《圣经》、唱赞美诗、祈祷祝福和传道听道等。

信仰混杂

旧时,年长者热衷于敬神祭祀,拜佛烧香,念佛诵经,凡逢年过节、亲人过世、故人忌日等,多以礼佛祭拜来寄托情思,慰藉心灵。但存在一个有趣现象:村民一边请人念佛,做着繁多的佛事活动,一边亦请道士到场,进行"拜忏""看风水"之类的道教活动,甚至还请盲人、巫婆、关魂婆等,明显表现出信仰混乱的倾向。

祠堂(家堂)祭祀

明代嘉靖后,民间富裕家族一般建有宗族祠堂,相当于富贵宗族的"家庙",

供奉祖先牌位，并定期祭祀；分枝散叶若干代后，建立分堂以方便祭祀。一般平民家里仅设一座家堂，同族长支家里有总家堂，无论兄弟尚未分家还是已分家，只要父母健在，一般不设分支家堂。凡遇大事，五服以内要带上供品和纸钱、鞭炮等去祠堂或长支总家堂祭拜，迎送祖先神灵。

祠堂为单独建筑，规模不小，装饰考究。家堂则悬挂在堂屋正栋柱的中间位置上，为木质长方形，高约一米半，宽约一米，进深二三十厘米，如一座微型敞门式小屋，正面用矮杆立柱，花板雕塑，堂内正面板壁画面鲜艳，画前下方设立层层木制台阶，排列着祖宗牌位，周边有相应装饰，供香烛糕点和水果。画的上方用毛笔书写着从始祖至今的已逝直系宗亲的名讳。

家堂并不常年祭祀，这就有了过年过节接家堂、请家堂、送家堂和婚丧礼仪中祭请、跪拜家堂等习俗，意在告知祖宗家里有大事，祈求祖宗保佑。民国后期开始，境内祠堂祭祀弱化，而家堂祭祀一直存在，并流传至今，且与祭请"六神"合在一起，只是已无木质家堂，改用纸质"六神牌"替代。其实，这是两个系统，六神是神灵，而家堂代表祖宗。

迎神庙会

一般由大庙单独举办，或经附近若干小庙抓阄轮办。每年立春到清明的农闲时节，择日举办，意在通过抬着菩萨到各村坊巡游，驱逐妖魔鬼怪，消除瘟疫病魔，祈求域内平安，确保茧谷丰收。民众自娱自乐中，亦得到一定精神寄托和心理慰藉，故老百姓乐意参与其中。每逢庙会，各家各户常把远亲近戚接来家中留宿，届时扶老携幼，相聚在庙会"设供"（菩萨休息处）的桥边、路旁，以及村坊开阔处，顶礼膜拜，烧香迎送。

庙会当日凌晨，头堂节目"递香"，一批年轻力壮的男子，一色行装、一色穿戴，手腕上勾着一个两斤来重的小香炉，炉内点燃杏木，烟雾缭绕。"递香"者在庙会队伍行前出发。递香者家庭上年一般都遭遇过不顺、变故，在菩萨面前许过心愿，答应来年在庙会上"递香还愿"。

二堂节目擎旗，同一庙界内的几所庙宇都要制作大旗，上书庙名，如"沪舍庙"就写一个大大的"滬"（沪）字，由若干身强力壮的男子轮班手擎着大旗前行。各庙以所属"施主"户数多少为标准排序，多前少后。

三堂节目为菩萨座驾及其仪仗。这是庙会中最庞大、最光彩的一队。菩萨座驾前的仪仗队中，有绣三足鸟的日旗和绣玉兔的月旗，还有龙凤旗、蟠龙戏珠旗、飞凤旗、飞虎旗等,还有写着"国泰民安""风调雨顺""五谷丰登""国富民强"等条幅的字旗和彩幡。仪仗队后,有一二十名吹鼓手和一大队武士。

四堂节目"五方",即扮演阴曹地府中的一班执事衙役。当头的便是四大判官,接着是十大阴帅。"五方"一出,大人胆寒,小孩心惊。

殿后节目是舞龙灯、踏高跷、摇舞船、拜香灯、采莲船、打莲相、抬头等,有的属舞蹈,有的为说唱,有的是男女调情,并分别配以相应的锣鼓和管弦丝竹奏乐。

天汪汪

过去,刚出生几个月的婴幼儿,假如夜里常常吵闹,弄得大家睡不好觉,人们便会用一张小红纸写上"天汪汪,地汪汪,我家有个吵夜郎,过路君子读一遍,一觉睡到大天亮",将小红纸张贴在人来人往的岔路口,认为过往行人不经意间读一遍,小孩就不会再吵。

叫魂救命

旧时,穷苦老百姓得病,请不起医生,买不起药。一般情况下,先是"拖",有些病拖几天固然会好,但多数病越拖越重。甚至会出现诸如不吃不喝,昏昏嗜睡,连亲人叫他也不应答,或神魂颠倒、胡话连篇、心惊肉跳、不省人事,或意识丧失、四肢抽搐、两眼翻白、口吐白沫、咬牙嚼舌、大小便失禁,或言语活动突然中断,手中持物落地,双眼直视,幻觉不断,或有时赤身裸体在大庭广众之下乱奔乱跑,狂呼乱叫死人名字等情况。病人家属大多前去恳求菩萨搭救性命,而"传话"(菩萨的代言人)或巫婆会明确告知病人是"丢了魂了",并根据病情的轻重缓急选择叫魂方法。此俗纯属迷信,违反科学,业已消失。

演样

习称"得个筛子头"或"送淘箩头饭"。从前,小孩头痛发寒发热,往往以为是鬼邪缠身,要给神灵送淘箩头饭,包括熟鸡蛋一个,小鱼一尾,饭一小碗,柴筷一双,"柴咯咯"(用稻秆做成的一只三脚马)一只。先到小孩住的房间里走一圈或稍放片刻,然后到三岔路口点燃柴筷,倒下饭菜即回。此外,若家人突遭不顺、不幸,或家里突现奇事怪象,俗称"显形",意为某个祖宗或菩萨托梦,或托蛇之类的生物和一些物件造就异常现象,来向子孙后代表示自己想要吃点用点什么,此时往往要去问盲人或巫婆神汉,甚至请他们上门施法,然后在大门间或房间、灶边间、羊棚间,摊一只筛子,放上一些祭品祭请一番,嘴巴里还要喃喃自语菩萨保佑之类的话。其实,除了心理安慰外,此俗毫无科学道理。

第十五章　民风习俗

问盲人（算命先生）

从前，村民遇到重大事件，如造房动土、结婚择日、移动床位、家人治病等要去问盲人。盲人用一套办法占卜算卦，帮人确定一个农历日期，甚至精确到时辰，或指引一番要怎么做，如何防止不利局面出现。此种习俗没有科学依据，但时下乡村仍流行。

求仙方

从前农家有人生病，除了问盲人、请巫婆外，还有一种习俗就是求仙方。求仙方，就是到附近庙庵或其他所谓神灵所在的地方，去取一些泥土粉末、香灰之类，回家在饭镬头上掺水炖一炖，让病人吃下。这样做，除了没钱请郎中看病这一因素外，恐怕主要还是因为相信菩萨神灵会保佑。此俗实无半点科学依据，如今已消失。

看风水

看风水属于堪舆学中的问题，认为住宅基地或坟地周围的风向水流等，能影响住者或葬者家人的祸福。为此，营造房屋或修筑坟墓时，要请风水先生拿着罗盘实地察看和校测，以此来给东家选地块、明朝向、合时辰等。此俗如今仍未消失。

斩蛇缠

蛇缠是一种皮肤病，病人身上长一种痘，从少到多，以带状蔓延，初生时有不适感，且会越来越严重，越来越痛。斩蛇缠的人，手拿一把刀，先用刀将中蛇缠的人划入一个圆圈内，在太阳底下对着影子连续不断地斩，并且口中念念有词（过去人们认为这种咒语不能让旁人听见，否则不灵）。病轻的一次就行，病情较重的则要连续斩2—3次。此法无科学道理，仅系旧俗。

捉毒风

又是一种民间流传的土方法。捉者用手在患者身体疼痛处轻轻摸几下后，再用力一甩，如此反复多次，口中念着口诀："天箭、地箭、神箭、鬼箭、猪箭、羊箭、来箭、去箭，捉出雷公火箭，太上老君着出事灵出。"

寄拜

将子女寄拜给菩萨做干儿女，认菩萨为"拜爷"，以求赐予福祉。办法是将姓名写在红纸上，贴于墙面或柱子。逢年过节，须备礼品祭拜"干爹"。

拜桥忏

修桥铺路，历来被认为是积德行善。旧时造桥，资费多在乡里化缘，凡有发起写疏者，乡里均积极乐助；化缘时举龙灯绕户外走一圈后入屋，户主点香烛相迎，根据经济条件，乐助大米等。新桥落成，附近村民往往会请道士拜忏两三天，供三牲、水果、干果祭神，甚至还在桥上办起宴席，喜庆欢腾，祈求桥神保佑一方平安。平时，乡间老妇还会定期聚众点香插烛于桥堍，行礼拜揖，仪式相当隆重，称为"拜桥忏"。此俗在塔石桥等处仍有遗存，只是仪式已十分简化，一般是老太婆们聚在桥边人家烧香念佛，桥栏系上红丝带，祈求一方平安。

其他

日常生活中，还有许多因信仰而引发的做派，在今天看来有点儿滑稽可笑，如人们认为，鸟粪一旦掉在人身上，就是晦气上身，要请鸟菩萨来消灾免晦；儿童更换门牙时，换下的上牙要扔至床底，下牙则抛于屋顶，扔抛时要双脚并齐，双手作揖，口中祈祝"保佑出副好牙齿"；戏台搭成、造桥合龙、上庙送葬时，生肖、八字相克者要回避，否则会遭灾；耳朵发热时，要让旁人猜测是左耳还是右耳，猜中者谓背后有人夸，未猜中者谓背后有人骂；眼皮跳动，有"右眼跳灾，左眼跳财"之说；拔筷时，若有另外的筷子随手跟出，则是将有麻烦事，要向灶神默祝后，拔筷一把，成双为吉；听到喜鹊叫，认为有喜事，而听到乌鸦叫，认为有祸祟，必吐唾沫一口，或痛骂乌鸦数声；中草药煎服后，药渣必须倒在三岔路口，让路人踩踏，旧称可驱病魔。如此之类的民间习俗甚多，不胜枚举。

第十六章 方言土语

方言土语及与之密切关联的俗称、俚语、谚语、歇后语等,是本地千百年来形成的自然、经济、人文、风俗和民间百姓生活风貌的语言载体,内有不雅甚至消极负面成分,但大多具有鲜明生动、幽默风趣、充满智慧哲理等特征,甚至保留着百姓所爱的诸多古风。20世纪70年代前,漕泾人日常说话,几乎清一色说"漕泾话"。而今"漕泾话"却呈逐渐消失态势,除世居的中老年漕泾人尚说方言土话,有的在外亦说起带方言土语的普通话,年轻一代则大多改说普通话。

漕泾方言土话,属于吴方言范畴,与周边地区差别不大。只是越靠近斜桥,越夹杂些许海宁口音,如"开会"发音近似"看完"。下面将漕泾村的惯用语、俚语、俗语、谚语、歇后语等分类列举。有些方言土语一时难以查实本字或古音,只得用记字或记音的方式来表达。

第一节 乡音土白

一、亲属称谓

上代头:上辈、祖辈。

下(ò,近似"喔")小子:子孙后代。

男太太:曾祖父。

女太太:曾祖母。

外婆太太:外曾祖母。

爹爹(diā):祖父。

娘娘:祖母。

老娘:旧时专指自己的妻子。现有时也指母亲,但两词发音明显不同。

大(dá)娘:对人介绍时,指自己老婆,也可指别人老婆。"大"发音为dú

时，指嫂嫂。

娘：对人说时，指自己母亲。

姆（一声）妈：母亲或婆婆。

姆（三声）爸、大（dù）伯：伯父。

姆（三声）妈、大（dù）妈：伯母。

矮爸：叔叔。

矮妈：婶婶。也叫婶妈。

小伯：丈夫的弟弟（小叔子）。

阿婶：丈夫的弟媳。

爸娘、嗯娘：大姑妈、小姑妈。

爸爷：姑父，也可指干爹。

娘姨：姨母。亦可叫寄娘。

娘舅：舅父。

舅妈：舅母。

爷：对别人称自己的父亲。

娘：对别人称自己的母亲。

嗯子：儿子。

囡嗯：女儿。

（外）孙姑娘：（外）孙女。

姑娘：丈夫的妹妹，即"小姑子"。父母也可这样对人称呼自己的女儿。

阿姨妹子：妻子的妹妹，即"小姨子"。

大（dù）郎：大哥。

阿嫂：哥哥的妻子。

兄弟：不是指兄和弟，更不是指兄，仅指弟弟而已。

弟媳妇：弟弟的妻子。

老倌：对人称自己的丈夫。

老倌阿嬷：夫妻两个。

自拉屋里：同一家族。

丈人（sáning）：岳父。

丈（sá）母、丈母娘：岳母。

阿公爹：老公的父亲。
阿婆娘：老公的母亲。
亲家公：儿媳和女婿的父亲。
亲家母：儿媳和女婿的母亲。
舅佬：妻子的兄和弟，即小舅子。

二、人称指代

吾：我。
伊：他，第三人称代词。
其：古音读似渠，用作第三人称代词，义同"他"。
阿拉、喔拉：我、我们。
汝（nòu）：你。读"nà"时指你们。
侪（cái）家：大家。
该嘎：这样。
倷嘎：怎么。
轧(gé)拉：他们。
伊内（yènèi）：他、她。
伊拉（yèlā）：他们。
刮：这，这种。
结刮：这些。
激革：这。
格点：这点；这些。"格点点"指"一点点"。
格塌：这儿，此处。也称"格浪""格塌段子"。
格头：那边，那头。也称"格头段子"。
哈啷：这儿。也称"哈啷段子"。
哈里：那儿；那时。也称"哈里段子"。
嗯里：那里；那时。
佶个：这个。
什嘎：这样；如此。
还有佶个：那个人。

还有介：那样。

或里：哪里。

或人：谁，何人。

嘎人：谁，哪个人。

几化：多少；多么。

纳革：怎么；怎样。

纳革样子：怎么样。

何（古音gǎng）馨：什么，啥。

何（古音gǎng）舍：哪里、哪个地方。

三、俗称俚语

咬毛头：对小孩的昵称，不分男女。

咬囡囡：对女性婴幼儿的昵称。

新倌人：新郎。

新娘子：新娘。

养身娘：生母。

娘佬儿子：母子俩。

娘佬囡儿：母女俩。

同道：在一起的人。

小人（níng）家：小孩儿。

小百喜：小孩儿（昵称）。

小棺材：大人生气时这样骂小孩子。

细僵蚕：类似"小棺材"。

细牌位：对顽皮小男孩的昵称，但更多是当作骂人话，过去人死后立牌位。

细窝头：小女孩。

小乖人：投机取巧的人。

小百辣子：地位低的人，普通百姓。

二婚头：贬称第二次结婚之人。

毛脚：尚未成婚的准儿媳和准女婿。

熟头：办事可提供便利的熟人。

第十六章 方言土语

毛毛头、小毛头：婴儿。

十三点：亦称毒头，指精神不正常之人，傻瓜或做了傻事的人。

三只手：亦叫贼骨头，做贼偷东西的人。

三脚猫：知识较丰富但不深不精的人。

大好佬：有本事的人。

众生：骂人话，喻指不是人，是像猪狗之类的畜生。

猛闷人：脾气要么不发，一旦发起来很厉害的人。

雄小娘：娘娘腔的男人。

雌老虎：凶悍的女人。

骚头：风骚之人。

嗷食牢：特别嘴馋的人，也说"嗷食头"。

蹩脚货：质量差的物品或不能干的人。

赝货：行为不正的人。也有说"赝货绿豆糕"的。

鬼（古音jì）伯伯：指那些阴阳怪气、不太光明正大的人。

小魃头：小孩子。

小潮头：二十来岁的青年。潮本字髫或韶。

戆（gǎng）徒：言行不聪明的人。

大块头：大胖子，身材高大壮实者。

长条子：瘦高个儿，又称瘦长子。

毒头：精神病患者。

寿头：不合时宜、不近常理、举止乖张的人。

呆（ái）徒：傻瓜，也称"木徒""木铳"。

清白呆徒：相貌不丑但人不乖巧者。

吃客：美食家，但常作贬义用。

众牲坯：骂别人为畜生。

花毒头，也称花毒魃，迷恋异性的人。

吭清头：弄不清楚的人。

赤佬、赤佬麻子、小赤佬：对人的鄙称。小赤佬专用作对年轻人的鄙称。

闷狗：一声不响的人。

青头：小混混，也称青头魃。

现世宝：骂别人丢人现眼。

狗肏（cào）出：粗俗语，骂人是狗养的。

毒屄：脏话，骂行为狂放的女人。

轻骨头：骂人举止轻浮，有时责备小孩撒娇，亦说"轻相骨头"。

烂料坯：行为放荡、不计后果的人。

门里大：只敢在家里逞厉害，出门却胆小畏缩的人。

百晓：消息灵通的人。

艮头：又称"艮固头"，老实而有点固执之人。

百搭：善于交际的人。

死尸：骂人话，将活人当作死人来称呼，有蔑视或调侃之味。

洋盘：不精明不内行，易被人愚弄的人。

掼脱货：不务正业的人。也叫脱底货。

多头：多余的人，也称多头货。

脚色：精明能干的人（贬义）。

户头：家伙。

烦舌头：喜欢不分场合说话的人。

弯舌头：讲外地话的人，尤指卷舌音浓重的外地人。

小朋友：男性之间很要好的朋友。

小姐妹：女性之间很要好的朋友。

双双子：双胞胎。

舍（shàng）母娘：未满月的产妇。在此期间不出房舍门，称"做舍母"。

娘娘拉：已婚妇女，也称娘娘家。

老老头：老头、老汉；中老年妇女称其丈夫。

老太婆：中老年男人称其妻子。

跟屁虫：喻老是紧跟别人的小孩。

药罐头：成天吃药的人。

活死人：什么都不说、不做的人。

煨灶猫：萎靡不振的人。

拖油瓶：再婚时所带的子女。

木卵：骂愚笨的男人。

木屄：骂愚笨的女人。

乌花郎中：没本事的医生。

圆肩扛：做人办事没原则，不肯担责的人。

末代：没用的人。

仙家：指料事如神之人。

老甲鱼：老谋深算、老奸巨猾的人。

老面皮：脸皮很厚的人。

老觀三：有点坏的人。

头寸：一是尺寸之意，喻指来头大小，如"这个人头寸大"；二是头绪之意，如"不接头寸"，指没人交代，不清楚。

四、体貌 病症

痣（jì）：胎记。

厣（yǎn）：螺类的盖或伤口结的硬皮。

大拇节头：大拇指。

小拇节头：小拇指。

节头管：手指。

脚节头：脚趾。

龅（bó）牙齿：上牙外明显外露。

太阳心里：太阳穴。

头颈：脖子，也称"头颈管"。

头路：头发朝不同方向梳时的界线。

肉头：皮肤或肤色。如"肉头嫩""肉头白"。

肋胳子底下：腋下，也称胳肋子。

肋棚骨：肋骨。

膝钵头：膝盖。

脚孤骱：脚踝。

瘰（lì）勃头：皮肤上的小疙瘩。

出兔子：麻疹。

屁棚骨：胯骨。

卵脬（pāo）：卵泡。

尾巴桩：尾椎骨。

拉带胡子：络腮胡子。

草鞋底：脾或胰（人们认为其形如鞋底）。

面壳子：脸型、长相。

脚蒲（wū）头：脚后跟。

顺手：右手。

借手：左手，又称"济手"。

断手：生着一条横贯手掌掌纹的手。据说这种手打人很疼。

谗唾水：口水。

算盘子：脊椎骨。

架型：身材、模样。

胿（hēi）：肿、浮肿。

蛇缠：带状疱疹。

疰夏：因暑热而致四肢乏力、胃口差的症状。

肚皮撒（sǎ）：拉肚子、腹泻。

出兔子：出痧子，患麻疹。

鲤婆瘟：亦称"猪头瘟"，腮腺炎。

勿舒齐：身体不舒服。

办勿到：生病。

闪腰：扭伤腰。

半肢疯：半身不遂，中风。

刁嘴：亦称疙嘴，口齿不利索，想说却一时说不出来。

缺嘴：兔唇，唇腭裂。

弄开：划破皮肤。

定食：消化不良。

癣：皮肤痒。

壮：胖。身体壮实则说"扎墩"。

上岸：妇女绝经。

上场：发育。

奶奶（nānā）：指乳房。

老花头：一是代指女人月经，二是隐指癌症之类的绝症。

耳朵屙：耳屎。

光浪头：没头发。

污皮：身体上的污垢。

眼眵（zhī）：眼屎，眼睛分泌出的液体凝成的淡黄色物质。

卵子：男性睾丸。

胸脯团头：胸口。

眯觑眼：近视眼。

精赤：不穿衣裤。

伤风：感冒。

呛：咳嗽。

脱骱：脱臼。

搭肩驼：驼背。

惹肥：由钩虫病引起的足上小水泡。

痧气：中暑。

撮中药：配中医。

发寒噤：发抖发冷。

着魑迷：迷信话，鬼神附体，神魂颠倒。

五、时空地理

日里：白天。

夜个：夜里。也称"夜个头"。

夜快边：傍晚、黄昏时分。

黄昏头：傍晚。

上昼（上昼头）：上午。

下昼（下昼头）：下午。

日（ré）中心里：中午、正午。

吃势头唠：吃饭时、用餐时。

跟朝：今天。

明朝：明天。

跟番：现在、近来。

跟年：今年。

旧年、旧年界：去年。

原日（夜）头：一整天（夜）。

日逐：天天、每天。

日程佬：近两天内。

要两日：隔几天。

煝（mā）日：好几天。

晏（án）：晚，迟。

晏歇点：待会儿，过一会儿。

就介：马上，不一会儿。

暴：起初，刚开始。亦说暴得，如暴起头、暴到、暴得来。

长远：有些时日，时间较长。

便介：经常、经常如此。

格通：这次。

上通：上一次。

下通：下一次。

格卯：这次。

下（ō）卯：下次。

卯卯：每次。

格歇：这会儿、此刻。

嗱来：将来。

嗱要：将要。

春天工：春季，也称"春场里"。

年脚佬：年底，也称"年脚边"。

老底子：从前。

上南：往南去。

落北：往北去。

过东：往东去。

过西：往西去。

门底：面前、跟前。

里厢：里面。

外世：外面。

对过：对面。

斜对过：斜对面。

边牢、边厂（hān）牢：边上、旁边、边沿处。

横头：一端。如东横头、南横头等。

横肚里：某物、某人、某事突然在中间出现或介入。

贴隔壁：紧挨相邻。

所在：地方、场地。

桥硐（借字标音）：河边伸入水中的石阶。也称河埠、桥砣、桥埠、河滩头、桥埭头。

白场：屋前的空地；小型的广场。

市梢头：集市的末端。

塘路：运河边的大路。

帮岸：用石头或木桩加固的河岸。

岗滩：旱地边缘与水田或沟渠河浜相连的斜坡。

蓓（tái）蓓坞：很小的水坑小潭。

浜兜：只有一端跟外面相通的小河。

浜底头：河浜的末端（不与外面相通的那一头）。

埭：堵水的土坝，多用于村落名。

漾：较深的小湖，又称"漾潭"。常用于村落名。

野田畈：离房屋较远的田地。

竹篁：竹园。

场户：与数量词搭配时指田地，否则指地方、场地。

欧兜塞里：偏僻的角落里。

坟墩窠：墓地。

坑棚头：茅坑和猪羊棚的所在地。

帘圃（pù）：菜园四周的围栏。

门角落：门背后的角落。

六、天文气象

秋老虎：立秋后的高温天气。

桂花蒸：农历八月桂花开时出现的炎热天气。

云障：云层。

落阵头雨：下阵雨。光打雷刮风而不下雨，称则"空阵头"。

蠮头风：能回旋的风。

停荡：严寒时屋檐上悬挂的冰柱。

蓬花雨：毛毛雨。

鲎（hǒu）：雨后彩虹。

矐睒（huóxiàn）：闪电。

天工：天气。

落雨世界：下雨天气。

阴盲天：阴霾天。

云障天：多云。

工成：工夫，时间。

七、动植物、食物

过饭：菜肴，俗称菜水。

麻鸟（diào）：麻雀。

大头菜：学名芜菁，根如圆萝卜，剖片盐腌晒干后成大头菜。

马尿（sī）梢：甘蔗最上面一段，食之无甜味。

毛针：春笋。

长生果：带壳的花生。

裙带豆：豇豆。

六谷粉：玉米粉。吴方言称玉米为"六谷"，意为"五谷"之外的粮食。

地滑塌：地衣、地木耳。一种野生的食用菌。

地蒲：也称活芦，葫芦科植物，果实圆长如手臂，常用蔬菜。

苋（hǎn）头梗：苋菜的老茎，切段后水浸、盐腌、霉化，蒸熟佐餐。

寒豆：豌豆。或写作含豆。

饭瓜：南瓜。

粞粞（bébé）：面粉等之类的粉末状微细颗粒。

圆眼豆：白扁豆。又称羊眼豆。

晚（mǎi）豆：毛豆、黄豆。夏秋之季收获食用，晚于蚕豆、豌豆。

粟米：玉米。

棉线头草：佛耳草，又称"草头"。清明时节用来制作"甜麦揭饼"。

杜笋：本地农家竹林所产春笋。

孵鸡笋：孵小鸡时节的嫩笋（端午节前后）。

竹箮（gǎng）：房前屋后的竹林。

乌都：桑椹、桑果。

勃萄：葡萄。

田鸡：青蛙，又叫"青壳田鸡"。

蠽蛛(节蛛)：蜘蛛。

泥格多：一种泥土色的小蛙。

叫呱呱（gūgū）：蝈蝈，雄性善鸣。

蟮唧：蟋蟀。

老钳：蝉的一种，体大而黑褐色，雄性能长鸣。

夏（wú）至蜩：也叫"知了""无知蜩"，是蝉的一种，绿色，鸣而有调者。

欢：河虾。

水菜：河蚌。

百脚：蜈蚣。

四脚蛇：蜥蜴。

刺毛：毛毛虫。

谷蜢：蚱蜢。

蒲头：植物的根或茎，如"树蒲头""菜蒲头""蒜蒲头"等。

蜒蚰：蜗牛。

鳡咕：鳡婆鱼，体型较大的鲈鱼。

曲蟮：蚯蚓。

游火虫：萤火虫。

金金鱼：金鱼。

黑鳢头：黑鱼。

鲹鲦鱼：小白鱼，细长，时常浮在水面，性好游。

汪钉头：黄颡鱼，颈背之上有一根铁钉样大刺。也称"昂钉头"。

旋龙：壁虎。

蜘蛛：蜘蛛。

窝鹊：喜鹊。

癞太婆：癞蛤蟆，学名蟾蜍。

蚂黄攀：蚂蟥。

蚕尼：蚕蛹。

翼结拐：翅膀。

把头鸡：大小适中的鸡（一把能抓得住，不轻不重）。

赤膊鸡：正在换毛的鸡。

赖孵鸡：孵卵期的鸡。

登鸡：阉过的公鸡。

花窠羊：青年母湖羊。

众牲：牲畜。

手把（bō）子：伴手礼，随手携带的小礼物。

镬糍：一指烧饭时自然形成的锅巴；另指本地传统食品镬糍，用煮熟的糯米饭用力拓涂于烧烫的铁锅内，待微焦铲下。

镬糍茶：上述"镬糍"加糖泡入开水，用于招待来客，也作产妇的零食。

点心：特指中午饭与晚饭之间的那一顿。

小点心：正餐之外吃的糕点之类食品。

冬菜：腌制在瓮里的雪菜或榨菜叶（一般过冬食用）。

麦饹嘟：用面粉调成稠糊状，以不规则形状投入汤中煮成的简单主食。也称"麦董"。

面羹：面条，也称"面梗"

馍馍：用糯米粉做成的有馅或无馅的球形食品。

软糕：糯米粉做成的小方糕，用肉末或豆沙做馅儿。

蹄子：猪蹄髈。烧熟后常做主菜。

油肉：肥肉，与精肉（瘦肉）相对应。
时件：鸡鸭内脏的统称。
喜蛋：孵退蛋加佐料烹调成肴。
咸酸：盐或有盐的佐料，如酱、酱油等。
香头：指葱蒜类调味品。
响皮：用食用油爆沸过的干猪肉皮，干燥而有响声。
啪喽：冻米、爆米花。
油绳：油炸麻花，又叫"油绞丝"。
麸皮：从小麦等身上脱落下来的表皮。
杜搭酒：农家自酿的糯米酒。
饭汆粥：饭泡粥。米直接煮成的称"米烧粥"。
胖蚕豆：水煮硬蚕豆，至发"胖"，做成菜。
芽蚕豆：发了芽的蚕豆，做成菜。
汪嘎嘎：汪刺，鱼名。
盐齑菜：腌制的咸菜。
油汆长生果：油沸花生仁。
糖烧蛋：鸡蛋直接打在沸水中，熟后舀入碗加糖，用来招待新女婿等贵客。
甜麦揭饼：清明糯米糕点之一，又称"芽麦揭饼"。
好东西：孩子们喜欢吃的糖果饼干之类零食。
吃品：吃的方法，吃的习惯。
醪沼、垃细：垃圾，肮脏东西。

八、房舍设施

廊屋头、廊沿头：旧式民居朝南处的廊棚式屋檐，其下可避雨、堆物、晒太阳。
楼下（wō）底：楼下。
贴隔壁：仅隔一堵墙的房间或邻居。
坐起间：白天活动和休憩的房间，兼具客厅、餐厅功能。
灶头间：厨房。
大门间：门厅、客厅。
阶沿石：条石垒砌的台阶。

厢屋：正房前面两侧的房间。

天井：前后（左右）房屋中间的空地。

草披：靠墙搭建的斜坡型稻草边屋。

弄堂：两排房子间的过道（室外），或两排房间之间的过道（室内）。

墙圈：围墙。

沿翘爿：瓦片、瓦条。

墙门堂：高墙大院。

开间：房屋的宽度单位。取决于两侧墙上架梁的跨度。

门面：房屋的开间。

起搁：房屋的层高，即地面至屋顶的高度。

进深：一间房或整座院落的前后距离（深度）。

篱圊：篱笆。

九、细杂用品

夹针：发夹。

手巾：洗脸的毛巾。

手照机：手提式照相机（相对于旧时照相馆里的座式大相机）。

申报纸：旧报纸。旧时因地近上海，报纸多为《申报》，故有此说法。

印子：图章。也称"图司"。

铅角子：硬币。

甄头：瓶口里的木塞子。

糙纸：卫生纸、手纸。

拖畚帚：（打扫地坪的）拖把。

米糁：饭粒。

假领头：没有衣身、衣袖的衬衫领子。

被横头：缝在棉被横头的长幅布条，用以减少被单的污损。

蜡烛包：用棉布包裹新生儿的一种方式，仅露其头脸，形似旧时蜡烛店包蜡烛。

头绳：毛线、绒线。一般称绒线衫为头绳衫。

汗领褂：汗背心。也称"汗挂肩"。

杜布：农家自己所织的布。

屙纳：尿布。

料作：一是特指衣料、木料之类；二是隐指无用之人。

袖套：即套袖，用以保护衣袖清洁。

被封筒：折掖好的不透风的被窝。

袖子管：袖子。也称"出手"。

宽紧带：松紧带。

着（zà）品：穿衣风格。

电火：电灯泡。

十、行为动作

搭白：跟别人说话。

端整：作动词用，意指将食材整理好、安放好，准备蒸烧。

嗝顿：说话因梗死而停顿一会儿。亦说"打个嗝顿"。

打度：打呼噜。

凯脱来：从高处掉下。

发魇（yàn）：睡梦中因受惊吓而喊叫、惊恐或做出其他不正常举动。

剥（ǎi）子：剥茧子。

库（káng）好：藏好。

躺（古音gāng）进躺出：人或动物在洞、圈、缝处等钻进钻出。

陠转：偏斜不正。

淴煞：溺水身亡。

挮（bú）：轻轻地在身体某个部位摸一摸、揉一揉。

摆更（gāng）饭：吃饭，有骂人意味。

解（古音gá）开：将线、绳、布一类的结打开。

变（bián）：吵闹，闹情绪。

犟：吵闹，闹脾气。

挒（lá）地：躺倒在地。

挒（lá）倒做：无理取闹，像耍无赖一般。

那（nā）一那：坐一坐。

孛相（有的写作白相）：玩耍，有逗留、逍遥、闲散自得之意。

晾（làng）衣裳：晾晒衣服。

揉水：舀水。

钝卵：说反话。

舌甜：很喜欢小孩，待小孩好。

蹔路：较快地走路，亦可写作"躜"。

拉上拉落：爬上爬下。

拷碎：敲碎。

跽（jì）倒：双脚跪下。

落寉（hùo）：睡着了，接近深睡眠状态。

夹（古音gé）牢：用手臂将人或物品夹在腋下。

舺（gé）牢：用双手抱住。

搞（gáo）好：把物品放好。

襻带：使分开的东西连在一起的布条。

挨（音近似ā）畀俉吃（古音qié）：强要给你吃。

哚（duò）东西：动物用嘴来叨东西。

搛（jié）菜：用筷子夹菜。

獭起獭倒：反复躺下去爬起来。

劐（huō）开：用刀剪等划开。

交（gá）货：将加工好的物品（实为商品）交售给收购方。

阴阴看：悄悄地看一下，亦说"阴一阴""阴阴"。

扤（huài）牢：紧紧拎住，用手臂挽住，如："手扤手""手里扤只篮"。

挼（ruó，但读作近似土话肉）面粉：用手揉压面粉。

逤（sá）一大：快速去一趟，马上回来，指临时行动。

呒（mān）：没有。

陪（béi）出来：水满以后溢出来。

滗：挡住菜品或渣滓并将液体倒出。

汏头：洗头。

煺（tuī）毛：牲畜宰杀后用开水脱毛。

摆头边：骂人话，意为吃饭，亦说"摆羹饭"。

㐷（tǔn）死话：说不正经或不着边际的话。

佘死尸：骂人游荡来游荡去。
挘（liè）籽：用手握住，向上或向下扭转来扭转去，使颗粒脱落。
搿（ké）开：用指甲掐出血。
隑隑牢：后背靠着。
儦：比较长短高低，如两个孩子比身高，亦可指用某物到某处试一试，看看是否正好合适。
食祭：生气地叫小孩子吃饭。
吃豆腐：到丧家吃饭。
行（hāng）出来：流行，盛行；提倡，推行。
过（gǔ）：一指搛菜水（小菜）吃饭，用"过头"来"过"饭；二指"过牢"毛病，传染上疾病了。
唤：雇用，也称"唤人"（雇人）。
摩（mǎ）狗：背小孩。
賸（古音tīn）点霍：剩一点。
甩（huǎn）掉：（借助较大的离心力）扔出，抛掉，摆脱。
赿：走斜路，不走常规路；抽身前往某处做短暂停留。
趱：快走。
迢：走路。
洮面：洗脸。
畀（bèn）：把东西送给别人；把东西递给对方。
婏(bǎn)好：躲藏好。
丢（dù）掉：扔掉、丢掉。
碢（duò）开（塌）：用小石块等物掷击或轻击某物而使其碎开。
笃（duò）肉骨头：小火焖烧肉骨。
扦：用刀削去表皮。如"扦苹果"。
枂开：揭去表面物。
烦：说话，评论。如"烦闲话"。
揲（dié）：用手指采摘、截取植物的花、叶、苗等。
调排：有挖苦、取笑、讽刺等意。
钝：嘲弄，挖苦，也称"吃钝头"。

㕏口水：喝口水

看蚕：养蚕，看是看管而不是看望。

嗷（ǎo）一声：表扬一声。

涠一涠水（guò）：用水漱口。

兜：舀（水、汤等）。

掇：两手平提起物件换下

掖羊：用绳拉着羊。

担东西：拿东西。

诬赖做：不讲理，乱弄。亦说"诬赖作兴"。

喂（古音yì）：给吃的，如喂蚕宝宝，给小孩喂饭。

檑（léi）：滚动圆形物品，使其移位。

赅（gān）：拥有珍贵的东西，如"阿拉赅不起"。

去跶去跶：动个不停。

野出去：出门疯玩。

採：一是指扎辫子；二是指用提子舀（酒、油等）。

垦（kēng）抽斗：在抽屉里忙乱地翻寻东西。

凶：责备、斥责。

潝：气流、液体的喷射。

泅：水渗透而变湿。

扎力：用力、努力；也说扎把力（努把力）。

抵庄：已有准备。

围（古音yí）：转一圈，如围巾。

勿响：不表态，不吱声。另有"嚣（xiāo）响"（有话而不想说），与其义近而不完全相同。

为向：偏向，袒护。

轧淘：结伙、结伴。

佮（gá）道：找伙伴、结伴（一般是临时性的）。

叫亮：说明、说开、公开。

包梢：全部包下来。

出水：过水漂净。

洮（cháo）面：洗脸。洮浴即洗澡。

出松：离开、出发。

发亟：着急，也称"发亟头"。

扣吃：克扣、欺侮。

撮药：用医师给的药方到中药房去配药，义同"搁药"。

过汛：过期。

回头：拒绝、谢绝。

垛落：嘲讽。

浪（láng）捧（pòng）：优雅地抖动腿脚，喻指一切皆舒适。

寻出：找碴儿。

收梢：了结、完成。

戳客：与"昂散"相近，指出现了让人难以应对处置的状况。

弄耸：作弄人。

把家（bō）：勤俭持家。

极做：情况紧急而乱弄。

来去：亲戚间相互走动。

别毛：闹僵。

挜：主动做出某种动作或姿态。

乱说：撒谎。

吃潮：吃亏

冷笃：故意冷落，打冷战。

卖狗：（成人）背（小孩）。

㧟倍：肩扛小孩。

刻毒：万分怨恨，"刻五刻毒"则是怨恨至极了。

空烦：废话、瞎讲。

荡空：（钱、工作等）未落实。

相信：喜爱、偏爱。

背命：拼命。

绝落：自甘堕落，不求上进，不争气。

显宝：炫耀。

值钿：疼爱、宠爱。

吃烟：田间劳动时的中间休息。

嫌道：埋怨、抱怨。

缠错：弄错。

搲（wǎ）水：用瓢舀水。

盪碗：洗碗。亦说"汏碗"等。

懊兹：后悔。

豁（huà）边：做得出格，不着边际了。

趁相骂：吵架。

翻梢：翻本，反败为胜。

热摩：舍不得、心疼。

肉痛：心疼，多指对钱财的难舍。

支讽：提醒、叮嘱、交代。

十一、性质状态

合（gē）算：划算。

恰扣：一指正好。亦指偏偏，恰恰，有不凑巧之意，类似"当当势"等。

钹什：事情繁复，做起来麻烦得很。

激棍：厉害，了不起。

煆：说人家身体好。

叡：指小孩聪明。

奢遮（xiāzā）：聪明能干，有时稍含讽刺意味。

木：笨，反应迟钝。

猪头猪脑：蠢笨得很。

旧：不是指陈旧的意思，而是指被人指责、批评、冤枉后的窝囊、晦气。

苶（nié）：疲倦，精神不振。

尖腔：说话、处事不让人。

精：小气，吝啬。

密莽：指雨下得密密麻麻或者禾苗种植得密密麻麻，莽本字为"莽"。

寿：小气，吝啬，不登大雅之堂。

坦：慢性子。也指某人"条件优越而无所担忧"。

百坦（坦百悠悠）：（心境、行为）慢悠悠，不着急。

飙：自以为是、神气活现。

贵（jǐ）：价格高。

丘：脾气不好；品质不好。

甩（huǎn）：指人（轻度）不务正业。

绽（shán）：豆子很饱满。

着杠：达到目的，落实。

荇（xīng）发：植物茂盛；毛发密而长。

勩（yi）：器物逐渐磨损，失去棱角、锋芒等，如门槛踏勩，铁耙齿勩脱了。

癶（bǒ）：口感很涩。

脱襻：行为离谱。

邋遢（lāta）：不整洁，不利落、脏乱。亦说"垃细"。

比坍：比不上、不及。

木气：不好意思，尴尬。

气数：不像话。

硬（áng）着（zhá）：很硬实。

老擦：老练。相反则谓"嫩怯"。

煞克：用于描述说话、办事很厉害、很到位，亦可描述享用某一食物时感觉很受用。

蒙空：无依据、无理由、不切实际的胡乱猜测，是"蒙空耶空""蒙空匝空"的简称。

燥凪：爽快干脆。

松爽：轻松畅快的感觉。

爽气：爽快干脆。

劃（huā）转：歪转。

坍台：丢人现眼，很没面子。

大（dá）犯：非常讨厌；最不能接受；忌讳。

头大（dú）：头脑发胀，令人厌烦。

上路：懂规矩，办事符合基本规则。

咩淘：没有类似的情况，也叫吰淘。

吰淘剩：无出息、无骨气、无准则。

宕空：无着落。

温熥（tēng）水：不冷不热。

羹饭头：喻指蹩脚、不稀罕之物，或可写作"粳饭"。

乌花：一是指人体皮肤表面尤其是脖子上结的那层污秽物，也称"乌皮""乌花毛"；二是喻指技术水平差，如"乌花郎中"。

出山：有前途；已有初步成就。

哕（yuě）酸水：反胃，欲呕吐状。

赅铜钿：有钱。

潵水：水溢出来。

泅开来：液体向四周散开或渗透。

齐巧：恰好、正好。

佯好：恰好、正好。

齐整：漂亮。

嶝样：漂亮、美丽，与"挺括"近义。

撲满：食物盛得很满的意思，如"盛饭撲满一碗"。

交关：很多，非常。

顺当：养成了习惯，如"吃顺当、用顺当、做顺当"等。

把（bō）细：谨慎。

泡汤：指（好事）没成功，（好消息）没来等，如"僚么完出，泡汤嘞"。

完胎：完全、整个儿。

原生（sāng）：指原封未动，尚未烧煮；亦指一整块，尚未分切过。

拨（bō）什：烦琐。

到把（bō）：周到、到位，几乎完美。

无啥：较好、尚可、基本认可。

促掐：刁钻、难对付。

恶积八辣：凶狠毒辣之意，也有"恶辣""派辣"等说法。

落人（lāníng）：害臊，难为情，既可用来自责自谦，也可用来讥讽他人不要脸。

裔近：表示程度，犹言很近。另有"裔短""裔小"等。

爃（hāo）：油脂食物变质所形成的刺激喉舌的味道。

罪过：可怜，令人同情。

倒灶：不顺、倒霉。

海还：非常多，很厉害。

荐畅：即谓"足够（好）了""够（多）了"。也可说成"荐淘"。

有心想：有兴趣；喜欢、开心。

呒心想：感到无聊。

起泛：说话过分。

起势：庄稼收成。

难为：（钱、物）浪费。

推扳：多指（物）质量低劣，（人）差劲。

豪悄(shāo)：一是指赶快；二是形容办事容易、便捷。

搭浆：办事不认真、不仔细、不负责任。

啰拖：不修边幅、不拘小节。

算过：等于、相当于，也说"算过得"。

出脚：数量略超某个范围，如三十出脚（三十多一点）。

槊脚：干脆，索性。

着着（sásá）：有着实、确实之意。

便得：只有，仅有。

粲粲：只有，仅有。

再勿：是吗（用于反问）。

佯（yáng)好：一是表示正好、恰好；二是表示远远超过。

嘎得：不要紧，没关系；单用"嘎"时，有好的，行的之意。

真讲（gàng）：果真如此。

气闷：指做某件事太花费时间。

恼烦：指做某件事很不容易，懊恼繁难。

十二、职业行当

长年：做长工。

泥司师傅：建房中从事土建工作的匠人。

木工师傅：即木匠，有长木师傅（造木结构房子）、短木师傅（做木质家具）、圆木师傅（箍桶盆类家用器具）、椿木师傅（做水车、风车、丝车、木犁、橹桨类木质农具）之分。

师爹：师傅的爸爸。

裁衣师傅：缝纫师傅。

喜介娘娘：从前主持婚礼仪式的喜婆。

抱娘娘：帮人带小孩的保姆。

杀猪徒：屠宰师。

盲子先生：给别人算命占卜的人。

赤脚医生：农民身份的乡村医生。

账房先生：从前的会计和出纳。

教书先生：教师。

郎中先生：中医。

风水先生：堪舆家，帮他人看风水的术士。

桌头：亦称作头，手工业师傅的头领，领班。

剃头师傅：理发师。

叫花子：巡回讨饭者。

奶娘：专门给别人家小孩喂奶的年轻女性。

船浪人：船民。

厨浪师傅：厨师。

乐（huó）人师傅：乐师、吹鼓手。

土工：旧时给死人穿衣的人。

守生婆：妇产科医生。

十三、数量用词

一圤（pǔ）：一块的意思，如一圤肉，一圤泥。

一笃：一滴或一串（眼泪）。

一寠：指睡眠时间，相当于一觉，短的叫寠一寠，长的叫一寠困到大天亮。

一庹（tuǒ）：双手反向伸直的长度。

一搕（kè）：双手一抱那样粗细。

一枵（xiāo）：较薄的一叠，常用在丝绵、棉絮等的计量上。

一打：12个，外来词，源自英制单位。

一撮：用三个手指头一次性获取的量，一般用于计量毛发粉末之类。

一拃(kǔ)：表示大拇指与食指张开最大时的跨度。

一库：用来计量诸如小猪、小猫等一胞多只的群体等。

一歇：一会儿，也称一歇歇。

一九：九华里。

一折：12年岁。

一大（dá）：一是指往返一趟；二是指一排或一列。

一爿：一座（桥）。

一路顶：旧时民居平房有五路顶、七路顶、九路顶等。

一捧（pòng）：双手合成盆碗状，用来计量大米等颗粒状物质。

一方：一整块，用于大致计量整块田、肉等的数量。

一脱：一层之意，用来计量多层蒸笼之类。

一楞：一条块，用于计量地块，即两个地沟之间的土地。桑地一楞较宽，番薯地一楞很窄。

一关：一撮老烟燃完的工夫，如"这个时间好敲二关老烟"。

一皮：一批次或一轮，用来计量就餐次序。

一食（shì）：一餐或一顿饭，如"一日三食""食食有肉"。

一来头、一上头、一卯头、一卯生、一通头、一通省：均指一次。

一直落：房子前后单间的一列。旧时民房多为"肚肠屋"，有二三进以上。

一石（dān）："石"既为容量单位，也是重量单位，1石等于10斗，1斗等于10升。各朝代1石重量有差异，如今一般认同1石粮为100斤。

刀：多个计量单位。如纸片一叠叫一刀，一大块猪肉叫一刀，估摸猪猡膘水成分时说几刀几刀，砍人砍树之类也讲砍了几刀等。

十四、其他

苍唠：为什么，表示疑问。

覅（fiào）："勿要"的合成字。也称"覅伊"。

嫑（jiào）："只要"的合成字，也称"嫑得"。

盘头：想法，方法，盘算（名词）。

数脉：心里的感觉。"有数脉"即心中有数。

脚路：人际关系中的门路。

记认：事物的特征，特地做下的记号。

起势：农副产品的收成。

墭（péng）尘：灰尘。

煤球风笼：煤炉。

闲（ái）话：某地方的语言，如"桐乡闲话""上海闲话"；另有背后非议之义。

长寿仙：长辈给上门来的亲戚家小孩的礼钱。

坛基：坟场。

木针：既指瓶口上的瓶塞子，也指用铁耙固定在铁耙柄上的木质塞子，本字为榩（jiān）。塞子，本地人叫"针"，比如热水壶针，就是热水壶的塞子。

音头：亦称"音地"，指话音口风中的微小线索信息。

因子头：亦说"因头""因子花"，渐露出来的线索信息，近似苗头。

第二节　惯用俗语

惯用语、俗语指本地人相互交往中逐渐形成的一种用语习惯，即用几个字组成一句短语，甚至不必成词成句，大家皆能听懂，不用说穿说透，已是心领神会。惯用语、俗语简短、生动、妙不可言，多用方言发音，故村外人往往不知就里，听后顿感云里雾里，只能叫土话、官话兼通的人来当翻译，有时也会因找不到对应的规范用语而无可奈何。

孬（niào）盘头：故意纠缠、找麻烦，甚至出手打人。

撒（sǎ）尿撒屙（wū）：明指小便大便。暗指所有事情。

吭骨子：不珍惜钱财，代指不勤俭持家的人。

吭想工：束手无策。

原真告：的确是，有与猜测的一样的意味。

拗（ào）刁头：指那些既拗且刁的难相处之人。

彻冰瀴（yìn）：很冷，温度极低。

吭介事：没这回事儿。如"像煞吭介事"即指好像没事儿似的；

第十六章　方言土语

调勿落：放心不下。

拆烂污：事情弄糟做错。

骨碌该：果真是这样子。亦有仅说"骨碌"二字的，类似"原真如此"。

吃轧头：指挨批受骂。

搨搨头：指现钞。

勃事体：有意见，吵闹。勃，另有一义为烦恼、费心。

摸勿出：行动迟缓。

勿作兴：不可以的，这样不行的，不能这样的。

合勿出：不值得。

齐头数：数量或价钱的整数。

伊之故：推卸自己的责任，将（不好的事）发生的原因归结于他人。

先勿先：不说别的，首先……

扣搭扣：正好。

横竖横：不管三七二十一；豁出去了。

勿着港：到不了手，落空，反之即"着港"。

勿壳道：没料到。

一落手：一人负责到底。

勿肯歇：不肯罢休。

勿气松：（带有嫉妒的）不服气，想不通。

打野趃：一种是指开小差的意思，另一种指溜出去一趟，即在做某件事的间隙中顺便做了另一件次要的事。"趃"指"偏离原来方向而走"，如"趃近路"。

打喊声：放言暗示。

打瞌充：和衣小睡、打盹儿。

晏歇会：稍等一会儿再见面。"晏日会"指隔几天再见面。

叹死气：说不吉利的话、丧气的话。

寻吼势：寻衅、吵架。

讨拨什：惹麻烦。也称"讨手脚"。

修罪（zài）过：为避免浪费而勉强吃掉某食物，也称"惜罪过"。

弄头颈：捉弄人；开过分的玩笑而使人难堪。

懊蚀掉：浪费掉。

摆煞忽：明摆着，显而易见。

有搞挌（gé）：与人有矛盾、有纠葛。

红春春：红得热烈。

黄咕咕：有点黄。

灰塌塌：灰得明显。

黑出出：黑得明显了。

脚脚头：只剩下最后一点点。

拎拎头：指可以用手拎起来的小部件。

潭潭坞：浅浅的小小的凹处。

燥燥交：干脆、手脚快点。

悠悠交：动作慢点、轻点。

酸唧唧：味道有点酸。

苦隐隐：有点苦味。

涩（bǒ）嗒嗒：有点涩味。

瀴笃笃：有点冷的感觉。

糙哈哈：有点粗糙，也有曰"糙皮勃碌"或"糙皮蜊势"的。

火糟糟：要生气了的样子。

大（dǔ）脉脉：不注意小节的样子。

彻彻紫：很紫。

咪咪细：很细的样子。

绝绝薄：很薄的样子。

亮见亮：明摆着的样子。

扣客扣：正好的样子。

虚约约：非同小可，不能轻视。

粲粲里：仅有。

白落落：毫无所获的样子，也有劳而无功的味道。

水露露：含水分多的样子。

呆（hán)想想：最笨的想法。

中中交：适中的样子，亦说"中游游"。

档档然：预料是这个样子。

捌倒做：撒手不干。

掉勿落：放心不下。

摆摊头：多人扎堆聊天。

甩大旗：左右局面、担当重任。

咬耳朵：讲悄悄话。

刮鼻头：批评、训斥。

咬个痛节头：忍痛下狠心。

拆棚脚：施行不正当手法把大棚的柱子拆掉而让其倒塌，指使坏，含义同"拆台"。

掮木梢：受人哄骗，做吃力不讨好的事，又作"掮水浸木梢"。

掮牌头：打着别人的名号炫耀、吓人、骗人，犹"拉大旗作虎皮"。

掼派头：故意显露自己某个方面的实力以壮声威，其中往往带有虚夸成分。

掼匹子：为了摆阔气而超必要、超能力地花费钱财。其架势如同打扑克时用力甩出"匹子"（成双成对之牌），以气势压人。

掼锣柱：关键时刻撒手不干了。锣柱（锣匙）指敲锣打鼓用的槌子。

插蜡烛：关键时刻出故障或某事突然中断，据说源于电灯故障时点蜡烛代之。

吊辫子：勉强达到及格线，一百分得了六十分。

吃倒笃：本想占上风、获宠信、得名利，结果却适得其反。

撸顺毛：说好话，顺着别人的意思来。

倒扳桨：唱反调，背道而驰。

压么着点：弄得不好。

横撑船：不齐心协力、同舟共济，却另搞一套。

兜得转：熟人多，关系好，行事方便。义言"吃得开"。

掇（dé）勿转：思想、观念转不过来；回忆、计算、认路等时脑子一下子反应不过来。

横是横：行动不计后果，意欲一不做二不休，想豁出去了。亦扩展为"横是横，拆牛棚"。

搭死掼：不负责任地拖拉、推卸该做之事。

搭死做：不负责任地敷衍应付。

摆架子：有人相求而故意不理。近似之语有"扮俏货""扮架型"。

搭得够：与某人关系较"铁"，托其办事成功率较高。

搭顺板：随声附和，人云亦云。

凿冷拳：暗中算计人、报复人。

扳岔头：存心找差错。

听壁脚：偷听别人的私语。

朝南坐：称大。

扮猪头：当傻瓜，做傻事。

掐嫩头：欺侮弱势者，"专拣软柿子捏"。

牵头皮：因某种原因而被人追责、数落、咒骂。

扯手皮：收支相抵，没有盈利。

南阡（dān）头北陌头：形容说话漫无边际。

嫌腥气：瞧不起小利益，不愿意为小利益而惹麻烦。

戳壁脚：背后说人坏话，搞拆别人台、挑拨离间之类见不得人的小勾当。

搅（xiǎo）花头：挑拨离间。

冷板凳：不被看好的职位、不被关注的单位、边缘化的遭遇。

辣火酱：严厉的批评，明里或暗里的刁难与报复。

门槛精：精于算计、只想得到而不肯有所放弃的人。

酱胖气：不专业者造成的不够专业的结果。

熟汤气：反复讲某几句话，失去了新鲜感。

人来疯：小孩在客人面前很兴奋；大人在众人面前爱出风头。

直肚肠：直爽，率真，有话藏不住，不会转弯抹角。

肚肠深：与"直肚肠"刚好相反。

浪头大：形式大于内容、声音大于行动、气势大于后劲。

见头乖：善于察言观色、随机应变。

乱乌乱糟：环境不整洁，很脏很混乱的样子。

巴（bō）议勿得：恨不得。

嘲臭螺蛳：被别人作弄。

异诧（chè）怪样：没有常态。类似"怪头怪脑""异诧勃奇"。

一钿糖勿值：毫无价值。

盘个圆箍罗：绕了一大圈子。

独固成经：固执，不与人相伴。
半浪作绝：浪费有点严重。
真娘顾忌：做人很规矩，做事很规范。亦说"真娘顾之""真姑娘子"等。
脱底棺材：抬不起来。
狗比倒灶：小家子气，不大方。
横枪使棒：不讲章法。
嚼嘴嚼舌：不该讲的瞎讲，类似"嚼舌头"。
吭着吭食：取"无着落无吃食"的反义——有许多许多。
腻腥筒筒：肮脏到令人厌恶。
支五十六：闹矛盾，不团结。
长长肆远：很久远，很长远，时间跨度大。
热柴头郎呃蚂蚁：急得没有办法。
上轿穿耳朵：临时着急起来，喻指急事急办容易办不好。
乌赖（lā）作兴：做事霸道，不讲理，不守规。
哭作乌拉：哭丧着脸，很是悲痛的样子。
陌答子里：突然，没征兆的出现。
好吭呆呆：突然，出人意料。
扎扎白白：很白的样子。
密密盲盲：靠得拢，不留多少空当的样子。
吭出空空：无缘无故。
安安佻（tán）佻：不用做事，很安逸舒适的样子。
煞煞克克：言行很厉害，难以反抗的样子。
合合冲冲：走路不稳的样子。
汗潮滋滋：出微汗的样子。
诗雾腾腾：表现出很有学问的样子。
夯白浪当：一共、总共、全部。亦可说成"一塌刮之"。
关门落闩：办事牢靠，措施得到落实。
一摊四界：意为东西放得乱七八糟。
有唠路浪：办事合乎常规。
敲钉转脚：办事牢靠，不留隐患。与"关门落闩"相似。

丝绺（liǔ）笔挺：办事有条不紊的样子。

跷脚盘子：事物不配套、不相称、不协调；活动缺要素而难进行。

是嘎模样：是时候了，到这个程度了，意指该行动了。亦指适可而止，该见好就收了。

百热沸烫：物体很烫，也喻指某事刚完成、某物刚制作完。

沸滚百烫：多指液体滚烫。

冰溧彻骨：刺骨之寒。

铁将军把门：屋里无人。

小狗落茅坑：有得便宜了。

糊拖稀湿：湿透、浸透。

精干百燥：非常干爽。

老头老脑：言谈举止有充大称老的意味；小孩言语举止模仿（像）成人。

咪酥塌烂：煮得烂熟。

绷硬铁骨：十分坚硬。

趵（bǎo）起趵倒：一指赶来赶去，行动密集；二指事情十分火急，赶紧做。

锣鼓钹什：唠唠叨叨，喋喋不休，有点让人厌烦。

骨碌势圆：一指模样、形状滚圆，二指办事处理关系周全妥帖，无可挑剔。

恶积恶辣：做人做事恶毒得很，又含怪异的意味。亦说"恶积百辣"。

的角四方：物体有棱有角、方方正正。

精光滑塌：非常光滑，亦说"滑踢塌勒"，前者强调平整，后者强调滑溜。

滑塔精光：一点也没有了。

猴肚气急：气喘吁吁的样子，或者是指人气急败坏的样子。

随便哪葛：无论如何。

热面孔贴冷屁股：时运不好。

煞刮四亮：锃光瓦亮。

煞清四脱：干干净净、清清通通。

贼骨夜游：鬼鬼祟祟的样子。

花里百腊：色彩斑斓而略显杂乱。

兮皱百襇：很皱，形容衣服、织物等很皱，皱襇多而深，折痕乱。

坍并膨郎：破破烂烂。

第十六章　方言土语

偏生丏格：（不管别人怎么说）就是这样说、做。
蛮乌司经：说话、做事不讲理。
软皮塌拖：物体很软，也指人不刚强、少担当。
死样怪气：无精打采，反应冷漠。
斜头撇脚：行为举止不正气、不庄重。
正和石经：做事认真，做人靠谱。与"真娘过支""真娘过记"意思相近。
毛手毛脚：做事冒冒失失、行动莽撞。
挂丁打冷：不整齐。
缕乱三千：纷乱混杂，没有头绪。
瞎七搭八：拎不清，亦同"搭七搭八"。
偷阴伴阴：避人耳目。
搭手搭脚：手脚不听使唤，行动不利索。
无要四经：不重要。
有要无经：稍微做些，象征性地做点。
蚓虫向落：不抱希望了。
踢脚绊手：磕磕绊绊，碍手碍脚。
魆野雾露：行为不正确，办事不牢靠。近似"牛头野叉"。
鸡盲搭脚：视觉不敏、反应迟钝。因鸡有夜盲特征而取譬。
急出呜拉：惊慌失措；事急而"抱佛脚"。
泥骨千秋：浑身污泥。
滚肚势壮：肚皮滚圆、腰圆膀粗，身体很胖。
甩（huàn）叮当浪：吊儿郎当。
噜里噜拖：衣衫不整、面貌不洁，即不修边幅。
根老果实：诚实可靠。
跌倒拐势：指人精神不振，行动不便；或指企业商家支撑不住，难以为继。
脱头脱脑：为人不靠谱，办事不牢靠。
哭出呜拉：因为急切或痛苦而欲哭状，与"哭作呜拉"同义。
现世刮搭：丢人现眼。
什野糊糟：指人不成体统，或指事一塌糊涂，乌七八糟。类似的还有"哈带糊涂"（做事不认真）"哈答糊涂"（说话没根据）等。

翻转扑塔：心事重重而辗转反侧；做人处事翻手为云，覆手为雨。
大（dú）劲共拢：超出必要的大排场，过分大张旗鼓。
及呖咯落：象声词，借指人际关系不和，相互颇有微词或磕碰，但还不至于闹翻。
七荤八素：被某事或某人搅得头昏脑胀，心烦意乱。
暗赤捏梦：光线暗淡。
掼开心思：总算了结，不必再去操心了。
狠天扑地：气焰嚣张的样子。
乌珠葛搭：大杂烩，拢在一起，或指很脏。
歪里直角：不整齐。
恨毒烈辣：近似咬牙切齿。
牵丝扳凳：不爽快。
扁扁服服：类同服服帖帖。
活脱四象：样子十分相像。
自出山道：我行我素，亦说"自出道山"。
截树垒根：刨根问底。
下（wǒ）巴骨勿络牢：意指说话不着边际，乱说瞎说。
面皮老老，肚皮饱饱：放下脸面，能得好处，指不怕难为情的人总能得到许多。
癞痢头儿子自家好：指人性本就容易偏袒自己人。
牵丝绊兜：盘根错节，理不清。
磕头吭救：束手无策（不可救药）。
蛮侮势辣：蛮不讲理。
汀清捉螺丝：清楚得很。
戳穿出洋镜：揭露出真相。
面熟陌生：似曾相识。
牛头夜叉：荒唐离奇，不合常理，不靠谱。
掼开心思：放开心思了。
真娘古之：喻人质朴，诚实、正经。
寒毛凛凛：难以置信，很恐怖，很吓人。
小结幽幽：小巧玲珑的样子。

气鼓恼糟：有意见，不满意。

吭查吭实：很多，不计其数。

油涂汗出：汗流浃背，类同"油肚拭筋"。

是木寸当：适可而止。

撮撮猪尾巴：助一臂之力。

若要俏，冻得嘎嘎叫：为获得好面子而害苦自己。

死蟹一只：事已至此，回天乏术。

猪五食六：无理吵闹。

呆木登登：呆若木鸡的状态。

大推八扳：相差很大。

直角弄通：直道，意指毫无隐藏，太直白。

踏沉船头：落井下石。

弄错榫头：找错对象。

呆板其数：一定是这个样子，估计得到。

僵尸跺落魆：彼此差不多，都不是好货。跺落是埋怨的意思。

夹蚌炒螺蛳：夹在其中不受欢迎。

狗头浪油盏：极不稳定的状态。

吃素碰着月大：不凑巧。

矮子里拔长子：相对择优。

骨头没有四两重：轻佻。

卖勿掉格支甘蔗：指代无人理睬、被弃一旁的人。

昂刚不能吞：还差一点点，同"半山勿势""昂其不能"等。

头颈望得丝瓜长：等待已久，盼望全极。

猪身上拔根毛：没关系，小意思。

气来氎胀碎：气愤到极点。

口干吃盐卤：越吃越渴；急不可耐。与"病急乱投医"相似。

八只氎七只盖：捉襟见肘。

饿煞鬼投转来：饥不择食。

天下（wō）底少有：强调不多见。多用作贬义。

僵尸行（áng）直路：不灵活，死板极了。

吃了隔壁谢对门：弄错对象，张冠李戴。
洞里火赤练：凶险得很。
恶人先告状：反咬一口。
钉头碰铁头：遇到真对手。
盲子狗吃屙：正好撞着。
南瓜生浪氇里：毫无办法。
抱了母猫要小猫：得寸进尺。
屙蛆虫园上：人往高处走。
脱空八只脚：荒唐透顶。
火烧害邻舍：因为自己过错而害及他人。
死要面子活受罪：自不量力硬撑着。
螺蛳壳里做道场：表示不协调；也言做事极其困难。
狮子大开口：贪大贪多。
鸭吃砻糠：空欢喜。
硬地郎掘鳝：硬弄。
铁对六家浜：完全对得上。
游过三山六码头：指见过世面。
托老鼠管大眠头：靠不住，不值得托付。
不出骨头不出核(huó)：不发一言，态度不明朗。多用于指责无主见的人。
三棍子打勿出个闷屁：因为没有能耐而不敢出半点声响。用于讥笑人窝囊。
外婆拉屋里火烧，曼得吾拉姆妈有浪：喻指自私。
要好处，吃个烂桃子：好心没好报。
一朵鲜花插佬牛粪佬：不相称。常指恋人、夫妻之间不相配。
滚肚势壮，不开伙仓：喻指只吃现成饭，不肯出钱出力。
你要上南，伊要落北：指双方总是作对，不肯协同一致。
你在火里，伊在水里：批评别人慢吞吞。
是格只船，配格支橹：贬指二人习性相近，是一路货色。
头颈截细，只想食祭：喻嘴馋，一般用来数落小孩。
眼睛一夹，懒陠母鸡变鸭：喻指一不留神就变天了。
豆腐水来做，阎王伯伯魙来做：指没有什么名堂，凡事说穿了其实很简单。有

"仅此而已"之意。

拆房当定礤,惹厌(埋怨)当知己:不识好歹,不辨是非。
拳头射(shú)出外,臂膀弯进里:喻指自家人帮自家人。
自搬砖头自踢脚:自食后果,自己给自己添麻烦。
冷么冷牢风里,穷么穷牢债里:指欠债压力大。
早来勤勤夜来忙,日中歇里打瞌睡(chōng):用于批评假装勤劳的人。
新阿大,旧阿二,破阿三,补阿四:衣服充分穿着,用于肯定节省好传统。
黄头毛,狗卵泡,三百洋细稳老老:指小时相貌一般,长大后俊俏得很。
烟管头上潮烟:要不回来了
跟牢人么吃饭,跟牢狗么吃屙:一般用于告诫子孙后代要学好样。

第三节　谚　语

谚语是言简意赅的民间口头短语,多反映某地民众的生产经验、生活常识和实践事理,是最接地气的智慧之言、深思之语,也就是平常所谓的"老古话"、"老人言""常言道""俗话说",蕴意深刻,表达直白,富于哲理,有些还极具科学属性,读起来亦朗朗上口。

一、事理谚语

吃不穷,着不穷,不会打算一世穷。(指谋划很重要)
甜麦搨饼两面焊。(指两面受责,日子难过)
勿听老人言,吃苦在眼前。(指老人阅历丰富有经验)
宁跟讨饭格娘,勿跟做官格爷。(指母亲与儿子血肉相连)
杀猪徒死脱勿吃带毛猪。(指要相信遇到困难总有办法解决)
好曲子勿唱三遍。(指过多地啰唆则效果不佳)
叫猫勿逼鼠。(指光叫喊不行动是没用的)
好食勿给饱人吃。(指雪中送炭才最受欢迎)
硬柴要用软柴捆。(指以柔方能克刚)
百步呒轻担。(指任何事如认真地去做都不轻松)
见人挑担勿吃力。(指对别人的处境,往往不能设身处地、换位思考)

心慌急吃勿得热豆腐。（指凡事都要循序渐进）

人比人，气煞人；货比货，买勿成。（指比较是把双刃剑，能催人奋进也能让人泄气）

三斤嫩姜勿及一斤老姜。（指姜还是老的辣，喻经验丰富者之可贵）

金窠银窠勿及自家屋里个草窠。（指外边再好也比不上自己家里好）

出头椽子先烂。（指凡事不宜逞强，打头阵者往往先吃亏）

冷在风里，穷在债里。（指风中尤觉冷，欠债才真穷，告诫人们尽量不借债）

衙门富贵一蓬烟，手捏铁耙万万年。（指当官富贵往往好景不长，务农营生才是久长之计）

爬得高，掼脱来，当柴烧。（指爬得越高，摔得越重）

做佬不像，全靠敲打；吃佬不像，全部混账。（指连吃都不像样子的人已无可救药）

满口饭好吃，满口话勿好讲。（指说话要留有余地）

亲兄弟，明算账。（指情归情，理归理）

有借有还，再借勿难。（指借了东西必须归还）

出门看天色，进门看脸色。（指要学会观察，不要只顾低头走路）

衣裳越着越旧，脑子越用越新。（指勤于思考，善于思考）

酒肉朋友处处有，落难辰光呒人救。（指世态炎凉）

坐有坐相，立有立相，吃要有吃相。（指行为要规范）

相骂呒好口，相打呒好手。（指劝诫相互间有意见冲突的人多沟通，别吵架）

小孩快活有灾难。（指乐极常生悲）

身在福中不知福。（指要知恩图报）

从小看大，三岁看老。（指教育从小抓起）

小来勿吃苦，老来呒结果。（指从小要经受磨炼）

学坏省力学好难。（指学好要努力）

老实勿吃亏。（指要辩证地看问题）

叫人勿蚀本，舌头浪打个滚。（指热情招呼人不吃亏）

勿怕人家看勿起，只怕自家勿争气。（指自省自强）

吃苦勿记苦，一世呒结果。（指人要学会吸取教训）

勿会种田看上埭。（指不会做就向内行学习）

小洞里摸勿出大蟹。（指小天地难出大人物）

一只碗勿响，两只碗勿叮当。（指争吵双方都有责任，劝架要劝两头）

两头攀吰夜饭。（指三心二意往往两头落空，犹言不要"脚踩两只船"）

针吰两头尖，蔗吰两头甜。（指两全其美之事难得，十全十美之事更无）

砻糠里榨勿出油。（指没有必备的条件，得不到希望的结果）

千年文书好俭药。（指保存资料，也许日后会派上大用场）

吃亏就是便宜。（指要辩证地思考问题，有自我安慰之意味）

好货勿便宜，便宜吰好货。（指"价廉物美"其实是伪命题）

只有买错，吰不卖错。（指人家精明得很，与"错进勿错出""毒进勿毒出"类似）

勿识人头一世苦。（指要努力知人识人，否则后果不好）

人熟礼勿熟。（指熟人之间亦要有礼貌，讲礼节）

长病吰孝子。（指要自我保重，不要有所指望）

若要好，大做小。（指若要彼此相好，就该平等，甚至放低身段，主动谦让）

三岁看大，七岁看到老。（指一个人的禀性人品和志向抱负，从小就可看出苗头）

六十勿借债，七十勿过夜。（指凡事要知趣和节制）

上半夜想想自家，下半夜想想别家。（指考虑事情、处理问题，不能只为自己着想，也要设身处地替别人着想）

三代勿出舅家门。（指外甥像娘舅，暗喻总归抹不去母系血缘的某些影响）

一钿逼煞英雄汉。（指钱虽非万能，没钱却万万不能）

大水一半，火烧全完。（指要小心火烛）

老倌香，忘记娘。（指调侃出嫁女儿回娘家少了，告诫不要忘本）

哭哭笑笑，鳗鲡上钓。（指一会儿哭一会儿笑，喻指小孩哭闹起来很麻烦）

安耽就是福，宁可吃点粥。（指劳作不要过度，适可而止才好）

搬嘴弄舌头，吃煞老苦头。（指切莫搬弄是非）

拜年拜到正月半，烂溏鸡屙炒青菜。（指要把握时节）

船头郎死只苍蝇，传到船艄郎死个差人。（指信息容易失真）

长子看戏，矮子吃屁。（指用以比喻见识不广，不了解实际情况，只能随声附和，人云亦云）

迟来和尚吃厚粥。（指有福气的人总是有福气）
草柴捆得牢硬柴，硬柴捆弗牢草柴。（指柔能克刚）
毒进弗毒出。（讥讽有些人在利益面前不装糊涂了）
墩头弗响猫弗叫。（指毫无一点动静）
道地大，埲尘多。（暗喻家大业大）
姑娘十八变，到了上轿变三变。（赞美女孩越长越漂亮）
打碎狗食盆，大家吃弗成。（告诉大家要团结合作，要有全局观）
豆腐要吃得烫，老婆要讨得壮。（指各有各的标准和要求）。
赌一半，嫖全完。（指嫖赌皆恶习）
多烦舌话多受气，多管闲事多吃屁。（指闲话少说，闲事少管）
肚饱要带饭，晴天要带伞。（指有备无患）
稻田禾苗别家好，瘌痢儿子自家好。（指自养自值钱）
儿子像娘，银子打墙。（仅是一种对孩子遗传父母长相的赞美与恭维）
萝卜小菜，各人所爱。（指各人有各人的兴趣爱好）
儿孙是有儿孙福，弗必为伊做牛马。（指长辈要放手让晚辈自立自强）
鹅来来，鸭来来。（比喻不真抓实干，只是赶赶场子"轧闹猛"而已）
饭后百步走，活到九十九。（指走路有助消化，利于健身）
狗嗷食添油瓶，人嗷食做媒人。（指做媒人有回报，劝人多做红娘）
跟着人吃饭，跟着狗吃屙。（指要走正道，做好人）
荒年传乱话。（指社会越动荡，传言越不靠谱）
好记性弗及个烂笔头。（指记性好也有遗忘的时候，所以记录在案最重要）
皇帝弗急急太监。（贬责或自责空着急，空用心）
号（áo）你三声好，害你苦到老。（指忠言逆耳利于行）
家花哪有野花香，可惜野花弗久长。（告诫夫妻间要相互忠贞不渝）
家有黄金千两，抵弗来手艺一样。（指劳动创造财富）
犟到底，苦到死。（指坏脾气害人也害己）
韭菜勿是药，补肝顶呱呱。（指食补胜过药补）
聋子勿听得狗叫，盲子勿看见火烧。（寓意眼不见心不烦）
路头有牢嘴吧郎。（指多问路不吃亏）
锣鼓弗敲弗响，道理弗讲弗亮。（指道理越讲越明）

邻舍好呒价宝，邻舍弗好活倒灶。（告诫邻里要团结）

茅坑越掏越臭，茶壶弗荡弗馊。（指不要挖人短处）

面皮老一老，肚皮饱一饱。（指嘴甜不吃亏）

吃屙也要吃头段。（指力争上游当先进）

吃饭八分饱，身体老老好。（指饮食要适量）

吃饭先喝汤，肠胃弗受伤。（指饮食流程要科学）

吃勒别人家嘴软，拿勒别人家手软。（指欠人情不划算）

千钿难买正好此。（指把握事物的度很难）

桥归桥，路归路。（指按规定办，犹亲兄弟明算账）

人撒屙，狗做主。（指身不由己）

人小叫得叙，刀小叫得快。（指不以大小论英雄）。

人多棒棒伴，鸭多弗生卵。（指有时候人多也没用）

人煆运弗煆，一世弗奢遮。（强调时运重要）

人参虽然补，瞎补要吃苦。（指物极必反）

三月三碰着七月七。（指事有冲突，人走不开。有时含有推托、婉拒的意味，与"吃素碰着月大"同义）

十个指头有长短。（指人各有优缺点）

十八年风水轮轮转。（相信时来运转）

生煞的性，钉煞的秤。（指江山易改，本性难移）

束束鼻涕出，做做力气出。（指越休息越没劲，越工作越有劲）

树老值千铜，人老不值钿。（告诉老年人要知趣识相）

逃脱鲤鱼十八斤。（反映常人心理中的怪现象，即夸大得不到的，鄙视得到的）

汆来呃木头弗要捞，呃根呃朋友弗要交。（指交友要知根知底，不得盲目行事）

天上九头鸟，地上狗博屑。（代指厉害之人）

我弗嫌你屎骚臭，你麯嫌我癞痢头。（指互有缺点，要相互容忍）

小么算，大么判，人家再好也要完。（指做事不能本末倒置）

学嘞三句洋泾浜，回家弗认爷斤娘。（比喻稍有出息就忘记来时的路）

响屁弗臭，臭屁弗响。（比喻真正厉害的人常常低调得很）

雄鸡骚佬骚，雌鸡先捌倒。（喻指男女都一样）

想来角落圆，剩个箍箩圈。（指只计划不行动是没用的）

西海横头死特只羊，传到东海横头死特个娘。（指信息传递过程中容易失真）

有铜钿弗晓得呒铜钿苦。（指要将心比心）

有特千钿想万钿，做特皇帝想登仙。（指贪心无底）

运道勿搭对，撒屙界狗追。（强调时运重要）

阎王好过，小魍难缠。（指装大耍横的大多是低位者）

眼睛一夹，捌跛母鸡变鸭。（指世事瞬息万变，告诫要把握时机）

丈母娘看女婿，越看越有趣；阿婆娘看媳妇，越看越触气。（比喻喜欢或讨厌对方）

做样生活，换样骨头。（指劳动内容不同，劳累程度做不同）

临时抱佛脚，越抱越蹩脚。（告诫人们要早做准备）

二、生产谚语

若要病虫少，除尽田边草。（指要除草）

若要田稻好，河泥夹花草。（指肥料很重要）

豆地勿削草，采豆麴嫌少。（指除草很重要）

垦地垦得深，泥土变成金。（指地要垦得深）

清明芋艿谷雨薯，寒露油菜霜降麦。（指要把握好播种时机）

早钓鱼，夜钓鳝，深排芋艿浅排蒜。（指要把握时机和技巧）

雨打秧田泥，秧苗出勿齐。（强调天气对庄稼的重要性）

秧田水要清，种田水要浑。（强调田水要恰当）

儿好靠娘，稻好靠秧。（强调种苗很重要）

早稻勿种六月田，晚稻勿种秋后田。（强调要把握播种时机）

秋前不烤，秋后要倒。（强调要把握晒田时机）

处暑不露田，白露要怨天。（强调要把握播种时机）

头耘摊摊平，二耘挖挖根，三耘撩撩过。（指耘田要诀）

清明热得早，早稻一定好。（强调天气对作物的重要性）

立秋打个阵，遍地是黄金。（强调天气对作物的重要性）

烂田白一白，多收一熟麦。（指要懂得休耕）

立冬盖河泥，赛过盖棉被。（强调罱泥很重要）

稻倒一半，麦倒全完。（强调防止倒伏）

若要发，一行蚕豆一行麦。（强调套种的好处）

上半年靠蚕，下半年靠田。（指养蚕和种田是农家的两项主要收益）

吃饭靠种田，用钱靠养蚕。（同上）

蓬头赤脚一个月，快快活活过一年。（强调春蚕对家庭生计而言特别重要）

桑剪刮刮响，勿是肉来就是鲞。（强调养蚕很重要）

养蚕无巧，放稀吃饱。（养蚕诀窍）

干菜晒成筐，不怕年成荒。（强调有备无患）

早浇萝卜晚浇菜。（强调凡事要掌握规律）

庄稼一枝花，全靠肥当家。（强调施肥很重要）

有收无收在于水，多收少收在于肥。（强调水和肥对于庄稼的重要性）

养猪不赚钱，回头看看田。（强调肥料对庄稼的重要性）

天下第一苦，摇船、打铁、磨豆腐。（强调相关从业者的辛苦）

错过黄梅勿种田。（强调早稻移栽不能迟）

三、气象谚语

一日火车响，三日好字相。（老火车路在村域南侧，听得见叫响说明吹南风，快下雨了）

三月三，鳢婆上岸滩。（物候现象，下同）

东风急溜溜，难到五更头。（春季）

朝西夜东风，日日好天公。（夏季）

六·七月里东北风，一二日内有台风。

雷声团团转，落雨在眼前。

响雷不落雨，闷雷穿蓑衣。

南险（闪）火门开，北险（闪）有雨来。（夏季）

雷声轰天边，大雨必连天。

春长雨水多。

一阵春雨一阵暖，一场秋雨一场凉。

雾露醒，蹲落井。

上昼薄薄云，下昼晒煞人。

清明断雪，谷雨断霜。

两春隔一冬，无被暖烘烘。

不怕生活苦，只怕秋老虎。

早晚凉飕飕，晚秋晒煞牛。

赤膊割放稻，出芽稳牢牢。

未吃端午粽，寒衣不可松；吃了端午粽，还要冻三冻。

麻雀囤食，就要落雪。（冬季）

鸟儿飞得高，天气一定好。

雨中知了叫，晴天马上到。

蜜蜂不出巢，马上大雨到。

蚂蚁搬家走，大雨就要来。

雁鹅飞落北，明朝好晒谷；雁鹅飞上南，就要有雨来。

盐缸还潮，阴雨难逃。

污水翻泡，晴天不保。

霜降不落霜，结米囤存粮。

冬至无霜，石臼无糠。

二月初八汛。（乍暖还寒）

冬雪是宝，春雪是草。

春雪压断竹，大水踏断轴。

六月不热，五谷不结。

三九四九，冻碎石臼。

吹吹卯时风，一世勿伤风。

立夏晴，蓑衣箬帽满田塍；立夏落，蓑衣箬帽立壁角。

三朝雾露发西风。（秋冬季）

初三日头初六雪。（腊月）

干净冬至邋遢年，邋遢冬至晴过年。

搞春落雨到清明。（搞春即立春）

四、健康谚语

少吃多滋味，多吃坏肚皮。（指吃七分、八分饱最合适）

冬吃萝卜夏吃姜，郎中先生卖老娘。（指养生既要讲食材，又要讲季节搭配）

日日汰脚，胜吃补药。（指热水洗脚利养生）

若要小儿安，要带三分饥和寒。（指过饱伤脾胃，过热要起痧）

面黄昏，粥半夜，吃嘞南瓜饿一夜。（指不同食物消化有快慢）

一夜勿困，十夜勿醒。（强调夜间睡觉很重要）

叫花子不留隔夜食。（强调少吃隔夜饭菜）

越吃越嗽食，越孛相越懒。（强调人要适量劳动）

病来如山倒，病去如抽丝。（指生病容易痊愈难，所以平时要多保重身体）

白露身勿露，赤膊当猪猡。（强调保暖）

小孩防噎，老人防跌。（强调老人要防摔跤）

生病心放宽，毛病好一半。（强调心理疗法很管用）

千钿难买老来瘦。（指肥胖不利健康）

馋唾不是药，到处用得着。（指唾液是个宝）

团囡蹿蹿长，明年竹竿长。（指锻炼身体长得快）

第四节　歇后语

歇后语，亦叫俏皮话，短小精悍，形象生动，幽默风趣，留有想象空间，颇具艺术魅力。一部分歇后语俗称为"死人话"或"熝死话"，常常被本地人提及，久而久之，便成为具有经典意义的"占子顺"。歇后语由两部分构成，前一部分起引子作用，像谜面，后一部分起说明作用，像谜底，十分自然贴切。通常说出前半截，就可以领会和猜想出它的本义。

小阿大开会——当务之急（表示性急要紧的事务）

黄头毛吃糖烧蛋——滑搭精光（指不做客气）

脱裤子放屁——多此一举（指完全没有必要）

潮烟管打鸟（dào）——勿像枪（腔）（比喻做事不成体统）

网船浪格只鸭——拖杀（比喻被别的人或事拖累）

乡下大姑娘——有吃没看相（指外表一般但实在、实惠、用起来好的人和物，劝导人们不求表面，只求实在）

膝钵头浪打瞌冲——自靠自（指不需要别人帮助，或得不到别人帮助）

盲子摸牢稻田里——寻勿着路（指不明方向或不知其途）

船老大坐后艄——见风使舵（比喻看势头或看别人的眼色行事）

无头苍蝇——乱飞（指没有方向）

木头人摇船——勿推扳（意谓某人、某物、某事不错，不差）

老虎吃蝴蝶——勿经大嚼（指根本无法满足需求，结果与期望相去甚远）

苍蝇戴豆壳——勿对头寸（形容大小不相配、不协调的现象）

瞎猫撞着死老鼠——撞着法（指仅凭运气，偶然所得）

小狗落牢污坑里——来得正好（指正中下怀、求之不得，因为狗爱吃屎）

狗头浪格油盏——摇哩嗡咚（喻物体不稳定，事情不牢靠）

顶特只石臼做戏——吃力勿讨好（比喻两面不讨好）

跟牢和尚卖编笲（篚箕）——跟错人了（喻指搞错了对象）

烧香打倒菩萨——冒失鬼（喻行事考虑不周，有些莽撞甚至冲动）

陌生人吊孝——死人晓得（意为"他知道，我才不知道呢！"）

饭店门前摆粥摊——抢生意（喻不自量力，挪错地方了。另指捣乱，故意找碴儿）

买了炮仗界人家放——呆徒（指自己埋头苦干却让别人出了风头抢头功）

驼子掼跤——两头勿着地（比喻两个目标都落空）

湿手捏干面——甩勿掉（喻绕不开的烦事难事）

荷叶包老菱——里戳出（喻出卖同伴，吃里爬外）

偷来锣鼓——敲勿响（喻指非法所得见不得人）

落水鬼见了船——勿顾一切（指抓住救命稻草）

急中风碰着慢郎中——空着急（指紧急情况下束手无策）

哈六伯看潮——过汛特（指因行动迟缓而错失时机）

泥菩萨过河——自身难保（指自己保不住自己）

瞎子吃馄饨——肚里有数脉（指只有心里有数）

圆子吃到豆沙边——就要尝到甜头了（喻目标任务将完成或真相结果将见分晓）

石板浪掼乌龟（jī）——硬碰硬（指靠本事吃饭）

第十六章　方言土语

三铟买个鸭头——只得一只嘴（比喻只会说不会做）

猪八戒吃脚爪——自吃自（喻指自掏腰包的消费行为，常带自我调侃意味）

癞太婆跳牢戤（děng）盘里——自称自（讥讽自诩自夸者）

肉骨头敲鼓——荤咚咚（借"荤"与"昏"之谐音，意指昏头昏脑）

十月里格桑叶——冇人采（喻指没人理睬，很失落）

山东人吃麦冬——一懂勿懂（借"冬""懂"谐音，讥无知者、外行者）

江西人补碗——自顾自（修补破碗时需钻孔，发出吱咕吱的声音，取其谐音。为贬义，谓自私）

哑巴子吃黄连——话勿出的苦（喻太苦了）

瞎子点灯——借勿着光（喻利于他人而自己不得益处）

癞痢头做和尚——现成（喻条件具备）

癞痢头儿子——自家好（喻指敝帚自珍，亦可指自鸣得意）

缺嘴吃鼻涕——正好（缺嘴即唇腭裂者。喻指自然天成）

驼子掼跤——两头勿着实（喻两头落空，或喻两头不讨好）

芽麦搨饼——两面煤（喻人两面受气）

新造茅坑——三日香（指做事不能坚持到底；对新东西的兴趣持续时间不长）

撒污勿出——嫌坑臭（喻遇事迁怒于人或客观环境）

老鼠唻猪头——拖不动（喻自不量力）

歪嘴部吹喇叭——一股斜气（斜、邪同音，指不正气）

麻子搨粉——蚀煞老本（喻太浪费了）

叫化（花）子吃死蟹——只只好（喻不分好坏）

城头上出棺材——兜圈子/盘个稞罗圈（喻说话或办事不直截了当）

棺材里伸出手来——死要铜钿（比喻贪心大）

棺材横头踢一脚——死人肚里有数脉（讥讽对方揣着明白装糊涂）

夏裤子扎脚管——卵毛勿落掉一根（指人吝啬）

狗对茅坑罚愿——开空头支票（喻假话无用）

狗咬吕洞宾——勿识好人（指骂人不识好歹）

瞎子狗吃屎——撞着（指运道好）

黄鼠狼爬在鸡棚上——不偷也是偷（指说不清道不明）

萤火虫吃百脚——亮搭亮（喻开门直说）

老虎头上拍苍蝇——没胆（指不敢之意）
老鼠躲在书箱里——吃本（意指亏本）
张天师着魍迷——有法也无法（喻无计可施）
关云长卖豆腐——人硬货勿硬（喻人有弱势之处）
念佛娘娘拜周仓——相信这把刀（这把刀，犹言此道）
狐狸精放屁——怪气（指不可思议）
和尚拜丈母——第一次（喻指从前没遇到过）
砻糠里搓绳——起勿出头来（指开头难）
三个节头撮田螺——笃定（指很有把握）
斜桥过去——郭店（与"搁店"音相似，指关门歇业）
外甥提灯笼——照舅（与"照旧"谐音，指一切按原来的办）
矮子打墙——一半上下（喻办不成事）
阿巧啦姆妈养阿巧——巧中巧（真是凑巧）
阿兰大妈讨蚕讯——巴弗得弗好（喻指好心眼）
背特袋米讨饭——装穷（指装装样子）
龅牙齿吃西瓜——省力（喻指有优势）
扁担头郎困觉——翻弗来身（喻不现实）
半天里划粪——屎污腾腾（讥讽说话一套一套的人）
半斤对八两——一样分量（指彼此彼此。旧时十六两为一斤）
半路上杀出个程咬金——弗想到（喻指纯属意外）
蚕宝宝做茧子——自捆自（犹言自找苦头吃）
扎（穿）特蓑衣救火——引火烧身（意指危险）
戳尿揾饭唾（唾沫）——冒充内行。（指装内行人，其实没有必要）
裁衣师傅弗带尺——存心弗量（喻指坏心思）
豆腐里厢寻（挑）骨头——空缠（喻胡搅蛮缠不讲理）
关公面前舞大刀——献丑（犹言班门弄斧）
关节炎碰着阴盲天——发特（指时机真巧）
华大华二华太师——一路货色（比喻都不是好货）
脚踏西瓜皮——滑到哪里是哪里（指无计划）
叫花子唱戏——穷开心（比喻苦中作乐）

叫花子晒太阳——享天福（喻指众生平等）
困头梦里想屁吃——美呀（比喻纯属空想）
老鼠躬（古音gāng）进米囤里——思齐（比喻舒服）
老太婆卖屄——倒贴（比喻蚀本）
老太婆吃柿杜——专拣软的捏（比喻欺侮老实人）
老博屌撒屎——滴滴答答（比喻此人不爽快）
六月里看死尸——越看越不是（比喻情形不妙）
蜡烛钎子搭蚕筷——尖搭尖（比喻各不相让）
雷公菩萨捉（追）妖怪——逼紧（比喻天天盯着）
两个哑巴子困来一横头——好来话弗来（比喻两人要好得很）
茅坑里点灯——照屎（谐音找死，指自找死路）
茅坑板郎呃枣子——吃吃吃弗得，掼掉弗舍得（比喻两难）
弄堂里掮竹竿——直来直去（比喻说话痛快，不扭扭捏捏）
三春头郎嘎只猫——弗骚要骚（比喻时机已到）
十二月廿三——事体犯关（喻指到了年关口，真是急煞人了）
十七八、廿二三——样当头郎（喻正当其时）
山东人吃麦冬——懂弗懂（自谦外行人，不太懂）
小鸡撒污——尽力张（喻努力过后，仍没有办法）
鞋子底粘牢嘎烂乌干（茧）——甩都甩弗掉（比喻难缠得很）
鹞令涂小鸡——拎特就走（比喻轻松得很）
眼睛生来额角头——只当不见（指故意回避）
做特小娘立牌坊——做作（指假装正经）
瞎子帮忙——越帮越忙（指添乱）
砻糠擦屁股——两不爽（指两头不讨好）
砻糠搓绳——难起头（指起头难）
鸭吃砻糠——空欢喜（指期待落空，理想破灭）

第十七章　人物乡亲

漕泾，物华天宝，人杰地灵。在古代，吕希周和张玙是其中的杰出代表，而囿于典籍史料所限，传至今天的其他名人不多，有的只是民间相传，似其有人，不知其名。民国后，特别是中华人民共和国成立以来，漕泾人踔厉奋发，笃行不怠，不停歇地奏响恢宏的创业乐章，书写着绚丽的建设画卷，赓续着不凡的文明进程。这其中无疑涌现出许许多多各行各业的能人。限于篇幅等因素，只罗列出他们中的一部分，蜻蜓点水般地呈现其名。此外，还辑录一部分籍贯地、出生地、生活地并非漕泾，但与漕泾相关的人物。

第一节　古代先贤

明清以前，村域历史人物无考。本节仅略述明清时期漕泾五大家族，其中对张氏、吕氏两大家族记述稍详。

一、张玙家族

张玙（嘉庆时县志写成"屿"），今漕泾村张家门（张北）人，明代中期进士，天一阁藏明代科举录《正德十二年丁丑科登科录》、明万历《崇德县志》、明万历《嘉兴府志》、清嘉庆《石门县志》、清光绪《石门县志》等书有记载。里人曾在五十年前见过张家旗杆石等。可以推测，张家门张家在清代某个年代或许又有过科举成功的家族人员，家道因此中兴。今张家门及其附近张氏人家，多与张玙家族有关联。村民张钦钊的父亲是张振康，民国时曾做贩卖木材的生意，兼任过崇德县参议会议员等职。据见过张氏家谱者说，谱里有张振康父亲张叙生名字，系张玙第17世孙，但谱里尚未载有张振康名字，据此推测，张家曾于清末修过家谱，惜20世纪60年代家谱失踪。

张玘,字叔美,号南溪,生于明代成化九年(1473)十月初二,排行老二;祖父张正,父亲张鬻,母亲邵氏,兄长张璠;先娶俞氏,继娶丘氏,据县志记载生育二子克臣(一作尧臣)、武臣。老乡吕希周在《东汇诗集》中提及其有五子六孙。张玘作为官员子弟,曾入国子监学习,系"国子生"(太学生),专攻《诗经》。正德八年(1513),41岁的张玘考中癸酉科举人,系浙江乡试第62名。正德十二年(1517),已45岁的张玘吉星高照,成为丁丑科进士,会试第168名。

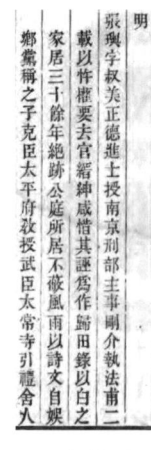

县志截图

考中进士后,张玘入职刑部,任刑部主事(正六品),执法刚正,不徇私情。不久,因为祖母生病,父亲又早亡,作为孝孙的张玘随即告假,回家探望祖母,祖母却告诫张玘说:"忠孝互为一体,你怎么可以因为家人而忘记报效国家呢?"在祖母等家人的严厉督促下,张玘迅速回归岗位,继续为国效力,为民司法。

张玘执法严正,刚直不阿,不经意中触犯了某些权贵的利益,因而蒙受诬陷。许多坚守正义的同僚为其辩白,"一时诸缙绅咸惜其诬",但他却"作《归田录》以白之"。老乡吕希周就此专门作诗《读南溪张司寇归田录》。最后,张玘还是不愿屈服权贵,入仕不及三年,便辞职罢官,归里居家三十余年。后昭雪,世人为其建秋官坊一座。

回到老家后,张玘"绝迹公庭""杜门扫轨",决定做些有益于族内子孙和附近百姓的事,"启佑后人"。虽然粗茶淡饭,生活清苦,"所居不蔽风雨""薄田仅供饘粥,鼯然不淬",但仍然"处之晏如,惟以诗文自娱",受到家乡人民的敬仰和称颂。

张玘勤作诗文,"有《南溪集》藏于家","南溪"很有可能就是指老家后面的南沙渚塘(语溪)或老家前面的洛溪,可惜此集失传。张玘诗文现仅存"一文二诗",即《重立传贻书院记略》和《传贻书贻》、《尊经阁诗》。

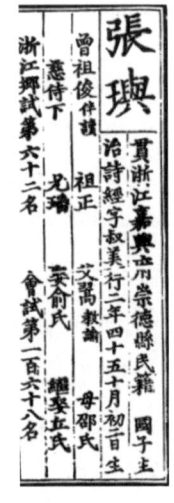

县志截图

居家三十余年后,张玘卒于老家,寿约七十五岁以上。据县志载,墓在渡圣桥北,渡圣桥址在今高桥集镇西侧的中沙渚塘上。康熙年间渡圣桥坍塌,改为木桥,现讹名为"大兴木桥"。而刻有"渡圣桥"三字的桥梁石西移约500米,附近村民便以为西移后之处为渡圣桥,实际上有悖原址。

明代崇德县治，有两座牌坊与张玙相关。一座叫"进士坊"，是县衙为郭楫、张玙、姚汝舟、钱贵、金逊、吕声、费敬、劳玭、潘蕃、姚鹏等进士所立，清代已废弃；另一座是秋官坊，这是专为张玙一人所立，"秋官"即为掌刑狱的刑部官员之意。

令人欣喜的是，历经风雨五百年，秋官坊仍坐落在崇福镇中山公园西侧青阳社区公园路7幢14号住宅内，是桐乡境内现存唯一的进士牌坊，已列为市级文物保护单位。据清康熙《石门县志》记载："秋官坊，为刑部主事张玙立，在书院（指传贻书院）巷口"。该牌坊为仿木石制坊，门阙由花岗石（武康石）构成，顶部曾遭龙卷风损毁。目前，此坊由铁架保护，残高约4米，面阔4米。其上额枋南面镂空雕刻仙鹤牡丹图，左右仙鹤一飞一站，中间为盛开的牡丹，图案精美。北面亦镂空雕刻仙鹤云纹，四只仙鹤布局协调，有飞有停，下额枋南面有浮雕麒麟，麒麟一前一后，前者回头张望后者，作腾云驾雾状。中部阙上有双钩阴文"明正德丁丑科张玙"，仍依稀可见，北面则是浮雕双狮戏球，有张有弛。

张俊，张玙曾祖，字文英，宣德四年（1429）己酉科举人，明代诗人。曾授明太平府（今安徽马鞍山一带）教授，教授宗室子弟，兼郑府伴读（从九品）。后任太平府训导（府学主管）、黟县县丞等。据清嘉庆《石门县志》记载，南沙渚塘南岸的老家立有"应魁坊"，此坊清代已废。

张嚚，张玙父，张俊孙，监生，曾任河南商丘虞城教谕，明代成化十七年（1481）曾任福建泰宁县训导。其对子女的教育非常重视。惜去世较早。

张尧（克）臣，字一夔，号九溪（因老家东侧有九曲，是洛水港弯曲而成），明代学者，嘉靖十一年（1532）岁贡生，先赴湖北通城县任教谕一职，后在太平府任教授，既有学问又有品行。嘉庆《石门县志》写作"子张克臣"，或是县志笔误，或是克臣、尧臣确为二子，因为老乡吕希周《东汇诗集》中说张南溪有五子六孙，并有写给张九溪的诗二首。

张武臣，张玙次子，明代例贡生，太常寺引礼舍人（掌管引导礼乐的小官吏）。

县志截图

二、吕希周家族

吕希周,字师旦,一字从野,号东汇,语儿乡三都邱汇(今高桥街道北阳桥查坟前一带)人,明代嘉靖五年(1526)进士,官至左通政。据家谱载,吕氏家族祖上

吕希周画像
(杨志华画)

在两宋间南渡新昌。吕希周太祖吕思慎随父吕璞于元初潜迁至余姚俸桥北,曾贸易于德清,经商致富,于元末携子孙迁崇德,生子克友(烈祖);克友生二子信(天祖)、任;信明初赘崇德邱汇,生子庸(高祖),家境渐殷;庸生子岳(曾祖),卒葬丘汇之南(今查坟前地域);岳生二子璘(祖父)、瑶;璘生二子纶(父亲)、缙,卒葬丘汇之南的祖坟;吕纶生二子希周、希蒙,卒葬募化乡王家山(吕大坟);吕希周本人葬于查坟前祖坟。相传吕氏庄园范围包括漕泾村大部分,而吕希周同族"希"字辈弟兄有12人,这些族亲散居今落晚、漕泾、高桥、楼下谷、湘庄等

村和留良后洋桥(后或迁于海宁星火村后洋庙一带),以及斜桥黄墩村一带。今漕泾村查坟前、大木桥、长浜、吕家木桥、墙门头等村坊几乎皆为吕希周家族后裔。

吕希周,实际做官仅十年,但十年内升至通政使(正四品),此乃传奇。他闲居乡下几十年仍有作为,"人咸德之"。县志记载,万历三年(1575),乡人感念吕希周才学兼备,敢说敢为,慷慨好施,世受其利,于新创孔庙之尊经阁中设吕希周神主,又将其崇祀于孔庙桂山脚下的乡贤祠。济美堂《吕氏家谱》述其"崇祀乡贤"。崇德县治有吕希周相关的牌坊三座:"金榜同升坊""天曹共履坊""父子天官坊"。

几乎所有史志都说吕希周"生卒年不详,约明世宗嘉靖年间在世"。其实,《东汇诗集》隐藏着他的出生年份,如嘉靖九年(1530),《生日作》诗云"三十逢吾降";嘉靖十八年(1539)作《己亥岁除》,感叹自己"拥褐蹉跎四十强,惊看司命醉穷乡";嘉靖十九年(1540)《庚子生日二首》内有"四十余生半耳聋"的感慨。据此,吕希周大概出生在明孝宗弘治十四年(1501)。

至于亡故年代,目前已见文献似乎都指向1568年—1574年之间,甚至就是1574年,依据有四:一是吕希周撰写《重修崇德县儒学记》应是在1568年之后,此时至少已有68岁。二是离吕希周在世年代颇接近的明朝万历年间进士沈瓒撰写《近事丛残》,内有短文《吕希周悔过》,提及吕希周"七十开外"。三是吕希周养女(实为外甥女)的夫君姚翼(明代学者、藏书家,历新淦训导、黄州教授、广济

知县）有《祭妇翁银台吕公文》一文收在姚翼文集里，编排位次在明隆庆己巳、庚午（1569、1570）年间。四是县志记载，万历三年（1575）家乡人已经设吕希周神主，崇祀乡贤词，证明至少在这一年之前吕希周已亡故。五是隆庆二年进士华叔阳（1547—1575，无锡人，系吕希周同科进士华察之子）《华礼部集》第七卷中有"代家君作"的《奠吕通政文》，而其父子俩先后于1574、1575年去世，这表明吕希周一定在他父子俩去世前夕谢世。七十古来稀，明代人"七十开外"应算长寿。

吕希周北上京城做官（含前期下派）仅为十年，大多时光在家乡度过，但其履历依然丰富。当官时，他频繁换岗，在户、工、兵、刑、吏五部都曾任职，还临时受命主持乡试和武举会试，"称誉隆隆然以起"，因此青云直上，升至正四品。闲居时，他虽时常空叹鸿志，但仍活动频繁，报效乡里，有所作为，可谓杭嘉湖一带当年的精神领袖，社会影响颇大。

倘若划分人生阶段，不妨将吕希周的人生分为五段：一是婴幼时期，即弘治十四年（1501）至正德元年（1506）：五年婴幼，茁壮成长；二是青少年时期，即正德元年（1506）至嘉靖五年（1526）：二十年苦读，终成进士；三是青年时期，即嘉靖五年（1526）至嘉靖十四年（1535）：十年为官，丁忧归里；四是中年时期，即嘉靖十四年（1535）至嘉靖三十五年（1556）：二十年闲居，平倭有功，再晋虚职；五是老年时期，即嘉靖三十五年（1556）至万历三年（1575）：前期为幕僚，削职归里，热心公益，乐善好施，安度晚年，安详而逝。

据清康熙三十二年（1693）济美堂《吕氏家谱》，吕希周太祖吕思慎"以货殖起家，由德清而徙居崇德"；天祖吕信家境殷实，始居北阳桥；曾祖吕岳，"家资巨万"；至吕希周时，家资尤丰。《嘉兴府志》载，吕希周"家居豪侈，歌童舞女，醉醴饱鲜，日以为常。六十寿诞时，所杀牲不下数千命"。

丁忧后，因复职无望，吕希周便在县衙东北约150步处，长期租用一处宽敞的宅院（原为宋朝酒税务、明初税课局），《东汇诗集》多处谓之"别馆"；后又在崇德司马高桥桥堍购置居室。明代史学家谈迁以及诗人祝渊的诗中，名其为"吕通政旧居"。不仅如此，吕希周还不停地在乡下耗费巨资，大兴土木。祖居地拥有西园山庄（祖宅），内设明农草堂（亦曰明农精舍、明农草庐）和后乐园等。约嘉靖二十年（1541），又在"九曲"东畔之海宁元吉乡东张村（今斜桥镇黄墩村一带）建东园山庄，内设春晖馆、振雅堂等，以至于"驷马桥（此桥今仍在）头，元吉乡上,自此吾为主"。东西两宅前,均挖有宽阔的南湖,并堆土成南山。《东汇诗集》中多首诗提及"西庄园"和"东庄园",吕希周常与文朋诗友"泛舟湖上",山庄的"楼阁翼云开"。此外,吕希周还在"桥南宅第"设宴款待友人,并举办歌舞活动。落晚、漕泾、湘庄等村村民间至今仍有吕希周家"南门淘米霸鱼桥,北门汰脚众圣堂""南面吃水断河头,北面吃水东升塘"之说,不免有夸张之嫌,但吕希周拥有巨大的山庄是肯定的,以至于庄园东北角形成了至今仍在使用的一处地名——"楼下角"。

吕氏家族迁来崇德后,绵衍不绝,到吕希周一代时,载入族谱的希字辈男丁就有12支,散居在今天高桥街道的落晚、楼下角、高桥、漕泾、湘庄和斜桥镇的黄墩、周王庙的星火等多个行政村里,仅漕泾一村就有查坟前、大木桥、吕家木桥、大水路、长浜等地是吕氏聚居村坊。吕希周先后娶妻妾三房,三房各有儿子1个,女儿不详;胞弟希蒙先后娶两房,育有五子。载入家谱的直系龙字辈男孙就有15支(《东汇诗集》中提及第四孙跃龙,未见于家谱,估计早夭),庆字辈曾孙、凤字辈玄孙、九字辈来孙、金字辈晜孙的男丁更是数量庞大,其家可谓枝繁叶茂。吕家子弟大多散居于桐乡、海宁一带,玄孙吕律(明末清初书画家和诗人)一支还迁居到了江苏吴江湖亩村。

旧时婚姻讲究门当户对。作为明代中叶的望族,吕希周家族自然也联姻豪门望族,有的还亲上加亲。如海宁博儒桥赵郭里豪门东白堂郭氏,是吕希周外公家,进士郭子直的父亲郭鼎是吕希周嫡亲表弟,祖父郭皜是吕希周娘舅,郭家也是归安茅坤哥哥茅乾的岳父家;海宁袁花四大望族之一的祝家是吕希周的岳父家,又是吕希周妹妹的婆家,其胞妹嫁给岳父祝西岩的堂兄祝萃家做儿媳妇;吴兴姚溪大户姚氏是吕希周养女(实为外甥女)的婆家,姚翼是吕希周的外甥女婿,姚旭是吕希周亲家,也是茅坤岳父;归安练溪茅家是吕希周长孙媳妇的娘家,吕希周长子吕衡甫与茅坤是亲家,与南浔百间楼主董家是连襟,吕希周的母亲和茅坤家的嫂子均出自赵郭里东白堂郭氏。据传,桐乡募化乡五都六图(今高桥街道越丰村塘上)钟家,亦是吕希周亲生女的婆家。

吕希周聪颖有慧根,从小随父早学。"八九龄时,时吐奇句,家公甚奇之"。"自束发从文学弟子员游庠序"后,"忘寝食者三年,出试有司,时洛阳陈侍御公为崇令,一见所试文,啧啧称服不容口";他应童生试,成为秀才,时浙江学政钟筠溪认为其"有光学校"。由于聪慧加勤奋,吕希周于嘉靖四年(1525)"弱冠领浙江乙酉乡试第七"，成为举人；翌年三月，"遂登丙戌进士第二甲第四人"，成为嘉靖五年（1526）丙戌科进士。考得功名以后，他仍勤学不已，"惟手不释卷，究极经史百家，斯则少壮出处如一日"。故而他学识渊博，才华横溢，连参与修订《永乐大典》的吏部左侍郎兼翰林学士谢丕也十分叹服，觉得"每聆謦欬，并辱翰札，声光下逮，铿然烨然"。

吕希周集书生、官员、富户、乡绅于一身，生活于明代中期这个官场黑暗、士风不正的年代，几经屈辱，并不得志，终削职为民。但吕希周本人的品行还是端正的。家谱说其"居官数十年，遇事建白，敢言无纤，一介不苟，忠孝二字为本"。当传闻曾阻其复职之内阁首辅夏言与当朝权臣严嵩争权失势而被杀时，虽有亲戚朋友私相庆幸，吕希周仍不愿依附严嵩父子，继续赋闲乡居；当陆炳等众多门生不断升迁时，吕希周也不愿动用这些优质人脉资源为自己谋利。在儿子吕端甫眼里，"家严自少至壮，自壮至今，其出处时虽屡迁，于凡富贵事未始一动其衷"，"生平施于人者，皆并忘之，受施于人也，终身不能忘"。从吕希周所撰《陈侯去思碑记》和《喻侯去思碑记》二文中，也能感到吕希周推崇仁义道德，倡导建功立业的心路。正因如此，吕希周入职初期便获好评，如工部评语为"官三载而学识益精"，都察院评语为"材质粹美，志行雅饬"，吏部评语为"清才渊识，笃学好修，例候改选"。

吕希周品德高洁端庄，盖源于从小家教良好，屠应埈《兰晖堂集·故封奉政大夫吏部文选司郎中吕公行状》描述曰："吕公（吕希周父亲）训通政君严。"

吕端甫为《东汇诗集》所撰的"志"中，多处提到父亲做人做事有原则。为官十年，吕希周奉公守法，廉洁自律，最直接的明证是：嘉靖三十六年（1557）十二月，工科给事中徐浦劾胡宗宪、阮鹗及通政使吕希周等军兴滥费一案，经约一年时间的仔细核查，胡阮等人确有重人贪污，唯独吕希周坚守清正，洁身自好，无贪污行为，平安无事，返回故里。至于民间传说和部分典籍里说吕希周因为"居家不法"而遭浙江巡按御史庞尚鹏弹劾，"诏黜为民"，纯属不实之词或断章取义。《明史》庞传中记载得很清楚，吕希周被削职为民，并非本人有什么违法乱纪行为，而是"子弟家奴横行乡里"，而至今仍流传于家乡民间的另一些关于吕家子孙的负面故事也证实，当年吕希周本人没有问题，至多只能说吕希周家教不严而已。

吕希周为官一身正气，"进贤远佞，克尽夫以人事主之义"。如他在刑部郎中任上，发现"东厂有冤狱，力争之"；在吏部文选郎中任上，"若人有归德者，家严辄惊曰，此上德也；有司何预人，有归怨者，直引以为己罪"；忧期满，理应复职却遭遇朝中"二公"阻挠时，吕希周认为"若冒进，不啻触忌。国家体貌，岂应若斯"；当"二公犹不释然，讽言者以必去为快"时，吕希周"阇适其初，曾无蒂"，而当阻其复职的"二公相继被戮，亲友私相庆幸"时，吕希周却"正色，叱之曰：国家刑典，大公至正，古之人举仇举亲，不以示恩，杀兄杀子，不以示怨，顾大义所在，尔以区区私恩怨置颊舌者，非夫也"。很显然，"公之量兮，浩浩乎若沧海之纳百川"。赋闲在乡时，吕希周亦有凛然浩气，用同乡进士姚汝舟《赡学田记》里的话说，"吕大夫东汇之为诸生，慷慨务奇节，慕义无穷，通宾客，有无缓急，锐身为筹策，尽如所急，不责必酬，羞拘学抱，挟铢两秦越，若所骣交，至不与伍立""充大夫之义，往古豪士何以加哉"。尤其是闲居乡里，本可优哉游哉，但当民族遭受外患时，吕希周却能挺身而出，积极投身抗倭斗争，"岛夷倡乱东南，君深念桑梓之计，抒筹策自效戎府"，其浩然正气、爱国护乡惜民之心昭然可见。

吕希周十分爱惜人才，愿意主动推荐人才。嘉靖十年（1531），还在刑部郎中任上，吕希周便受命主广西乡试，翌年又主持京城武科会试。嘉靖十三年（1534），任吏部文选司郎中后，他更是大胆举用人才。同科进士华察《奠吕通政文》（儿子代笔）中就赞其"公卿相与推毂，擢典铨衡，人才之沈滞，一时尽拔，益有声朝著间，佥谓台铉之重"。吕端甫《东汇诗集志》也认为"家严应特命改吏部文选郎中，感激图报，开诚布公，尽拔天下淹滞，妙选一时英贤，闻一善言，见一善行，即见之施行，惟恐不逮"。

吕希周心理素质好。当"昔遭时忌，素抱未伸，士林咸为扼腕"时，却能豁达自处，心胸坦荡宽阔，性情淡然洒脱，既拎得起，也放得下。《奠吕通政文》提及，"君以才见嫉于时，构君者纷纭附响，君蒙垢自匿，归耕于野，盖十有余年，世莫君惜，而君自如也"。明代学者、藏书家姚翼《祭妇翁银台吕公文》说老丈人"亦随其所遇，而怡然以自安，每当岁时之佳丽兮，爱召宾侣而交觥筹以为欢，日西倾而继之朗月兮，公之堂上犹食如填壑，而饮若流泉，间引声妓以自娱兮，每比夫东山之安石、西湖之子瞻。或晨光之微动兮，而清歌犹杂，夫管弦若此者，非公好乐以自荒兮，盖古所称有托而逃焉"。吕希周还常对女婿说自己得了老子哲学真传，"历劫而常全，自喜"。

屠应埈《吕公行状》指出："上自公卿荐绅之属，下逮台舆，无不曰：吕郎中，才也。"余姚进士谢丕亦称赞"东汇不凡，才也"，"昔人所谓仙才、史才者，殆兼有之"。同科进士华察《奠吕通政文》（其子代写）有言："忆自丙戌与君同举进士，时君方壮龄，志意阔远，不卑卑为恭俭小节，慨然谓天下事可屈指而办，乃悉发露其雄才。"甚至华察还断定"以君之才，诚抑志以就时格，即崇爵丰禄，无难致者"，为其"才之不尽究于用"而痛心。姚翼《祭妇翁银台吕公文》则用夸张手法来推崇这位岳丈的超强才干："帷公之才兮，推宇宙若转圜。"

嘉靖五年（1526），吕希周中进士后，开启十年官宦之路：先授户部主事，立改工部营缮，任工部都水司主事，出督清江浦漕运，主管清江督造船厂，兼管清江浦运河上5座闸门的运行启闭；后又历任兵刑二部员外郎和吏部文选司郎中；嘉靖十年（1531）出主广西乡试，十一年（1532）再主京城武会试，十二年（1533）调职方郎中，十三年（1534）调文选郎中，翌年擢升右通政。十年跨多部任职，一路飙升，没有非凡才干作为基石，谈何容易！

细看几个精彩案例。提督清江三年，吕希周精心策划，高超运作，漕运管理成绩斐然，既为国库节省官银，又没让商民增加负担，得官商交口称赞，在官场留下精明能干的好名声，竟"得唐公携酒惠济寺庆谢，并云：漕之通，维子之功"。再看京郊两坛营造，吕希周先是负责北郊地坛工程，由于办事干练，调度有方，工程神速竣工；而负责兴建东郊日坛的官员办事不力，眼看难以如期完工，总督大臣连忙急调精明能干的吕希周续接东郊工程，希周果然不负众望，"立规程，饬所司，昼夜从事，不旬日，诸料毕集，百工睢兴"，提前完工，使郊祀如期进行。30岁那年，吕希周连获工部、都察院、吏部好评。正是因为"有能声"，吕希周"以年齿才壮，官在九列"，成为正四品大员。

此外，督修崇德城墙，开挖护城河，动议筑城北堰桥而让运河改道以利行舟（时未果，然而400年后的当代竟如此照办），修缮文教设施等，其谋划设计和实施操办，皆出自吕希周之手或有吕希周参与，吕希周的策划能力、组织能力及务实作风可见一斑，难怪文史专家郁震宏赞誉吕希周"乃明朝中期崇德县的城市规划设计师！"

有明一代，东南沿海匪患不绝，尤其是倭寇与海盗沆瀣一气，为害东南沿海百姓。作为闲居在乡的一介致仕官员，吕希周不仅为抗倭军民取得胜利而作诗"庆捷"，还亲自上阵，参与除倭。典型的就有三件事：一是嘉靖三十三年（1554）上半年，他与路过浙江的青年大兵宪萧端蒙探讨治理海患三策，喜而赋《谧海行》，下半年奉檄会同知县蔡本端筑崇德城垣，其间曾陪同嘉兴知府刘唐岩多次实地踏勘，确定城址和城门位置，"直塘改成九弯兜"，纡缓绕城，以水为障，建吊桥以固防守，终使倭寇不敢近，"崇城独安堵如故"。二是嘉靖三十五年（1556）四月，倭寇进犯皂林，包围桐乡城，应浙闽总督胡宗宪礼请，吕希周与濮院濮文起、归安茅坤等共商退敌之计，遣密使劝降徐海，释桐乡之围。三是嘉靖三十五年（1556）十一月，吕希周因平倭有功，擢升左通政使，多蒙赏赐，且仍让吕希周以致仕官员身份留在杭州，协助浙闽总督胡宗宪佐理军务，继续助力抗倭。

家学渊源、科举出身的吕希周，一向重视文化教育。嘉靖十年（1531），他曾千里迢迢赶赴广西，主持乡试；翌年又在京城主持武科会试。特别是到晚年，他主动捐出家产，资助地方文教事业。隆庆元年（1567），他开始带头捐资重修崇德县学，营建坤、离、巽三浮屠（现存巽塔）于县学东之文壁山，整修泮池，开挖河道，使其与县河相通；此外"更捐小学""造尊经阁"。隆庆三年（1569），他嘱托儿子端甫捐田174亩5分于学宫，以田租收入佐学，补助贫寒诸生学习用品的费用，所捐田故名"吕赡学田"。同乡进士姚汝舟为此还专作《赡学田记》一文（载于邑志）；同时捐资徙仓（传贻书院毁于倭寇，后又废为义仓）租地，重修赡学房多间，又捐市房四十间以济贫儒。故《吕氏家谱》总结吕希周"捐资修学宫，更捐小学，捐学田174亩5分，捐市房40余间，济贫儒，世受其利；造尊经阁，筑文壁三塔，开凿泮池与县河相通，大有功于学校也"。

吕家殷实，且颇有扶贫济困之家风。高祖吕庸"多积善行"，曾祖吕岳"平生慷慨"，父吕纶"性倜傥，善赈人之急，即力所及，不问利害，厚施而薄望，惟恐人有知也"。至吕希周时，仍保持一颗行善之心。早年，吕希周就于老家附近出资筑成吕丹桥，有《东汇桥成》诗为证；他接纳移居而来的姨表弟谢子推，又代为抚养已亡故姐姐的女儿（后嫁归安姚翼）。尤其是削职为民后，作为一名著名乡绅，吕希周情系桑梓，慷慨好施，热心于社会公益事业，如明万历《崇德县志》明确记载"邑城北形胜多所创建"，"至于筑城郭以御倭，邑开新塘以便民，建桥梁以济往来，更有功于社会也"；明代吴江人沈瓒《近事丛残》中有《吕希周悔过》一文，则以讲故事的方式说："吕渐知之，悔过修善，放后阁，施藻饵，置义塾，舍棺衣，修路桥，断杀生，寿竟延至七十外，可见惜福行善，能益寿也"。

吕希周喜诗好吟，常常一路行走一路吟诗。如嘉靖年间，奉诏出试广西，他在途中写下《昌江望滕王阁》《流湘江哀屈左徒而吊之》《萍乡》《七夕突醴陵》《夜渡衡江》《永州公署》《过绿江桥》《广右还喜浙江》等几十首诗；闲居乡里几十年间，他常召引文朋诗友雅集，堪称明代中期崇德县甚至杭嘉湖一带的诗坛巨擘和精神领袖。吕希周诗作中有大量感怀诗，一是逢事感怀，如《品令·诸孙弥月作》，人生感怀，如《七夕有怀》；二是触景生情，如《山居晚眺》；三是雅集感怀，如《舟中雅集》；四是应和酬唱，如《邑侯刘小厓过茅堂投赠以诗次韵奉酬》；五是题识感怀，如《赋从弟东泉图》。吕希周诗作数量惊人，嘉靖三十三年（1554），长子吕端甫请陆炳将吕希周1525—1554年间所作诗词歌赋编年刻成《东汇诗集》，共十卷，1289首；明末清初，嘉兴曹秋岳集三百年名公七百余家手迹，将吕希周甲寅（1554）后诗作装潢成册，为《东汇杂诗》。据清代朱彝尊推测，《东汇杂诗》"比集中所载者较胜"，惜无传世。虽然朱彝尊《诗话》云"东汇于诗，亦沾沾自喜，其集不甚传"，但《东汇诗集》（十卷）能在清乾隆四十七年（1782）存目于《四库全书存目》（依两江总督采进本），已非一般。

尤其值得关注的是，工诗善吟的吕希周为家乡留下大量乡土诗作，以至五百年后我们还能从中感受得到这方风水宝地上的一草一木，也从中感受到了一代乡贤的浓浓乡愁。仅传世的《东汇诗集》十卷里，自第五卷始，绝大多数诗作与家乡杭嘉湖一带的景物和人事相关联。其中，涉及高桥街道的有多首，如《宿演教寺氿上人房谈李尚书舍宅事》《晓起登演教寺毗罗阁望吴山双峰》《东汇桥成》《读南溪张司寇归田录》《观西畴刈稻》《寿太平博士张九溪五秩》《筑屋后山成》《人日游演教寺》《山居别业》《酬造士余龙津过草庐索诗》《齐天乐旧宅泛湖作》《秋夜进艇东西宅前两湖作》《山庄雅集》《题明农精舍》《山水歌宋石门画东汇见赠》等。

同朝进士、翰林院编修、余姚人谢丕曾明确说过，吕希周"诗凡若干卷，文倍之"。遗憾的是，流传下来的吕希周文稿甚少。幸运的是，吕希周应本地官员和民间社会所请而撰写的乡邦文献，流传全今的仍有不少。截至目前，已发现的吕希周乡邦文献有《筑城记》（碣石立于崇德县薰仁门外）、《桐乡县儒学记》、《陈侯去思碑记》、《喻侯去思碑记》、《重修儒学记》（刻碑存崇德孔庙大成殿，此碑仍在）、《新建崇义桥记》、《浙西吕氏续谱序》、《双仁祠记》等。这些乡邦文献，既为家乡延续文脉，又为后世立档存史，加上《东汇诗集》里也包含着境内甚至杭嘉湖地区极为丰富的人物、景物、地名和事件资料，仅凭这一条，吕希周的乡贤声望实至名归。

吕希周生性豪爽，喜好结交，以文会友，把酒论诗，其"朋友圈"拥有众多

"年兄""诸游好""门人""诸纳言"等,如1534年夏季在京城"休沐日与诸兄弟同游东庄""某暇日在居所宴请诸多同僚",1541年"八月十四夜在莫蒙泉博士家双松下举行燕集,与各位交友拜盟"等。尤其是吕希周还专门在县城租屋辟别馆,用来接待地方官员、昔日同僚和门生,亦方便与一些退休官员兼文朋诗友结成诗会,定期雅集,饮酒和诗。与此同时,他与各方友人在老家山庄里"雨霁泛舟""夜月进艇",极富情调。交友活动中,吕希周常常主动呼朋唤友,难怪国学专家郁震宏称其为"明代中期崇德县及其附近一带的精神领袖"。

吕希周结交友人,主要有五种方式:一是迎来,在县治别馆和乡下"西园""东园""圯前宅"等处迎接来访者,如1548年"仲春,好友钱绪山携子婿高弟五贤前来元吉乡东张新馆,客主互赠佳什";二是邀请,联系好友前来喝茶、饮酒、看歌舞、赏书画花草,有时候甚至主持雅集,通宵达旦,"筵开寒墅汇之东,日上台阶亘海红";三是前往友人住处燕集,如1552年元宵节出席海盐徐东滨家宴,孟夏久雨新晴便赴张九溪相国燕集;四是同游,如1541年中秋,偕丁默斋、郭龙冈、谢海矶、吴北山、祝龙桥诸君子赴杭城泛月西湖,并游黄龙洞;五是书信,如1540年"病中得钱给舍海石年兄书",1551年"三月三日,闲居简文学诸君子",即便暮年还"数书遗予(指同科进士华察),谈吐纳术"。

吕希周不仅好与人结交,还寄情大自然,徜徉山水间,游兴颇浓。早年赴任或公务往来各地时,他常顺道游历,如出试广西时,来回顺路游览了浙、赣、湘、两广多处风景名胜;1532年早春回京,他一路北上一路游,登苏州虎丘,在万笏山谒范文正公祠,登上吴台,偕武进朱云厓游吴尚书山亭等。《东汇诗集》的大量诗作,内容是游山玩水过程中的所见、所闻和所感。

闲居乡里后,吕希周经常出游,或与家人专程游,或走亲途中顺便游,更多的则是与文朋诗友结伴游。如1551年春季,吕希周就有"孟春春游""仲春春游""季春春游"三首春游诗作。1553年早春,他放舟登奈山,寻白鹤仙人栖隐处,还在范蠡载西施所游之胭脂滩欣赏美景。到了暮年,吕希周仍然与人前后游历南京、镇江、苏州、杭州、嘉兴、碶石、盐官、当湖、华亭、含山、塘栖等地名胜古迹。

堪舆学,俗称风水学,即临场校察地理的一门学问,用于村落、居所、墓地等的选址及其朝向确认,甚至可用于道路、水系及其地貌的改变与调整。堪舆之学,博大精深,一直盛行于中华文化圈。倘若剔除了其中的封建迷信成分,堪舆学相当

第十七章 人物乡亲

于现代的建筑环境工程学。光绪《石门县志》所载《吕希周传》认为，吕希周"生平精形家言"。据《东汇诗集》，吕希周经常拜会各地堪舆家、阴阳家，比如余见山、詹爱山、唐云峰、杨东川、方清泉等。嘉靖己酉年（1549），他会晤堪舆家詹爱山，并以诗相赠；甲寅年（1554）春三月，与堪舆家杨东川一起登临杭州皋亭山黄鹤峰最高顶。会晤或同游过程中，免不了要与他们一起交流研讨堪舆学问题。不仅如此，吕希周还多有实践，筑崇德城池时直塘改作弯兜，又在老家周边和吕大坟一带，挖河凿湖，堆土成山等，可以说，多处"九弯兜"是他留下的堪舆杰作。

民间传说屠甸吕大坟系吕希周墓，新近县志也如是说。事实上，屠甸王家山吕大坟所葬绝非吕希周，实乃其父吕纶，依据有五：家谱载明吕纶"葬王家山"；屠应埈《吕公（吕纶）行状》说"葬公于某山之原"；吕大坟于嘉靖十一年（1532）或稍后即已开建，而此时吕希周才三十岁出头，为自己建寿宅恐怕早了些；《东汇诗集》卷七、卷九分别有诗《清明，蒙泉莫年兄登先大夫菊翁王山丘垄，道中即事》和《十月朔旦，扫先大夫王山丘垄》，显然这是为父扫墓；家谱载"王家山世宗嘉诏文二道立碑墓前"，墓道两侧有石兽和翁仲，坟高约21米，只有父以子（时已四品官）贵、被封"奉政大夫、吏部郎中"的吕纶才有这样的资格，而吕希周本人过世时早已削职为民多年，在讲究礼制的明代，吕希周无任何理由享有如此高规格的丧葬。

那么吕希周墓在何处？家谱载"卒葬九曲"；嘉庆县志载"通政吕希周墓，靳志在三都"；光绪《石门县志》冢墓条目下也有"吕希周墓在三都"。"三都"在哪？崇德县"三都"即语儿乡东片（今高桥街道）；《东汇诗集》多处提及吕希周祖居庄园"门对南山，九曲溪流"，而海宁与桐乡界河洛水泾东畔之海宁黄墩村老年村民证实：本地农民

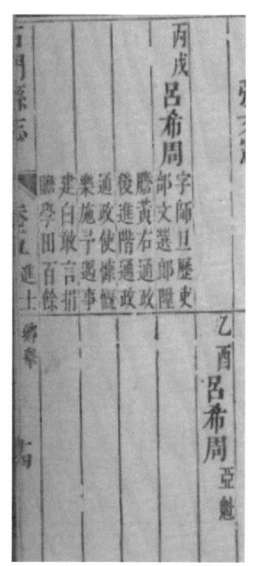

县志截图

一直将洛水港俗称"西九曲"（东九曲则在路仲古镇附近）；里人陈国强曾根据平整土地前的记忆特地绘图，显示几十年前北阳桥、查坟前、大木桥一带确有九处弯兜，且认为"吕希周直塘改作九弯兜"实指此处，而非崇德运河古道，或者说，县治运河直塘与老家洛水港都有可能被喜好堪舆学的吕希周"改作九弯兜"。老家一带的河道"改作九弯兜"后，俯瞰地面河道，竟呈"吕"字形。吕氏家谱载，吕希周高祖吕庸、曾祖吕岳、祖父吕琼等墓均在"邑东丘汇之源"。显然，早已削职为民的吕希周，死后归葬祖居地一带的家族墓地，更加合情合理，归葬"吕大坟"反而不合规制。三都"九曲"风水极佳，到了清代，才被海宁查家看中，购地筑为查家祖坟，由此，此处的地名"吕家里"改为"查坟前"，沿用至今。

吕庸(1388—1463)，字兴祖，号渔乐，吕希周高祖。早失父母，由外祖父抚养，及长，勤俭持家，义方训子，隐居不仕，多积善行，娶高氏，生子吕岳，天顺七年（1463）光禄大夫东海徐有贞撰碑墓左。

吕岳，字惟高，号溪隐，吕希周曾祖。家资巨万，事亲至孝，平生慷慨有为，高吟畅饮，里中称为诗酒神仙，娶朱氏，生二子璃、瑶。

吕璃，字廷珪，号怡春，吕希周祖父。邑庠生，励志读书，不与户外事，娶王氏，生二子纶、缙，卒葬丘汇之南。

吕纶，字文备，号友菊，吕希周父亲。庠生，娶赵郭郭氏，生二子希周、希蒙，以子贵赠吏部郎中。

吕希蒙，吕希周胞弟。邑庠生，因兄余庇加受七品服俸。

吕端甫，字午峰，吕希周长子。太学生，内阁中书舍人，刚直不阿，娶张氏，生河龙、攀龙、八龙，刻印其父《东汇诗集》10卷。次子曾亮，字方壶，太学生，鸿胪寺丞，娶叶氏，生人龙、辅龙、启龙、翼龙。季子衡甫，字心寰，太学生，性豪侠，娶杭州陈禹谟女，主簿，早亡。

吕河龙，吕希周长孙。嘉靖间由太学授金吾卫指挥佥事，娶湖州府首富和风云人物茅坤幼女。

吕律，吕希周玄孙，庠生，迁吴江湖宙村，能诗善画，工隶书，求者盈门，纸贵一时，为明末清初著名画家。

吕希谦，吕希周堂兄弟，任广东曹县主簿。

吕子堂，吕希周堂侄，太学生，任海州通判。

县志截图

三、范家门范氏家族

据村民范雪琦说,范家门范氏出自今龙南村龙吟桥,祖坟在小环桥,几十年前他曾前往吃坟酒。传说范氏家族上八代时已成本地大族,家境殷实,耕读传世,文武皆备。约200年前,范氏生育五子,一子在崇德县衙任职,有墙门堂、走马楼、骑马石,还有可插四面旗的旗杆石。有村民说,旧时范家门南有一条通往洛溪塘口的路,称为"马路"(路名流传至今),"马路"南端塘口建有"接官亭"。"马路"、"接官亭"和范家墙门堂、走马楼、骑马石、旗杆石等,显示范家门从前似乎有好人家,惜历史久远,史迹湮没,"文化大革命"期间又失范氏家谱,范氏人物及其辉煌无法查实。

另外,同一村民口述:上文提到的那位生育五子的母亲武功了得。有一天,若干盗匪结伙来到范家门,意欲抢财劫物。这位母亲一边假意热情招呼他们坐在道场上喝茶,一边捧起道场旁的一只石臼倒茶水。盗匪们惊呆了,自知不是妇人对手,只得借口离去,实是被吓退。

四、王家墙门王氏家族

王家墙门,以高墙大门命名,疑是一方富户。有村民小时候还见过王家墙门有1只石狮、1个石元宝、1个石臼和2个大厅堂。有村民听上辈人传说,王家墙门王氏家族分支繁多,族丁兴旺,处处厅堂,而且庭前厅后,皆有宏大池塘环绕。从高空看,村子里有七口水塘,成北斗七星状,王家各分支墙门高堂与七口碧池错落有致,相映生辉。从硖石山上西望,能看见王家墙门的高堂大厅之间,嵌着七口大池塘,阳光照耀下,极像七顶大黄伞。

王家墙门好人家的七处池塘像七顶大黄伞,虽有夸张之嫌,但恐怕能说明王家墙门有过显赫大族,不然不会有人跑到硖石山上西望,并做此神奇描述。另有村民说的似乎更有考证价值:从王家墙门到斜桥镇的2里多的弯曲泥路上,王家曾出资铺设石板,称王家大路。在生产力低下的当年,铺设石板所筹款项算得上一笔巨资。而能出此巨资的,非财力雄厚的巨族大户莫属。

五、查坟里的查氏家族

查氏家族是明清海宁袁花的四大望族巨家(查氏、许氏、祝氏、朱氏,其中祝家是吕希周的岳丈和妹夫所在家族)之一,名人大家辈出,明代有查约、查秉彝、查继佐等，清代有查慎行、查嗣瑮、查升、查揆等著名文人学者，近现代著名人士查人伟、查猛济、查济民、查良钊、查良鉴、查良铮(穆旦)、查良镛(金庸)等均为其族人。

原本查家与漕泾毫不相关，直到清代"嘉庆八年四月十九日，莹、世佽奉公之柩与汪恭人、刘恭人合葬于石门北旺桥之新阡"，才有了关联。也就是说，1803年，家喻户晓的当代武侠小说大师金庸的七世祖查懋及其两位夫人始葬查坟前地域，后查懋的儿子世佽、曾孙绍篯、玄孙宸华又入葬于此，由查家祖坟衍生出的特有地名——"查坟前"，延续至今。

查懋（1701—1775），清代海宁袁花人，原名查奕楷，字端木，号寄庵，候选知县，赠中宪大夫（正四品衔），经营盐业，亦精史学。曾祖父嗣琪，庠生；祖父升，康熙戊辰进士，历官詹事府少詹事；父亲昌洵，贡生，历官广东长宁县知县。与查懋一起安葬在此的，还有被封为恭人的汪夫人和刘夫人。

查世佽，查懋儿子，字恬叔，号儋余，又号训堂，乾隆庚寅恩科举人（解元），内阁中书，官至刑部福建司郎中，著有《儋余诗文集》等。大哥莹，乾隆丙戌进士，翰林院编修，累迁吏科给事中，督贵州学政；二哥世荣，候选同知，早逝。儿子元偁，嘉庆戊辰进士，掌福建道御史等，有《蒋斋集》等。

查绍篯，查懋曾孙，字铿友，号玉彭，一号尧斟，州庠生，中书科中书。道光二十六年举人，有《还读我书斋诗钞》。弟彦钧，太学生，候选同知；弟景镛，太学生，早亡；弟洗，业儒。长子湄，增贡生，江苏试用按经历；次子承源，增贡生，江苏升用知县。冯恭人，先卒，祔葬绍篯墓之右。

查宸华，查懋玄孙，同治元年卒于难，亦祔葬墓次。

六、张家门另有张氏

据村人传说，张家门在1600—1700年（康熙、雍正年间）立有旗杆，有"一门三进士、父子两连襟"之说，其中"一门三进士"是指张佐林、张佑林、张少林三兄弟，惜无史料可见，而"父子两连襟"指哪两人更不得而知。清末，此族有张寿庭考中秀才，1957年或1958年死亡。时有族长张培生，同族有张明丰、张华丰，起先入仕做官，后赴嘉兴、杭州等地经营纸厂。

第二节 民国人物

民国时期（1912年1月—1949年5月），村域内是否有人在乡以上组织机构或部门单位任职，是否有人经商成为巨富，是否出过各行各业的强手等，总体无考，仅有极少数漕泾人散见于十分有限的民国档案。张家门张振康曾担任过崇德县参议员，郭翔庆充任过骑塘乡乡长，张振康、沈芝林、沈应松、封叙金等人曾被推举为骑塘乡乡民代表。据说，大木桥人吕敏初（1941年8月出生，在1987年5月—1993年4月曾任桐乡县第二届、第三届政协委员），其父程森士曾任国民党海宁县党部书记长，其继母戴国英曾任国大代表，二人于1949年去台湾。

一、部分保甲长和乡民代表名录

档案显示，民国三十一年（1942）1月，境内保长、副保长、保队附、甲长名单如下：

第一保

保长：金炳文（方田村），40岁，1942年1月到职。

副保长：沈乾山（漕泾港），58岁，1942年1月到职。

保队附：冯三明（大水路）28岁1942年1月到职。

甲长：

张福堂，45岁，1942年1月到职。

郭茂祥，52岁，1942年1月到职。

何炳生，26岁，1942年1月到职。

冯三明，28岁，1942年1月到职。

沈芝康，20岁，1942年1月到职。

沈如洪，38岁，1942年1月到职。

沈阿五，40岁，1942年1月到职。

吕寿章，27岁，1942年1月到职。

范其春，48岁，1942年1月到职。

朱春泉，50岁，1942年1月到职。

第二保

保长：沈炳元（南庄桥），42岁，1942年1月到职。

副保长：张介仁（朱家桥），56岁，1942年1月到职。

保队附：苏永春（大木桥），31岁，1942年1月到职。

甲长：

王佐廷，42岁，1942年1月到职。

吕洪江，56岁，1942年1月到职。

沈洪庆，48岁，1942年1月到职。

张顺福，59岁，1942年1月到职。

沈仁和，56岁，1942年1月到职。

沈新源，32岁，1942年1月到职。

沈应松，36岁，1942年1月到职。

吕永江，53岁，1942年1月到职。

陈叙明，58岁，1942年1月到职。

陈文元，31岁，1942年1月到职。

第三保（部分今属湘庄）

保长：吕智24岁，1942年1月到职。

副保长：张振康（张家门），38岁，1942年1月到职。

保队附：吕宝璋（酒店浜），28岁，1942年1月到职。

甲长：

陈秋庭，38岁，1942年1月到职。

陈子圭，40岁，1942年1月到职。

沈瑞连，45岁，1942年1月到职。

张品元，40岁，1942年1月到职。

吕恩忠，37岁，1942年1月到职。

吕梅松，45岁，1942年1月到职。

许才生，53岁，1942年1月到职。

吕子元，45岁，1942年1月到职。

吕沈芳，41岁，1942年1月到职。

第四保

保长：马德乾48岁，1942年1月到职。

副保长：范圣祥45岁，1942年1月到职。

保队附：陆长林（陆家门），25岁，1942年1月到职。

甲长：

陆永发，72岁，1942年1月到职。

陆寿其，60岁，1942年1月到职。

范顺昌，23岁，1942年1月到职。

范茂松，33岁，1942年1月到职。

范晋福，28岁，1942年1月到职。

范仁芳，34岁，1942年1月到职。

马炳章，25岁，1942年1月到职。

陈锦祥，27岁，1942年1月到职。

张连山，48岁，1942年1月到职。

沈万铨，38岁，1942年1月到职。

第五保（部分今属骑力）

保长：陈新荣，33岁，1943年5月到职。（后为陆长林，40岁。）

副保长：陈关林，42岁，1943年5月到职。

保队附：俞顺元（张家桥），38岁，1943年5月到职。

甲长：

许利香，56岁，1943年5月到职。

俞桂芳，60岁，1943年5月到职。

余友章，55岁，1943年5月到职。

严花荣，50岁，1943年5月到职。

陈秀荣，54岁，1943年5月到职。

余云松，38岁，1943年5月到职。

陈连章，42岁，1943年5月到职。

陈宝仁，53岁，1943年5月到职。

余关松，40岁，1943年5月到职。

民国三十四年（1945）3月前后，第一保保长为郭茂祥（洛水港人），第三保保长先后为沈乾山（漕泾港人）、沈炳元（南庄桥人）等，第四保保长先后为陆长林（陆家浜人）、沈炳元等。翌年5月前夕，第一保副保长为张祖林、第二保副保长为陆敏达、第三保副保长为朱麟荪。

民国三十七年（1948）11月16日，境内保长、甲长具体名单如下：

第一保（全部境内）

保长：张振龙（保办公地在张家埭）。

第一甲甲长：张金泉　第二甲甲长：张乾坤　第三甲甲长：吕锦发。

第四甲甲长：王祖庭　第五甲甲长：吴新源　第六甲甲长：吕鸿江。

第七甲甲长：沈金松　第八甲甲长：冯三明　第九甲甲长：沈贵荣。

第十甲甲长：李如宝　第十一甲甲长：沈洪奎　第十二甲甲长：沈雪顺。

第十三甲甲长：孙炳章　第十四甲甲长：孙明月　第十五甲甲长：王叙林。

第十六甲甲长：沈松林　第十七甲甲长：张恩惠　第十八甲甲长：范秋堂。

第十九甲甲长：陈叙明

第二保（部分境内）

保长：朱麟荪

第一甲甲长：章桂林　第二甲甲长：余云生　第三甲甲长：陈长财。

第四甲甲长：许维忠　第五甲甲长：沈长福　第六甲甲长：陈寿春。

第七甲甲长：余云松　第八甲甲长：陈佐江　第九甲甲长：严永昌。

第十甲甲长：陈福泉　第十一甲甲长：沈全镛　第十二甲甲长：陈应福。

第十三甲甲长：周叙田　第十四甲甲长：陈廷桢　第十五甲甲长：王鸣声。

第十六甲甲长：沈辅朝。

第三保（部分境内）

保长：陆士康

第一甲甲长：范连熙　第二甲甲长：范福堂　第三甲甲长：张乾荣。

第四甲甲长：张宝兴　第五甲甲长：陆正昌　第六甲甲长：陆顺昌。

第七甲甲长：陆福庆　第八甲甲长：陈敬潮　第九甲甲长：张连山。

第十甲甲长：沈万铨　第十一甲甲长：吕洪炳　第十二甲甲长：吕有乾。

第十三甲甲长：吕阿龙　第十四甲甲长：许云龙　第十五甲甲长：吕用生。

第十六甲甲长：沈炳荣　第十七甲甲长：曹宏良　第十八甲甲长：沈炳龙。

第十九甲甲长：沈鸣卿

民国三十四年（1945）1月骑塘乡乡民代表名单如下。

第一保

王家栋（保校长）、沈子林（农民）、沈如洪（农民）、张振龙（农民）。

第二保

张嘉仁（农民）、李叙春（农民）、沈宝珍（农民）、苏永春（商人）。

第三保

范圣祥（农民）、陈锦祥（农民）、陈梅卿（国医）、马德乾（农民）。

第四保

沈宝经（商人）、沈福卿（商人）、吕子文（商人）、吕思（恩）忠（商人）。

第五保

吕在廷（校长）、陆应忠（商人）、吕子元（农民）、吕德泉（农民）。

民国三十四年（1945）11月，骑塘乡乡民代表名单如下。

第一保

张芝林（33岁，炭窑主）、沈如洪（40岁，务农）、张叙元（30岁，务农）、沈天庆（39岁，务农，甲长）。

第二保

沈金松（28岁，曾任保长）、张恩惠（26岁，曾任小学助教）、苏荣春（35岁，务农）、李宝珍（务农）。

第三保

沈福庆（30岁，曾任高小教员）、沈涵（39岁，曾任初小教员）、沈德忠（31岁，务农）、沈柳庄（36岁，药商）。

第四保

范圣祥（40岁，务农）、范仁芳（36岁，经商）、陆乾生（26岁，经商）、陆应忠（39岁，经商）。

第五保

陈新荣（33岁，道士），陈达豪（36岁，医生）、陈桂林（43岁，丝商）、沈掌富（35岁，经商）。

民国三十五年（1946）1月24日骑塘乡乡民代表名单如下。

第一保

王家栋（43岁，校长）、沈子林（25岁，务农）、沈如洪（39岁，务农）、张振龙（46岁，务农）。

第二保

张嘉仁（59岁，务农）、李叙春（45岁，务农）、沈宝珍（63岁，务农）、苏永春（34岁，经商）。

第三保

范圣祥（40岁，务农）、陈锦祥（28岁，务农）、陈梅卿（63岁，国医）、马德乾（45岁，务农）。

第四保

沈宝经（45岁，经商）、沈福卿（29岁，经商）、吕子文（20岁，经商）、吕思忠（33岁，经商）、吕肖夔（64岁，前清秀才，校长）、陆应忠（38岁，经商）。

第五保

吕子元（46岁，务农）、吕德泉（58岁，务农）。

民国三十六年（1947）1月，村域内的梵山乡乡民代表名单如下。

第十一保

沈子林、沈应松。

第十二保

张振康、范仁芳。

民国三十七年（1948）下半年梵山乡乡民代表如下。

第一保

王家栋、沈芝林、沈应松、沈如洪、张振龙、陈天庆等。

第三保

沈福庆、沈涵月、沈德忠、沈柳庄、张振康。

民国三十七年（1948）上半年崇德县梵山乡第二届乡民代表选举当选人及候补当选人清册

保次	当选人或候补当选人	姓名	性别	年龄	教育程度	当选日期	得票数
一	当选人	沈芝林	男	28	初小毕业	1937年6月16日	70
	当选人	沈应松	男	37		1937年6月16日	25
	候补当选人	封叙金	男	25		1937年6月16日	23
三	当选人	张振康	男	37	初中毕业	1937年6月17日	78
	当选人	吕子元	男	48	私塾三年	1937年6月17日	43
	第一候补当选人	吕思忠	男	67		1937年6月17日	31

二、其他民国人物

民国时期，境内做过教书先生的有项鹤松、王家栋、陈启、张宝堂等。在境内外经商办实业或从事家庭副业和传统手工业而成为能工巧匠的也有一些，民国三十八年（1949）3月，村内有多人参加组织，具体名单见下表。

在范家门、王家木桥、塔石桥、湾渔池、双元村、张家门等村坊，出过范姓、陆姓、张姓、孙姓、沈姓、吴姓、王姓、陈姓、郭姓、苏姓等富户，在1949年后家庭成分被评为地主或富农，"文化大革命"时期受到一定冲击。1979年后返还物品，折价补偿、给予其社员待遇。

民国三十八年（1949）3月崇德县梵山乡农会名册中境内人员名单

职别	姓名	性别	年龄	职业	住址			地名
					保	甲	户	
监事	沈芝林	男	29	自耕	1	9	11	大水路
会员	吕锦法	男	35	半耕	1	3	14	长浜
会员	冯叙高	男	58	半耕	1	8	5	大水路
会员	冯三明	男	32	半耕	1	87	10	大水路
会员	沈叙龙	男	39	自耕	1	9	5	大水路
会员	沈秉钧	男	57	自耕	1	9	9	大水路
会员	沈桂荣	男	42	自耕	1	9	13	大水路
会员	金进松	男	22	佃农	1	10	2	大水路
会员	沈锡顺	男	50	半耕	1	12	2	吕家木桥
会员	沈如洪	男	43	自耕	1	13	2	孙家埭
会员	沈瑞春	男	49	自耕	1	13	10	孙家埭
会员	荡六明	男	30	佃农	1	18	7	马家木桥
会员	沈德顺	男	54	自耕	1	17	13	马家木桥
会员	沈应松	男	38	自耕	1	12	7	吕家木桥
会员	何炳生	男	29	半耕	1	3	1	长浜
会员	陆士康	男	28	自耕	3	5	2	陆家门
会员	张赓泉	男	29	雇农	3	9	3	冯家元
会员	范勤熙	男	40	半耕	3	2	1	范家门
会员	范连熙	男	42	半耕	3	1	12	范家门
会员	范福山	男	39	半耕	3	2	10	范家门
会员	张永庆	男	28	自耕	3	3	15	张家门
会员	张宝兴	男	43	半耕	3	4	7	张家门
会员	陆正昌	男	22	自耕	3	5	5	陆家门

续表

职别	姓名	性别	年龄	职业	住址			地名
					保	甲	户	
会员	陆顺昌	男	27	自耕	3	6	15	陆家门
会员	陆福庆	男	26	自耕	3	7	4	陆家门
会员	陆金荣	男	28	自耕	3	7	7	陆家门
会员	沈万千	男	44	自耕	3	10	4	汤家元

第三节 当代乡亲

中华人民共和国成立后，漕泾人在中国共产党领导下团结进取、奋发有为，为农业、手工业、乡村工业和各项社会事业发展做出相应贡献，尤其在粮食业、蚕桑业、畜牧业和副业生产中奉献汗水与心血。改革开放后，漕泾人敢为人先，奋勇创业，在家庭联产责任承包、乡村工业起步、"万元户"诞生、家庭农场创办等方面有建树。有许多漕泾人走出漕泾，在更广阔的天地里、更大的舞台上做出骄人的业绩。下列仅分类罗列部分漕泾乡亲名录。

漕泾村1949年后高学历人员和行政副科以上人员以及单位负责人一览表（部分）

所在小组	姓名	性别	毕业院校	曾任职单位	曾任职务（职级）
张家埭	郭松甫	男	—	乔司劳改农场	大队长
张家埭	张春林	男	—	上海华丰铁床厂	党委书记
张家埭	张顺发	男	南京气象学院	上海海洋学校	校领导
张家埭	张金康	男	南京气象学院	嘉兴气象局	科长
张家埭	张炳铨	男	湖州师范学院	骑塘中心学校	教师
张家埭	张金琦	男	海宁师范学校	骑塘中心学校	教师
张家埭	张瑞康	男	—	斜桥镇政府	工业副镇长
张家埭	张虎林	男	海宁中学	高桥粮管所	书记、所长
张家埭	冯巧娥	女	海宁师范学校	高桥供销社	部门经理
张家埭	郭建强	男	浙江公安大学	省公安厅	工作人员
张家埭	封永良	男	湖州师范学院	桐乡高级中学	教师
张家埭	沈仿如	女	湖州师范学院	桐乡求是中学	教师
张家埭	张芳	女	浙江财经大学	桐乡税务局	二级主办
张家埭	张虹	女	浙江大学	桐乡农商银行	副行长

第十七章 人物乡亲

续表

所在小组	姓名	性别	毕业院校	曾任职单位	曾任职务（职级）
张家埭	张晓娣	女	海宁师范学校	嘉兴实验小学	教师
张家埭	张娟平	女	海宁师范校桐乡班	高桥实验学校	教师
张家埭	张孝利	男	海宁师范校桐乡班	高桥实验学校	教师
张家埭	张春飞	男	桐乡市委党校	高桥街道村镇建设管理服务中心	工作人员
张家埭	张德强	男	西南大学	桐昆集团	高级工程师
张家埭	王利霞	女	浙江广播电视大学海宁学院	嘉兴宝通贸易公司	职工
张家埭	张雷杰	男	浙江师范大学	嘉兴经济开发区实验小学	教师
张家埭	张雷	男	嘉兴学院	嘉兴联维纺织品公司	法人
张家埭	张锋	男	浙江广播电视大学桐乡学院	高桥街道漕泾村	村总支书记兼村主任
张家埭	张瑜	女	浙江工商大学	杭州纺织品公司	职工
张家埭	许侃洋	男	浙江理工大学	浙江铁道建设工程公司	职工
张家埭	张鸥	女	浙江教育学院	桐乡市振兴西路小学	教师
张家埭	张琴	女	浙江广播电视大学海宁学院	桐乡泊碧进出口公司	职工
张家埭	张成吉	男	江西科技学院	浙江吴越岩土工程公司桐乡分公司	职工
张家埭	张永烽	男	浙江广厦建设职业技术学院	江苏省桐昆恒阳化纤公司	职工
张家埭	张智杰	男	浙江工商大学	海宁国土资源局	工作人员
张家埭	李方展	男	合肥学院	海宁长昆包装公司	职工
张家埭	郭维力	男	北华大学	桐乡六中	教师
张家埭	吴月	女	北华大学	中信证券	行政人员
张家埭	张辉	男	天津理工大学	嘉兴杰纳医药科技公司	工作人员
张家埭	罗晓君	女	天津理工大学	艾昆纬医药科技（上海）有限公司	数据管理项目经理
张家埭	张丰盛	男	湖南大学	舟山市机关事务管理中心	工作人员
张家埭	潘宇	女	东北电力大学	国家电网舟山供电公司	工作人员
张家埭	张春杰	男	杭州商业学校	在家	—
张家埭	张孝强	男	嘉兴学院	浙江锦豫纺织科技公司	职工
张家埭	张佳涛	男	浙江广播电视大学桐乡学院	桐乡巨匠集团	职工
张家埭	封泠	女	四川大学	桐乡市纪委	财务人员
张家埭	陈超	男	江南大学	桐乡市政协提案科	副科长
张家埭	周梦艳	女	浙江农林大学	崇福镇农经服务中心	工作人员
张家埭	颜天士	男	浙江大学	海宁市丁桥街道	工作人员
张家埭	张其涛	男	浙江科技学院	桐乡农商银行	职工
张家埭	张家豪	男	浙江经济技术学院	浙江智能迪克科技公司	职工
张家埭	张添顺	男	浙江广播电视大学海宁学院	浙江新辰家纺公司	职工
张家埭	张星雨	女	嘉兴学院	桐乡青少年素质教育实践基地	教师

续表

所在小组	姓名	性别	毕业院校	曾任职单位	曾任职务（职级）
张家埭	张雨晴	女	浙江纺织服装职业技术学院	浙江芭蒂蔻时装有限公司	职 工
张家埭	张诗怡	女	上海财经大学金华分院	中国工商银行	职 员
张家埭	郭家屹	女	浙江医药高等专科学校	浙江大学医学院附属第一医院	药剂师
张家埭	郭海滟	女	丽水职业技术学院	桐乡申宏园林绿化公司	职 工
张家埭	张 楠	女	浙江工贸职业技术学院	在 读	学 生
张家埭	张圣凯	男	温州科技职业学院	在 读	学 生
张家埭	封天标	男	南京大学	在 读	学 生
大水路	王学珠	女	温州师范学院	桐乡石门小学	教 师
大水路	冯爱华	女	湖州师范学院	杭州二中子弟小学	教 师
大水路	沈芝仙	女	湖州师范学院	海宁市长安镇小学	教 师
大水路	沈爱香	女	湖州师范学院	桐乡实验教育集团北港分校	教 师
大水路	沈森良	男	海宁师范学校	骑塘乡初中	校 长
大水路	周晓英	女	财经大学	湖州市税务局	副局长
大水路	李玉仙	女	安徽大学	商务局	主任科员
大水路	孙华青	女	浙江商业学院	浙江省外经贸局	科 长
大水路	王 群	女	宁波纺织学校	中国工商银行嘉兴分行国际业务部	副总经理
大水路	周 敏	女	浙江师范大学	桐乡高级中学	教 师
大水路	陈亚洁	女	芝村职校	桐乡技师学院	教 师
大水路	沈夏燕	女	嘉兴丝绸工业学校	自办羊毛衫加工厂	老 板
大水路	李建新	男	华北电力学院	嘉兴发电厂	工程师
大水路	孙华强	男	金华司机学校	上海铁路局杭州工务段	线路科主任
大水路	吕雅萍	女	平湖师范大学	骑塘中心学校	教 师
大水路	孙华力	男	温州高校	桐乡市市场监管局崇福分局	科 员
大水路	胡金霞	女	温州医科大学	桐乡市第二人民医院妇产科	主任医师
大水路	王立新	男	浙江广播电视大学	自办家电商店	老 板
大水路	沈冬妮	女	嘉兴丝绸工业学校	布鲁斯（浙江）精密科技公司	职 工
大水路	冯 恺	男	湖州税务学院	桐乡税务局第二税务所	所 长
大水路	冯 东	男	浙江广播电视桐乡学院	濮院农商银行	工作人员
大水路	姚国宇	男	杭州化工学校	桐乡环保局	科 员
大水路	沈 迪	男	海宁师范学校	桐乡技师学院	教 师
大水路	钟 英	女	浙江广播电视大学桐乡学院	经济开发区(高桥街道)财政国资分局	科 长
大水路	冯晓燕	女	上海师范大学	桐乡党校	教 师
大水路	冯小芳	女	温州粮食学校	桐乡邮政银行	工作人员
大水路	冯 宇	女	湖州师范学院	桐乡文化局	专业技术人员

续表

所在小组	姓 名	性别	毕业院校	曾任职单位	曾任职务（职级）
大水路	沈 炜	男	浙江银行学校	桐乡农商银行	副行长
大水路	沈江帆	男	中国计量大学	桐乡公安局法制大队	大队长
大水路	陆银瓶	女	丽水职业技术学院	梧桐街道城南村党委	委 员
大水路	冯飞芸	男	浙江师范大学	浙江理工大学	副院长、副书记
大水路	冯志刚	男	浙江水利水电学校	崇福镇农经服务中心	主 任
大水路	刘 静	女	浙江教育学院	桐乡平安投资公司	高级人事经理
大水路	张静华	女	西南大学	嘉兴一中	教 师
大水路	孙芳熠	女	桐乡卫校	桐乡皮肤病防治医院	护 士
大水路	来 晖	男	杭州长征职业技术学院	杭州云翔航空科技公司	总经理
大水路	胡雪媛	女	浙江大学	浙江省交通职业技术学院	教 授
大水路	冯 克	男	海宁师范学校	海宁市政府	工作人员
大水路	丰 玲	女	浙江大学城市学院	海宁检察院	助理检察官
大水路	陈 聪	男	浙江工商大学	新加坡	经 商
大水路	王芳莉	女	杭州电子科技大学	海宁市周王庙镇小学	教 师
大水路	冯 超	男	河海大学	桐乡工商银行	职 员
大水路	严哲艳	女	温州医学院	桐乡中医院	护 师
大水路	冯筱婷	女	浙江机电职业技术学院	桐乡工商银行	工作人员
大水路	周金黄	女	嘉兴学院	桐乡市环境卫生管理中心	职 工
大水路	陈 斌	男	中国人民解放军理工大学	山东部队机场	连 长
大水路	蒋思宁	女	温州医科大学	乌镇社区卫生服务站	医 生
大水路	张浙晨	男	香港中文大学	桐乡腾飞包装公司，	经 理
大水路	朱 鋆	女	上海杉达学院	NGEE肌肤管理中心	经 理
大水路	周 亮	男	上海电力大学	浙江省电力公司	安全科长
大水路	沈昊楠	男	上海财经大学	上海市静安区税务局	工作人员
大水路	陈政男	男	上海财经大学浙江学院	桐乡税务局	工作人员
大水路	冯 妍	女	中央广播电视大学	自由职业	—
大水路	汪 艳	女	武汉警官职业技术学院	嘉澳阳光家园	普通员工
大水路	孙迪义	男	浙江广播电视大学	高桥卫生院	电 工
大水路	平月娟	女	浙江广播电视大学	高桥腾飞包装公司	统 计
大水路	张 波	男	浙江理工大学	自由职业	—
大水路	凌 婉	女	浙江科技学院	公 司	职 工
大水路	陈雨露	女	杭州师范学院	自由职业	—
大水路	金 益	女	重庆大学	桐乡市福光灯具科技有限公司	业务员
大水路	佘 莉	女	西南大学	桐乡经济开发区	工作人员
大水路	孙 翔	男	浙江育英职业技术学院	个 体	—

续表

所在小组	姓名	性别	毕业院校	曾任职单位	曾任职务（职级）
大水路	沈俊峰	男	中国计量学院	公司	职工
大水路	周懿	男	丽水学院	高桥城市管理行政执法中队	工作人员
大水路	陈莉莉	女	浙江台州学院	林肯电梯（中国）有限公司	工作人员
大水路	陈佳丽	女	杭州师范大学	嘉兴市南湖实验学校	教师
大水路	冯丹	女	丽水职业技术学院	桐乡市建设局	工作人员
大水路	冯佳铭	女	浙江师范大学	湖州市政府	工作人员
大水路	沈潇祺	男	杭州长征职业学院	桐乡市行政执法局梧桐分局	工作人员
大水路	冯春	女	四川乐山师范学院	自由职业	—
大水路	冯非凡	男	武汉科技大学	桐乡市腾飞食品有限公司	经理助理
大水路	沈旦	女	上海视觉艺术学院	在家	—
大水路	陈铮磊	男	浙江海洋大学	桐乡创辉电气工程有限公司	工作人员
大水路	沈嘉成	男	宁波大学	自由职业	—
大水路	李思渊	女	湖南师范大学	在读研究生	学生
大水路	冯唯一	男	浙江树人学院	在读	学生
大水路	冯申奥	男	杭州电子科技大学	在读	学生
大水路	沈烦	男	横店影视职业学院	在读	学生
大水路	沈潇彤	女	浙江工商大学	在读	学生
吕家木桥	吕云平	男	浙江师范大学	浙江公安大学	系主任、教授
吕家木桥	吕伟龙	男	中央党校函授学院	桐乡市交通运输局综合行政执法大队	科员
吕家木桥	沈金甫	男	桐乡二中	高桥街道农经中心	主任
吕家木桥	沈森泉	男	浙江教育学院	石门中学	党委书记
吕家木桥	吕剑锋	男	桐乡市技工学校	桐乡职业教育中心学校	教师
吕家木桥	吕剑强	男	浙江广播电视大学桐乡学院	桐乡水务集团	工作人员
吕家木桥	沈旭平	男	温州医科大学	桐乡第一人民医院	医生
吕家木桥	沈焱	女	浙江广播电视大学桐乡学院	桐乡公共服务中心	工作人员
吕家木桥	沈孝清	男	海宁师范学校	亭桥小学	教师
吕家木桥	沈雪清	男	屠甸"高师预科班"	亭桥小学	教师
吕家木桥	沈亚杰	男	宁波大学	金凤凰集团桐乡屠甸菜厂	管理员
吕家木桥	徐金梅	女	湖州师范学院	桐乡实验教育集团凤鸣小学	教师
吕家木桥	卢俊	男	武警上海指挥学院	梧桐街道环卫中心	主任
吕家木桥	沈志远	男	温州医科大学	上海市新华医院	主治医师
吕家木桥	沈俊杰	男	上海对外经贸大学	自主创业	经理
吕家木桥	褚勤超	女	浙江公安大学	海宁公安局	三级警长
吕家木桥	汤爱丽	女	丽水师范学院	高桥实验学校	教师

第十七章　人物乡亲

续表

所在小组	姓　名	性别	毕业院校	曾任职单位	曾任职务（职级）
吕家木桥	吕来杰	男	中国计量大学	桐乡市生欢食品股份有限公司	董　事
吕家木桥	谈佳丽	女	浙江师范大学	桐乡农商银行梧桐支行	工作人员
吕家木桥	沈玲丽	女	杭州师范大学	嘉兴上海华东附中	教　师
吕家木桥	王家纬	男	武汉大学	鸿翔房地产有限公司	安装经理
吕家木桥	沈励钥	男	复旦大学	中国商用飞机有限责任公司	工程师
吕家木桥	沈晓蕾	女	延安医科大学	嘉兴市中医院	医　生
吕家木桥	吕思祺	女	浙江海洋大学	平湖妇幼保健院	护　士
吕家木桥	沈　钰	男	西南大学	漕泾村党总支、村委会	委员兼副主任
吕家木桥	吴海燕	女	浙江广播电视大学桐乡学院	龙南村党委	副书记
吕家木桥	沈钰萍	女	浙江纺织服装职业技术学院	高桥华钰食品配送服务部	销售员
吕家木桥	沈瑛萍	女	浙江广播电视大学桐乡学院	桐乡市华石复合材料公司	销售员
吕家木桥	方长应	男	江西理工大学	巨石集团	窑炉技术部部长
吕家木桥	吕志超	男	衢州学院	浙江泰集光电科技有限公司	员　工
吕家木桥	沈　楠	女	绍兴外国语学院	公共自行车服务中心	办公室主任
吕家木桥	钟世斌	男	武汉理工大学	杭州西城设计院桐乡分院	设计院合伙人
吕家木桥	沈梦佳	女	长沙医学院	海宁紫金置业公司	内　勤
吕家木桥	沈　迪	男	同济大学	民泰村镇银行股份公司梧桐支行	行长助理
吕家木桥	吕　婷	女	浙江农林大学	四维高景卫星遥感公司	遥感图像处理
吕家木桥	沈宇锋	男	华东理工大学	浙江鼎泰药业股份有限公司	车间主任
吕家木桥	吕　丹	女	湖州师范学院	桐乡市庆安乐儿堡幼儿园	幼儿教师
吕家木桥	沈陈红	男	宁波职业技术学院	北京精雕科技有限公司嘉兴分公司	工作人员
吕家木桥	王敏怡	女	舟山群岛新区旅游与健康职业学院	嘉忆铭信息技术公司	档案文员
吕家木桥	沈云丽	女	国家开放大学	海宁欣洁纺织公司	业务部负责人
吕家木桥	沈玉凤	女	浙江工商职业技术学院	海宁市鑫诚电子公司	业务员
吕家木桥	沈铃菲	女	浙江金融职业学院	桐乡金帝澳羊服饰有限公司	销　售
吕家木桥	陈云良	男	桐乡市技工学校	朝晖过滤技术股份有限公司	运　维
吕家木桥	沈梦菲	女	浙江广播电视大学桐乡学院	个　体	园　艺
吕家木桥	沈伊丽	女	丽水职业技术学院	浙江佳源房地产集团	职　工
吕家木桥	吕诗忆	女	南京特殊教育师范学院	海宁市海昌街道碧云社区	文化员
吕家木桥	沈云杰	男	浙江中医药大学	嘉兴海关	科　员
吕家木桥	沈思雯	女	杭州交通大学	海宁庆云幼儿园	教　师
吕家木桥	沈　茜	女	湖州职业技术学院	嘉兴伙鸿贸易有限公司	财　务
吕家木桥	吕利东	男	横店影视职业学院	桐昆集团	职　工
吕家木桥	沈凯栋	男	东南大学	在　读	学　生

续表

所在小组	姓 名	性 别	毕业院校	曾任职单位	曾任职务（职级）
吕家木桥	沈 琰	女	宁波工程学院	在 读	学 生
吕家木桥	吕思婷	女	浙江师范大学	在 读	学 生
吕家木桥	沈立群	女	上海科技大学	在 读	学 生
孙家埭	沈小芬	女	平湖师范学校	海宁市斜桥中心小学	教 师
孙家埭	孙利金	男	湖州师范学院	骑塘中心学校	教 师
孙家埭	沈荣标	男	嘉兴丝绸工业学校	杭州市文浩玻璃瓶有限公司	技术科长
孙家埭	孙 浩	男	桐乡技工学校	斜桥经编厂	工作人员
孙家埭	沈爱萍	女	海宁师范学校	桐乡人民路小学	教 师
孙家埭	陈建钢	男	嘉兴学院	海宁农业银行	办事员
孙家埭	沈 江	国	嘉兴丝绸工业学校	杭州西湖区环保设备有限公司	经 理
孙家埭	沈 琰	女	杭州职业技术学院	鄂尔多斯服装有限公司桐乡分公司	销售经理
孙家埭	沈 键	男	浙江警察学校	海宁市老盐仓派出所	民 警
孙家埭	葛芳芳	女	平湖师范学校	海宁市斜桥中心小学	教导主任
孙家埭	孙 羽	男	厦门大学	嘉兴移动公司	市场部经理
孙家埭	沈志琰	女	厦门大学	桐乡市人民政府	科 长
孙家埭	孙 洵	男	嘉兴学院	自由职业	—
孙家埭	俞雯雯	女	嘉兴学院	杭州园林设计有限公司	工程师
孙家埭	沈 红	女	浙江工商大学	桐乡新城吾悦商业管理有限公司	客户专员
孙家埭	孙 涛	男	四川理工大学	桐乡星火教育培训学校	教 师
孙家埭	杨笑丽	女	浙江工商大学	桐乡星火教育培训学校	教 师
孙家埭	沈 佳	女	湖北理工学院	桐乡市求索培训学校	科学老师
孙家埭	张 聂	男	湖北理工学院	桐乡华为5G创新中心	解决方案架构师
孙家埭	沈凌啸	男	丽水职业技术学院	自由职业	—
孙家埭	顾悦锋	男	浙江工业大学	杭州医药设备有限公司	办事员
孙家埭	陈嘉宇	男	重庆大学	上海市建华建材有限公司嘉兴分公司	业务主办
孙家埭	顾凯迪	男	浙江工商大学	中国邮政快递	行政主管
孙家埭	沈 力	男	嘉兴学院	交通警察辅警大队开发区中队	工作人员
孙家埭	孙涛伟	男	浙江育英学院	浙江飞虎科技公司	经 理
孙家埭	孙嘉伟	男	杭州万向职业技术学院	振石控股集团有限公司	办事员
孙家埭	沈超凡	男	杭州科学技术学院	嘉兴丰沃增压技术有限公司	职 工
孙家埭	陈凯琦	男	电子科技大学中山学院	在 读	学 生
孙家埭	沈 静	女	江西师范学院	在 读	学 生
孙家埭	孙 陈	男	浙江省台州学院	在 读	学 生
孙家埭	陈思怡	女	浙江绍兴文理学院	在 读	学 生
孙家埭	顾雨琳	女	浙江邮电大学	在 读	学 生

第十七章 人物乡亲

续表

所在小组	姓名	性别	毕业院校	曾任职单位	曾任职务（职级）
孙家垯	孙嘉城	男	中国海洋大学	在 读	学 生
孙家垯	孙佳丽	女	嘉兴职业技术学院	在 读	学 生
孙家垯	朱 邺	女	宁波职业技术学院	在 读	学 生
孙家垯	沈熠东	男	横店职业技术学院	在 读	学 生
孙家垯	石顾锋	男	嘉兴学院	在 读	学 生
长 浜	武 斌	男		城关区区长石门镇	指导员
长 浜	吕悦龙	男	浙江农业大学	桐乡市统计局、农经局、商务局	副局长
长 浜	吕芬华	女	浙江农业大学	海盐农业农村局	—
长 浜	丰金德	男	嘉兴丝绸工业学校	桐乡公安局巡特警大队	副大队长、警长
长 浜	蔡妙娟	女	海宁师范学校	桐乡实验教育集团城北分校	教 师
长 浜	丰云飞	男	浙江机电职业技术学院	自由职业	
长 浜	朱 敏	女	省机关职工业余大学	自由职业	
长 浜	何洋杰	男	湖南司法警官学校	海宁市看守所一中队	中队长（三级警长）
长 浜	罗 欣	女	中国地质大学	桐乡市社会治理中心	工作人员
长 浜	吕佳瑜	女	华中师范大学	桐乡市人民法院民事审判二庭	三级法官
长 浜	沈嘉吉	男	杭州电子科技大学	金凤凰集团	工作人员
长 浜	吕培玉	女	嘉兴职业技术学院	杭州杰闻科技公司桐乡分公司	职 员
长 浜	何徐洁	女	嘉兴学院	海宁伊桥卫生院	医 生
长 浜	彭兆鋆	男	杭州师范大学	庆云中学	教师（研究生）
长 浜	吕晓飞	男	浙江纺织服装职业技术学院	自由职业	—
长 浜	杨莎莎	女	宁波城市职业技术学院	浙江天祥质量技术服务有限公司	职 员
长 浜	吕 强	男	杭州财政干部学校	下沙环城高速公路	职 员
长 浜	徐铖燚	男	温州商业学院	自由职业	
长 浜	吕 翠	女	防灾科技学院	浙江聚华材料科技有限公司	职 员
长 浜	李 良	男	天津工业大学	浙江赫茨电气有限公司	职 员
长 浜	何佳锋	男	大连理学院	嘉兴环境污染有限公司	职 员
长 浜	吕婷燕	女	长春工业大学	自由职业	—
长 浜	黄荣国	男	河北理工学院	自由职业	
长 浜	姚雷红	女	杭州职业技术学院	自由职业	
长 浜	丰玲栖	女	上海经贸大学	桐乡实验教育集团北港分校	教 师
长 浜	吕诗怡	女	浙江水利学院	在 读	学 生
长 浜	吕 琳	女	金华职业技术学院	在 读	学 生
长 浜	吕 棋	女	台州职业技术学院	在 读	学 生
大木桥	苏金龙	男	桐乡党校会计中专	太平洋财险桐乡支公司	经理、党组书记
大木桥	吕银法	男	平湖师范学院	桐乡一中	会 计

续表

所在小组	姓　名	性别	毕业院校	曾任职单位	曾任职务（职级）
大木桥	吕松芬	女	嘉兴卫校	桐乡中医院	护士、教授
大木桥	莫莉芳	女	杭州政法大学	桐乡纪委	主　任
大木桥	苏云彬	男	杭州政法大学	同心律师事务所	律　师
大木桥	陆玉芬	女	浙江省委党校	屠甸镇等	党委委员 科级干部
大木桥	吕慧樱	女	海宁师范学校	茅盾实验小学	校　长
大木桥	吕叙良	男	杭州化工学校	浙江聚博纺织股份有限公司	会　计
大木桥	姚雪芬	女	海宁师范学校	濮院镇中心小学	教　师
大木桥	吕志明	男	浙江机械工业学校	桐乡市市场监管局	工作人员
大木桥	吕新娟	女	海宁师范学校	海宁市庆云中心小学	教　师
大木桥	王　坚	男	宁波万里学院	巨石集团	技术员
大木桥	吕新峰	男	中国人民大学	国务院发展研究中心世界发展研究所	研究员
大木桥	王　蕾	女	北京科技大学	北京市人民政府外联办公室	一级主任科员
大木桥	苏　艳	女	湖州师范学院	桐乡市求是中学	教　师
大木桥	徐懂杰	男	湖州师范学院	桐乡七中	教　师
大木桥	吕　明	男	湖州师范学院	桐乡现代中学	教　师
大木桥	翁海燕	女	湖州师范学院	桐乡振兴西路小学	教　师
大木桥	吕　丹	女	上海交通大学	嘉兴市建设街道纪检办	副书记
大木桥	苏　亮	男	浙江树人学院	桐乡市彩虹家庭社工事务所	理事长
大木桥	陈亚琴	女	天津大学	桐乡市城市绿化工程有限公司	职　员
大木桥	苏　阳	男	宁波万里学院	桐城集团内审法务部	科　员
大木桥	陈敏瑜	女	郑州大学	桐乡第一人民医院	职　员
大木桥	苏　靖	女	嘉兴学院医学院	中国人寿保险公司桐乡分公司	员　工
大木桥	韩　瑜	男	湖州师范学院	农业银行屠甸支行	网点负责人
大木桥	苏静艳	女	浙江财经大学	桐乡税务局	工作人员
大木桥	苏　婷	女	国家开放大学	桐乡市米奇幼儿园	教　师
大木桥	彭海坚	男	安徽工程大学	巨石集团	工艺技术部副部长
大木桥	苏　霖	男	国家开放大学	石门镇政府	工作人员
大木桥	张丽华	女	浙江海洋大学	桐乡人寿保险有限公司	员　工
大木桥	苏洁萍	女	安徽建筑工业学院	杭州杭港地铁五号线有限公司	技术工程 服务部主任
大木桥	于海军	男	安徽建筑工业学院	杭州市地铁集团有限责任公司	设计部项目经理
大木桥	吴中辉	男	衢州职业技术学院	高桥街道综治办	网格员
大木桥	苏　晔	男	四川农大	自由职业	—
大木桥	潘惠仙	女	四川农大	民政局	员　工
大木桥	苏　颖	女	嘉兴卫校	海宁市妇保医院	主　任

第十七章 人物乡亲

续表

所在小组	姓名	性别	毕业院校	曾任职单位	曾任职务（职级）
大木桥	苏凌飞	男	杭州树人学院	海宁财通证券公司	员工
大木桥	王杨	女	宁波大学	在家	—
大木桥	吕伟	男	南洋职业技术学院	桐乡巨德汽修厂	员工
大木桥	苏梦婷	女	吉林建筑工程学院	浙江济丰包装纸业有限公司	业务员
大木桥	苏凯燊	男	浙江工业大学	桐乡市凤栖市政工程有限公司	职员
大木桥	苏志琴	女	温州医科大学	海宁妇保医院	护士
大木桥	吕栋	男	中国计量大学	浙江郁园酒店管理有限公司	销售总监
大木桥	王依	女	浙江广播电视大学桐乡学院	浙江兰菱机械股份有限公司	制造部助理
大木桥	吕欢	女	南昌理工学院	上海阿卡贝拉文化艺术有限公司	员工
大木桥	吕浩杰	男	浙江交通职业技术学院	海宁轨道交通运营管理有限公司	员工
大木桥	周静	女	宁波职业技术学院	崇福镇中心幼儿园	教师
大木桥	吕跃辉	男	嘉兴广播电视大学	自由职业	—
大木桥	苏霖涛	男	杭州师范大学	海宁第二人民医院	麻醉师
大木桥	王涛	男	桐乡国家开放大学	浙江省帝斯曼中肯生物科技有限公司	员工
大木桥	苏婷婷	女	温州医科大学	桐乡第一人民医院	医生
大木桥	苏超亿	男	宁波城市职业技术学院	宁波市星耀足球俱乐部	行政主管 足球教练
大木桥	王超杰	男	浙江树人学院	高桥街道同庆社区	工作人员
大木桥	王佳楠	女	浙江大学	在读	—
查坟前	陆福安	男	海宁师范学校	硖石农林局	初中校长
查坟前	吕福生	男	浙江医科大学	桐乡司法局	桐乡司法局局长
查坟前	张爱宝	女	浙江医科大学	桐乡第一人民医院	副主任医师
查坟前	陆锡江	男	杭州师范大学	海宁宏达初中	校长
查坟前	张云初	女	浙江外语学院	海宁市宏达中学	教师
查坟前	吕梦恺	女	嘉兴学院	海宁市斜桥中学	教师
查坟前	钱晓慧	女	浙江广播电视大学	浙江帝斯曼中肯生物科技有限公司	销售部经理
查坟前	陆思杰	男	宁波电子大学	浙江内曼格机械制造有限公司	技术研发人员
查坟前	陆思学	女	唐山医学院	海宁技师学院	教师
查坟前	吕凤燕	女	宁波大学	海宁市马桥街道政务服务中心	副主任
查坟前	吕晓红	女	武汉大学	3M材料技术合肥公司	技术员
查坟前	陆钰娟	女	浙江金融职业学院	桐乡人力资源服务有限公司	职员
查坟前	马海龙	男	大连工业大学	桐乡喵喵编程培训有限公司	职员
查坟前	吕臻	男	浙江电子大学	嘉兴公安局	科长
查坟前	熊瑞潆	女	浙江电子大学	嘉兴财政局	科长
查坟前	吕蒙	女	浙江公安高等专科学院	桐乡公安局巡特警大队	警长

续表

所在小组	姓名	性别	毕业院校	曾任职单位	曾任职务（职级）
查圩前	陆国栋	男	重庆大学	杭州阿里巴巴公司	职员
查圩前	吕丹凤	女	湖州师范学院	凤鸣卫生院	科员
查圩前	张杰	男	湖州师范学院	桐乡二中	教师
查圩前	吕辉	男	南京森林警察学院	崇福派出所	警员
查圩前	凌海曦	女	安徽师范大学	桐乡茅盾小学	教师
查圩前	陆栋优	男	嘉兴南洋职业技术学院	桐乡电力工程有限公司	职员
查圩前	吕渁杰	男	杭州之江学院	桐乡美国史丹利家居	职员
查圩前	张凤	女	四川外国语大学	杭州新东方学校	教师
查圩前	陆佳萍	女	宁波城市职业技术学院	桐乡濮院羊毛衫门市部	职工
查圩前	陆梦钰	女	浙江旅游职业学院	杭州银泰商城	职员
查圩前	陆梦莲	女	浙江工贸职业技术学院	自主创业	—
查圩前	陆梦佳	女	浙江树人学院	自主创业	—
查圩前	吕星	男	浙江理工大学	自主创业	—
查圩前	朱春晓	女	重庆工商大学派斯学院	自主创业	—
查圩前	陆正强	男	浙江大学	海宁电信局	科长
查圩前	吕斌	男	浙江水利水电学院	杭州希和信息技术有限公司	研发部副经理
查圩前	吕彬钒	男	鄂州职业大学	桐乡市安保服务有限公司	特保
查圩前	吕恺怡	女	江南大学	在读	学生
南庄桥	沈祖良	男	浙江工业机械学院	桐乡机械厂	党委副书记
南庄桥	沈关庆	男	浙江高等师范	高桥中学	校长
南庄桥	沈关浩	男	桐乡初级师范学校	嘉兴市强制戒毒所	主任科员
南庄桥	沈忠堂	男	平湖师范学院	桐乡振兴西路小学	教师
南庄桥	沈福荣	男	浙江广播电视大学	乡镇党委、桐乡市局	书记、局长（主任科员）
南庄桥	沈彩仙	女	中央党校函授学院	市纪检委	副局纪检员（主任科员）
南庄桥	沈德良	男	上海大学安全工程学院	嘉兴巨匠城防设备有限公司	出纳
南庄桥	沈家骅	男	浙江大学	嘉兴保险有限公司	中级工程师
南庄桥	沈金龙	男	浙江警官职业学院	浙江省司法警察学校	三级（高级）警长
南庄桥	沈丽娟	女	海宁师范学校	桐乡市福利院	院长
南庄桥	周树新	男	浙江金融财会学院	桐乡农商银行	副行长
南庄桥	沈家铭	男	浙江财经学院	桐乡农商银行高桥支行	工作人员
南庄桥	马麟娟	女	浙江医科大学	浙江大学医学院附属妇产院	主任医师（博士）
南庄桥	沈小丽	女	北京兴华大学	杭州外贸有限公司	文员
南庄桥	沈春梅	女	浙江银行学校	桐乡实验教育集团北港分校	教师
南庄桥	吕惠琴	女	湖州师范学院	桐乡实验教育集团北港分校	教师

第十七章 人物乡亲

续表

所在小组	姓　名	性别	毕业院校	曾任职单位	曾任职务（职级）
南庄桥	沈晓烨	女	平湖师范学院	桐乡实验教育集团城北分校	教　师
南庄桥	王国华	男	北京联合大学	桐乡市张圣良针灸推拿诊所	推拿医生
南庄桥	沈　洁	女	浙江中医药大学	嘉兴市第二医院	副主任医师
南庄桥	袁　晖	男	武汉科技大学	嘉兴中医院	中层正职
南庄桥	沈　欢	女	人民解放军理工大学	同安建筑有限公司	中层正职
南庄桥	钟　垠	男	浙江科技大学	桐乡市审计局审计中心	科　员
南庄桥	沈　斌	男	中央广播电视大学	桐昆集团	中级工程师
南庄桥	钟静怡	女	江西财经大学	浙江东润机电设备有限公司	中级会计师
南庄桥	沈　东	男	浙江中医药大学	嘉兴康慈医院	主治医师
南庄桥	沈晓颜	女	浙江理工大学	桐乡检察院	检察官
南庄桥	夏　丽	女	浙江中医药大学	桐乡二院	医　生
南庄桥	沈　锋	男	浙江理工大学	嘉兴市今帝装饰工程有限公司	法人代表
南庄桥	沈晓洋	男	徐州师范大学	洲泉镇晚村小学	教　师
南庄桥	商雅丽	女	湖州师范学院	洲泉镇晚村小学	教　师
南庄桥	沈淑杰	女	杭州科技职业技术学院	杭州禾迈电力电子科技有限公司	工作人员
南庄桥	陈杰锋	男	湖州科技职业技术学院	阳光城集团杭州分公司	工作人员
南庄桥	沈　梅	女	吉林大学	桐乡中医院	总管护士
南庄桥	姚冬桔	女	江西中医药科技大学	桐乡二院设备科	工作人员
南庄桥	沈晓栋	女	上海财经大学浙江学院	嘉兴市伟邦暖通工程有限公司	文　员
南庄桥	沈　丽	女	湖州师范学院	乌镇医院	医　生
南庄桥	沈　笑	女	湖州师范学院	高桥中心卫生院	医　生
南庄桥	沈周奕	女	美国华盛顿大学	上海外企	营销科长
南庄桥	沈敏婷	女	武汉纺织大学	浙江宏冠生物药业有限公司	验证专员
南庄桥	申　聪	男	杭州科技职业技术学院	濮院新生保安大队	初级保安
南庄桥	沈国鑫	男	中国计量学院	浙江铁塔嘉兴分公司	维护部主管
南庄桥	沈忠杰	男	绍兴文理学院	桐乡众想纺织有限公司	品质总管
南庄桥	沈思超	男	国家开放大学	桐乡恒石基业有限公司	物料管理
南庄桥	沈　青	女	浙江纺织学院	浙江纳尔瓦有限公司	行政人员
南庄桥	沈　璐	女	嘉兴学院	天能湖州新能源有限公司	专　员
南庄桥	沈明琴	女	杭州师范大学	梧桐街道第二幼儿园	教　师
南庄桥	沈　炜	男	杭州大学	桐乡宇晨实业有限公司	技术总监
南庄桥	徐钟丽	女	杭州成人科技大学	桐乡博众汽车销售有限公司	主　管
南庄桥	沈　雨	女	浙江传媒学院	待　业	—
南庄桥	沈　琪	女	浙江宁波教育学院	个体经营	总　管
南庄桥	苏玲芳	女	浙江海洋大学	个体经营	总　管

续表

所在小组	姓 名	性 别	毕业院校	曾任职单位	曾任职务（职级）
南庄桥	张佳能	男	温州大学	桐乡台州银行	客户经理
南庄桥	吴 丹	女	浙江树人学院	乌镇镇政府	工作人员
南庄桥	沈 琳	女	嘉兴南洋职业技术学院	个体经营	总 管
南庄桥	彭 枭	男	浙江广厦职业技术学院	浙江洪鹄房地产有限公司	总 管
南庄桥	沈 柯	女	浙江舟山旅游职业学院	杭州泰美蓝饰品有限公司	主 播
南庄桥	沈思奇	女	西安培华学院	上海宝尊电子商务有限公司	工作人员
南庄桥	施云海	男	上海应用技术大学	德臻（上海）信息科技有限公司	项目经理
南庄桥	马沈辰	男	湖南文理学院	浙大关爱女性健康公益基金会	文 员
南庄桥	沈宇静	女	浙江农业商贸学院	桐乡君尚文化传媒有限公司	设计师
南庄桥	沈 佳	女	北京航空航天大学	浙江鹿祥建设有限公司	初级会计
南庄桥	杨 广	男	北京航空航天大学	浙江嘉沃环保科技有限公司	文 员
南庄桥	沈佳琪	女	嘉兴学院	海宁海港药店房	职 员
南庄桥	沈 瑜	男	西南大学	斜桥镇钱凯艺术培训部	职 员
马家木桥	张永才	男	苏州丝绸工学院	桐乡丝织厂	厂长、党委委员
马家木桥	沈德荣	男	浙江工学院	嘉兴乍浦	职 工
马家木桥	沈天忠	男	浙江广播电视大学	高桥街道经发中心劳动保障所	所 长
马家木桥	马伟国	男	浙江大学	绍兴市烟草专卖局	科 长
马家木桥	沈 杰	男	浙江广播电视大学	高桥派出所	辅 警
马家木桥	沈跃国	男	秀洲学院	佑来依商贸有限公司	经 理
马家木桥	黄约洁	女	浙江工业大学	嘉兴禾蓁智能家居有限公司	部门经理
马家木桥	沈红叶	女	山东大学	深圳市海滨制药有限公司	经 理
马家木桥	卢志新	男	武汉工程大学	深圳立泰药业股份有限公司	质量总监
马家木桥	沈 华	男	英国斯旺西大学	秀洲德商村镇银行业务管理部	总经理
马家木桥	张 洁	女	嘉兴学院南湖学院	嘉兴倍得酒业有限公司	会 计
马家木桥	夏 琴	女	宁波大学	桐乡中医院	护 士
马家木桥	沈 超	男	湖南城市学院	中国人寿保险有限公司	工作人员
马家木桥	沈滟惠	女	中医药科技大学	嘉兴药检所	工作人员
马家木桥	杨益林	男	南京农业大学	自由职业	—
马家木桥	张 晴	女	浙江师范大学行知学院	海宁农商银行	工作人员
马家木桥	张琳炜	女	浙江育英职业技术学院	自由职业	—
马家木桥	何佳益	男	浙江长征职业技术学院	自由职业	—
马家木桥	马成希	女	浙江医科大学	浙江省红十字医院	医 师
马家木桥	沈琛媛	女	中原工业院信息商务学院	嘉兴秀洲德商村镇银行	综合柜员
马家木桥	沈 威	女	河南信阳职业技术学院	庆云牙科诊所	护 士
马家木桥	沈 晴	女	浙江长征职业技术学院	自由职业	—

第十七章　人物乡亲

续表

所在小组	姓　名	性别	毕业院校	曾任职单位	曾任职务（职级）
马家木桥	张秋怡	女	杭州师范大学	嘉兴南湖纪念馆	工作人员
马家木桥	沈张珩	男	浙江经济职业技术学院	漕泾村	后备干部
马家木桥	沈思烨	女	云南经济管理学院	在　读	学　生
马家木桥	许婉婷	女	浙江农林大学	在　读	学　生
马家木桥	张琳睿	女	烟台南山学院	在　读	学　生
马家木桥	沈煜恒	男	南京大学	在　读	学　生
马家木桥	张刘英	女	浙江旅游职业学院	在　读	学　生
双元村	朱有康	男	浙江树人学院	骑塘乡政府	人民武装部部长
双元村	沈云章	男	上海电力学院	浙能长兴发电有限公司东南热电公司	安全部主任
双元村	于红月	女	—	浙能长兴发电有限公司东南热电公司	会　计
双元村	沈岳彬	男	浙江警察学校	嘉兴市公安局	警　长
双元村	陈炳金	男	中央党校函授学院	桐乡看守所	民　警
双元村	陈建福	男	同济大学	上海市长宁区建筑有限公司	—
双元村	金晓绮	女	上海师范大学	上海长宁区财政局	科　长
双元村	沈汉根	男	宁波机械学校	浙江省安全厅	主任科员
双元村	范娟平	女	浙江广播电视大学桐乡学院	桐乡农商银行高桥支行	职　工
双元村	李娟清	女	华中科技大学	高桥街道财政办	工作人员
双元村	苏春娟	女	宁波纺织工业学校	桐乡实验教育集团振东分校	教　师
双元村	陈志坚	男	嘉兴学院	自由职业	英语翻译
双元村	陈伟强	男	华东理工大学	桐乡市综合行政执法局政治处	科　员
双元村	李　峰	男	杭州师范大学	浙江大互电器有限公司	副总经理
双元村	朱笑仙	女	杭州师范大学	自由职业	—
双元村	李国杰	男	浙江广播电视大学桐乡学院	桐昆集团浙江恒盛化纤有限公司	销供部销售员
双元村	金美亚	女	浙江广播电视大学桐乡学院	桐昆集团浙江恒盛化纤有限公司	聚酯二车间中控负责人
双元村	李　婷	女	浙江纺织学院	嘉兴巨匠防护设备有限公司	科　员
双元村	吕志杰	男	杭州师范大学	桐乡技师学院教师	现任汽车信息系副主任
双元村	王飞鹰	男	宁波工业学院	桐乡市公益建设项目管理有限公司	副经理
双元村	陈晓燕	女	浙江万里学院	宁波奉化乡创旅游开发公司	职　员
双元村	陈晓钰	女	宁波大学	自由职业	—
双元村	朱菲菲	女	浙江广播电视大学桐乡学院	中国人民财产保险有限公司桐乡支公司	车商部经理
双元村	王晓萍	女	湖州师范学院	高桥实验中学	教　师
双元村	陈　星	男	宁波财经大学	桐乡市公安局	警　长
双元村	姚晓清	女	浙江工商大学	桐乡市委政法委	办公室主任

续表

所在小组	姓名	性别	毕业院校	曾任职单位	曾任职务（职级）
双元村	夏羽婷	女	湖州师范学院	桐乡市桐乡实验教育集团凤鸣小学	教师
双元村	李超杰	男	嘉兴职业技术学院	浙江中磊工程咨询有限公司	职员
双元村	王燕	女	大连理工大学	海宁周王庙石井明星幼儿园	教师
双元村	吕桂敏	女	浙江师范大学	桐三中	教师
双元村	沈东海	男	宁波大学城市职业技术学院	海宁市瑞毅纺织品有限公司	业务经理
双元村	钟文娟	女	景德镇学院	海宁市瑞毅纺织品有限公司	企业法人
双元村	陈涛	男	中国石油大学	漕泾村	后备干部
双元村	丁勤	女	温州学院	乌镇旅游股份有限公司	西餐厅主管
双元村	沈洁	女	浙江财经大学	浙江工商银行	工作人员
双元村	陈佳杰	男	浙江农林学院	崇福镇农经服务中心	副主任
双元村	陈晓清	男	温州大学	桐乡市科局	合作科科长
双元村	沈思聪	男	—	浙石油能源销售有限公司杭州公司	站长
双元村	陈佳懿	女	—	浙江六和（长兴）律师事务所	律师
双元村	钱云杰	男	嘉兴学院	秦山核电站	工人
双元村	朱唯一	女	浙江水利水电学院	吉利控股集团	职员
双元村	沈涛	男	浙江水利水电学院	中国联合工程有限公司	职员
双元村	沈煜斌	男	武汉理工大学	无锡威孚高科技集团股份有限公司	主任
双元村	董艳	女	苏州科技大学	无锡威孚高科技集团股份有限公司	人力资源专员
双元村	沈煜佳	男	河南铁通警察学院	梧桐派出所	警员
双元村	沈海龙	男	桐乡技师学院大专	濮院派出所	辅警
双元村	沈凤飞	女	浙江中医药大学滨江学院	浙江康复医院	康复治疗师
双元村	李晖	男	安徽合肥医科大学	江苏先声药业有限公司	销售员
双元村	谢林洁	女	温州医科大学	桐乡二院	护士
双元村	范铖侃	男	江西农业大学	濮院镇政府村镇建设管理服务中心	工作人员
双元村	王梦卓	女	浙江工商大学	嘉兴外贸有限公司	职员
双元村	吴金孝	男	浙江丽水学院	嘉兴外贸有限公司	职员
双元村	李铭烨	女	苏州大学	江苏崇川区江苏三润服装有限公司	设计师
双元村	练雪飞	男	苏州大学	南通晴天体育文化发展有限公司	教练
双元村	陈浅语	女	加拿大多伦多大学	在读	学生
双元村	孙梦佳	女	江苏农牧科技学院	在读	学生
双元村	沈权洋	男	嘉兴学院	在读	学生
张家门	罗青	男	—	西藏林周农场	处长
张家门	张汇丰	男	湖州师范学院	桐乡高级中学	教师
张家门	吴育红	男	湖州师范学院	桐乡灵安中心学校	教师
张家门	张雪明	男	浙江交通职业技术学院	浙江省海港投资运营集团安全部	主任

第十七章 人物乡亲

续表

所在小组	姓名	性别	毕业院校	曾任职单位	曾任职务（职级）
张家门	张东南	男	西安交通大学	—	—
张家门	沈利红	女	浙江广播电视大学	中国太平洋保险有限公司桐乡分公司	职员
张家门	张浩锋	男	浙江大学	自由职业	
张家门	秦琪	女	温州医学院	海宁市人民医院	检验技师
张家门	张中正	男	屠甸高师预科班	桐乡振兴西路小学	教师
张家门	张恋珠	女	浙江省电子工业学校	自由职业	—
张家门	张震洋	男	温州吉利大学	桐乡市南升辅料公司	法人代表
张家门	张羽	男	湖南中南大学	桐乡安基公司	工作人员
张家门	张华	男	宁波广播电视大学	桐乡副食品厂	工作人员
张家门	张东尧	女	南京林业大学	嘉兴康盛装饰桐乡分公司	预算
张家门	张敏	女	湖州师范学院	嘉兴技师学院	教师
张家门	张丽	女	浙江工业职业技术学院	金华市市民卡服务有限公司	营业主管
张家门	张燕	女	宁波工程学院	桐乡市博卡家具有限公司	外贸业务
张家门	张棋	男	浙江同济科技职业学院	嘉兴市恒诚节能技术咨询有限公司	技术员
张家门	沈丽凤	女	西南财经大学	梧桐街道银菊社区	社区干部
张家门	张薇	女	浙江工商大学	桐乡农商银行	职员
张家门	陆聪杰	男	浙江纺织学院	桐乡农商银行	职员
张家门	张佳超	男	江西萍乡学院	浙江恒石有限公司	职员
张家门	张琳钰	女	浙江工业大学	梧桐会加美容院	职员
张家门	张静霞	女	嘉兴学院	浙江米兰登有限公司	职员
张家门	张洋	男	上海理工大学	浙江奇电电气科技股份有限公司	维修工程师
张家门	张英迪	男	浙江大学城市学院	巨石集团	职工
张家门	张韬	男	温州大学	浙江戴德隆翠有限公司	助理电气工程师
张家门	沈润凯	男	上海东华大学	日铁软件（上海）有限公司	职员
张家门	张诗怡	女	南京理工大学	在读	学生
塔石桥	陆德林	男	—	高桥、梧桐等处党委	乡镇党委书记等
塔石桥	张永年	男	师范	崇福化肥厂	职工
塔石桥	陆建洲	男	海宁师范学校	桐乡一中	教师
塔石桥	孙慧瑛	女	海宁师范学校	桐乡高级中学	教师
塔石桥	张永年	男	浙江教育学院	桐乡二中	副校长
塔石桥	陆建华	男	湖州税务学校	桐乡审计局	副局长
塔石桥	沈国琴	女	平湖卫校	高桥卫生院	医生
塔石桥	陆亚平	男	中央广播电视大学	桐乡农商银行	职员
塔石桥	许长英	女	中央广播电视大学	桐乡市供电局	财务
塔石桥	张瑛	女	南京农业大学	南京高等学校	教授

续表

所在小组	姓 名	性 别	毕业院校	曾任职单位	曾任职务（职级）
塔石桥	陆 铭	女	平湖师范学院	桐乡实验教育集团北港分校	教 师
塔石桥	陆 飞	男	杭州丝绸工业学院	桐乡保安公司	工作人员
塔石桥	张 彬	男	郧阳师范高等专科学校	高桥实验学校	教 师
塔石桥	朱双双	女	郧阳师范高等专科学校	桐乡东方学校	教 师
塔石桥	张 凌	男	湖北省仙桃职业学院	高桥卫生院	社区医生
塔石桥	张东明	男	湖州师范学院	杭州光云科技股份公司	职 员
塔石桥	陆 懿	男	天津商业大学	嘉城集团沙龙宾馆	总经理
塔石桥	詹 颖	女	天津商业大学	嘉兴恒纳纺织品有限公司	职 员
塔石桥	章志明	男	天津渤海职业技术学院	天津都创科技有限公司	总经理助理
塔石桥	冯 爱	女	天津渤海职业技术学院	天津艾派医药科技有限公司	人事行政经理
塔石桥	王 玉	女	江西财经大学	桐乡市濮院毛衫发展有限公司	会 计
塔石桥	张露艳	女	江西农业大学	桐乡市福彩服务中心	工作人员
塔石桥	朱炳润	男	浙江水利水电学院	嘉兴市南湖区水利局	中层干部
塔石桥	张佳梦	女	浙江师范大学	漕泾村村委会	委 员
塔石桥	沈海东	男	浙江工业职业技术学院	上海铁路局上海机辆段	职 工
塔石桥	陆培菲	女	浙江农林大学	杭州子泰投资管理有限公司	投资总监
塔石桥	姚雁斌	男	南京理工大学	桐乡富捷运输有限公司	—
塔石桥	张佳怡	女	沈阳工学院	自由职业	—
塔石桥	张圣华	男	浙江金融职业学院	桐乡农商银行	信贷员
塔石桥	曹佳吉	女	浙江树人学院	骑塘小学	教 师
塔石桥	陆 枫	女	温州医科大学	梧桐街道卫生站	社区医生
塔石桥	陆佳丽	女	宁波城市学院	桐乡农商银行	职 员
塔石桥	于 晓	男	浙江工业大学	嘉兴烟草有限公司桐乡分公司	职 员
塔石桥	张昕昱	女	杭州电子科技大学	同立钧成知识产权代理有限公司	职 工
塔石桥	朱彬伟	男	浙江工业大学	松下家电研究开发（杭州）公司	职 工
塔石桥	张雨风	女	南昌理工学院	嘉兴劲格服饰有限公司	会 计
塔石桥	张润地	女	宁波大红鹰学院	自由职业	—
塔石桥	张雨晴	女	浙江理工大学	梧桐源圆商务代理服务工作室	财 务
塔石桥	张露茜	女	浙江广播电视大学桐乡学院	桐乡绿色农产品配送有限公司	工作人员
塔石桥	张钊燚	男	舟山海洋学院	嘉兴市嘉城新能源有限公司	助理工程师
塔石桥	陆悉奥	男	绍兴电气自动化学校	上海铁路局	职 工
塔石桥	陆超宇	男	河南大学	嘉兴电力有限公司	职 工
塔石桥	张耀锋	男	浙江工业职业技术学院	政通建设管理有限公司	管理员
塔石桥	陆丹红	女	浙江外语学院	在 读	学 生
塔石桥	陆姝含	女	温州医科大学	在 读	学 生

第十七章 人物乡亲

续表

所在小组	姓名	性别	毕业院校	曾任职单位	曾任职务（职级）
陆家门	陆永金	男	—	湖州市德清县新市造船厂	厂长
陆家门	陆宝坤	男	卫校财会中专	骑塘卫生院	职工
陆家门	陆建明	男	浙江师范学院	骑塘初级中学	总务主任教师
陆家门	陆月娟	女	湖州市委党校	经济和信息化局	科员
陆家门	陆克非	男	浙江海洋大学	桐乡市人民法院（立案庭）	二级主任科员
陆家门	陆金初	男	浙江农业大学	浙江鼎力机械股份有限公司	技术部经理
陆家门	陆萍	女	桐乡卫校	桐乡皮肤病防治医院	医师
陆家门	陆悦忠	男	浙江工学院	嘉兴自由职业	—
陆家门	陆敏华	女	浙江广播电视大学桐乡学院	漕泾村党总支	副书记
陆家门	陆桢桢	女	上海杉达学院	上海市长宁区市政工程管理中心	科长
陆家门	张磊	男	北京科技大学	上海大众汽车有限公司	工程师（研究生）
陆家门	陆晶晶	女	浙江医学高等专科学校	桐乡妇保院	检验师
陆家门	杨晓华	女	兰州大学	桐乡邮政所骑塘分所	职工
陆家门	陆昉静	男	安徽工程大学	自由职业	—
陆家门	蔡丽芳	女	江苏师范大学	自由职业	—
陆家门	陆铠楚	男	浙江省建筑学院	巨匠建设集团有限公司	项目管理
陆家门	张丽	女	中央广播电视大学	梧桐街道东方红村	工作人员
陆家门	陆金焕	男	东南大学	苏川维信电子有限公司	软件开发部经理
陆家门	潘晓雯	女	扬州江海职业技术学院	吴江佳惠堂大药店	职工
陆家门	陆晶玉	女	平湖师范学院	桐乡市石门路学校	教师
陆家门	陆佳焕	男	嘉兴建筑学院	自由职业	—
陆家门	陆靖	女	浙江万里学院	桐乡美克斯袜业有限公司	职工
陆家门	陆青	女	浙江师范大学	浙江大明阪和金属科技有限公司	职工
陆家门	陆明焕	男	浙江工贸职业技术学院	桐乡市欧越家居有限公司	技术专员
陆家门	周惠丽	女	浙江工贸职业技术学院	振东幼儿教育集团振东幼儿园	幼儿教师
陆家门	王飞	男	武汉理工大学	浙江润浩城建设计有限公司海宁公司	工程师
陆家门	陆正焕	男	浙江丽水学院	安徽省歙县统计局调查团	职员
陆家门	徐晨怡	女	浙江万里学院	桐乡农商银行	职员
陆家门	陆秋涛	男	宁波工商管理学院	自由职业	—
陆家门	沈焱	女	浙江农林大学	自由职业	—
陆家门	陆益波	男	杭州职业技术学院	嘉兴市瑞恒通信工程有限公司	职工
陆家门	胡佳燕	女	北京航空航天大学	桐乡市金凤凰服业发展集团	职工
陆家门	陆芳	女	西南大学	桐乡市乌镇步步莲花画廊有限公司	出纳
陆家门	陆湘怡	女	浙江交通职业技术学院	杭州云海轻舟网络科技有限公司	采购员

续表

所在小组	姓 名	性 别	毕业院校	曾任职单位	曾任职务（职级）
陆家门	陆宇迪	女	温州医学院	洲泉镇卫生院	医 生
陆家门	陆奕阳	女	潍坊医学院	潍坊市青州谭坊中心卫生院	专业技术人员
陆家门	陆喆晓	女	浙江师范大学	在 读	学 生
陆家门	陆 银	女	浙江工业大学	在 读	学 生
范家门	范兰珍	女	—	梵山乡	副乡长
范家门	范雪康	男	—	上海青浦县农业局	局 长
范家门	范仕荣	男	上海铁道学院	嘉兴公司	高管（硕士）
范家门	王金良	男	上海大学	嘉兴金迅软件有限公司	法人代表
范家门	范叙荣	男	浙江金融专业函授学校	桐乡农商银行	职 员
范家门	吴小芬	女	桐乡二中	桐乡农商银行	职 工
范家门	范利国	男	海宁师范学校	嘉兴教育培训机构	负责人
范家门	范益锋	男	浙江纺织工业学校	桐乡农商银行	职 员
范家门	王伟一	男	海宁师范学校	桐乡市青少年素质教育基地	教 师
范家门	范伟清	男	浙江工业大学	桐乡震山吊装有限公司	调 度
范家门	范蔚超	男	温州医科大学	海宁市卫生监督局	工作人员
范家门	方苗淼	女	江西中医学院	高桥卫生院	医 生
范家门	范琴燕	女	湖州师范学院	高桥卫生院	工作人员
范家门	范雅炜	男	浙江林学院	桐乡农商银行	职 员
范家门	范玲玲	女	衢州职业学院	浙江敦奴联合实业股份有限公司	薪资专员
范家门	范臻臻	男	浙江工业大学	杭州阿里巴巴公司	员 工
范家门	马亦芯	女	中国美院	杭州阿里巴巴公司	员 工
范家门	范慧耀	女	宁波城市学院	乌镇旅游公司	行政主管
范家门	范跃凯	男	宿迁泽达职业技术学院	桐乡永固胶粘制品公司	销售主管
范家门	沈 慧	女	衢州学院	乌镇植材小学	教 师
范家门	范飞璐	女	宁波大学	上海幻维数码创意科技有限公司	员 工
范家门	徐 岚	女	宁波大学	桐乡农商银行	职 工
范家门	沈小钧	男	江阴职业技术学院	振石大酒店宾客关系部	经 理
范家门	范佳晴	女	浙江越秀外国语学院	桐乡市珑府幼儿园	教 师
范家门	范忠靖	男	嘉兴职业技术学院	海宁东吉汽车销售服务有限公司	展厅经理
范家门	范应杰	男	浙江大学	海宁市艾瑞娜贸易有限公司	总经理
范家门	范晓华	男	武警福州指挥学院	武警福建省总队莆田支队政工处	干 事
范家门	陈雨琳	女	福建工业大学	福建省莆田市第一监狱	出 纳
范家门	范晔钰	女	湖州师范学院	桐乡三中	教 师
范家门	范晔菲	女	温州师范学院	桐乡实验教育集团北港分校	教 师
范家门	范颖蝶	女	浙江中医药大学	浙江东驰科技有限公司	人 事

第十七章 人物乡亲

续表

所在小组	姓名	性别	毕业院校	曾任职单位	曾任职务（职级）
范家门	宋展辉	男	杭州电子科技大学	华为云计算技术公司	技术开发
范家门	范雅妮	女	浙江工商大学	自由职业	—
范家门	贾国安	男	东北石油大学	自由职业	—
范家门	范梦丹	女	温州医科大学	桐乡市老百姓大药房	营业员
范家门	范虹宇	女	浙江越秀外国语学院	嘉兴南湖学院	教师
范家门	陈飞扬	男	重庆大学	梧桐街道银菊社区	居委委员
范家门	徐清	女	北京外国语学校	嘉兴市华利印染有限公司	技术员
范家门	范天怡	女	浙江师范大学	桐乡锦程幼儿园	教师
范家门	范婷婷	女	嘉兴职业技术学院	嘉兴市良友木业有限公司	职员
范家门	范镇韬	男	嘉兴学院	个体商店	—
范家门	程家燕	女	嘉兴建筑学校	桐乡工程建筑公司	职员
范家门	程辉	男	上海院校	上海	职员
范家门	范梦婷	女	中国计量学院	嘉兴	职员
范家门	徐蘽婷	女	温州大学	桐乡食品厂	职员
范家门	范林锋	男	宁波大学	在读	学生
范家门	范思明	女	杭州外国语学院	在读	学生
范家门	王于静	女	华东师范大学	在读	学生
范家门	程家辉	男	燕京大学	在读	学生
范家门	范祎婷	女	浙江越秀外国语学院	在读	学生
范家门	范铄逸	男	浙江工业大学	在读	学生
范家门	范天宇	男	浙江大学	在读	学生
范家门	范竹毅	男	杭州电子科技大学	在读	学生
汤家元	沈永才	男	浙江财政学校	桐乡税务局国税稽查局	局长副科级领导干部
汤家元	张云华	男	浙江农林大学	海宁农业经济局	一级主任科员
汤家元	张胜建	男	湖州师范学院	高桥学校	教师
汤家元	张剑春	男	武汉军事经济学院	军委审计署南京审计中心	正高级审计师
汤家元	杨敏	女	福州医学高等学校	江苏省政府	工作人员
汤家元	沈永祺	男	浙江会计学校	桐乡税务局	科员
汤家元	唐如玉	女	浙江广播电视大学桐乡学院	桐乡农业银行	职员
汤家元	沈新锋	男	桐乡二中	桐乡城管执法局	副主任
汤家元	张洁	女	浙江广播电视大学桐乡学院	桐乡农商银行高桥支行	信贷员
汤家元	张刚	男	国防科学技术大学	桐乡生态创建办	科长
汤家元	商春颖	女	西南大学	桐乡市梧桐街道九曲社区	居委委员
汤家元	张良东	男	同济大学浙江学院	浙江东栋宏业建设集团	工作人员

续表

所在小组	姓名	性别	毕业院校	曾任职单位	曾任职务（职级）
汤家元	李晶	女	贵州师范学院	海宁市度假区集团公司	员工
汤家元	张怡	女	吉林大学	梧桐街道村镇建设管理服务中心	工作人员
汤家元	张怡丽	女	浙江交通职业技术学院	金兰房产销售代理公司	职员
汤家元	俞佳浩	男	浙江理工大学	嘉通高速公路服务区经营管理公司	总裁秘书
汤家元	沈婷	女	浙江师范大学	自由职业	—
汤家元	沈琳洁	女	武汉科技大学城市学院	洋紫荆油墨股份公司	会计
汤家元	张超	女	南京审计大学	北京东方宏正工程管理有限公司	职员
汤家元	张羽林	男	杭州科技职业技术学院	中移铁通	宽带装维
汤家元	姚佳佳	女	金华职业技术学院	华友钴业	采购内勤
汤家元	张佳熠	女	浙江理工大学	中信工程咨询公司桐乡公司	预算员
汤家元	张峰	男	嘉兴学院	浙江勋达工程咨询有限公司	造价员
汤家元	沈佳欢	女	浙江工贸职业技术学院	桐乡金不换礼业有限公司	工作人员
汤家元	沈超群	女	香港中文大学	（香港）中国国际教育投资发展有限公司	教师
汤家元	沈佳飞	女	杭州大学	浙江传媒学院	工作人员
汤家元	张竹梅	女	浙江农林学院	海宁天通控股股份有限公司	财务
汤家元	沈玲锋	男	浙江大学	在读	学生
汤家元	沈飞列	男	中国计量大学	禾城农商银行	综合柜员
汤家元	沈晖	男	浙江大学宁波理工学院	浙江瑞源物业管理公司	管理员
汤家元	张思诗	女	南通大学	在读	学生
汤家元	张乐萍	女	上海东华大学	在读	学生
汤家元	沈怡然	女	重庆邮电大学	在读	学生
留良人	张宏良	男	浙江教育学院	桐乡二中	校长书记
留良人	张宏云	男	杭州船舶工业学校	华光小学、南新小学	校长
落晚村	姚金炬	男	嘉兴卫校	桐乡三院药房	职员
落晚村	姚新梅	女	海宁师范学校	桐乡六中	教师
落晚村	沈祥根	男	浙江理工大学	—	—
落晚村	孙玉茹	女	湖州师范学院	桐乡职业教育中心学校	教师
落晚村	沈爱平	女	浙江广播电视大学桐乡学院	高桥中心幼儿园	园长

漕泾村参军当兵和退伍军人名单

村组	姓名	村组	姓名	村组	姓名	村组	姓名
张家埭	郭松甫	吕家木桥	吕兆锋	马家木桥	张庆财	陆家门	陆志学
张家埭	张虎林	吕家木桥	吕伟龙	马家木桥	沈天忠	范家门	徐岳堂
张家埭	张顺发	吕家木桥	沈伟新	马家木桥	马森伟	范家门	范胜旗
张家埭	张金康	吕家木桥	沈孝平	马家木桥	沈张珩	范家门	范月江
张家埭	张金琦	孙家埭	苏瑞昌	双元村	陈炳楠	范家门	范宝琦
张家埭	张金祥	孙家埭	王祖兴	双元村	朱玉林	范家门	范银标
张家埭	张宝祥	孙家埭	沈培昌	双元村	沈学彬	范家门	徐 明
张家埭	张一飞	孙家埭	孙 杰	双元村	李权甫	范家门	王心意
张家埭	张春飞	长 浜	武 斌	双元村	朱有康	范家门	范晓华
张家埭	张春益	长 浜	吕学庆	双元村	陈炳金	范家门	范振飞
张家埭	张成吉	长 浜	吕 强	双元村	李连松	范家门	范翔宇
张家埭	张英杰	长 浜	丰金高	双元村	范悦平	范家门	范镇韬
大水路	周福禄	长 浜	何 彬	双元村	苏春光	汤家元	张达兴
大水路	周福康	大木桥	苏金龙	双元村	王叶飞	汤家元	张利金
大水路	孙长庆	大木桥	苏法忠	双元村	朱新强	汤家元	沈洪福
大水路	周崇庆	大木桥	苏建法	双元村	范炳焕	汤家元	张建春
大水路	李建明	大木桥	王伟法	张家门	罗 青	汤家元	张建强
大水路	冯国治	大木桥	吕晓平	张家门	张林深	汤家元	沈新锋
大水路	冯建治	查坟前	吕云康	张家门	张林江	汤家元	张 刚
大水路	张虎良	查坟前	吕福元	张家门	张汇祥	汤家元	沈贵江
大水路	孙迪义	查坟前	陆正庭	塔石桥	张柏荣	汤家元	张罗杰
大水路	张 涛	查坟前	吕 杰	塔石桥	陆炳洲	汤家元	沈奇森
大水路	周佳滨	南庄桥	沈庭龙	塔石桥	张永年	南庄桥	沈林根
大水路	沈华杰	南庄桥	沈悦芳	塔石桥	张永明	南庄桥	沈忠敏
大水路	陈 斌	南庄桥	沈关浩	塔石桥	陈炳江	南庄桥	沈建华
大水路	金正航	南庄桥	沈了祥	塔石桥	张 毅	南庄桥	沈 斌
大水路	周凤熠	南庄桥	沈柏仁	陆家门	陆月龙	南庄桥	沈孝强
吕家木桥	沈廷忠	南庄桥	沈清华	陆家门	陆锦昌		
吕家木桥	吕志彬	南庄桥	盛林松	陆家门	陆建良		
吕家木桥	沈建清	马家木桥	沈雪章	陆家门	陆永生		

以下为漕泾村部分乡亲简介（按出生先后排序）。

范兰珍：女，1918年10月20日生，漕泾村范家门范锦芳之妻。1949年初，被群众推荐为自然村妇女代表，参加政府组织的多次培训，于1951年6月至1957年9月当选为骑塘乡副乡长，是骑塘乡第一位女副乡长。范乡长主抓土改工作，一心扑在工作上，常年在外，基本不回家，并且喜欢帮助别人，赢得了当地人民群众和上级领导的一致好评。1956年1月，骑塘乡成立乡民主妇联后，任骑塘乡第一任妇联主任，团结同志，迅速展开工作，引导广大妇女响应毛泽东同志"妇女能顶半边天"的号召，走出家门，参加农业生产和社会活动，与封建婚姻观念决裂，逐步改善妇女的经济地位和政治地位。可惜，1957年10月，她被下放回家。"文化大革命"风头过后的1970年，她得到领导引荐，到公社食堂做炊事员，后调至骑塘五七中学做炊事员，在此期间，时常耐心细致地教育学生们不要浪费粮食，吃多少打多少，要勤俭节约，赢得师生们的尊重。2006年故世。

范凤仙：女，1927年3月出生，2014年2月故世。1952年11月11日，范凤仙入党，是1949年后骑塘乡第一个共产党员，一生平凡而清廉，默默无闻地坚守对党的信仰，忠于中国共产党。范凤仙是骑塘乡一村（后漕泾大队）的首任妇女主任，一直担任该职至1968年，持续近二十年，在妇女主任岗位上始终秉承党的原则，保持党员本色，克己奉公，兢兢业业，为漕泾村的妇女工作和计划生育工作奉献了毕生精力。1953年后，曾任二代表区副主任、骑塘乡党支部委员、骑塘乡党总支委员、漕泾大队党支部委员等职，为骑塘乡、漕泾村发展做出很大贡献。

张宝堂：1921年4月出生，2010年1月故世。崇福镇湾里村人。1947年秋，开始到漕泾村学校工作，一直到1981年8月退休，一直坚守在漕泾，其中1948年至1966年8月兼任漕泾学校校长。张宝堂先生几乎把自己的一生献给了漕泾的乡村教育事业，献给了漕泾人民，漕泾人中的许多父子，甚至祖孙三代都接受过张先生教诲，如今漕泾的中老年人提起他时，都称赞他平凡而又不平凡的教育人生。此外，张宝堂1956年8月起曾任骑塘乡中心小学副校长，并于1957年上半年代理过骑塘乡中心学校校长，长时间兼任骑塘乡中心学校副教导主任等职。

沈关庆：1940年12月出生，党员，省团校第五期培训班结业，中国书画函授大学书法专业大专毕业，省高等师范自考美术专业大专毕业。中学一级教师，从事中学教育32年，老年教育17年，曾任桐乡农校团委书记，骑塘中学书记、校长，高桥中学书记、校长，桐乡市老年大学常务副校长兼书法教师，桐乡市老年书画研究会副秘书长等职。现为浙江省老年书画研究会会员，中国书法学会会员，中国书画家协会会员。作品曾进京、赴沪、去台湾展出，多次在全国、省市比赛中获奖。编著《柳体楷书教程》。其家荣获桐乡市"书香传家"家庭和"最美家庭"，嘉兴市"文明家庭"和"银尚家庭"，浙江省"最美家庭"，嘉兴市"书画银尚达人"等称号。

沈关庆

张宏良：1948年11月生，崇福镇湾里村人，大学本科函授毕业，中共党员，高级教师。1950年至1961年7月居住在漕泾马家木桥，并在漕泾学校读小学。1966年2月在漕泾学校任教，1973年开始任学校负责教师，在漕泾大队学校负责教师任上，创造了骄人业绩，使漕泾教育成为公社甚至桐乡县乡村教育的一面旗帜。1980年8月调任同福公社中心学校副校长，1982年8月任留良初中副校长、校长、党支部书记，1989年8月任桐乡二中书记、校长，2009年3月退休，曾当选为桐乡市第九、第十一、第十二、第十三届人大代表。1989年被评为全国教育系统劳动模范，并授予人民教师奖章，1995年被评为首届浙江省杰出教师。

吕云平：1963年12月出生，漕泾村吕家木桥人。1985年7月，从浙江师范大学毕业后，任教于浙江警察学院，2004年12月晋升教授。吕云平曾任学校刑事科学技术系主任、科研处处长，现任一级调研员、浙江省毒品防控技术研究重点实验室副主任，是浙江省"151工程"培养人员、浙江省高校中青年学科带头人、浙江省科技项目评审专家，多次获得嘉奖。科研成果丰硕，出版专著2部，主编全国公安高等教育规划教材4部、浙江省重点教材1部，主持国家级课题1项、省级课题2项，多次成为公安部和有关省市科技工作专家组成员，发表学术论文50余篇，获公安部"神盾杯"征文一等奖、公安部物证鉴定中心科学技术进步奖一等奖。

张德庆：1966年生，张德庆家庭农场法人代表，助理农艺师。在果蔬种植过程及管理过程中，始终坚持农产品品质至上理念，秉承"安全、健康、精品、绿色"的生产管理目标，实施节水灌溉、肥水一体化、穴盘育苗、智慧农业物联网等标准化生产技术。在生产过程中，不断积累和创新，发明了小番茄新型种植模式，获得国家实用新型专利，基地亦获得省级高品质绿色科技示范基地、市级标准化生产示范基地等荣誉，被桐乡市人民政府评为"2021年度桐乡市农业优秀经营者"。

张瑛：1968年出生于漕泾村塔石桥组，无党派人士。1990年7月毕业于南京农业大学，博士学位，教授职称，长期从事高等学校教学、科研工作，主讲经济学、金融学等课程，主持省部级、市厅级课题，参与国家级课题多项，科研成果获多项省、市级奖项；发表学术论文数十篇；指导学生参与学科竞赛，屡获大奖，多次被评为优秀指导老师；是江苏省"青蓝工程"优秀教师，江苏省智慧农业研究会会员和农业经济管理专家。

马麟娟

马麟娟：1971年10月出生，漕泾村南庄桥沈家铭妻子，就职于浙江大学医学院附属妇产科医院。浙大医学博士，主任医师，兼任妇幼健康研究会更年期保健专业委员会副主任委员、浙江省预防医学会更年期疾病与预防专业委员会副主任委员、浙江省妇幼健康协会更年期医学专家委员会副主任、浙江省数理医学会更年期整合医学专家委员会常委兼秘书长、浙江省营养学会更年期营养专家委员会常委、浙江省围绝经期保健质控中心专家兼中心秘书、浙江省医学会妇产科专业妇科内分泌学组专家兼秘书、浙江省医师协会青春期医学专业委员会委员、浙江大学关爱女性健康公益基金委员、浙江省民革医卫服务团副团长。擅长普通妇科、妇科内分泌疾病的诊治，对各年龄段女性的月经失调及围绝经、绝经后激素补充治疗有深入研究，参与和主持国家及省部级项目多项，发表国内外论文20余篇。

冯飞芸：1978年3月出生于漕泾村大水路组，1997年12月加入中国共产党，2002年8月入职浙江理工大学（原浙江工程学院），副教授，先后在党委学工部、材料与纺织学院工作，现任浙江理工大学研究生院副院长、党委研究生工作部副部长，从事学生思想政治教育和管理工作，曾获浙江省首批优秀政治辅导员，校先进工作者、优秀党务工作者、就业工作先进个人、华孚奖教金、体育道德风尚奖等荣誉。

吕新锋：1980年5月出生，漕泾村大木桥人。中国人民大学毕业，获法学硕士（国际关系类）学位。2003年进入国务院发展研究中心工作，历任科员、副主任科员、主任科员、副处长。2008年至2014年、2017年至2021年先后2次借调外交部，并被派至中国驻日本大使馆工作，历任随员、三秘、二秘、一秘。2021年4月起调回国务院发展研究中心世界发展研究所工作，任研究员（职称）、调研员（正处职级）。荣获个人三等功3次、集体二等功1次、集体三等功1次，优秀公务员8次、个人嘉奖7次，2011年度"创先争优"部级优秀共产党员，2020年度驻日使馆先进个人等。

第十七章 人物乡亲

曾被媒体报道和政府表彰的村民(部分)如下。

"嘉兴好人"王芳:女,1966年12月出生,桐乡开发区(高桥街道)漕泾村村民。2001年1月的一天,王芳的丈夫沈建清经朋友介绍去崇福店家塘村的水闸工程工作,在工作中沈建清不幸触电摔下,导致全身瘫痪,长期卧床,生活不能自理。整整20年来,王芳一直对丈夫不离不弃,精心照顾。为了兼顾丈夫,她选择在附近的一家常日班的企业打工。她白天工作,早晚还要照顾瘫痪在床的丈夫以及家里的农活。她常常早上4点就起床,晚上下了班还在田里劳动。王芳与沈建清用了20多年时间诠释了何为"患难见真情",用长久的陪伴诠释了爱情与责任。

王芳

"桐乡好人"张锋:共产党员,漕泾村村民。2016年起任城南(高桥)派出所高铁广场中队队长。他始终坚守岗位,乐于奉献。无论是治安巡逻还是抓捕犯罪嫌疑人,始终冲在最前线。他乐于助人、热诚奉献,不仅对群众的求助有求必应,还主动帮助有需要的人,曾获得2010年省公安厅三等治安荣誉奖状。他默默地守护着一方平安,用实际行动唱响了人民警察之歌。

张锋

"桐乡好人(助人为乐)"陆瑞仙:1962年12月出生,共产党员,漕泾村村民。从2015年起,她公公沈祖良便主动清扫公共道路。自2018年公公因故去世后,她主动承担起了每日清扫公共道路的责任,成为一名"红色路长"。她说:"我也是一名有着30多年党龄的老党员,这把扫帚,既然传到了我的手中,那我也要像公公那样,为村里做出一点贡献。"4年来,在她的潜移默化下,全村已经有120多人加入了义务清扫道路的行列,村庄变得干净又整洁。她曾荣获村级优秀共产党员、村级红色标兵等荣誉称号。

陆瑞仙

其他有1990年骑塘乡"十佳好母亲"江金凤,1993年骑塘乡"好婆婆"陈云仙,2014年"四好家庭"汤家元张六仁家庭、吕家木桥沈进宝家庭、塔石桥张永明家庭、陆家门陈雪林家庭、马家木桥沈建林家庭、双元村王建初家庭、张家埭张春锋家庭、孙家埭顾志峰家庭、张家门沈炳法家庭、大水路冯国平家庭等，"五好村民"范家门范福源、大水路沈幼良、陆家门陆玉良、吕家木桥沈庆元、长浜吕其康、孙家埭谢方丽、南庄桥沈柏仁、张家门张锦标、张家埭张春益等人，还有"最美漕泾人"陆家门德孝传承好家庭陆林娥家，汤东组好媳妇王彩琴等。

第十八章　诗词文选

中国人崇尚"耕读传家久,诗书继世长"。千百年来,历代漕泾人秉承这一古训,曾留下了不少诗文。也有些人虽不是漕泾人,但他们所写诗文涉及漕泾一地。

可惜,由于年代久远等多种原因,能传至今日的诗文十分有限。明代进士张玙著有《南溪集》,如今却已无从查考。好在有范宏杰等多位老师共襄义举,发现了许多篇埋没于浩如烟海的古今文集中的漕泾古代诗、词、文,有的还予以点校。

此外,有多位民间故事撰稿人,无私地贡献出漕泾当地的传说故事,一并辑录于此。

第一节　诗词

语儿见新月

唐　徐凝

几处天边见新月,经过草市忆西施。
娟娟水宿初三夜,曾伴愁蛾到语儿。

注:语儿,漕泾地属语儿。

御儿溪

宋　张尧同

用此临吴战，何人为越谋。

夫差终不悟，亡国始知羞。

注：御儿溪即语溪，现名南沙渚塘，东端有一段贴着查坟前。

吴越大旱

宋　苏舜钦

吴越龙蛇年，大旱千里赤。寻常秔穄地，烂漫长荆棘。
蛟龙久遁藏，鱼鳖尽枯腊。炎暑发厉气，死者道路积。
城市接田野，恸哭去如织。是时西羌贼，凶焰日炽剧。
军须出东南，暴敛不暂息。复闻籍兵民，驱以教战力。
吴侬水为命，舟楫乃其职。金革戈盾矛，生眼未尝识。
鞭笞血涂地，惶惑宇宙窄。三丁二丁死，存者亦乏食。
冤怼结不宣，冲迫气候逆。二年春及夏，不雨但赫日。
安得凉冷云，四散飞霹雳。滂沱消祲疠，甘润起稻稷。
江波开旧涨，淮岭发新碧。使我扬孤帆，浩荡入秋色。
胡为泥滓中，视此久戚戚。长风卷云阴，倚柁泪横臆。

注：村域当年处吴根越角。

语水渔舟

明　管大勋

吴越古战场，于今几千秋。
往事随流水，空馀把钓钩。
扁舟雨一蓑，汀渚伴凫鸥。
逍遥桐江隐，放浪五湖游。
得鱼且忘筌，身世复何求？

注：漕泾地处吴越争霸之东荡战场。

洛塘晚春诗

明　姚宪

四月四日麦秋晨，洛塘桥边误晚春。
扁舟荡桨如有待，皓腕提筐殊可亲。
桑叶成荫全绕岸，藤花垂水欲迷津。
溪深地僻真遗世，何必桃源好避秦。

注：漕泾村地处洛塘北岸。

语溪吊古

明　王樨登

扁舟已载西施去，此地空留笑语名。
夜夜月从沙浦照，年年花傍野塘生。
云深笠泽人何处，鹿走姑苏恨未平。
惟有渔歌犹古调，一蓑烟雨五湖晴。

注：村域东北角枕语溪。

语儿溪

明　沈明臣

春风来过御儿溪,野雉低飞麦浪齐。
一片桑麻天气绿,养蚕时节鹧鸪啼。

传贻书院

明　张玙

仕优讲学辟崇基,经阁云楼灿陆离。
地占青阳溪上胜,人遵白鹿洞中规。
五星奎次还看聚,泗水春风再借吹。
谁谓海滨邹鲁远,武城中已得吾师。

注：传贻书院在崇德县治,为宋辅广所创。

尊经阁诗

明　张玙

新成杰阁表尊经,上有牙签玉轴横。
礼乐百年关气运,诗书此日树风声。
势凌霄汉天应近,胜倚宫墙地亦灵。
须念文翁兴学意,好多责望在诸生。

注：尊经阁,在崇德县治。

题张叔美同年寿图时叔美年五十五，有五子六孙

明　汪应轸

年遇知非又五年，风尘久矣谢林泉。
渊明有子元非拙，王氏诸孙早自贤。
月影纷时湖上醉，花荫重处日高眠。
何当过我山阴道，同上耶溪贺老船。

注：此系同科进士、绍兴人汪应轸为张玘五十五寿辰所作贺寿诗。

读南溪张司寇归田录

明　吕希周

畏畏孤节归田日，蹇蹇生平许国心。
贝锦南箕谁畀昊，阳春白雪寡知音。
九溪华月供垂钓，五柳轻飙醒醉吟。
安世从来有余庆，即看公姓濯缨簪。

注：吕希周读《归田录》后为张玘鸣不平。张家与吕家相距不足千米。

溪云歌寿司寇南溪张翁七秩

明　吕希周

君不见南溪溪上白云司，英英郁郁昭迟迟。洪摅神景触肤寸，崇朝元气融霄遂。金翘擢性总寥廓，盈塞下下元差池。九天明明协瑞应，五色焕焕扬陆离。车渠缛文不足数，太清甘液流无涯。朱丝乱纪漂玄篇，雄虹狎猎蒙苍漠。四方漫漫具大云，卷怀膏泽犹萧条。索开神润化夸樱，戴华结绿清如昨。玉叶氤氲护柘林，峨冠崔嵬等嵩霍。五台掬蕙兼滋兰，岌岫骖虬还奋鹤。五台员岫乐事多，凝澜澄潴槃之

涡。漱丹濑而玉映顺，黄崖之金波浮云。青青龙作驭阆风，只尺轩轩过天墉。万里构三曜中有，玄囿芝为禾伐禾。充粮溉玉釜轮菌，紫气纷然罗乃知。南翁降灵日文昌，太微璃玉室东箱。西楄绛绡集沆浆，琼髓肴非一卞溪。泽父趋宾筵，左眇封兮右偓佺。招摇璇台挹藻篇，汲缅羽盖飞瑶泉。桥云娥兮旌旍，奏阳阿兮渊渊，荐桂醑兮叕叕，搴霓裳兮跶跶，送朗月兮万祀，引清风兮亿年。九河汜汜五岳小，若华晞发螭衣缥。锦书云字不待编，古稀遐纪真看少。真看少请君旷视，三山表从兹平格。与天齐班麟赤凤，振振烨烨干南溪。溪流清浅还成蹊，超然无反长若斯。

注：吕希周献诗祝张玿七十大寿。

寿太平博士张九溪五秩

明　吕希周

万里澄江静练开，来朝绛帐自天回。
辉辉春日明金镜，滚滚飞流泻玉瑰。
玄鬓百年刚及半，丹砂九转息初胎。
好赊月色乘槎去，吸取奔涛作寿杯。

注：吕希周为张玿长子张尧臣（号九溪）写诗祝寿。

寄怀张通城九溪学博二首

明　吕希周

吾道今南向，雄文陋比征。丹山仪彩凤，沧漭吸长鲸。
自笑头俱白，谁怜尔独清。狂歌驻明月，还寝梦通城。
城廓路遥遥，江流翻夜潮。王孙不可靓，芳草若为凋。
空谷驹难挚，孤烟鹿自儦。闭关三径寂，观世得渔樵。

注：吕希周给张尧臣连写两首诗，以表达思念之情。

东汇桥成即事

明　吕希周

吕丹横渡汇之阳，浮鳖驱鼋驾石梁。
岂有楼台连绝岸，喜看车马续周行。
星文应象遥疑汉，野老沉钩匪钓璜。
更愧材非杜元凯，桥成临会敢飞觞。

注：吕丹桥原址，疑在漕泾村与落晚村交界处附近。

谳余圲南宅歌舞杂呈即席酬赠三首

明　吕希周

月郎宵中谳赏开，少微分曜自天来，飘摇瑞鹤飞仙驭，疑是高登凤凰台。
天上兰芬九畴开，风前荃蕙和香来，石家何事夸金谷，银烛分明照玉台。
小小夭桃□半开，一枝红艳带春来，寻春试探春消息，笑倚东窗玉镜台。

注：桥南宅，应位于漕泾村域内。

题明农精舍

明　吕希周

弥弥东畓水，青青北渚山。田家将有事，春意早相关。
播种沟塍外，提壶陇亩间。饭牛常起早，桑者未应闲。

注：明农精舍疑在北阳桥与查坟前交界一带，系吕希周家的庄园山水之间的某幢建筑。

迁居元吉乡之东张村二首

明　吕希周

东张楼阁翼云开，元吉乡中吉大来。
水入澄潭苍比玉，山围平野乡成堆。
东汇鄙书东壁开，西垣翰墨自西来。
阶兰烨烨金为榦，庭树森森玉作堆。

注："元吉乡之东张村"，在洛水港东岸，与查坟前隔水相望。

秋夜进艇东西宅前两湖作

明　吕希周

秋色平分下两湖，东西曲抱宅前隅。
遥林翠影疑仙峤，近浦清光即画图。
治弟过从惭陆贾，登楼乘兴笑肩吾，
年来习懒真成癖，肯向夷门问博徒。

注：吕希周山庄园林，一处在今落晚村和漕泾村区域内，另一处在查坟前东侧对岸。

凿宅前南湖并筑南山成登而望之

明　吕希周

结宇无喧境，悬车息履綦。
为山岣嵝似，治水沅湘期。
紫盖三峰起，朱陵九转随。
玉书空在望，讵敢梦玄夷。

注：吕希周喜堪舆，在庄园里挖湖筑山，范围已及漕泾村大片区域。

闲居作

明　吕希周

遗荣投故里，作赋拟安仁。云水分三迳，风花覆四邻。
门无纡紫客，宅有尚玄人。避世幽襟洽，迎阳古树新。
兴深还藉草，泳浅不迷津。鹤语风前转，莺声霁后频。
芳含红药苑，景畅彩芝春。机息烟霞墅，生涯老病身。
岁储聊卒岁，尘境净无尘。明发羞时食，巡池咏采苹。

注：身在故里，心向京城。

山庄雅集

明　吕希周

宅表贤臣里，门题公正乡。楼台生气色，草木借辉光。
水曲萦溪涘，山回在汇阳。郊需新洛社，嘉遁旧旗常。
竹密春晖馆，花明振雅堂。抽簪虚帝赉，避路愧臣良。
南极星华灿，西垣翰墨香。鸰雏如有种，鹭序亦成行。

注：吕希周常在山庄与旧朋新友雅集吟饮。

东庄新构

明　吕希周

百堵兴新筑，方湖学凿坯。
画桥通舰楫，银榜厂楼台。
南北桑兼梓，东西竹共梅。
惭非轮奂颂，宁有栋梁材。

注：吕家在洛水港东岸新筑东庄园林。

齐天乐　旧宅泛湖作

明　吕希周

湖上有和风甘雨，门对南山刚午。九曲溪流，三台岳峙，地势雄蟠吴楚。北海筵开，尽坐客锵锵，莺簧缕缕。别院添香，彩色分宵月亭午。

礼家传百世，本支绵衍华胄高从古。前宋载昌，我明才起，子孙涂抹章句。隐居菊松，显膺簪绂总，爱居爱处，愿取嘉宾，长听笙簧鼓。

注：吕家旧宅应在落晚、漕泾两村交界处一带。

应天长　新宅泛湖作

明　吕希周

汇合东西，川分南北，如砥平平王路。治第面阳，昼日昭昭曜门户。于时言，于时语，谁肯把，地灵相负。绵绵瓜瓞，咏初生，自贻哲绪。

驷马桥头，元吉乡上，自此吾为主。乃梦占，庆馀滚滚传清素。春圣风，秋肃雨，曲房惟有□声度。愿久长，文子文孙，经纶引缕。

注：驷马桥及驷马桥村坊今犹在，桥址在漕泾村东邻的乐农村地界。

观田畴刈稻

明　吕希周

疆场翼翼介西畴，黍稷薿薿向日稠。
喜有十千烝髦士，岂无京坻庆瓯窭。
任教穗稊遗婺妇，好鼓笙簧献祖酬。
嗟我农人须克敏，晚收犹胜旧时秋。

注：此方田畴自然延伸至今漕泾境内。

沙渚卷雪

清　徐福谦

塘连沙渚绕东南，吴越疆分旧路谙。
两岸芦花秋似雪，谁描雁影绿波涵。

注：沙渚，即南沙渚塘，亦即语溪。

早至洛塘诗

清　查嗣瑮

小船贪乘夜凉开，港汊东西误几回。
看起晓星如月大，吴歌水面一声来。
天东山中东方白，萤与残星互两三。
摇梦橹声三十里，木鱼初动绣经庵。

注：从袁花至漕泾，水路约30公里。

语溪春泛

清　祝文彦

南溪岁岁多笊纲，载酒寻春徐荡桨。
莺啼柳岸日初晴，满眼桃花不给赏。

洛塘雪霁

民国　吕在廷

献残腊鼓洛塘边，虹影骑塘锁暮烟。
鹊报平安红日边，天清雪霁劈吟笺。

语溪即景

民国　吕在廷

红树邨边合，江南归客迟。
溪清励石骨，林老感霜髭。
雪耻见松节，歌功颂祖祠。
停车枫叶里，秋晚夕阳知。

南沙渚塘怀古

当代　徐玲芬

千年沙渚屋前流，塘上纤歌使客愁。
倚棹语儿归已近，沙堤卷雪系行舟。

沙渚流芳

当代　徐美芬

东流千里语儿溪，极目清波雁影齐。
滴翠桑林连野陌，萦芳稻穗熟陇畦。
橹声过往虹桥底，乡梦回还龙马西。
沿岸村坊新貌焕，笙歌阵阵贯塘堤。

本地民谣

崇德闻人吕希周，直塘改成九弯兜。
以防强盗贼倭寇，弯塘伏兵三千九。

第二节　文选

重立传贻书院记略

明　张玶

　　传贻书院者，吾乡先哲辅汉卿讲道之所也。咸淳五年，邑令家之柄为加修建，郡守文及翁记其颠末，后瞿至元丁酉兵燹，竟成废坠，以迄于今。

　　嘉靖甲午春，华容张君守约，以进士来令兹邑，始至，知书院阙状，乃喟然叹曰："前贤讲道之所，顾废坠若是，讵非后学之憾，吾徒之责哉？盍兴复之？"谋及诸生，佥曰："善"。

　　爰相地，得旧址于学宫后。缘狭隘，用图开拓，遂从旧址而西，达于天清道院别业，凡得地十亩有奇。中五亩九分，丘生大节者，以淫祠曰"李玉堂"基地易之。夏四月，芟柞绳直，位次乃定。再越月，书院阁成。凡五间，峙其北，匾曰"尊经"。又越月，书院楼成，凡五间，峙其南，匾曰"传贻"。

阁则取诸资福院，楼则取诸马鸣庙，皆淫祠，例得撤者。又因旧址见在僧堂三间，改为东讲堂。因道院见在法堂三间，改为西讲堂。阁之前，复造诸生会讲房，东西向，共八号，曰"格物"，曰"致知"，曰"诚意"，曰"正心"，曰"修身"，曰"齐家"，曰"仁让"，曰"絜矩"。每号，楼三间，工未讫，而守约以大理评升去。

乙未秋九月，麻城喻君冲来代，即捐俸集工，委主簿魏凤督之，晨夜展力，事遂告竣，实是岁冬十一月也。教谕邓君楷、训导卢君如岗，以其事关风化，不可无述，请予纪之。

注：原传贻书院，南宋建于崇德县治。此文出自《石门县志》，作者张玙，漕泾人。

故封奉政大夫吏部文选司郎中吕公行状

明　屠应埈

屠应埈曰：嗟乎！夫士谊鲜彰，隐美难耀也。是故，怀独行君子之德，郁湮无闻焉。浚源涤流，乃世善可稽矣。吕公者，豪贤人也。有古侠士之节，顾隐而弗宣。乃其子通政君贵，荣于时，而吕公遂声施于当世。

吕公讳纶，字文佩。上世居台州，吕国义者，仕故宋，为尚书，来徙崇德。今崇德相庄傅保村者，则以尚书也。尚书没，吕氏衰矣。盖数世而生岳，岳生琼，而吕氏稍复振。

郡委督赋，万石为赋长，人称万石君。江南民畏重赋，尤益畏赋长。即闻役，辄跽跃牵妻子窜，惝然如被重刑也。凡民赋弗时入、与强豪弗任赋者，坐赋长代之输。郡县俱张糇糒，及诸岁时，馈遗无细巨必给，自赋长懆懆尽毫发。以故轻者覆产，重者乃至死。万石君既比岁为赋长，家复衰时，吕公业儒，通大义矣。辄奋曰：夫儒俟时者也，瘵而缓功，靡而罕纪。顾吾父理家如拯焚，吾方需升斗之水，吾旦夕之弗沃而暇坐，需岁年之效哉？且儒不教人孝乎？即子逸而亲劳非孝也。诵歌容裔，循尺而进寸，鄙孰甚焉。于是，遂弃儒佐家政。万石君又尝与苏人徐鉴合贾，鉴豪贾也，其僮往往持赝券千金。鉴觉，即诬万石君绐千金，廷奏之，下巡按御史，御史檄苏郡县官杂治鉴，即又赂苏郡县官，于是，万石君诬伏千金。乃吕公则又奋曰："夫千金易与耳。古称上贾，乃以空拳，致资巨万。即父在，金且复来，吾忍以千金易吾父乎。"于是，即罄资立输千金，然自是家益衰，顾强力厚事其父母。

配郭宜人，有令德，亦善相吕公。万石君取姚孺人，姚故族也。衰益甚。晚岁，姚孺人病，怜其家，时时欲有所遗。郭宜人逆知之，即先意遗往。他日就榻谢，姚孺人始悚焉。知之曰："贤妇，贤妇。"比疾革，又曰："嗟乎！吾子若妇贤，吾无以祝，吾愿吾孙若妇，犹吾子妇也。"乃吕公则竟生通政君，可不谓有天也哉。

吕公训通政君严，童子时，即敕诲之曰："夫儒生，所贵者以事君，善忠义民良也。吾不及远见，见官吾地者焉，循良载于今无几也。若佚渝而旷位甚者，乃以厉民怨丛于身，而诟逮于亲，辱莫大焉，小子识之哉。即他日弗为吾辱，吾幸矣。"比通政君举进士，又敕诲之曰："小子弗识予言哉。汝乃今可忠且良矣。吾幸有先人之庐舍，犹足及子慎，毋吾辱也。"比通政君授主事、督漕清江，得始封吕公。主事督清江有时望，荐历兵刑二曹郎中。嘉靖甲午，天子诏吏部。若曰："夫进贤，关国家盛衰。"乃文选秉铨衡重任，邪正所自，庸非得才贤，弗克称仕，使其茂简以闻。于是，冢宰疏吕郎中上维。时天子神明，宰臣斤斤饬百度，郎吏循法守职，求免过而已，无以自表见。而文选更繁剧不易称，前郎中率忤，旨斥调去，以及吕郎中缘故。亭法参酌，厥衷绳德，意来众思，上自公卿荐绅之属，下台舆无不曰："吕郎中才也。"是年八月，皇太子生，推恩廷臣，吕公得进封文选郎中，阶奉政大夫。时适就养官邸，则又敕诲其子曰："嗟乎！恩茂者鲜报受，重者易渝夫，执权而低昂，易则领矣，小子慎之哉。国有宪常，弗私尔贷。"既又曰："凡吾所以来，将有以觇，尔且训剧之也。今人幸称尔才，吾弗患矣。"于是亟还。还逾年，而子郎中遂进通政，列于九卿也。吕公性倜傥，善赈人之急，即力所及不问利害，厚施而薄望，惟恐人有知也。见人善虽故，弗识誉之也。见不善虽雅，所厚亦面斥弗惮忤。以故，人多德吕公，服其谅。

平生喜饮酒，又善为诗。独慕陶渊明之为人，因树菊舍东园中，每秋日，觞咏其间，采英而餐焉。诵渊明之篇，悠然终其身，无他营矣。因自号友菊道人。往岁，予居疾于家，则往谒。吕公湖上颜丹而疏髯，望之翛然异人也。予谓吕公宜寿，时饮至醉，据席大噱，慷慨论天下事不能休，似精有力者。至言神仙之术，尤辩析可听。予谓吕公益宜寿，沉生者业相人，则予告曰：吕公者神内漓，通政君貌润，而气痿宜有。故予谓言术者善诬人也。而吕公适又遗其子书，固无恙，予益谓沉生诬。越明日，乃讣至矣，毫甲午四月三日也。吕公生六十有七年，顾不甚寿。嗟乎！死生之际，固诚有命哉，乃沉生者则竟非诬也。

吕公有子男二，长希周，即通政。次希蒙，孙男女九。希周卜以某年月日，葬公于某山之原。

筑城记

明　吕希周

崇德古为要区，故无城。胜国之季，尝一创筑，高皇帝混一华夏，薄海内外，罔不宁谧，无所事城。

洪武十有九年，倭夷倡乱，遣信国侯汤和经理海上，遂撤崇城，城乍浦。然崇南百里为浙江省，北百里为嘉兴府，崇介于其间，拟之前代，尤为冲要。嘉靖壬子岁，倭夷犯我海徼，深入内地，蹂躏无忌。当道诸公，以崇翊省控府，非城不可，乃中丞王公下议。维时，守吾府者，唐岩刘公，以海寇数犯嘉兴，内安外攘，出奇制敌，府固以城为赖。诸邑无城，其谁与守？

岁在甲寅，议新筑崇德、桐乡、平湖、嘉善四城，一时并举，尤介注于崇。崇城旧址，悉为民居，汹汹称不便，城址数易不能定。唐岩公亲莅邑中，观形势，集士民，而谕之曰："尔城旧址，水陆辐辏，生齿蕃庶，究为安宅久矣。夫筑城卫民，民居尽毁，城成孰居之？"自是，恢廓城制，凡里中要会之处，环城而囊括焉。北多幽旷，乃城于旧址，址遂定。又以天目之山，苕水发源，从西南数百里，流入崇德之阳。旧南门乃在东偏。公迁于中，迎山水以纳王气，爰命邑大夫蔡侯董其役。城未及完，乙卯正月初六日，倭寇觇知，突如其来，大罹惨酷，蔡侯以罪去。公临城为之潸然，虔饬新度，乃属于二守瀛峰张公，浃月而楼橹雉堞完且备矣。

丙辰岁，立斋崔侯自长垣调崇。侯涤篆，首务防御，凡城工创始，楼雉有未齐一，火器有未铸造者，夙暮从事。夏四月，海寇拥众，从金山越乍浦，经海盐入园花，抵长安，欲循故道来寇崇，犯浙省，取道犯留都。时总督司马胡公，设险制胜，随地为备。在嘉，业已属公筑敌台六座，防寇北犯，贼不复窥伺北路。在崇，则已捐赀筑敌台二座，于南门三里桥，以防寇犯南路。贼望见不敢近，昏回长安，走趋硖石，以围桐乡，而崇城独安堵如故。

崇民溯城伊始，庆城保终，乃呼天而祝曰："遐哉！刘公之泽也。今而后福弗替矣！"于是崔侯造吕子曰："崇城隆隆，维公之功；崇有安宅，维公之泽。请树丰碑于南门左方，纪元功焉！维是作记，以昭示无极，盍重图之？"于是吕子曰："崇之乡校，尝有咏谣矣：崇无城，贼入境也如无人；崇有城而不守，民随侯而出走；崇有城有守，乂安乃久。观于咏谣，而我公、我侯口碑具在矣。矧余又尝考有周中兴之盛，城彼东方，命仲山甫赋政于外，平淮南之夷，召虎疆理句宣，徐方绎骚，南仲专此南国，是天生圣王，不贵无警，所宝惟在贤哲，先后御侮尔。今皇上圣神文武，允迈宣王。区区倭奴之变，不追夷徐，俶扰天纪，以干天罚。乃我刘公，修仲山甫、召虎、南仲之职，祗今海寇荡平，残孽俘馘殆尽，东南宁谧如故，圣朝亿万年无疆大历服，当永永泰平，则丰碑所树，岂特如甘棠已哉！"

桐乡县儒学记

明　吕希周

桐乡县儒学圮，弟子员无专业所，即业亦罔群罔摩，机运弗昌，以故士多困厄。读书明理道，自淑而止耳，策名树勋，为宪当世，身系社稷重轻，当世大夫士望而哀焉者实鲜，兹固士之所遭，夫亦作人者寡鼓舞之机焉耳。

余总角时，尝偕桐人十集业督学府，上下其议奇而伟者，不下十数人。及于今，往往不中第以老。今制不由第，终不得殚其道于世，岂桐人士不可殚道于世欤？将机运厄之也。比余第经桐乡，谒夫子之庙而展礼焉，乃菅藜交文，豕羊儦儦，堂敧而颓，舍蚀而摧，饩庖之属，倾侧离披，维庙貌仅存，亦缺荣委级矣。始喟然而叹曰："嗟乎，何至是哉！盖机塞者运厄，弗昌者弗兴，其势然也。"问其由，曰："县官奢劳，曰悭费，又曰悠之者以为利，三说胶胶，而学弗缮弗完矣。"夫学以养士，士以翼世，世以士平，士以学成，是故古之人誉髦斯士，必学焉先，群而居之，观而摩之，而又区而规之，课而桯之，从而殿最之。大惟殿最行而志专，志专而业精，业精而道凝，道凝而奋庸，其斯为体用之学。学且弗为之所，士奚焉赖？夫士弗士，世弗世矣。

自创学以来，未之能改也，于戏！悲夫！县官非自士，奚以士人？非命世，又奚裨于世？桐之学无惑乎，缮完弗时也。虽然，机礜则射也，壳而审固，省括而后释，罔不中于度。运犹水也，平坎则盈，盈则流浩浩然下也，其谁能坎之？桐人士持满而既溢矣，中度哉，出坎哉！

于是有沈溪侯令桐乡，侯至县，首礼学，闵然曰："学宜尔尔也，士宜尔尔也，咎在县官，我实倡之。"于是博士钱子、陈子偕弟子员相顾而喜，勃勃有生色。乃相率而进，曰："是学也，圮也故矣，兴在兹哉！"侯曰："诺！夫耆劳者已劳之，惟费者已费之，愈以为利者已利之，夫苟皆已也，其谁能与我？能皆不自己，其谁以为己？且闻之乡校毁侨，鏖裘消孔，民之不可虑始也，道谋之不溃于成也。"乃毅然藏材庀功，易新撤腐，财糜帑捐，役匪农妨，凡阅月而迄工。自廊而堂，而舍，而饩庖庀，而罂罍，而丹，而垣，而隅，罔不秩秩。迨阁以尊经，旧所未备，亦鼎鼎然立矣。

于是桐学弟子员咸乐有所，又相顾而励曰："侯兴学矣，士自今不患不奋，而患道弗凝，业弗精，志弗专。其有不兴于学者！非夫也，矧名以为士"。侯闻曰："士殆知趋己也，拔其俊良，相群而摩焉，异区而规焉。日程其能，月行殿最焉，士果彬彬然起矣。"学博士乃谂诸弟子员，曰："桐学故残而今奂，桐之士故坠而今起，今桐固故桐也，而恢恢异观，匪侯畴有今日耶！"

乃金谋代石树碑，以志弗谖。托不朽于吕子，曰："古称树德务滋，侯滋于桐哉！《诗》曰：视民不恌，君子是则是效。学博士弟子员咸则效矣，夫则效斯贻，贻斯永，滋斯硕，硕斯彰。永所以考政，彰所以考士。弗永政庞，弗彰士耻。尔侯弗庞，尔士弗耻。斯永斯彰，桐之学耿耿有丕光。今侯在桐，糜檗斧冰，仁惠而德凝，滋于桐者，不啻若学所志。嘉乃康绩，大书者未艾，余知足以征永矣。德彰维彰，不耻入耻，士也，蘥之哉！"于是，学博士弟子员辑言于贞石，以昭来者。

侯朱氏，名尚质，河间人。

第十八章 诗词文选

陈侯去思碑记

明　吕希周

　　门人吕希周曰，少尝读《甘棠》之诗曰"蔽芾甘棠，勿剪勿伐，召伯所茇"，初以为思德者，爱及其树亦藐矣。比长阅世，见仕路树德者，人思之，树恶者，人嫉之，如持左券然。迨从天官冢宰后，分任统均，务察人之思且嫉者，以准人材之进退，于是知召伯所茇于甘棠，诗人志以勿剪伐者，信然也。暨遁于荒野，不能偏阅，而耳目所习，则抚后虐雠，理所必致，未有循形而能却影者也，是故，今崇犹昔崇也。

　　明兴以来，治崇者无虑数十人，间有达有不达，有思有不思，崇之习虽昔醇而今庞然，民虽醇，政亦有不达者，即庞政亦有达者，又有虽达于在官而去后不思者，岂宜尽委于崇哉？夫亦治崇者，当求其源矣。希周垂老避世，世有毁誉，不概于心，时一由今溯昔，则德厚而感深，俗庞而治达，去久而永思，未有盛于陈公者。

　　公名相，字君辅，登正德丁丑进士，起家县令。令崇时，亦变淳为庞，公来庞无能，如之何，盖公爽朗之资，刚明之操，不事钩钜，人奸餂，自不能遁。编里甲，谣庸，程其高下，截然不忒，定经制节，泛冗无锱铢遗漏，凡措之一时者，可俾永永传式，至于今赖之，而亵御肃然，无敢从间置一喙。

　　正德末，貂珰凭陵缙绅，率屈体下之。嘉靖初，尚沿旧习，太监镇守奉玺书，许便宜行事，郡县束手无措。有毕珍者镇浙，朝于京师而来，经桐乡索重贿，桐令不豫，待受其荼毒，捶楚。次当至崇，公独毅然，曰："贿，我所无也，楚毒，我所不甘也。"选材干百余人，自掖盛服临之，且命之曰："我有令，若皆唊应如雷，即有挫掖之行，义不受辱也。"候珍至，迓之津口，长揖，即命趣常礼上，众皆雷唊，鳞次以列珍，度不能窘以非礼，乃厚礼接之。唐侍御按浙廉，知之荐公，有曰："不畏强御，而旁邑含羞。"公征赋，匪亟匪徐，用一缓二，然征期一定无逋，赋也无羡余，以故长赋者咸德，公无剥肤，亦无割产。先大夫尝长赋，亲觐公，水玉昭朗，三年不取，一介行当入觐，长赋者共议以公，不可干以私，而德久不报，相与翼舟尾数百里无间，可投至许墅，日已暮，推一善舣者，以囊茶犒舟师，公逆料其中有他藏，见其跽而前，即叱之曰：某尔欲何为哉？亟去，毋货我也。否则为我擒，众皆啮指，遁避此其苾县，宁有苞苴可干者非取。

暇日，课文学弟子员，循循善诱者岁余。希周始束发、释襜，从诸生较执公堂，遂蒙首拔，误以铅错为龙泉，指所献艺文曰：此光芒射斗，凡欲拨闷，令左右展卷一读之，必抚掌为快。维时，督学使黄公临郡，选各邑诸生游庠序，公止以希周及朱甫二生应郡试，郡守徐公强公增额，如六邑数备选取，公谬许曰：此子五经笥，他非其偶，竟不增一额。其执法不阿，类如此。政成，征拜为监察御史，是宁民厖而政有不达者耶，宁能已于思者耶？

喻侯去思碑记

明　吕希周

喻侯令崇六年，而邑大治，誉命上逮，以最征拜地官，即以去。

又六年，而崇之大夫、士偕吾民，咸思侯不置，大夫颂于朝，士谣于序，民讴于野，谋所以击思者。驰相告曰："卫鼎垂文，晋钟遗范，良由义结君子，惠沾庶类则然也。侯在崇，四等各安其业，凡招徕戢绥，被于其心者，遍四境也，久矣。侯在而安之，不知有侯。侯去而后知有侯，知侯而思，思侯而不得，宁无叔子岘山之感、马骏必拜之诚哉？"乃相与图不朽于吕子。

吕子曰："树风猷、著征烈者，桢国之职也。宣风以式物，摛徽以昭轨者，程世之业也。侯实桢矣，余何程哉？虽然，余自乙未归，守先大夫旧庐，适侯来莅崇。安于侯，同吾士民，知侯则先之，而思侯宁后士民哉？方高山而仰止，刊玄石以表德，固所愿也。"

于是，文学弟子员朱甫曰："甫僻留东北陬，去邑辽远，豪强武断，稔猾者因缘为奸，往往朋家拘煽，闾阎驿骚。自侯治崇，缩不能丁，良者帖帖。昔人以深山穷谷，犬不夜吠，归德于侯，于今再见矣。"沈良臣曰："良臣角崇邑上游冲衢，缨绶珮绅之徒，倭谍译杂然竭来，百姓供亿，昼夜不息。丰则匮，啬则仇。侯酌损省节，不匮不仇，民虽绌，岁不疲。非侯，金如粟而弗睹，马如善而靡人，何以及此。"卫乾曰："乾角圜阓，邑例以富民充坊长，百尔取给，费甚不赀。侯至，尽厘宿瘝，多所全活。虽任棠置水之清，无以见逾也。"贡士范栻，造士余田、朱晓曰："曩自庠序，开水道、建舆梁，悯流户、阴丈量，以侯视邑若家，视民若子，侯之常也。乃今涉淮泗，溯齐鲁之墟，历金台，得窃闻天下之侯之政，侯诚鲜也哉。"

于是，吕子申之曰："侯之德，不啻吾崇也，东南千里咸赖侯屏翰，若按堵也。"往岁，明天子以大孝巡楚，谒先皇帝寝园，巡抚南畿，都御史某辄以论言谓车驾幸浙，檄浙中太守而下，负弩扫除。太守又檄县令而下，辟驰道，浚河渠，召刍粟，募舟车，计费当亿万万，尽藉里是有余财者佐，县官急敢，匿者殊死。旁邑籍其名，报之都台，都台称能办檄如令。民皆嗷嗷骇顾，莫知所从，侯抗言于守，曰："今上以仁孝理天下，宁肯八骏逸游，辄遍海宇？讹言无稽，请勿听。矧自楚幸浙，讹言者咸以道出江西灵山。夫灵山抵浙千余里，浚谷委流，陆不协轮，水不兼两，纵今庶民子来，刊山浍江，行赍居送，穷数年之力，成功莫奏。万无翠虬黄钺，即从灵山设坛场理。侯跸临江西，浙中籍民财未晚。且民谁敢有匿者？若无故籍于官，民实多怼，当官者或从而猎焉，民堪命乎？议以为非便。"维时，都御史某高其识，遂寝弗檄，千里黎民赖不败家人亡，此侯之赐也。方之叔敖甘寝秉羽之迹，莫或过之。

于是别驾吕子曰："相于时，拜侯之赐实侈矣。资不刊之书于贞珉，衍故老之口以垂永久，以效晋人报院略之节相事也。"于是司寇大夫姚子以讞刑归于乡，觏睹之，乃曰："诸君子德侯、思侯，弗思藐舆之欲。诚仰佼之咏谣也。予于侯，亦胡乎弗德，胡乎弗思也，相与效风人之义歌之。歌曰：岂弟君子，民之攸暨，嘉侯之德也。又歌曰：公归不复，于汝信宿，思侯莫留也。"于是，贵溪周侯涤篆于崇，崇方翕然改观也，闻之，赓之曰："申伯之德，柔惠且直。吉甫作诵，其诗孔硕。言崇于侯，非狻私好也。"又飏言曰："桢莫先于成民，程莫要于颂义，民莫隆于溯往，义莫大于昭来。斯一举而四善具矣。"

遂诹日树碑。时嘉靖二十有七年戊申春二月。

注：县志"喻冲，字九山，麻城举人，嘉靖十四年知县事，平易安和，不扰而治"。

重修县学记

明　吕希周

　　崇德县儒学，明兴，创立于运河之东，东转而南为学，面河，又转而北为学，左河。旧有南池，近年浚池通河，广可南北三十丈，东西五十丈，清且涟漪，颇称学宫泮水。维是学宫，则寝殿暨两庑，久不修葺，倾者支，圮者夷，垣墉颓坏，丹腹垩没，甚者鞠为茂草矣。其名宦、乡贤二祠，建于正德间，在学之东，偏各一隅。其启圣公祠，建于嘉靖间，在明伦堂桂山后，殊不称祀典。

　　迨嘉靖己丑，邑侯南阳朱公，以名进士起家。丙寅，授崇德令，至则谒庙，即愀然改容，曰："兴学乃有司，首务岂应敝，至此极也！"慨然欲庀工焉，而时绌不可举赢。至丁卯，公乃捐俸若干两，为士民先，殿庑上下，支者植，圮者起，颓而垩者凭凭而焕焕矣。继以瞿讼之，夫邮罚不丽于事，而罪可赎者，折其中，输工食焉。内自明伦堂，东西创修德、讲学两斋，又创东西志伊、学颜两门。外自正门至两翼，翕然增新，无旧敝。于是，移名宦祠于左庑南，戟门之左，移乡贤祠于右庑南，戟门之右。二祠对峙，岁时奠享，因以展礼，以风今之从政者及士之产于斯者。公自为记，以系没世不忘，以树风声于无穷矣。其启圣公祠，向筑殿堂之后，足迹罕历。公以子虽齐圣，不可以先父，迁于学宫巽山之内，使若宣圣家庙然，立于寝殿东南，以正左右之礼，礼乐鬼神，允协而安。

　　公之记，列之贞珉者，足以垂不朽矣，希周何言哉？第有司视学，率应故事，间有知教化之本，不过檄申当道，以张首务之誉，以沽造就之恩，请发官帑尔。盖希周自束发从文学弟子员游庠序，以及宦游朝庙之上，今倦游适于荒野。六十年间，未始得觏一人捐俸，亟图视国学犹家塾，如我南阳公者也。于是署教谕事方君、惟一陈君、仕葛君文献，偕弟子金可教辈，相与请记于予。希周不敏，是用纪其实，以刊之学宫，使崇人凡在庠序者永志不忘。若夫政教洋溢，光于上下，自有腾之荐剡、播之声诗者，在兹不赘。

　　公名润，字天泽，南阳人。时隆庆二年秋九月，赐进士出身，诰阶通议大夫，原任通政使司通政使，前提督誉黄右通政，以吏兵两部文选职方郎中，奉制充任文武考试官，邑人东汇吕希周顿首拜撰。

新建崇义桥记

明　吕希周

嘉靖十四年春，友人数辈，驰书京邸，曰：吾崇界吴中，国朝迁学邑东，维学之胜水所从，来自天目，历武林，下唐栖，无委流。及吾崇，始委北流，又委之东流，以至于槜李，入于海。溯源浚流，吾崇学实胜吴中，然说者病其直驰，于委汇作桥，于东望凤凰诸山，于西观水之澜，以节其流，于东西之往来，尤利便。维是桥又实胜吾学，吾学诸生辄白邑长，邑长辄诿曰："业剧而财匮。"矧兹业不急者，寝举寝沮，迄有学以来，未之能成也。诸生又白监司，监司则曰："崇邑其无义人。"崇有义人，官不烦费，于是序班叶子铢奋然曰："官之所乏者，费尔；所不足于吾崇者义尔，吾宁靳费以薄吾崇毋，宁损费以崇义。"遂鸠工庀材，三越月，桥盖鼎鼎尔，亭亭尔，学博邓师楷、卢师如冈遹观厥成，乃谋之，诸生名桥曰：崇义。念以记属子，子必记之。

余展读，喟然曰：嗟乎，义利，久憎百姓，抗弊操奇，赢以规刀锥，往往富埒，县官瘵骸贾咎，为子孙业以自封，莫肯分财以佐县官，盖趋之，急避益急，甚者捶挞百至，甘即累囚，终莫之从也。叶子歇奋然，崇义岂不为伟乎？昔汉卜式上书，输家之半舆之官弗，官问之冤弗冤，属而牧羊，似亦杰然，义者，比为缑氏令为成皋令为大傅为大农，是又利之云尔也。叶子惧，夫吾崇之义，有弗崇于人，而终弗官而终无冤翘翘焉，与卜式争烈矣，其犹崇义矣乎。夫义，君子之质也。叶子佩义。以往是其见诚有过于崇利者。余故次其行事，令后者观则焉。

注：志载"崇义桥在县学东，明嘉靖十四年叶铢建，吕希周为记，清咸丰辛酉年毁"。

吕渔乐处士合葬墓表

佚名

渔乐处士吕公之卒而葬也。其配高氏先卒，其子岳，卜今年十一月初六日，启孺人之圹合葬之。于是，子岳令其孙璃持行状诣予，泣而请曰："先祖考平生力为善，而我祖妣克相之，今不幸皆已矣。非得当世立言能文者表诸墓，将久而遂泯泯也，敢以面于下执事宜可。"

处士讳庸，字兴祖，渔乐其号也。吕之先寿州人，实宋丞相、正惠公讳端之后裔。宋南渡居新昌，元末迁籍语溪。曾祖讳思慎，祖克友，父信，咸潜德弗彰。母丘氏，善理家事，助成内政。处士早失怙恃，鞠于外祖氏长。克成立，以勤俭致家，饶裕光于前矣。其平居积德存仁，若履渊冰，惟恐失坠，以贻亲忧。至我朝，经理租赋区，各置万石长，使董其事，而简产之者充焉。然近岁，长赋者肆意厉民，而民不厉者什之一。处士则不然，供上惜下，而细民爱之深。正统间，朝廷行备荒之政，处士出米一千斛，以充官庚，所司刻名碑石。景泰间，旱潦岁歉，复出米一千二百斛，以赈饥困，民得全活者众。以至桥梁、寺观，建助无吝色。主于教子孙大义，方之训俾日就规矩，皆底于成立。

孺人讳妙善，生聪慧，织纴之红，精敏过人。归处士，恪尽妇职，事舅姑、处姻族、御卑幼，咸得其理，闺门肃然。

子二人：长岳，字惟高，倜傥好义，吕氏家声益振于前人矣，娶同邑世家朱氏。次宗泰，早卒。女一，赘海昌巨族王靖。孙男二：长琼、次瑶。

处士以天顺癸未（1463）七月十三日卒，距其生洪武戊辰（1388）三月廿四日，享年七十有六。孺人以天顺己卯四月初六日卒，距生之年洪武己巳二月二十八日，享年七十有四。墓在其邑东丘汇之源。

先王之世，非惟公卿大夫，克谨厥职，以闻达于上。盖自士之处闾里者，莫不饬躬修行，以长率其乡。至于女子妇人，亦各慎修内，则不敢自逸，以故当时风俗之盛，蔼然播于咏歌之际，而传至于今，其后也，矫伪之习胜，而忠厚散，于是往往相与日趋于势利，敦笃者鲜矣。乃至于今，有处士夫妇之善，修于身，施于家，达于姻朋乡族，如此可多得哉？不表而著之，惧为善者日怠也。用特论次之，俾揭之墓上。

奠吕通政文

明 华察

尝怪夫当世拘琐龌龊之徒,挛絷徽缥,百无一可效之用,而率以岁月积资至大官;乃士之奇伟磊磊负天下志者,每抑塞而弗见用,即用矣,不幸或以微过蒙当世之议,则一蹶不可再振,而终其身废黜以死,虽异代犹深悲焉,而讵谓于君乎亲见之也。

忆自丙戌与君同举进士,时君方壮龄,志意阔远,不卑卑为恭俭小节,慨然谓天下事可屈指而办,乃悉发露其雄才,以当盘错。始董漕舟,则垢蠹为清;继掌职方,而戎务毕饬,称誉隆隆然以起。公卿相与推毂,擢典铨衡,人才之沈滞,一时尽拔,益有声朝著间,佥谓台铉之重,不跬步可跻,而君以才见嫉于时,构君者纷纭附响,君蒙垢自匿,归耕于野,盖十有余年,世莫君惜,而君自如也。

其后岛夷倡乱东南,君深念桑梓之计,抒筹策自效戎府,直其道而曲其躬,将庶几乎一遇,幸蒙天子恩,进秩以老,而旋以浮言复废,君至是几三褫矣。以君之才,诚抑志以就时格,即崇爵丰禄,无难致者,顾独鄙彼寻常之事,而欲一旦以取奇功,卒用是弃置,饮恨以殁,何天之厚君以才而尤独啬君于遇,悲夫!

予自揆才弗及君,常慎守绳尺,罔敢自逾越。视君所为,若盾矛异状,而君每倾心于予,予亦倚君相左右,盖欢然同心之好也。予既已迈稀龄,而君亦且老,数书遗予,谈吐纳术,若戢其壮心而从事无为之学者。予方幸获相随岁晚,共享怡愉,而君乃忽焉乘化以谢,将数有不可知者耶?然予不以此悲君,而痛夫君志之乖乎迹,而才之不尽究于用,至不免负俗之累,而慷慨侠烈之誉,不获著于来今,君亦得无有余憾乎?虽然,令后世有知君者,悲伤其志,论君于形迹外,而不拘拘焉以文法绳君,君其可以自慰矣,于乎尚飨!

注:此文出自《华礼部集》第七卷,系儿子华叔阳代父所作。华察,吕希周同科进士,累官至翰林院掌院学士,民间俗称华太师。

海州别驾吕槐宾小传

明　钟继元

槐宾吕公者，东沙先生之子也。先生性恬退，笃行谊，丰姿绰约，有古君子风。常为曹县丞，清慎方严，善决疑讼，通邑称其神明焉。至于上事其亲，下教其子，一以圣贤尽孝尽慈之道以为准。先生之为人，盖有超乎世俗之表者矣。故我槐翁者，得诗礼之功深，而修己律身凛遵父训。

初，不于伦常之道之外，有所放溢。既而由太学通判海州，州正委靡不能理庶事，翁为首崇风化，剔利病，扫积弊，一州之事，事无大小，皆决于公。而公之治理，愈精而愈明，抑且教养兼施，爱民如子。化民成俗之方，一以清静居心，民以无扰。当时称海州治平为天下第一，然而公不自居，悉以其功归诸州正，人咸服其能让美于人也。

及官六载致政归，屏绝人事。修葺故园花竹，扁其居曰"退归轩"。日与二三知己，觞咏其间，陶然自适。挹其风度，与陶潜、谢朓相颉颃。

迹公之生平，始以顺亲之训而全孝，继以治民为心而全忠，至忠孝尽而优游，以养余年。公之为公，可不谓之纯人也哉。余也忝以至戚而兼至谊，故不敢为溢美之词，而其品概，有大略可序云。

（文末家谱编者加注：从来忠孝二字，全之者少。公之生平，大约以此二字为本。是非钟君安能曲匕写其心迹。曾侄孙允恭识）

注：吕子堂，字槐宾，系吕希周族侄，任海州通判；钟继元，明代进士，高桥越丰村人；此文出自康熙《吕氏家谱》。

祭五亭吕公文

明　张汝贤

呜呼！惟识英明，惟性孝友，惟才超异，惟容朴懋，乃令德君子，而一无所苟者耶。尽道于己，惟德动天，而无所于疚。付命于天，而无所于缪，躬享遐龄亹亹乎。跻耄耋而黄耉，而精神意气飘飘然。拔出乎庸陋，其大来惟庆，而无疆惟寿者耶。精学于心，博通经史，而识力见其厚。贯彻古今，而著作见其茂。名誉乡邦振振乎，广声称于宇宙，而雄才伟略超超然，为文坛之领袖。其诵法圣贤，而稽古有获者耶。有子弘才，埙篪迭奏，有孙娱前，文章挺秀森森然，业立而名就雍雍乎。质异而才负，是令德所致，产此殊尤，以垂长久，其聿观厥成，而克昌厥后者耶。溯翁之始建业也，克勤克俭，谨厚永守，居积日益，财赂殷阜，自视欿然。不居其有，好与乐施，始终一辙，而不改其旧。开琼筵以悦芬华，飞羽觞以醉友宾。读书谈道，老而弥笃，而无出其右。和睦勉于乡党，谨饬戒乎卑幼。闻人之善，惟恐人掩，谆谆然必欲重其所称。闻人之过，惟恐人扬，切切然不欲出诸于己，其善盖乡国，而邈焉寡俦者耶，贤也。缔交令嗣，于翁时觏，或见翁之懿行，而永若泰山；或闻翁之格言，而仰如山斗。方将载酒介乎上寿，天胡夺龄，仙升何骤，得疾于桃雨之辰，易箦于惠风之候。闻讣登堂，香冥白尽，聊达哀忱，敬陈觞豆，灵其有知，昭格左右。

注：吕子节，字五亭，吕希周亲侄；张汝贤，崇德县人，明万历甲戌进士，官至辰州知州。

晋赠中宪大夫候选知县查公墓志铭

清　王杰

公讳懋，字端木，号寄庵，先世居安徽休宁，自公之十四世祖仁斋公始迁于浙江海宁，居园花里。曾祖嗣琪，庠生。祖升，康熙戊辰进士，历官詹事府少詹事。父昌洵，贡生，历官广东长宁县知县。

公生有异禀，六龄侍祖少詹公于京邸，口授日记故事，辄成诵，每客至，呼使诵以为乐。年十四，遭父忧，哀毁如成人。服阕，与两兄先后游庠，刻励攻苦，所业卓有成就。顾家世清白吏，田不及百亩，饘粥苦弗给，季弟及妹未婚嫁，母费恭人拮据支门户，复缘少詹公葬屡迁，费乏绝，为近支所迫，计无所出。公慨然曰："是何可徒事呫哔，坐贻老母忧耶？"即以所分受田二十亩书券授迫者，解其纷呶。子身游京师，素工书，思效力馆局，冀一秩以养母。适山左方伯岳公潆摄抚篆，见公书，爱之，延入幕府，会有急奏，他客已削稿，将发，公摘其谬数处，为改正，上之，得荷褒旨，而他客攘为己功，公一笑谢去。

时宛平同族天行老人偕子莲坡行醝津门，方构水西庄，招四方名士为胜游，公长兄贡木馆其家，因往省兄，晤莲坡，一见如旧相识。父子力推挽，遂业盐策，不数年，资稍裕，卜居沧州，迎母就养，兄弟皆团聚，尽家庭欢者几十稔。

公精于心计，凡所擘画，悉中窾要，时长芦当积敝后，醝使者受命整饬，遇疑难辄倚公以办，他人所棘手者，悉迎刃而解，精详无遗算，后来奉为师法，莫敢轻易，上下交引重焉。然公志不在居积，见人急难，不待请，即曲为伙助，若己之急。

初居沧，继迁海丰，频值歉岁，竭力济贫乏，大吏具名闻于朝，特旨褒叙，以知县即用，谢不就职。族繁衍，婚嫁丧葬有缺乏，悉给其资，支尤近者，岁给米，月给费。他若修祠、葺墓等事，行之尤力，曰："吾非求名，欲以敦本示后人也。"三党中侍公举火者，不下千人，始终无倦色。性刚直爽慨，交好以事质，必为剖晰是非利害，侃侃不少诡随，始或以此衔之，而后咸验，乃大服。

莲坡殁，家事纷纭，公感其知己，不避嫌怨，力为经纪安全之。初，北游时，脱汪恭人簪珥，质十金，计不足为舟车资，会戚王氏复以十金为助，始就道，后岁恤其家，至于三世不辍，其笃于亲故，不忘所报，洵可风也。

公自奉极俭约，几上置二册，一为家用，衣食所费登焉；一为公用，任恤睦姻所费登焉。岁终会计，不使家用溢于公用。继配刘恭人，与公同志，居室无金玉玩好，一衣辄数年不易。诸子未冠婚，不得衣裘帛，入其室，如寒素焉。

公于书过目不忘，尤喜读史，尝见诸子读温公《通鉴》，月余未卒业，笑曰：吾幼时三日一过，汝曹费力乃尔耶？举其中隐僻事及名数难记者，背诵如流。每与一二知己论天下形势及古今成败，如视诸掌，闻者错愕，竟莫测其才所究极也。六十后杜门不出，莳花木、诵金经以自遣，偶以事复至津门，遘疡疾，岁余遂不起，寿七十有五。生于康熙四十年三月十三日，卒于乾隆四十年十一月十七日，以子莹官，诰赠奉直大夫，晋赠中宪大夫、吏科给事中。配休宁汪氏，翰林院编修讳灏公孙女、日照县知县讳守鉴公女，先公卒，晋赠太恭人；继配大兴刘氏，山东布政使讳倬公孙女、江南扬河通判讳安厚公女，后公二十七年卒，享寿八十有九，诰封太宜人，晋封太恭人。

子三，莹，乾隆丙戌进士，翰林院编修，累迁吏科给事中。世荣，候选州同知，先公卒。世侯，乾隆庚寅恩科举人，内阁中书，累迁刑部福建司郎中。女一，适候选州同叶让林。孙二，有筠，嘉庆庚申举人，候选员外郎。有圻，刑部湖广司郎中。

嘉庆八年四月十九日，莹、世侯奉公之柩与汪恭人、刘恭人合葬于石门北旺桥之新阡，乞余文其贞珉，余惟公之盛德奇行，非常间出，其言动皆可为法于后，是不可以不文辞也。既按状，诠次其行实，爰为之铭曰：

肤寸而合，泰山之云。迨不崇朝，四海氤氲。郁郁楼松，托始拳石。
及其干云，仰之千尺。伟哉查公，文章华胄。姿秉瓌奇，得天独厚。
百亩之业，朝饔夕飧。老母持家，追呼在门。捐产慰母，子身京师。
弟婚妹嫁，曰姑待之。神鱼得渊，不待沧海。威凤腾霄，人惊异采。
事有盘错，公则任之。古云英杰，公实称之。荐祖一羹，辄思邦族。
靳儿一裘，以被穷独。禔躬何约，艾物何丰。义声载播，有口须同。
公之所树，岂必岩廊。天之报公，奕叶簪裳。德凝福备，富康寿考。
旷代一奇，视此华表。

注：查懋（1701—1775），清代海宁袁花人，原名查奕楷，字端木，候选知县，赠中宪大夫（正四品衔），系武侠小说大师金庸的七世祖，死后安葬于高桥街道漕泾村查坟前，即文中所指"石门北旺桥之新阡"。同时安葬的，还有查懋的汪、刘两位夫人。后儿子查世侯（字恬叔，乾隆年间的解元，官至刑部郎中）、曾孙查绍筬也都葬于此。王杰（1725—1805），字伟人，陕西韩城人，乾隆二十六年（1761）状元，官至军机大臣、上书房总师傅、东阁大学士，位极人臣，此为王

杰应邀为海宁查懋所撰墓志铭。

刑部福建司郎中查公墓志铭

清　杜堮

公讳世倓，字恬叔，号儋余，又号训堂。海宁人。世望族。曾祖声山公讳升，以进士起家，官少詹事兼侍讲学士。祖且村公讳昌淘，任广州长宁县知县。父寄庵公讳懋，郡庠生，输捐议叙候选知县，诰赠中宪大夫。公昆弟三人：长世莹，丙戌进士，官吏部掌印给事中；仲世荣，候选同知；公其季也。

寄庵公侨寓天津之沧州，后徙山东海丰。公以沧州籍应州府院试，俱第一。学使者倪敬堂先生深器重之，语人曰："今岁科试中得一佳士，其诗文才气横逸，非时辈所及，殆得魁选乎！"及秋闱榜发，得中亚魁。场中已解定首，因三场策论语过激，改置第六，是科为乾隆庚寅，公年二十有一。辛卯、壬辰春闱，俱荐不售。时寄庵公业盐荚，寓津门，性方严，家法甚峻。顾独奇公才，遇疑难辄召使决，公一言折衷，无不迎刃而解。簿籍有欺漏诡绐，发摘如神，闻者折服。然性沉密，无事则一编默坐。尝书富郑公"守口如瓶，防意如城"语揭座右，寄庵公见之，笑曰："汝能如是，可以保世矣！"乙未，寄庵公卒于津门，长兄方官京师，仲兄已先卒，公独侍汤药，亲含敛。及扶柩归海丰，家人为易袜裤，虱皆黑色以百数，盖衣不解带者三月余矣。服阕，偕长兄给事奉母刘太恭人入都。

先是，公以议叙授内阁中书。壬寅，复以捐输优叙，选刑部福建司郎中。时云坡胡公为司寇，阿文成公掌部事，咸重公才，有疑狱，辄委公参谳。公持法平，断狱敏，尝曰："刑官不必以多出人罪为阴德，但少传案外之人，早结部中之案，即免株累，而吏役无所容其奸矣。"尝五鼓至圆明园议稿，胡公见之，喜曰："各司未有结案及应酬定稿十余件，皆已届限，而余适奏旨会审，不得进署，君能分吾劳乎？"公敬诺。至署，悉与各司掌印主稿口讲指授，若者拟未当，若者供未确，援举例案，擘画精详。同列咸唯唯，无能异议者。翌日，稿俱定呈堂。胡公笑曰："我固知查君能了吾事也。"

广宁门外石道圮，委公监修，公夙精数计，街衢之广狭远近，度马足而核之，多寡无尺寸逾，及它庀材鸠工，则砖灰瓦石之数，口计而手筹，商以平方法，不爽铢两，吏胥握算立，皆错愕相顾，弊源悉绝。故费省而工坚，垂四十年犹坦荡如新治。胡公及满司寇喀公宁阿、少司寇姜公晟咸欲交章荐公。公念母刘太恭人年已七十，而长兄视学广西，仲兄止一遗腹子有圻尚幼，不忍离膝下，遂陈情乞终养，时年甫三十有五。侍奉者十有九年，晨馐夕膳，亲奉甘旨。每遇诞辰令节，张乐设宴，集诸亲友捧觥上寿，聚庆一堂。刘太恭人寿至八十有九，公于嘉庆壬戌丁内艰，扶榇归浙。

癸亥，给谏卒于京师，无子，公以一子两祧例，立有圻为嗣。公素笃爱圻，虽久析箸，犹为经纪其家，及是已成立，嗣守伯仲两房世业，公遂乙丑南归，卜居嘉兴之甪里街，曰："先人之墓在浙，吾不忍迁居于他也。"初，寄庵公置义庄以赡族，又置典业以赡近支。公既归，益扩其制，励节有等，恤孤有序，养生送死靡不毕供。尤诲以读书敦行，毋忝家风。海宁有育婴堂，久废，捐资复建，礼延司事，慎择乳妪，严定章程，岁活婴无算。乙亥岁浸，公于本籍海宁及侨寓之嘉兴，各捐数金、米千石以赈贫民。大吏嘉之，将以闻于朝。公曰："我朝官也，且世受国恩，敢幸灾以邀宠乎？"力辞乃止。遇人有急难，倾资啁之，且代为筹画始终，纤靡不周，期于有济而后已。曰："分人以财而心不至是豪举，近名者之为耳，吾不敢也。"

平生无嗜好，旁无姬侍，五经、四书、文选诸书，岁必温一周。尤熟于史，涑水通鉴阅不半月辄毕，指陈兴废如示掌。得沈东甫新旧书合钞，躬自校雠，梓行于世。

晚卜筑于邓尉之光福镇，曰："吾得与山水梅花结邻足矣。"未及迁居而卒。遗命勿延僧入门作佛事，戒子孙曰："尔辈但遵唐柳批戒子孙之言，吾目瞑矣。"公生于乾隆十五年十月十二日戌时，卒于道光元年三月二十八日亥时，享年七十有二。葬石门夹河。配李恭人。子元偁，戊辰进士，掌福建道御史。女一，适兵部员外郎汪如澜。孙四：绍笺，州庠生，中书科中书；彦钧，太学生，候选同知；景镛，太学生，夭；洗，业儒。女孙二：长适候选员外郎吴若准；次适苏郡吴县庠生潘希甫。曾孙二：颐清，殇；眉，甫生。曾外孙女二，未字。

注：查世倓，字恬叔，乾隆年间的解元，官至刑部郎中。杜堮，字石樵，嘉庆六年（1801）进士，官至礼部侍郎，加尚书衔，谥文端。"石门夹河"，地址应指漕泾村查坟前祖茔一带（河道数折成夹河），父亲和孙子均葬于此。

玉彭公墓表

清　张裕钊

君讳绍箧，字铿友，号玉彭，一号尧斟，姓查氏，先世避元季之乱，自徽之婺源迁浙之海宁，于是为海宁州人。曾祖懋，附贡生，候选知县，以长子莹贵，赠吏科给事中。祖世佽，刑部福建司郎中。考元偶，掌贵州道监察御史。曾祖妣汪氏、刘氏，祖妣李氏，妣刘氏，生妣李氏，皆封恭人。

君聪令夙成，尝所读书甚众，尤笃耆朱子之书，又有经世大志，于当世之要，人情之赜，无所不究悉，然其为学，必要归于务本，故尤笃于孝思。自道光丙午举于乡，援例候选郎中，谓君且用于世矣，君顾以亲老，不欲远离，遂决计不仕。其居家事亲之节，昏而定，晨而省，朔望率家人具衣冠而拜，毋敢以一日间，毋敢不斋慄。家之务，无问巨若细，无问居膝前若在远，无问自少至于壮、至于老，夔夔翼翼，一咨禀而后行事。仁其亲以及其弟，罔或失其爱，罔或私其力与财。盖君家故高赀富室也，侍御君年考既高，本古者"七十老而传"之义，析产于其诸子，以乡里之产与君若季，以天津鹾商与仲。道光中，银值腾跃，仲为鹾务累，且不支，君请于侍御君，以已与季所受产集赀累巨万，转运天津以济之，已而银值日益昂，负日益多，复罄已所有以尝其负，其后卒不济，则又自浙躬驰赴天津，为之经纪其事，遂遘瘴疾以归，君家以此中落，而君亦且悫矣。自是君所患时作时止，居顷之，疾益甚，遂以咸丰四年六月二十三日卒于家，春秋五十有一。越十八年，同治十年十二月九日，葬于石门县西篁墩。

君初娶冯恭人，先卒，于是祔葬君墓之右，继娶赵恭人。子二人：湄，增贡生，江苏试用按经历。承源，增贡生，江苏升用知县，嗣君弟景铺为主后。女三人，皆适名族。孙六人：光，分指两淮盐经历；次燕绪，州学生；次宸华，同治元年卒于难，亦祔葬墓次；次廷干，候选道库大使；次龙栮，议叙六品衔；次麟樾。女孙四人，曾孙一人。

燕绪故尝从余游，及是致父之命，求为表墓之辞。裕钊惟君以弟之故，毁其家而瘵其躬，而不以自恤，其于兄弟也笃矣，人人以为难能。余谓君则诚笃于孝耳，且君之有足以显于世，决志舍去，怡然奉其亲以终其身，可不谓孝乎？孝于亲，故隐于兄弟也。乌乎，吾观世之人，兄弟之间凌竞争夺，甚者乃为仇雠，其于亲先已薄矣，故其于兄弟，忘其为一人之身之所分，而相竞，第视其力也。若君者，以亲为其心者也，其视弟犹己也，视弟之事犹己事也，其于力与财，复何爱焉。"明发不寐，有怀二人"，吾乃今然后知《小宛》之诗人，念我兄弟，故所以若是其厚且挚乎。《书》曰"孝乎，惟孝友于兄弟"，于君征之矣。余悼夫人之不能念其亲以及其兄弟，俗日以薄，而彝伦日以斁也，故乐道君之事，而极论其所以，使以镌之墓上，同治十一年二月，武昌张裕钊表。

注：查绍箴，字玉彭，道光二十六年（1846）举人，有《还读我书斋诗钞》，死后多年，移葬于查坟前查家祖坟，前已有曾祖和祖父二代葬于此。张裕钊，字廉卿，湖北武昌人，道光二十六年（1846）举人，官内阁中书，历任武昌文庭书院、南京凤池书院、襄阳鹿门书院主讲，曾国藩"曾门四弟子"之一，文章好，书法好。"石门县西篁墩"，应指漕泾查坟前，旁边洛水港东岸有海宁斜桥黄墩。

父亲张宝堂的漕泾生涯

张宏良

我的父亲张宝堂，1921年4月生于崇德县肇昌乡落驾木桥（现属桐乡市崇福镇湾里村）。

父亲10岁时，我祖父病故，家中失去了主要的经济来源，生活非常困难。已进入乡村私塾读书的父亲，不得不告别私塾。

1932年9月，父亲去崇福贫儿院读书。1933年9月，在族人的帮助之下，13岁的父亲带着他9岁的弟弟，前往远在平湖的天主堂所设光启小学读书，因为光启小学不但可以免费读书，还免费吃住。1936年9月，父亲高小毕业后，就转入该校附设的初中班学习。1937年11月，日军占领平湖，父亲他们再度失学回家，从此无力复学。

1938年以后，父亲先后到崇德县城西门外的贸昌蛋行当学徒，到上海保丰纱厂织布部当练习生，到杭州东街路135号悦来运输公司任职员，收入微薄且很不稳定，故常常失业在家。1947年夏天，父亲待业在家时，得到一个好消息：崇德县梵山乡漕泾港国民学校需要一名临时代课老师。虽然待遇不高，但我父亲还是努力争取，当上了这个代课老师。

那年初秋，我父亲就背着行李，步行十多华里，来到了县域东南端的漕泾港。

小学校址在马家木桥，是一所初级小学，租用两间民房作为教室，另有一间厢屋兼作教师办公室和宿舍。说是学校，其实只有一块掉了漆的木黑板，一些破旧残缺的桌凳，搞卫生用的扫帚和簸箕，都是向邻居家借的。

当时注册学生只有近20人，以前学校开开停停，已有许久没有教师来上课了，学生和家长也对上学读书不抱希望。父亲深知农民子弟学习文化知识的重要性，凭着对工作的责任心和对学生的爱心，一边做着开学的准备工作，一边进行家庭访问，一次又一次地动员失学儿童上学。功夫不负有心人，很快学校就开学复课了。父亲自己动手将黑板油漆得乌黑，像新的一样，修理后的课桌凳子放得整整齐齐，用彩色纸写的校风校训鲜艳夺目。当家长和学生们看到面貌一新的漕泾港小学，就知道这位新来的先生是言行一致，让人信得过的。开学后，父亲继续利用休息时间挨家挨户到适龄儿童家中动员。有的学生交不上学费，父亲想法给予减免或者自己垫付。很快学生就增加到了40多人，教室里坐得满满当当的。当时，一所学校，一位老师，一个班级，三个年级，就得三复式上课，翌年发展到四个年级，成了四复式上课。这样不仅上课很吃力，而且备课负担很重，上一节课要备三四个教案，一天要准备十多个教案，父亲只有利用晚上时间抓紧备课。当时没有电灯，只能在昏暗的煤油灯下备课，直到深夜。1948年上半年，崇德县督学来学校督导，考察后认为父亲工作出色，于是当年9月他就转为正式教师。

1949年5月，崇德县解放，学校更名为城关区漕泾港初级小学。当时学校还是只有一个四复式班级，学生共48名，其中一年级17人、二年级16人、三年级9人、四年级6人。教师就父亲一人，既任教师又兼校长（村校负责人）。此后父亲更加努力工作，使学校得以较快发展。1950年村里增办了第一所分校——大水路小学。随着中国建设的迅猛发展，社会迫切需要知识型人才，农家子弟读书求学的积极性也日益增强了，再加上漕泾小学多年以来的影响力，学校的办学规模不断扩大。校舍、课桌、凳子可以就地取材，最难办的还是教师。父亲就到邻近的乡村和城镇，动员优秀青年教师来漕泾小学任教，同时也有青年慕名而来。新教师离开家庭、告别亲人，只身来到漕泾小学，在陌生的农村举目无亲，面临着诸多的困难和不便。为了让新教师较快适应教育工作，身为校长的父亲，一方面对教师严格要求，另一方面千方百计为教师改善工作环境和生活条件，使得新来的教师留得住，做得好。在全体教师的辛勤培育之下，一批批优秀学生相继走出校门，成为社会建设的栋梁之才。数年后，有的学生返乡回校成了教师，原先外地的教师先后调出漕泾小学，有的回原籍，有的到更需要他们的地方。

1958年，学校办起了高小班，全校共4个班级，学生150多人。当时学校勤工俭学搞得很好，学校办起了小农场、小牧场，最多时养猪15头，养羊20多只。这样父亲更忙了，常常是晚上批改完当天学生的作业、备好了明天的课，还要去牧场烧猪食、喂猪羊直到深夜。漕泾学校的勤工俭学，多次受到教育局领导的表扬。

在漕泾工作期间，父亲还参与了征集军粮、土改的工作，协助村会计，参加农忙劳动和业余教育等社会工作。特别是扫除青壮年文盲，从1949年一直到20世纪70年代。起初在学校办夜校，一到晚上灯火通明，最多时有好几百人。后来发展到在各个生产队办夜校，父亲一个晚上要跑好几所夜校。父亲还分层办辅导班，给大队和小队的会计、出纳、记工员和喜爱珠算者辅导珠算，给大队、小队干部辅导政策法规，讲政治时事。由此，许多农民摘掉了文盲帽子，能写会算，有的当上干部，有的成了技术员。漕泾学校业余夜校办得非常有名，当时公社和县教育局领导多次来漕泾，召开业余教育现场会。当参会领导看到简陋的学习场所、浓厚的学习氛围、结合实际通俗易学的自编补充教材，以及认真批改过的学员作业本，又听了相关经验和成效汇报，称赞不已。

父亲在积极踏实工作之余，还肩负起家庭的重担，他总是先学校后家庭，正确处理好学校工作和家庭事务之间的关系。为了既能做好工作，又能照顾家庭，1950年到1961年全家搬到漕泾，在学校附近租民房居住。又如1965年寒假，忙完学校工作，已是腊月二十五，家里老宅楼屋北面几个木质柱子严重腐蚀，加上楼板突发虫蛀，就要殃及整幢楼房。父亲回到家中，放下挎包，就投入修理房屋事务，买来水泥、沙子等建筑材料，请来泥师、木匠等工匠师傅，还请邻里乡亲做帮手。父亲不仅是修理施工的总指挥，还带领全家男女老少一起干活。就这样一直忙到正月初六完工，年三十、年初一，都不停工。这次维修工程时间虽短，但涉及范围大，工作量也大，如果没有及时维修，今天老宅的样子是不可想象的。年初七早上，家里还来不及整理，父亲就匆匆地赶去漕泾工作了。

1963年1月至1966年3月，为提高教育教学业务能力，父亲参加了浙江省平湖师范学校中师函授部桐乡站的学习。父亲放弃休息时间，努力自学，认真做好各科作业，考试也获得了优异的成绩。1966年初夏，他完成了"阅读""汉语基础知识""小学语文教材教法""代数""普算及教法""算术教学法""算术""小学算术教材教法"等课程的学习，毕业证书就在眼前的时候，中师函授站停办，他被迫中断了学习。在那个年代里，从农村到桐乡开会、培训学习和参与教研活动，交通相当不便。当时从漕泾到桐乡虽有四条路，但都很费时费力：一是步行约16华里到南日，乘小客轮到桐乡，后来河道疏浚拓宽，延伸到高桥，也就近一些了，但由于受到水位和大风的影响，小客轮常会停航；二是步行到斜桥火车站，乘火车到硖石，转乘客轮到桐乡，每天只有三四班；三是步行到斜桥火车站，乘火车到长安，转乘客轮到崇福，再转乘汽车到桐乡，班次也很少；四是步行，从学校直接步行40来华里，要走上4个多小时才到桐乡。父亲总是克服困难，认真参加每一次培训和面授学习。

1970年前后，漕泾学校还附设了初中班，最多时全校有500多名学生。由于全体教师的勤奋工作，学校教育质量稳步提升，有好多学生考上了中专、大学，成为国家干部、教师和高级科技人才，漕泾学校也成为当时全县出名的乡村学校。

自1947年春开始工作，到1981年8月退休，父亲在骑塘漕泾学校一直工作了35年。从1948年到1966年8月，他一直担任漕泾学校负责教师（校长），1957年上半年任骑塘中心学校代理校长，还长期兼任骑塘中心学校副教导主任、工会委员等职，曾被选为乡人大代表。父亲几乎把自己的一生都献给了漕泾人民，献给了教育事业，也得到了漕泾人民的称赞和上级领导的肯定。父亲多次被评为基层先进个人、县级先进工作者。

我母亲是崇福人，在崇德丝厂工作，曾是车间负责人、厂里的技术骨干、两届桐乡县人大代表。1961年8月之后，家中老少都住在老家落驾马桥，离漕泾约15华里，离崇福也约15华里，一家人分散在三地。20世纪60年代中期起的十多年之中，错峰用电，厂休日改在星期四，然而学校的休息日却还在星期日，全家生活极不方便。有好心人想帮我父亲调动工作以便照顾家庭，父亲总以种种原因推脱，不想离开漕泾学校。他总是默默克服各种各样的家庭困难，一年又一年，35年如一日地在漕泾工作。

1981年8月，父亲退休，回到老家与我母亲团聚，共同孝敬已经九十多岁的我祖母，以及抚养孙辈们。退休后的父亲仍然不忘漕泾学校，曾多次回到漕泾，回到学校。1988年起，父亲住在崇福镇退休教工之家。2010年1月，父亲因病逝世，享年90岁。

父亲虽然没有创造什么惊天动地的业绩，但是在漕泾学校工作的35年之中，爱国家，爱事业，爱岗位，爱学校，爱学生，勤奋工作，任劳任怨，为漕泾、为教育尽了心、尽了力。每到逢年过节，总有许多当年的学生前来看望父亲，总有许多贺年卡片寄给父亲。漕泾人民没有忘记父亲，父亲的一生是幸福的。

注：作者系省部级劳动模范，曾在漕泾学校任教十年，其中担任负责人七年。

追忆我的奶奶范凤仙

范娟平

我的奶奶范凤仙，生于1927年3月，系家中独女，父亲是小裁缝，母亲是童养媳。家里外招逃荒而来、父母双亡、以打短工为生计的我爷爷入赘。生有一女，不幸夭折，而后领养了我的父母。

1952年11月11日，奶奶加入中国共产党，是新乡政府成立后全乡第一个入党的共产党员。当时，拟提拔她为乡长，但由于我奶奶的母亲不舍女儿离开身边，坚决反对而未能成行。1949年，奶奶当选一村妇女主任，在村妇女主任岗位上一直克己奉公，兢兢业业工作20余年。此外，她还兼任过骑塘乡党支部委员等。

奶奶没上过学，大字不识，但要她去乡里和县上做工作汇报时，却能侃侃而谈，有条不紊。我母亲是7岁时被领养到我奶奶家的。也许正因为自己吃过不识字的苦，所以我母亲一直上到了小学毕业。我母亲现在已74周岁了，接受教育的程度，不论在当年或现今，在农村的同龄人中都属较高水平，那时的女孩子大都没上过学。村里招"赤脚医生"，指定我母亲，但却被我奶奶回绝了。后来有一次，我母亲自己偷偷去报名，且已上班，但被我奶奶知道后，生拉硬拽地拽回了家。当时，每个大队（村）都有分配的参军、工作的指标，也有些大队干部偷偷把指标留给自己的子孙。但我们家，上至父母，下至兄弟姐妹，没一人享受过奶奶作为乡、村干部的"特殊待遇"。退休后的奶奶，对我们常说的一句话就是："只有自己行得正，站得直，才能让别人心服口服。"我奶奶当大队妇女主任时，正值国家推行计划生育政策。国家的政策，随着人口的增长和经济发展的变化，有着相应的阶段性调整。那时，正处于由鼓励多生向有计划地控制人口增长幅度的转变过渡阶段，而那时的大队干部是不拿工资和报酬的，名为大队干部，实际上都要在生产队的田间地头干活，挣工分养家糊口。所以，抓计划生育的工作，都被安排在晚上。每天吃过晚饭,大队干部分组走家串户,挨家挨户地去村民家里摸排、宣传、动员。在那个人们刚过温饱线,文化素养都有待提升的年代,人们的思想观念比较陈旧,多子多福、人丁兴旺的思想还是比较根深蒂固的,何况,又是从"光荣妈妈"转变到计划生育的过渡期,大多数村民不能理解国家的计划生育政策,对大队干部一次次上门的宣传、动员工作,存有反感、不满、厌烦的心理,有些村民甚至会对大队干部进行谩骂。我奶奶当年自己生育的女儿不幸夭折,所以便有村民骂我奶奶,说她自己生不出,便来动员别人少生,发狠专挑戳人心窝的话骂,什么难听骂什么。但我奶奶对工作从未有过退意,也不与别人计较,一如既往地干着不拿分文报酬,搭进自己时间,又吃力不讨好的工作。也许这份没有报酬的工作,对她而言,是荣誉、责任、信任的体现。

2014年2月16日,我奶奶范凤仙不幸病逝,享年87岁。一直以来,我从未觉得奶奶有多伟大和高尚,总觉得她只不过是千千万万普普通通的农村妇女之一。但行文至此,忽然发现,奶奶始终保持了党员的本色,一生平凡又清廉,默默无闻地坚持着对党的信仰、忠诚和爱戴,这或许便是她对初心的坚守。

注:作者系漕泾枉港人,退休前在信用社工作。

我的漕泾记忆

张天杰

说起家乡的村庄,我印象最深的其实有且只有两个,一个是老家所在的湾里村,另一个就是漕泾村。说来话长,那已经是在四十年前了。20世纪80年代初,我曾跟随祖父、祖母等人,一起在漕泾村生活了半年。

那时候祖父还是漕泾学校的教师,从1947年夏季,一直到1981年秋季,他在此度过了35个年头的教师生涯。1980年9月,祖父大概想到,这是他在那边工作的最后一年了,所以特意将家人接过去,也可能是为了更好地侍奉他的母亲、我的曾祖母,让她老人家看看自己奉献了半辈子的那个村庄。

当时我的祖母已经退休在家,而年迈的曾祖母则腿脚不便,再加上需要携带的东西挺多的,于是父亲等人雇了一条木船。从湾里村的落驾港,一直摇船摇到漕泾港，十五六里水路，慢悠悠地摇了近三个小时。这是我第一次坐船，所以记忆特别深刻。一路上过了一座又一座的老石桥，有拱桥，也有平桥，有的桥柱上还有精美的莲花状图案，以及我只识得一、十、上、下等不多的几个字的桥联。

到了那边，祖父已经在河埠头等候了，一起的还有我的哥哥，他当时正好在漕泾学校读二年级。大人们都忙着搬东西，有大大小小的木箱子，也有床架子，以及锅碗瓢盆什么的。我哥哥就带着我去看他收集的各种玩具，放在一个小桌子里头。盖子翻起来，有一个隔板分成了一大一小两格，他说，小的一格今后让给我使用了。

漕泾学校，曾经一度是骑塘那边规模最大的学校之一，办过中学，也办过多年的夜校。那个校园，中间有一个操场，四边有教室、办公室等房屋，正好围成一个开口的四方形，东北角与西北角则是一大一小两个开口，正好算是校门吧。记得南边有四个教室和两个小间连成一排，星期日的时候这里很安静，有一次有只麻雀飞了进去。我哥发现了就拉着我过去，拿着长柄扫帚赶来赶去，最后不知道哪里有个洞，麻雀钻出去逃走了。这排教室的南边还有一小间，正好养了一群兔子。当时的小学生，大家轮流割草喂兔子，据说再早一点，学校里头还养过猪、羊什么的。北边有很长一排房子，除了三个教室，还有一个小间是教师宿舍，连着西边的一间平房。学校的东边是一大间的办公室，里头的办公桌两两相对的分成三组，还有一架风琴，有时我也会悄悄地过去踏上一脚，然后快速地弹出几个音来。边上还有桌子，上面放着铁笔、蜡纸，以及印刷用的油墨、刷子等等，我也曾找了半张作废的蜡纸，用铁笔画画，印刷出来，成为一件"作品"。 办公室往北穿过一条通道好像就是男女厕所了。

其实住在学校里，最幸福的就是可以免费看露天电影。当时的村里人，最大的娱乐就是看电影。只要不下雨，放电影就一定是在学校操场上。夜幕降临之际，就有人分别把守东北、西北这两个口子，买了票的就放进操场来。男女老少大都搬着自家的长条凳，早早来等着了。每次放电影，我祖母都摆好了一只有靠背的大椅子，椅子上再放一个小凳，我和我哥一起坐着正好。那时候的电影，大部分都是黑白片，战争片居多，诸如《上甘岭》《英雄儿女》《地道战》等。画面还算清晰，只是声音不太清楚，因为总有人一边看一边讲解着电影情节，因为他们早就看过几遍了。最令人发笑的似乎是电影里头的反面角色，比如狡猾的日本鬼子，鬼子出场的时候，鬼鬼祟祟的样子，总是引得满场哄笑。

当然也有下雨天的时候，那么放电影就在大礼堂里了。记得有一次放的是印度电影，而且是彩色的，机会难得。虽然下着雨，大家也都纷纷赶去，我们也不例外。祖父背着我进去，礼堂里头黑乎乎的，许多人都没有带凳子，也就随意找个地儿站着。电影银幕上也是黑乎乎的，似乎那时候的彩色电影都是灰暗的色调，就是印度的歌曲好听，而且一场电影有好几首歌曲，一会儿是一边跳舞一边唱的快歌，一会儿又是一个姑娘深情演唱的慢歌。电影的名字、情节什么的都忘记了，只记得其中有一个场景，有好多姑娘排成一长排，头上都顶着一个酒坛子，一只手扶着一只手空着，然后一边舞蹈一边转圈。也就这一次电影，都看完了好几天了，那歌声还是萦绕在耳边，久久不能忘怀。

再说离开学校北面不远处，有一条水沟，一东一西有两处可以过沟，西边是一座小石桥，东边是一座水坝，水坝下面有个很粗的水管可以让水流过。水沟的北面住着好几户人家，其中有一家我曾经去过。那家人家，正好有我哥的一个同学。有一个星期日，那同学约了我们一起去他家，然后几个小伙伴烤山薯吃，那香喷喷的味道，后来再也没有吃到过。

学校往东北不远处，就是那个放电影的大礼堂了。礼堂边上，有一处是村（大队）里的办公室、卫生室什么的。另一处就是幼儿班的所在地，我当时正好要读幼儿班了。记得第一天去的时候，正好刚下过雨，路上泥泞不堪，于是祖父背着我去。那时候其实已经上课很久了，我是插班生，怯生生地不敢进去。这时一位女教师出来迎接，祖父跟我说那是陆老师。印象中的陆老师，很是漂亮、和蔼、可亲，两条麻花辫子拖在身后，满脸笑容把我抱了过去，然后就让我坐在她腿上，开始讲故事，所以我第一天上学竟然没有哭闹。这幼儿班也就读了不到一个学期，所以其他什么的都记不清了。只记得元旦的时候，学校在大礼堂里头举行文艺演出，其他节目都忘记了，就记得我们的陆老师上台唱了一首歌，歌里有一句："泉水叮咚，泉水叮咚，泉水叮咚响，跳下了山岗，流过了草地，来到我身旁。"

元旦过后不久，就是春节。那个春节我家就在漕泾过，我的父亲、母亲都从上班的地方回来了，还有叔叔、姑姑他们也都来了。他们没有地方住，好在学生们都放寒假了，于是就在教室里搭起床铺。吃年夜饭的时候，也是在教室里，好几张课桌拼起来，就是大餐桌了。当时烧了好多好吃的菜，其中有一大碗卤蛋，酱红色的，甚是可爱，还没满周岁的表妹，用手去抓，不小心就碰翻了，有一个鸡蛋从桌子上滚到了地上，我马上钻到桌底去捡了起来。

春节有好几天，其中有一天，母亲带着我和我哥，步行去了海宁的斜桥。就在那个小镇上，我第一次看到火车，呜的一声冒出几股子的蒸汽，然后飞快地开走了。

不久之后，母亲就带着我离开了漕泾。这次不是坐船而是步行，记得要走过一座小木桥，有几块下垂的木板真是让人害怕，好在还有母亲拉着我的手呢！回头再望望那座小村庄，隔着大片大片的桑林和稻田，还可以看到好几排房子，那是学校，以及学校边上的村庄，不知道是因为炊烟还是因为晓雾，一切已变得朦朦胧胧了。

注：作者系张宝堂之孙、张宏良之子，儿时曾在漕泾上过幼儿班，现为杭师大教授。

最忆，是那一声吴侬软语

苏春娟

夜深沉，坐在电脑前，一杯烟气缭绕的香茗，一曲清幽的旋律，一抹永远难忘的记忆弥散在我的周遭。不由自主地扬起头，夜空繁星点点，清风透过窗棂，眼前浮现出您年轻时的脸庞和身影。这一刻，耳畔，响起的，永远是那一声吴侬软语。

思绪在音乐中飘荡，三十多年前的往事仿若就在眼前。只记得，那时的您——我亲爱的启蒙老师吴育红，是那样亲切，那样温柔。一头齐耳的短发，在我们眼里也是极其美丽动人的。尤其是细声细语地招呼每一位同学的样子，分外让人着迷和留恋。您总是摸摸这个同学的脑袋，拉拉那个的小手，仿佛是从来不会生气的天使一般。彼时我尚年少，胆子尤其小，坐在座位上都不敢离开半步，连上厕所也是憋了又憋，更不要说和同学打闹，和老师交流。没多久，沉默的我吸引了您的注意，您试着开始在课堂上让我回答问题，而我总是面红耳赤地起立，然后如蚊虫嘤嘤般细声作答。记忆里的您从来没有因此而生气，而是柔柔地带着浓重的湖州口音说："乖孩子，下次要大声点哦！"我只是使劲地点点头，却从来不敢回您一句。

那时，我们上的是复式班。每一节课，您总是先给我们一年级的同学读儿歌，教生字，然后布置点作业，转而去教二年级的哥哥姐姐，时不时瞄过一眼，细柔地说声："春娟，真棒！真专心！"听了您时不时的夸奖，我却不敢抬头，脸红得把头埋得更深！等到了我们二年级时，一年级的小弟弟小妹妹偶尔走神，您还是时不时这样一句："看，春娟姐姐坐得多端正，小朋友要向她学习哦！"而我，还是不敢作声，头还是不敢抬起，只是知道——我的吴老师真好，她很喜欢我，这也让我的自卑慢慢减少了些（因为我是从小被抱养的，同学们总是嘲笑我）。

您带着我们在不大的校园里种瓜点豆，让我们和蝴蝶蜜蜂为伴；您带着我们跳皮筋、打篮球，让我们跳跃起伏间更喜欢学习；您带着我们欣赏音乐，跳起舞蹈，我现在还记得每一年的"六一"儿童节您都带我们走上很远的路去乡里表演，那雀跃的情景至今让我回味无穷。

像魏巍笔下敬爱的蔡老师一样，吴老师她也爱诗，常常带着我们围坐一圈，用各种各样的曲调读诗品诗，忘情时，会拉上我们伴上一段舞蹈。吴老师爱文学，在她的影响下，老爸为我订阅了人生中的第一本《儿童文学》。细细想来，吴老师对于我的今天也有着那么大而有益的影响，像这样的老师，我们怎么会不喜欢她，怎么会不愿意和她亲近呢？她写字的时候，我们常常默默地看着她，连她握笔的姿势都照着比画。她讲话的语调，我们也不知不觉地模仿，俨然一副小老师的架势。她做饭的时候（当年，她认识了先生张老师，住在学校，一日三餐都要亲力亲为），我们也会围上去，闻闻菜香饭味，常常还能品尝上一口两口。

吴老师虽然只教了我两年，但是她的一言一行总是占据着我的心灵，让我时不时在记忆的长河里捞起几朵涟漪细细品味。如今，三十多年过去了，令我欣慰的是，在学了四年的化纤专业后，我幸运地站上了从小神往的三尺讲台。当面对一双双清澈的眼睛时，我的脑海里总是浮现出吴老师的身影，耳边更有那一声声给人鼓励、给人信心的吴侬软语。

从站上讲台的第一天起，我就暗暗对自己说，我也要做吴老师一样的老师。多年以后，若是能有个别如我般的孩子回忆起我时，心底深处也会泛起丝丝温馨，这也就够了。

注：作者系振东小学教师。

第三节 传说故事

"漕泾"的由来

赵金高 整理

南宋初期，北方金兵屡屡南犯，时逢乱世，兵荒马乱，各地匪患不断。都城临安（今杭州）也难逃此劫，百姓缺衣少粮，苦不堪言。聚居杭城的朝廷官兵及百姓有百万之众，国库存粮皆空，朝不保夕，都城告急。朝廷从各地急调粮草，其中以鱼米水乡、杭嘉湖中心腹地嘉兴府为中心，每天都有上百条大船沿运河一路往西南急运粮草，以解燃眉之急。怎奈运河沿岸匪盗猖獗，官府顾此失彼，运粮船时常被洗劫一空。

传说有一天，静寂的小河里来了一条很阔气的官船，几十个官军簇拥着一位将军模样的年轻人。那人长得英俊潇洒，高大威武，正指指点点，时而测量着河道的水深宽度，时而停下来不厌其烦地询问岸上百姓，打听着河港的起始终点，还拿了张图纸写写画画。几天后，只见那官船就在前面开路，后面跟着几十条由官兵护送，盖得严严实实，装满货物的大船，一路帆影点点，浩浩荡荡，经由此河，直奔杭州。冬去春来，时光飞逝，沿岸百姓也习惯了帆影点点，舟来船往，熟悉了那浩荡的船队和那英俊威武的押运人。

直到几年后，人们才知道，家门口这条河港，几乎每天经过的船队，那是朝廷运送粮草至都城临安的运粮船，那威武霸气的押运人，正是当朝天子赵构。原来，因古运河沿途盗匪猖狂，粮草难保，故由嘉兴至杭城的运粮船只能绕道沙渚塘，经漕泾港、洛塘河，一路蜿蜒，直抵杭州城。自宋高宗赵构经漕泾河押运粮食之后，漕泾古航道舟来船往热闹非常，也成了当年最有名、最安全的漕运古道。在当地民间还流传着这样一段顺口溜：

> 靖康卷乌云，乱世多匪氓；
> 盘踞古运河，劫粮又伤人。
> 江南多水网，绕道运皇粮，

> 开掘生命线，安民救国亡，
>
> 高宗来漕泾，押粮直赴杭。

日寇暴行与封家场地名的来历

封永良口述

以前听前辈说起过日本鬼子在我们村的事。日本鬼子那个时候在斜桥的铁路附近筑有碉堡，长期驻扎着一队东洋兵。据说，当年斜桥日本兵把守四方要道，每个上街的人要送上两块砖头方可通过，后用这些砖头修筑了铁路边的两处坚固碉堡。

那个时候，中国兵（即国民革命军62师士兵和地方抗日武装人员）经常趁夜色从北侧来袭击碉堡里的日军，破坏这一条铁路上的洋桥和轨道线。为了阻止袭击和看守铁路，日本鬼子一边每天晚上摊派附近村民轮流值守，一边在铁路两边疯狂焚烧民房。

铁路洋桥的北面不远处，有一条洛水港，与洛塘河交会。出口处的西侧是现在的漕泾村封家场，东侧就是海宁地界。日寇占据时代，洛水港东岸有一爿斜桥丝厂，丝厂的茧子仓库造在港西侧崇德县地界。

有一天，东洋鬼子将斜桥丝厂烧了。烧丝厂的时候，洛水港西面（即今天漕泾村地界）烧得最旺，因为里面全是雪白的茧子。附近有许多村民前去拿仓库里面的蚕茧，结果全部被日本人抓住了，日本人要求村民原地排成一排。然后，鬼子架起机枪扫射，村民几乎全部毙命，躺倒在地了。

令人意外的是，被枪击的人当中，有一个人其实在白天并没有被日本人打死，而是晕倒的。到了晚上，他终于醒过来了。醒来一看，周边全是尸体，就从尸体堆上爬了出来，随即又趁着夜色逃到北面的民房里，也就是我爷爷住的地方。我爷爷叫他把衣服换了一下之后，弄了一条小船，好像送他到他的家里，在骑塘桥南面的陆家浜。

我们现在住的这个自然村，原来叫沈家埭，有一户人家是姓沈的，大概是最早搬迁到这个地方的，还有姓封的和姓张的。那个时候沈家埭上的房屋后来统统被日本人烧光了。再后来，张家和封家在原地点建房屋，继续住下来了。而那家姓沈人家到洛水港东面去买了一点民房。从此，沈家埭再也没有姓沈的了。

那么，后来怎么会改叫封家场呢？主要原因是，那个时候，我家大伯叫封叙金,专门饲养公猪,用来为母猪配种。封家的这个种猪场,在附近一带名气很大,人们一提到母猪配种养小猪的事,就会提到封家种猪场。这样,慢慢地就叫这个地方为封家场了。

村里来过解放军

吕学良、封永良口述

1949年5月5日,解放军进入崇德县城崇德镇,而漕泾村当年也有解放军来过。好像是1949年5月头上,有一队解放军从海宁盐官那边北上,来到斜桥镇,又穿越西环桥进入我们村封家场、大水路等村坊,也有人回忆说是从斜桥火车站上下来休整,到达漕泾村的弯鱼池这个小村坊。还有人回忆原三村的陆家门、斗富兜等村坊也有解放军驻扎,他们恐怕就是进入崇德县城的解放军,通过南沙渚塘东往,要与驻扎在封家场等地的解放军汇合,一并开拔上海。

驻扎在一村几个村坊的这队人马,大概有一个连光景,村坊上每家每户都有解放大军宿营,还向村民很有礼貌地借用生活物具。每天早上起床后,解放军就集中在一起,高声齐唱《三大纪律八项注意》,歌声响亮高亢,精气神很不错。

好像休整了二十来天后,这队解放军奉命离开,沿着铁路往上海方向行进,估计要参与解放上海的战役。临行前,解放军将所借物具统统归还百姓,还不停地说道:谢谢!谢谢!

南庄桥的"沈"姓乡亲

沈关庆撰稿

多数村坊往往有好几个姓氏,但南庄桥村坊只有一个"沈"姓。

南庄桥村坊上有一个地方叫"沈墙门",这里是沈氏家族祖先居住的地方。据老一辈人的一种传说,很久以前,桐乡乌镇搬来一户姓沈的人家,来时只有夫妻两人,挑了一担家杂用具徒步来到南庄桥定居,来后搭了几间草棚栖身,男的在外面开荒种地,女的在家洗衣做饭,纺纱织布,操持家务。夫妻两人起早摸黑,不辞辛劳,节衣缩食,过着简朴节俭的生活,虽然生活艰苦,但夫妻恩爱和睦,相敬如宾,日复一日,年复一年。一晃几年过去,他们先后生养了四个儿子,在父母的精心养育和言传身教下,四个儿子健康成长,为人厚道,淳朴善良,听从父母教诲,孝敬父母,个个身强力壮,在父母的带领下,各自干起力所能及的劳动,勤勤恳恳,兄弟一条心,门前泥土变黄金。

在全家人的辛勤劳动和共同努力下,生活越过越好,也有了一些积蓄,沈家决定改善住房条件,在南庄桥西南面建造了有墙门、厅堂、厢房的砖瓦房,称"沈墙门"。然后,父母先后帮儿子们各自娶妻成家。后来,四个儿子分别在南庄桥北面造房居住生活,虽然各自分家生活,但还是亲如一家,团结一心,互帮互爱,和睦相处,代代相传,这四户人家也就是南庄桥村坊相传的老四支。每支都有一个家堂,分别挂在每支一户人家正间的上面,逢年过节,这一支的人家要前来祭拜,一直到"文化大革命""破四旧"时才拆除掉。

关于沈墙门还有别的传说,无论哪种说法,南庄桥沈氏历代先祖都安分守己,忠厚老实,一直过着日出而作,日暮而归,面朝黄土背朝天的农耕生活,总认为衙门前一缕烟,稍不小心有危险,甚至还会有杀身之祸,只有种田人才能过上万万年,所以历代以来没有一人从政做官。据说20世纪30年代村坊上发生过一次传染病,一年死去20多人。至20世纪40年代末,南庄桥村坊还只有20户人家,人口不到百人,其中长支5户25人,次支5户18人,三支4户17人,四支6户19人。

如今南庄桥已有37户,200多人,沈氏宗亲继承祖辈优良传统,安分守己,淳朴和善,勤劳质朴,艰苦朴素,严于律己,遵纪守法,团结一致,邻里之间互帮互助,和睦相处,历代以来从未有过违法乱纪,不务正业,坑蒙拐骗,赌博成性的人,没有偷盗犯罪之人;现有共产党员20人,国家干部6人,曾任漕泾村书记的2人,支部委员1人,退伍军人10人,教师10人,医生5人,硕士研究生1人,大学本科生9人,大中专毕业生27人,从事各项手工业者15人,80周岁以上老人10人。

吕希周直塘改弯兜

陆富良搜集整理

本来,京杭大运河经过崇福(原崇德县城)这一段(从北三里桥到南三里桥)是一条直塘,后来被吕希周改成了弯弯曲曲的弯兜。从此,崇福一带就流传开了一首民谣:"崇德吕希周,直塘改作九弯兜。"吕希周为啥要将直塘改作弯兜呢?传说很多,有的说是为了抗击倭寇,便于防御;有的说是为了减缓水速,保护堤岸。还有一个传说,说是吕希周为了升官。

吕希周是塘东北阳桥人,明朝嘉靖年间的进士,先做户部主事,后为吏部文选司郎中,又升为左通政。虽然他官越做越大,但大了还想大。他手下有个人为了迎合主人,对吕希周说:"俗话说,祖坟风水好,官位步步高,老爷要往上升,就得请个风水先生,相一块祖上坟地!"

吕希周觉得有道理,就花重金请了一个风水先生,那风水先生手捧八卦相盘,在崇德县城四周转了一圈,回来对吕希周说:"恭喜老爷,风水宝地找到了,就在县城南门外的运河塘边。"

吕希周马上和风水先生一同去实地察看。实地一看,果然不错,前有林木,后有城墙,旁有运河塘,真是块宝地。

风水先生见吕希周高兴,又说:"千金难买水西流,如果能将南来的运河水引向西流,这块地的风水就更好了!"

吕希周笑道:"南来河水引向西,容易,容易,只要将直塘改作弯兜,运河水就往西流了!"

风水先生又道:"如能在运河上建起两座大桥,使塘路上来往的纤夫都兜圈上桥下桥,日夜不停,那才真正是'日间千人拜,夜里百灯明'!"

吕希周听了,心花怒放,连连称赞风水先生想得好。于是,他立即叫县官派差役到四乡农村征来民工,改运河直塘为九个弯兜,并在县城南边建造南三里桥,县城北边建造北三里桥,后来又在那块"风水宝地"上修起了祖坟。

然而,风水却没有保佑吕希周的官越做越大,他的升官美梦并没有实现。后来,因官场倾轧,他和巡按使闹起了矛盾,连原有的官也被削掉了。

塔石桥传说

赵世高整理

相传很久以前,这条秀丽的小河边,有一座精致的庵堂,名叫余宝庵。高大的梧桐树和那高耸的石塔在余宝庵一前一后矗立着。在庵堂里,住着一位面慈心善的师太。师太年逾七旬,连日不能入寐、心神不宁,想着自己年事已高、时日无多,盘算着若在有生之年能为村民多做些好事,行善积德,也不枉此生意愿。

师太每天都看到路经此地的村民们靠一条小木船渡河,来往于两岸很是不便。她看在眼里,急在心中,心想,若能在此建一座桥,那该多好!从那天起,师太早出晚归,走村入户,筹钱化缘募集造桥资金。听说是要造桥,附近村民也纷纷捐款捐物,但距建桥所需资金还差一大半。

春去秋来,岁月的年轮已深深地刻在师太那久经风霜的脸上。时过三更,心想着建桥的事,师太还是毫无睡意,披着薄衫移步走出庵门。她漫步在清澈的小河边,任夜风呼呼地吹着,耳畔传来了石塔橼角那清脆的风铃声……望着古老的石塔,老师太眼前一亮,心想有了,何不拆了这余宝庵石塔,将塔身石料用来建桥,可解燃眉之急。虽然师太心中也有千万不舍,但想起这是用于修桥铺路,是方便百姓的善事,师太还是咬咬牙下定了决心。

次日一早,师太一路急行,从几十里外请来了造桥师父,选址打桩、预定石料。附近的村民们闻讯后也纷纷前来义务帮工,拆得拆、扛得扛,造桥工地上热火朝天。几个月后,一座精巧的石桥横跨在余宝庵前的河港上,给两岸出行的村民带来了实实在在的方便。师太终于完成了她多年的心愿,笑看着从桥上南来北往的行人,不久就离开了人世。

因为桥是由塔石所建,所以后来命名为"塔石桥"。如今时光已过去几百年,村民们还是口口相传,忘不了这位慈眉善目的师太,忘不了余宝庵前风铃声声的石塔。她修桥铺路,行善积德的善举更是代代传承。还有一首民谣流传了下来:

古庵老师太,日修夜思善。

拆塔造石桥,便民连两岸。

墩子浜的传说

沈关庆整理

墩子浜位于南庄桥自然村的西南面，浜长一里许，上南落北走向，北连南庄桥最大的十字漾潭亭子漾，南端浜底与大水路仅一块地之隔。浜较狭窄，最阔处不过二十米，最狭处不足十米。

墩子浜河蚌特别多，每年我们村上人都可以从浜中摸到上千斤河蚌。记得我小时候去浜里摸河蚌，也能摸到许多。这是此浜赐予我们村上人的口福！

墩子浜别有一名叫西浜。早先北距亭子漾二十米处的河浜里，中间有个河心墩，所以，一般人们叫它"墩子浜"。其实，这个河心墩，是那时候人们过浜时临时搭桥用的土桥墩。此处河浜本就很窄，河中央有个土墩子，东西两岸只要各用一块长跳板铺上，人们就可以过浜了。整条墩子浜上，因为一直没有其他的跨河桥梁，1949年后有民兵巡逻到此，一般也是在土桥墩上临时搭桥通过墩子浜。

更有意思的是，在河心墩的东侧约二百米处，曾有一个高墩田，高程九丈许。据传，这是当年吴越作战时的烽火台。那时候打仗，有了河浜中央的这个土桥墩，占据者一方想搭桥和拆桥都十分方便。所以，一直有人猜想，这个土桥墩也许就是那时候为作战而特地堆积起来的，具有可进可退的战术价值。

墩子浜这个河心墩，遇到大水年份，只要两边用泥填塞，还可作为大水坝，安装排涝水车，用于河浜两岸近百亩水田的排涝泄洪。大约20世纪70年代疏通河道时，河心墩被挖掉了，但墩子浜这一名字仍流传至今。

太子浜的传说

沈关庆整理

相传梁朝昭明太子萧统少年时代曾在乌镇密印寺（时名贤德寺）攻读诗文，与淮南太守之子沈约相遇并拜沈约为师，相交甚厚。两人偶尔也外出游玩，一次坐船南游来到漕泾港中段，忽然听到有人喊救命，声音来自港边小浜，太子立即命船工进浜察看，发现有小女孩落水，船靠近时太子一把将小女孩拉出水面，安置在船上。

当时，太子救女孩的事迹就在当地热传开来，人们纷纷赞扬太子义举。后当地百姓为了永远不忘太子恩德，就把这无名小浜称为太子浜。

南庄桥沈墙门的传说

沈关庆整理

南庄桥自然村现有三十六户人家，户主统统沈姓。

据记载，此地沈姓是周文王第十子聃的后代。战国末期，秦征聃之裔孙沈郢为相，郢不就，在颍水之滨游钓终身，孙沈遂为秦博士。西汉时，遂之孙沈遵任齐王太傅，封敷德侯，徙居九江寿春（今安徽寿县）。西汉末，沈遵的九世孙沈靖任济阴太守，避王莽之乱，隐居桐柏山。有三个儿子，其中沈戎因说降"剧贼"尹良，被光武帝封为海昏侯，辞不受，徙居会稽之乌程（今浙江吴兴）。沈戎子孙昌盛，累世官宦，发展成为名门巨族。自东汉至隋代，沈姓名人基本上都出自吴兴，所以沈氏以吴兴为郡名，延续至今。南庄桥沈姓郡名就是吴兴，还有堂名积善堂都是一直传下来的。

从前，乌镇市河西岸称乌镇，属乌程县，东岸称青镇，属桐乡县，现在统称桐乡市乌镇。沈戎后代在乌镇子孙繁衍，直至今日沈姓遍布桐乡。据2021年全国人口普查统计，桐乡市沈姓人口最多，是桐乡第一大姓。

据传，乌镇沈家子孙繁衍十分兴旺。约三百年前，乌镇沈姓望族沈经隆生有五男三女，经商办实业，非常富有。其中七子沈骢，生性好武，骑马狩猎十分精通，常常外出狩猎。因为当时南方人烟稀少，到处都是荒地和树林，野兔、野鸡、野羊、野鹿、野猪经常出没荒草丛中。一天七公子带领仆人数名，带上弓箭长矛，往南赶来，见到猎物快马追赶，一赶再赶，竟跑了五十多里，来到了一块风景十分秀美的地方。这里河流环绕，河水清澈，土地高低起伏，虽然荒草丛生，可野花遍布，绿树成林，百鸟齐鸣，生机勃勃，一派风光。七公子流连忘返，到了傍晚才赶回乌镇。回家后，老是想着这块宝地，第二天就向父亲禀告，提出迁徙的想法，父亲得知后也很高兴。不多日父亲由儿子陪同前往亲察，看后就商定，同意七公子迁徙建宅，即日动工。历时一年半，南庄桥沈宅庄园建成。好气派啊，高墙黛瓦，三进高房，雕梁画栋。右旁花园，园中鱼池假山，亭阁回廊。亭中望外，墙外有十字大漾潭，后人称之为"亭子漾"。沈家七公子就在这里定居，因为乌镇那边叫北庄桥，所以这里就称南庄桥。久而久之，人们称南庄桥沈氏庄园为"沈墙门"。

沈家迁来之时，这里东北角已经住着一户人家，姓毛，也有一座花园式住宅。不过毛家人是做蚕丝生意的。三年后，毛家人因为生意原因迁往洲泉去了，这里只留下一个园子，后人称为毛家园。毛家搬走后，南庄桥只有沈姓一家了。沈家老祖宗生了四个儿子，两个女儿，以南字辈取名，四个儿子南度、南武、南策、南和，两个女儿南月、南玉。大女儿南月嫁在斜桥，小女儿南玉嫁在盐官。四个儿子长大成人，就分家独立门户，这就是南庄桥沈家老四支。

按照辈分算起来，老祖宗是我的高祖，我的曾祖是老四支之一南和，我的祖父是珍字辈，名祥珍，同辈有彩珍、德珍、宝珍等，我的父亲是进字辈，名进福，同辈有进堂、进财、进乾等，我的同辈应该是关字辈，有关堂、关有、关源、关庆、关浩等，不过后来取名不再那么古板地按字辈取了，如我同辈中有宝寿、宝仁、六金、金荣、品山、福堂、祖良、锦仁、炯浩、芝坤、芝祥、长仁、栢仁、忠堂、洪堂等。算起来第一位老祖宗传下来，现在已经有第八代子孙了。

南庄桥沈家从老祖宗开始一面经商一面农耕。大多从事农桑业，代代勤劳俭朴，起初开垦荒地，高的旱地栽种大片桑树和乌桕树，还有大片麻栎树林。家里采桑养蚕一般每年两熟，不仅采茧子缫土丝出售，而且到了秋末冬初采摘桕籽出售，也是年前的一笔不小收入。家里还种棉花，纺纱织布，自用或出售。低的水田一年两熟，一熟春花（小麦、蚕豆、油菜），一熟单季晚稻。农闲时也从事小商小贩业务，还有部分村民做"手业"，过去有裁缝三毛（炳元）师傅和进福师傅，有小木匠七毛（进乾）师傅，有泥水匠金荣师傅、悦芳师傅、祖康师傅，有漆匠福堂师傅、顺贤师傅等。老一辈人另有从事拆旧房子、贩运粮食和往返上海跑单帮的。

20世纪前期，兵荒马乱，社会动荡，很不太平，沈墙门老宅也毁于这个时期，全族人生活十分艰难困苦。1949年后才翻了身，过上了安定的生活。后几代人变化很大，读书有文化的人多了，在外工作的多了。有当公务员的，有当教师的，有当医生的，有在企事业单位和在金融保险单位工作的。特别是近二三十年，整个村庄明显富裕起来，大多数人家在城镇买了房，村上的老屋也都翻盖成新房，家具电器设备样样齐全。几乎家家都有私家汽车，不少家庭买有几辆汽车。随着农村公路和大道建设的更新,人们出行十分方便,汽车都可开到家门口,全村人都过上了安定、富裕、幸福的生活。

过去的沈墙门,现今的幸福村。老祖宗若地下有知,也会非常欣慰的。

挑水阿三

沈森良整理

很早以前,小镇上有个专门给人家挑水的年轻人,排行第三,人家都叫他挑水阿三。阿三从十六岁起给人家挑水,已经挑了十年。他气力大,挑来的水清爽,为人也厚道,挑水生意还不错,就是还没成家。

一天,小镇上来了一只变戏法的船,父女二人靠变戏法为生。父亲为班头,四十开外,精通武功。女儿年方十八,相貌端正,戏法也变得不错。镇上有几个年轻人想打姑娘的主意。班头传出话来说:"明天早晨,我女儿站在船头上,啥人能够把她托起来,我就把她嫁给啥人。"第二天,小镇河边站满了看热闹的人,不少年轻小伙子,想得到这个姑娘,纷纷到船头上一试身手。接连上去几十个,可就是没有一个能托起姑娘。这时有人劝说挑水阿三去碰碰运气。阿三鼓起勇气来到船上,向班头施过礼,就去托举那姑娘。可那姑娘像生了根似的,一点松动没有。阿三连托两次都不成功,第三次,他用尽吃奶的力气,拼命向上一托,船头稍微沉了一沉,姑娘被他托起来了。班头看阿三为人忠厚,人品不错,就宣布把女儿嫁给他。三天之后,阿三与那姑娘成了亲。阿三仍旧天天到小镇上挑水,姑娘照样变戏法。

这天,小镇来了个挑高脚担的和尚。这和尚自称能行医,强拉路人看病,敲诈钱财。镇上人很气愤,但知道和尚懂点拳术,不敢碰他。阿三见这和尚欺人,感到不服。他挑了满满一担水,来到那和尚摊前,故意滑了一跤,把和尚的摊子全冲湿了。那和尚缓缓站起身来,双手合掌,向阿三深深地作了一揖,说"啊哟,你这位施主",就收起了摊子走了。晚上,阿三回到家里吃夜饭,感到肚子有点痛。老婆一看他的气色,大吃一惊,问道:"你怎么啦?"阿三将白天遇到和尚的事说了一遍。老婆惊呼道:"哎哟,他向你作揖的时候运了功,你的小肚子翻身了,七天之后你的性命就难保了。"阿三一听急了,他老婆安慰他说:"不要紧,我爸爸有办法。"于是,马上请来了那位变戏法的班头。那班头叫女儿去搬来了一架十三关头的梯子,让阿三爬到梯子顶上。接着他也爬上梯子,悄悄地向阿三打了一拳,阿三来不及防备,便从高梯上摔了下来,这一摔就摔好了。

  第二天,班头找到了那和尚,请他喝酒闲谈,谈话中提到了阿三的事,那和尚笑而不答,十分得意。班头对他说:"师父本领高强,我想领教一下。我坐在这墙边,你打我一拳如何?"那和尚暗暗发笑:这老头不要命了。于是运足力气,向班头当胸就是一拳。谁知那班头眼疾手快,早就沿墙升到了上面。那和尚一拳打空,打进了砖墙,班头马上落下用力在和尚臂膀上一踩,"咔嚓"一声,那和尚的右臂像络麻秆一样断了,当即昏倒在地。和尚醒来之后,立即离开了这座小镇。班头总算为女婿报了一掌之仇。

  注:1987年8月25日采录于骑塘漕泾村,讲述者为李炳金,男,51岁,初小文化,农民。

编后记

不忘来时路，方知向何行。

古人曰："以铜为鉴，可以正衣冠；以史为鉴，可以知兴替。"2021年初冬，在沈福荣、陆德林、吕福生和沈关庆诸位漕泾乡贤鼓动下，漕泾村党总支委和村委会两套班子决定编纂村志，以留住漕泾历史根脉，传承漕泾人文瑰宝。这是利村利民的善举。

说干就干，村支书张锋同志迅速于2021年12月6日邀集部分乡贤，在村里开会，会上正式成立编纂委员会及顾问组、编写组，特邀邻村湘庄人吕志江担纲主编，正式启动村志编纂工程。

此后，2021年12月11日、2022年6月13日和10月30日、2023年2月6日和2月12日等召开顾问指导会、老干部和村民代表座谈会、老教师座谈会、编写组内审会、专家审稿会等，持续推动编志进程。一年多来，在顾问组指导下，编写组及信息收集员查阅市、街道、村三级档案，拜访"区街志"编委会和执笔者，走访村民小组和村民朋友，获取大量第一手史料。在此基础上，逐渐由主编撰写成稿，后又几经改稿和校稿，直至审稿和定稿。

启动编纂时，我们有意规避"村志"一名，定性为"漕泾村记"，权当一份对漕泾村史的回忆和记录。因为村志自有一套规范和程式，编纂团队从未涉足，而"记忆"难免不全、不顺、不准、不妥。最后，还是因有关方面的要求而更名为《漕泾村志》，虽然做了相应的结构调整和内容增补，但坦白说，问题和差错仍有许多，只得真诚地接受读者朋友的批评和指正，并真诚地期待村民朋友进行补充和增加，以利今后再版或续编时完善。

众人拾柴火焰高。本志能成稿付梓，离不开无数人的无私奉献。其中，有一如既往地关心着漕泾村的老领导、老乡贤们，他们给予了编委会坚定而有力的支持；有漕泾村历任和现任村干部及广大村民朋友，是他们提供了一连串的史料；有《桐乡土话——民间视角与地方记忆》著者王士杰、《南庄史略》著者施长兴、《桐乡记忆·骑力村往事》著者陈祖堂、《农家器具》编者颜剑明、高桥诗文搜集者范宏杰、地方文史研究者郁震宏等老师，以及沈新华、陈洪江、赵洪高等一批高桥民间故事采风撰稿人，是他们收集了一批精准的文史资料；还有不少始终关注着故乡或第二故乡漕泾的人，他们也施与了一批珍贵的信息……在此，编纂委员会一并致以衷心感谢和最崇高的敬意！

编纂过程中，我们参考甚至引录了桐乡（含崇德）历史上的多部县志和部门专业志，以及上述友人整编的文史资料，并未一一注明，敬请谅解。

观史思治，修志谋远。愿《漕泾村志》展现漕泾人对历史过往的涓涓乡愁，体现漕泾人对当下建设的深深思考，显现漕泾人对乡村未来的殷殷期盼！

桐乡市高桥街道漕泾村村志编纂委员会

2023年2月

鸣 谢

一、以下单位及个人提供资料、照片、信息或给予其他各种帮助。

桐乡市档案馆（中共桐乡市委史志研究室）

桐乡市食品药品监督管理局

桐乡市文化和广电旅游体育局

桐乡市水利局

桐乡市教育局

桐乡市图书馆

桐乡市民政局

桐乡市统计局

桐乡市卫生局

桐乡市农业农村局

高桥街道组织宣传办公室

高桥街道史志办

高桥街道文体站

高桥街道档案室

张宏良　张天杰　叶瑜荪　范宏杰　王士杰　施长兴　颜剑明　徐玲芬
沈惠金　陈祖堂　沈新华　沈华良　陈洪江　高长法　谢学明　张　杰
王立新　杨志华　彭建明　屠建平　赵金高　陆富良

二、漕泾村籍的信息提供者（按姓氏笔画排序）

王胜林　丰金高　冯飞芸　朱有康　吕学良　吕明元　吕洪寿　吕福生
吕其康　吕云平　吕新丰　吕悦龙　孙利金　沈关庆　沈云仙　沈德金
沈金甫　沈雪章　沈忠堂　沈利英　沈福荣　沈　钰　沈张珩　李玉仙

陆德林　陆财林　陆玉芬　陆良曦　陆敏华　陆桂芬　陆福泉　张金琦
张宏良　张培仙　张利金　张汇丰　张锦标　张　刚　张志平　张大龙
张　锋　张佳梦　陈　涛　陈亚娟　范雪金　范娟平　范金建　范宝琦
钟晨滟　封永良　徐娟惠　屠建平

三、资助者

桐乡市腾飞包装有限公司（张毅力）

桐乡市腾飞食品有限公司（冯澄革）

桐乡市生欢食品股份有限公司（吕明生）

桐乡市金盛彩印包装股份有限公司（郎乾坤）

浙江德盛铁路器材股份有限公司（关　铁）

桐乡市巨荣农副产品配送有限公司（冯小洁）

巨匠建设集团股份有限公司（吕耀能）

浙江富力建设管理有限公司（许伟杰）

桐乡市和丰广告设计有限公司（李　娟）